Fausto Arnaud Sampaio

Licenciado em Matemática pela Universidade Estadual de Campinas (Unicamp-SP)

Especialista em Educação Matemática pela Universidade Estadual de Campinas (Unicamp-SP)

Professor da rede particular de ensino

Jornadas.mat

Matemática

6

Editora Saraiva

Dados Internacionais de Catalogação na Publicação (CIP)
(Câmara Brasileira do Livro, SP, Brasil)

Sampaio, Fausto Arnaud
Jornadas.mat : matemática, 6º ano : ensino fundamental / Fausto Arnaud Sampaio. -- 3. ed. -- São Paulo : Saraiva, 2016.

Suplementado pelo manual do professor.
Bibliografia.
ISBN 978-85-472-0059-6 (aluno)
ISBN 978-85-472-1258-2 (professor)

1. Matemática (Ensino fundamental) I. Título.

15-08287 CDD-372.7

Índice para catálogo sistemático:
1. Matemática : Ensino fundamental 372.7

Gerente editorial	M. Esther Nejm
Editor responsável	Viviane Carpegiani
Editores	Juliana Grassmann dos Santos, Julio Cesar Augustus de Paula Santos, Luís Felipe Porto Mendes, Marcela Maris, Rani de Oliveira e Souza
Coordenador de revisão	Camila Christi Gazzani
Revisores	Ana Marson, Cristiane Bernardi Elias, Kátia Lopes Godoi
Produtor editorial	Roseli Said
Coordenador de iconografia	Cristina Akisino
Pesquisa iconográfica	Cristiano Rogério Vieira
Licenciamento de textos	Érica Brambila, Carolina Carmini
Gerente de artes	Ricardo Borges
Coordenador de artes	Narjara Lara Bush Bastos
Design	Casa Paulistana de Comunicação
Capa	Sérgio Cândido com imagem de Rob Wilson/Shutterstock
Diagramação	Alexandre Miasato Uehara, Edson Yamamoto
Edição de arte	Regiane de Paula Santana
Assistente	Camilla Felix Cianelli
Ilustrações	Alex Argozino, BIS, Cris Alencar, Dacosta Mapas, Dawidson França, Edel, Estúdio Lab 307, Estúdio Mil, Everton Silva Prudêncio, Kanton, Luiz Fernando Rubio, Mauro Takeshi, Quanta Estúdio, Sonia Vaz, WYM Design
Cartografia	Sonia Vaz
Tratamento de imagens	Emerson de Lima
Produtor gráfico	Thais Mendes Petruci Galvão
Impressão e acabamento	Bercrom Gráfica e Editora

603759.003.001

Editora Saraiva

SAC 0800-0117875
De 2ª a 6ª, das 8hs às 18hs
www.editorasaraiva.com.br/contato

Avenida das Nações Unidas, 7221 – 1º andar – Setor C – Pinheiros – CEP 05425-902

APRESENTAÇÃO

Caro aluno,

A Matemática é parte da cultura humana e tem uma história de milhares de anos.

Ela contribui para a formação cidadã e o desenvolvimento do raciocínio lógico – crucial para o exercício de qualquer atividade humana.

Além disso, a Matemática oferece ferramentas para as ciências investigarem os mais diversos fenômenos, contribuindo direta ou indiretamente para o avanço tecnológico. Há cerca de 80 anos, por exemplo, os matemáticos Alan Turing (1912-1954) e Alonzo Church (1903-1995) estabeleceram as bases teóricas sobre as quais se fundamentam a computação, antecipando-se à construção do primeiro computador em quase 10 anos! Observe o mundo à sua volta e avalie o impacto dos computadores em nossa sociedade e em seu cotidiano.

A Matemática é a base sobre a qual se apoiam as ciências aplicadas: pense em qualquer aparelho eletrônico de seu dia a dia (DVD, rádio, televisor, computador, telefone celular etc.) e poderá verificar que todos incorporam princípios científicos que, em última análise, dependem da Matemática para sua compreensão.

Com o estudo da Matemática, você pode descobrir a resposta para diferentes perguntas, por exemplo: "Como os números são escritos nos computadores? Como é possível calcular a altura de um prédio com um transferidor e uma trena? Por que devemos ser cautelosos com as conclusões de pesquisas divulgadas na mídia?", dentre muitas outras questões.

Esperamos que esta coleção de Matemática:

- proporcione a você um caminho de buscas e investigação;
- favoreça seu desenvolvimento visando à formação de um cidadão consciente de seu papel na sociedade;
- possibilite a você reconhecer a importância da Matemática para a compreensão da "sociedade da informação" em que vivemos; e
- incentive sua atração na construção do futuro de nosso país.

Um grande abraço,

Autor e equipe editorial

CONHEÇA SEU LIVRO

Este livro está organizado em oito unidades. O desenvolvimento dos temas foi distribuído em diferentes seções, cada uma com finalidade específica.

Abertura de unidade

Cada unidade é iniciada com uma dupla de páginas que apresenta um tema relacionado ao conteúdo em estudo.
As situações apresentadas contêm textos e imagens que motivam uma discussão inicial, proposta por meio de questões no boxe **Trocando ideias**.

UNIDADE 7

Ângulos e polígonos

Você já parou para pensar em como é feita a arte gráfica dos jogos em 3D?

Para dar forma a cenários e personagens de jogos em 3D, o *designer* de *games* trabalha com programas computacionais especializados. Nesses programas, as imagens são construídas por meio de composições feitas com polígonos.

A maneira como os polígonos são dispostos, as texturas utilizadas e técnicas de iluminação dão ideia de profundidade nas imagens produzidas. Quanto maior a quantidade de polígonos usados ao modelar as imagens, mais realismo e nitidez são obtidos.

Por outro lado, os jogos não precisam apenas de imagens nítidas e próximas da realidade. É necessário que personagens se movimentem e que o cenário se transforme de acordo com os comandos realizados.

Imagens modeladas com muitos polígonos necessitam de muitos cálculos matemáticos para processar o programa do jogo. Assim, o grande desafio do *designer* de *games* é reduzir ao máximo o número de polígonos usados na modelagem, sem perder a qualidade.

Nesta unidade você vai saber mais sobre...
- Ângulos
- Polígonos

Observe que o resultado final é parecido, embora a quantidade de polígonos usados na modelagem seja diferente.

Nesta modelagem foram usados 544 polígonos.

Nesta modelagem foram usados 895 polígonos.

TROCANDO IDEIAS

1. Com base na leitura do texto, responda: qual é o grande desafio dos *designers* de *games* ao produzir as imagens utilizadas nos jogos em 3D?
2. Qual das imagens apresentadas anteriormente mais chamou a sua atenção? Você reconhece algum polígono nessas imagens? Converse com os colegas e o professor.
3. Use recortes de papel colorido para criar, em uma folha de papel em branco, uma composição feita de polígonos que lembre as construídas pelos *designers* de *games*. Crie sua própria personagem. Utilize diferentes tonalidades de cores para produzir o efeito 3D. Concluída a obra, compare com os colegas e, juntos, organizem um mural para expor os trabalhos.

241

Apresenta os principais conteúdos que serão trabalhados e desenvolvidos na unidade.

Enigma

Em todas as unidades desta coleção, após a abertura, é proposta uma situação-problema que denominamos **Enigma**, cujo objetivo é utilizar os conceitos explorados na unidade para resolvê-la.

O enigma da conta bancária

Marcos é cliente de um banco e regularmente vai a uma agência bancária onde aluga um cofre. Ele deposita documentos importantes e dinheiro no cofre e se preocupa com o sigilo das informações, principalmente com a senha numérica de abertura do cofre que mais ninguém conhece.

Certo dia, quando chegava à agência bancária, Marcos sofreu um pequeno acidente que o fez esquecer sua senha.

Após o ocorrido, o gerente do banco telefonou para a sobrinha de Marcos, Ana Clara, explicou a situação e pediu a ela que fosse buscar o tio. O gerente a avisou que durante a tentativa de abrir o cofre Marcos não se lembrou da senha, mas consultou um pedaço de papel que continha uma dica.

Ana Clara foi buscar o tio, que no caminho mencionou diversas vezes a sala da casa onde ele morava e alertou a sobrinha de que a senha do cofre devia estar relacionada de algum modo com essa sala de sua casa.

Quando chegaram, os dois vasculharam a sala da casa até que Ana Clara encontrou um papel que estava embaixo de um livro.

- Qual é a senha do cofre de Marcos no banco? No decorrer da unidade você encontrará pistas que podem auxiliá-lo a desvendar este enigma.

12

Pista 1

Observe o lembrete da senha do cofre.
- O que está escrito nele?
- Seria possível digitar esse código para abrir o cofre? Por quê?
- Em sua opinião, como esse lembrete era usado por Marcos?

Procure as **Pistas** disponíveis ao longo da unidade e desvende esses enigmas!

Desenvolvimento dos conteúdos

Os conteúdos apresentados são desenvolvidos por meio de textos, acompanhados de figuras, esquemas, diagramas, tabelas, gráficos ou tirinhas.

Números e tabelas

Rita é nutricionista e realizou uma pesquisa com 20 alunos do 6º ano de uma escola para saber os alimentos consumidos por eles ontem no café da manhã.

Para coletar as informações, Rita pediu aos alunos que preenchessem uma ficha. Observe o modelo da ficha utilizada:

Nutricionista: profissional que estuda as necessidades alimentares dos seres humanos e animais e a forma como eles absorvem os alimentos.

Apresentamos o significado de algumas palavras para facilitar a compreensão dos textos.

Pesquisa

Que alimento sólido você consumiu ontem no café da manhã?

Alimento (é possível registrar mais de um):

Nutricionistas recomendam o consumo diário de alimentos naturais e variados, como grãos, frutas, vegetais e fontes de proteína.

Rita organizou os dados da pesquisa em uma **tabela**. Observe:

Alimentos sólidos consumidos ontem no café da manhã por alunos do 6º ano

Alimento (porção)	Número de alunos
Fruta	6
Cereal	5
Sanduíche natural	9
Bolo	4
Outros	3

Dados elaborados pelo autor.

As tabelas são compostas de fileiras horizontais (linhas) e fileiras verticais (colunas). Organizar dados em tabelas facilita a sua leitura e análise, o que possibilita interpretar os dados com mais rapidez e eficiência.

- Qual é o tema da pesquisa?
- Qual foi o alimento consumido pelo maior número de alunos ontem? Você sugeriria alguma alteração na tabela para obter mais facilmente esse dado?
- O total de alunos pesquisados é igual à soma dos números da tabela? Se não, explique por quê.

27

Boxes ao longo do texto trazem questionamentos que motivam debates entre a turma e o professor.

Saiba mais

A seção **Saiba mais** apresenta textos diversificados que abordam conteúdos relacionados ao tema da unidade sob a perspectiva histórica, ou com curiosidades, ou, ainda, relacionando a Matemática com outras áreas do conhecimento.

SAIBA MAIS

Cristais e poliedros

Existem diferentes formas de cristais na natureza, desde as mais simples, que dão ideia de cubo, a algumas mais complexas, formadas até por 48 faces.

O fato de os cristais lembrarem poliedros é explicado pelo processo de formação desse material, ou seja, como são organizadas as partículas que compõem a estrutura cristalina.

É como se fosse um bloco feito de tijolos, em que cada tijolo se repete de modo ordenado em todas as direções.

Observe alguns cristais obtidos na natureza.

Cristal de pirita – este cristal tem forma de cubo.

Cristal de magnetita – este cristal tem forma de octaedro.

A quantidade de faces de uma forma cristalina é geralmente um número par.

Não se tem conhecimento de forma cristalina simples com mais de 48 faces. Por outro lado, existem combinações de formas simples e essas combinações podem ter quantidade de faces maior do que 48.

Cristal de granada.

A única forma cristalina simples de 48 faces que se conhece é encontrada no cristal de granada.

Fonte de pesquisa: <http://www.cprm.gov.br/publique/cgi/cgilua.exe/sys/start.htm?infoid=2715&sid=129>. Acesso em: 12 fev. 2015.

Para explorar

1. O cristal de pirita da imagem anterior tem a forma de um poliedro de quantas faces? E o cristal de magnetita?
2. Qual é o número máximo conhecido de faces em uma forma cristalina simples?
3. Pesquise outros tipos de cristais e procure gravuras para compor um mural. Com os colegas, reúna as gravuras e identifique as principais figuras geométricas observadas nas formas de cada cristal.

108

EXPERIMENTE **FAZER**

Vamos fazer uma pesquisa

Você e os colegas vão fazer uma pesquisa com sua turma e registrar os dados em uma tabela.

Participantes

- Grupos de 3 ou 4 alunos.

Procedimentos

- Os participantes devem se reunir em grupos de 3 ou 4 alunos, escolher um tema e fazer uma pesquisa com a sua turma. Os integrantes do grupo devem também ser incluídos nessa pesquisa. Aqui vão algumas sugestões de temas:
  - Time de futebol preferido;
  - Sobremesa preferida;
  - Estilo de música preferido;
  - Comida salgada preferida;
  - Disciplina escolar preferida;
  - Esporte preferido.
- Cada grupo deve elaborar uma ficha para fazer a sua pesquisa. Essa ficha pode ser feita com folhas de caderno, conforme os exemplos a seguir.

Sobremesa preferida

Qual é a sua sobremesa preferida?

Disciplina escolar preferida

Qual é a sua disciplina escolar preferida?

- Com as fichas prontas, cada grupo deve distribuí-las para os outros alunos. As pesquisas de todos os grupos podem ser feitas simultaneamente.
- Quando todos os alunos tiverem respondido a todas as pesquisas, cada grupo deve recolher as suas respectivas fichas preenchidas. Depois, os alunos de cada grupo devem responder à sua própria pesquisa.
- Com a pesquisa completa, cada grupo deve contar as fichas de acordo com o tema escolhido e organizar os dados coletados em uma tabela. A tabela que representa a pesquisa de cada grupo pode ser feita em uma cartolina. Veja o exemplo ao lado.
- Os grupos devem organizar suas tabelas de modo que seja fácil identificar os itens mais escolhidos e os menos escolhidos.

Comida salgada preferida

Comida	Número de pessoas que preferem a comida
Macarrão	6
Estrogonofe	5
Frango	5
Salada	3
Feijão	3
Arroz	2
Salsicha	1

Dados elaborados pelo autor.

1. Analisando os resultados da sua pesquisa e dos demais grupos, o que é possível concluir em relação aos temas escolhidos?
2. Como vocês acham que são feitas as pesquisas divulgadas nos meios de comunicação?

28

Experimente fazer

As atividades desta seção são variadas e aparecem na coleção em momentos de ampliação do conteúdo estudado. Nela, trazemos jogos, experimentos, organização de dados em tabela ou outros tipos de registros, construções geométricas etc.

Ativando habilidades

Esta seção apresenta problemas desafiadores, obtidos em provas e bancos de questões de olimpíadas de Matemática, em especial a Olimpíada Brasileira de Matemática das Escolas Públicas (Obmep). Em cada unidade é apresentado um problema, cuja resolução é discutida passo a passo.

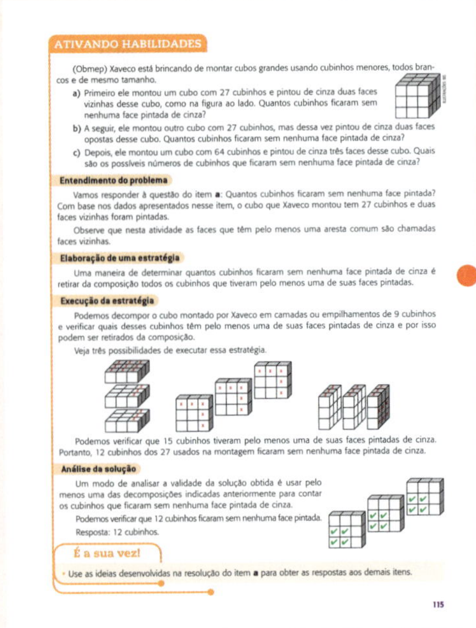

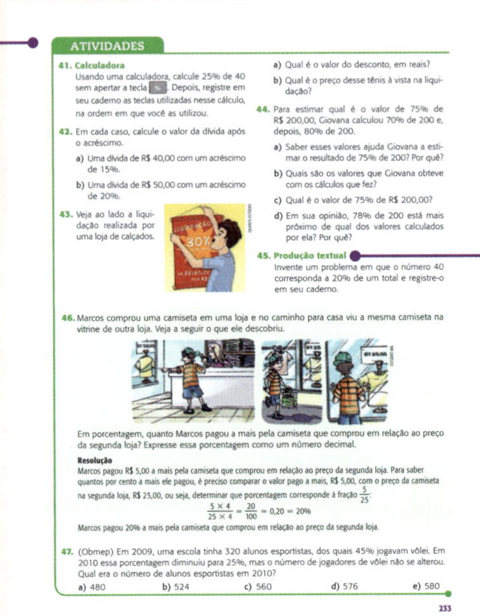

As atividades sobre determinado conteúdo são apresentadas após o seu desenvolvimento, em dois momentos distintos: na seção **Atividades** e na seção **Teia do saber**.

Na seção **Atividades**, em geral, trabalha-se o conteúdo de maneira mais direta. Há também problemas resolvidos, que trazem exemplos de estratégias para a resolução de atividades.

Em diversas atividades, são apresentadas indicações para o uso de **calculadora** e de estratégias de **cálculo mental**, além de indicações de **atividade em grupo** e de **produção textual**.

Teia do saber

No **Teia do saber**, há atividades muitas vezes contextualizadas com situações cotidianas e que exigem a aplicação de diferentes conceitos estudados até o momento em que ela aparece.

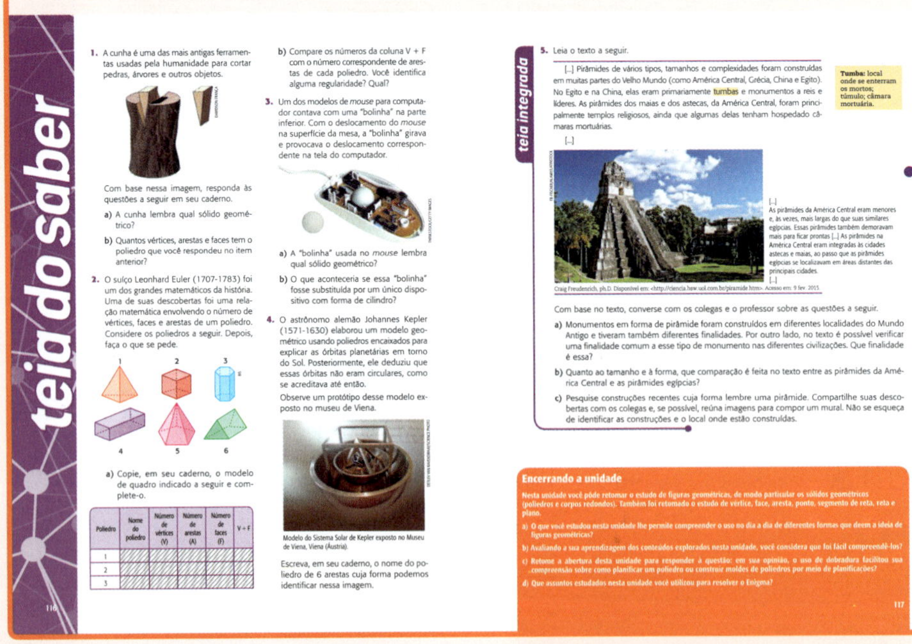

A última atividade da seção, chamada **Teia integrada**, traz oportunidades de trabalho envolvendo a Matemática e outras disciplinas.

Encerrando a unidade

Esta seção traz a oportunidade de rever o conhecimento adquirido e refletir sobre ele. Aproveite esse momento de avaliação para retomar os assuntos estudados e tirar suas dúvidas.

Conhecimento interligado

Na seção **Conhecimento interligado**, são apresentados temas que permitem a conexão entre alguns dos conteúdos matemáticos estudados na unidade e outras áreas do conhecimento, como Geografia, História, Arte, Língua Portuguesa, Língua Estrangeira e Ciências da Natureza.

Em ação

No **Em ação**, são propostos temas que permitem a reflexão sobre as próprias atitudes e o posicionamento de maneira crítica, como Cidadania, Trabalho e Consumo, Saúde, Meio Ambiente, Ética e Pluralidade Cultural. Essa seção envolve leituras, debates, trabalhos em equipe, análise de situações, entre outras atividades.

SUMÁRIO

5 Frações

6 Números decimais

7 Ângulos e polígonos

8 Grandezas e medidas

UNIDADE

1

Números e sistemas de numeração

QUANTA ESTÚDIO

SENSO NUMÉRICO

Estudos indicam que os seres humanos têm a habilidade de determinar a quantidade de elementos de pequenos agrupamentos sem fazer uso da contagem. Essa habilidade é conhecida como “senso numérico”. Alguns animais, apesar de não saberem contar, também têm essa habilidade.

DACOSTA MAPAS

Em um experimento realizado no Parque Nacional de Serengueti, na Tanzânia, pesquisadores verificaram que, quando o grupo de leoas dominante em um território é maior do que o grupo de leoas invasor, o grupo dominante defende seu território atacando os invasores. Se o grupo invasor for maior ou igual ao grupo dominante, as leoas nem sempre defendem seu território.

Os pesquisadores usaram alto-falantes instalados em arbustos para reproduzir o rugido de leoas.

Primeiro, emitiram apenas um rugido para uma leoa solitária. Ela não deu atenção e seguiu para encontrar seu grupo.

Nesta unidade você vai saber mais sobre...

- Os diferentes usos dos números e contagem
- Os números naturais
- Sistemas de numeração

QUANTA ESTÚDIO

Depois, foram emitidos 3 rugidos diferentes para um grupo de 5 leoas. Elas olharam na direção dos rugidos e correram até os arbustos prontas para o ataque.

Os pesquisadores concluíram que o grupo dominante atacou por notar que o grupo invasor tinha menos elementos e, portanto, seria fácil expulsá-lo. Isto é, concluiu-se que as leoas usaram seu senso numérico para tomar essa atitude.

Fonte de pesquisa: Keith Devlin. *O gene da Matemática*. 1. ed. São Paulo: Record, 2004.

TROCANDO IDEIAS

1. Teste seu senso numérico.

   Peça a um colega que encha as mãos com pequenas bolinhas de papel e jogue-as sobre uma mesa. Observe as bolinhas espalhadas e, sem contar, registre quantas você acha que estão sobre a mesa.

   Em seguida, conte as bolinhas e compare o resultado com seu registro anterior.

   Repita essa ação aumentando a quantidade de bolinhas e, em cada caso, compare o valor registrado sem contar as bolinhas com o registrado após a contagem. O que você observou?

2. Os seres humanos têm a capacidade de contar e, ao longo do tempo, diversas civilizações inventaram formas de registrar quantidades: por meio de nós em cordas, marcas em madeira, ossos e pedras, símbolos escritos, gestos etc. Como você registra quantidades?

O enigma da conta bancária

Marcos é cliente de um banco e regularmente vai a uma agência bancária onde aluga um cofre. Ele deposita documentos importantes e dinheiro no cofre e se preocupa com o sigilo das informações, principalmente com a senha numérica de abertura do cofre que mais ninguém conhece.

Certo dia, quando chegava à agência bancária, Marcos sofreu um pequeno acidente que o fez esquecer sua senha.

Após o ocorrido, o gerente do banco telefonou para a sobrinha de Marcos, Ana Clara, explicou a situação e pediu a ela que fosse buscar o tio. O gerente a avisou que durante a tentativa de abrir o cofre Marcos não se lembrou da senha, mas consultou um pedaço de papel que continha uma dica.

Ana Clara foi buscar o tio, que no caminho mencionou diversas vezes a sala da casa onde ele morava e alertou a sobrinha de que a senha do cofre devia estar relacionada de algum modo com essa sala de sua casa.

Quando chegaram, os dois vasculharam a sala da casa até que Ana Clara encontrou um papel que estava embaixo de um livro.

- Qual é a senha do cofre de Marcos no banco? No decorrer da unidade você encontrará pistas que podem auxiliá-lo a desvendar este enigma.

1 Contagem e números naturais

Os diferentes usos dos números

Leia a seguir o trecho de uma reportagem publicada em 10 de maio de 2014.

Com gol no último minuto, Bota-PB e Salgueiro ficam no empate por 2 a 2

KLEIDE TEIXEIRA/JORNAL DA PARAÍBA/FOLHAPRESS

Belo sai na frente, mas vê adversário virar a partida. Porém, aos 49 minutos do 2º tempo, Pio cobra falta e deixa tudo igual no Almeidão. Jogo válido pela série C [do Campeonato Brasileiro].

[...] O jogo começou movimentado com as duas equipes tentando chegar ao ataque. E a primeira chance de gol foi do time da casa. O zagueiro André Lima recebeu um bom cruzamento de Pio, mas cabeceou para fora. Após o susto, o Salgueiro passou a dominar mais a partida e ter maior posse de bola. Mas quem balançou as redes primeiro foi o Botafogo-PB. Cléo Paraense recebeu um ótimo lançamento e, de bicicleta, tocou para Frontini. O camisa 9 só teve o trabalho de empurrar de cabeça a bola para o fundo do gol. [...]

Disponível em: <http://m.globoesporte.globo.com/futebol/brasileirao-serie-c/noticia/2014/05/com-gol-no-ultimo-minuto-bota-pb-e-salgueiro-ficam-no-empate-por-2-2.html>. Acesso em: 22 abr. 2015.

- Você deve ter observado que o autor do texto utilizou números para descrever alguns fatos da partida de futebol. Identifique para que esses números estão sendo usados em cada caso.

No texto são apresentados exemplos de diferentes usos dos números:

- **2** indica a **quantidade** de gols que cada equipe marcou na partida;
- **2º** (tempo da partida) indica a **ordem** da etapa da partida em que foi feito o último gol;
- **49** relaciona-se à **medida** de tempo da segunda etapa da partida na qual foi feito o último gol;
- **9** indica um **código**, ou seja, uma identificação para a camisa vestida pelo jogador.

Contagem

Você já deve ter observado que quando realizamos a contagem dos elementos de uma coleção é necessário:

- enunciar uma sequência de nomes correspondentes às quantidades contadas: um, dois, três,...;
- relacionar cada um desses nomes a um único elemento da contagem. Essa relação, que associa cada elemento de um conjunto com um único elemento de outro conjunto, e vice-versa, é chamada de **biunívoca**. No caso, cada elemento do conjunto dos nomes associa-se a um elemento contado;
- compreender que não importa qual é o primeiro elemento contado, nem o segundo,...; o resultado final da contagem deve ser sempre o mesmo;

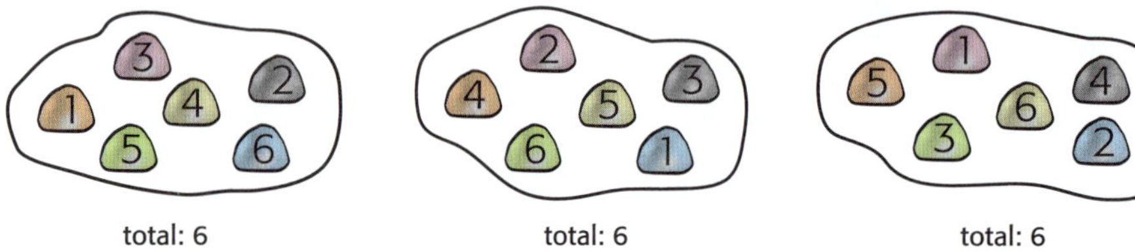

- perceber que o número final corresponde ao total de elementos da coleção e não ao último elemento contado. Por exemplo, se há dez objetos em uma coleção, ao terminar a contagem o último objeto apontado é o décimo objeto, mas o número dez corresponde ao total de objetos dessa coleção.

Conjunto dos números naturais

Os números 1, 2, 3, 4,..., utilizados na contagem dos elementos de uma coleção de objetos, juntamente com o zero formam um conjunto denominado **conjunto dos números naturais**, representado por $\mathbb{N}$.

$$\mathbb{N} = \{0, 1, 2, 3, 4, ...\}$$

Quando organizamos os números naturais em ordem crescente, do menor para o maior, temos a chamada **sequência dos números naturais**: 0, 1, 2, 3, 4, 5, 6, 7, 8, 9, 10, 11, 12, 13, ...

Podemos representar a sequência dos números naturais em uma **reta numerada**, associando cada número natural a um ponto dessa reta. Nela, os números são posicionados em ordem crescente, no sentido indicado pela seta.

- Na reta numerada, indicamos um de seus pontos como **origem** (letra O) e o associamos ao número zero.
- Escolhemos uma unidade de medida de comprimento qualquer, a partir da qual podemos marcar pontos na reta igualmente espaçados entre si.

- Ao primeiro ponto à direita da origem associamos o número 1, ao segundo ponto à direita da origem o número 2, e assim por diante.

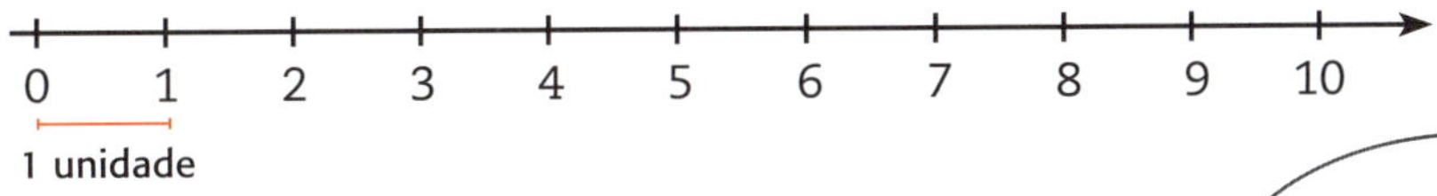

A sequência dos números naturais começa com o zero e o próximo elemento, **1**, pode ser obtido adicionando-se uma unidade ao zero, $0 + 1 = 1$. Para obter o próximo elemento, **2**, basta adicionar uma unidade ao 1, $1 + 1 = 2$, e assim por diante.

THINKSTOCK/GETTY IMAGES

O **sucessor** de um número natural pode ser obtido adicionando-se uma unidade ao número considerado. Por exemplo:

- 20 é o sucessor de 19.
- 32 é o sucessor de 31.

> - Qual é o sucessor de 20?
> - E qual é o sucessor de 32?

Na reta numerada, o sucessor de um número natural é o número natural imediatamente à direita do número considerado.

Todo número natural tem um sucessor e sempre é possível adicionar uma unidade a um número natural. Assim, não existe um número natural que seja o maior de todos. O conjunto dos números naturais tem **infinitos elementos**.

Todo número natural, com exceção do zero, tem um **antecessor** em $\mathbb{N}$, que pode ser obtido subtraindo-se uma unidade do número natural considerado. Por exemplo:

- 47 é antecessor de 48.
- 99 é antecessor de 100.

> - Qual é o antecessor de 47?
> - E qual é o antecessor de 99?

Na reta numerada, o antecessor de um número natural é o número natural imediatamente à esquerda do número considerado.

Dois ou mais números naturais são chamados **consecutivos** quando um vem imediatamente após o outro, na sequência dos números naturais. Por exemplo, 8, 9 e 10 são números consecutivos.

A ordenação dos números naturais permite comparar dois números. Podemos registrar essa comparação usando os símbolos $>$ (**maior que**) e $<$ (**menor que**), como mostram os exemplos a seguir.

- $5 > 2$ (lê-se: "cinco é maior do que 2").
- $4 < 9$ (lê-se: "quatro é menor do que 9").

> - Compare os números 5 e 2 utilizando o símbolo $<$.
> - Agora, compare os números 4 e 9 utilizando o símbolo $>$.

Pista 1

Observe o lembrete da senha do cofre.

- O que está escrito nele?
- Seria possível digitar esse código para abrir o cofre? Por quê?
- Em sua opinião, como esse lembrete era usado por Marcos?

Números pares e números ímpares

Dentro da sequência dos números naturais, podemos destacar outras duas sequências:

- a **sequência dos números pares**: **0, 2, 4, 6, 8, 10, 12, 14, 16, 18, 20, 22**, ... Há infinitos números pares;
- a **sequência dos números ímpares**: **1, 3, 5, 7, 9, 11, 13, 15, 19, 21, 23**, ... Há infinitos números ímpares.

- Converse com seus colegas e tente identificar alguma característica comum aos números pares.
- O número 28 é par? E o número 41, é par? Como você descobriu?

ATIVIDADES

1. Observe a cena ao lado e escreva em seu caderno a palavra – **código**, **quantidade**, **ordem** ou **medida** – que melhor representa o uso do número em cada item.

QUANTA ESTÚDIO

a) Por motivos de segurança, o brinquedo exige que o usuário tenha pelo menos **1 metro** de altura.

b) A **5ª criança** da fila veste camiseta verde.

c) Há **7 crianças** na fila para utilizar o brinquedo.

d) A criança de camiseta amarela está digitando um número de telefone: **1253-6498**.

2. Produção textual

Escreva um texto de até dez linhas, usando números com diferentes funções (indicação de quantidade, ordem, medida e código), para descrever um pouco de sua rotina diária em casa ou na escola. Depois, troque o texto com seus colegas e comparem como vocês utilizaram os números em cada caso.

3. Larissa começou a organizar 18 palitos sobre uma mesa como mostra a ilustração ao lado. Quando Larissa terminar de organizá-los, quantos palitos haverá:

a) do 1º ao 7º palitos?

b) do 3º ao 11º palitos?

c) do 5º ao 15º palitos?

d) do 11º ao 18º palitos?

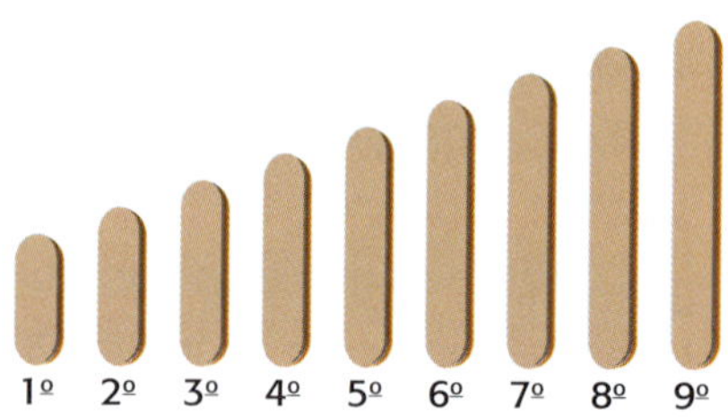

BIS

4. Caio contou grãos de feijão espalhados sobre uma mesa. Ao fazê-lo acabou contando um mesmo grão de feijão 6 vezes, um outro grão 4 vezes e um terceiro grão 3 vezes, obtendo a contagem de 40 grãos. Quantos grãos de feijão havia na mesa?

Resolução

Cada grão deveria ter sido contado uma única vez. Assim, o grão que foi contado de forma equivocada 6 vezes acrescentou 5 unidades a mais na contagem $(6 - 1 = 5)$. Raciocinando do mesmo modo, podemos concluir que o outro grão contado 4 vezes acrescentou 3 unidades a mais na contagem, e o terceiro grão, 2 unidades a mais. Assim, Caio acrescentou 10 unidades a mais em sua contagem $(5 + 3 + 2 = 10)$, e o número de grãos sobre a mesa não era 40, mas 30 $(40 - 10 = 30)$. Portanto, havia 30 grãos de feijão sobre a mesa.

ESTÚDIO LAB 307

- Se, além desses três grãos, Caio tivesse também contado outro grão 2 vezes e um quinto grão 4 vezes, qual seria o resultado da contagem? O número de grãos sobre a mesa continuaria o mesmo?

5. Patrícia está em uma fila para brincar na montanha-russa de um parque de diversões. Nessa fila há 17 pessoas. Determine a posição ocupada por Patrícia nessa fila, sabendo que à frente e atrás dela há o mesmo número de pessoas.

6. Raul, Sandra e Tiago tentaram adivinhar o número de bombons em uma cesta: os palpites foram 21, 22 e 23 bombons, respectivamente.

SHUTTERSTOCK

Sabendo que apenas um deles acertou e os outros dois erraram por 1 unidade, descubra quem acertou.

7. Determine quantos números naturais há entre:

a) 1 e 10.

b) 0 e 10.

c) 0 e 1.

d) 34 e 276.

8. Descubra o número natural que é:

a) o sucessor de 29.

b) o antecessor de 27.

c) o antecessor de 2 100.

d) o sucessor do antecessor de 45.

e) o antecessor do sucessor de 76.

9. Copie o quadro abaixo no caderno e complete-o escrevendo o sucessor e o antecessor, se houver, de cada número natural apresentado.

Antecessor	Número	Sucessor
	0	
	25	
	99	
	1 000	

10. Compare os números naturais em cada item e escreva as sentenças no caderno, substituindo cada ■ por um destes símbolos: > (maior que) ou < (menor que).

a) 63 ■ 36

b) 59 ■ 60

c) 109 ■ 190

d) 801 ■ 799

11. Calculadora

Usando uma calculadora, descubra o número que adicionado ao seu antecessor e ao seu sucessor resulta 216.

12. Observe a ilustração e responda às questões.

a) Quais são as cores das casas que têm números pares?

b) Quais são os números das casas amarela e lilás? Eles são pares ou ímpares?

DAWIDSON FRANÇA

SAIBA MAIS

O princípio das casas dos pombos

Já falamos sobre a correspondência biunívoca nesta unidade. Veja a seguir outros exemplos dessa ideia:

1. associamos cada pessoa a uma única impressão digital;
2. associamos cada pessoa a um único número de RG (registro geral).

Considere, agora, a seguinte situação: um pombal em que haja 5 pombos, mas apenas 4 casas de pombos. O que acontecerá se quisermos acomodar todos os pombos nessas casas?

ESTÚDIO MIL

Veja que, nesse caso, não é possível associar cada pombo a uma única casa, pois, certamente, pelo menos uma das casas terá de acomodar mais de um deles.

Esse princípio foi enunciado em 1834 pelo matemático alemão Johann Dirichlet (1805-1859) e tem interessantes aplicações em resolução de problemas.

Para explorar

1. Em uma escola há 35 alunos que fazem aniversário no mês de dezembro. Qual das afirmações dos itens abaixo é uma conclusão válida a respeito dessa situação?

- Pelo menos dois alunos nessa escola fazem aniversário no mesmo dia do mês de dezembro.
- Há pelo menos três alunos nessa escola que fazem aniversário no mesmo dia do mês de dezembro.

Dica: para aplicarmos o princípio das casas dos pombos nesse caso, podemos pensar que os 31 dias do mês de dezembro representam as casas de pombos e os 35 alunos da escola, os pombos.

Pista 2

Observe novamente o pedaço de papel que Ana Clara encontrou na sala e note que as letras que aparecem na palavra BABBA têm algarismos correspondentes nesse papel.

- Substitua as letras escritas no bilhete pelos algarismos correspondentes. Que número você encontrou?
- Essa é a senha numérica do cofre do banco? Por quê?

teia do saber

1. Observe a reta numerada:

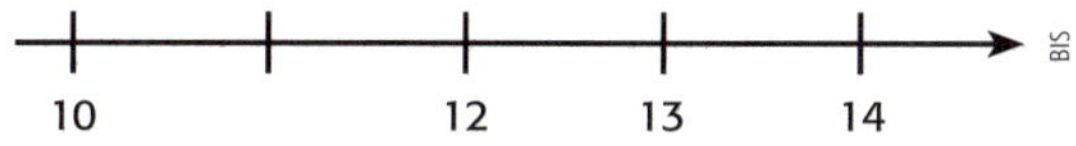

Cada uma das fichas A, B, C e D abaixo representa um dos números mostrados nessa reta.

A **B** **C** **D**

Leia estas pistas e associe cada ficha ao número correspondente.

- A é maior do que C;
- B é sucessor de D;
- B é 2 unidades maior do que A.

2. (Obmep) A figura mostra parte de uma tira retangular de papel dividida em quadradinhos numerados a partir de 1. Quando essa tira é dobrada ao meio, o quadradinho com o 19 fica em cima do que tem número 6. Quantos são os quadradinhos?

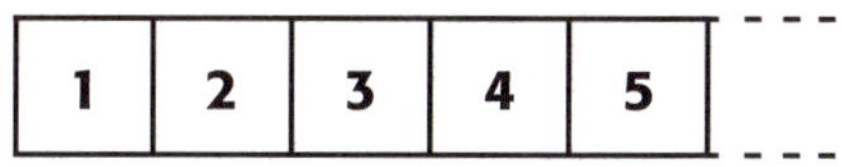

a) 24 b) 25 c) 26 d) 27 e) 28

3. As figuras a seguir foram desenhadas seguindo uma regra. Observe a quantidade de pontos de cada figura.

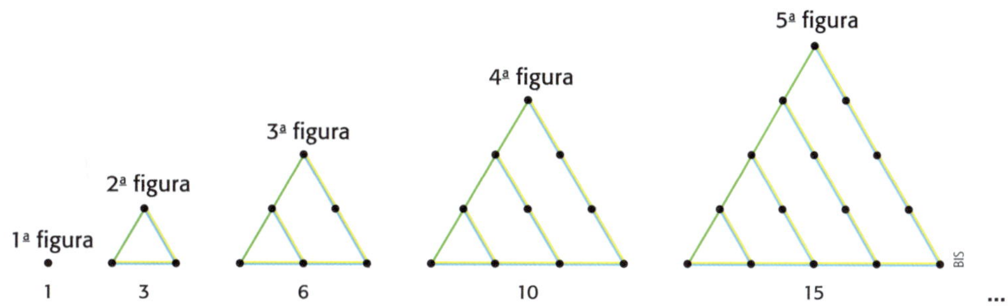

Agora, desenhe no caderno:

a) a próxima figura dessa sequência.

b) a 8ª figura dessa sequência, sem desenhar a 7ª figura.

4. Paulinho acordou à noite com frio e quis pegar um par de meias. Como ele não queria acordar seu irmão, que dormia ao lado, decidiu não acender a luz e vasculhar a gaveta onde elas estavam. A gaveta tinha 10 pares de meias brancas iguais e 10 pares de meias pretas iguais. Quantas meias, **no mínimo**, Paulinho deve pegar para ter certeza de que pegou 1 par da mesma cor?

5. (Obmep) O número de consultas mensais realizadas em 2006 por um posto de saúde está representado no gráfico. Em quantos meses foram realizadas mais de 1 200 consultas?

a) 5

b) 6

c) 7

d) 8

e) 9

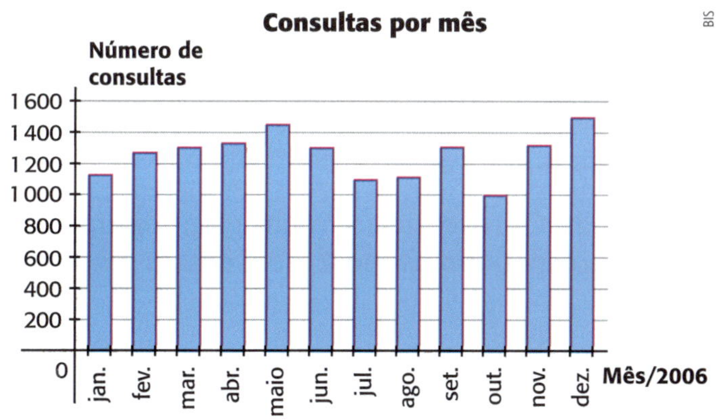

6. Atualmente, muitos países têm populações elevadas, ultrapassando centenas de milhões de habitantes. Veja os dados abaixo:

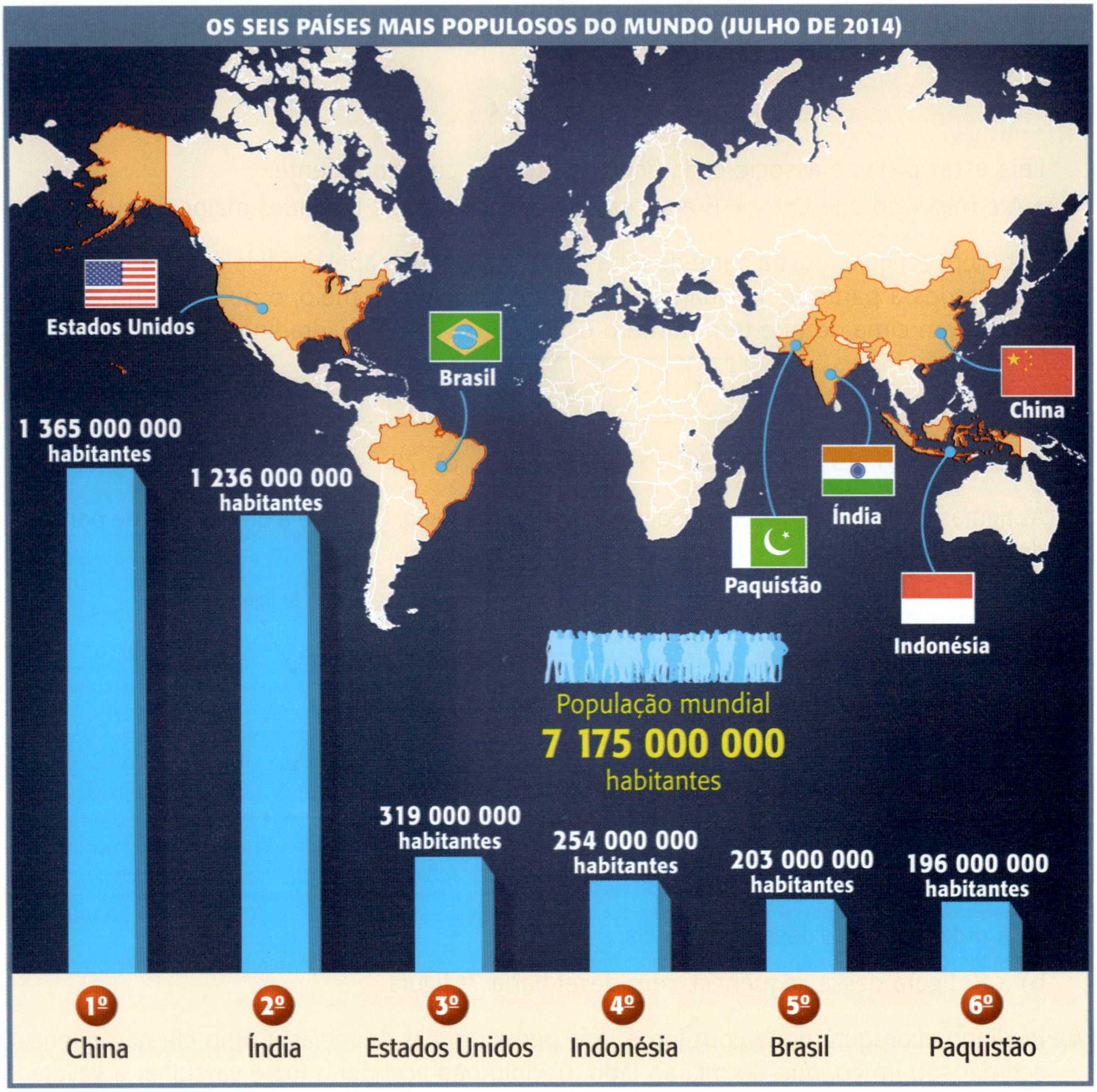

Fonte de pesquisa: <https://www.cia.gov/library/publications/the-world-factbook/>. Acesso em: 22 abr. 2015.

As causas dessas populações elevadas estão, junto de outros fatores, relacionadas com o aperfeiçoamento da agricultura e da indústria. Esse aperfeiçoamento permitiu aos seres humanos maior acesso à água limpa, comida, moradia e saúde, resultando no crescimento populacional. A China e a Índia têm as maiores populações do mundo e sofrem de um problema chamado superpopulação. A superpopulação ocorre quando um grupo de pessoas se torna tão grande que a região em que habita pode ter a capacidade de sustentar suas necessidades comprometida. Agora, responda às questões:

a) Separando China e Índia em um grupo, **grupo 1**, e Estados Unidos, Indonésia, Brasil e Paquistão em outro, **grupo 2**, qual desses grupos tem maior parte da população mundial?

b) Pesquise sobre os tipos de problemas que podem surgir em regiões onde vivem as superpopulações. Depois, compartilhe com os colegas.

2 Sistemas de numeração

Um sistema de numeração reúne regras e símbolos gráficos para representar números. Vamos conhecer alguns sistemas de numeração que surgiram ao longo do tempo e suas principais características.

THINKSTOCK/GETTY IMAGES

Em marcadores de relógios.

Sistema de numeração romano

O sistema de numeração romano foi utilizado por muitos séculos na Europa. Esse sistema foi desenvolvido pela civilização romana, cuja cidade sede era Roma, e ao longo dos anos passou por mudanças.

Ainda hoje, utilizamos o sistema de numeração romano em algumas situações. Observe os exemplos a seguir.

THINKSTOCK/GETTY IMAGES

Para indicar volumes de coleções de livros.

CLÁUDIO GONÇALVES/FOLHAPRESS

Em nomes de ruas e avenidas.

Observe as fotografias acima e responda às questões.

- Que horário está registrado no relógio?
- Quais números aparecem nos livros da fotografia?
- Qual é o número que aparece no nome da rua?

Os símbolos mostrados nas fotografias acima fazem parte do sistema de numeração romano. Para escrever números nesse sistema são utilizados sete símbolos que correspondem a letras maiúsculas do nosso alfabeto:

I	V	X	L	C	D	M
1	5	10	50	100	500	1 000

Os demais números são escritos por meio de combinações desses símbolos de acordo com as seguintes regras:

ESTÚDIO MIL

1. Apenas os símbolos **I**, **X**, **C** e **M** podem ser repetidos, seguidamente, até três vezes. Os símbolos **V**, **L** e **D** não podem ser repetidos porque os símbolos **X**, **C** e **M**, respectivamente, representam seus valores duplicados.

2. Quando um símbolo é colocado imediatamente **à direita** de um símbolo de valor maior ou igual ao dele, os valores desses símbolos são adicionados.

Exemplos:

XX : 10 + 10 = 20 DC : 500 + 100 = 600 MV : 1 000 + 5 = 1 005

3. Quando um símbolo é colocado imediatamente **à esquerda** de um símbolo de valor maior, o valor menor deve ser subtraído do valor maior, nos seguintes casos:

- **I** à esquerda de **V** ou de **X**.
- **X** à esquerda de **L** ou de **C**.
- **C** à esquerda de **D** ou de **M**.

Exemplos:

IV : 5 − 1 = 4 XL : 50 − 10 = 40 CD : 500 − 100 = 400

IX : 10 − 1 = 9 XC : 100 − 10 = 90 CM : 1 000 − 100 = 900

4. Se entre dois símbolos quaisquer existe outro símbolo de valor menor que ambos, o valor deste será subtraído do símbolo seguinte a ele.

Exemplos:

XIX : 10 + (10 − 1) = 19 LIV : 50 + (5 − 1) = 54

5. O valor dos símbolos romanos é multiplicado por mil quando colocamos barras horizontais em cima deles.

Exemplos:

IV ⟶ $\overline{\text{IV}}$
4 ⟶ 4 000

V ⟶ $\overline{\text{V}}$
5 ⟶ 5 000

M ⟶ $\overline{\text{M}}$
1 000 ⟶ 1 000 000

ATIVIDADES

13. Escreva como são lidos os números representados a seguir.

a) LXIV
b) LXIX
c) CXXXII
d) CCXVII
e) CDII
f) DXLI
g) DCCCLVI
h) MI

14. Responda às questões a seguir usando números escritos no sistema de numeração romano.

a) Em que ano você nasceu?
b) Em que ano você fará 20 anos de idade?

15. Milena e Rodrigo fizeram afirmações sobre números escritos no sistema de numeração romano. Classifique cada afirmação como verdadeira ou falsa, justificando as respostas.

Quanto maior o número, mais símbolos romanos precisamos utilizar para representá-lo.

THINKSTOCK/GETTY IMAGES

Se trocarmos a ordem dos símbolos, o número representado não se altera.

Resolução

- Comparando, por exemplo, os números treze e cinquenta, temos que cinquenta (L) é maior do que treze (XIII), mas utiliza menos símbolos em sua representação. A afirmação de Milena é falsa.
- Considerando, por exemplo, o número quatro, que é escrito como IV, se alterarmos a ordem dos símbolos para VI, obtemos a representação do número seis. A afirmação de Rodrigo também é falsa.

- Junto com um colega, escreva outros exemplos que mostrem que as afirmações de Milena e Rodrigo são falsas.

16. O prédio que abriga o museu de uma cidade passou por grandes reformas. A obra está quase finalizada, faltam apenas alguns detalhes, como inserir o ano de inauguração da nova ala (2017) e recolocar o ano de fundação do museu (1985). Esses anos serão escritos no sistema de numeração romano. Como eles vão ficar? Registre.

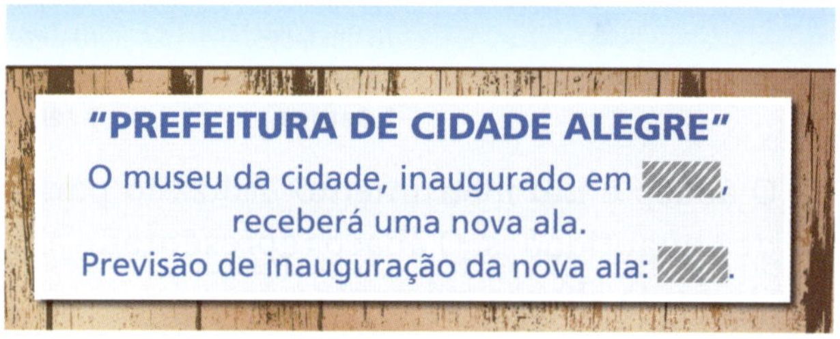

LUIZ FERNANDO RUBIO

17. Torne a igualdade verdadeira mudando apenas um palito de fósforo de posição.

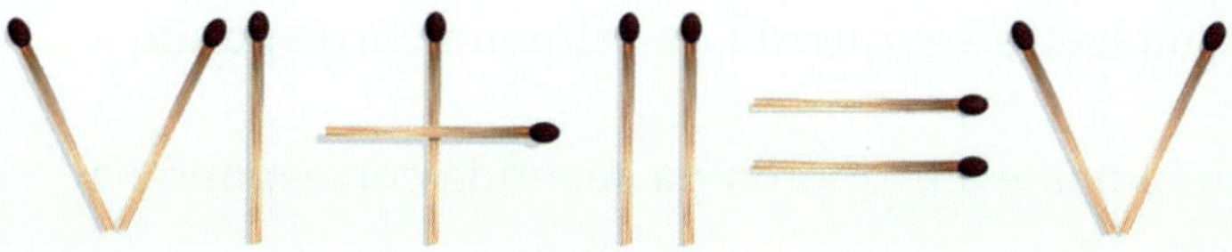

ILUSTRAÇÕES: DAWIDSON FRANÇA

Resolução

Como não há símbolo romano formado por um único traço inclinado, então não se deve retirar um palito de qualquer um dos símbolos V. Mover um palito do número dois para o outro lado da igualdade também não favorece uma resposta correta. Podemos, por exemplo, mover um palito do sinal de adição:

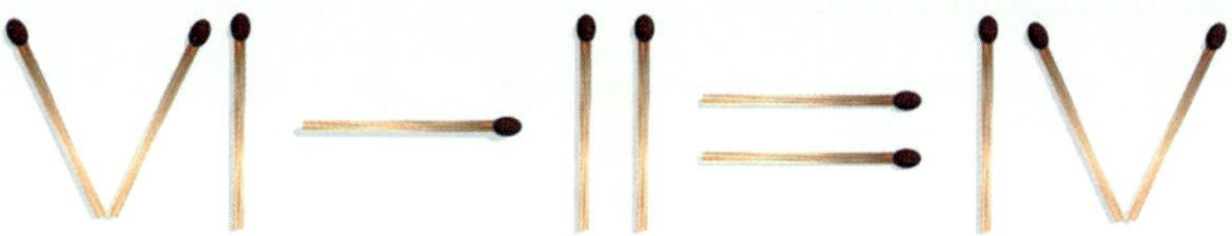

18. Mova apenas um palito para tornar a igualdade verdadeira.

Sistema de numeração indo-arábico

Os números com os quais lidamos diariamente fazem parte de nossa formação cultural e talvez, por esse motivo, raramente nos damos conta de que são parte de um sistema de numeração que passou por uma longa evolução: o **sistema de numeração indo-arábico**.

Vamos retomar algumas características desse sistema de numeração.

- Usamos **dez símbolos**, chamados **algarismos**, para escrever todos os números. São eles: 0, 1, 2, 3, 4, 5, 6, 7, 8, 9.
- Fazemos agrupamentos de dez em dez quantidades para facilitar a contagem e os registros dos números e, por isso, dizemos que é um **sistema de numeração decimal**.

Observe alguns agrupamentos representados com as peças do Material Dourado (o cubinho, a barra, a placa e o cubo grande).

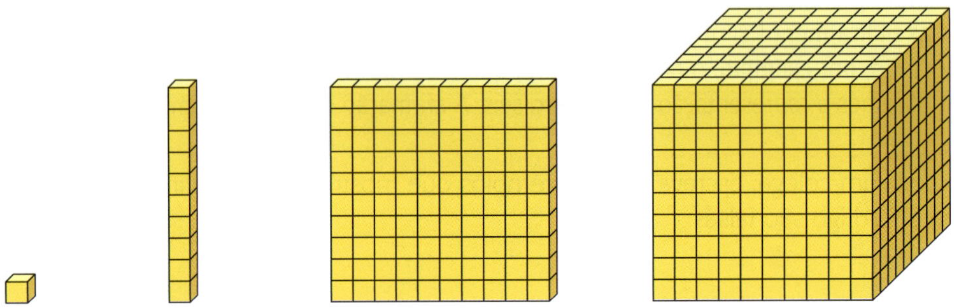

1 unidade.

Agrupando 10 unidades, obtemos **1 dezena**.

Agrupando 10 dezenas, obtemos 100 unidades ou **1 centena**.

Agrupando 10 centenas, obtemos 1 000 unidades ou **1 unidade de milhar**.

O ábaco é um instrumento utilizado para realizar contagens e cálculos fazendo agrupamentos de dez quantidades. O ábaco representado abaixo é conhecido como **ábaco de pinos**, um dos diversos tipos de ábacos existentes.

Neste ábaco, uma ficha colocada em uma haste terá um valor diferente dependendo da posição da haste:

- uma ficha na haste da direita corresponde a uma unidade (U);
- uma ficha na próxima haste à esquerda da primeira corresponde a uma dezena (D);
- uma ficha na próxima haste à esquerda da segunda corresponde a uma centena (C);
- uma ficha na haste seguinte à esquerda da terceira corresponde a uma unidade de milhar (UM); e assim por diante.

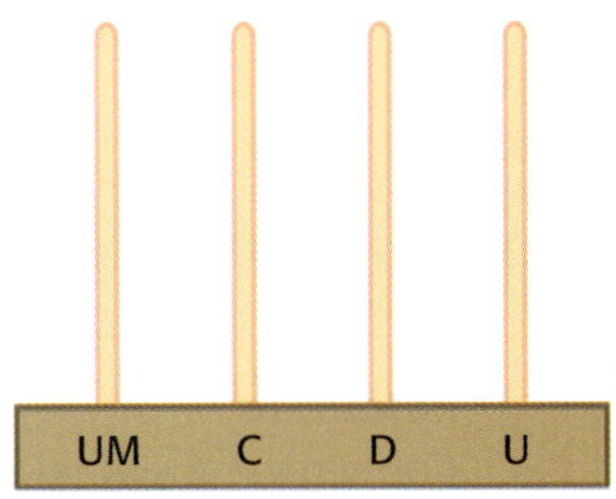

ILUSTRAÇÕES: BIS

Desse modo, para representarmos a quantidade **cento e vinte e três**, por exemplo, utilizando o ábaco, podemos fazer da seguinte maneira:

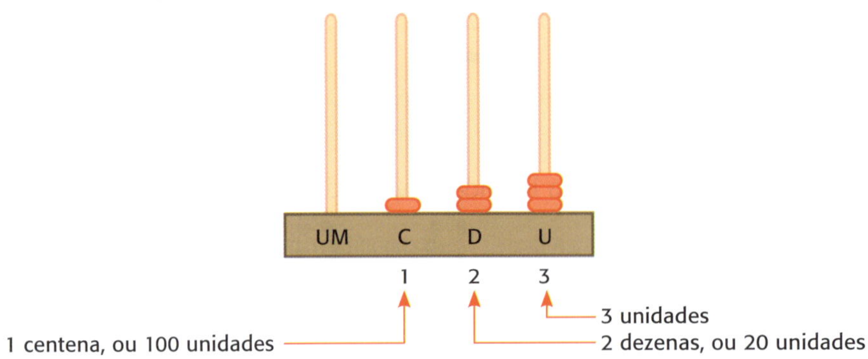

Observe, agora, os números 37 e 73 representados nos ábacos abaixo.

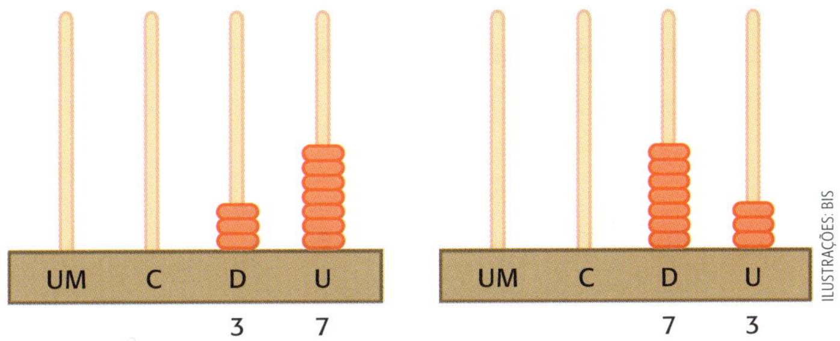

- Quantas unidades vale o algarismo 3 na escrita do número 37? E na escrita do número 73?
- E o algarismo 7, quantas unidades vale na escrita do número 37? E na do número 73?
- O que você pode dizer sobre o valor dos algarismos 3 e 7 ao mudarem de posição na escrita dos números 37 e 73?

Uma característica do sistema de numeração indo-arábico é ser **posicional**: o valor de um algarismo depende da posição que ele ocupa na escrita do número.

Ordens e classes

Observe a seguir informações publicadas pelo Instituto Brasileiro de Geografia e Estatística (IBGE) em julho de 2014 sobre a população brasileira.

202 768 562 era a população brasileira em 1º de julho de 2014.

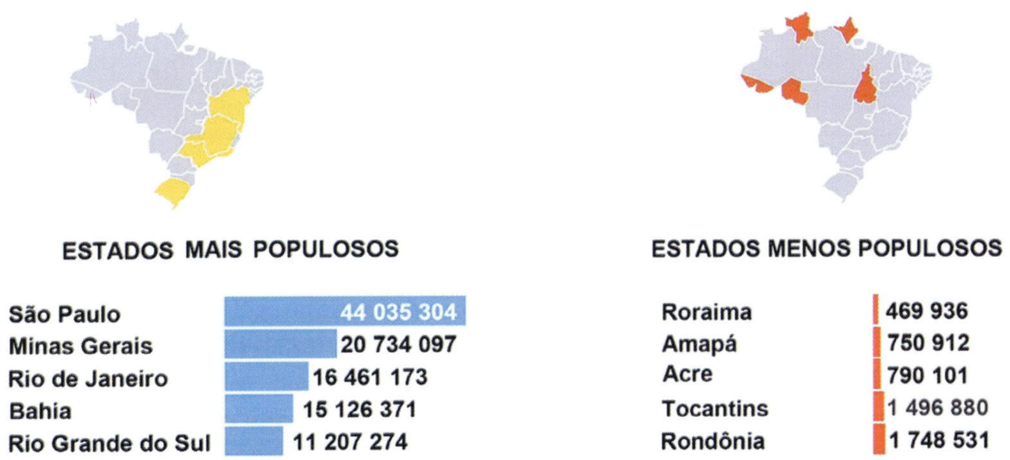

Fonte: IBGE, 2014.

Nos dados mostrados acima, os números foram utilizados para informar a população brasileira e as populações dos estados mais e menos populosos do Brasil. Em muitos momentos do cotidiano utilizamos números para descrever uma situação, interpretar um acontecimento ou tomar decisões.

No sistema de numeração indo-arábico, os algarismos são separados em **classes**. As classes são grupos de três algarismos. Da direita para a esquerda, temos a classe das **unidades simples**, dos **milhares**, dos **milhões**, dos **bilhões**, e assim por diante.

THINKSTOCK/GETTY IMAGES

Veja, por exemplo, como os números 790 101 e 202 768 562 são separados em classes.

790 101

- 790 → classe dos milhares
- 101 → classe das unidades simples

202 768 562

- 202 → classe dos milhões
- 768 → classe dos milhares
- 562 → classe das unidades simples

Observe como fazemos a leitura do número 202 768 562:

202 768 562

- 202 → duzentos e dois milhões
- 768 → setecentos e sessenta e oito mil
- 562 → quinhentos e sessenta e dois

Lemos: duzentos e dois milhões, setecentos e sessenta e oito mil, quinhentos e sessenta e dois.

Cada classe é dividida, da direita para esquerda, em **ordens**.

- Junto com os colegas, faça a leitura do número 198 107.

Observe, agora, os números 790 101 e 202 768 562 separados em classes e em ordens.

Classe dos milhões			Classe dos milhares			Classe das unidades simples		
Centena de milhão	Dezena de milhão	Unidade de milhão	Centena de milhar	Dezena de milhar	Unidade de milhar	Centena	Dezena	Unidade
			7	9	0	1	0	1
2	0	2	7	6	8	5	6	2

THINKSTOCK/GETTY IMAGES

A disposição dos algarismos em classes e em ordens permite a identificação do valor posicional de cada algarismo na escrita de um número. Por exemplo:

- o algarismo 9 no número 790 101 está na **ordem das dezenas** na **classe dos milhares**, ou seja, corresponde a 90 000 unidades;
- um dos algarismos 2 no número **2**02 768 562 ocupa a **ordem das centenas** na **classe dos milhões**, ou seja, corresponde a 200 000 000 de unidades.

- E os outros algarismos 2 no número 20**2** 768 56**2**? Quais classes e ordens ocupam?

Números e tabelas

Rita é nutricionista e realizou uma pesquisa com 20 alunos do 6º ano de uma escola para saber os alimentos consumidos por eles ontem no café da manhã.

Para coletar as informações, Rita pediu aos alunos que preenchessem uma ficha. Observe o modelo da ficha utilizada:

Nutricionista: profissional que estuda as necessidades alimentares dos seres humanos e animais e a forma como eles absorvem os alimentos.

BIS

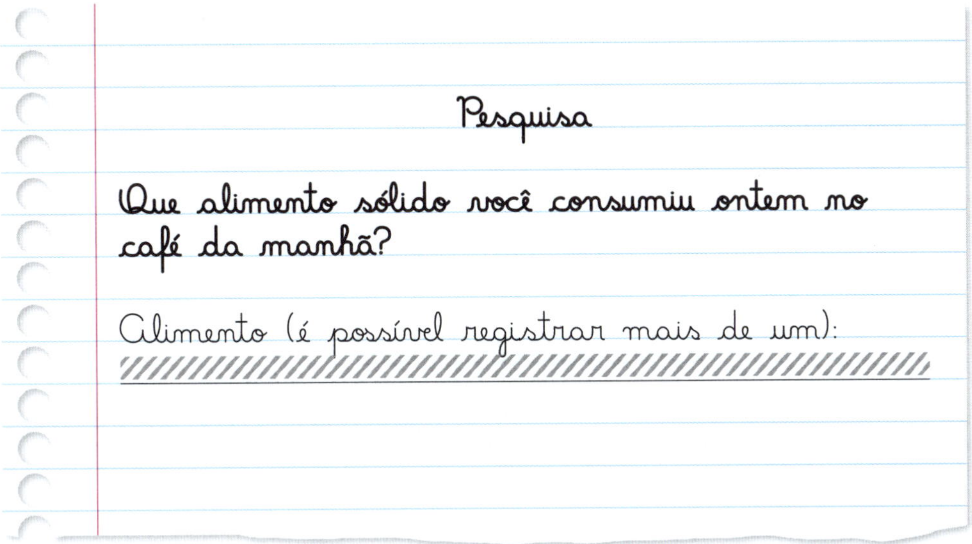

FERNANDO FAVORETTO/CRIAR IMAGEM

Nutricionistas recomendam o consumo diário de alimentos naturais e variados, como grãos, frutas, vegetais e fontes de proteína.

Rita organizou os dados da pesquisa em uma **tabela**. Observe:

Alimentos sólidos consumidos ontem no café da manhã por alunos do 6º ano

Alimento (porção)	Número de alunos
Fruta	6
Cereal	5
Sanduíche natural	9
Bolo	4
Outros	3

Dados elaborados pelo autor.

As tabelas são compostas de fileiras horizontais (linhas) e fileiras verticais (colunas). Organizar dados em tabelas facilita a sua leitura e análise, o que possibilita interpretar os dados com mais rapidez e eficiência.

- Qual é o tema da pesquisa?
- Qual foi o alimento consumido pelo maior número de alunos ontem? Você sugeriria alguma alteração na tabela para obter mais facilmente esse dado?
- O total de alunos pesquisados é igual à soma dos números da tabela? Se não, explique por quê.

Vamos fazer uma pesquisa

Você e os colegas vão fazer uma pesquisa com sua turma e registrar os dados em uma tabela.

Participantes

- Grupos de 3 ou 4 alunos.

Procedimentos

- Os participantes devem se reunir em grupos de 3 ou 4 alunos, escolher um tema e fazer uma pesquisa com a sua turma. Os integrantes do grupo devem também ser incluídos nessa pesquisa. Aqui vão algumas sugestões de temas:
  - Time de futebol preferido;
  - Sobremesa preferida;
  - Estilo de música preferido;
  - Comida salgada preferida;
  - Disciplina escolar preferida;
  - Esporte preferido.
- Cada grupo deve elaborar uma ficha para fazer a sua pesquisa. Essa ficha pode ser feita com folhas de caderno, conforme os exemplos a seguir.

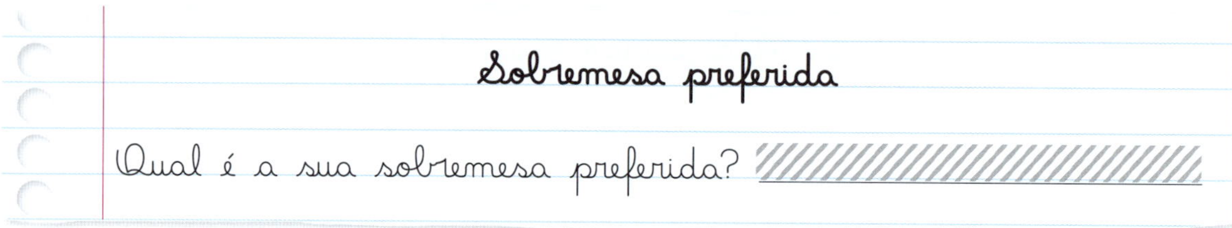

- Com as fichas prontas, cada grupo deve distribuí-las para os outros alunos. As pesquisas de todos os grupos podem ser feitas simultaneamente.
- Quando todos os alunos tiverem respondido a todas as pesquisas, cada grupo deve recolher as suas respectivas fichas preenchidas. Depois, os alunos de cada grupo devem responder à sua própria pesquisa.
- Com a pesquisa completa, cada grupo deve contar as fichas de acordo com o tema escolhido e organizar os dados coletados em uma tabela. A tabela que representa a pesquisa de cada grupo pode ser feita em uma cartolina. Veja o exemplo ao lado.
- Os grupos devem organizar suas tabelas de modo que seja fácil identificar os itens mais escolhidos e os menos escolhidos.

Comida salgada preferida

Comida	Número de pessoas que preferem a comida
Macarrão	6
Estrogonofe	5
Frango	5
Salada	3
Feijão	3
Arroz	2
Salsicha	1

Dados elaborados pelo autor.

1. Analisando os resultados da sua pesquisa e dos demais grupos, o que é possível concluir em relação aos temas escolhidos?

2. Como vocês acham que são feitas as pesquisas divulgadas nos meios de comunicação?

ATIVIDADES

19. Qual é o valor do algarismo 4 em cada número a seguir?

a) 1 6**4**8

b) **1**4 092

c) 5 75**4**

d) 28 **4**09

20. Escreva cada número a seguir utilizando apenas algarismos.

a) Quatro mil, setecentos e oitenta e um.

b) Trezentos mil, duzentos e cinquenta e seis.

c) Um milhão, duzentos e onze mil, duzentos e nove.

d) Vinte e cinco milhões, quinhentos e um mil e dezenove.

21. Escreva como se lê cada número abaixo.

a) 2 426

b) 51 890

c) 134 243

d) 6 000 907

22. No dia da inauguração, uma livraria fará uma distribuição gratuita de livros de gêneros diferentes para as primeiras 99 pessoas que chegarem a esse evento. Serão distribuídas senhas com números de três algarismos, de acordo com o gênero do livro escolhido e a ordem de chegada da pessoa.

- O algarismo inicial da senha corresponde ao gênero do livro que a pessoa deseja ganhar: **1 – Romance; 2 – Literatura infantojuvenil; 3 – Ficção científica**.
- Os dois últimos algarismos correspondem à ordem de chegada da pessoa.

WYM DESIGN

a) Qual será o número da senha da 17ª pessoa que chegou e escolheu ganhar um livro de literatura infantojuvenil?

b) E qual será o número da senha da 53ª pessoa que chegou e escolheu ganhar um livro de romance?

23. Observe uma folha de cheque na qual a quantia a ser paga está indicada por meio de algarismos e complete o campo "Pague por este cheque a quantia de" escrevendo o valor indicado por extenso (da forma como se lê).

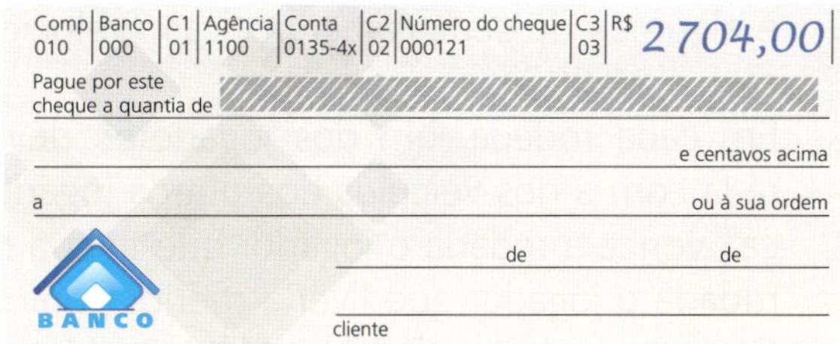

LUIZ FERNANDO RUBIO

24. Observe abaixo a indicação, em quilômetro, dos hodômetros dos carros de Lúcia e de Mauro.

> **Hodômetro:** instrumento que indica a distância percorrida por veículos.

carro de Lúcia

carro de Mauro

ESTÚDIO LAB 307

a) Qual hodômetro está indicando o número maior?

b) Escreva por extenso o número indicado em cada um dos hodômetros?

25. Entre 10 e 20, o número 11 é o único que tem todos os algarismos iguais. Quantos números de 10 a 100 têm todos os algarismos iguais? E de 10 a 1 000?

26. Qual dos algarismos do número 3 824 deve ser trocado pelo algarismo 7 para que o número formado seja:

a) o maior possível?

b) o menor possível?

27. Paulo é gerente de um hotel que tem 99 apartamentos numerados de 1 a 99. Ele precisa comprar algarismos grandes feitos de metal para fixar nas portas e identificar todos esses apartamentos.

THINKSTOCK/GETTY IMAGES

a) Quantas peças ele terá de comprar ao todo?

b) E quantos algarismos 4?

28. Vítor, Milena e Mateus estão brincando de um jogo de cartas. Em cada carta aparece um veículo e algumas de suas características (velocidade, manutenção e segurança) com uma pontuação de zero a 10 000.

Em cada rodada, um dos jogadores deve escolher uma característica de seu veículo e compará-la com a dos veículos dos outros jogadores. No caso de a escolha ser "Velocidade" ou "Segurança", vence a rodada o jogador que tiver a maior pontuação. Se a escolha for "Manutenção", vence a rodada o jogador que tiver a menor pontuação.

Observe as cartas de Vítor, Milena e Mateus nessa rodada.

a) Na vez de Vítor, ele vencerá a rodada se escolher qual característica: velocidade, manutenção ou segurança? E na vez de Mateus?

b) Se Milena fosse a jogadora da vez, ela teria como ganhar a rodada escolhendo alguma característica do veículo de sua carta?

c) Em sua opinião, qual destes tipos veículos polui menos o meio ambiente: a bicicleta, a motocicleta ou o carro? Você acha importante considerar essa característica na compra de um desses veículos?

ILUSTRAÇÕES: ESTÚDIO LAB 307

29. Usando os algarismos 1, 3, 6 e 7, escreva:

a) o menor número possível de quatro algarismos sem repetição de algarismo.

b) o maior número possível de quatro algarismos podendo repetir algarismo.

c) o menor número de quatro algarismos, sem repetição de algarismo, que começa com o algarismo 3.

d) o maior número de quatro algarismos, sem repetição de algarismo, que termina com o algarismo 6.

30. Determine o antecessor do maior número natural de dois algarismos diferentes.

Resolução

O maior número natural de dois algarismos é 99; entretanto, como se pede que os algarismos sejam diferentes, o maior número é 98. O antecessor de 98 é o número 97.

Como você aplicaria esse modo de resolver para obter o antecessor do maior número natural de três algarismos diferentes?

31. Os bilhetes de uma rifa são numerados de 1 000 a 9 999. Marcelo comprou todos os bilhetes nos quais o algarismo 7 aparece exatamente três vezes e o 0 (zero) não aparece. Quantos bilhetes Marcelo comprou?

32. Responda às questões a seguir.

a) Quantas unidades há em 2 centenas?

b) Quantas dezenas há em 7 centenas?

c) Quantas dezenas há em 8 milhares?

ATIVANDO HABILIDADES

(Obmep) O ano 2002 é *palíndromo* porque é o mesmo quando lido da direita para a esquerda.

383 e 1221 foram anos palíndromos.

a) Qual será o próximo ano palíndromo depois de 2002?

b) O último ano palíndromo, 1991, era ímpar. Quando será o próximo ano palíndromo ímpar?

Entendimento do problema

Inicialmente devemos identificar qual é a pergunta do problema. Neste caso, vamos resolver o item **a**: Qual será o próximo ano palíndromo depois de 2002?

Para resolver esse item é preciso pensar no que é um número palíndromo. O que ocorre com os algarismos de um número palíndromo de três algarismos? E de quatro algarismos?

No caso de um número de três algarismos, o algarismo da ordem das unidades deve ser igual ao algarismo da ordem das centenas. No caso de um número de quatro algarismos, o algarismo da ordem das unidades deve ser igual ao da ordem das unidades de milhar, e o algarismo da ordem das dezenas deve ser igual ao da ordem das centenas.

Elaboração de uma estratégia

Podemos obter números palíndromos de 4 algarismos se:

(1) trocarmos ambos os algarismos das extremidades (unidade e unidade de milhar) por dois outros algarismos que sejam iguais entre si, ou

(2) trocarmos os algarismos centrais (dezena e centena) por dois outros que sejam iguais entre si, ou

(3) fizermos as duas trocas indicadas anteriormente ao mesmo tempo.

Para que seja obtido o próximo ano palíndromo, o número 2002 deve ter seus algarismos modificados de modo que o número obtido seja maior do que 2002, mas o mais próximo possível deste.

Podemos escolher trocar os algarismos das extremidades ou os algarismos centrais. Como queremos encontrar o número palíndromo mais próximo de 2002, devemos trocar os algarismos centrais.

Execução da estratégia

Trocando os algarismos centrais pelo sucessor de zero, ou seja, 1, obtemos o número 2112. Esse número corresponde ao próximo ano palíndromo.

Análise da solução

Neste caso, o raciocínio construído logicamente permite que nos asseguremos de que a solução está correta, e o número 2112 é o mesmo quando lido da direita para a esquerda.

Resposta: o próximo ano palíndromo depois de 2002 é 2112.

É a sua vez!

- Use as ideias desenvolvidas na resolução do item **a** e as observações anteriores para obter a resposta do item **b**.

Arredondamentos

Você costuma ir ao cinema? Veja uma tabela com os três filmes de maior bilheteria no mundo no ano de 2013.

WALT DISNEY PICTURES/PHOTO 12/GLOW IMAGES

MARY EVANS/RONALD GRANT/DIOMEDIA

Os três filmes de maior bilheteria no mundo no ano de 2013

Filme	Bilheteria (em dólares americanos)
Frozen	1 267 836 600
Homem de ferro 3	1 215 439 994
Meu malvado favorito 2	970 761 885

Fonte de pesquisa: <http://www.boxofficemojo.com/yearly/chart/?view2=worldwide&yr=2013&p=.htm>. Acesso em: 10 jul. 2014.

UNIVERSAL PICTURES/PHOTO 12/GLOW IMAGES

- Imagine que você é o responsável por elaborar o título de uma notícia de jornal sobre os valores arrecadados nas bilheterias desses filmes. Você apresentaria os números como estão na tabela ou faria arredondamentos? Por quê?
- Junto com um colega, pesquise em jornais ou revistas notícias sobre bilheterias de filmes no Brasil e no mundo e observe como os números são apresentados. Depois, converse com os demais colegas sobre o que vocês descobriram.

Dependendo da situação, pode ser conveniente arredondar um número para facilitar cálculos ou a comunicação, por exemplo.

Veja como podemos fazer um arredondamento do número correspondente à bilheteria do segundo filme da tabela:

- Escolhemos a ordem de grandeza para a qual queremos arredondar o número. Por exemplo, nesse caso vamos arredondar 1 215 439 994 para o número com **centena de milhão** exata mais próximo.

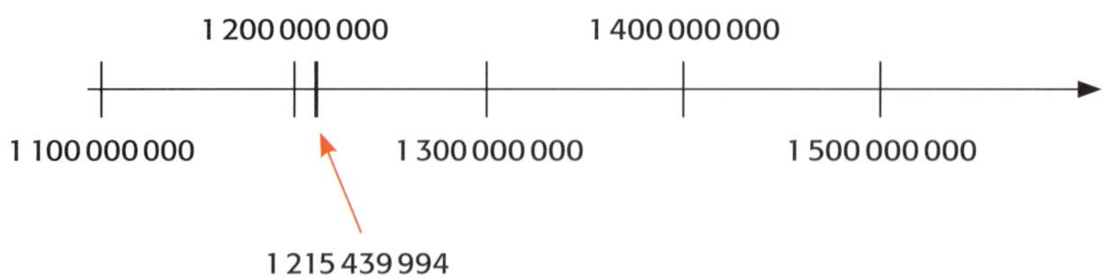

O valor 1 215 439 994 está mais próximo de 1 200 000 000 do que de 1 300 000 000, então, arredondamos para 1 200 000 000.

ATIVIDADES

33. A distância entre a Terra e a Lua é de aproximadamente 384 400 quilômetros. Arredonde esse número para o número com dezena de milhar exata mais próximo.

Resolução

Na reta numerada, localizamos o número 384 400 no intervalo de 350 000 a 400 000.

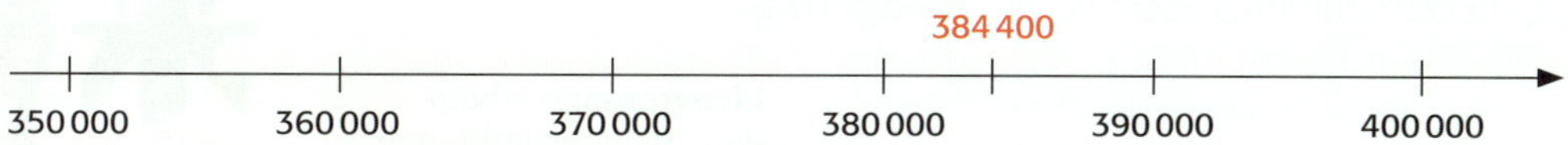

O número 384 400 está mais próximo de 380 000 do que de 390 000. Então, arredondamos 384 400 para 380 000.

34. A distância média entre a Terra e o Sol é de aproximadamente 149 597 871 quilômetros. Arredondando esse número para o número com dezena de milhão exata mais próximo, qual número obtemos?

35. Observe a seguir os preços de alguns produtos.

A

THINKSTOCK/GETTY IMAGES

C

THINKSTOCK/GETTY IMAGES

B

THINKSTOCK/GETTY IMAGES

D

SHUTTERSTOCK

a) Para qual ordem você considera mais adequado arredondar cada um desses preços?

b) De acordo com o item **a**, qual é o valor arredondado desses produtos?

36. O estádio de futebol de uma cidade tem capacidade para receber 32 579 torcedores. Nos quatro últimos jogos realizados nesse estádio, os públicos foram de 28 322, 30 112, 23 795 e 19 469 torcedores. Arredonde a capacidade do estádio e os públicos de cada um dos quatro últimos jogos para:

a) o número com centena exata mais próximo.

b) o número com unidade de milhar exata mais próximo.

c) a dezena de milhar exata mais próxima.

Compare os arredondamentos dos números 32 579, 28 322 e 30 112 para a dezena de milhar exata mais próxima. O que você pode dizer sobre esses arredondamentos?

SAIBA MAIS

Ideograma

KADOKAWA COMICS

Capa de mangá.

Muitos jovens se interessam pela cultura japonesa lendo **mangás** (histórias em quadrinhos) e assistindo a **animês** (desenhos animados). Nessas obras, aparecem números escritos com **ideogramas**.

> **Ideograma:** símbolo gráfico ou desenho que representa um objeto ou uma ideia.

Observe a escrita dos números de 1 a 10 com ideogramas e como são lidos:

一	1 ichi	六	6 roku
二	2 ni	七	7 shichi
三	3 san	八	8 hachi
四	4 shi	九	9 kyu
五	5 go	十	10 juu

DAWIDSON FRANÇA

SHUTTERSTOCK

Veja outros exemplos de números:

11 (juu ichi) 12 (juu ni) 20 (ni juu) 36 (san juu roku)

Para explorar

Você talvez tenha percebido que os nomes dos números de 1 a 10 em língua japonesa parecem não apresentar regularidade, mas os nomes dos demais, a partir de 11, seguem uma regra para sua leitura e escrita.

1. Escreva como são lidos os números abaixo em língua japonesa.

a) 21 **c)** 48 **e)** 37

b) 24 **d)** 13 **f)** 81

2. Qual é o número escrito na capa da revista ilustrada ao lado?

ESTÚDIO MIL

a) Escreva como se lê esse número em língua japonesa.

b) Agora, escreva esse número usando algarismos indo-arábicos.

Sistema de numeração binário

Muitos produtos eletrônicos, como *notebooks*, *smartphones*, calculadoras, *tablets* e TVs digitais, popularizaram-se e tornaram-se tão presentes no cotidiano das pessoas que raramente pensamos sobre os princípios matemáticos que permitem seu funcionamento.

SHUTTERSTOCK

Jovens operando *notebook*.

Os aparelhos eletrônicos digitais utilizam componentes chamados transistores, que foram inventados em 1947 pelos cientistas estadunidenses John Bardeen, Walter Brattain e William Shockley e foram responsáveis pela revolução na eletrônica. Os microprocessadores (*chips*) utilizados em computadores são formados por milhões de transistores miniaturizados.

THINKSTOCK/GETTY IMAGES

Transistor.

Os computadores usam um princípio binário, e o sistema numérico associado a esse princípio é o chamado **sistema de numeração binário**.

- Pesquise sobre os primeiros computadores eletrônicos desenvolvidos na década de 1940 e 1950, destacando suas dimensões físicas e sua capacidade de processamento de dados. Em seguida, compare com dados sobre computadores atuais e compartilhe sua pesquisa com os colegas.

Antes de estudarmos o sistema de numeração binário, vamos recordar as seguintes características do sistema de numeração indo-arábico:

- são utilizados dez algarismos para escrever os números. São eles: 0, 1, 2, 3, 4, 5, 6, 7, 8, 9;
- são feitos agrupamentos de dez em dez: 10 unidades formam um grupo de 10 (**dezena**); 10 dezenas formam um grupo de 100 (**centena**); 10 centenas formam um grupo de 1 000 (**unidade de milhar**); e assim por diante. Observe algumas ordens desse sistema no quadro abaixo.

Centena de milhão (10 grupos de 10 000 000)	Dezena de milhão (10 grupos de 1 000 000)	Unidade de milhão (10 grupos de 100 000)	Centena de milhar (10 grupos de 10 000)	Dezena de milhar (10 grupos de 1 000)	Unidade de milhar (10 grupos de 100)	Centena (10 grupos de 10)	Dezena (10 grupos de 1)	Unidade

- na representação de um número, um algarismo tem seu valor **multiplicado por 10** em relação ao valor que teria se ocupasse a ordem imediatamente à sua direita. Por exemplo, veja abaixo a representação do número **trezentos e trinta e três**.

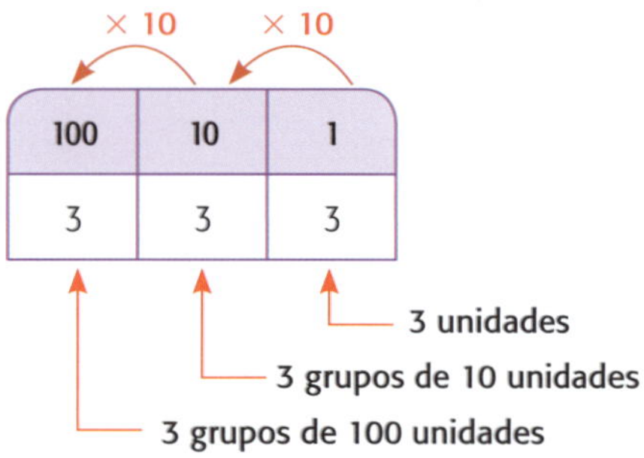

300 unidades + 30 unidades + 3 unidades = 333 unidades

No sistema de numeração binário:

- são utilizados dois algarismos: 0 ou 1;
- são feitos agrupamentos de dois em dois: 2 unidades formam um **grupo de 2**, 2 grupos de 2 formam um **grupo de 4**; 2 grupos de 4 formam um **grupo de 8**; e assim por diante. Observe algumas ordens desse sistema no quadro abaixo.

Grupo de 256 (2 grupos de 128)	Grupo de 128 (2 grupos de 64)	Grupo de 64 (2 grupos de 32)	Grupo de 32 (2 grupos de 16)	Grupo de 16 (2 grupos de 8)	Grupo de 8 (2 grupos de 4)	Grupo de 4 (2 grupos de 2)	Grupo de 2 (2 grupos de 1)	Unidade

- na representação de um número, um algarismo (0 ou 1) tem seu valor **multiplicado por 2** em relação ao valor que teria se ocupasse a ordem imediatamente à sua direita. Por exemplo, a representação do número **trezentos e trinta e três** é 101 001 101. Veja:

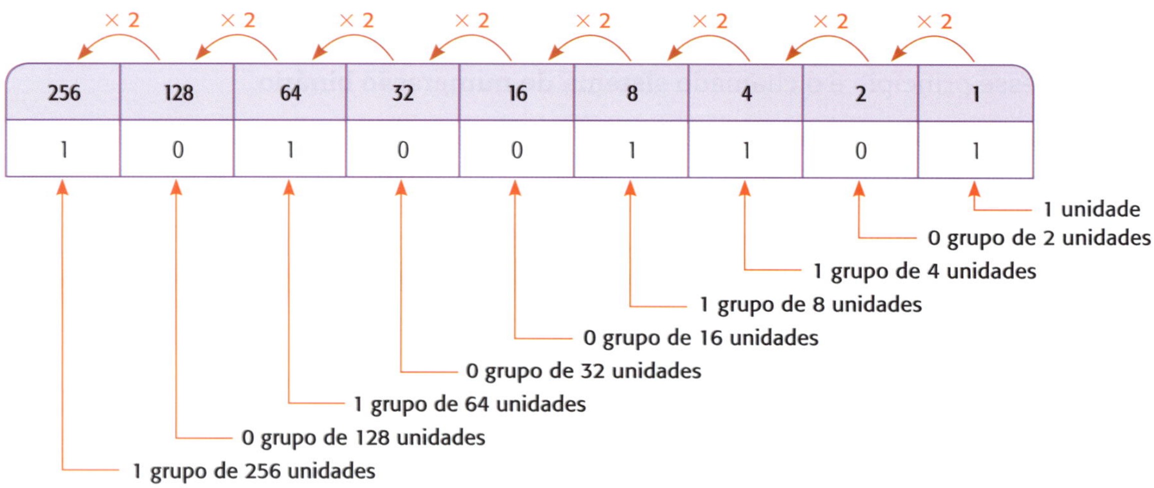

256 unidades + 64 unidades + 8 unidades + 4 unidades + 1 unidade = 333 unidades

Como escrever um número no sistema de numeração binário?

Quando queremos escrever um número no sistema de numeração indo-arábico, por exemplo, **duzentos e cinquenta e oito**, procuramos a maior ordem que cabe nesse valor, ou seja, a centena. Indicamos quantos grupos de 100 cabem em 258. Cabem 2 grupos, então preenchemos a ordem das centenas com o algarismo 2. Depois, consideramos a diferença entre 258 e os dois grupos de 100, ou seja, 58. Verificamos quantos grupos da próxima ordem, grupos de 10, cabem nessa diferença e chegamos ao resultado 5, então preenchemos a ordem das dezenas com o algarismo 5.

Em seguida, consideramos a diferença entre 58 e os cinco grupos de 10, ou seja, 8. Finalmente, verificamos quantas unidades cabem em 8 e preenchemos a ordem das unidades com o algarismo 8.

No sistema de numeração binário, para escrever um número também começamos com a ordem mais próxima desse número, igual ou inferior a ele e, depois, completamos as ordens seguintes até obter o total.

Uma comparação que pode facilitar a compreensão: imagine cada uma das ordens do sistema de numeração binário (1, 2, 4, 8, 16, ...) como gavetas alinhadas que contêm as quantidades de grupos de 1, 2, 4, 8, 16, ..., sendo a primeira gaveta da direita a que contém a quantidade 1. Dentro de cada gaveta é permitido ter 1 grupo ou zero grupo.

A ideia é abrir somente as gavetas que, juntas, formarão a quantidade desejada, ou seja, o número a ser escrito nesse sistema de numeração. **Quando a gaveta é aberta, indicamos essa gaveta por 1, e, quando fica fechada, a indicamos por zero.**

Vamos representar o número **dezenove** nesse sistema:

ESTÚDIO LAB 307

Portanto, o número **dezenove** escrito no sistema de numeração binário é **10011**, pois:

1 grupo de 16 ⟶	16
0 grupo de 8 ⟶	0
0 grupo de 4 ⟶	0
1 grupo de 2 ⟶	2
1 grupo de 1 ⟶	1 +
	19

ATIVIDADES

37. Registre os números a seguir no sistema de numeração binário.

a) 14 b) 21 c) 30 d) 66

38. Determine que número no sistema indo-arábico corresponde a cada número no sistema binário dado a seguir.

a) 11001 b) 100001 c) 11101 d) 101010

Pista 3

Observe novamente os detalhes da sala da casa onde Marcos mora.

- O que alguns objetos dessa sala têm em comum?

Desvende o enigma

Devido à presença de elementos em quantidade dois na sala da casa, Ana Clara concluiu que o número 10110 está escrito no sistema de numeração binário e não no sistema de numeração indo-arábico.

- Qual é a senha do cofre de Marcos no banco?

1. Caio inventou um modo curioso de representar os símbolos do sistema de numeração romano usando os dedos de suas mãos. Observe.

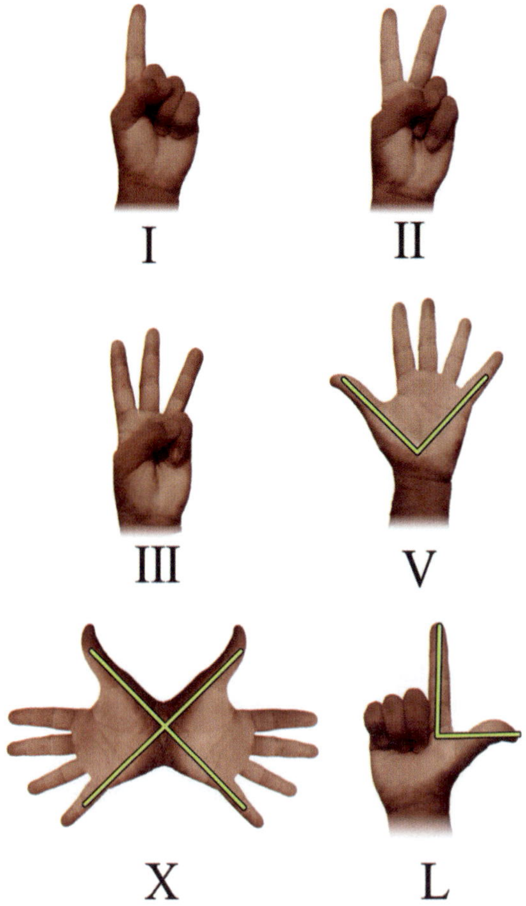

ILUSTRAÇÕES: DAWIDSON FRANÇA

Desenhe como representar com os dedos os números a seguir, de acordo com as regras do sistema de numeração romano.

a) 18
b) 39
c) 24
d) 48

2. Ordene os números a seguir em ordem crescente.

DCXVII CXLIX LXXXIX
MCDLIII CCXL

3. Produção textual

Nesta unidade você estudou alguns sistemas de numeração. Ao longo da história da humanidade, existiram diversos outros sistemas de numeração, como o sistema de numeração usado pelos maias, povo que viveu no território que atualmente constitui o México e a América Central.

Os maias são considerados uma das civilizações mais avançadas do período pré-colombiano (de modo simplificado, corresponde ao período anterior à chegada de Cristóvão Colombo à América). Veja alguns símbolos maias utilizados para representar quantidades:

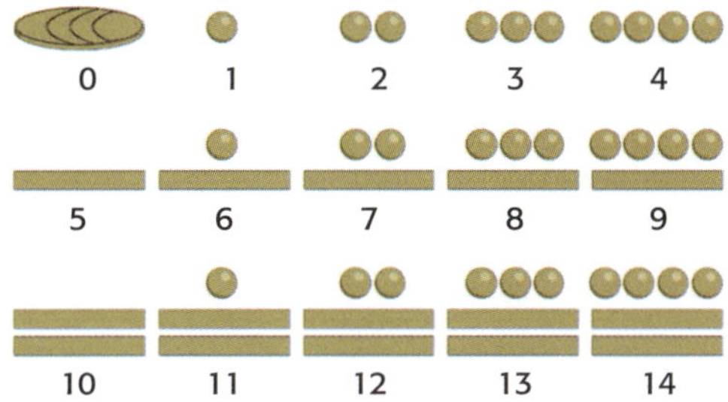

a) Observe novamente como eram representados os números de 0 a 14 por símbolos maias. Como você representaria o número dezessete?

b) Pesquise sobre o sistema de numeração maia e, junto com um colega, redija um pequeno texto sobre esse assunto.

4. Escreva usando algarismos indo-arábicos:

a) o maior número com 4 algarismos distintos.

b) o menor número com 3 algarismos distintos.

5. Escreva todos os números naturais de três algarismos diferentes formados pelos algarismos **3**, **0** e **4**.

6. O relógio instalado em uma casa que registra o consumo de luz é mostrado a seguir:

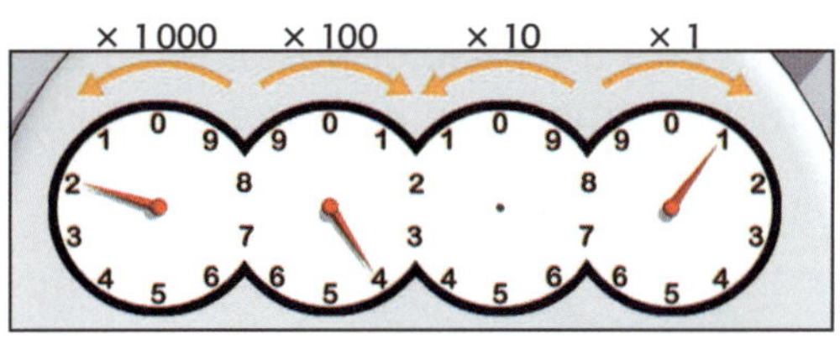

Como o mostrador (×10) estava quebrado, o funcionário que faz a leitura decidiu registrar o menor valor possível.

a) Que número foi registrado no mostrador de luz?

b) Escreva esse número por extenso.

7. O mapa a seguir mostra as diferentes altitudes do território brasileiro em relação ao nível do mar. Observe e responda à questão a seguir.

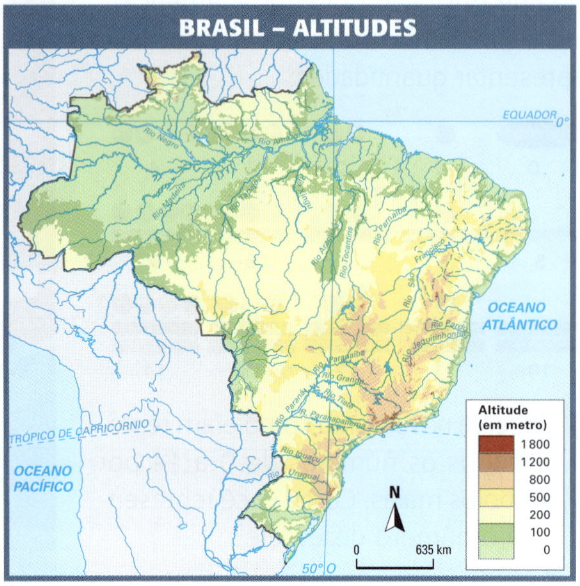

SONIA VAZ

Fonte: *Atlas Geográfico Escolar*. Rio de Janeiro: IBGE, 2012. p. 88.

a) Podemos dizer que as superfícies com altitude maior estão no leste ou no oeste do Brasil?

b) O extremo norte do Brasil é marcado por altitudes mais altas ou mais baixas?

8. O aniversário de Carlos é no dia 20 de julho. Em agosto de 2005, ao preencher uma ficha na escola, o rapaz inverteu a posição dos dois últimos algarismos do ano em que nasceu. A professora que recebeu a ficha disse-lhe:
– Carlos, por favor, corrija o ano de seu nascimento, senão as pessoas vão pensar que você tem 56 anos!
Qual era a idade correta de Carlos no dia em que preencheu a ficha?

9. Os algarismos de 1 a 9 estão dispostos em uma roleta do modo como se vê na figura a seguir.

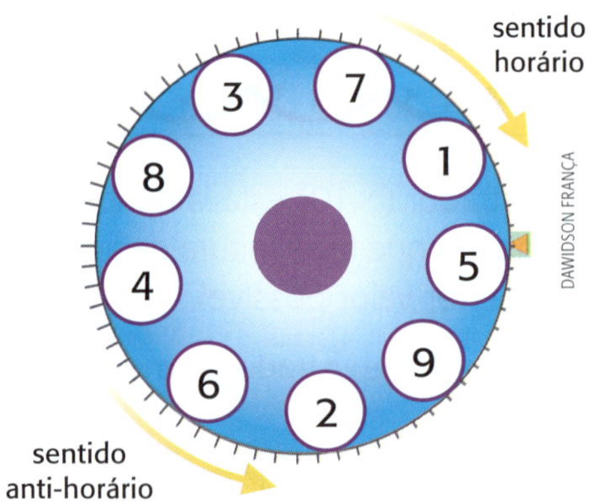

DAWIDSON FRANÇA

a) Qual é o maior número que se obtém tomando-se três desses algarismos em sequência no sentido horário?

b) E o menor número de três algarismos no sentido anti-horário?

10. (Obmep) Para obter o **resumo** de um número de até 9 algarismos, deve-se escrever quantos são seus algarismos, depois quantos são seus algarismos ímpares e, finalmente, quantos são seus algarismos pares. Por exemplo, o número 9 103 405 tem 7 algarismos, sendo 4 ímpares e 3 pares, logo seu resumo é 743. Determine um número:

a) cujo resumo seja 523.

b) que seja igual ao seu próprio resumo.

11. De acordo com o Censo 2010, realizado pelo Instituto Brasileiro de Geografia e Estatística (IBGE), a população residente no Brasil era distribuída como mostrado na tabela a seguir.

População residente por grande região do Brasil de acordo com o Censo 2010

Região	População residente (número de habitantes)
Norte	15 864 454
Nordeste	53 081 950
Sudeste	80 364 410
Sul	27 386 891
Centro-Oeste	14 058 094

Fonte: IBGE, 2010. Disponível em: <http://biblioteca.ibge.gov.br/visualizacao/periodicos/20/aeb_2013.pdf>. Acesso em: 11 fev. 2015.

a) Qual era a região mais populosa? E a menos populosa?

b) Arredonde cada número da tabela para o número com unidade de milhão exata mais próximo.

12. Reproduza o quadro a seguir em seu caderno e, depois, escreva a sua idade e o número de seu calçado no sistema de numeração binário.

256	128	64	32	16	8	4	2	1

teia integrada

13. Observe alguns picos do Brasil e suas altitudes aproximadas.

ROSÂNGELA LOEBLEIN

Pico 31 de Março, na Serra do Imeri (AM). Altitude aproximada: 2 973 metros.

RUBENS CHAVES/PULSAR IMAGENS

Pico da Bandeira, na Serra do Caparaó (MG/ES). Altitude aproximada: 2 892 metros.

ANDRE DIB/PULSAR IMAGENS

Pedra da Mina, na Serra da Mantiqueira (MG/SP). Altitude aproximada: 2 798 metros.

PEDRO CARRILHO/FOLHAPRESS

Pico das Agulhas Negras, na Serra do Itatiaia (MG/RJ). Altitude aproximada: 2 792 metros.

JEFFERSON ZANANDRÉA FILHO

Pico do Crista, na Serra do Caparaó (MG). Altitude aproximada: 2 770 metros.

ANDRE DIB/PULSAR IMAGENS

Monte Roraima, na Serra de Pacaraima (RR). Altitude aproximada: 2 739 metros.

Fonte: IBGE, 2013. Disponível em: <http://biblioteca.ibge.gov.br/visualizacao/periodicos/20/aeb_2013.pdf>. Acesso em: 11 fev. 2015.

a) Escreva, em ordem decrescente, as altitudes desses picos.

b) Picos, montanhas, rios e lagos são acidentes geográficos que criam, devido às suas dimensões, obstáculos naturais ao acesso entre regiões. Assim, podem ser usados como pontos de referência para demarcar fronteiras. Alguns picos apresentados estão em região de fronteira entre estados brasileiros. Pesquise outros acidentes geográficos também localizados em regiões de fronteira.

Encerrando a unidade

Nesta unidade você retomou conhecimentos e aprendeu conceitos novos. Viu, por exemplo, que ao longo da história o ser humano usou diferentes formas de registrar quantidades, criando sistemas de numeração. Com o passar do tempo, um desses sistemas – o indo-arábico – passou a ser usado pela maioria dos povos.

Com base no que estudou, elabore um pequeno texto respondendo às questões a seguir.

a) Copie em seu caderno e complete a história a seguir com no máximo 10 linhas: "Ontem, sonhei que estava viajando em um avião que de repente teve de pousar em um local remoto, cujos habitantes não sabiam contar...".

b) Por que o sistema de numeração indo-arábico prevaleceu sobre os demais? Analise as vantagens que ele oferece, em sua opinião, em relação aos outros sistemas de numeração estudados na unidade.

c) Qual dos temas estudados mais interessou a você? Por quê?

d) Você é capaz de estimar quantas pessoas cabem em um estádio de futebol? Suas estimativas são próximas do valor real? O que você pode fazer para chegar a um valor próximo do número exato de pessoas?

e) Que assuntos estudados nesta unidade você utilizou para resolver o Enigma?

A internet e o sistema de numeração binário

A internet é uma rede que permite a conexão de computadores e de outros dispositivos eletrônicos espalhados pelo mundo inteiro.

Para organizar esses dispositivos nessa rede é necessário identificá-los com um número conhecido como **endereço IP**, que significa **Internet Protocol** (**Protocolo de Internet**). O endereço IP possibilita a conexão, o controle e a transferência de dados entre dois ou mais dispositivos na internet.

Os *sites* que acessamos na internet são disponibilizados por **servidores**.

Quando digitamos, por exemplo, **www.brasil.gov.br** na barra de endereços de um navegador de internet, esse endereço é traduzido para o endereço IP do servidor correspondente. Com isso, o navegador conecta-se ao servidor, que envia o *site* com o conteúdo solicitado.

Site: página da internet que pode conter textos, gráficos, imagens, sons e vídeos.

Servidor: computador que centraliza dados e oferece serviços como acesso a arquivos, informações, entre outros.

Em uma pesquisa sobre o assunto, Danilo descobriu as seguintes informações:

QUANTA ESTÚDIO

Endereço IP – código que os computadores usam para se comunicar.

Para facilitar a nossa compreensão, o **endereço IP** é expresso no sistema de numeração decimal, no seguinte formato:

201.115.67.138

Por outro lado, o computador entende esse número como um conjunto de **32 *bits***.

Bit significa **dígito binário** (**0** ou **1**). É a menor unidade de informação que pode ser armazenada ou transmitida por um computador. Na linguagem computacional (sistema de numeração binário) esse número é traduzido como:

11001001.01110011.01000011.10001010

Veja na tela do computador o que Danilo descobriu sobre a maneira como os ***bits*** se relacionam com o **endereço IP**:

QUANTA ESTÚDIO

Na linguagem computacional cada grupo de **8 *bits*** forma um **octeto** ou um ***byte***. Cada octeto que compõe o endereço IP na linguagem computacional é relacionado ao número correspondente no sistema de numeração decimal. Observe essa relação no esquema a seguir:

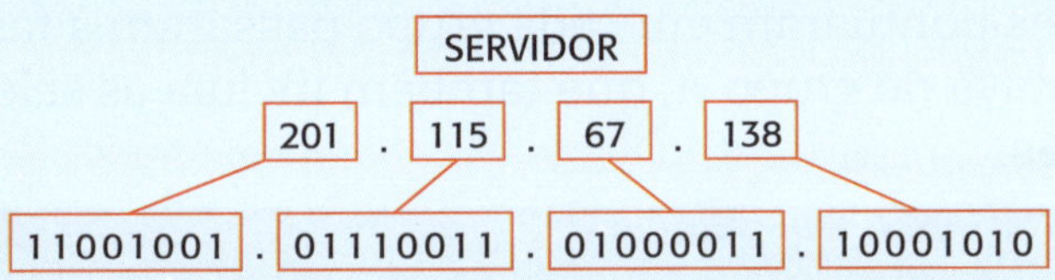

Podemos observar duas decodificações: a primeira, ao associar cada computador a um endereço IP expresso na forma decimal; e a segunda, ao traduzir esse endereço para a linguagem computacional, na forma de *bits* (0 e 1).

Fonte de pesquisa: <http://tecnologia.hsw.uol.com.br/questao549.htm>. Acesso em: 10 fev. 2015.

Para explorar

Com base nessas informações sobre a identificação de computadores e dispositivos conectados à internet, responda às questões a seguir.

1. Vimos que cada octeto é formado por 8 *bits*, de modo que o maior número de um octeto, no sistema de numeração binário, é 11111111. Como esse número é expresso no sistema de numeração decimal?

2. Quais são os quatro octetos correspondentes ao seguinte endereço IP: 200.158.82.104?

3. Ao acessar a internet, é mais comum digitarmos o nome do *site* (por exemplo, www.brasil.gov.br) do que o seu endereço IP. Em sua opinião, por que isso acontece?

UNIDADE 2

Operações com números naturais

IMAGEM DE ABERTURA: THINKSTOCK/GETTY IMAGES

A COPA DO MUNDO DE FUTEBOL

A Copa do Mundo de Futebol Masculino é um evento internacional que reúne seleções masculinas de futebol de vários países. Essa competição é realizada de 4 em 4 anos e ocorreu pela primeira vez em 1930. Nos anos de 1942 e 1946 o evento foi cancelado devido à Segunda Guerra Mundial. A Copa do Mundo de 2014 foi realizada no Brasil e as seleções de 32 países participaram do torneio.

Na primeira fase da Copa do Mundo de 2014, as seleções foram separadas em 8 grupos, sendo 4 seleções por grupo. Nessa fase da competição, cada seleção jogou uma única vez com as outras 3 seleções de seu grupo. Com os resultados definidos, as duas seleções que mais pontuaram em cada grupo passaram à fase seguinte do torneio. A seleção do **Brasil** estava no grupo A, que também incluía as seleções do **México**, da **Croácia** e de **Camarões**.

EVERTON SILVA PRUDÊNCIO

ESTÚDIO LAB 307

Nesta unidade você vai saber mais sobre...

- Adição, subtração, multiplicação e divisão
- Potenciação e raiz quadrada
- Expressões numéricas

FOTOGRAFIAS: THINKSTOCK/GETTY IMAGES

Na fase de grupos, cada vitória valia 3 pontos, cada empate, 1 ponto e, em caso de derrota, a seleção não pontuava. Veja abaixo os resultados dos jogos do grupo A na Copa do Mundo de Futebol de 2014:

Jogos do Grupo A – Copa do Mundo de Futebol Masculino de 2014
Brasil 3 × 1 Croácia
México 1 × 0 Camarões
Brasil 0 × 0 México
Camarões 0 × 4 Croácia
Camarões 1 × 4 Brasil
Croácia 1 × 3 México

Para montar a tabela de pontuação do grupo A, foram usados os números de vitórias e de empates de cada seleção. Como ocorreram pontuações iguais, a posição no grupo foi definida a partir do saldo de gols de cada seleção. Observe como ficou a classificação.

Tabela de pontuação do Grupo A – Copa do Mundo de Futebol de 2014

Posição	Seleção	Jogos	Vitórias	Empates	Derrotas	Pontos
1º	Brasil	3	2	1	0	7
2º	México	3	2	1	0	7
3º	Croácia	3	1	0	2	3
4º	Camarões	3	0	0	3	0

O total de pontos de cada seleção foi obtido a partir de operações de adição e de multiplicação feitas com números naturais. Assim, Brasil e México fizeram mais pontos no grupo A e passaram para a fase seguinte da Copa do Mundo de 2014.

Fonte de pesquisa: <http://globoesporte.globo.com/futebol/copa-do-mundo-da-fifa/>. Acesso em: 29 abr. 2015.

TROCANDO IDEIAS

1. Como foram obtidas as pontuações das seleções? Como você explicaria esses cálculos?
2. Você conhece algum tipo de torneio semelhante à Copa do Mundo que envolva pontuações e tabelas? Como funciona o esquema de pontuações nesse torneio?
3. Por que é importante em um torneio definir o esquema de pontuações e calculá-las corretamente?
4. Você já fez uso de operações com números naturais para resolver algum problema?

O enigma do haras

ILUSTRAÇÕES: ESTÚDIO LAB 307

Eduardo é funcionário de um haras, fazenda especializada na criação de cavalos. Certo dia, Guilherme, o dono do haras, avisou Eduardo que chegariam duas entregas com cavalos que ele tinha comprado, cada uma delas seria feita por dois caminhões. Guilherme, que não estava no haras, pediu a Eduardo que, assim que os cavalos chegassem, comprasse o número exato de vacinas e as aplicasse nos cavalos novos para que eles pudessem ficar no haras com os outros cavalos.

Nesse mesmo dia à tarde, Eduardo notou que havia quatro caminhões estacionados na porta do haras com os cavalos que Guilherme tinha comprado. Os caminhões azuis eram de uma entrega e os verdes de outra.

Os motoristas dos caminhões tinham ido almoçar e Eduardo ficou preocupado com o horário, porque a loja que vende as vacinas fecharia em breve. Se os cavalos novos não tomassem a vacina, eles não poderiam ficar no haras com os outros cavalos.

Eduardo decidiu ir até os caminhões para contar o número de cavalos.

Ao perceber que não conseguiria contar ali a quantidade total de cavalos, Eduardo lembrou uma parte da conversa com Guilherme.

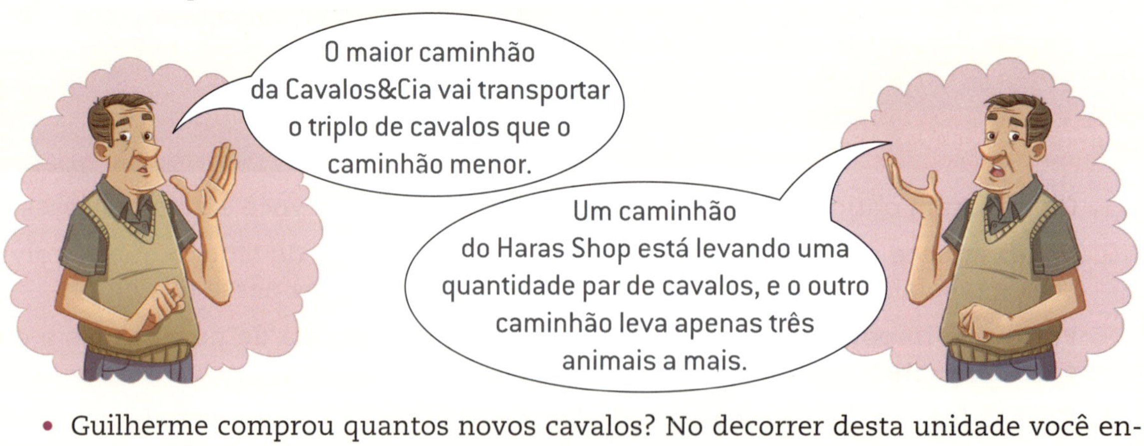

- Guilherme comprou quantos novos cavalos? No decorrer desta unidade você encontrará pistas que podem auxiliá-lo a desvendar este enigma.

1 Adição e subtração com números naturais

Adição

Leia a notícia abaixo.

ESTÚDIO MIL

Jornal da Escola

Município de Quiprocó incentiva alunos a participar de atividades esportivas e culturais

JUCA MARTINS/OLHAR IMAGEM

FERNANDO FAVORETTO/CRIAR IMAGEM

Nos últimos anos, a prefeitura de Quiprocó vem incentivando os alunos das escolas do município a participar de atividades esportivas e culturais, como atletismo, vôlei, futebol, xadrez, dança, música e teatro.

No ano de 2015, foram 743 inscritos em atividades esportivas e 1 158 inscritos em atividades culturais.

No ano seguinte, a participação dos alunos aumentou. Nas atividades esportivas, houve 412 inscritos a mais; e, nas culturais, 527 inscritos a mais.

Para determinar a quantidade de alunos que se inscreveram nas atividades esportivas e culturais em 2015, é necessário **juntar** as quantidades de alunos que se inscreveram em cada categoria. Podemos fazer isso por meio de uma adição:

$$743 + 1158 = 1901$$

parcelas (743 e 1158) — **soma** ou **total** (1901)

Em uma adição, identificamos os seguintes termos: as **parcelas**, e a **soma** ou **total**.

THINKSTOCK/GETTY IMAGES

Para saber o número de alunos inscritos em cada tipo de atividade no ano seguinte (2016), é necessário **acrescentar** quantidades:

Atividades esportivas

$$743 + 412 = 1155$$

parcelas (743 e 412) — **soma** ou **total** (1155)

Atividades culturais

$$1158 + 527 = 1685$$

parcelas (1158 e 527) — **soma** ou **total** (1685)

Agora, observe no quadro abaixo o número de alunos inscritos nos anos de 2015 e 2016 para as atividades esportivas e culturais.

	Ano de 2015	Ano de 2016
Atividades esportivas	743 alunos	1 155 alunos
Atividades culturais	1 158 alunos	1 685 alunos

- Quantos alunos se inscreveram nas atividades oferecidas no ano de 2016, considerando que cada aluno se inscreveu em apenas um tipo de atividade?

Algoritmos da adição

O cálculo do resultado de uma adição pode ser feito de diversos modos. A seguir, vamos mostrar alguns algoritmos.

Algoritmo: sequência de regras e operações que levam à solução de um problema em determinado número de etapas.

• Algoritmo por decomposição

Para calcular o resultado de 299 + 349, utilizando o algoritmo por decomposição, decompomos os números envolvidos em centenas, dezenas e unidades. Depois, adicionamos os números obtidos.

$$\begin{array}{rl} 299 \blacktriangleright & 200 + 90 + 9 \\ 349 \blacktriangleright & 300 + 40 + 9 \quad + \\ \hline & 500 + 130 + 18 = 648 \end{array}$$

• Algoritmo usual da adição

Vamos recordar este algoritmo usado para fazer adições. Veja a seguir como calcular o resultado de 299 + 349, acompanhando a representação em um ábaco e o cálculo escrito.

No ábaco, representamos o número 299 e acrescentamos as fichas correspondentes ao número 349.

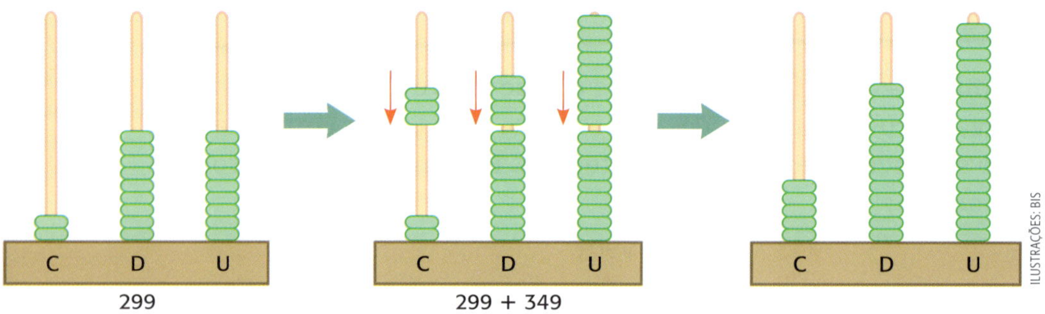

Para iniciar o cálculo escrito, registramos os números a serem adicionados, colocando cada algarismo na "coluna" correspondente a sua ordem (neste caso, unidade embaixo de unidade, dezena embaixo de dezena e centena embaixo de centena).

$$\begin{array}{cccc} & \mathbf{C} & \mathbf{D} & \mathbf{U} \\ & 2 & 9 & 9 \\ + & 3 & 4 & 9 \\ \hline \end{array}$$

Desse modo, iniciamos o cálculo.

ILUSTRAÇÕES: BIS

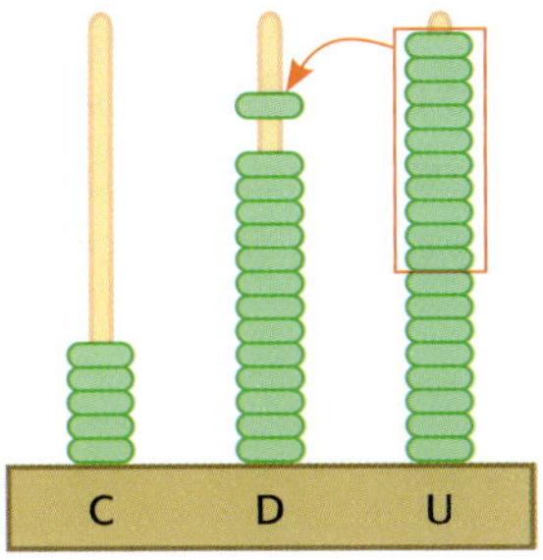	Das 18 fichas no pino das unidades, trocamos 10 delas por uma ficha no pino das dezenas e ficam 8 fichas no pino das unidades.	C D U
		   1
		2 9 9
		+ 3 4 9
		     8
			9 unidades mais 9 unidades são 18 unidades. Como 18 unidades é o mesmo que 1 dezena e 8 unidades, escrevemos 8 na coluna das unidades e juntamos 1 dezena com as outras dezenas.

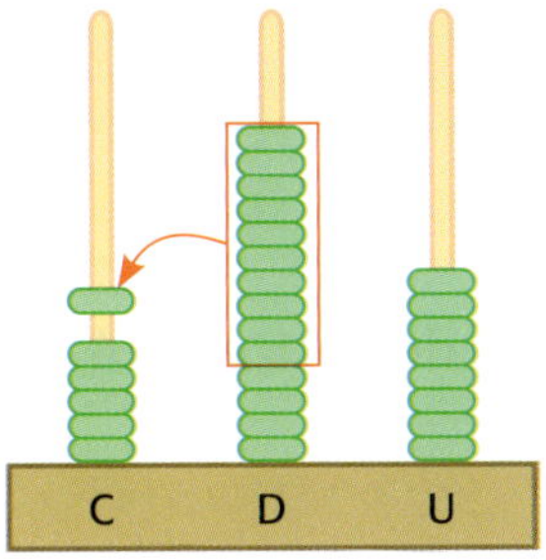	Das 14 fichas no pino das dezenas, trocamos 10 delas por uma ficha no pino das centenas e ficam 4 fichas no pino das dezenas.	C D U 1 1 2 9 9 + 3 4 9 4 8	1 dezena mais 9 dezenas mais 4 dezenas são 14 dezenas. Como 14 dezenas é o mesmo que 1 centena e 4 dezenas, escrevemos 4 na coluna das dezenas e juntamos 1 centena com as outras centenas.
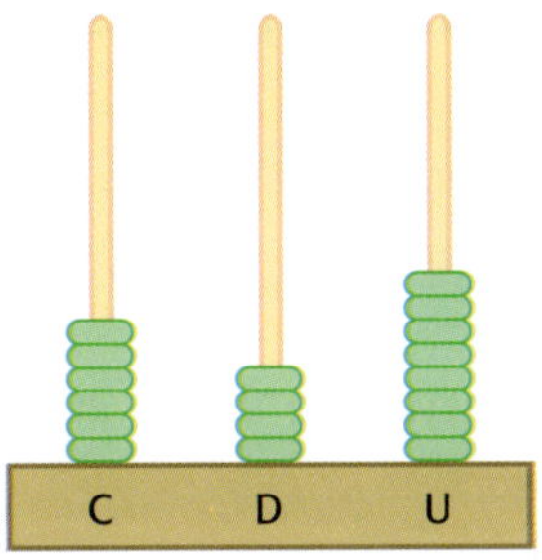	No pino das centenas ficaram 6 fichas. O resultado é 648.	C D U 1 1 2 9 9 + 3 4 9 6 4 8	1 centena mais 2 centenas mais 3 centenas são 6 centenas. O resultado é 648.

SAIBA MAIS

Algoritmo da gelosia para adição

Você acabou de estudar dois importantes algoritmos, mas há outros que podem ser utilizados para fazer adições, por exemplo, o **algoritmo da gelosia para adição**. Gelosia é uma grade que se coloca em frente à janela.

RUBENS CHAVES/PULSAR IMAGENS

Gelosia.

Esse algoritmo se baseia em um modelo em grades: note que a figura formada na resolução da adição lembra as grades de uma janela.

Observe a seguir como utilizá-lo para calcular, por exemplo, o resultado de 437 + 394.

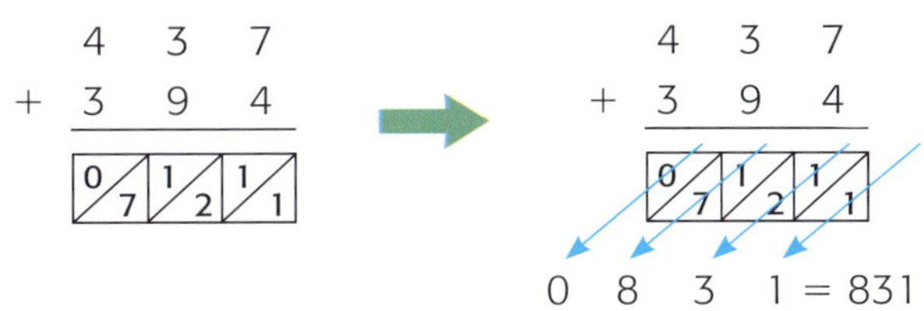

Para explorar

1. Como esse cálculo foi realizado? Explique para um colega.

2. Calcule o resultado de 299 + 349 usando o algoritmo da gelosia para adição.

Propriedades da adição

Desde 2012, antes do início das férias escolares de meio de ano, a escola de Rodrigo organiza uma festa junina. Todos os alunos, professores, funcionários e seus familiares são convidados para a festa.

Observe abaixo o número de pessoas que participaram da festa junina nos últimos anos, com exceção do ano de 2013, em que a escola estava reformando o pátio onde acontece a festa.

Número de pessoas que participaram da festa junina da escola de Rodrigo nos últimos anos

Ano	Número de pessoas
2012	182
2013	0
2014	257
2015	443

Para saber o total de pessoas que participaram da festa junina nos anos de 2015 e 2014, podemos fazer:

$$443 + 257 = 700 \text{ ou } 257 + 443 = 700$$

É possível mostrar que isso acontece para qualquer adição de dois números naturais.

Em uma adição de dois números naturais, a ordem das parcelas não altera a soma. Essa é a **propriedade comutativa da adição**.

Para saber o total de pessoas que participaram da festa junina nos anos de 2015, 2014 e 2013, temos de adicionar o número de participantes de cada um desses anos:

$$443 + 257 + 0 = 443 + 257 = 700$$

(443: em 2015; 257: em 2014; 0: em 2013)

Observe que o resultado final não se alterou em relação à soma obtida para os anos de 2015 e 2014. Podemos mostrar que isso acontece em qualquer adição de um número natural com zero.

A soma de um número natural com zero é igual ao próprio número. O zero é o **elemento neutro** da adição. Essa é a **propriedade do elemento neutro da adição**.

Para saber o total de pessoas que participaram da festa junina nos quatro anos apresentados na tabela, temos de adicionar os números correspondentes a esses anos. Isso pode ser feito de diversas maneiras, por exemplo:

$$(443 + 257) + 182 = 700 + 182 = 882$$

$$443 + (257 + 182) = 443 + 439 = 882$$

É possível mostrar que isso acontece para qualquer adição de três ou mais números naturais.

Em uma adição de três ou mais números naturais, a forma de associar as parcelas não altera a soma. Essa é a **propriedade associativa da adição**.

- Suponha que a festa junina também tivesse ocorrido no ano de 2013 com a participação de 207 pessoas. Que cálculo devemos fazer para saber o total de pessoas que teriam participado da festa junina ao longo desses quatro anos? Compare o seu modo de calcular com o dos colegas, verificando se calcularam do mesmo modo que você e se o resultado obtido foi o mesmo.

ATIVIDADES

1. Lisa é uma cachorrinha que gosta de dormir encostada em uma parede que tem o rodapé formado por quadradinhos de cerâmica coloridos dispostos de acordo com uma regra. Como Lisa está na frente de uma parte do rodapé, não é possível vê-lo totalmente, mas é possível descobrir quantos quadradinhos de cada cor há atrás dela. Observe a cena e responda às questões a seguir.

DAWIDSON FRANÇA

a) Quantos quadradinhos verdes do rodapé estão atrás de Lisa?

b) E quantos quadradinhos azuis estão atrás dela?

c) Quantos quadradinhos ao todo formam o rodapé dessa parede? Escreva uma adição para representar essa situação.

2. Alberto e Vanessa são primos e fizeram 13 e 11 anos, respectivamente, em 10 de março do ano passado. Qual será a soma de suas idades em 10 de março do ano que vem?

3. Forme todos os números de 1 a 16 adicionando apenas os números 1 e 4, que devem ser repetidos o menor número de vezes possível em uma mesma adição.

4. Cristina calculou mentalmente o resultado de 349 + 299. Observe abaixo como ela pensou e tente explicar seu raciocínio.

ESTÚDIO MIL

Resolução
Como Cristina adicionou 300 a 349, ela adicionou 1 unidade a mais do que se tivesse adicionado 299 a 349, então precisou subtrair 1 unidade do resultado obtido, compensando o acréscimo feito anteriormente.

5. Cálculo mental
Calcule mentalmente o valor da soma:
9 + 99 + 999 + 9 999.

6. Calculadora
Hugo quer calcular o resultado de 2 358 + + 1 264 usando uma calculadora. Registre como ele pode fazer isso sem usar:

a) a tecla [3];   b) a tecla [6].

BIS

7. Usando apenas cédulas de R$ 50,00, R$ 10,00 e R$ 2,00, obtenha o valor indicado em cada item com o menor número possível de cédulas.

a) R$ 158,00

b) R$ 346,00

8. Nos quadrados a seguir, o número de cada quadrado é a soma dos números dos dois quadrados abaixo dele. Por exemplo, o número 9 é o resultado de 1 + 8. Copie esta figura em seu caderno e complete os quadrados com os números que faltam.

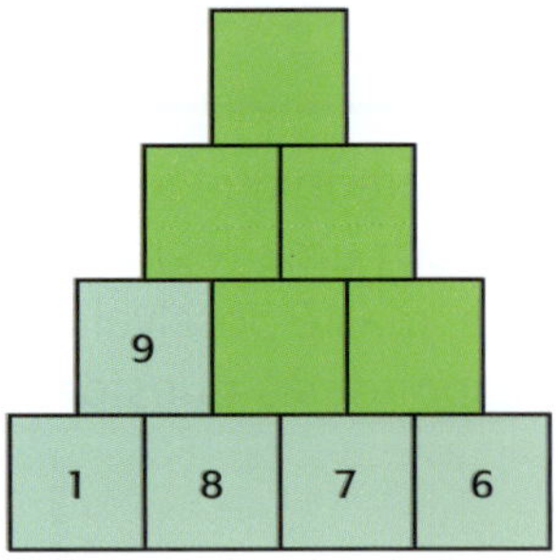

9. Veja a seguir como Juliana calculou o resultado de 657 + 178 e explique como ela realizou esse cálculo.

BIS

Resolução

O método usado por Juliana é o mesmo que o do algoritmo usual; apenas o reagrupamento (troca de 10 unidades por 1 dezena e de 10 dezenas por 1 centena) foi registrado de modo diferente. Compare com o cálculo a seguir.

$$\begin{array}{rrrr} & ^{1} & ^{1} & \\ & 6 & 5 & 7 \\ + & 1 & 7 & 8 \\ \hline & 8 & 3 & 5 \end{array}$$

Neste cálculo, as 15 unidades foram reagrupadas em 1 dezena (registrada acima das demais dezenas) e 5 unidades, enquanto no método de Juliana essa dezena é escrita ao lado das 5 unidades para ser adicionada em seguida às outras dezenas.

No algoritmo usual, adicionamos as dezenas:
1 + 5 + 7 = 13 (13 dezenas), enquanto no método de Juliana obtemos 13 dezenas adicionando 1 dezena às 12 dezenas obtidas anteriormente (5 + 7 = 12).
Podemos raciocinar dessa mesma forma para fazer a troca de 10 dezenas por 1 centena e na adição das centenas.

10. Faça como Juliana e calcule o resultado de 587 + 124.

11. Calcule o resultado de cada adição cujas parcelas são: um número da fileira vertical e um número da fileira horizontal. Veja o exemplo destacado.

+	84	368	892	3 476
19				
176		544		
987				
1 508				

12. Pedro comprou dois produtos diferentes dentre os que estão em exposição na vitrine desta loja e gastou menos do que R$ 1 000,00.

ESTÚDIO MIL

a) Quais foram os produtos que Pedro comprou?

b) Qual foi o valor total gasto por Pedro com essa compra?

13. Cada representação a seguir sugere uma propriedade da adição. Identifique-as.

a)

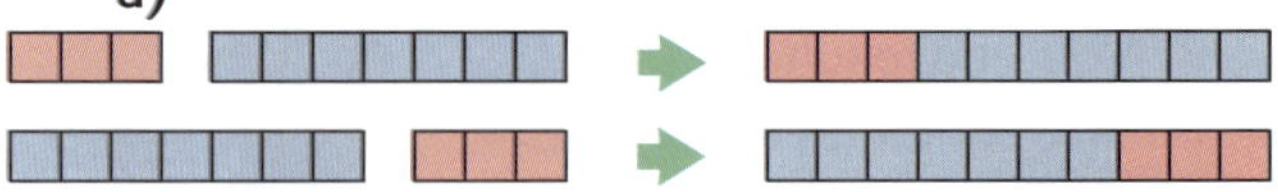

b)

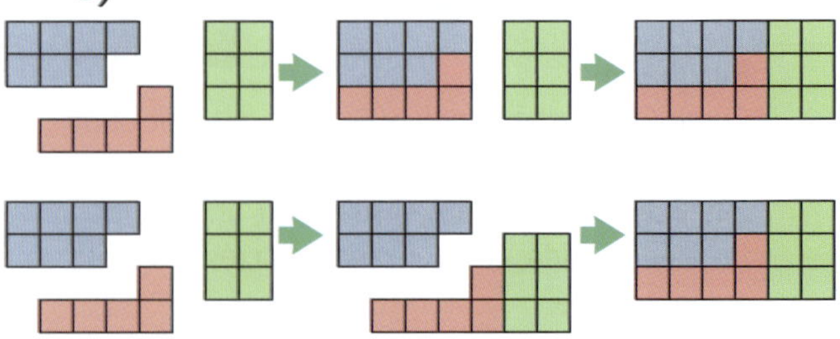

Subtração

Após uma prova de motociclismo em uma competição profissional, a pontuação das quatro equipes mais bem classificadas havia ficado como mostrado a seguir.

FLÁVIO FLORIDO/FOLHAPRESS

	Equipe	Pontuação
1º	A	300
2º	B	272
3º	C	208
4º	D	132

Entretanto, os organizadores dessa prova verificaram que um dos pilotos da equipe B cometeu uma infração cuja punição foi a perda de 40 pontos de sua equipe.

Para saber com quantos pontos a equipe B ficou após a punição é necessário **retirar** uma quantidade, 40 pontos, de outra, 272 pontos. Podemos fazer isso por meio de uma subtração:

Em uma subtração, identificamos os seguintes termos: **minuendo, subtraendo e diferença** ou **resto**.

SHUTTERSTOCK

$$272 - 40 = 232$$

minuendo: 272; **subtraendo**: 40; **diferença** ou **resto**: 232

Assim, com a perda de 40 pontos, a equipe B passou a ter 232 pontos.

Se quisermos descobrir quantos pontos faltavam à equipe B, antes da punição, para igualar à pontuação da equipe A, também podemos fazer uma subtração:

$$300 - 272 = 28$$

minuendo: 300; **subtraendo**: 272; **diferença** ou **resto**: 28

Desse modo, antes da punição, faltavam 28 pontos à equipe B para igualar à pontuação da equipe A. Nesse caso, a ideia de subtração envolvida foi a de **completar quantidades**.

Mesmo depois da punição que sofreu, a equipe B permaneceu à frente da equipe C com 24 pontos a mais. Para descobrir isso, foi necessário **comparar quantidades** (232 e 208), e fizemos isso por meio da seguinte subtração:

$$232 - 208 = 24$$

minuendo: 232; **subtraendo**: 208; **diferença** ou **resto**: 24

- Quantos pontos faltam para a equipe B igualar à pontuação da equipe A, depois da punição que sofreu?

Algoritmo usual da subtração

Há diferentes modos de calcular o resultado de uma subtração de dois números naturais. Veja a seguir como calcular o resultado de 296 – 188, por meio do algoritmo usual da subtração, acompanhando a representação em um ábaco e o cálculo escrito.

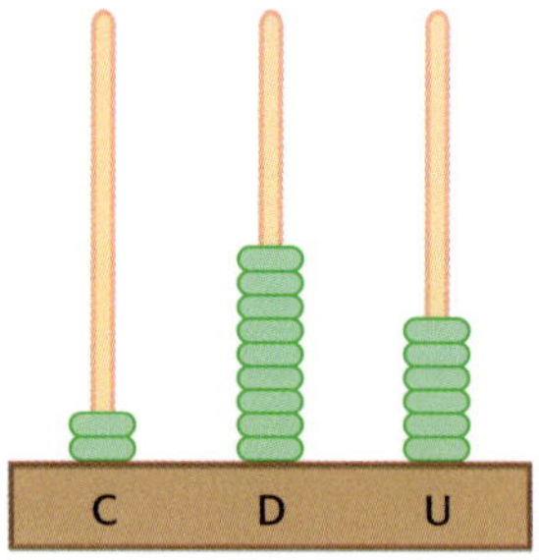

ILUSTRAÇÕES: BIS

No ábaco, representamos o número maior, neste caso, o número 296.

	C	D	U
	2	9	6
–	1	8	8

Para iniciar o cálculo escrito, registramos o número maior acima do número menor.

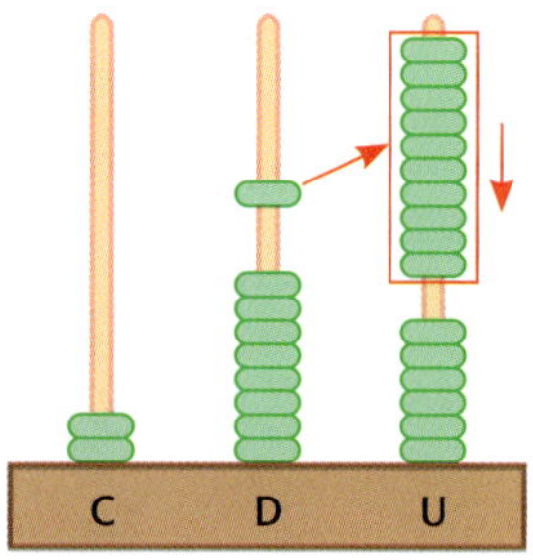

Não é possível retirar 8 fichas do pino das unidades, então trocamos 1 ficha do pino das dezenas por 10 fichas no pino das unidades. Assim, o pino das dezenas fica com 8 fichas e o das unidades fica com 16 fichas.

	C	D	U
	2	8 ~~9~~	16
–	1	8	8

Não podemos retirar 8 unidades de 6 unidades, então trocamos 1 dezena por 10 unidades, que adicionadas às 6 unidades existentes formam 16 unidades.

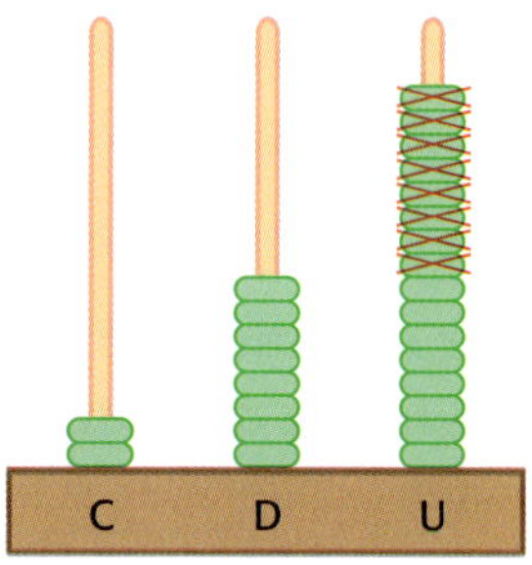

Das 16 fichas no pino das unidades, retiramos 8 delas e ficam 8 fichas no pino das unidades.

	C	D	U
	2	8 ~~9~~	16
–	1	8	8
			8

Retiramos 8 unidades de 16 unidades, restando 8 unidades.

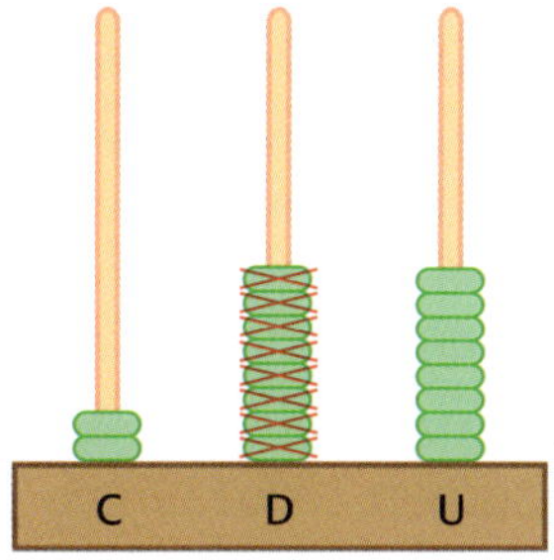

ILUSTRAÇÕES: BIS

Das 8 fichas no pino das dezenas, retiramos 8 delas e resta nenhuma (zero) ficha no pino das dezenas.

	C	D	U
	2	8 ~~9~~	16
−	1	8	8
		0	8

Das 9 dezenas que tínhamos, sobraram apenas 8 dezenas porque uma dezena foi trocada por 10 unidades. Retiramos 8 dezenas de 8 dezenas, restando nenhuma (zero) dezena.

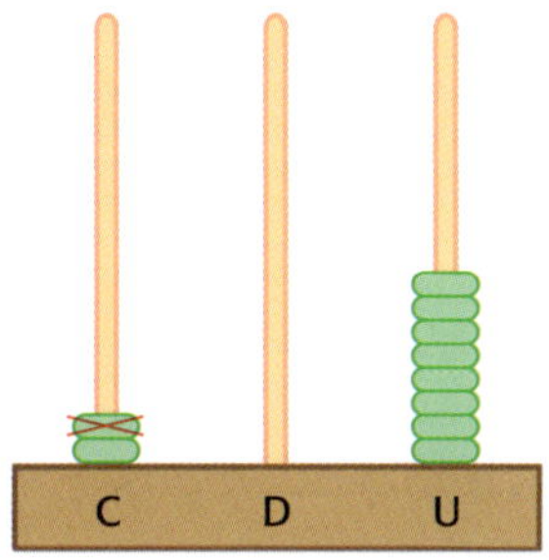

Das 2 fichas no pino das centenas, retiramos 1 ficha e resta 1 ficha no pino das centenas.

	C	D	U
	2	8 ~~9~~	16
−	1	8	8
	1	0	8

Retiramos 1 centena de 2 centenas, restando 1 centena. O resultado é 108.

Outro modo de calcular subtrações

Para calcular o resultado de 296 – 188, utilizando a ideia de completar da subtração, completamos a quantidade menor até igualá-la com a quantidade maior. Depois, adicionamos os valores usados para completar a quantidade menor e obtemos o resultado da subtração.

		188
+	2	190
	10	200
	90	290
	6	296
	108	

ATIVIDADES

14. Observe as quantias de Isabel e de Augusto.

Isabel

ILUSTRAÇÕES: ESTÚDIO MIL

Augusto

CÉDULAS E MOEDAS: MUSEU DE VALORES/BANCO CENTRAL DO BRASIL

Quem tem a maior quantia? Quantos reais a mais?

15. Reescreva em seu caderno as expressões a seguir e coloque o sinal de adição ou o de subtração entre cada dois números para tornar a igualdade verdadeira:

a) 426 ▨ 138 ▨ 48 = 336

b) 381 ▨ 297 ▨ 123 = 555

16. Calcule o resultado de 976 – 524.

Resolução

Vamos decompor 976 e 524:

976 = 900 + 70 + 6

524 = 500 + 20 + 4

Podemos subtrair 500 de 900, 20 de 70 e 4 de 6:

900 − 500 = 400

70 − 20 = 50

6 − 4 = 2

O resultado da subtração é 400 + 50 + 2 = 452.

17. Com base no raciocínio apresentado na atividade 16, calcule o resultado de 1 897 − 1 643.

18. As fotografias a seguir mostram o hodômetro de um veículo no início e ao final de uma viagem. As distâncias estão indicadas em quilômetros.

Hodômetro: instrumento que indica a distância percorrida por veículos.

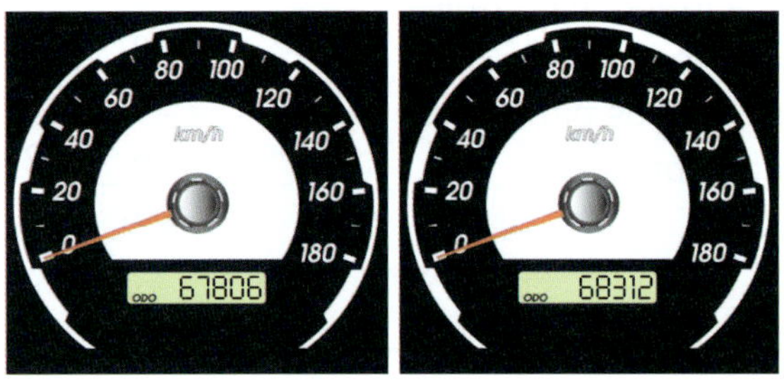

THINKSTOCK/GETTY IMAGES

início final

Quantos quilômetros o carro percorreu nessa viagem?

19. Calcule o resultado de cada subtração na qual um número da primeira coluna é subtraído de um número da primeira linha. Veja o exemplo destacado.

−	2 065	3 851	1 980	3 401
29	▨	▨	▨	▨
486	▨	3 365	▨	▨
978	▨	▨	▨	▨
1 617	▨	▨	▨	▨

20. Calculadora

Responda às questões a seguir.

a) Realize uma subtração e faça com que o algarismo 4 do número 134 008 no visor da calculadora seja transformado no algarismo 1 sem alterar os demais algarismos;

b) Realize uma subtração e faça com que ambos algarismos 5 do número 325 951 sejam transformados em algarismos 2 sem alterar os demais algarismos.

21. Explique o erro deste cálculo feito por Rogério.

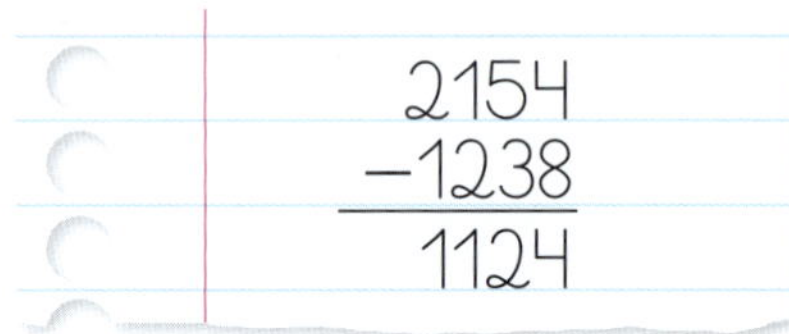

BIS

22. Com R$ 190,00 quais dois produtos diferentes, anunciados neste folheto, é possível comprar de modo a sobrar o menor valor possível? De quanto será esse troco?

ILUSTRAÇÕES: ESTÚDIO MIL

23. Pedro tem 17 anos e Ricardo, seu irmão mais velho, tem 29 anos. Daqui a 25 anos, qual será a diferença de idade entre eles?

Resolução

Daqui a 25 anos, Pedro terá 42 anos (17 + 25 = = 42) e Ricardo, 54 anos (29 + 25 = 54). Portanto, daqui a 25 anos, a diferença de idade entre eles será de 12 anos (54 − 42 = 12).

- Qual é a diferença de idade entre Pedro e Ricardo atualmente? O que você pode observar entre a diferença de idade atual e a diferença de idade daqui a 25 anos?

24. Uma balança de dois pratos com mais de 100 gramas em cada prato está em equilíbrio. Se retirarmos 17 gramas de um dos pratos e colocá-los no outro prato, qual será a diferença de massa entre eles?

25. Uma calculadora está com a tecla 3 quebrada. Sueli quer calcular o resultado da subtração 837 – 296. Como ela poderá realizar esse cálculo com o auxílio dessa calculadora?

Relação entre adição e subtração

Veja abaixo a brincadeira que Adriana fez com seu pai na hora do almoço.

ESTÚDIO LAB 307

Observe o que aconteceu na brincadeira de Adriana:

O pai de Adriana retirou 2 ovos da caixa que continha 6 ovos. A caixa ficou com 4 ovos. $6 - 2 = 4$	Adriana colocou os 2 ovos retirados dentro da caixa. A caixa ficou novamente com 6 ovos. $4 + 2 = 6$

Adicionando os ovos retirados com os ovos que sobraram na caixa, temos novamente a quantidade total de ovos. Adriana fez o contrário do que seu pai fez, ou seja, adicionou a quantidade de ovos que o pai tinha subtraído.

Dizemos que a adição e a subtração são **operações inversas** entre si.

Batalha das regiões

Jogadores

- Reúna-se com um amigo.

Material

- Papel e duas canetas (uma com a tinta de cor diferente da outra).

Regras

- Cada jogador começa desenhando uma região fechada qualquer; em seguida, o colega desenha, com a caneta de outra cor, outra região que seja vizinha àquela, mas que não a englobe nem a toque em apenas um ponto:

Vizinhança permitida

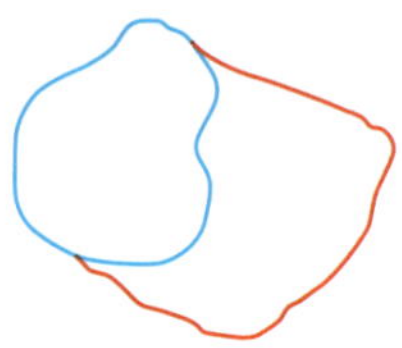

Vizinhanças não permitidas

- Os jogadores alternam-se preenchendo as regiões até que cada um tenha desenhado 5 regiões.
- Em seguida, os jogadores decidem quem começará a distribuir 100 pontos entre suas regiões, alternadamente. Por exemplo, o jogador A escreve 30 em uma de suas regiões, e o colega escreve 20 em uma das regiões dele, até que fiquem sem pontos, ou seja, que tenham distribuído 100 pontos cada.
- Não é obrigatório que todas as regiões de um jogador tenham pontos em seu interior.
- Em seguida, os jogadores decidem quem começará a fase de ataque: o jogador da vez escolhe uma região do colega para atacar; se a soma dos pontos das suas regiões que são vizinhas ao território atacado for maior que os pontos dele, essa região é eliminada (marca-se um X sobre ela). Acompanhe o exemplo:

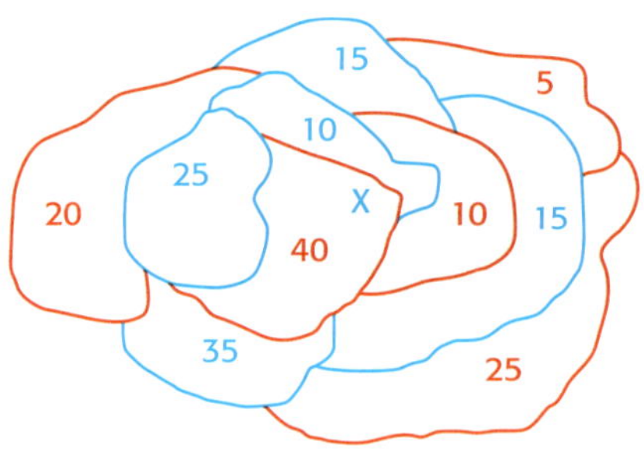

O jogador que tem as regiões de cor azul decidiu atacar a região do adversário que tem 40 pontos. Como a soma dos pontos das suas regiões que são vizinhas da região atacada totaliza 85 pontos (25 + 35 + 10 + 15 = 85), e como 85 é maior que 40, essa região do adversário é eliminada.

- Se a soma dos pontos das regiões que atacam for igual aos pontos da região atacada, nada acontece e o jogador passa a vez.
- A partida termina quando não for mais possível aos jogadores realizarem ataques.
- Vence quem, ao final da partida, ainda tiver o maior número de regiões. Em caso de empate, o vencedor será quem tiver ao todo mais pontos.

1. Veja abaixo o cartaz com preços de alguns produtos de uma loja.

ESTÚDIO MIL

Marília e Rodrigo querem comprar os quatro produtos para a casa nova. Acompanhe como eles calcularam o valor aproximado dos quatro produtos juntos.

ESTÚDIO MIL

a) Qual valor cada um calculou? Esses valores são iguais?

b) Qual é o valor exato dos quatro produtos juntos?

c) Qual dos arredondamentos está mais próximo do valor exato?

2. Observe a tabela com a estimativa da população de três municípios do estado do Maranhão em 2014:

População estimada para 2014 em três dos municípios maranhenses

Município	População
Balsas	90 679 habitantes
Cândido Mendes	19 567 habitantes
Grajaú	66 732 habitantes

Fonte: <http://cidades.ibge.gov.br>. Acesso em: 10 fev. 2015.

Responda:

a) Qual era a estimativa da população total desses três municípios em 2014?

b) A população do município mais populoso é maior do que a soma das populações dos outros dois municípios? Qual é a diferença entre esses valores?

3. O **perímetro** é a medida do comprimento do contorno de uma figura plana. No caso de um polígono (triângulo, quadrado, retângulo etc.), esse valor é igual à soma das medidas dos seus lados. Sendo assim, calcule o perímetro de:

a) Um quadrado com lado de medida 7 cm.

b) Um retângulo em que o lado maior mede o dobro do lado menor cuja medida é igual a 3 cm.

4. Um elevador usado em uma obra tem capacidade para transportar 1 tonelada (1 000 quilogramas) em cada viagem. O mestre de obras precisa levar para o alto do edifício quatro blocos do tipo A, cinco blocos do tipo B e dez blocos do tipo C.

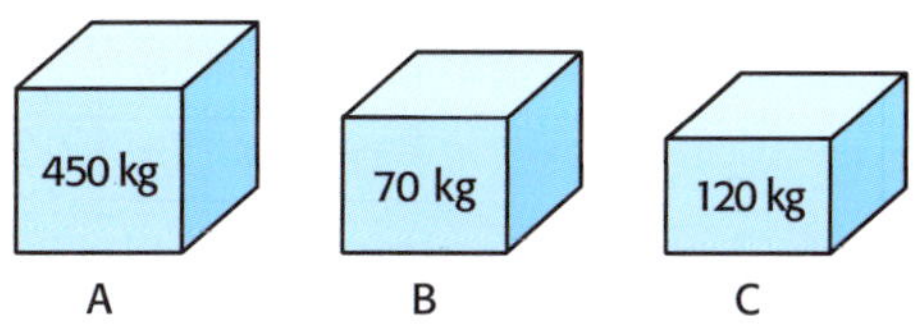

BIS

Calcule a quantidade mínima de viagens que o elevador precisará fazer para que todos os blocos sejam transportados.

5. Claude Gaspard Bachet de Méziriac foi um matemático francês.

AUTOR DESCONHECIDO. CLAUDE-GASPARD BACHET DE MEZIRIAC, SÉCULO XVII. PALÁCIO DE VERSALHES, FRANÇA

Claude Gaspard Bachet de Méziriac (1581–1638).

Em um livro publicado em 1612, Bachet apresentou um problema no qual mostrava que é possível usar uma balança de pratos e quatro pesos (um com 1 unidade de massa, outro com 3 unidades de massa, outro com 9 unidades de massa e o último com 27 unidades de massa) para pesar objetos de 1 unidade a 40 unidades de massa (sem considerar frações da unidade). Por exemplo, para pesar um objeto de 23 unidades de massa podemos usar a balança e os pesos do seguinte modo:

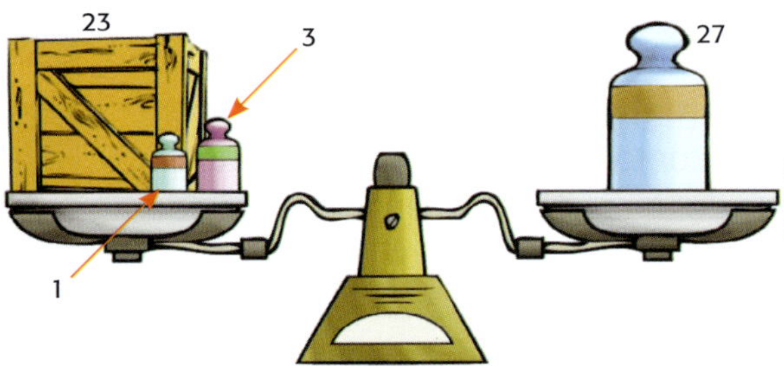

ESTÚDIO MIL

- Seguindo essa ideia, desenhe em seu caderno esquemas que ilustrem o modo de pesar objetos que tenham de 1 unidade a 10 unidades de massa (sem considerar frações da unidade).

6. Reproduza em seu caderno o esquema a seguir e complete os espaços com os números que faltam.

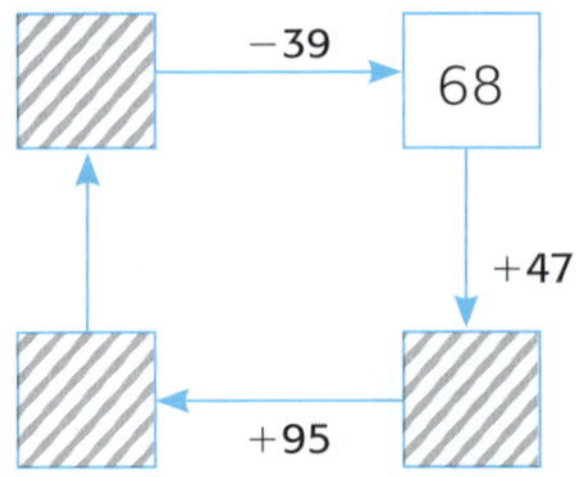

7. Descubra quais são os algarismos correspondentes a cada **?**.

a)
```
    4 5 ?
  + 1 ? 5
  -------
    ? 0 3
```

b)
```
    1 2 ? 3
  +   ? 8 ?
  ---------
    2 2 4 8
```

8. Obtenha o número desconhecido em cada cálculo:

a) 734 + ■ = 810

b) 402 − ■ = 173

c) ■ − 2 074 = 1 026

d) 15 762 + ■ = 21 908

teia integrada

9. O artista alemão Albrecht Dürer (1471-1528) é muito conhecido por suas xilogravuras ricas em detalhes e tornou-se famoso na Europa ainda muito jovem.

Uma de suas obras mais famosas é *Melancolia I*, de 1514. Nela, é possível ver um quadrado mágico com 4 colunas e 4 linhas. Num quadrado mágico, a soma dos números em cada linha, coluna ou diagonal é sempre a mesma. No quadrado mágico da obra de Albrecht Dürer, a soma é 34:

a) Reproduza em seu caderno o quadrado mágico a seguir e complete-o.

17	24	1	8	15
	5			16
4	6		20	22
10	12	19		3
11	18	25		9

b) As obras de Dürer são marcadas pela perspectiva. Você sabe o que é perspectiva? Faça uma pesquisa sobre esse assunto e apresente para a sua classe outras obras de arte que fazem uso da perspectiva.

Xilogravura: técnica de fazer sobre madeira figuras em relevo e, após pintá-las, reproduzi-las numa folha de papel.

ALBRECHT DÜRER. MELANCOLIA I, 1514.

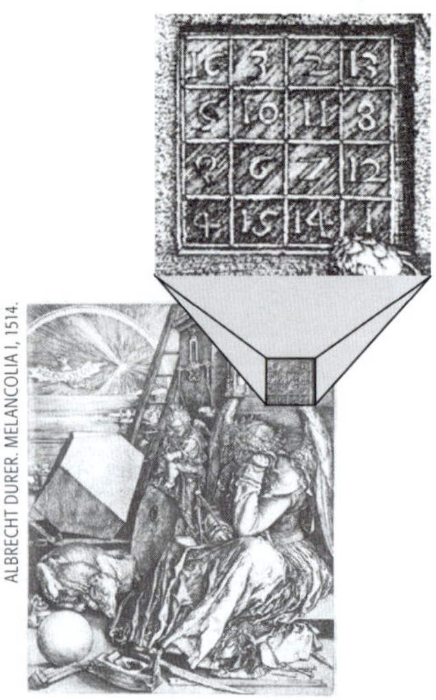

Albrecht Dürer. *Melancolia I*. 1514. No detalhe, o quadrado mágico.

2 Multiplicação e divisão com números naturais

Multiplicação

A escolha do piso a ser utilizado no acabamento de uma residência depende de várias características, como preço, beleza, facilidade de limpeza, durabilidade etc. Após avaliar essas características, Adriano comprou 15 caixas de um determinado piso, cada uma contendo 20 lajotas.

Quantas lajotas ele comprou ao todo?

Lajota: pequena placa de pedra, ou de material duro, usada para revestir pisos e paredes.

SHUTTERSTOCK

Mostruário de pisos.

Para calcular a quantidade de lajotas, podemos realizar o cálculo a seguir.

$$\underbrace{20 + 20 + 20 + 20 + 20 + \ldots + 20}_{15 \text{ parcelas iguais a } 20} = 300$$

Essa **adição de parcelas iguais** pode ser representada por uma multiplicação:

fatores: 15 e 20; produto: 300

$$15 \times 20 = 300$$

- 15: número de caixas de piso
- 20: número de lajotas em cada caixa
- 300: número de lajotas compradas

THINKSTOCK/GETTY IMAGES

Adriano usou o piso que comprou em diferentes ambientes de sua casa. Veja como ficou o piso do banheiro.

DAWIDSON FRANÇA

Quantas lajotas ele usou para instalar o piso no banheiro?

Observe que as lajotas estão organizadas numa **disposição retangular**. Nesse caso, podemos pensar em 5 fileiras horizontais com 8 lajotas em cada uma e fazer a seguinte multiplicação:

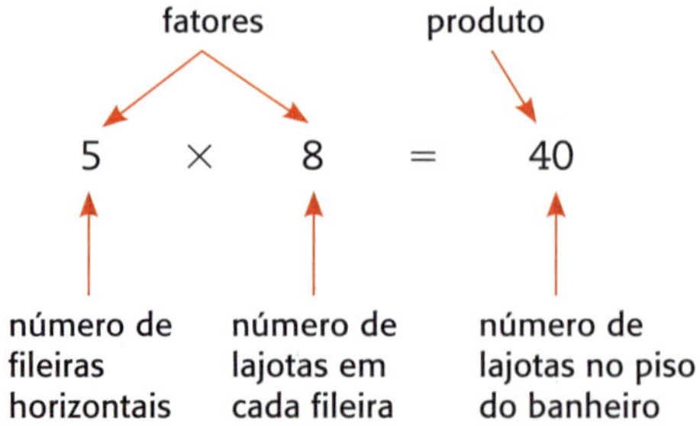

Poderíamos também pensar em 8 fileiras verticais com 5 lajotas em cada uma e efetuar a multiplicação $8 \times 5 = 40$.

A empresa que fabrica o piso que Adriano comprou vende modelos de pisos em três cores diferentes (azul, cinza ou bege) e com dois tipos de textura (lisa ou rugosa). Quantos modelos de pisos essa empresa fabrica?

Para calcular a quantidade de modelos, temos que calcular o **número de combinações** de cores e texturas dos pisos. Podemos fazer um quadro:

	Azul	Cinza	Bege
Lisa	Azul liso	Cinza liso	Bege liso
Rugosa	Azul rugoso	Cinza rugoso	Bege rugoso

Assim:

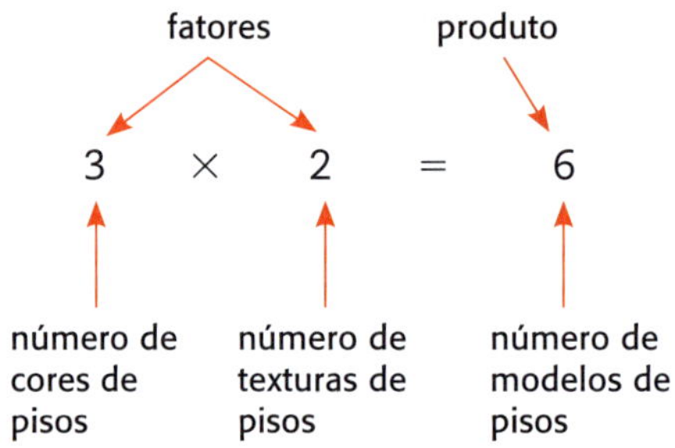

- Se essa empresa também vendesse pisos nas cores preta ou branca, qual seria o número de modelos de pisos fabricados?

O preço de uma caixa de piso que Adriano comprou é 120 reais. Quanto Adriano pagou pelas 15 caixas que comprou?

A ideia para calcular, nesse caso, é a de **proporcionalidade**. Observe o quadro:

×2 ×3 ×4 ×12 ×13 ×14 ×15

Número de caixas	1	2	3	4	...	12	13	14	15
Preço (em reais)	120	240	360	480	...	1 440	1 560	1 680	1 800

×2 ×3 ×4 ×12 ×13 ×14 ×15

Note que, se o número de caixas dobra, o preço também dobra ($2 \times 120 = 240$), se o número de caixas triplica, o preço também triplica ($3 \times 120 = 360$), e assim por diante. Desse modo, dizemos que o preço que Adriano pagou é proporcional ao número de caixas compradas. Portanto, Adriano pagou 1 800 reais ($15 \times 120 = 1800$) pelas 15 caixas que comprou.

Além do símbolo $\times$ para indicar multiplicação, pode ser usado também um ponto ($\cdot$). Por exemplo, a multiplicação $6 \times 8 = 48$ pode ser indicada também por $6 \cdot 8 = 48$.

Algoritmos da multiplicação

Assim como adições e subtrações, as multiplicações também podem ser resolvidas por algoritmos. Vamos conhecer alguns deles.

- **Algoritmo da decomposição**

Podemos fazer a multiplicação 75×13 por meio da decomposição de cada fator:

$$75 = 70 + 5$$
$$13 = 10 + 3$$

Vamos multiplicar as unidades de um dos fatores pelas unidades e dezenas do outro e, depois, as dezenas do primeiro fator pelas unidades e dezenas do segundo fator:

$$\begin{array}{rrrrl} & 70 & + & 5 & \\ \times & 10 & + & 3 & \\ \hline & & 1 & 5 & \rightarrow 3 \times 5 \\ & 2 & 1 & 0 & \rightarrow 3 \times 70 \\ & & 5 & 0 & \rightarrow 10 \times 5 \\ + & 7 & 0 & 0 & \rightarrow 10 \times 70 \\ \hline & 9 & 7 & 5 & \end{array}$$

- **Algoritmo usual da multiplicação**

Vamos recordar o algoritmo usual da multiplicação calculando o resultado de 75×13.

$\begin{array}{rrrr} & \text{C} & \text{D} & \text{U} \\ & & 7 & 5 \\ \times & & 1 & 3 \\ \hline \end{array}$ Para iniciar o cálculo, registramos os números a serem multiplicados, colocando cada algarismo na "coluna" correspondente a sua ordem (neste caso, unidade embaixo de unidade e dezena embaixo de dezena).	$\begin{array}{rrrr} & \text{C} & \text{D} & \text{U} \\ & & {}^{1}7 & 5 \\ \times & & 1 & 3 \\ \hline & & & 5 \end{array}$ 3 unidades vezes 5 unidades é igual a 15 unidades. Como 15 unidades é o mesmo que 1 dezena e 5 unidades, escrevemos 5 unidades e juntamos 1 dezena à ordem das dezenas.
$\begin{array}{rrrrl} & \text{C} & \text{D} & \text{U} & \\ & & {}^{1}7 & 5 & \\ \times & & 1 & 3 & \\ \hline & 2 & 2 & 5 & \rightarrow 3 \times 75 \end{array}$ 3 unidades vezes 7 dezenas são 21 dezenas, que acrescentadas a 1 dezena totalizam 22 dezenas.	$\begin{array}{rrrr} & \text{C} & \text{D} & \text{U} \\ & & {}^{1}7 & 5 \\ \times & & 1 & 3 \\ \hline & 2 & 2 & 5 \\ & & 5 & 0 \end{array}$ 1 dezena vezes 5 unidades é igual a 5 dezenas, então colocamos o algarismo 5 na ordem das dezenas e o algarismo 0 na ordem das unidades.

	C	D	U	
		[1]7	5	
×		1	3	
	2	2	5	
	7	5	0	→ 10 × 75

1 dezena vezes 7 dezenas é igual a 7 centenas, então colocamos o algarismo 7 na ordem das centenas.

	C	D	U
		[1]7	5
×		1	3
	2	2	5
+	7	5	0
	9	7	5

Adicionamos 225 e 750 e obtemos 975, que é o resultado de 75 × 13.

SAIBA MAIS

Algoritmo da gelosia para multiplicação

As multiplicações também podem ser feitas com o **algoritmo da gelosia para multiplicação**. Esse algoritmo é semelhante ao algoritmo da gelosia apresentado para a adição.

Observe a seguir como utilizá-lo para calcular, por exemplo, o resultado de 87 × 23.

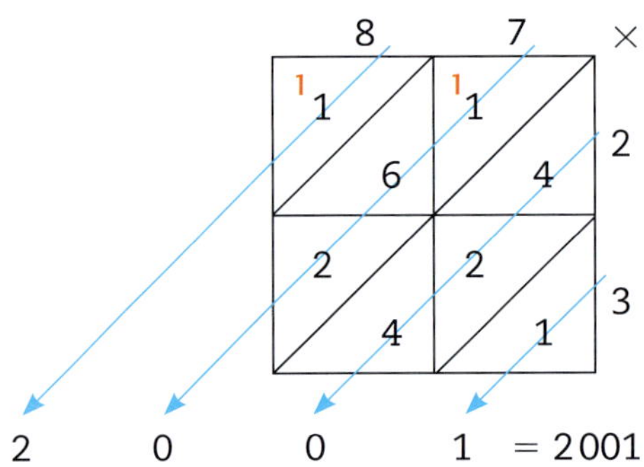

Para explorar

1. Identifique a ideia utilizada na realização desse cálculo e explique para um colega.

2. Calcule o resultado de 75 × 13 usando o algoritmo da gelosia para multiplicação.

Pista 1

Observe novamente as informações sobre os caminhões azuis do haras Cavalos&Cia.

- Considerando o comentário de Guilherme a respeito dos caminhões azuis do Cavalos&Cia, identifique qual é o menor e o maior caminhão e descubra a quantidade de patas de cavalos em cada um deles.
- Qual é o total de patas dos cavalos transportados pelos caminhões da Cavalos&Cia?

ATIVANDO HABILIDADES

ESTÚDIO MIL

(Obmep) Manuela quer pintar as quatro paredes de seu quarto usando as cores azul, rosa, verde e branco, cada parede de uma cor diferente. Ela não quer que as paredes azul e rosa fiquem de frente uma para a outra. De quantas maneiras diferentes ela pode pintar seu quarto?

a) 8

b) 16

c) 18

d) 20

e) 24

Entendimento do problema

Primeiro precisamos identificar qual é a pergunta do problema: De quantas maneiras diferentes Manuela pode pintar as 4 paredes de seu quarto usando 4 cores diferentes?

Em seguida selecionamos os dados importantes para responder à pergunta do problema: Manuela deve usar 4 cores diferentes, cada cor em uma das 4 paredes; a parede azul não pode ficar de frente para a parede rosa.

Elaboração de uma estratégia

De que modo é possível descobrir o número de possibilidades de pintar as paredes do quarto?

Vamos representar as 4 paredes pelos números 1, 2, 3 e 4, como mostramos a seguir:

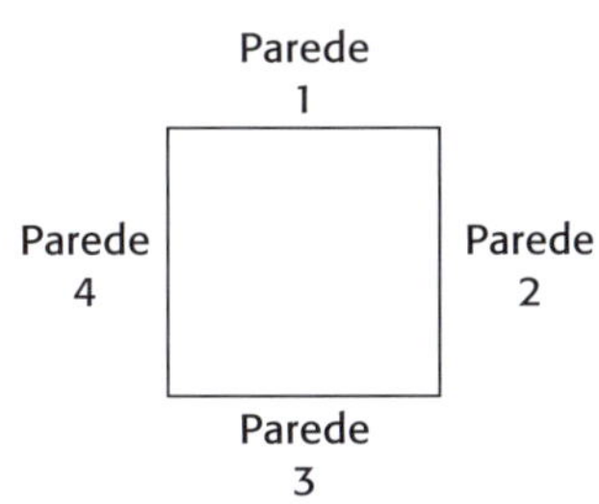

Execução da estratégia

Pintando a parede 1 com a cor azul, observe as possibilidades de pintar as paredes do quarto, lembrando-se de que a parede azul não pode ficar de frente para a parede rosa:

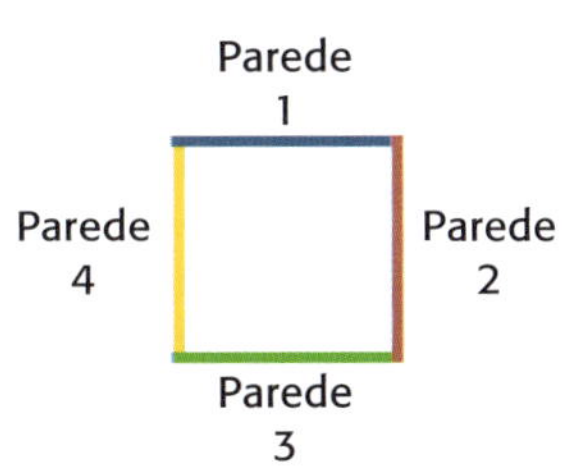

1ª possibilidade

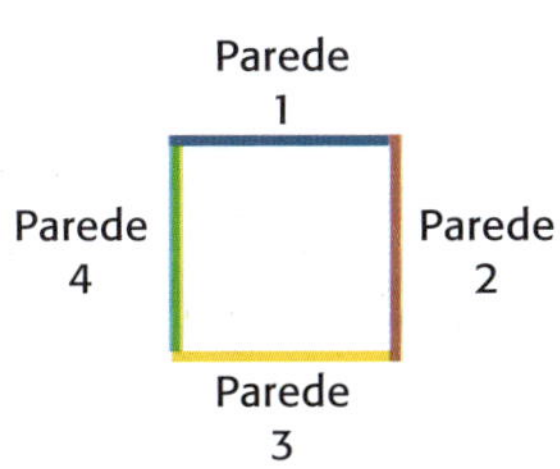

2ª possibilidade

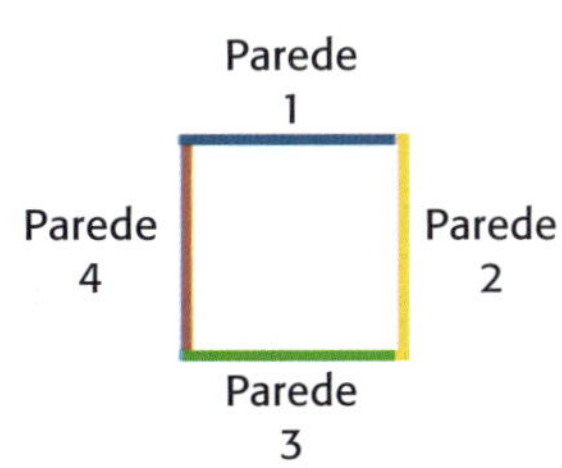

3ª possibilidade

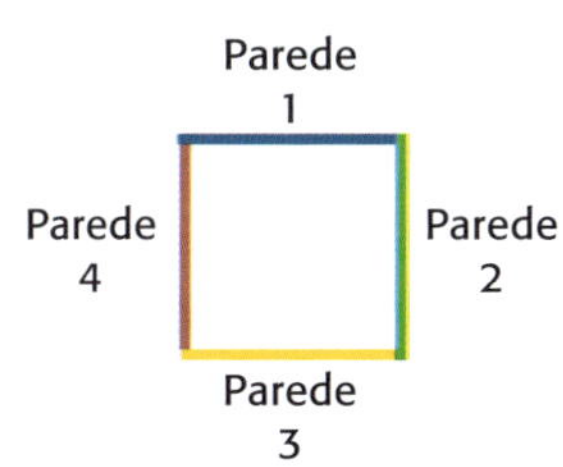

4ª possibilidade

Assim, para a parede 1 com a cor azul, contamos 4 diferentes possibilidades.

Podemos pintar com a cor azul qualquer uma das 4 paredes, observe os 4 casos:

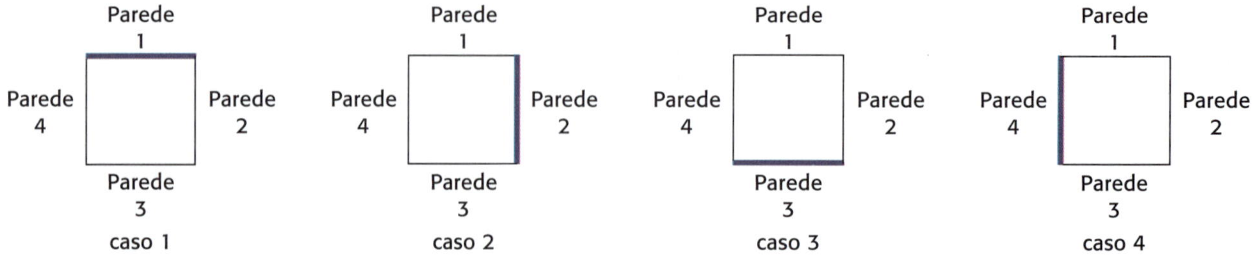

Já vimos as possibilidades para o caso 1 (parede 1 com a cor azul). Se girarmos cada possibilidade do caso 1 no sentido horário (a cor da parede 1 vira a cor da parede 2, a cor da parede 2 vira a cor da parede 3, e assim por diante), teremos as possibilidades para o caso 2 (parede 2 com a cor azul):

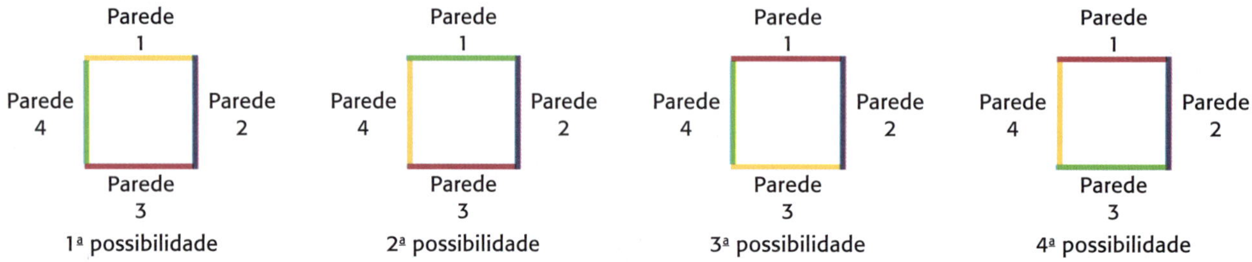

Portanto, para o caso 3 (parede 3 com a cor azul) e o caso 4 (parede 4 com a cor azul), teremos também 4 possibilidades para cada um deles. Como temos 4 casos e 4 possibilidades para cada caso, concluímos que haverá 16 possibilidades diferentes ($4 \times 4 = 16$) de pintar as paredes do quarto.

Análise da solução

Desenhe as 16 possibilidades de pintar as paredes do quarto e verifique a solução obtida.

Resposta: alternativa **b**.

É a sua vez!

(Obmep) Dois casais de namorados vão sentar-se em um banco de uma praça. Em quantas ordens diferentes os quatro podem sentar-se no banco, de modo que cada namorado fique ao lado de sua namorada?

a) 1 b) 2 c) 3 d) 4 e) 8

ATIVIDADES

26. Calcule o resultado de cada multiplicação na qual um número da fileira horizontal é multiplicado por um número da fileira vertical. Veja o exemplo destacado.

×	67	96	375	2 938
8				
74		7 104		
657				

27. Gustavo vai preparar uma receita de bolo que utiliza 250 gramas de farinha. Se ele vai fazer três receitas desse bolo, de quantos gramas de farinha ele precisará?

28. Um modelo de mesa é vendido acompanhado de 12 parafusos e 4 placas para sua montagem. Se em um mês foram encomendadas 47 dessas mesas, quantos parafusos e quantas placas serão necessários para montá-las?

29. Com os algarismos 1, 3, 6 e 7, forme dois números de dois algarismos cada, sem repetição, de modo que o produto deles seja:

a) o maior possível;

b) o menor possível.

30. Observe um sofá à venda em uma loja:

RICHARD LAUTENS/ TORONTO STAR/EASYPIX

a) Qual é o preço total do sofá a prazo?

b) Qual é a diferença entre o preço à vista e o preço a prazo?

31. Observe a sequência de figuras abaixo:

a) Quantos pontos formarão a próxima figura dessa sequência?

b) E a 10ª figura?

c) Qual é a regra que permite descobrir o número de pontos em cada figura?

Propriedades da multiplicação

Você se lembra do piso do banheiro de Adriano?

Calculamos a quantidade de lajotas usadas multiplicando o número de fileiras horizontais pelo número de lajotas em cada fileira horizontal. Comentamos que esse cálculo também poderia ser realizado multiplicando o número de fileiras verticais pelo número de lajotas em cada fileira vertical. Observe:

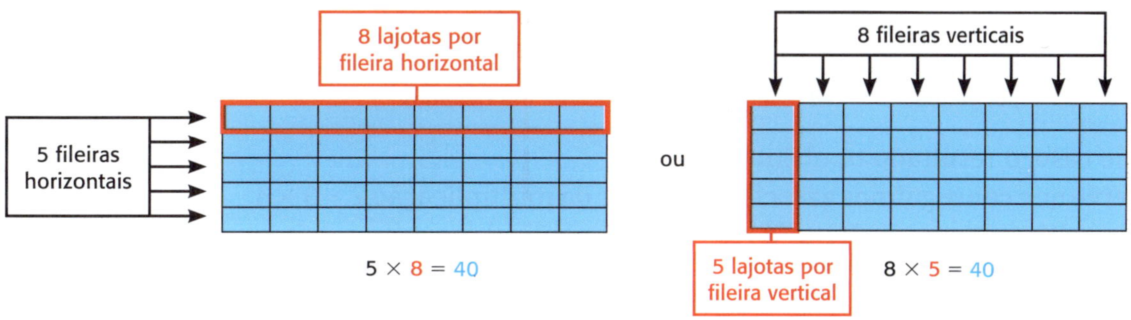

Note que a ordem dos fatores é diferente em cada multiplicação, mas os produtos obtidos são iguais. É possível mostrar que isso acontece em qualquer multiplicação de números naturais.

Em uma multiplicação de dois números naturais, a ordem dos fatores não altera o produto. Essa é a **propriedade comutativa da multiplicação**.

Vamos enunciar mais três propriedades da multiplicação. Observe a seguir.

Quando multiplicamos um número natural qualquer por 1, o resultado é o próprio número:

$$40 \times 1 = 40$$
$$24 \times 1 = 24$$

Podemos mostrar que isso acontece em qualquer multiplicação.

> O produto de um número natural qualquer por 1 é igual ao próprio número. O número 1 é o **elemento neutro** da multiplicação. Essa é a **propriedade do elemento neutro da multiplicação**.

Jonas, Bruna e Carlos foram a uma papelaria. Chegando lá, viram que um tipo de caderno estava em promoção pelo preço de R$ 4,00.

THINKSTOCK/GETTY IMAGES

Os cadernos eram vendidos em pacotes com 3 cadernos cada. Eles decidiram comprar 2 pacotes. Quanto foi gasto nessa compra?

Podemos calcular de duas formas:

- Calculamos a quantidade de cadernos comprados e, depois, multiplicamos esse resultado pelo preço de cada caderno.

$$(2 \times 3) \times 4 = 6 \times 4 = 24$$

preço de cada caderno (4)

2: número de pacotes; 3: número de cadernos por pacote; 6: número total de cadernos; 24: preço total dos cadernos

Os cadernos custaram 24 reais.

- Multiplicamos o número de pacotes comprados pelo preço de cada pacote:

$$2 \times (3 \times 4) = 2 \times 12 = 24$$

número de pacotes (2)

3: número de cadernos por pacote; 4: preço de cada caderno; 12: preço de cada pacote; 24: preço total dos cadernos

Nesse caso, o resultado também é 24 reais.

Observe que conseguimos associar os fatores da multiplicação $2 \times 3 \times 4$ de formas diferentes sem alterar o resultado. É possível mostrar que isso acontece em qualquer multiplicação de três ou mais números naturais quaisquer.

> Em uma multiplicação de três ou mais números naturais quaisquer, a forma de associar os fatores não altera o produto. Essa é a **propriedade associativa da multiplicação**.

Paulo foi a uma loja de roupas. Ao passar por um dos corredores, decidiu comprar 3 camisetas do mesmo tipo. Cada uma custava R$ 14,00.

THINKSTOCK/GETTY IMAGES

Quando estava indo embora, Paulo decidiu comprar outras 2 camisetas para um amigo. Quanto Paulo gastou na loja?

Podemos resolver de dois modos:

- Multiplicamos o preço de cada camiseta pela quantidade de camisetas compradas:

preço de cada camiseta

$$14 \times (3 + 2) = 14 \times 5 = 70$$

3: número de camisetas para Paulo; 2: número de camisetas para o amigo de Paulo; 5: número total de camisetas; 70: preço total das camisetas

Paulo pagou 70 reais pelas camisetas.

- Adicionamos o preço que Paulo pagou pelas camisetas que comprou para si ao que pagou pelas camisetas que comprou para o amigo:

preço de cada camiseta

$$14 \times 3 + 14 \times 2 = 42 + 28 = 70$$

3: número de camisetas para Paulo; 2: número de camisetas para o amigo de Paulo; 42: preço das camisetas para Paulo; 28: preço das camisetas para o amigo de Paulo; 70: preço total das camisetas

O resultado também é 70 reais.

Concluímos que:

$$14 \times (3 + 2) = 14 \times 3 + 14 \times 2$$

É possível mostrar que isso acontece em qualquer multiplicação.

Ao multiplicar um número natural por uma soma de duas ou mais parcelas, obtemos o mesmo resultado que ao adicionar os produtos de cada parcela dessa soma por esse número. Essa é a **propriedade distributiva da multiplicação em relação à adição**.

Essa propriedade também é válida quando multiplicamos um número pela diferença de outros dois números.

ATIVIDADES

32. Daniel tirou uma fotografia na qual se pode ver a fachada de um prédio parcialmente coberta por uma árvore. Cada janela é formada por quatro placas de vidro. Quantas placas de vidro há na fachada desse prédio?

DAWIDSON FRANÇA

33. Cálculo mental

Veja como Amanda calculou o resultado da multiplicação $2 \times 7 \times 5$.

ESTÚDIO MIL

Por qual razão ela pode ter associado os fatores 2 e 5 e não 2 e 7 ou 5 e 7?

Resolução

O produto de um número multiplicado por 10 é o número com um algarismo zero acrescentado à direita. Portanto, é mais prático obter o resultado de 10×7 do que 14×5 ou 2×35.

34. Use a estratégia apresentada na atividade 33 para obter o resultado de $3 \times 5 \times 9 \times 2$.

35. Na feira, Cláudio vende bananas por R$ 3,00 cada dúzia, e laranjas por R$ 2,00 cada dúzia. Um dia, ele vendeu três dúzias de bananas e duas dúzias de laranjas para um cliente, mas estava distraído e acabou trocando os preços. Responda:

a) Quantos reais ele recebeu por essa venda?

b) Quantos reais ele teria recebido caso vendesse os produtos pelo preço correto? Qual é a diferença entre esse valor e o valor obtido no item **a**?

36. Um torneio de futebol teve como vencedora a equipe com o maior número de pontos obtidos. Cada equipe disputou 22 partidas e o quadro a seguir mostra as quatro mais bem colocadas. Cada vitória valia 3 pontos, cada empate, 1 ponto e, se a equipe fosse derrotada, não marcava pontos.

a) Copie e complete o quadro em seu caderno.

	Vitórias	Empates	Derrotas	Pontos
Dragões Azuis		4	2	52
Tigres do Sul	12		6	40
Águia Prateada	9			36
Leões da Grama		5		35

b) Qual foi a diferença de pontos entre a equipe vencedora e a quarta colocada?

Divisão

Em um município foram realizados jogos estudantis com a participação de escolas de vários bairros.

THINKSTOCK/GETTY IMAGES

Jogo de futebol.

Número de alunos participantes dos jogos estudantis por escola

Escola	Número de alunos
Recanto do Saber	53
Júpiter	78
Pena Azul	24
Getúlio Vargas	45
Total	**200**

Dados elaborados pelo autor.

Observe na tabela acima os nomes das escolas e o número de alunos enviados por elas.

Durante os jogos, os alunos participantes ficariam em 4 alojamentos oferecidos pela prefeitura do município e cada alojamento receberia o mesmo número de alunos. Seguindo esse planejamento, quantos alunos ficariam em cada alojamento?

Para resolver essa situação, podemos dividir 200 por 4. Nesse caso, a ideia de divisão envolvida é a de **repartir em quantidades iguais**:

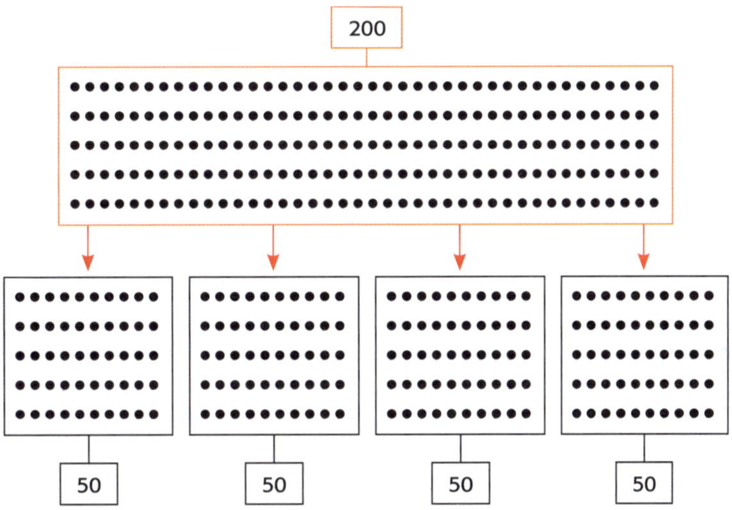

Assim, cada alojamento ficaria com 50 alunos.

Porém, para acomodar melhor os alunos, a prefeitura mudou o planejamento inicial e decidiu que cada alojamento deveria abrigar 25 alunos. Para isso, outros prédios do município foram usados como alojamentos. Quantos alojamentos, ao todo, foram usados para receber os alunos após essa mudança?

Para resolver esse problema, podemos dividir 200 por 25. Nesse caso, a ideia de divisão envolvida é a de **quantas vezes uma quantidade "cabe" em outra quantidade** (quantas vezes 25 "cabe" em 200):

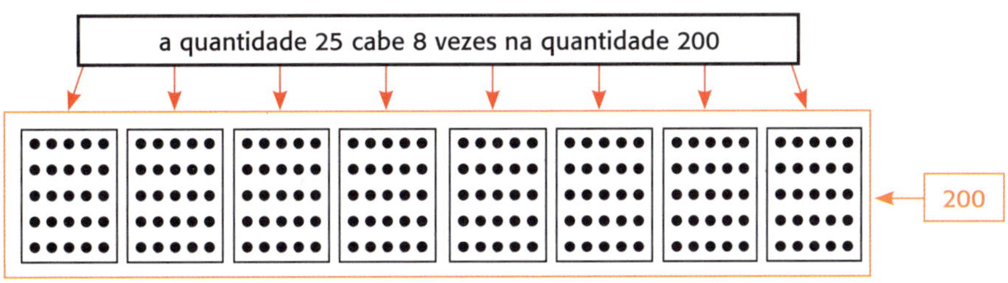

Assim, foram necessários 8 alojamentos.

- Se o número de alunos fosse 216, para abrigá-los em igual quantidade nos mesmos 8 alojamentos, quantos alunos deveriam ficar em cada alojamento?

THINKSTOCK/GETTY IMAGES

As divisões 200 ÷ 4 e 200 ÷ 8 podem ser representadas do seguinte modo.

	dividendo	divisor	
	200	4	
resto	0	50	quociente

	dividendo	divisor	
	200	25	
resto	0	8	quociente

Além do símbolo ÷ para indicar divisão, pode ser usado também dois-pontos (:). Por exemplo, a divisão 100 ÷ 20 = 5 pode ser indicada também por 100 : 20 = 5.

Divisão exata e divisão não exata

Observe os restos das divisões a seguir.

	dividendo	divisor	
	80	20	
resto	0	4	quociente

	dividendo	divisor	
	83	20	
resto	3	4	quociente

Em uma divisão entre dois números naturais, quando o resto é igual a zero, dizemos que ela é uma **divisão exata**. Se o resto for diferente de zero, dizemos que ela é uma **divisão não exata**.

A divisão 83 ÷ 20 pode ser reescrita da seguinte forma:

dividendo		divisor		quociente		resto
↓		↓		↓		↓
83	=	20	×	4	+	3

De modo geral, temos:

dividendo = divisor × quociente + resto

em que o resto é um número maior do que ou igual a zero e menor do que o divisor.

Essa igualdade é conhecida como **relação fundamental da divisão**.

Algoritmo usual da divisão

Há diferentes modos de calcular o resultado de uma divisão entre dois números naturais. Veja a seguir como calcular o resultado de 198 ÷ 6, por meio do algoritmo usual da divisão.

C D U (1 9) 8 | 6 1 centena dividido por 6 unidades não resulta em pelo menos 1 centena, então trocamos 1 centena por 10 dezenas que adicionamos às 9 dezenas já existentes, formando 19 dezenas.	C D U 1 9 8 | 6 (1) (3) D U 19 dezenas dividido por 6 unidades é igual a 3 dezenas, restando 1 dezena. A maior ordem do quociente é a dezena.
C D U 1 9 8 | 6 (1 8) 3 D U A dezena que restou é trocada por 10 unidades que adicionamos às 8 unidades já existentes, formando 18 unidades.	C D U 1 9 8 | 6 1 8 3 (3) 0 D U 18 unidades dividido por 6 unidades é igual a 3 unidades e não resta unidade. Assim, o resultado de 198 ÷ 6 é 33.

Outro modo de calcular divisões

Podemos resolver uma divisão fazendo aproximações para o quociente, não ultrapassando o dividendo. Observe como calcular o resultado de 198 ÷ 6 por meio de estimativas.

198	6
−180	30 (30 × 6 = 180)
18	3 (3 × 6 = 18)
−18	33
0	

198	6
−120	20 (20 × 6 = 120)
78	10 (10 × 6 = 60)
−60	3 (3 × 6 = 18)
18	33
−18	
0	

No cálculo da esquerda, os quocientes parciais foram 30 e 3.

$$(30 \times 6) + (3 \times 6) = 180 + 18 = 198$$

O quociente da divisão é igual a 30 + 3 = 33.

No cálculo da direita, os quocientes parciais foram 20, 10 e 3.

$$(20 \times 6) + (10 \times 6) + (3 \times 6) = 120 + 60 \times 18 = 198$$

O quociente da divisão é igual a 20 + 10 + 3 = 33.

Pista 2

- Sabendo que um cavalo tem 4 patas e conhecendo o total de patas dos cavalos transportados pelos caminhões Cavalos&Cia que você descobriu na Pista 1, determine quantos cavalos havia nos caminhões azuis.
- Observe as informações sobre o caminhão verde que tinha a carroceria aberta na parte debaixo e calcule quantos cavalos ele transportava.
- Lembre-se do que Guilherme falou a respeito dos caminhões Haras Shop e descubra quantos cavalos o outro caminhão verde transportava.

Desvende o enigma

- Guilherme comprou quantos novos cavalos?

ATIVIDADES

37. Copie o quadro abaixo em seu caderno e complete-o:

Dividendo	Divisor	Quociente	Resto
268	7	38	
136		11	4
1 024	32		0
	12	107	1

38. O cálculo indicado a seguir está incompleto, mas corresponde a uma divisão feita por meio de estimativas.

```
      | 13
1300  | 100
 274  |
```

Responda às questões a seguir.

a) Qual é o dividendo dessa divisão?

b) Qual é o quociente? E o resto?

39. Gustavo calculou o resultado de $721 \div 7$ da forma mostrada a seguir.

```
721 | 7
021   13
  0
```

O cálculo de Gustavo apresenta algum erro? Se sim, calcule o resultado correto da divisão e escreva em que etapa Gustavo errou.

40. Em um parque de diversões há 76 pessoas aguardando sua vez na fila para brincar na montanha-russa. Observe ao lado o trenzinho no qual as pessoas passeiam pela montanha-russa.
Sabendo que o trenzinho não precisa necessariamente sair com todos os assentos ocupados, responda:

a) Quantas pessoas cabem no trenzinho?

b) Quantas viagens, no mínimo, serão necessárias para que todas as 76 pessoas passeiem na montanha-russa?

ESTÚDIO MIL

Resolução

a) Cabem 20 pessoas no trenzinho.

b) Devemos fazer a divisão $76 \div 20$. Essa divisão apresenta quociente 3 e resto 16, ou seja, é uma divisão não exata. Assim, em 3 viagens o trenzinho leva 60 pessoas ($3 \times 20 = 60$) e as 16 pessoas restantes devem embarcar na próxima viagem.
Portanto, serão necessárias no mínimo 4 viagens no total.

41. Um terreno quadrado, cujos lados medem 30 metros de comprimento, será cercado com arame. Sabendo que o proprietário do terreno comprou um rolo de 1 000 metros de comprimento de arame e que pretende cercar o terreno com o máximo possível de voltas, responda às questões a seguir.

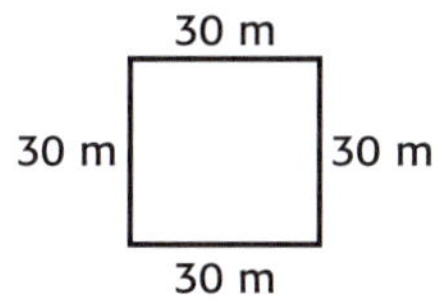

a) Quantas voltas completas de fio de arame terá a cerca?

b) Haverá sobra de arame? Se sim, de quantos metros?

42. Uma ripa de madeira de 60 centímetros de comprimento foi cortada em duas partes. Uma dessas partes ficou com o triplo da medida da outra. Qual é a medida de comprimento de cada uma dessas partes da ripa?

43. Um jogo de móveis para quarto está sendo vendido nas condições anunciadas a seguir.

ESTÚDIO MIL

Calcule o valor das prestações mensais em cada um dos planos oferecidos pela loja.

44. Em uma rua retilínea de 60 metros de comprimento, serão colocados cinco postes de iluminação pública igualmente espaçados entre si. Sabendo-se que, no início e no final da rua, serão colocados postes, qual será a distância entre dois postes sucessivos?

45. Marcos traçou com uma régua uma linha a partir da marca 6 cm até a marca 24 cm da régua. Em seguida, sem mover a régua, ele assinalou o ponto que dividia essa linha ao meio. Esse ponto corresponde a qual marca da régua?

46. Copie o quadro a seguir em seu caderno e calcule os quocientes das divisões exatas indicadas em cada item.

	Dividendo	Divisor	Quociente
I	200	4	
II	100	2	
III	400	8	

Com base nos resultados obtidos, responda às questões a seguir.

a) Compare o dividendo, o divisor e o quociente da divisão indicada no item II com os respectivos termos da divisão indicada no item I. O que você observou?

b) Repita a observação anterior, porém considerando os termos da divisão indicada no item III e os respectivos termos da divisão indicada no item I.

c) Agora, responda sem fazer cálculos: qual é o valor de 800 ÷ 16? Como você pensou para responder?

Relação entre multiplicação e divisão

Observe a divisão de números naturais a seguir.

$$\begin{array}{r|l} 128 & 4 \\ \hline 8 & 32 \\ 0 & \end{array}$$

Usando a relação fundamental da divisão, podemos reescrevê-la da seguinte forma:

$$32 \times 4 = 128$$

Note que:

– O número 32 foi obtido dividindo-se o número 128 por 4.

– O número 128 foi obtido multiplicando-se o número 32 por 4.

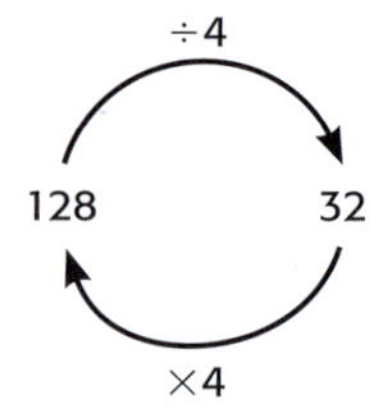

Dizemos que a multiplicação e a divisão são **operações inversas** entre si.

- Na calculadora, digite um número diferente de zero. Depois, divida esse número por zero. O que aconteceu? Em sua opinião, por que isso aconteceu?

Em uma divisão de números naturais, o divisor nunca pode ser zero porque, como a multiplicação e a divisão são operações inversas, não é possível determinar o único número que multiplicado por zero resulte no dividendo.

Por exemplo, para obter o resultado de 19 : 0, precisaríamos determinar o único número que, multiplicado por zero, resultasse em 19. No entanto, esse número não existe e é impossível realizar esse cálculo.

No caso de 0 ÷ 0, teríamos infinitos números que multiplicados por zero resultariam em zero. Entretanto, para que a divisão esteja definida, deve existir um único número. Portanto, não é possível efetuá-la.

Gráficos de barras verticais

De acordo com o Instituto Brasileiro de Geografia e Estatística (IBGE), em 2010, a população indígena totalizava 817 963 pessoas, de 305 etnias diferentes, as quais vivem em todas as regiões do país, como mostra o **gráfico de barras verticais** a seguir:

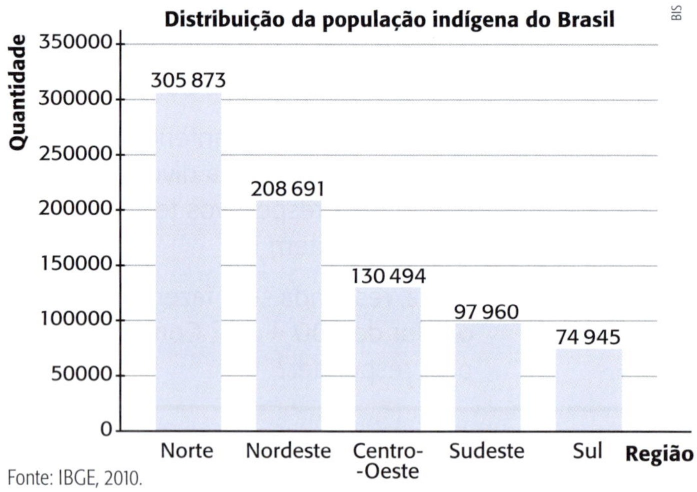

Fonte: IBGE, 2010.

- Com base no gráfico ao lado, qual é o número de habitantes indígenas na região Sudeste?
- Em 2010, qual era a diferença entre a população indígena da região com mais habitantes indígenas e a da região com menos habitantes indígenas?

Esse tipo de gráfico é formado por barras retangulares de mesma largura. Ao longo do eixo horizontal, estão dispostas e igualmente espaçadas as regiões do país: Norte, Nordeste, Centro-Oeste, Sul e Sudeste. Já no eixo vertical são indicados os valores correspondentes a cada região.

Observe que cada unidade de altura das barras corresponde a 50 000 indígenas. Por exemplo, na região Norte, segundo o gráfico, há 305 873 indígenas, e a altura da barra mede pouco mais do que 6 unidades.

Há outros elementos importantes que devem aparecer em um gráfico: o **título** e a **fonte**.

O título, geralmente localizado acima do gráfico, tem a função de indicar sobre o que se referem os dados apresentados. Neste caso, o título do gráfico é "Distribuição da população indígena do Brasil".

A fonte indica a origem dos dados usados na construção do gráfico em questão, no caso do gráfico anterior, a fonte é o Instituto Brasileiro de Geografia e Estatística (IBGE).

Os gráficos de barras verticais são geralmente utilizados quando se deseja visualizar e comparar uma ou mais informações. No gráfico anterior, por exemplo, a região Norte tem o maior número de habitantes indígenas e a região Sul, o menor.

Construção de gráficos de barras

Um gráfico de barras verticais pode ser construído a partir de dados organizados em tabelas. Observe a tabela a seguir, em que 30 alunos de uma turma de 6º ano responderam à pergunta: "Quantas frutas você come por dia?".

Número de frutas consumidas por dia pelos alunos do 6º ano

Número de frutas	Número de alunos
Nenhuma	3
1	11
2	14
3 ou mais	2

Dados elaborados pelo autor.

Para construir o gráfico correspondente a essa tabela traçamos dois eixos, um horizontal e outro vertical. Escolhemos uma escala adequada para o eixo vertical, neste exemplo, optamos por uma escala de 2 em 2, e desenhamos retângulos de mesma largura e altura proporcional ao número de alunos.

Também devemos estabelecer o espaço entre as barras e indicar a fonte dos dados, o título do gráfico e dos eixos.

Número de frutas consumidas por dia pelos alunos do 6º ano

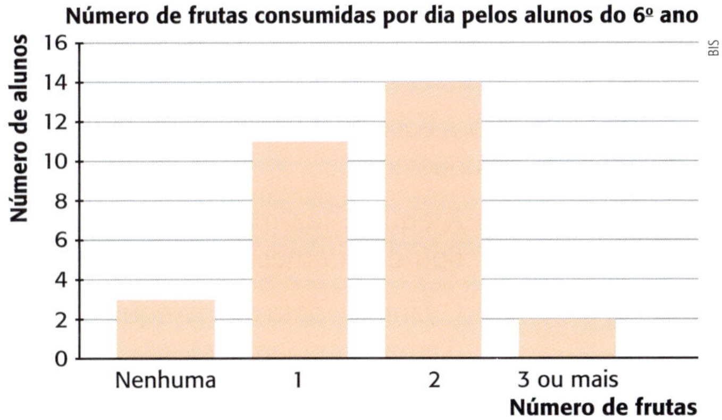

Dados elaborados pelo autor.

ATIVIDADES

47. Construa em seu caderno um gráfico de barras verticais com os dados que constam na tabela a seguir.

Alunos do 6º ano matriculados por turma

Turma	Quantidade
A	23
B	25
C	27
D	20

Dados elaborados pelo autor.

48. (Obmep) A turma do Carlos organizou uma rifa. O gráfico mostra quantos alunos compraram um mesmo número de bilhetes; por exemplo, sete alunos compraram três bilhetes cada um. Quantos bilhetes foram comprados?

a) 56

b) 68

c) 71

d) 89

e) 100

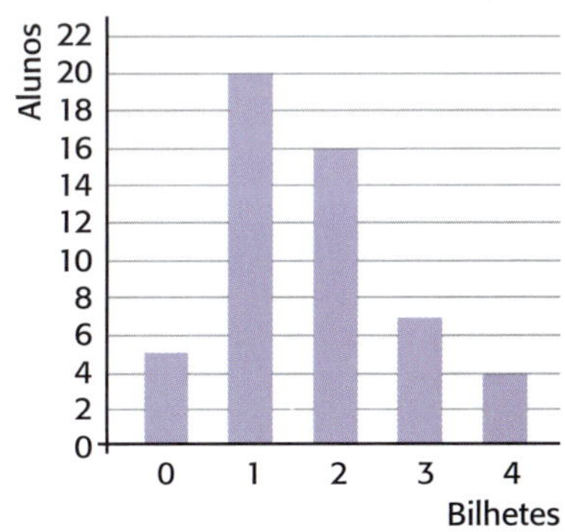

1. O treinador de uma equipe de basquete registrou o número de pontos feitos por sua equipe nos últimos três jogos em arremessos de 1 ponto, de 2 pontos e de 3 pontos. Observe os resultados:

Desempenho da equipe

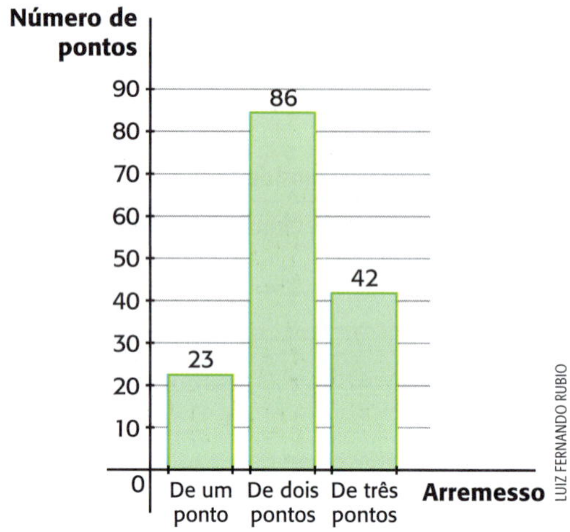

LUIZ FERNANDO RUBIO

Dados elaborados pelo autor.

Com base nessas informações, responda às questões.

a) A equipe fez mais pontos com qual tipo de arremesso?

b) Quantos pontos essa equipe fez nas últimas três partidas?

2. (Obmep) Oito vasos iguais, encaixados, formam uma pilha de 36 cm de altura, como na figura. Dezesseis vasos iguais aos primeiros, também encaixados, formam outra pilha de 60 cm de altura. Qual é a altura de cada vaso?

DAWIDSON FRANÇA

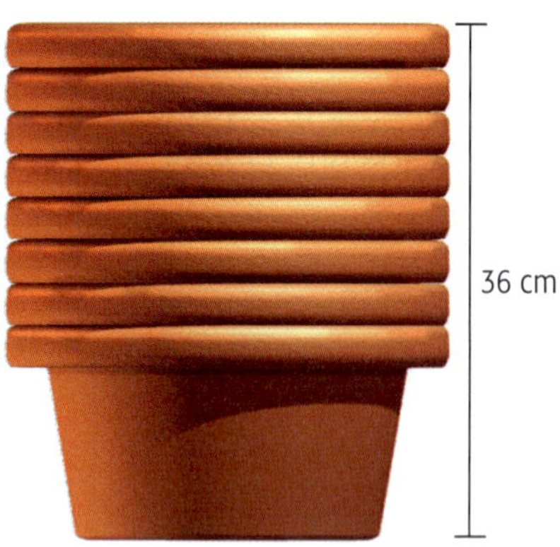

a) 15 cm   b) 16 cm   c) 18 cm   d) 20 cm   e) 22 cm

3. Para evitar colisões entre aeronaves, os aviões devem trafegar com uma distância vertical de pelo menos 2 000 pés. Sabendo que 20 pés correspondem a aproximadamente 6 metros, calcule a quantos metros equivale essa distância vertical.

DAWIDSON FRANÇA

4. Produção textual

Para estimar o número de grãos de feijão em um saco de 1 quilograma, Renata pegou certa quantidade de grãos e foi despejando em uma balança até obter 50 gramas. Então, ela contou o número de grãos, obtendo 80.

Sabendo que 1 quilograma equivale a 1 000 gramas, ela descobriu quantos grãos, aproximadamente, há em um pacote de 1 quilograma. Redija um pequeno texto descrevendo como Renata determinou o número total de grãos no pacote.

5. (Obmep) Cada uma das cinco xícaras da figura está cheia só com café, só com leite ou só com suco. No total, a quantidade de café é o dobro da de suco. Nenhuma das bebidas está em mais de duas xícaras diferentes.

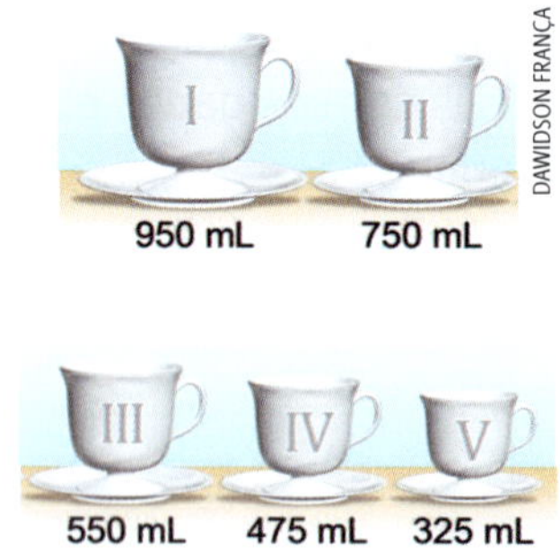

DAWIDSON FRANÇA

Quais as xícaras que contêm leite?

a) Apenas a xícara I.

b) As xícaras III e IV.

c) As xícaras IV e V.

d) As xícaras II e V.

6. Leia o que dizem Maurício e Fernanda sobre o resultado de 119×7.

119 é um número próximo de 120. Como 12 vezes 7 é igual a 84, então 120 vezes 7 é igual a 840. O resultado da multiplicação é menor do que 840.

FOTOGRAFIAS: THINKSTOCK/GETTY IMAGES

Arredondando 119 para a centena mais próxima, obtenho 100. Como 100 vezes 7 é igual a 700, concluo que o produto é maior do que 700.

a) Qual deles está correto?

b) Qual é o valor exato de 119×7?

c) Compare as estimativas de Fernanda e de Maurício com o valor exato: o resultado está mais próximo de 700 ou de 840?

7. Dizer que um veículo está a uma velocidade de 40 quilômetros por hora (40 km/h) significa que, caso essa velocidade não mude, o veículo percorrerá 40 quilômetros a cada 1 hora.

a) A essa velocidade, quantos quilômetros são percorridos por esse veículo em 2 horas? E em 6 horas?

b) Se a velocidade do veículo fosse o dobro, quantos quilômetros ele percorreria em 1 hora? E em 3 horas?

c) Compare os resultados dos itens **a** e **b**: o que você pode concluir?

8. A média aritmética de um conjunto de dados numéricos corresponde à soma de todos eles dividida pelo número de dados considerados. Por exemplo, se três pessoas têm idades 11 anos, 17 anos e 20 anos, a média aritmética dessas idades é obtida por meio do cálculo a seguir.
Média aritmética $= (11 + 17 + 20) \div 3 = 48 \div 3 = 16$. Com base nessa informação, determine a média de gols por jogo de cada uma das equipes de futebol, cujas partidas estão indicadas a seguir.

Porto Grande 4 × 2 Mirante Novo
Porto Grande 2 × 3 Jangadeiros
Jangadeiros 1 × 4 Mirante Novo

9. Em um mês, um supermercado obteve os seguintes valores com a venda de produtos.

Vendas do setor de limpeza

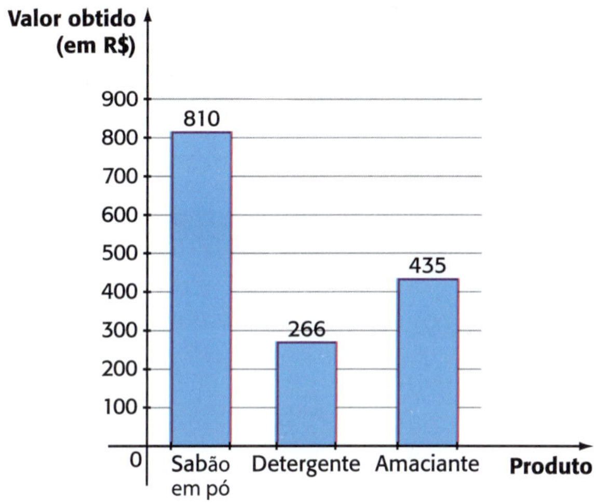

LUIZ FERNANDO RUBIO

A caixa do sabão em pó custa R$ 5,00, o tubo de detergente, R$ 2,00 e a embalagem de amaciante, R$ 3,00. Determine quantos produtos de cada tipo foram vendidos nesse mês.

10. (Obmep) Turmalinas são pedras semipreciosas cujo valor varia de acordo com o peso: se uma turmalina pesa o dobro de outra, então seu valor é cinco vezes o dessa outra. Zita, sem saber disso, mandou cortar uma turmalina que valia R$ 1 000,00 em quatro pedras iguais. Quanto ela irá receber se vender os quatro pedaços?

a) R$ 160,00

b) R$ 200,00

c) R$ 250,00

d) R$ 400,00

e) R$ 500,00

11. O Senado Federal do Brasil, criado em 1824, representa as unidades federativas brasileiras. Nele, há o mesmo número de representantes para cada um dos 26 estados e o Distrito Federal, totalizando 81 senadores.

RENATO COSTA/FRAME/FOLHAPRESS

Senado Federal do Brasil.

LUIS SALVATORE/PULSAR IMAGENS

Câmara dos Deputados do Brasil.

O Senado e a Câmara dos Deputados do Brasil formam o Congresso Nacional, que é o órgão do governo brasileiro que elabora leis sobre temas de interesse nacional e fiscaliza o uso de recursos públicos, além de outras funções.

RUBENS CHAVES/PULSAR IMAGENS

O Congresso Nacional se localiza na cidade de Brasília, capital do Brasil.

Fonte de pesquisa: <http://www.senado.leg.br>. Acesso em: 2 maio 2015.

Faça o que se pede a seguir.

a) Cada unidade federativa brasileira é representada por quantos senadores?

b) Pesquise sobre o Congresso Nacional e responda às seguintes questões.
- Qual é a quantidade de membros na Câmara dos Deputados?
- Como é determinada a distribuição de vagas da Câmara por estado? Ela é igual à distribuição de vagas do Senado?
- O estado onde você vive tem quantos deputados federais atuando na Câmara dos Deputados do Brasil?

3 Potenciação, raiz quadrada e expressões numéricas envolvendo números naturais

Potenciação

A validade de um alimento indica a data até a qual ele se encontra em condições de ser consumido. Peixes, por exemplo, têm validade limitada ao crescimento do número de bactérias que promovem mudanças em seu odor, sabor, cor e textura, entre outros fatores. Quando esse número começa a crescer, dizemos que o peixe venceu, ou seja, sua validade acabou e ele não está mais adequado para consumo.

O crescimento do número de bactérias depende do tipo de peixe. Por exemplo, para a sardinha, estudos mostram que as bactérias se duplicam a cada 14 horas, aproximadamente.

THINKSTOCK/GETTY IMAGES

A sardinha é um alimento rico em vitamina B12, cálcio, ferro e outros nutrientes.

Observe a tabela a seguir, na qual cada período de 14 horas é indicado como uma unidade de tempo. Vamos supor nesse caso que uma bactéria inicia o processo de duplicação e não há morte de nenhuma delas ao longo do tempo.

Unidade de tempo	Número de bactérias
0	1
1	2
2	$2 \times 2 = 4$
3	$2 \times 2 \times 2 = 8$
4	$2 \times 2 \times 2 \times 2 = 16$
5	$2 \times 2 \times 2 \times 2 \times 2 = 32$
6	$2 \times 2 \times 2 \times 2 \times 2 \times 2 = 64$

Veja que, para calcular o número de bactérias em cada unidade de tempo, realizamos uma **multiplicação em que os fatores são iguais**.

Podemos indicar multiplicações desse tipo por meio da seguinte notação:

$2 \times 2 = 2^2$ $2 \times 2 \times 2 = 2^3$ $2 \times 2 \times 2 \times 2 = 2^4$

Veja como se denominam os termos dessa representação:

potência de base 2 e expoente 5

$$2 \times 2 \times 2 \times 2 \times 2 = 2^5 = 32$$

base – indica o fator que se repete na multiplicação

expoente – indica quantas vezes a base se repete na multiplicação

A operação $2^5 = 32$ é chamada de **potenciação**.

A palavra "potência" pode se referir tanto ao termo 2^5 como ao termo 32, que é o resultado dessa potenciação.

- Represente os produtos 1×1 e $1 \times 1 \times 1$ na forma de potência. Qual é o resultado dessas potenciações? Você identificou alguma regularidade nesses resultados?
- Represente os produtos $0 \times 0 \times 0$ e $0 \times 0 \times 0 \times 0$ na forma de potência. Qual é o resultado dessas potenciações? Você identificou alguma regularidade nesses resultados?

Se uma potência tem expoente 2, dizemos que a base está "elevada à segunda potência" ou "elevada a dois", ou ainda, "elevada ao quadrado".

Por exemplo, 3^2 lemos "três elevado à segunda potência" ou "três elevado a dois" ou "três elevado ao quadrado". Podemos também ler simplesmente como "três ao quadrado". O resultado dessa potenciação é 9.

A potência 3^2 pode ser representada geometricamente do seguinte modo:

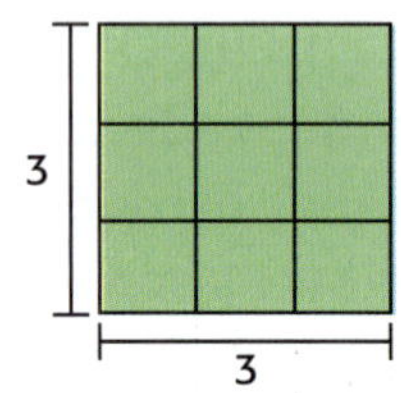

Se uma potência tem expoente 3, dizemos que a base está "elevada à terceira potência" ou "elevada a três" ou ainda "elevada ao cubo".

Por exemplo, 2^3 lemos "dois elevado à terceira potência" ou "dois elevado a três" ou "dois elevado ao cubo". Podemos também ler simplesmente como "dois ao cubo". O resultado dessa potenciação é 8.

A potência 2^3 pode ser representada geometricamente do seguinte modo:

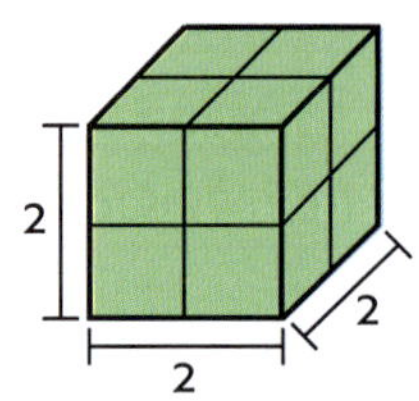

As potências com expoentes diferentes de 2 e 3, por exemplo, 3^4 e 2^5, são lidas do seguinte modo:

- 3^4 (lemos "três elevado à quarta potência" ou "três elevado a quatro");
- 2^5 (lemos "dois elevado à quinta potência" ou "dois elevado a cinco").

E assim por diante.

Os expoentes 0 e 1

Observe o quadro a seguir que mostra potências de base 2.

Potência	Resultado
2^4	16
2^3	8
2^2	4

Note que, à medida que diminuímos uma unidade no expoente da potência o resultado correspondente é dividido por 2. Seguindo essa regularidade, observamos o seguinte.

Potência	Resultado	
2^4	16	$\div 2$
2^3	8	$\div 2$
2^2	4	$\div 2$
2^1	2	$\div 2$
2^0	1	

A potência 2^1 será igual à potência anterior dividida por 2, ou seja, $2^1 = 2$.
A potência 2^0 será igual à potência anterior dividida por 2, ou seja, $2^0 = 1$.

Quando o expoente de uma potência é igual a 1, a potência é igual à base.

Exemplos: • $3^1 = 3$ • $1^1 = 1$ • $45^1 = 45$

Quando o expoente de uma potência é igual a 0 e a base é diferente de zero, a potência é igual a 1.

Exemplos: • $3^0 = 1$ • $279^0 = 1$ • $20^0 = 1$

Observe como podemos fazer a leitura de potências com expoente 1 ou expoente 0:

a) 4^0 (lemos "quatro elevado a zero").
b) 7^1 (lemos "sete elevado à primeira potência" ou "sete elevado a um").
c) 279^0 (lemos "duzentos e setenta e nove elevado a zero").
d) 45^1 (lemos "quarenta e cinco elevado a um").

Potências de base 10

Observe a seguir potências de base 10.

$10^0 = 1$ — nenhum zero

$10^1 = 10$ — 1 zero

$10^2 = 10 \times 10 = 100$ — 2 zeros

$10^3 = 10 \times 10 \times 10 = 1\,000$ — 3 zeros

$10^4 = 10 \times 10 \times 10 \times 10 = 10\,000$ — 4 zeros

$10^5 = 10 \times 10 \times 10 \times 10 \times 10 = 100\,000$ — 5 zeros

THINKSTOCK/GETTY IMAGES

Em uma potência de base 10, o resultado é um número que tem 1 como algarismo de maior valor posicional, seguido de tantos zeros quantos indicados pelo expoente.

Retomando os sistemas de numeração indo-arábico e binário

Estudamos na unidade 1 que, no sistema de numeração indo-arábico, os algarismos que compõem a escrita de um número natural são separados em classes e ordens. Veja no quadro a seguir alguns números representados nesse sistema de numeração.

SHUTTERSTOCK

Classe dos milhares			Classe das unidades simples		
CM	DM	UM	C	D	U
			7	5	6
	3	4	8	0	9
		2	5	1	4

Podemos decompor esses números em suas ordens e usar potências de base 10 para isso. Observe.

$756 = 700 + 50 + 6 = 7 \times 10^2 + 5 \times 10^1 + 6 \times 10^0$

$34\,809 = 30\,000 + 4\,000 + 800 + 0 + 9 =$

$= 3 \times 10^4 + 4 \times 10^3 + 8 \times 10^2 + 0 \times 10^1 + 9 \times 10^0$

$2\,514 = 2\,000 + 500 + 10 + 4 = 2 \times 10^3 + 5 \times 10^2 + 1 \times 10^1 + 4 \times 10^0$

Na decomposição de 34809, o número zero que está multiplicando a potência 10^1, apesar de não alterar o valor da soma, representa o algarismo zero da ordem das dezenas na classe das unidades simples.

Na unidade 1, vimos também como escrever números naturais no sistema de numeração binário. Esse sistema também é conhecido como **sistema de numeração de base 2**. Veja no quadro a seguir alguns números representados nesse sistema de numeração.

Grupo de 256 (2 grupos de 128)	Grupo de 128 (2 grupos de 64)	Grupo de 64 (2 grupos de 32)	Grupo de 32 (2 grupos de 16)	Grupo de 16 (2 grupos de 8)	Grupo de 8 (2 grupos de 4)	Grupo de 4 (2 grupos de 2)	Grupo de 2 (2 grupos de 1)	Unidade
256	128	64	32	16	8	4	2	1
						1	1	1
				1	0	1	1	1
			1	1	0	0	0	1

Assim como ocorre no sistema de numeração indo-arábico, podemos também decompor esses números em suas ordens no sistema de numeração de base 2. Observe.

111 (na base 2) $= 1 \times 4 + 1 \times 2 + 1 \times 1 = 1 \times 2^2 + 1 \times 2^1 + 1 \times 2^0 =$
$= 7$ (na base 10)

10111 (na base 2) $= 1 \times 16 + 0 \times 8 + 1 \times 4 + 1 \times 2 + 1 \times 1 =$
$= 1 \times 2^4 + 0 \times 2^3 + 1 \times 2^2 + 1 \times 2^1 + 1 \times 2^0 = 23$ (na base 10)

110001 (na base 2) $= 1 \times 32 + 1 \times 16 + 0 \times 8 + 0 \times 4 + 0 \times 2 + 1 \times 1 =$
$= 1 \times 2^5 + 1 \times 2^4 + 0 \times 2^3 + 0 \times 2^2 + 0 \times 2^1 + 1 \times 2^0 = 49$ (na base 10)

Note que nas decomposições feitas no sistema de numeração binário uma mesma potência de base 2 pode aparecer apenas uma vez, de modo que apenas 2 algarismos (0 e 1) são utilizados para escrever os números nesse sistema.

ATIVIDADES

49. Indique a potência correspondente em cada caso.

a) $12 \times 12 \times 12 \times 12$

b) $13 \times 13 \times 13$

c) $8 \times 8 \times 8 \times 8 \times 8 \times 8$

d) $6 \times 6 \times 6 \times 6 \times 6$

50. Represente os itens abaixo na forma de potência e calcule o resultado correspondente.

a) Dois elevado à quinta potência.

b) Cinco elevado ao cubo.

c) Sete ao quadrado.

d) Oito elevado a zero.

e) Doze elevado à primeira potência.

f) Dez ao cubo.

g) Nove ao quadrado.

h) Três elevado à sexta potência.

51. Observe as igualdades a seguir.

$$\left.\begin{array}{l} 3^2 = 3 \times 3 = 9 \\ 4^2 = 4 \times 4 = 16 \\ 5^2 = 5 \times 5 = 25 \end{array}\right\} \begin{array}{l} 3^2 + 4^2 = 5^2 \\ \text{(ou seja, } 9 + 16 = 25) \end{array}$$

$$\left.\begin{array}{l} 6^2 = 6 \times 6 = 36 \\ 8^2 = 8 \times 8 = 64 \\ 10^2 = 10 \times 10 = 100 \end{array}\right\} \begin{array}{l} 6^2 + 8^2 = 10^2 \\ \text{(ou seja,} \\ 36 + 64 = 100) \end{array}$$

Quais dos trios de números a seguir apresentam também essa característica?

a) 7, 8 e 9.

b) 12, 16 e 20.

c) 5, 12 e 13.

d) 10, 11 e 15.

52. Escreva os números naturais de 1 a 10 como uma potência de base 2 ou adição de potências de base 2. Uma mesma potência de base 2 pode aparecer apenas uma vez.

53. Copie em seu caderno o quadro a seguir e complete-o.

Adição	Resultado na forma de potência
$1 = 1$	1^2
$1 + 3 = ■$	
$1 + 3 + 5 = ■$	
$1 + 3 + 5 + 7 = ■$	
$1 + 3 + 5 + 7 + 9 = ■$	

54. Uma bactéria se duplica a cada dia. Supondo que no décimo dia havia 1 024 bactérias e nenhuma bactéria morreu nesse período, em que dia havia metade desse número de bactérias?

55. Copie em seu caderno o quadro a seguir e complete-o. Depois, responda às questões.

	A		B
$1 \times 3 =$		$2^2 =$	
$2 \times 4 =$		$3^2 =$	
$3 \times 5 =$		$4^2 =$	
$4 \times 6 =$		$5^2 =$	
$5 \times 7 =$		$6^2 =$	

a) Que regularidade você pode observar comparando os números das colunas A e B?

b) Qual é o valor de 19×21? Seguindo a regularidade apresentada no quadro, como poderíamos calcular esse resultado?

56. Um agricultor reservou uma área quadrada com 10 metros de lado para plantar cebolas. Observe a representação dessa área e responda às questões a seguir.

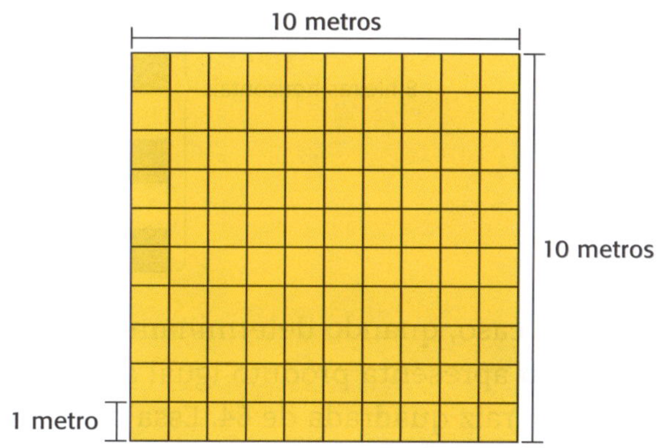

a) Quantos quadrados de 1 metro de lado tem essa área de plantação?

b) Se a produtividade por colheita dessa plantação é de 2 quilogramas de cebola para cada quadrado de 1 metro de lado, quantos quilogramas de cebola serão produzidos por colheita nessa plantação?

c) Supondo que 10 cebolas pesem aproximadamente 1 quilograma, quantas cebolas aproximadamente serão colhidas pelo agricultor em uma colheita dessa plantação?

Raiz quadrada

O xadrez é um jogo milenar, apreciado em todo o mundo por ser um passatempo que desenvolve o raciocínio lógico e a concentração, entre outras habilidades.

Um tabuleiro de xadrez tem o formato de um quadrado e apresenta 64 casas também quadradas e de cores alternadas, geralmente pretas e brancas. Para ter esse formato, é necessário que o tabuleiro tenha o mesmo número de fileiras horizontais e de fileiras verticais, e que o produto desses números (que são iguais) seja igual a 64, que é o número de casas do tabuleiro.

Por meio de tentativas, verificamos que o número de fileiras horizontais e de fileiras verticais é igual a 8, pois $8 \times 8 = 64$.

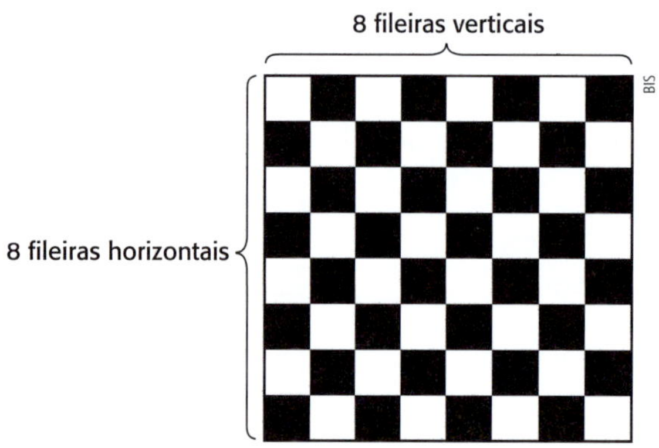

Nesse caso, quando determinamos um número que multiplicado por si mesmo apresenta produto igual a 64, dizemos que calculamos ou extraímos a raiz quadrada de 64. Essa operação pode ser representada por: $\sqrt{64} = 8$.

A raiz quadrada de um número natural é um número que, quando multiplicado por si próprio, resulta no primeiro número.

Observe outros exemplos de raiz quadrada de um número natural:

- $\sqrt{1} = 1$, pois $1 \times 1 = 1^2 = 1$. A raiz quadrada de um é igual a um.
- $\sqrt{4} = 2$, pois $2 \times 2 = 2^2 = 4$. A raiz quadrada de quatro é igual a dois.
- $\sqrt{9} = 3$, pois $3 \times 3 = 3^2 = 9$. A raiz quadrada de nove é igual a três.
- $\sqrt{16} = 4$, pois $4 \times 4 = 4^2 = 16$. A raiz quadrada de dezesseis é igual a quatro.
- $\sqrt{25} = 5$, pois $5 \times 5 = 5^2 = 25$. A raiz quadrada de vinte e cinco é igual a cinco.

- Qual é o resultado de $\sqrt{0}$? Por quê?

Note que os números naturais **1**, **4**, **9**, **16** e **25** podem ser reescritos como potência de expoente 2. Por isso, são também chamados **números naturais quadrados perfeitos**.

Há outros números naturais quadrados perfeitos, por exemplo, 36, 49 e 81.

Nesse volume, vamos explorar apenas o cálculo da raiz quadrada de números naturais quadrados perfeitos.

Agora, observe que, elevando ao quadrado um número natural e, depois, extraindo a raiz quadrada do resultado obtido, voltamos ao número inicial:

$$6^2 = 36 \text{ e } \sqrt{36} = 6$$

Dizemos que extrair a raiz quadrada e elevar ao quadrado são **operações inversas** entre si.

ATIVIDADES

57. Calcule o resultado em cada caso.

a) $\sqrt{121}$

b) $\sqrt{196}$

c) $\sqrt{81}$

d) $\sqrt{400}$

e) $\sqrt{144}$

f) $\sqrt{225}$

58. Observe a sequência de igualdades.

$\sqrt{1} = 1$

$\sqrt{121} = 11$

$\sqrt{12\,321} = 111$

$\sqrt{1\,234\,321} = 1\,111$

$\sqrt{123\,454\,321} = 11\,111$

$\sqrt{12\,345\,654\,321} = 111\,111$

Qual é a próxima igualdade dessa sequência?

59. A calculadora de Bia tinha um número registrado no visor. Depois de apertar duas vezes seguidas a tecla [√], apareceu no visor o número 3. Que número estava no visor inicialmente?

Resolução

Vamos resolver o problema de "trás para frente".

Ao apertar a tecla [√] pela segunda vez, apareceu o número 3. Isso significa que o número que apareceu anteriormente no visor corresponde ao número 3 multiplicado por si mesmo, ou seja, $3 \times 3 = 3^2 = 9$.

Se ao apertar a tecla [√] pela primeira vez o resultado foi 9, significa que o número que estava no visor anteriormente corresponde ao número 9 multiplicado por si mesmo, ou seja, $9 \times 9 = 9^2 = 81$.

Portanto, o número que estava no visor inicialmente era 81.

60. Em outra situação, a calculadora de Bia tinha um número registrado no visor. Depois de apertar as teclas [×] e [2], nessa ordem, Bia apertou três vezes a tecla [√] e o número 2 apareceu no visor. Que número estava no visor inicialmente?

Expressões numéricas

Roberta e Lucas trabalham em departamentos diferentes de uma mesma empresa e em certa ocasião ela precisou orientá-lo, por telefone, sobre os cálculos que ele teria de realizar para saber o valor de uma compra de material de escritório.

Roberta consultou o quadro abaixo para orientá-lo.

Produto	Código	Quantidade	Valor unitário (em R$)
Caixa com clipe	00123	40	1
Bobina para impressora	00157	2	32
Papel especial	00203	65	9

ILUSTRAÇÕES: ESTÚDIO MIL

O objetivo de Roberta era orientar Lucas para evitar erros de cálculo, mas ele se confundiu.

- Com base no quadro e nas anotações de Lucas, você identifica os enganos que ele cometeu ao calcular o valor da compra de materiais de escritório? Converse com os colegas e o professor.

O cálculo que Lucas deveria ter realizado é o seguinte:

$$40 \times 1 + 2 \times 32 + 65 \times 9$$

Expressões como essa são conhecidas por **expressões numéricas**.

Para calcular o valor de uma expressão numérica, devemos seguir uma ordem ao efetuar as operações.

- Se a expressão apresenta apenas as operações conhecidas até agora, devemos realizá-las na ordem seguinte:
  1º) começamos pela potenciação e raiz quadrada, na ordem em que aparecem;
  2º) depois calculamos a multiplicação e a divisão, na ordem em que aparecem;
  3º) por fim, fazemos a adição e a subtração na ordem em que aparecem.
- Se a expressão apresenta parênteses, colchetes ou chaves, primeiro devemos realizar as operações indicadas no interior dos parênteses na ordem descrita anteriormente, em seguida resolvemos as operações dos colchetes e, por fim, as das chaves.

Retomando o exemplo da situação inicial, podemos obter o resultado da expressão da seguinte maneira:

$$\underbrace{40 \times 1}_{} + \underbrace{2 \times 32}_{} + \underbrace{65 \times 9}_{} =$$
$$= 40 + 64 + 585 = 689$$

Portanto, o valor da compra de material de escritório será de R$ 689,00.

Agora, veja dois exemplos de expressões que apresentam parênteses:

a) $3 \times (2 + 6) =$
$= 3 \times 8 = 24$

b) $(26 + 3) \times (8 - 3) =$
$= 29 \times 5 = 145$

ATIVIDADES

61. Em seu caderno, copie as expressões numéricas a seguir e determine o valor correspondente.

a) $32 - 14 + 3 =$ ■

b) $45 - 4 \times 8 =$ ■

c) $\sqrt{25} + 81 : 3 =$ ■

d) $(12 \times 5) - (8^2 : 16) =$ ■

e) $13 + 63 : 7 + 2 \times 5 =$ ■

f) $123 - 3^3 + 4 \times (15 - \sqrt{49}) =$ ■

g) $5^4 + [\sqrt{100} \times (32 - 17)] =$ ■

h) $184 : 8 + 3^5 - 77 : (54 - 43) =$ ■

62. Marcelo tinha R$ 27,00 e foi a uma lanchonete com um amigo. Ele comprou um suco no valor de R$ 6,00 e comeu 3 pastéis no valor de R$ 4,00 cada um.

Qual das expressões a seguir pode ser usada para calcular quanto lhe sobrou?

a) $27 - 6 + 3 \times 4$

b) $6 + 3 \times 4 + 27$

c) $3 \times 4 + 27 - 6$

d) $27 - (6 + 3 \times 4)$

e) $27 - (6 + 3)$

63. Em seu caderno, calcule o resultado da expressão numérica que você indicou na atividade 62 e descubra quantos reais sobraram a Marcelo.

64. Substitua os ■ pelos números 0, 1, 2 e 7 de modo a tornar a igualdade verdadeira. Não vale repetir número!

■ + ■ × (■ + ■) = 9

teia do saber

1. Copie em seu caderno o quadro a seguir e complete-o. Depois, responda às questões.

Potência	Resultado	Algarismo da ordem das unidades do resultado
3^0	1	1
3^1	3	3
3^2	9	9
3^3	27	7
3^4	81	1
3^5		
3^6		
3^7		

a) Que regularidade você observa em relação ao algarismo da ordem das unidades dessas potências de 3?

b) Com base no que você observou no item anterior, determine o algarismo da ordem das unidades de:
$3^0 + 3^1 + 3^2 + 3^3 + 3^4 + 3^5 + 3^6 + 3^7 + 3^8 + 3^9 + 3^{10} + 3^{11} + 3^{12} + 3^{13} + 3^{14} + 3^{15}$

2. Fractais são figuras geométricas cujas propriedades, em geral, repetem-se em qualquer escala. Observe abaixo a sequência de figuras geométricas que forma o fractal denominado curva de Koch.

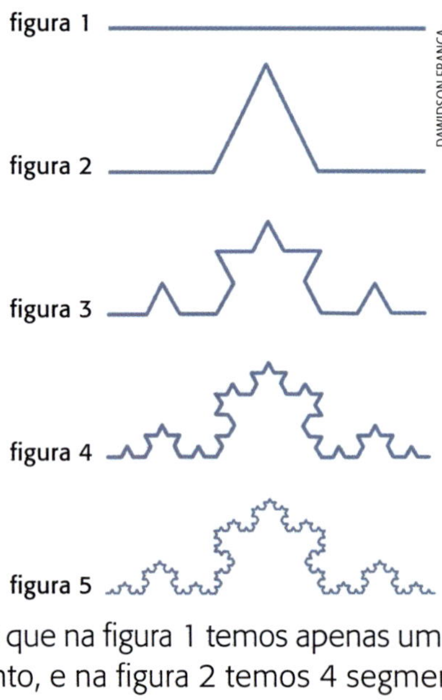

Veja que na figura 1 temos apenas um segmento, e na figura 2 temos 4 segmentos.

a) Quantos segmentos formam cada uma das demais figuras?

b) Expresse o número de segmentos de cada uma das figuras na forma de uma potência de mesma base.

3. Dizemos que dois números naturais formam um par perfeito quando a soma e o produto desses dois números são números naturais quadrados perfeitos.

> Por exemplo, 5 e 20 formam um par perfeito, pois:
> $5 + 20 = 25 = 5^2$ (quadrado perfeito)
> $5 \times 20 = 100 = 10^2$ (quadrado perfeito)

Verifique se os pares de números abaixo formam um par perfeito.

a) 4 e 12.
b) 9 e 16.
c) 2 e 98.
d) 6 e 30.
e) 36 e 64.
f) 38 e 11.

4. Em seu caderno, escreva **V** para as igualdades verdadeiras e **F** para as igualdades falsas.

a) $\sqrt{(16 + 9)} = \sqrt{16} + \sqrt{9}$

b) $\sqrt{(25 - 16)} = \sqrt{25} - \sqrt{16}$

c) $\sqrt{(9 \times 4)} = \sqrt{9} \times \sqrt{4}$

d) $\sqrt{(36 \div 9)} = \sqrt{36} \div \sqrt{9}$

5. Preencha cada ■ nas expressões a seguir com os números 2, 5 ou 8, para que a igualdade seja verdadeira.

a) ■ + ■ × ■ = 18
b) ■ ÷ ■ + ■ = 9
c) (■ − ■) × ■ = 6
d) ■ × ■ + ■ = 42

6. Escreva expressões numéricas cujos resultados sejam os números naturais de 1 a 10. Para isso, use apenas o número 4, de acordo com as regras a seguir.

- Esse número deve ser usado exatamente quatro vezes;
- Você pode usar as operações: adição, subtração, multiplicação, divisão e raiz quadrada.

Uma possível expressão cujo resultado é **1** está feita para você.

1 = (4 + 4) : (4 + 4)

BIS

7. Calculadora

Renata digitou um número em sua calculadora, multiplicou-o por 3, adicionou 12, dividiu o resultado por 7 e obteve o número 15. Qual foi o número digitado?

8. Produção textual

Crie um problema cuja solução seja dada pela seguinte expressão numérica:

$$(38 - 9) \times 2 - 7$$

BIS

teia integrada

9. A Astronomia é a ciência que estuda o Universo. Um dos seus campos de estudo trata das distâncias entre corpos celestes. Para expressar distâncias entre corpos celestes em geral são usadas unidades de medidas diferentes das que costumamos usar no dia a dia. Três unidades de medida muito usadas na Astronomia são: a unidade astronômica; o ano-luz; e o parsec.

Uma **unidade astronômica (UA)** corresponde à distância média entre a Terra e o Sol e equivale a aproximadamente 150 000 000 de quilômetros. A unidade astronômica é muito usada para determinar distâncias dentro do sistema solar.

Um **ano-luz** (**al**) corresponde à distância percorrida pela luz durante um ano e equivale aproximadamente a 10 000 000 000 000 de quilômetros (10 trilhões de quilômetros).

O ano-luz é muito usado para determinar distâncias entre estrelas e galáxias e é um termo muito usado em jornais, revistas e outras publicações populares sobre Astronomia.

O **parsec** (**Pc**) é obtido a partir de cálculos feitos com a unidade astronômica e equivale aproximadamente a 31 000 000 000 000 de quilômetros (31 trilhões de quilômetros). Essa medida equivale a mais de 3 anos-luz. O parsec é muito usado para determinar distâncias fora do sistema solar.

Fonte de pesquisa: <http://www.if.ufrgs.br/fis02001/aulas/Aula11-122.pdf>. Acesso em: 13 fev. 2015.

Corpo celeste: qualquer objeto que faz parte do Universo.

Distância média: metade da soma das distâncias maior e menor entre dois corpos que se movimentam. Ao longo do ano, a distância da Terra ao Sol varia, pois a sua trajetória em torno do Sol não é regular.

Estrela: corpo celeste que tem luz própria e produz energia.

THINKSTOCK/GETTY IMAGES

Concepção artística da Via Láctea – a galáxia onde se encontra a Terra. Existem outras.

Com base nessas informações, faça o que se pede a seguir.

a) Quais são as três unidades de medida usadas na Astronomia?

b) Podemos representar uma unidade astronômica usando potências de base 10. Por exemplo: 1 UA equivale a 150 000 000 de quilômetros = 15×10^7 quilômetros. Use potência de base 10 para reescrever, em quilômetro, quanto vale aproximadamente um ano-luz. Depois faça o mesmo com um parsec.

Encerrando a unidade

Nesta unidade você pôde rever as quatro operações e passou a conhecer a potenciação e o cálculo da raiz quadrada de um número natural. Reflita sobre o que você aprendeu e responda às questões a seguir.

a) Qual é a importância dessas operações no dia a dia?

b) Você considera que os raciocínios envolvidos nos problemas foram fáceis de compreender?

c) Retome a abertura desta unidade e responda: qual a pontuação máxima que uma seleção pode atingir na primeira fase da Copa do Mundo? Caso uma seleção conquiste a pontuação máxima, é possível que ela esteja empatada com outra seleção do mesmo grupo? Justifique.

d) Que assuntos estudados nesta unidade você utilizou para resolver o Enigma?

O consumo de água

A água é um dos recursos naturais mais importantes da Terra. Todas as formas de vida que conhecemos no nosso planeta dependem da água e uma parcela da população mundial, cerca de uma em cada 7 pessoas, não tem acesso à quantidade diária mínima de água para suprir suas necessidades.

Recursos naturais: materiais ou substâncias que podem ser encontrados na natureza.

Se dividíssemos toda a água que existe na Terra em 40 partes e pegássemos apenas uma dessas partes, essa parte seria o que chamamos de água doce. A água doce é a água encontrada em rios, lagos, geleiras e abaixo do solo. Ela contém quantidades muito pequenas ou quase nulas de sal, sendo assim adequada para higiene pessoal, cozimento de alimentos, irrigação de plantações, entre outras atividades. Além disso, é da água doce que obtemos a água potável, adequada para ser bebida. O termo "doce" se refere ao oposto da água dos mares e oceanos, que é chamada de água salgada e não é adequada para o consumo humano devido ao alto nível de sal.

A água doce é um recurso natural que se renova, mas essa renovação se dá num certo tempo, de modo que não podemos usá-la de qualquer maneira. Ela é essencial para inúmeras necessidades e atividades humanas, portanto devemos preservá-la. Sua preservação pode ser feita evitando-se o desperdício e o uso exagerado.

Veja abaixo o consumo de água por dia de uma pessoa em algumas atividades básicas:

DAWIDSON FRANÇA

Banho de 10 minutos com o chuveiro elétrico aberto
1 vez por dia

Escovar os dentes com a torneira 10 segundos aberta para enxaguar a boca
3 vezes por dia

Descarga do vaso sanitário.
6 vezes por dia

Lavar as mãos com a torneira 5 segundos aberta
8 vezes por dia

Beber água

Total: 84 litros

De acordo com a Organização Mundial da Saúde (OMS), são necessários entre **50 a 100 litros** de água por pessoa por dia para assegurar as necessidades mais básicas e minimizar os problemas de saúde.

Note que os números que foram mostrados não incluem atividades também básicas, como lavar louças, roupas, cômodos da casa ou outras atividades que utilizem água. Assim, uma pessoa pode consumir facilmente mais do que o necessário de água por dia. Além disso, podem existir casas com vazamentos e aparelhos desregulados que utilizem muita água. Nesse caso, o desperdício pode ser maior ainda.

Veja o que pode ser feito para evitar o desperdício e o uso exagerado de água.

Não escove os dentes com a torneira aberta.

Não tome banhos longos.

Não use o vaso sanitário como lixeira e não acione a descarga sem necessidade.

ILUSTRAÇÕES: QUANTA ESTÚDIO

CRÉDITO DA IMAGEM DE FUNDO: THINKSTOCK/GETTY IMAGES

Não lave a louça com a torneira aberta.

Use roupas como casacos e calças mais de uma vez antes de lavá-las.

Procure utilizar a máquina de lavar com sua capacidade máxima de roupas. Aproveite a água usada pela máquina para lavar quintais e áreas de serviço.

A água é um patrimônio da Terra e de todos os seres vivos. Assim, todas as pessoas têm direito à água. Ela é um recurso da natureza que é utilizado por nós e será por nossos descendentes. Portanto, é nosso dever preservá-la e utilizá-la de forma consciente.

Fontes de pesquisa: <www.sabesp.com.br>, <www.paho.org/bra>, <www.inmetro.gov.br>. Acessos em: 24 nov. 2014.

Para explorar

1. Responda aos itens a seguir.

a) Considere uma pessoa que usa diariamente os 84 litros de água citados no texto mais 5 litros para lavar a louça e 6 litros para lavar o quintal. Essa pessoa usa quantos litros de água por mês nessas atividades? Considere que um mês tem 30 dias.

b) Se essa mesma pessoa também lava roupa duas vezes por mês numa máquina de lavar que gasta 120 litros de água em cada utilização, podemos considerar que ela usa quantos litros de água por dia?

c) Segundo a OMS, essa pessoa usa diariamente mais água do que deveria nas suas atividades básicas? Se sim, quantos litros a mais de água por dia? O que ela poderia fazer para economizar água?

d) Se essa pessoa sempre utilizasse a água usada pela máquina de lavar roupas para lavar o quintal, quanto ela economizaria de água em um mês? Nessas condições, qual seria o seu gasto diário de água? Esse gasto está dentro dos valores recomendados pela OMS?

2. Note que, se a pessoa descrita no item **d** tomasse mais de um banho por dia ou gastasse muita água em qualquer outra das suas atividades básicas, ela ultrapassaria o uso de água diário recomendado pela OMS. Em quais atividades do seu dia a dia você usa água? Você acha que pode usar menos água em alguma atividade? Qual delas? Pesquise formas de economizar água e troque ideias com os colegas.

UNIDADE

3 Figuras geométricas

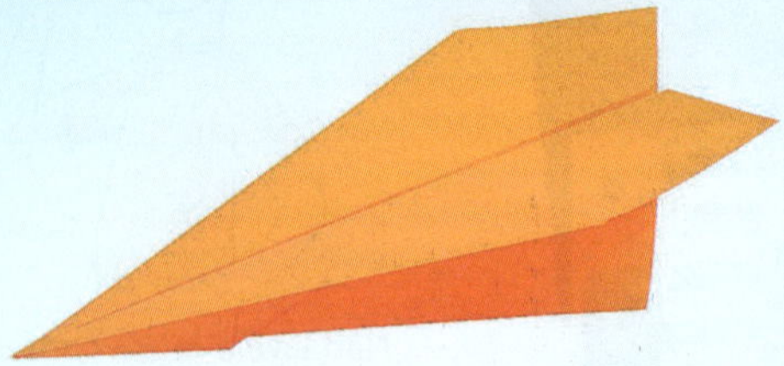

FOTOGRAFIAS: THINKSTOCK/GETTY IMAGES

Você já fez alguma dobradura de papel?

Quando realizamos dobraduras em uma folha de papel, podemos obter diferentes formas que dão ideia de figuras geométricas.

Há uma arte milenar, conhecida como ***origami***, que é feita por meio de dobraduras em papel.

Origami vem de "oru" (dobrar) e "kami" (papel).

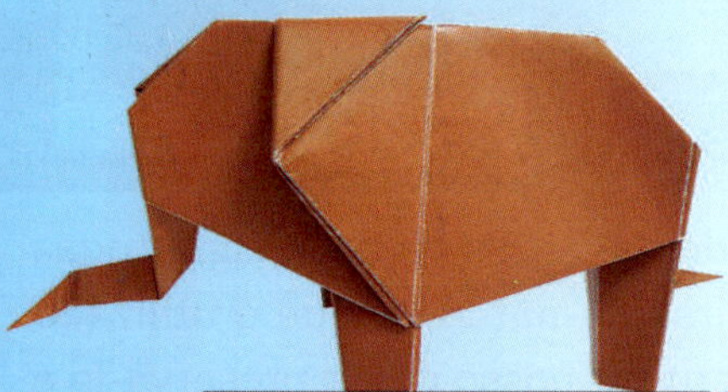

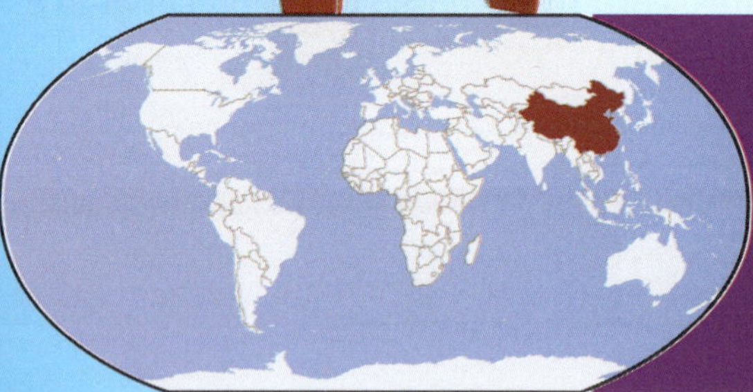

DACOSTA MAPAS

Acredita-se que o papel e a arte de dobrá-lo para fazer esculturas tenham nascido no mesmo período. Segundo registros, isso aconteceu na China no ano 105 d.C.

A partir do século VII o método de fabricação de papel se espalhou para outros países asiáticos. Desse modo, a técnica de fazer dobraduras em papel também se espalhou, e chegou ao Japão, onde foi desenvolvida.
No século VIII, as dobraduras faziam parte de cerimônias religiosas e foram criadas regras rígidas para realizar a técnica de dobrar papel. Essas regras proibiam que as folhas de papel fossem cortadas ou coladas em respeito aos espíritos das árvores que davam vida ao papel.

Tsuru – forma de dobradura mais popular.

Os japoneses costumam fazer essa dobradura quando desejam algo, como a cura de uma doença, ou para simbolizar saúde e fortuna.

Nesta unidade você vai saber mais sobre...

- **Figuras geométricas**
- **Poliedros e corpos redondos**

Com o tempo, essas regras foram suavizadas e novas técnicas, como o *kirigami* e o *kirikomiorigami*, foram desenvolvidas. No *kirigami*, as esculturas são feitas com pequenos pedaços de papel em vez de usar uma única folha de papel. No *kirikomiorigami*, pode-se também usar a cola.

THINKSTOCK/GETTY IMAGES

Estruturas que lembram alguns poliedros conhecidos.

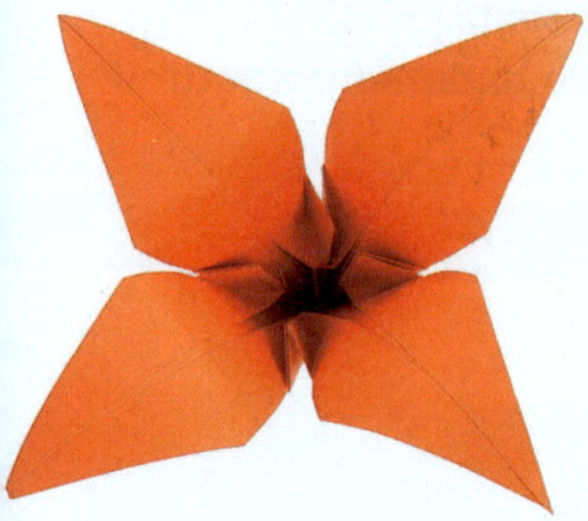

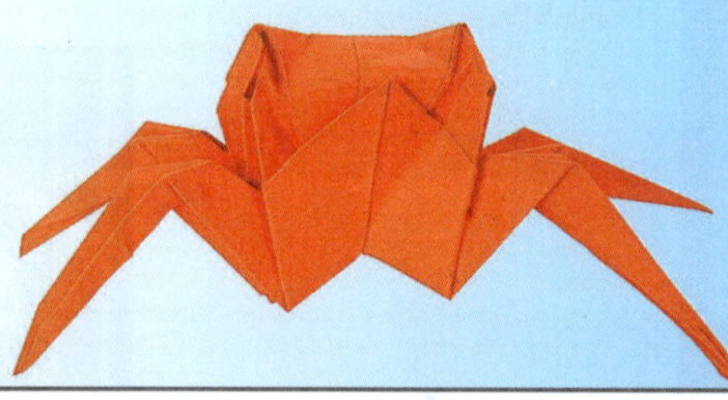

Devido ao alto custo do papel, até o século XIX apenas os adultos praticavam essa arte. Isso começou a mudar a partir de 1876, quando o *origami* passou a fazer parte da educação dos japoneses nas escolas.

Fonte de pesquisa: Como surgiu o origami? Disponível em: <http://mundoestranho.abril.com.br/materia/como-surgiu-o-origami>. Acesso em: 12 fev. 2015.

TROCANDO IDEIAS

1. O texto apresenta diferentes características relacionadas às técnicas de dobradura conhecidas como *origami*, *kirigami* e *kirikomiorigami*. Quais são essas características? Você já conhecia essa diferenciação?
2. Em sua opinião, as estruturas feitas com base na técnica de *origami* apresentadas nas imagens lembram objetos do dia a dia? As formas que compõem essas estruturas dão ideia de figuras geométricas?
3. Você sabe construir alguma peça usando a técnica de origami? Se possível, com os colegas e o professor, use essa técnica para construir uma estrutura e expô-la. Organize com a turma uma exposição dos trabalhos realizados.

O enigma do antiquário

Renan trabalha em um antiquário. Na última sexta-feira ele repôs uma peça que havia sido vendida e se esqueceu de registrar no controle de estoque a peça retirada.

Na segunda-feira Renan não foi trabalhar e a gerente do antiquário precisava descobrir qual peça havia sido retirada do estoque.

Observe o balcão onde Renan colocou a nova peça.

ILUSTRAÇÕES: ESTÚDIO LAB 307

Como não conseguiu entrar em contato com Renan, a gerente precisou descobrir uma maneira de identificar a peça retirada do estoque na última sexta-feira.

Veja na imagem a seguir o que ela percebeu na prateleira de onde Renan retirou a peça.

A gerente teve a ideia de vasculhar o local onde os funcionários do antiquário costumam descartar o material usado para embalar as peças e encontrou a proteção que Renan retirou da peça reposta.

- Qual é o código registrado na etiqueta da peça retirada do estoque na sexta-feira?

No decorrer da unidade você encontrará pistas que podem auxiliá-lo a desvendar este enigma.

1 Figuras geométricas

Um rápido olhar à nossa volta nos permite reconhecer formas de todos os tipos em objetos e construções.

Observe as imagens a seguir.

SHUTTERSTOCK

Vela artesanal.

WASSILY KANDINSKY. SUAVE RÍGIDO, 1927.

Wassily Kandinsky, *Suave rígido*, óleo sobre tela, 48,5 cm × 63,5 cm, Galeria Maeght, Paris, França. 1927.

ZHOU LEI/PHOTOSHOT NEWS/LATINSTOCK

Troféu Bola de Ouro FIFA.

IAN TROWER/JAI/CORBIS/LATINSTOCK

Máquina de visualização Olafur Eliasson, Inhotim (MG).

THINKSTOCK/GETTY IMAGES

Mosaico.

Nessas imagens podemos reconhecer formas que lembram **figuras geométricas**.

- As formas presentes nas imagens apresentadas dão ideia de quais figuras geométricas? Converse com os colegas e o professor.

Figuras geométricas planas e sólidos geométricos

Vimos que muitos objetos do dia a dia lembram figuras geométricas. Alguns dão ideia de **figuras geométricas planas** enquanto outros lembram **figuras geométricas não planas**.

Observe mais exemplos a seguir.

Cubo. Retângulo. Triângulo. Cone.

O retângulo e o triângulo são exemplos de figuras geométricas planas.

O cubo e o cone são exemplos de figuras geométricas não planas. O cubo e o cone são chamados também de **sólidos geométricos**.

Agora é a sua vez de observar as figuras geométricas e comparar algumas características que elas apresentam.

Considere as figuras a seguir.

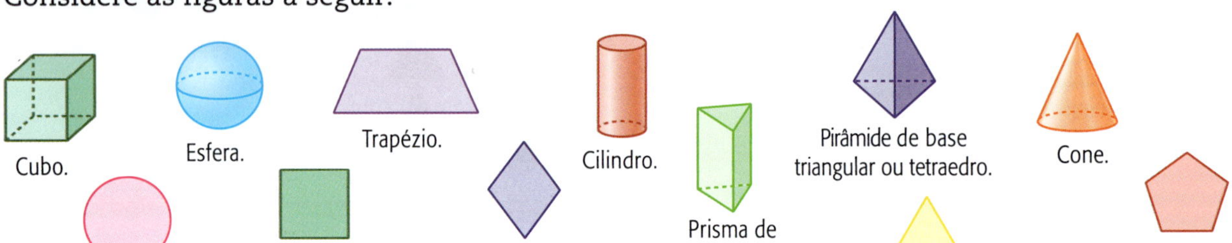

Cubo. Esfera. Trapézio. Cilindro. Prisma de base triangular. Pirâmide de base triangular ou tetraedro. Cone. Círculo. Quadrado. Losango. Triângulo. Pentágono.

ILUSTRAÇÕES: BIS

- Converse com um colega sobre as características que as figuras apresentadas anteriormente têm em comum, e sobre o que as diferencia.

Um modo de agrupar as figuras apresentadas anteriormente é formar um grupo com figuras geométricas planas e outro com figuras geométricas não planas. Veja:

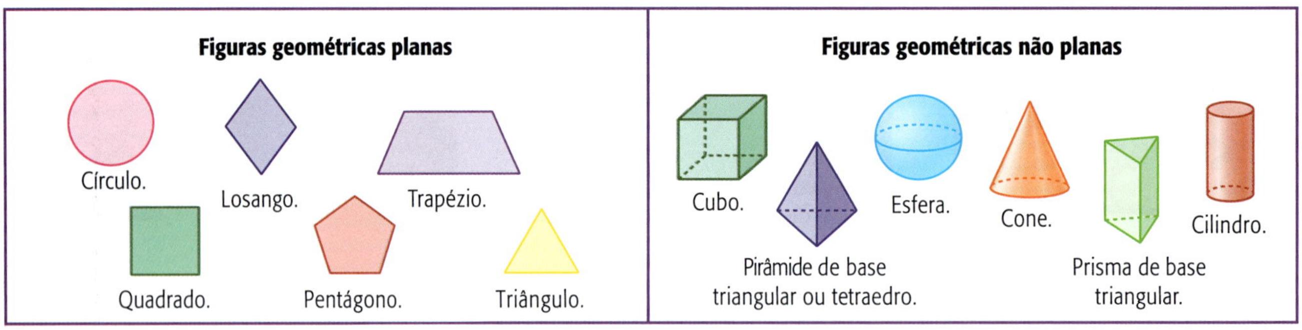

As figuras do quadro da direita são chamadas também de **sólidos geométricos**.

Observe novamente os sólidos geométricos do quadro da direita e compare-os.

- Se você fosse reagrupar essas figuras em dois grupos distintos, quais sólidos geométricos ficariam em cada novo grupo? Compare a sua resposta com a de um colega.

Alguns sólidos geométricos apresentam apenas partes planas na superfície, enquanto outros sólidos apresentam superfície arredondada.

Pista 1

Retome o enigma e observe a marca que a gerente do antiquário encontrou na prateleira do setor de estoque.

- Essa marca lembra qual figura geométrica?
- Observe novamente as peças expostas no antiquário e responda: a peça reposta por Renan na sexta-feira tem apenas partes planas ou tem também parte arredondada na superfície?

ATIVIDADES

1. Observe os objetos a seguir e escreva, em seu caderno, que figura geométrica a forma de cada objeto lembra.

a) Embalagem de leite.

THINKSTOCK/GETTY IMAGES

b) Lata de tinta.

THINKSTOCK/GETTY IMAGES

c) *Sous-plat*.

THINKSTOCK/GETTY IMAGES

d) Azulejo decorativo.

THINKSTOCK/GETTY IMAGES

e) Sorvete.

WMO

2. Considere os sólidos geométricos a seguir e responda às questões.

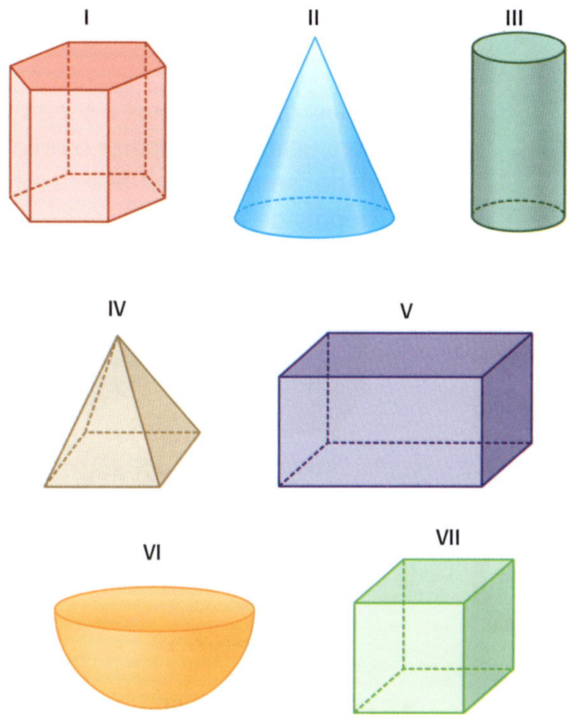

LUIZ FERNANDO RUBIO

a) Quais desses sólidos têm apenas partes planas na superfície?

b) Quais desses sólidos têm forma arredondada?

3. Dê dois exemplos de objetos do dia a dia que lembrem:

a) um sólido geométrico de superfície formada apenas por partes planas.

b) um sólido geométrico que tenha parte arredondada na superfície.

teia do saber

1. Gabriel é confeiteiro e prepara os bolos de acordo com encomendas que recebe. Observe um dos bolos encomendados por um cliente.

DAWIDSON FRANÇA

Quais das assadeiras a seguir Gabriel deverá usar para preparar o bolo encomendado, sem precisar fazer cortes no bolo depois de assado?

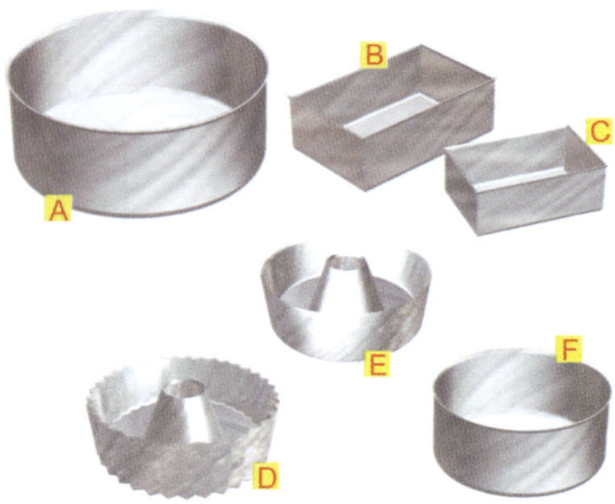

DAWIDSON FRANÇA

2. Observe como diferentes embalagens de molho de tomate são alocadas em caixas maiores para serem distribuídas aos revendedores.

DAWIDSON FRANÇA

Com base no que observou na imagem anterior, responda às questões a seguir.

a) A forma de cada tipo de embalagem de molho de tomate lembra qual sólido geométrico?

b) Em sua opinião, por que foram colocadas faixas de papelão entre as embalagens de uma das caixas?

c) Na situação apresentada, você percebe alguma vantagem em se optar por uma ou por outra forma de embalagem utilizada? Explique.

3. A roda é uma das mais importantes invenções da humanidade. Há registros de que na região onde se situa o Iraque ela já era usada há cerca de 6 mil anos.

ESPIXX/ALAMY/DIOMEDIA

Roda exposta no Museu Nacional de Teerã, Teerã (Irã).

A roda apresentada na imagem anterior lembra qual destes sólidos geométricos: a esfera, o cilindro ou o cone? Responda em seu caderno.

4. Em Cabo Verde, na África, há um tipo de habitação tradicional conhecida como funco. Observe a imagem a seguir.

RENATO BORDONI/EASYPIX

Funco.

Essa construção lembra uma composição feita com dois sólidos geométricos, um sobre o outro. Quais sólidos geométricos são esses?

5. A necessidade de se abrigar e de se proteger de intempéries fez com que o homem construísse e desenvolvesse ao longo dos anos diferentes tipos de moradia de acordo com os recursos de que dispunha. Observe a seguir alguns tipos de moradias de diferentes culturas e localidades.

Intempérie: fenômeno climático intenso, como vento forte, temporal, calor intenso e nevasca.

GORDON WILTSIE/GETTY IMAGES

Iglu – abrigo de caça usado por inuítes.

Os inuítes são povos nativos do norte do continente americano e da Groenlândia. Nas temporadas de caça, constroem abrigos feitos com blocos de gelo para se proteger do frio intenso.

JOÃO PRUDENTE/PULSAR IMAGENS

Palafita – moradia usada em áreas alagadiças.

Em áreas alagadiças, é comum esse tipo de moradia. A palafita é uma habitação construída sobre troncos ou pilares, de modo que a casa fique acima da água.

ZÉ MARTINUSSO/OPÇÃO BRASIL

Oca – moradia usada por algumas tribos indígenas.

As ocas são feitas de troncos de árvores e cobertas de folhas de palmeira ou palha. Geralmente são construídas de forma coletiva e compartilhadas por mais de uma família na tribo.

ERNESTO REGHRAN/PULSAR IMAGENS

Edifício – moradia comum em áreas urbanas.

Os edifícios em geral são habitações feitas com estruturas de concreto. São mais comuns em áreas urbanas e geralmente habitados por várias famílias.

Faça o que se pede a seguir.

a) Responda: Quais dessas construções apresentam forma arredondada? Quais delas apresentam apenas partes planas na superfície?

b) Pesquise imagens de construções que lembrem os sólidos geométricos estudados. Se possível, recorte figuras de jornais ou revistas para compor um mural. Dê um título ao mural e destaque as formas, presentes nas construções, que lembrem os sólidos geométricos.

c) As diferenças entre os tipos de abrigo e de moradia podem ocorrer devido a fatores diversos, como localidade, condições socioculturais, econômicas e climáticas.
Pesquise mais informações sobre cada tipo de construção apresentado anteriormente. Procure saber onde são mais comuns, o modo como são feitas, fatores que determinam a forma de cada uma, entre outros. Compartilhe com os colegas e o professor as informações obtidas.

2 Poliedros e corpos redondos

Os sólidos geométricos que apresentam apenas **partes planas** em sua superfície são chamados **poliedros**.

Sólidos geométricos que têm pelo menos uma parte **não plana** na superfície são chamados **não poliedros**. Alguns desses não poliedros, como o cilindro, o cone e a esfera, são chamados **corpos redondos**.

Poliedros

Observe os poliedros a seguir.

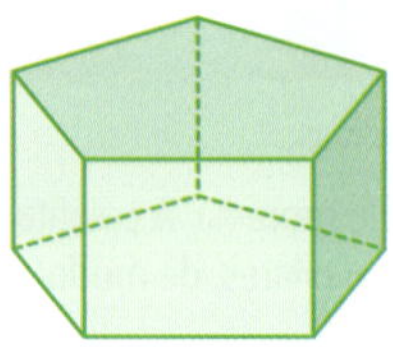

Prisma de base pentagonal.

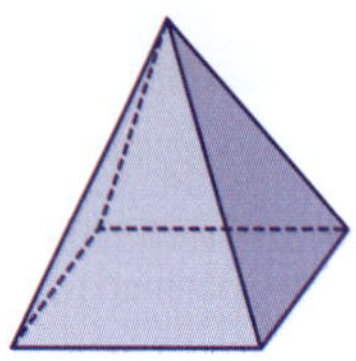

Pirâmide de base quadrada.

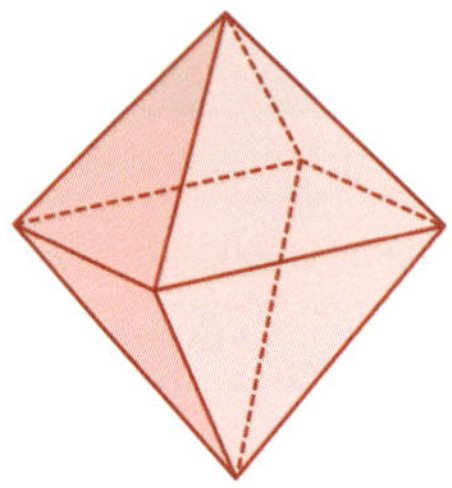

Octaedro.

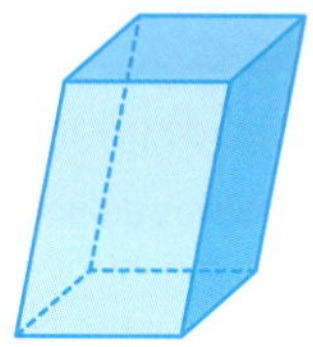

Prisma oblíquo de base quadrada.

Icosaedro.

ILUSTRAÇÕES: LUIZ FERNANDO RUBIO

A parte plana destacada em lilás no poliedro a seguir é uma **face** desse poliedro.

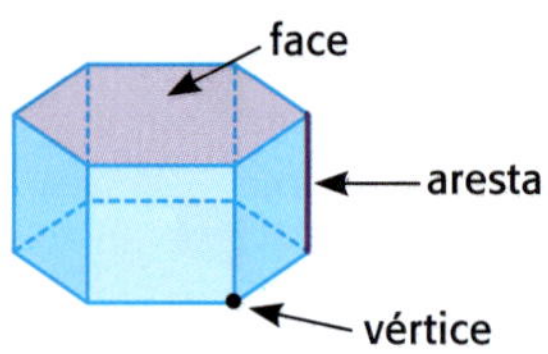

Prisma de base hexagonal.

A linha comum a duas faces, indicada em roxo na representação ao lado, é uma **aresta** e o "encontro" de três ou mais arestas determina um **vértice** do poliedro.

- Observe novamente o prisma de base hexagonal e responda: quantas faces, arestas e vértices tem esse poliedro?

Cada vértice do poliedro é um **ponto**.

A seguir, representamos, com uma marca no papel, um ponto. Usamos letras maiúsculas do nosso alfabeto para nomeá-lo.

Ponto A.

Cada aresta do poliedro é um **segmento de reta**.

Imagine uma aresta se estendendo indefinidamente nos dois sentidos. Isso nos dá a ideia de uma **reta**.

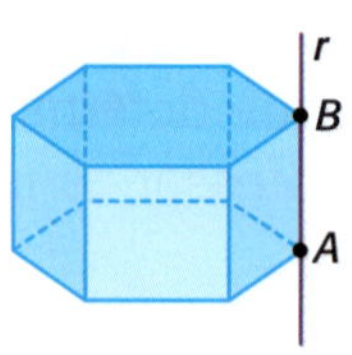

Na representação ao lado, uma das arestas do prisma é o **segmento de reta** que tem como extremidades os pontos A e B. Podemos indicá-lo da seguinte maneira: $\overline{AB}$ ou $\overline{BA}$.

Usamos letras minúsculas do nosso alfabeto para nomear as **retas**. Nesse caso, dizemos que a reta **r** passa pelos pontos A e B.

Imagine uma face de um poliedro se estendendo indefinidamente em todas as direções. Isso nos dá a ideia de **plano**.

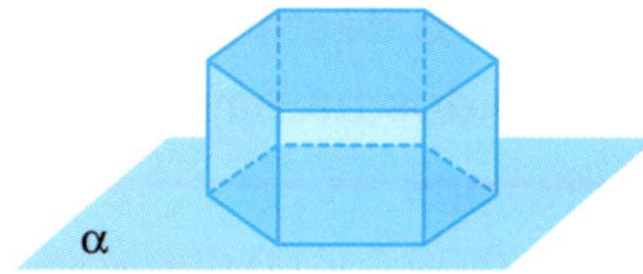

Costumamos usar letras do alfabeto grego para nomear um plano. Nessa figura, verificamos que uma das faces do prisma está inteiramente contida no plano α (lê-se: alfa).

ATIVIDADES

4. Copie, em seu caderno, o quadro a seguir e complete-o com o número de vértices, de arestas e de faces de cada poliedro.

Poliedro	Número de vértices	Número de arestas	Número de faces
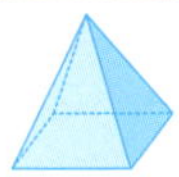			

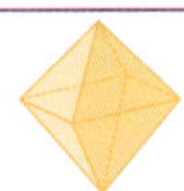			
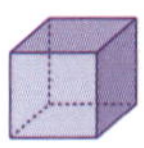			
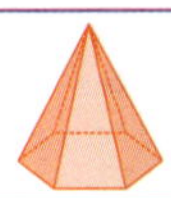			
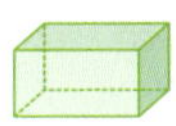			

5. Escreva, em seu caderno, a cor usada em cada caso para destacar a aresta.

a) $\overline{EF}$

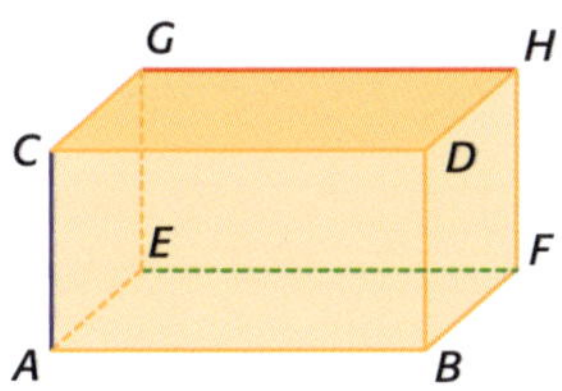

b) $\overline{CD}$

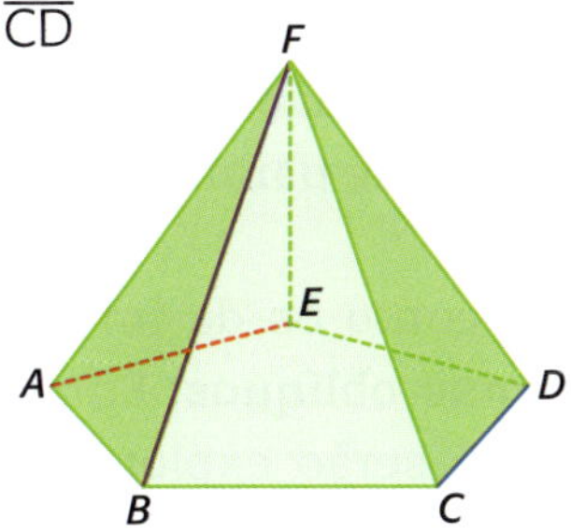

ILUSTRAÇÕES: LUIZ FERNANDO RUBIO

6. Observe a figura abaixo.

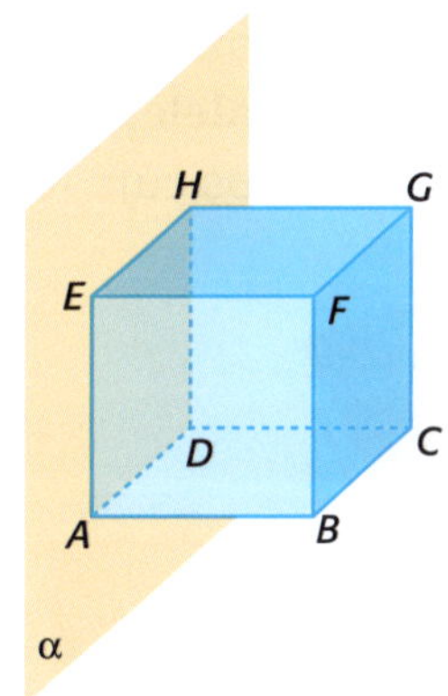

Sabendo que uma das faces desse poliedro está inteiramente contida no plano α, responda às questões a seguir em seu caderno.

a) Quais pontos pertencem ao plano α?

b) Quais arestas desse poliedro têm em comum o ponto B?

Prismas

A forma de alguns objetos e construções do dia a dia lembram poliedros chamados **prismas**. Observe alguns exemplos.

DECIO CARREIRA

Bloco usado em calçamentos.

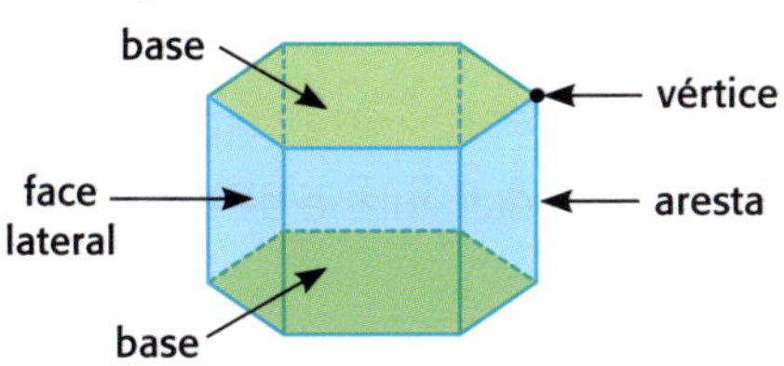

Prisma de base hexagonal.

PAT BEHNKE/ALAMY/LATINSTOCK

Museu Blau, Barcelona (Espanha).

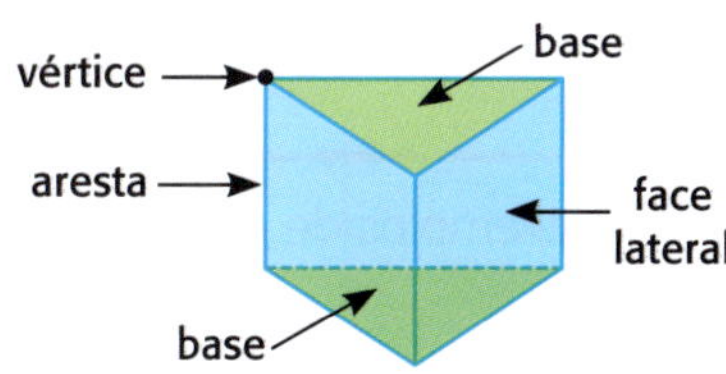

Prisma de base triangular.

As faces destacadas em verde no prisma de base hexagonal e no prisma de base triangular, representados na página anterior, são também chamadas **bases**.

De acordo com o que você observou, converse com os colegas e o professor sobre as questões a seguir.

- O que esses prismas têm em comum?
- O que diferencia esses prismas?

Todo prisma tem duas bases que são **faces paralelas**, ou seja, faces inteiramente contidas em planos que não se cruzam. Além disso, as bases de um prisma são **faces idênticas**.

As faces do prisma que não são as bases recebem o nome de **faces laterais**. As faces laterais de um prisma têm a forma de paralelogramo.

Observação

Existem prismas, como os da imagem ao lado, que são chamados **prismas oblíquos**. Entretanto, esses sólidos geométricos não serão explorados em atividades deste livro.

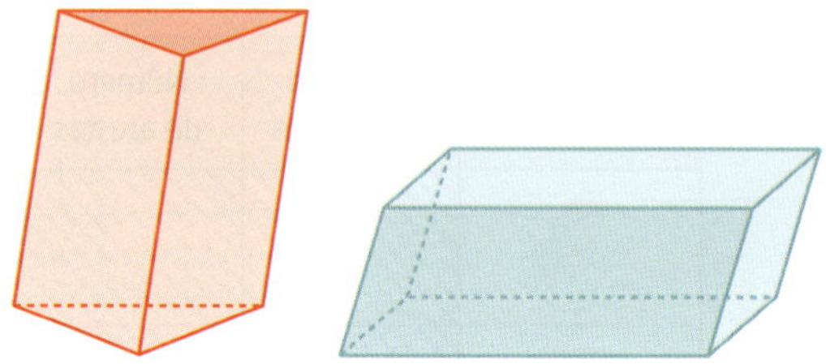

LUIZ FERNANDO RUBIO

• Bloco retangular e cubo

Alguns prismas são formados apenas por **faces retangulares**. Esse tipo de prisma é chamado de **bloco retangular** ou **paralelepípedo retângulo**.

Observe alguns objetos cuja forma lembra um bloco retangular.

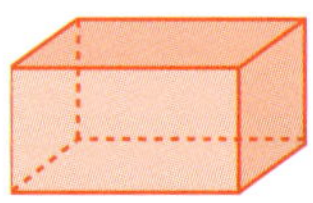

Bloco retangular.

FOTOGRAFIAS: THINKSTOCK/GETTY IMAGES

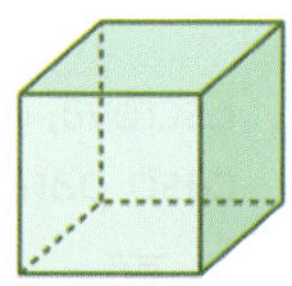

Cubo.

O bloco retangular que tem todas as arestas de mesma medida de comprimento é chamado **cubo**.

- Cite exemplos de objetos do dia a dia cuja forma lembre um bloco retangular e de objetos que lembrem um cubo.
- Justifique a seguinte afirmação: Todo cubo é um bloco retangular, mas nem todo bloco retangular é um cubo.

O bloco retangular tem três dimensões: **comprimento**, **largura** e **altura**.

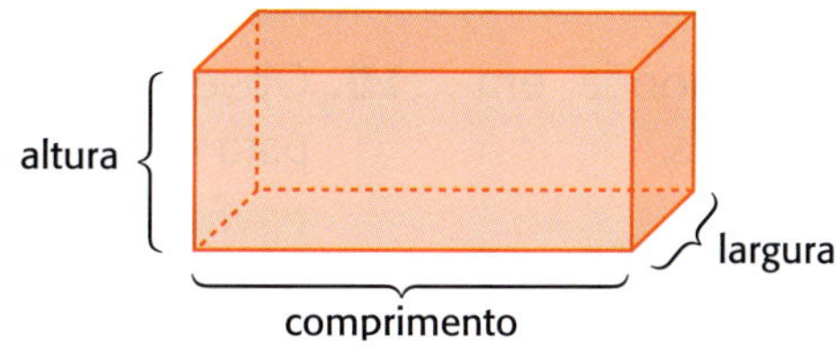

- **Planificações**

Bruno usou um bloco de montar para desenhar o molde de uma caixa com forma de bloco retangular. Observe.

DAWIDSON FRANÇA

O molde construído por Bruno representa uma **planificação** do bloco retangular.
Na caixa que Bruno montou a face vermelha é **oposta** à face verde.

- Observe novamente a caixa e a planificação da imagem anterior para responder: qual é a cor da face oposta à face azul?

Observe a seguir a planificação de um prisma de base triangular e o prisma correspondente.

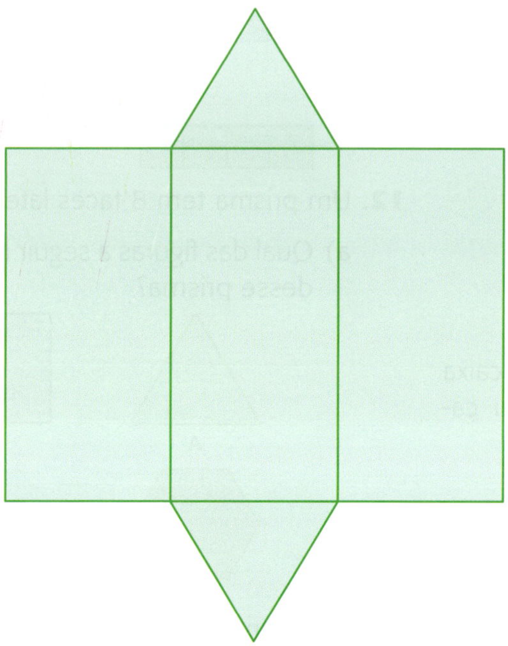

Planificação do prisma de base triangular.

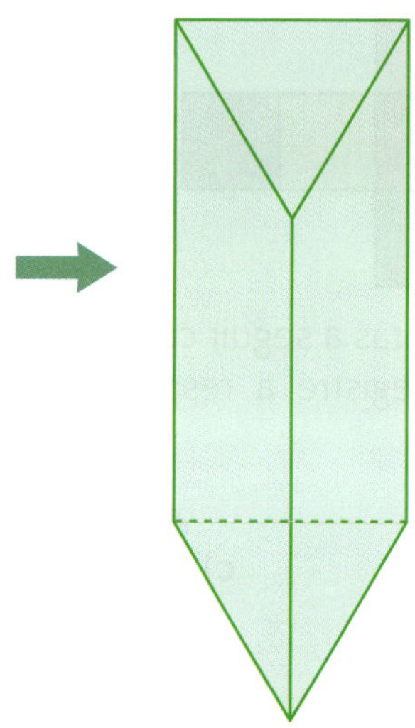

Prisma de base triangular.

ILUSTRAÇÕES: LUIZ FERNANDO RUBIO

ATIVIDADES

7. Observe os objetos a seguir e responda, em seu caderno, às questões propostas.

FOTOGRAFIAS: THINKSTOCK/GETTY IMAGES

a) Quais desses objetos têm a forma de um prisma?

b) Quais desses objetos têm a forma de um bloco retangular?

8. A caixa transparente representada abaixo tem a forma de um bloco retangular. Observe-a e responda à questão a seguir.

Quantos cubos iguais aos que já foram colocados na caixa serão necessários para enchê-la?

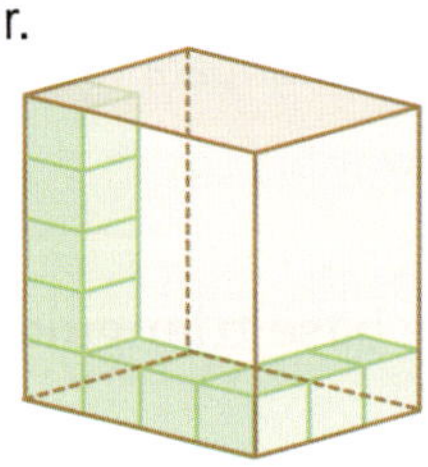

LUIZ FERNANDO RUBIO

9. Observe o molde que será usado para montar uma caixa em forma de cubo.

BIS

Qual das figuras a seguir corresponde à caixa montada? Registre a resposta em seu caderno.

a) 

c) 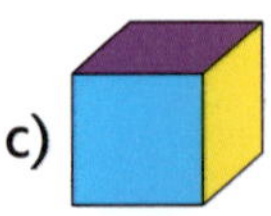

b) 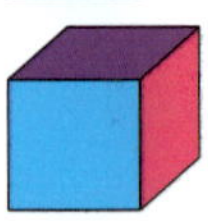

d) 

BIS

10. Observe os recortes que Guilherme preparou para montar uma caixa com forma de poliedro.

BIS

Sabendo que ele vai usar exatamente os 7 recortes, responda a seguinte questão em seu caderno: a caixa a ser montada terá a forma de qual destes poliedros?

A 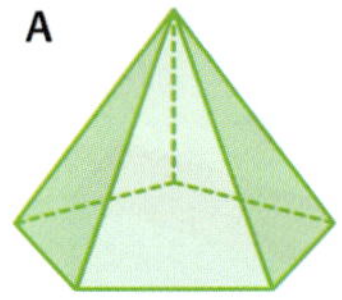

C 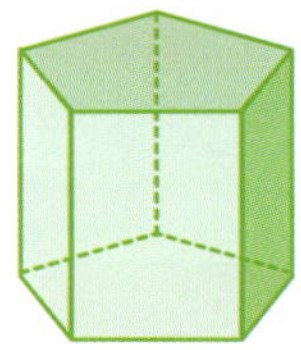

B 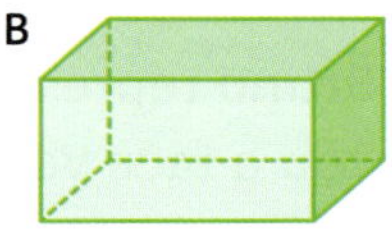

D 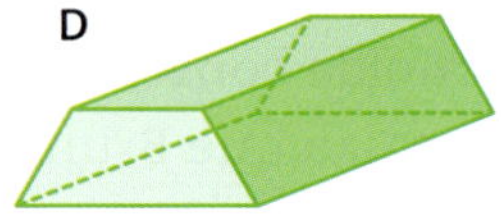

11. Para desmontar uma caixa com forma de cubo, Lia recortou cuidadosamente algumas dobras que lembram as arestas desse sólido geométrico. Qual das figuras a seguir ela obteve ao realizar essa tarefa?

a) 

c) 

b) 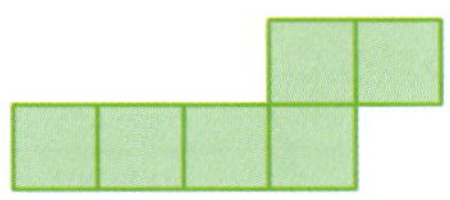

BIS

12. Um prisma tem 8 faces laterais retangulares.

a) Qual das figuras a seguir representa a base desse prisma?

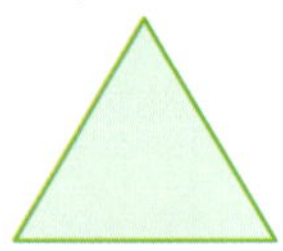

A

C

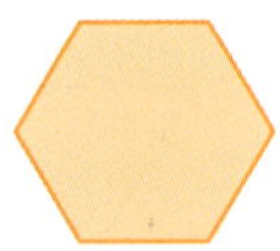

B

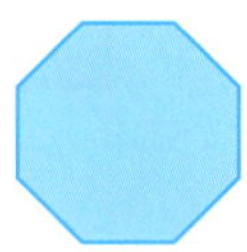

D

BIS

b) Quantas arestas e quantos vértices tem esse prisma?

Pirâmides

Há cerca de 4 500 anos, foram construídos no Egito grandes monumentos cuja forma lembra um poliedro conhecido como **pirâmide**.

Embora já desgastados pelo tempo, esses monumentos mantiveram preservada a forma desse poliedro.

Assim como os prismas, as pirâmides recebem o nome de acordo com o formato da base. Observe as pirâmides a seguir.

THINKSTOCK/GETTY IMAGES

Pirâmides de Gizé, Egito.

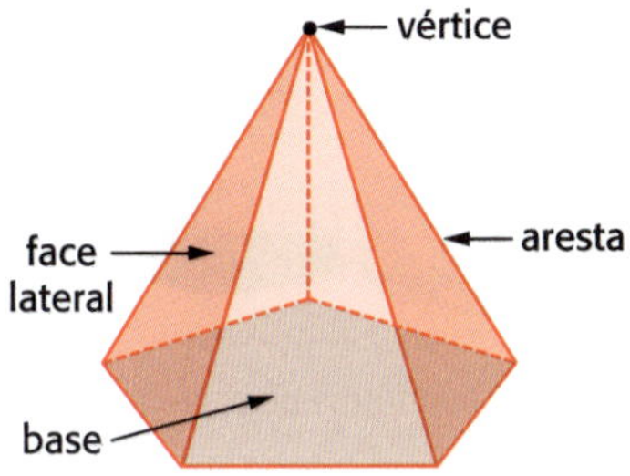

Pirâmide de base pentagonal.

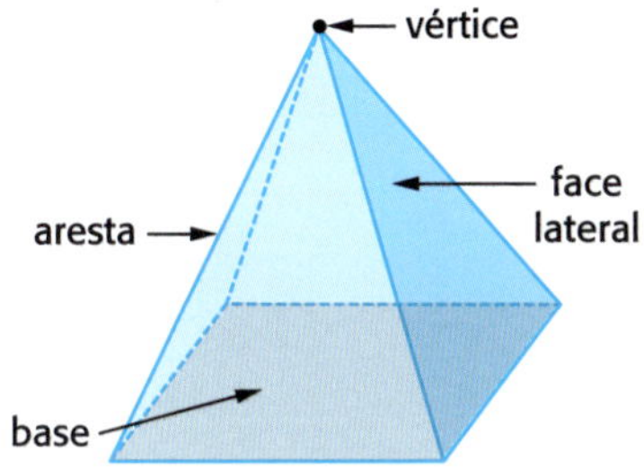

Pirâmide de base quadrada.

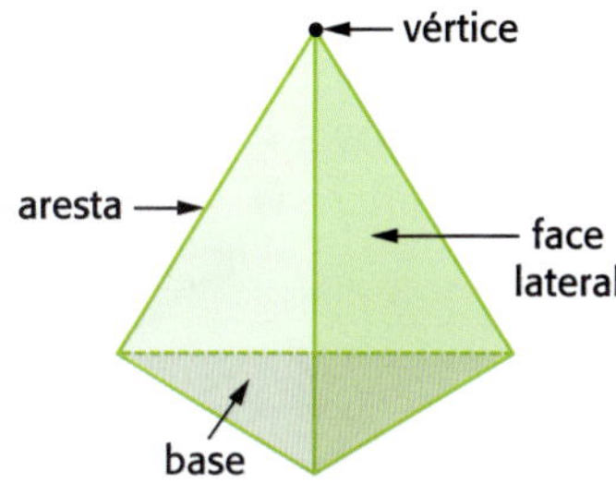

Pirâmide de base triangular.

- O que essas pirâmides têm em comum? O que as diferencia?
- Em cada pirâmide representada anteriormente, compare o número de arestas da base com a quantidade de faces laterais. Você identifica alguma regularidade? Qual?

As faces laterais das pirâmides têm forma triangular.

Observe a planificação de uma pirâmide de base triangular e a pirâmide correspondente.

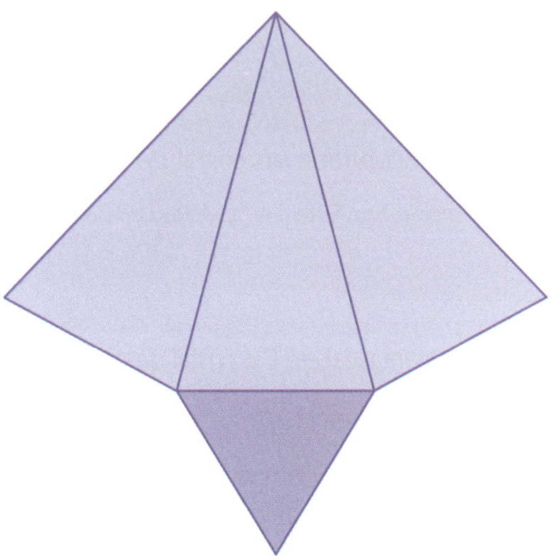

Planificação da pirâmide de base triangular.

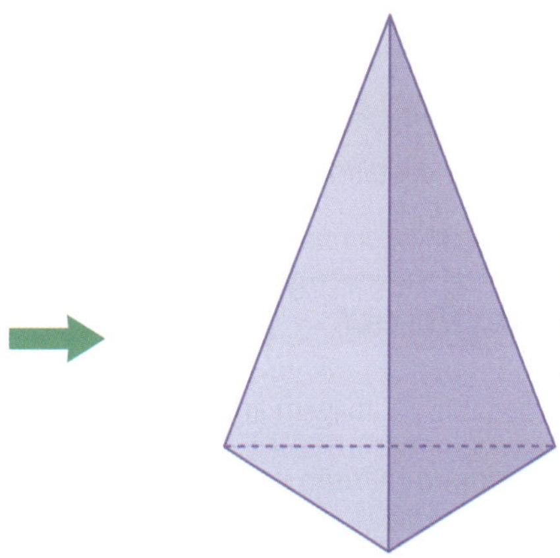

Pirâmide de base triangular.

ILUSTRAÇÕES: LUIZ FERNANDO RUBIO

SAIBA MAIS

Cristais e poliedros

Existem diferentes formas de cristais na natureza, desde as mais simples, que dão ideia de cubo, a algumas mais complexas, formadas até por 48 faces.

O fato de os cristais lembrarem poliedros é explicado pelo processo de formação desse material, ou seja, como são organizadas as partículas que compõem a estrutura cristalina.

É como se fosse um bloco feito de tijolos, em que cada tijolo se repete de modo ordenado em todas as direções.

Observe alguns cristais obtidos na natureza.

CHRISTOPHE LEHENAFF/PHOTONONSTOP/GLOW IMAGES

Cristal de pirita – este cristal tem forma de cubo.

JOHN CANCALOSI/NATIONAL GEOGRAPHIC

Cristal de magnetita – este cristal tem forma de octaedro.

A quantidade de faces de uma forma cristalina é geralmente um número par.

Não se tem conhecimento de forma cristalina simples com mais de 48 faces. Por outro lado, existem combinações de formas simples e essas combinações podem ter quantidade de faces maior do que 48.

BRUCE COLEMAN INTERNATIONAL/DIOMEDIA

Cristal de granada.

A única forma cristalina simples de 48 faces que se conhece é encontrada no cristal de granada.

Fonte de pesquisa: <http://www.cprm.gov.br/publique/cgi/cgilua.exe/sys/start.htm?infoid=2715&sid=129>. Acesso em: 12 fev. 2015.

Para explorar

1. O cristal de pirita da imagem anterior tem a forma de um poliedro de quantas faces? E o cristal de magnetita?
2. Qual é o número máximo conhecido de faces em uma forma cristalina simples?
3. Pesquise outros tipos de cristais e procure gravuras para compor um mural. Com os colegas, reúna as gravuras e identifique as principais figuras geométricas observadas nas formas de cada cristal.

Pista 2

Observe o material usado para revestir a superfície lateral da peça que Renan retirou do estoque.

- Qual é a forma das faces laterais da peça?
- Que poliedros têm faces laterais com essa forma: prismas ou pirâmides?
- Recorte três pedaços de papel de mesma forma e tamanho para compor um molde parecido com o da imagem. Depois, use o que foi desvendado na Pista 1 da página 99 e o molde que você fez para montar uma estrutura que possa ajudar a solucionar o enigma.

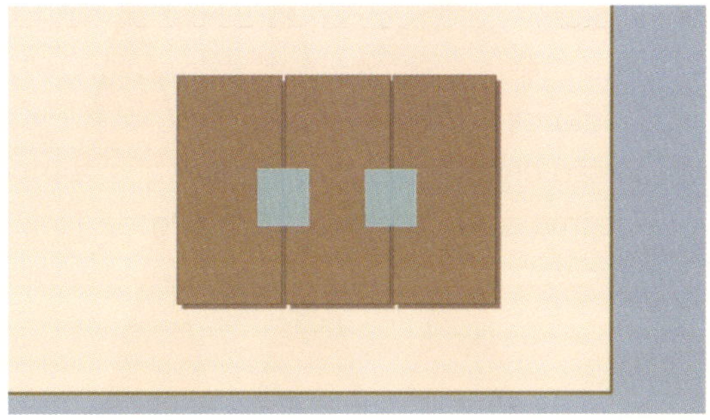

ESTÚDIO LAB 307

ATIVIDADES

13. Copie o quadro a seguir em seu caderno e complete-o com o número de vértices, de arestas e de faces de cada pirâmide.

Pirâmide	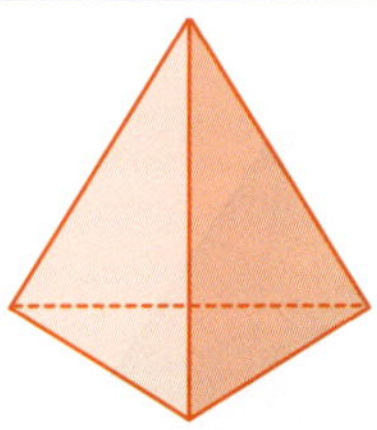	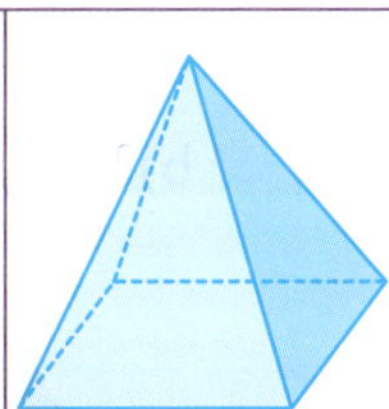	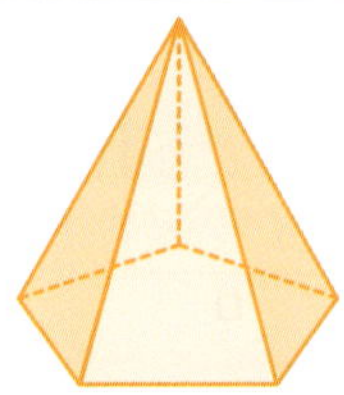	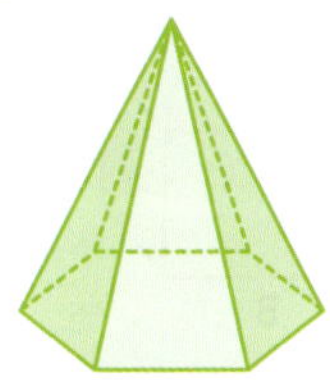	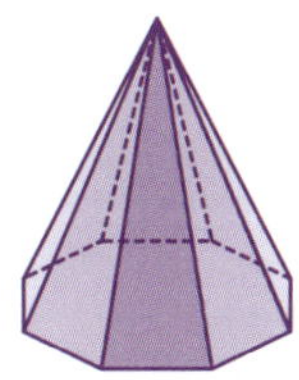
Número de vértices					
Número de faces					
Número de arestas					

ILUSTRAÇÕES: LUIZ FERNANDO RUBIO

Compare os números correspondentes a cada pirâmide do quadro anterior. Você identifica alguma regularidade?

14. Em seu caderno, associe o número de cada poliedro com a letra que identifica o nome correspondente.

1
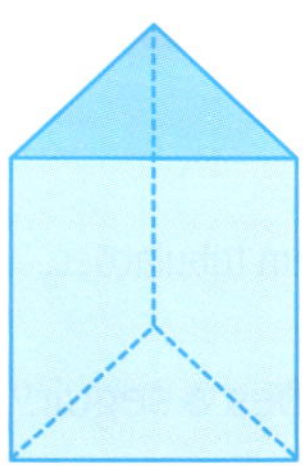

2
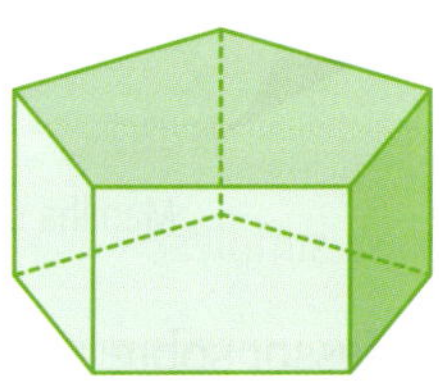

3
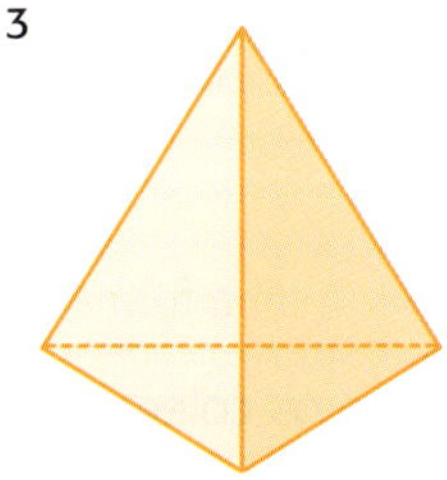

4
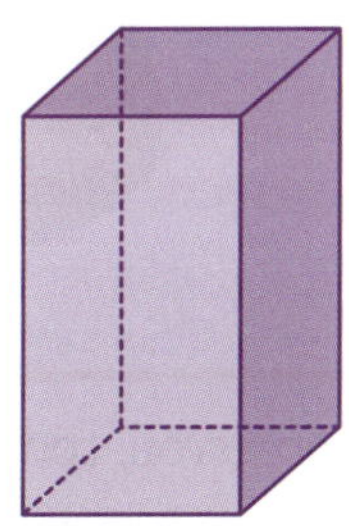

5
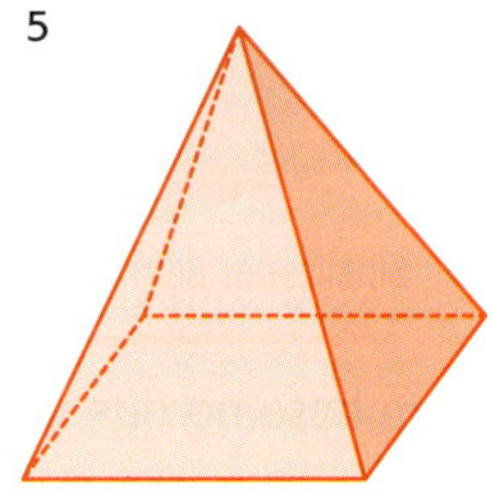

A – Pirâmide de base quadrada.

B – Prisma de base quadrangular.

C – Prisma de base triangular.

D – Pirâmide de base triangular.

E – Prisma de base pentagonal.

15. Os recortes representados abaixo serão usados para montar um modelo de pirâmide. Observe-os e responda às questões a seguir em seu caderno.

BIS

a) Sabendo que serão usados exatamente os 6 recortes, qual dos sólidos a seguir será montado?

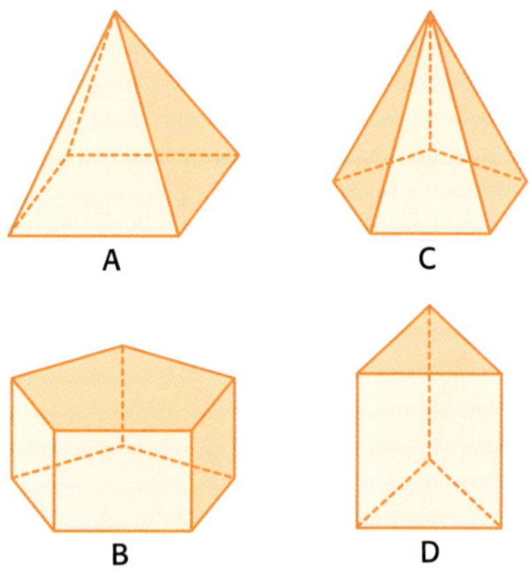

BIS

b) Qual é o nome do poliedro que você indicou como resposta?

16. Observe o molde de uma pirâmide de base quadrada.

BIS

Qual das pirâmides a seguir **não** pode ter sido montada com esse molde? Registre a resposta em seu caderno.

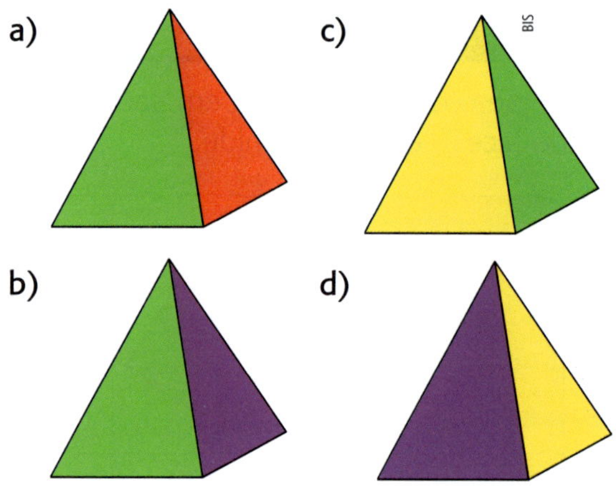

BIS

Corpos redondos

Observe os objetos a seguir.

THINKSTOCK/GETTY IMAGES

Sinalizador de trânsito.

THINKSTOCK/GETTY IMAGES

Bola.

SHUTTERSTOCK

Manilha usada em tubulações.

Com base no que você observou, converse com os colegas e o professor sobre as questões a seguir.

- O que esses objetos têm de parecido?
- Você se lembra de outros objetos do dia a dia que têm forma parecida com a desses objetos? Quais?

As formas desses objetos lembram sólidos geométricos conhecidos como **corpos redondos**.
O **cilindro**, o **cone** e a **esfera** são os exemplos mais comuns de corpos redondos.

Cilindro.

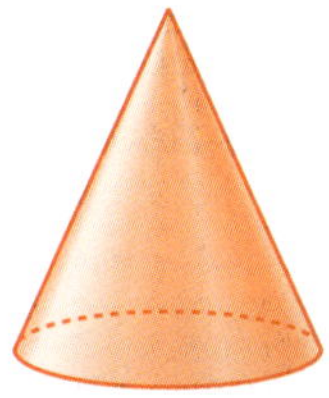
Cone.

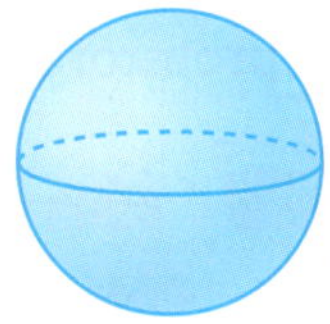
Esfera.

ILUSTRAÇÕES: BIS

Cilindro e cone

Observe os sólidos geométricos a seguir e os elementos neles destacados.

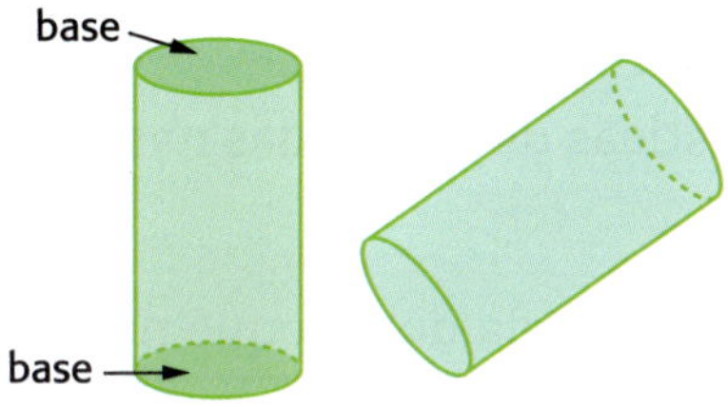

Cilindro.

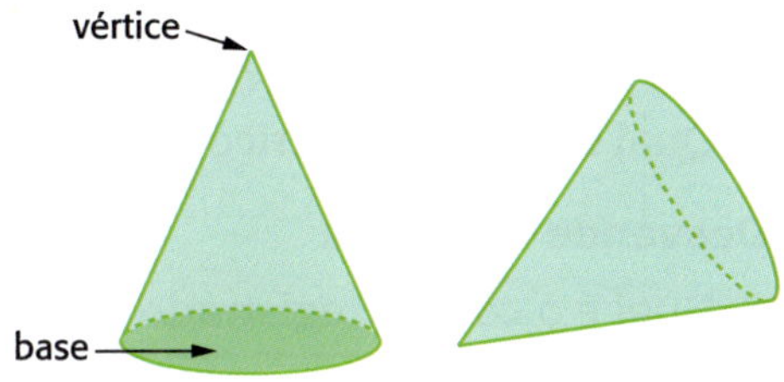

Cone.

O cilindro tem duas bases, que são figuras planas paralelas, e uma superfície lateral arredondada.
O cone tem uma base apenas, uma superfície lateral arredondada e um vértice.
Esses sólidos geométricos também podem ser planificados.

Cilindro.

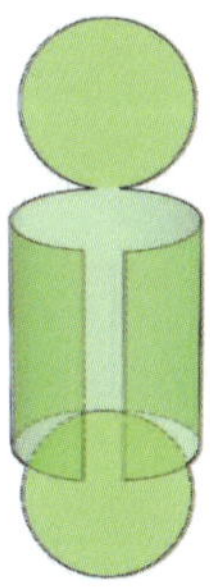

Planificação do cilindro.

ILUSTRAÇÕES: DAWIDSON FRANÇA

Cone.

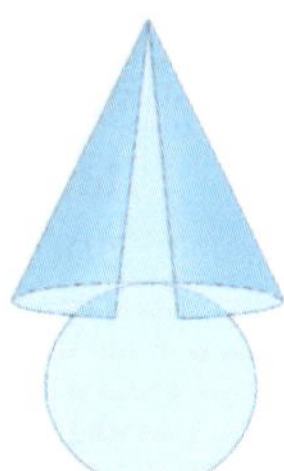

Planificação do cone.

Esfera

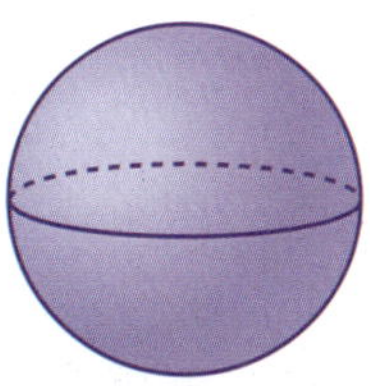
Esfera.

A esfera não apresenta parte plana na superfície.

Pista 3

Um dos materiais de proteção da peça a ser identificada é usado para proteger os “bicos” da peça, que dão a ideia de vértice de um poliedro.
Veja os protetores desse tipo usados nessa peça.

ESTÚDIO LAB 307

- A peça retirada do estoque lembra a forma de um sólido geométrico que tem quantos vértices?
- Qual sólido geométrico apresenta as características desvendadas nas Pistas 1, 2 e 3?

Desvende o enigma

- Qual é o código registrado na etiqueta da peça retirada do estoque na sexta-feira?

ATIVIDADES

17. Observe os corpos redondos a seguir e faça, em seu caderno, o que se pede.

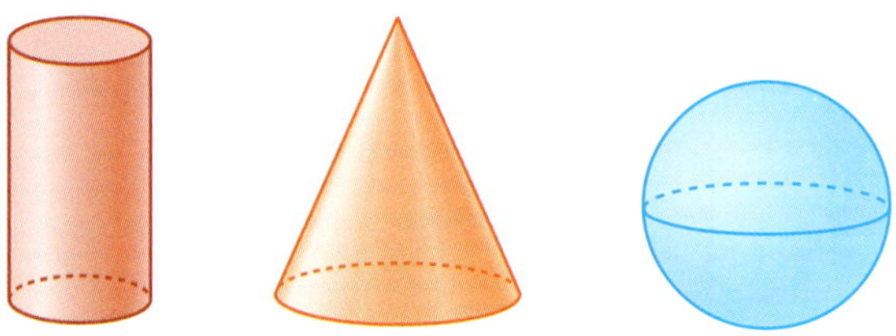

a) Escreva uma diferença entre o cone e a esfera.

b) Escreva uma característica comum ao cone e ao cilindro.

18. Observe uma ferramenta bastante usada na construção civil e responda às questões a seguir em seu caderno.

THINKSTOCK/GETTY IMAGES

Rolo de tinta.

a) A forma dessa ferramenta lembra qual sólido geométrico?

b) Imagine esse rolo com toda a superfície coberta de tinta deslizando em linha reta sobre uma superfície plana. Depois de o rolo deslizar uma volta completa, a marca deixada na superfície lembra uma figura plana. Qual é essa figura?

19. Serão distribuídos chapéus na festa de aniversário de Amanda. Observe a seguir a forma de um desses chapéus.

DAWIDSON FRANÇA

Sabe-se que esse material é vendido desmontado na embalagem. Qual das figuras a seguir corresponde ao “chapéu desmontado”? Registre a resposta no caderno.

a) 

b) 

c) 

ILUSTRAÇÕES: DAWIDSON FRANÇA

Jogo: Qual é a figura?

Neste jogo, cada jogador deve adivinhar a figura geométrica da carta sorteada pelo oponente. Para isso, os jogadores devem fazer uns aos outros perguntas sobre as figuras, de modo que as respostas sejam apenas "Sim" ou "Não".

Jogadores

- Duplas de jogadores.

Material

- Papel, lápis, borracha, régua, tesoura, canetinha e lápis de cor.

Como fazer as cartas

Antes de jogar, os participantes devem confeccionar cartas como as dos modelos a seguir. Para isso, em cada carta deve ser desenhada uma figura geométrica e escrito o nome correspondente.

Veja as cartas que devem ser confeccionadas.

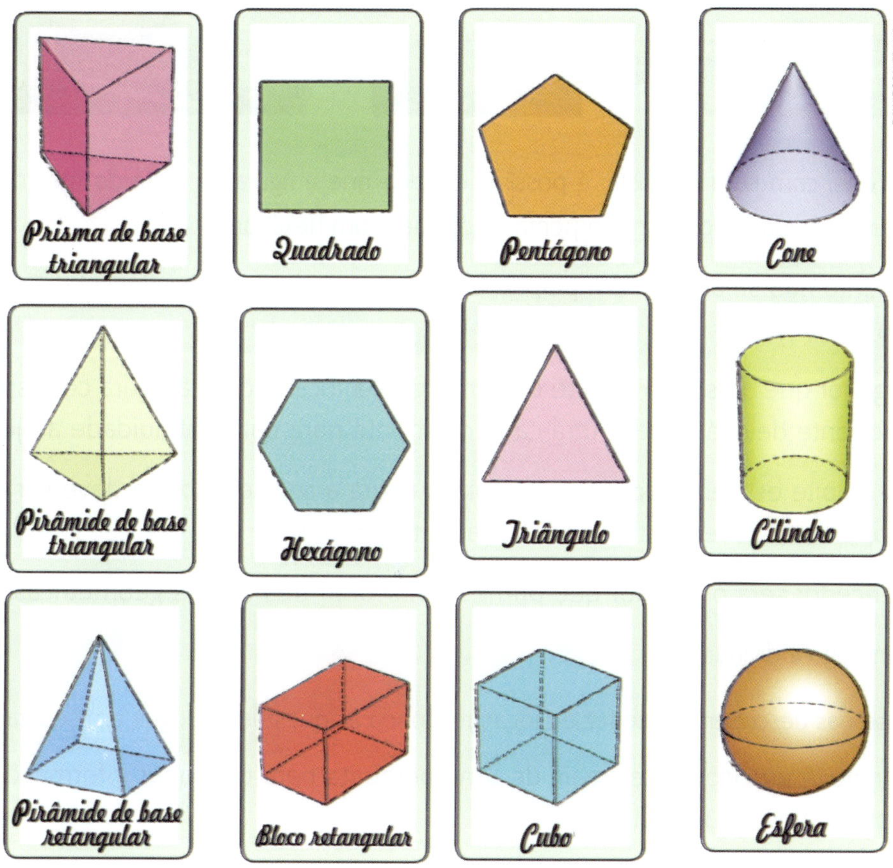

DAWIDSON FRANÇA

Regras

- As cartas devem ser embaralhadas e distribuídas em dois montes de 6 cartas cada um, sem que os jogadores leiam o conteúdo delas.
- Cada jogador deve ficar com um monte de cartas e retirar uma carta sem mostrá-la ao oponente, que terá de adivinhar qual é a figura geométrica.
- Depois de decidirem quem começa o jogo, os jogadores devem se alternar ao fazer as perguntas sobre a figura da carta e aguardar as respectivas respostas, até que queiram arriscar um palpite. Veja um exemplo a seguir.

Observe que, com essa resposta, é possível concluir que a figura da carta do menino não é um triângulo, nem um quadrado, nem um pentágono e nem um hexágono.

- Enquanto não se arriscar um palpite, a carta com a figura a ser descoberta permanece no jogo.
- O jogador que arriscar o palpite e acertar ganha a carta com a figura correspondente e o oponente deverá retirar outra carta do monte para dar continuidade ao jogo.
- Se o palpite estiver errado, a carta com a figura a ser descoberta deve ser descartada e o oponente deverá retirar uma nova carta do monte.
- O vencedor será o jogador que primeiro descobrir três figuras geométricas.

Bom jogo e divirtam-se!

Com base nas descobertas que fez ao jogar, responda às questões a seguir em seu caderno.

1. Ao jogar, você precisou fazer mais de uma pergunta para descobrir informações que lhe permitissem arriscar um palpite?

2. Imagine que alguém tenha feito a pergunta indicada a seguir e obteve a seguinte resposta:

Pergunta: – A figura tem apenas partes planas na superfície?
Resposta: – Não.

Apenas com essa informação é possível saber ao certo qual é a figura? Que outra(s) pergunta(s) você faria para descobrir mais características da figura a ser descoberta?

ATIVANDO HABILIDADES

(Obmep) Xaveco está brincando de montar cubos grandes usando cubinhos menores, todos brancos e de mesmo tamanho.

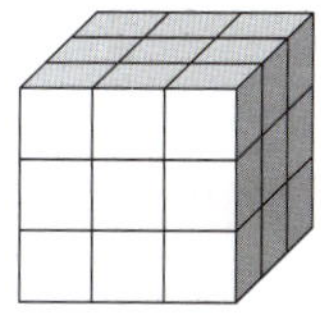

ILUSTRAÇÕES: BIS

a) Primeiro ele montou um cubo com 27 cubinhos e pintou de cinza duas faces vizinhas desse cubo, como na figura ao lado. Quantos cubinhos ficaram sem nenhuma face pintada de cinza?

b) A seguir, ele montou outro cubo com 27 cubinhos, mas dessa vez pintou de cinza duas faces opostas desse cubo. Quantos cubinhos ficaram sem nenhuma face pintada de cinza?

c) Depois, ele montou um cubo com 64 cubinhos e pintou de cinza três faces desse cubo. Quais são os possíveis números de cubinhos que ficaram sem nenhuma face pintada de cinza?

Entendimento do problema

Vamos responder à questão do item **a**: Quantos cubinhos ficaram sem nenhuma face pintada? Com base nos dados apresentados nesse item, o cubo que Xaveco montou tem 27 cubinhos e duas faces vizinhas foram pintadas.

Observe que nesta atividade as faces que têm pelo menos uma aresta comum são chamadas faces vizinhas.

Elaboração de uma estratégia

Uma maneira de determinar quantos cubinhos ficaram sem nenhuma face pintada de cinza é retirar da composição todos os cubinhos que tiveram pelo menos uma de suas faces pintadas.

Execução da estratégia

Podemos decompor o cubo montado por Xaveco em camadas ou empilhamentos de 9 cubinhos e verificar quais desses cubinhos têm pelo menos uma de suas faces pintadas de cinza e por isso podem ser retirados da composição.

Veja três possibilidades de executar essa estratégia.

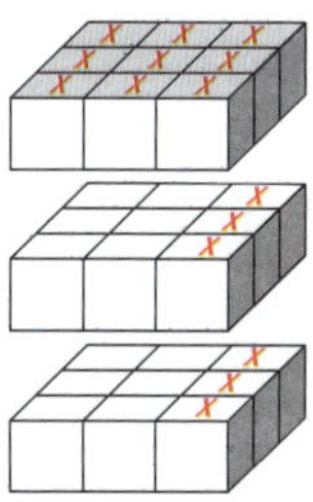

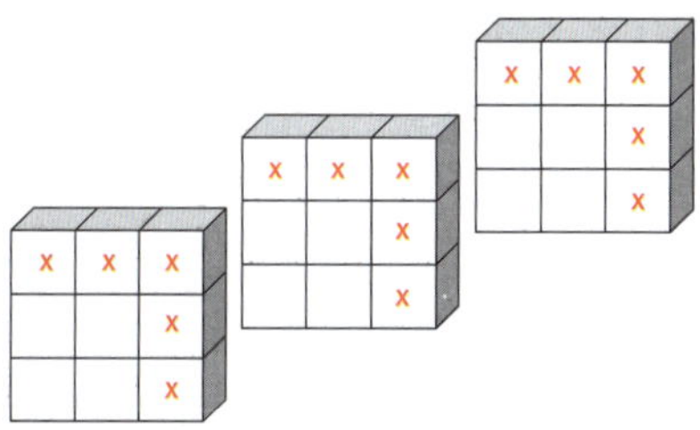

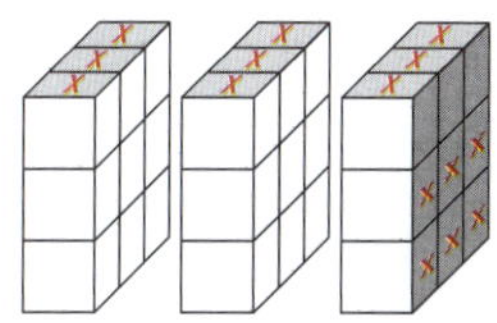

Podemos verificar que 15 cubinhos tiveram pelo menos uma de suas faces pintadas de cinza. Portanto, 12 cubinhos dos 27 usados na montagem ficaram sem nenhuma face pintada de cinza.

Análise da solução

Um modo de analisar a validade da solução obtida é usar pelo menos uma das decomposições indicadas anteriormente para contar os cubinhos que ficaram sem nenhuma face pintada de cinza.

Podemos verificar que 12 cubinhos ficaram sem nenhuma face pintada.

Resposta: 12 cubinhos.

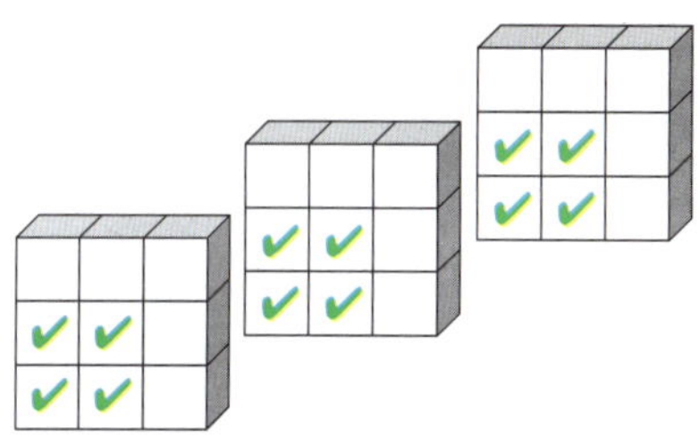

É a sua vez!

- Use as ideias desenvolvidas na resolução do item **a** para obter as respostas aos demais itens.

teia do saber

1. A cunha é uma das mais antigas ferramentas usadas pela humanidade para cortar pedras, árvores e outros objetos.

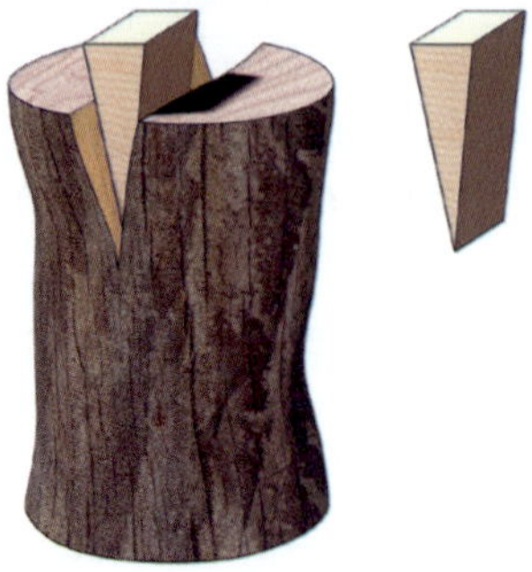

DAWIDSON FRANÇA

Com base nessa imagem, responda às questões a seguir em seu caderno.

a) A cunha lembra qual sólido geométrico?

b) Quantos vértices, arestas e faces tem o poliedro que você respondeu no item anterior?

2. O suíço Leonhard Euler (1707-1783) foi um dos grandes matemáticos da história. Uma de suas descobertas foi uma relação matemática envolvendo o número de vértices, faces e arestas de um poliedro. Considere os poliedros a seguir. Depois, faça o que se pede.

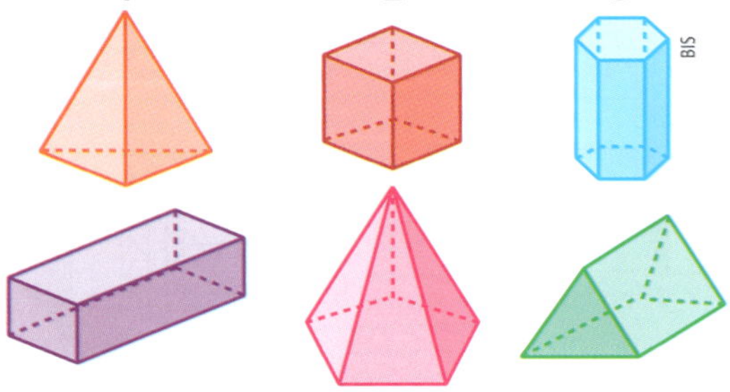

BIS

a) Copie, em seu caderno, o modelo de quadro indicado a seguir e complete-o.

Poliedro	Nome do poliedro	Número de vértices (V)	Número de arestas (A)	Número de faces (F)	V + F
1					
2					
3					

b) Compare os números da coluna V + F com o número correspondente de arestas de cada poliedro. Você identifica alguma regularidade? Qual?

3. Um dos modelos de *mouse* para computador contava com uma "bolinha" na parte inferior. Com o deslocamento do *mouse* na superfície da mesa, a "bolinha" girava e provocava o deslocamento correspondente na tela do computador.

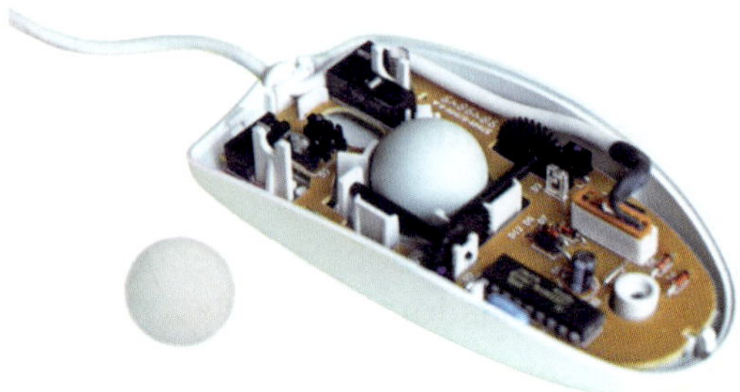

THINKSTOCK/GETTY IMAGES

a) A "bolinha" usada no *mouse* lembra qual sólido geométrico?

b) O que aconteceria se essa "bolinha" fosse substituída por um único dispositivo com forma de cilindro?

4. O astrônomo alemão Johannes Kepler (1571-1630) elaborou um modelo geométrico usando poliedros encaixados para explicar as órbitas planetárias em torno do Sol. Posteriormente, ele deduziu que essas órbitas não eram circulares, como se acreditava até então.

Observe um protótipo desse modelo exposto no museu de Viena.

DETLEV VAN RAVENSWAAY/SCIENCE PHOTO

Modelo do Sistema Solar de Kepler exposto no Museu de Viena, Viena (Áustria).

Escreva, em seu caderno, o nome do poliedro de 6 arestas cuja forma podemos identificar nessa imagem.

5. Leia o texto a seguir.

[...] Pirâmides de vários tipos, tamanhos e complexidades foram construídas em muitas partes do Velho Mundo (como América Central, Grécia, China e Egito). No Egito e na China, elas eram primariamente tumbas e monumentos a reis e líderes. As pirâmides dos maias e dos astecas, da América Central, foram principalmente templos religiosos, ainda que algumas delas tenham hospedado câmaras mortuárias.

[...]

Tumba: local onde se enterram os mortos; túmulo; câmara mortuária.

FB-FISCHER/ALAMY/LATINSTOCK

[...]
As pirâmides da América Central eram menores e, às vezes, mais largas do que suas similares egípcias. Essas pirâmides também demoravam mais para ficar prontas [...] As pirâmides na América Central eram integradas às cidades astecas e maias, ao passo que as pirâmides egípcias se localizavam em áreas distantes das principais cidades.
[...]

Craig Freudenrich, ph.D. Disponível em: <http://ciencia.hsw.uol.com.br/piramide.htm>. Acesso em: 9 fev. 2015.

Com base no texto, converse com os colegas e o professor sobre as questões a seguir.

a) Monumentos em forma de pirâmide foram construídos em diferentes localidades do Mundo Antigo e tiveram também diferentes finalidades. Por outro lado, no texto é possível verificar uma finalidade comum a esse tipo de monumento nas diferentes civilizações. Que finalidade é essa?

b) Quanto ao tamanho e à forma, que comparação é feita no texto entre as pirâmides da América Central e as pirâmides egípcias?

c) Pesquise construções recentes cuja forma lembre uma pirâmide. Compartilhe suas descobertas com os colegas e, se possível, reúna imagens para compor um mural. Não se esqueça de identificar as construções e o local onde estão construídas.

Encerrando a unidade

Nesta unidade você pôde retomar o estudo de figuras geométricas, de modo particular os sólidos geométricos (poliedros e corpos redondos). Também foi retomado o estudo de vértice, face, aresta, ponto, segmento de reta, reta e plano.

a) O que você estudou nesta unidade lhe permite compreender o uso no dia a dia de diferentes formas que deem a ideia de figuras geométricas?

b) Avaliando a sua aprendizagem dos conteúdos explorados nesta unidade, você considera que foi fácil compreendê-los?

c) Retome a abertura desta unidade para responder à questão: em sua opinião, o uso de dobradura facilitou sua compreensão sobre como planificar um poliedro ou construir moldes de poliedros por meio de planificações?

d) Que assuntos estudados nesta unidade você utilizou para resolver o Enigma?

Conhecimento Interligado

Técnica e arte nas representações

Um dos grandes desafios da humanidade ao longo da história foi a busca por maneiras de representar em uma superfície plana o espaço tridimensional, de modo que o resultado obtido se aproximasse o máximo possível da imagem real. Em outras palavras, pretendia-se que a noção de profundidade estivesse presente nas representações.

Avanços em estudos de geometria e de óptica na época do Renascimento possibilitaram o desenvolvimento de técnicas para representar as três dimensões de objetos.

Em algumas obras desse período, é possível observar que algumas linhas paralelas de elementos da realidade foram representadas convergindo para um ponto, que é chamado ponto de fuga. Essa técnica ficou conhecida como perspectiva e foi muito usada e desenvolvida por artistas como Piero della Francesca (1415-1492), Leonardo da Vinci (1452-1519), entre outros.

Observe a obra a seguir e verifique como está presente a noção de profundidade no ambiente representado.

RAFAEL SANZIO. ESCOLA DE ATENAS, 1509-1511.

Afresco: método de pintura em que as cores diluídas em água são aplicadas sobre revestimento de argamassa ainda fresco, o que facilita a absorção da tinta.

O afresco *Escola de Atenas* foi pintado na Stanza della Segnatura (Vaticano) de 1509 a 1510.

Na técnica de pintura em perspectiva desenvolvida pelos artistas do Renascimento, para mostrar que um objeto está distante do observador, sua representação deve ficar mais distante da base inferior da área de pintura e menor do que a dos objetos mais próximos do observador.

O lugar em que os objetos "se perdem" ao se afastar progressivamente do observador é chamado horizonte. A linha do horizonte corresponde à altura dos olhos do observador.

Veja a seguir a fotografia de uma paisagem em que aparecem os trilhos de uma linha de trem e o desenho que representa essa imagem.

THINKSTOCK/GETTY IMAGES

ESTÚDIO MIL

No mundo real, os trilhos são paralelos e não se encontram. No entanto, quando observamos a fotografia temos a impressão de que eles se cruzam no horizonte, convergindo para um único ponto. Os dormentes (elementos que estão sob os trilhos) se "afastam" do observador e são vistos cada vez menores, dando a noção de profundidade.

No desenho que representa a imagem da fotografia foi usada a perspectiva com um único ponto de fuga. Nesse tipo de representação, todas as linhas horizontais do mundo real devem ser também representadas na direção horizontal. Por outro lado, as linhas que "furam" a superfície de desenho são representadas convergindo para o ponto de fuga.

Fonte de pesquisa: <http://enciclopedia.itaucultural.org.br/termo3636/perspectiva>. Acesso em: 25 out. 2014.

Para explorar

1. Na técnica de desenho conhecida como perspectiva, o que acontece com a representação dos objetos à medida que se distanciam do observador?
2. Com um colega, recorte de jornais ou revistas imagens em que seja possível localizar a linha do horizonte e um ponto de fuga, como indicado no desenho que representa os trilhos do trem. Localize esses elementos nas imagens encontradas e compare essas imagens com as de outros colegas.
3. Usando a ideia de perspectiva apresentada, faça um desenho da sua sala de aula considerando que o observador está na sua carteira olhando para a lousa. Compare o seu desenho com o de um colega e verifique como a posição do observador interfere na representação.

UNIDADE

4 Múltiplos e divisores

O primeiro calendário surgiu na Mesopotâmia, por volta de 2700 a.C. entre os sumérios, e foi aprimorado pelos caldeus. O calendário possuía 12 meses lunares (meses baseados no ciclo da lua), de 29 ou 30 dias, e serviu de base para o calendário adotado pelos judeus.

ABRAHAM CRESQUES. CALENDÁRIO JUDEU, 1375.

Calendário judeu.

Cada mês começava na lua nova e o ano tinha 354 dias, ficando defasado em relação ao calendário solar (que é de, aproximadamente, 365 dias e 6 horas). Para resolver o problema, os caldeus acrescentavam um mês a cada três anos.

Nesta unidade você vai saber mais sobre...

- Múltiplos de um número natural
- Múltiplos comuns
- Mínimo múltiplo comum (mmc)
- Divisores naturais
- Divisor comum e máximo divisor comum (mdc)

O primeiro calendário solar foi criado pelos egípcios, por volta de 2500 a.C., com 365 dias.

THE ART ARCHIVE/ALAMY/LATINSTOCK

Calendário egípcio.

Hoje, utilizamos o calendário gregoriano, que foi instituído em 1582 pelo papa Gregório XIII.

Fonte de pesquisa: <http://revistaescola.abril.com.br/historia/fundamentos/como-onde-feito-primeiro-calendario-babilonia-mesopotamia-sumerios-caldeus-511216.shtml>. Acesso em: 12 fev. 2015.

ILUSTRAÇÃO DE FUNDO: QUANTA ESTÚDIO

TROCANDO IDEIAS

1. O calendário lunar tem seus períodos com base no ciclo da lua e o calendário solar se baseia no período de movimento da Terra em torno do Sol. De quantos dias, aproximadamente, é a diferença entre o calendário lunar e o calendário solar?
2. Observe o calendário do mês de outubro de 2017 e os dias desse mês que caem no mesmo dia da semana em que cai o dia 7, incluindo esse dia. O que esses números têm em comum?
3. Você considera importante o uso de instrumentos para marcar a passagem do tempo, como calendários e relógios? Por quê? Pesquise mais sobre instrumentos desse tipo e sua origem na história da humanidade e compartilhe com os colegas.

O enigma do primeiro dia de aula

A escola de teatro Iracema tem aulas de atuação diariamente. Plínio e Caio se conheceram em uma dessas aulas no mês de agosto daquele ano e se tornaram grandes amigos.

Certo dia, conversando sobre a amizade deles, os meninos tentaram lembrar a primeira vez que tiveram aula juntos no mês de agosto, mas cada um falou uma data diferente e eles não chegaram a uma conclusão. As únicas informações que conseguiram reunir nessa conversa é que Plínio vai às aulas a cada 4 dias, Caio a cada 3 dias e eles não faltaram às aulas no mês de agosto.

Depois de pensarem um pouco, Caio teve a ideia de perguntar para a secretária da escola de teatro, que guarda as fichas com as datas das presenças de cada aluno, em quais dias do mês de agosto eles estiveram presentes nas aulas.

ILUSTRAÇÕES: ESTÚDIO LAB 307

Quando Marta iria falar as demais datas em que Caio compareceu às aulas, Plínio a interrompeu.

- Qual foi o primeiro dia em que Plínio e Caio tiveram aula juntos?

No decorrer da unidade você encontrará pistas que podem auxiliá-lo a desvendar este enigma.

1 Múltiplos de um número natural

Carlos trabalha em uma empresa que realiza obras de saneamento básico em uma cidade. Ele é responsável por uma equipe que instala a tubulação de coleta de esgoto nessa cidade. Ontem, a equipe de Carlos instalou tubos de 2 metros de comprimento cada um, de modo que cada tubo foi colocado junto ao seguinte, formando uma tubulação até o final de uma rua.

ESTÚDIO MIL

O quadro a seguir mostra a medida do comprimento da tubulação para cada quantidade de tubo instalado nesse dia.

Número de tubos instalados	0	1	2	3	4	5	6	7	8
Medida do comprimento da tubulação (em metro)	0	2	4	6	8	10	12	14	16

- Que regularidade você observa na sequência de números da segunda linha do quadro acima?
- O número 17 pode aparecer na segunda linha do quadro? E o número 21? Por quê?
- Sabendo o número de tubos instalados, como você faria para descobrir a medida do comprimento da tubulação para essa quantidade de tubos?

No quadro acima, os números da segunda linha são **múltiplos** naturais de 2.

Um número natural é múltiplo de 2 se ele for o produto de um número natural por 2. Por exemplo: **0** = 2 × 0; **2** = 2 × 1; **4** = 2 × 2; **6** = 2 × 3; **8** = 2 × 4; **10** = 2 × 5; e assim por diante.

Podemos indicar a sequência dos múltiplos naturais de 2 da seguinte maneira:

M(2): 0, 2, 4, 6, 8, 10, 12, 14, 16, 18, 20, 22,...

THINKSTOCK/GETTY IMAGES

Temos também os múltiplos naturais de 3, de 4, de 5 etc. Veja outros exemplos.

- **21** é múltiplo de **3**, pois 21 = **3** × 7;
- **44** é múltiplo de **4**, pois 44 = **4** × 11;
- **50** é múltiplo de **5**, pois 50 = **5** × 10.

Observe os números 21, 44 e 50 nas sequências dos múltiplos naturais de 3, de 4 e de 5, respectivamente, indicadas a seguir.

- M(3): 0, 3, 6, 9, 12, 15, 18, **21**, 24, 27, 30, 33,...
- M(4): 0, 4, 8, 12, 16, 20, 24, 28, 32, 36, 40, **44**,...
- M(5): 0, 5, 10, 15, 20, 25, 30, 35, 40, 45, **50**, 55,...

Note, nessas sequências, que o 2 é múltiplo de 2, o 3 é múltiplo de 3, o 4 é múltiplo de 4, o 5 é múltiplo de 5, e que o 0 (zero) apareceu como múltiplo em todas elas. De modo geral, todo número natural é múltiplo dele mesmo, e o zero é múltiplo de qualquer número natural.

Agora, vamos conhecer dois modos de verificar se um número natural é múltiplo de outro. Por exemplo, será que o número 26 é múltiplo de 4?

- **Por meio de tentativas**

Podemos multiplicar o número 4 por números naturais consecutivos e buscar obter como resultado o número 26: 4 × 1 = **4**; 4 × 2 = **8**; ...; 4 × 6 = **24** e 4 × 7 = **28**.

Como não foi possível obter o número 26 por meio de um produto em que um dos fatores é igual a 4, concluímos que 26 não é múltiplo de 4.

- **Fazendo uma divisão**

Dividimos o número 26 por 4 e observamos o resto dessa divisão:

26	4
2	6

Como o resto da divisão de 26 por 4 é diferente de zero, ou seja, a divisão é não exata, chegamos à mesma conclusão anterior.

Múltiplos e linguagem matemática

O esquema abaixo apresenta uma sequência de passos para obter alguns números naturais. Para descobrir quais são esses números, faça o que se pede na figura “Início” e siga as setas e as ações indicadas nas outras figuras. Neste esquema a letra **n** representa qualquer número natural.

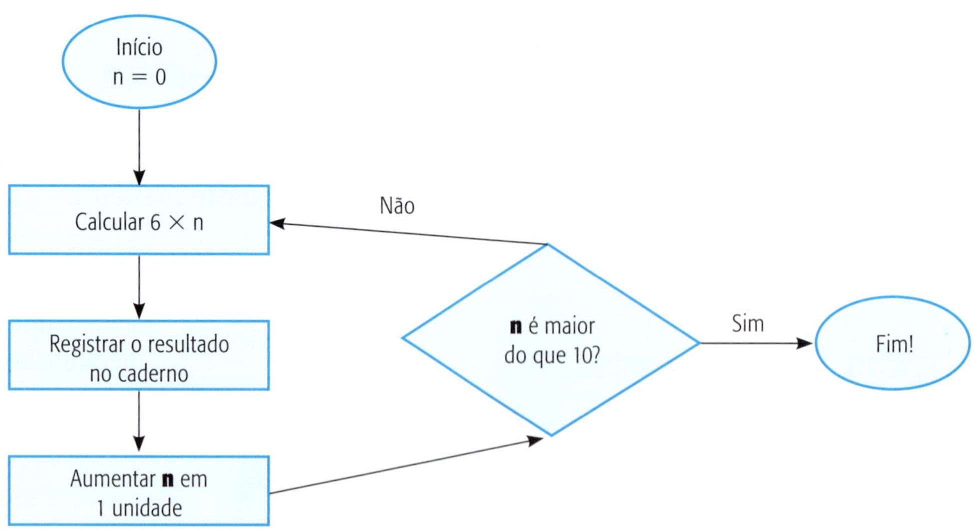

Veja como começar...

I. Partimos da figura “Início” com n = 0 (**n** valendo zero).
II. Calculamos $6 \times n$: $6 \times 0 = 0$.
III. Registramos no caderno o valor obtido no cálculo anterior: **0** (zero).
IV. Aumentamos **n** em 1 unidade (n + 1), ou seja, fazemos 0 + 1 = 1 (agora, **n** valendo 1).
V. Respondemos à pergunta “**n** é maior do que 10?”: não, pois **n** vale 1.
VI. Como a resposta foi “não”, calculamos, novamente, $6 \times n$: $6 \times 1 = 6$.

E assim por diante, seguindo as setas do esquema, até que **n** fique com um valor maior do que 10. Agora é com você!

- Quais números você registrou em seu caderno até chegar ao “Fim!”?
- Esses números são múltiplos de qual número natural?
- O que significa a expressão $6 \times n$ nesse esquema?

ATIVIDADES

1. Determine os primeiros onze múltiplos de cada número a seguir.

a) 7
b) 11
c) 21
d) 18

2. Verifique se o número 96 é múltiplo dos números a seguir, justificando sua resposta em cada caso.

a) 3
b) 12
c) 15
d) 16
e) 14

3. No calendário mostrado a seguir, apenas uma das colunas que representam os dias da semana apresenta todos os números múltiplos de um mesmo número natural. Qual é essa coluna e de qual número natural esses números são múltiplos?

AGOSTO

Dom	Seg	Ter	Qua	Qui	Sex	Sáb
	1	2	3	4	5	6
7	8	9	10	11	12	13
14	15	16	17	18	19	20
21	22	23	24	25	26	27
28	29	30	31			

4. Responda a cada questão a seguir.

a) Qual é o maior número de dois algarismos que é múltiplo de 8?

b) Quais são os números naturais, de dois algarismos distintos, múltiplos de 5 que podem ser formados com os algarismos 1, 5 e 6?

5. Leia o diálogo entre Tatiana e Mateus.

O que você pode dizer sobre as afirmações de Tatiana e Mateus: as duas são verdadeiras; as duas são falsas; ou apenas uma das afirmações é verdadeira? Justifique sua resposta.

6. O quadro abaixo mostra alguns múltiplos de 3 e de 6. Observe.

Múltiplos de 3	Múltiplos de 6
0	0
3	6
6	12
9	18
12	24
15	30
18	36
21	42
24	48
27	54
30	60

Faça o que se pede a seguir.

a) Há números no quadro que são múltiplos de 3 e de 6 ao mesmo tempo? Quais?

b) Copie o quadro em seu caderno e complete apenas a coluna dos múltiplos de 3, até obter o número 60. Todos os números da coluna dos múltiplos de 6 aparecem na coluna dos múltiplos de 3? E o contrário, também acontece?

7. O número 182 é múltiplo de 13. Determine o múltiplo de 13 imediatamente menor do que 182 e o múltiplo de 13 imediatamente maior do que 182. Como você pensou para fazer esta atividade? Conte aos colegas.

8. Lúcia vai comprar três máquinas fotográficas na promoção mostrada a seguir.

THINKSTOCK/GETTY IMAGES

PROMOÇÃO!
R$ 200,00 à vista ou
em 4 vezes sem juros
de **R$ 50,00**!

a) Nessa promoção, o valor de uma máquina fotográfica parcelado é igual ao preço dela à vista? Podemos afirmar que o número 200 é múltiplo de 4?

b) No total, quanto Lúcia vai pagar pelas três máquinas que comprar?

c) O valor obtido no item **b** é múltiplo de 4? Verifique sem fazer uma divisão e pense no fato de que $200 = 4 \times 50$.

Resolução

a) Sim, pois o valor de uma máquina parcelado é R$ 200,00 ($4 \times 50 = 200$). Podemos afirmar que 200 é múltiplo de 4, pois $4 \times 50 = 200$.

b) Se Lúcia vai comprar três máquinas, ela vai pagar R$ 600,00 ($3 \times 200 = 600$).

c) O produto $3 \times \mathbf{200}$ pode ser escrito como $3 \times \mathbf{4} \times \mathbf{50}$, que é um múltiplo de 4.

Podemos, ainda, reescrever $3 \times 4 \times 50$ como $4 \times 3 \times 50 = 4 \times 150$.

9. Considere o produto $12 \times n$, em que a letra **n** representa qualquer número natural. Isto é: para $n = 1$, temos $12 \times 1 = 12$; para $n = 2$, $12 \times 2 = 24$; para $n = 3$, $12 \times 3 = 36$; e assim por diante.

Por que podemos afirmar que $12 \times n$ é um múltiplo de 4? Pense na resolução do item **c** da atividade 8 para responder.

Pictogramas

Uma empresa iniciou em março uma campanha de conscientização para a redução do consumo de copos de plástico descartáveis, incentivando seus funcionários a utilizarem canecas próprias. Ao final do mês de junho, a quantidade de copos utilizados reduziu conforme mostra o **pictograma** a seguir.

THINKSTOCK/GETTY IMAGES

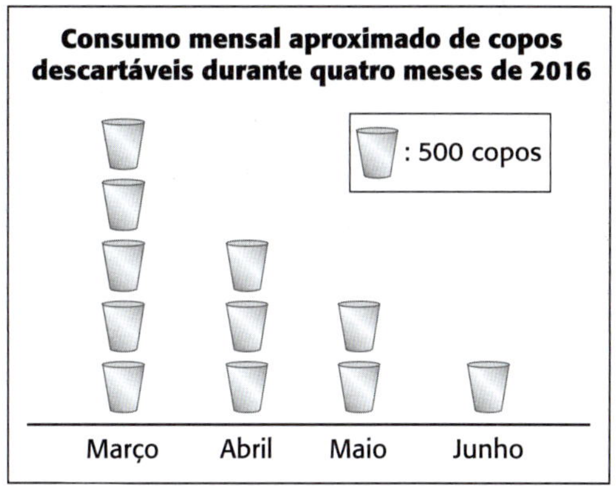

BIS

Dados elaborados pelo autor.

O pictograma ou gráfico pictórico é um tipo de gráfico no qual são utilizados símbolos (**ícones**), relacionados ao tema tratado no gráfico, para representar informações.

No gráfico acima, cada ícone representa 500 copos descartáveis. Sabendo disso, podemos ler e interpretar as informações apresentadas no pictograma. Por exemplo:

- No mês de março, aparecem cinco , ou seja, 2 500 copos (5×500 copos) foram consumidos;
- Do mês de março ao mês de abril, o consumo mensal de copos descartáveis diminuiu em dois , ou seja, diminuiu em 1 000 unidades (2×500 copos).

- Podemos afirmar que o número de copos consumidos em cada mês é um múltiplo de 500?
- Qual foi o consumo mensal de copos descartáveis no mês de junho?
- Qual é a diferença entre o consumo dos meses de março e junho?
- Se cada ícone representasse 250 copos descartáveis, quantos ícones seriam necessários para representar o consumo de copos em cada mês? Construa um pictograma considerando essa quantidade para cada ícone.

ATIVIDADES

10. O pictograma ao lado mostra o número de novas rampas de acesso para cadeirantes construídas em uma cidade ao longo de três anos. Observe e responda às questões a seguir.

a) Cada ícone do gráfico representa quantas rampas de acesso?

b) Quantas rampas de acesso foram construídas nos três anos indicados no gráfico?

c) Em cada ano, o total de rampas de acesso construídas é múltiplo de quais números diferentes de 1?

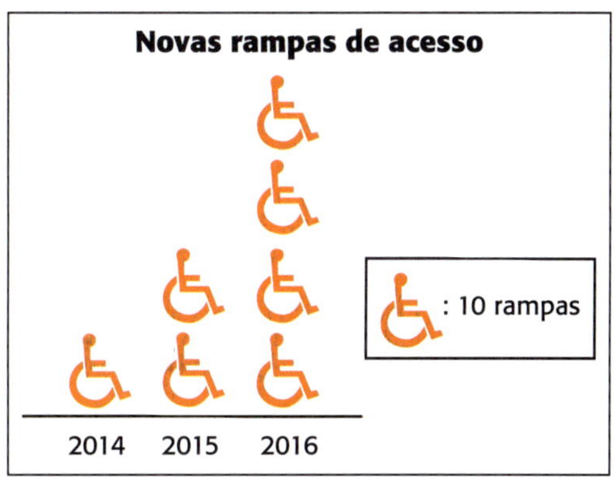

BIS

Dados elaborados pelo autor.

11. Reúna-se com três ou quatro colegas e, junto com o professor, conversem sobre um tema de interesse do grupo para a realização de uma pesquisa. Os resultados dessa pesquisa devem ser apresentados em um pictograma. Nessa conversa e durante o trabalho, vocês podem discutir, por exemplo, sobre as seguintes questões:

- Como será feita a coleta dos dados?
- De que modo vocês organizarão os dados coletados para a construção de um pictograma?
- Quais ícones podem ser utilizados para representar os resultados da pesquisa?
- O ícone escolhido deve representar que valor?

BIS

Depois de realizar a pesquisa e construir o pictograma, faça o que se pede a seguir.

a) Elabore perguntas que possam ser respondidas com base nos dados desse pictograma.

b) Você conseguiria sugerir ações para proporcionar algum benefício a seus familiares ou à sua comunidade a partir dos resultados da pesquisa? Se não, que tal fazer outra pesquisa sobre algum tema cujo resultado possa contribuir em ações a favor da comunidade em que vive? Converse com os colegas e o professor.

c) Compartilhe com os colegas e o professor sua pesquisa e as perguntas que foram elaboradas.

Pista 1

Caio vai à aula de teatro a cada quantos dias?
Segundo a secretária, em qual dia do mês de agosto Caio foi à aula?
Com as informações dos itens **a** e **b**, descubra todos os dias do mês de agosto em que Caio foi à aula. Explique a um colega como você fez para descobrir.

ATIVANDO HABILIDADES

(OBM) Joãozinho brinca de formar quadrados com palitos de fósforo, como na figura a seguir.

ESTÚDIO MIL

A quantidade de palitos necessária para fazer 100 quadrados é:

a) 296 **b)** 293 **c)** 297 **d)** 301 **e)** 28

Entendimento do problema

Inicialmente, devemos identificar qual é a pergunta que motiva a resolução do problema. Nesse caso, precisamos determinar o número de palitos necessários para fazer 100 quadrados, de acordo com o padrão apresentado.

Precisamos também identificar os dados importantes para resolver o problema.

Saber o número de palitos necessários para formar cada quadrado é fundamental nessa situação.

Elaboração de uma estratégia

Podemos observar a regularidade na relação entre o número de quadrados e de palitos usados e registrar as conclusões.

O primeiro quadrado é formado por 4 palitos. A partir do segundo quadrado, um novo quadrado é formado acrescentando 3 palitos ao conjunto anterior de palitos.

Execução da estratégia

Um modo de resolver esse problema é construir um quadro para observar a regularidade na relação entre o número de quadrados e o número de palitos usados. Observe o quadro a seguir.

Número de quadrados	Número de palitos
1	4
2	7
3	10
4	13

Veja que para construir cada novo quadrado da sequência, a partir do segundo, são acrescentados 3 palitos e para completar 100 novos quadrados, precisamos construir mais 96 novos quadrados além dos que aparecem na figura inicial, o que corresponde a 288 palitos.

$$96 \times 3 = 288 \text{ (288 palitos)}$$

Assim, o total de palitos necessários para formar 100 quadrados é igual à soma dos 13 palitos existentes com os 288 palitos necessários para formar 96 quadrados, ou seja, 301 palitos.

$$13 + 288 = 301 \text{ (301 palitos)}$$

Análise da solução

Um modo de analisar a solução obtida é subtrair de 301 palitos os 13 palitos referentes aos 4 primeiros quadrados representados na figura, obtendo 288 palitos ($301 - 13 = 288$). Depois, dividir esse número por 3, pois, para cada novo quadrado, usamos 3 palitos.

Obtemos 96 quadrados ($288 : 3 = 96$), como esperado.
Resposta: alternativa **d**.

É a sua vez!

(OBM) Numa competição de ciclismo, Carlinhos dá uma volta completa na pista em 30 segundos, enquanto Paulinho leva 32 segundos para completar a mesma volta. Quando Carlinhos completar a volta número 80, Paulinho estará completando a volta número:

a) 79 **b)** 78 **c)** 76 **d)** 77 **e)** 75

teia do saber

1. Uma equipe de futebol participa de um torneio de pontos corridos, ou seja, a equipe campeã será a que obtiver o maior número de pontos ao final do torneio. Cada vitória vale 3 pontos, cada empate vale 1 ponto e cada derrota, 0 (zero) ponto. Observe o gráfico que mostra o desempenho das equipes Tribo da Bola e Pés de Ouro na sexta rodada do campeonato.

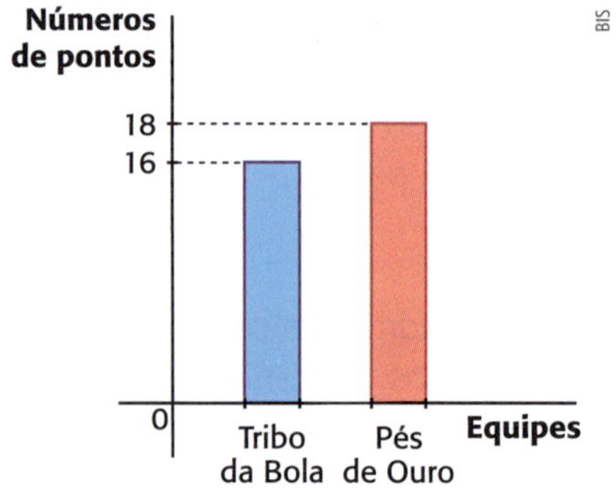

a) Uma dessas equipes venceu todas as partidas que disputou. Qual foi? Como é possível ter certeza desse fato?

b) Obtenha uma possível combinação de vitórias, empates e derrotas que totalize o número de pontos da outra equipe.

2. Quando Tiago foi retirar dinheiro em um caixa eletrônico, o equipamento apresentou a mensagem mostrada na imagem abaixo.

Tiago retirou a quantia possível mais próxima de 200 reais, porém menor do que esse valor.

a) Quantos reais Tiago retirou no caixa eletrônico?

b) Quantas cédulas ele retirou?

3. (Obmep) A, B, C, D, E, F, G e H são os fios de apoio que uma aranha usa para construir sua teia, conforme mostra a figura. A aranha continua seu trabalho. Sobre qual fio de apoio estará o número 118?

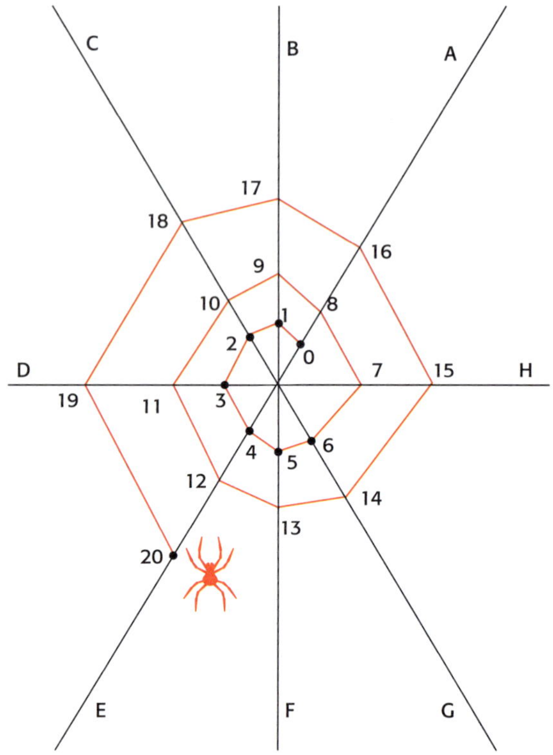

4. Observe os prismas abaixo. Depois, responda às questões a seguir.

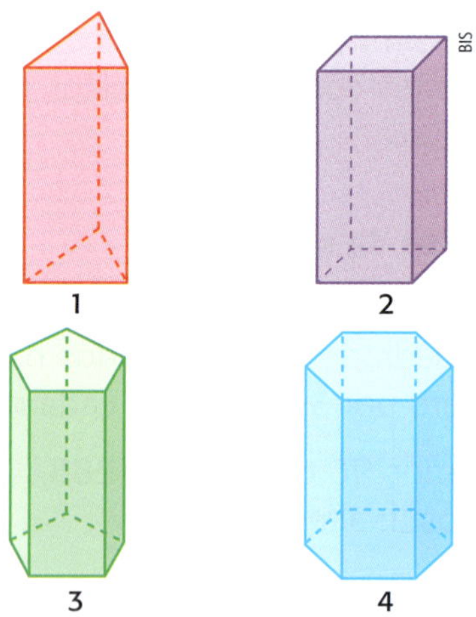

a) Identifique quantos vértices tem cada um desses prismas. O que se pode afirmar sobre o número de vértices?

b) Que relação você pode estabelecer entre o número de vértices de cada prisma e o total de vértices da figura plana que forma suas bases?

5. A figura a seguir é formada por segmentos inclinados do tipo "/" e "\", e segmentos horizontais do tipo "__". Essa figura continua indefinidamente à direita e cada segmento de reta é identificado por um número natural. Observe e faça o que se pede a seguir.

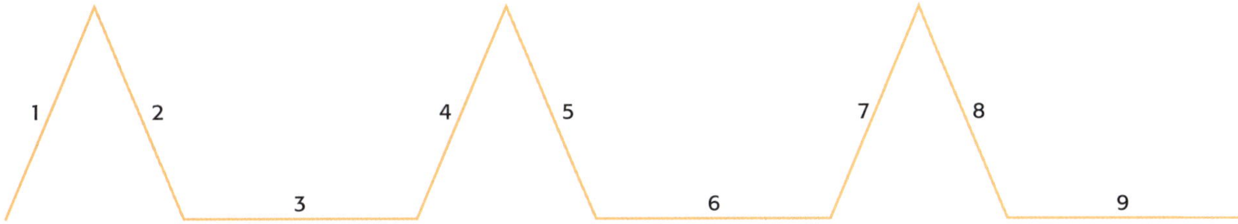

BIS

a) Os segmentos de reta horizontais são identificados por múltiplos de qual número diferente de 1?

b) Quais são os números dos segmentos inclinados do tipo "/"? Esses números são múltiplos de 3? Por quê?

c) Se a regularidade nessa construção se mantiver, qual será a inclinação do segmento de reta de número 51?

d) E qual será a inclinação do segmento de reta de número 73? Desenhe esse segmento em seu caderno.

teia integrada

6. A Bienal Internacional de Arte de São Paulo é uma das mais importantes mostras da arte contemporânea realizada no mundo, e sua 31ª edição foi realizada no ano de 2014.

a) Os anos em que ocorrem a Bienal de Arte de São Paulo são ímpares ou pares?

b) Em que ano deverá ocorrer a 37ª Bienal de Arte de São Paulo?

c) Pesquise sobre a história da Bienal Internacional de Arte de São Paulo, buscando, por exemplo, a data de sua criação, o primeiro ano em que ocorreu, fatos marcantes nos anos em que ocorreu, entre outras informações. Compartilhe sua pesquisa com a turma e complete-a com as informações obtidas pelos colegas.

d) Você conhece outros eventos que ocorrem bienalmente no seu estado ou no Brasil? Conte aos colegas.

FUNDAÇÃO BIENAL DE SÃO PAULO

Reprodução do logo da 31ª Bienal de Arte de São Paulo.

2 Divisores naturais

As máquinas de uma empresa, que fabrica latas de tinta, conseguem produzir 8 latas de tinta por vez. Essas latas são levadas por uma esteira e embaladas em diferentes pacotes, para até 8 latas, de modo a atender às necessidades dos clientes. Cada pacote deve conter a mesma quantidade de latas, sem sobras. De que modos essas máquinas podem embalar as 8 latas de tinta que produzem?

As máquinas podem embalar as latas das seguintes maneiras:

- em 8 pacotes com **1** lata cada.

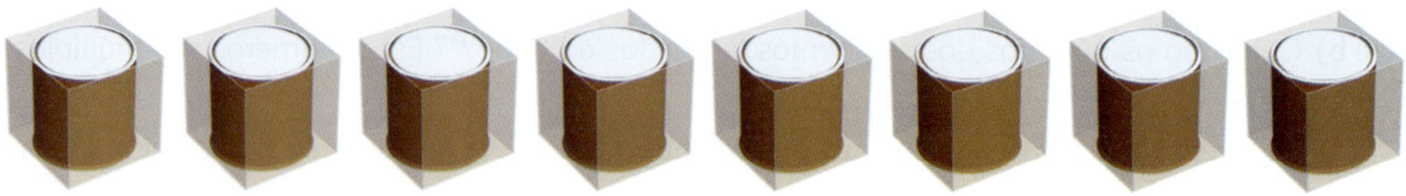

ILUSTRAÇÕES: DAWIDSON FRANÇA

- em 4 pacotes com **2** latas cada.

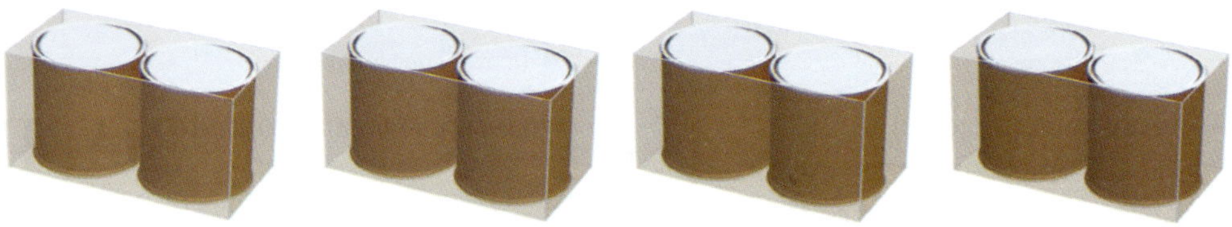

- em 2 pacotes com **4** latas cada.

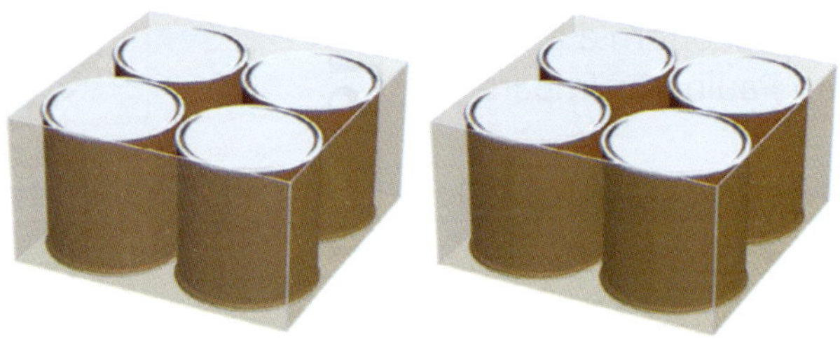

- em 1 pacote com **8** latas.

- De acordo com as condições acima, por que as 8 latas **não** podem ser embaladas em pacotes com 3 latas cada ou em pacotes com 6 latas cada?
- Faça a divisão de 8 por 1, por 2, por 4 e por 8. Essas divisões são exatas?
- Agora, divida 8 por 3, por 6 e por 7. Essas divisões são exatas?

Dizemos que os números 1, 2, 4 e 8 são **divisores** naturais de 8, pois a divisão de 8 por qualquer um desses números é exata. Podemos indicar a sequência dos divisores naturais de 8 como mostrado a seguir.

D(8): 1, 2, 4, 8.

Veja algumas observações importantes sobre os divisores naturais de um número.

- Todo número natural tem como divisor o número 1.
- Todo número natural diferente de zero tem como divisor ele mesmo.
- Zero **não** é divisor de nenhum número natural.
- Se um número natural é divisor de outros dois números naturais, então o primeiro é divisor da soma dos outros dois números. Por exemplo, 3 é divisor de 12 e de 27; então 3 é divisor de $12 + 27 = 39$.

Os múltiplos e divisores de um número relacionam-se do seguinte modo: por exemplo, dizer que **2 é divisor de 8** equivale a dizer que **8 é múltiplo de 2** ($8 = 2 \times 4$). Podemos dizer também que, se **8 é múltiplo de 2**, então **8 é divisível por 2**.

Obtendo os divisores naturais de um número

Vamos obter, por exemplo, os divisores naturais do número 36.

Sabemos que 1 e 36 são divisores de 36. Então, nossa tarefa é obter os outros divisores de 36. Para obtê-los, vamos mostrar que não é necessário dividir 36 por todos os números naturais de 2 a 35 e verificar em quais casos a divisão é exata. Acompanhe.

ILUSTRAÇÕES: BIS

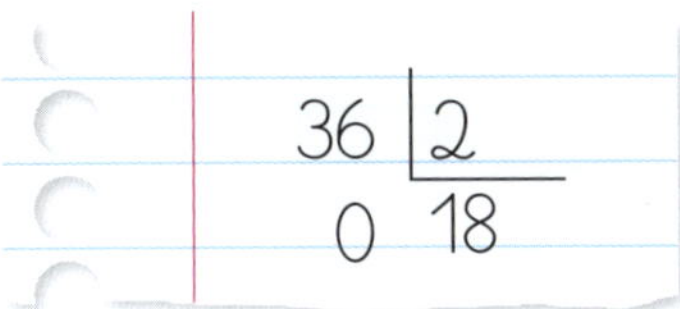

Como $18 \times 2 = 36$, concluímos que 2 e 18 são divisores de 36.

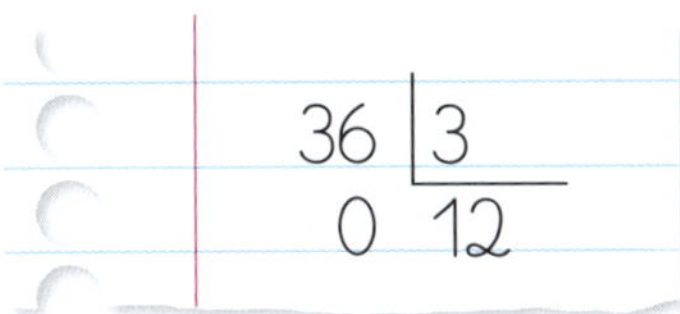

Como $12 \times 3 = 36$, concluímos que 3 e 12 são divisores de 36.

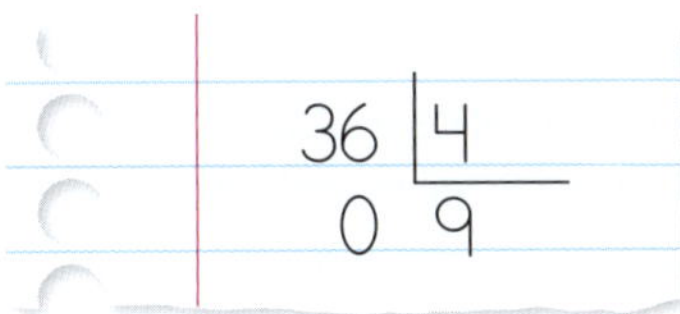

Como $9 \times 4 = 36$, concluímos que 4 e 9 são divisores de 36.

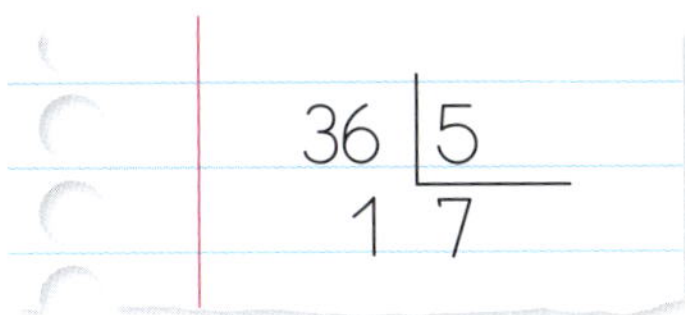

Como 36 : 5 é uma divisão não exata, concluímos que 5 não é divisor de 36.

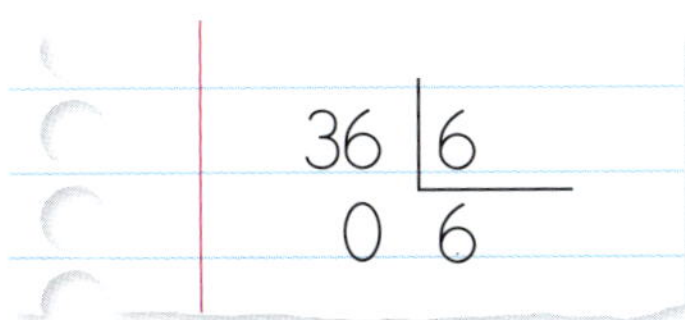

Como $6 \times 6 = 36$, concluímos que 6 é divisor de 36.

Observe que, à medida que os divisores aumentam (2, 3, 4, 6), os quocientes, que também são divisores de 36, diminuem (18, 12, 9, 6).

Portanto, se continuarmos a aumentar os divisores na chave, o quociente será menor do que 6; porém, os divisores menores do que 6 já são conhecidos (1, 2, 3, 4), de modo que não é necessário continuar o processo. Em outras palavras, podemos parar o processo quando o quociente é **igual** ou **menor** do que o divisor. Observe o esquema a seguir com os divisores naturais de 36.

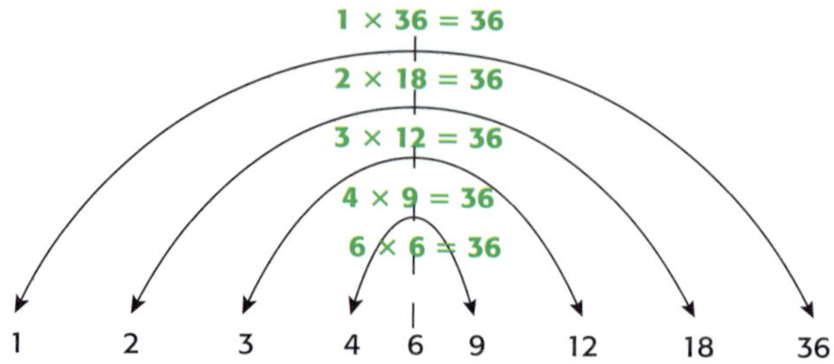

Podemos também obter os divisores naturais de 36 pelo processo geométrico, no qual construímos em uma malha quadriculada todos os arranjos retangulares possíveis formados por 36 quadradinhos. Observe.

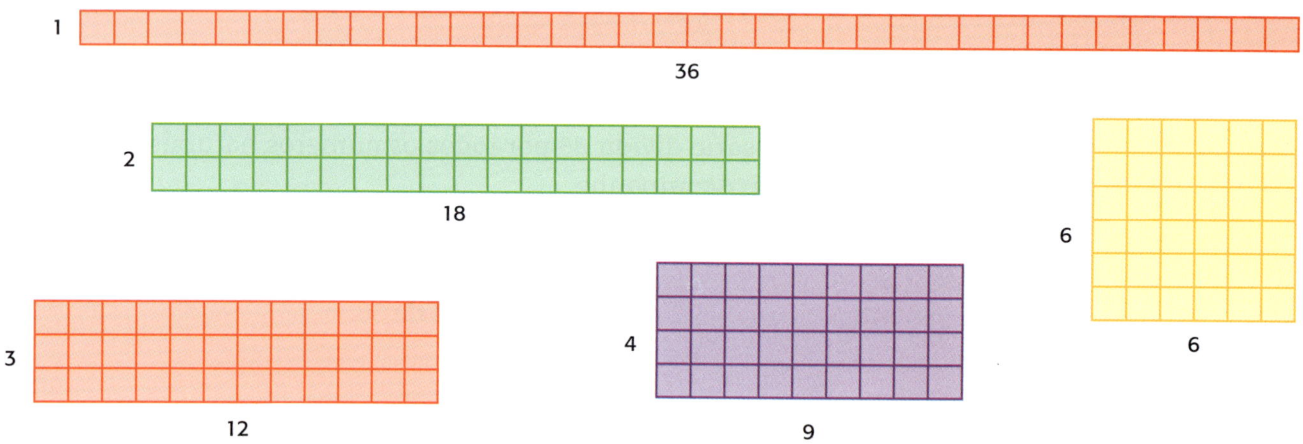

Note que o número de quadradinhos em cada fileira horizontal e o número de quadradinhos em cada fileira vertical de cada arranjo são os divisores naturais de 36: 1 e 36; 2 e 18; 3 e 12; 4 e 9; 6.

- Para obter os divisores naturais do número 50, utilize o mesmo processo apresentado na página 133 para determinar os divisores naturais de 36. Em qual divisor você parou de realizar os cálculos?
- Depois, em uma malha quadriculada, obtenha os divisores naturais do número 12 pelo processo geométrico.

SAIBA MAIS

Números amigáveis

Dois números são chamados "amigáveis" quando cada um deles é igual à soma dos divisores próprios do outro. Os divisores próprios de um número são os divisores do número exceto ele mesmo.

Por exemplo, os números 220 e 284 são números amigáveis.

DAWIDSON FRANÇA

Observe a seguir.

- Divisores próprios de **220**: 1, 2, 4, 5, 10, 11, 20, 22, 44, 55, 110.
- Soma desses divisores: 1 + 2 + 4 + 5 + 10 + 11 + 20 + 22 + 44 + 55 + 110 = **284**.
- Divisores próprios de **284**: 1, 2, 4, 71, 142.
- Soma desses divisores: 1 + 2 + 4 + 71 + 142 = **220**.

Fonte de pesquisa: Bernard H. Gundlach. *História dos números e numerais*. Tradução de Hygino H. Domingues. Volume 1. São Paulo: Atual Editora, 1992, p. 42-43. (Coleção Tópicos de história da matemática para uso em sala de aula).

Para explorar

- Você conhece outras curiosidades numéricas como essa? Se não conhece, pesquise sobre o assunto e escreva um pequeno texto a respeito. Depois, compartilhe com os colegas as suas descobertas.

ATIVIDADES

12. Verifique quais números naturais de 2 a 9 são divisores de cada número a seguir.

a) 60 **b)** 48 **c)** 54 **d)** 56 **e)** 63

13. Calcule o quociente e obtenha o resto de cada divisão a seguir. Depois, responda às questões.

A. 12: 4 **B.** 13 : 4 **C.** 14 : 4 **D.** 15 : 4 **E.** 16 : 4 **F.** 17 : 4

a) Quais divisões são exatas?

b) O número 4 é divisor de quais números de 12 a 17?

c) Que regularidades você observa em relação aos restos dessas divisões?

Resolução

Calculamos o quociente e obtemos o resto de cada divisão.

	Dividendo	Divisor	Resto	Quociente
A.	12	4	0	3
B.	13	4	1	3
C.	14	4	2	3
D.	15	4	3	3
E.	16	4	0	4
F.	17	4	1	4

Respondemos às questões:

a) São as divisões cujo resto é 0 (zero): A e E.

b) O número 4 é divisor dos números 12 e 16, pois as divisões 12 : 4 e 16 : 4 são exatas.

c) É possível observar algumas regularidades por meio dessas divisões: os restos das divisões são 0, 1, 2 e 3; e, ao aumentarmos, a partir do dividendo 12, uma, duas ou três unidades (totalizando 13, 14 ou 15, respectivamente), o resto (inicialmente igual a zero) aumenta, respectivamente, 1, 2 ou 3 unidades.

- Sem fazer divisões para testar, obtenha um número maior do que 30 e menor do que 35 cuja divisão por 4 apresenta resto igual a 1.

14. As afirmações a seguir são falsas. Em cada caso, apresente um exemplo numérico que comprove isso.

a) Se 2 é divisor de um número, então 4 também será divisor desse número.

b) Se os números 2 e 3 são divisores de um número, então 2 + 3 será divisor desse número.

15. Classifique cada afirmação abaixo como verdadeira ou falsa.

a) 3 é divisor de 72.

b) 16 é divisor de 153.

c) 96 é divisível por 6.

d) Os números 3 e 5 são divisores de 45.

16. Copie as afirmações a seguir em seu caderno e complete-as substituindo o ■ pela palavra **divisor**, **múltiplo**, ou **divisível**.

a) 30 é ■ de 6.

b) 6 é ■ de 30.

c) 30 é ■ por 6.

17. Lúcia está montando figuras geométricas com palitos de sorvete para um trabalho de Geometria. Observe o triângulo que ela fez.

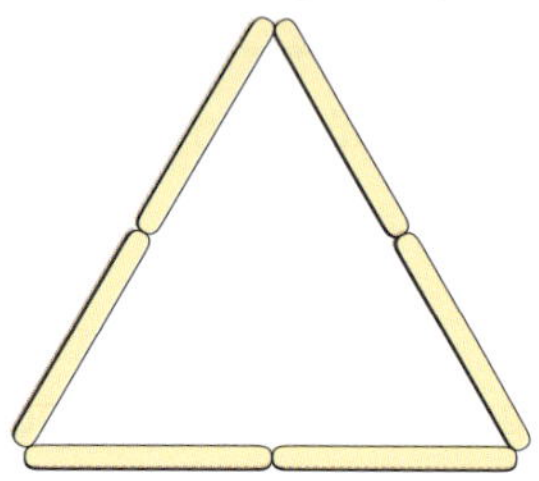

Ela quer construir outros triângulos usando a mesma quantidade de palitos em cada lado desses triângulos e sem quebrar palitos. Sabendo disso, responda às questões a seguir.

a) Lúcia conseguirá construir um triângulo usando exatamente 12 palitos?

b) E usando exatamente 28 palitos?

c) Quantos palitos serão usados para formar o lado do maior triângulo que é possível construir com 54 palitos?

18. Em seu caderno, associe cada item da primeira coluna à sequência correspondente da segunda coluna.

A. M(5)	I. 1, 2, 3, 4, 6, 9, 12, 18, 36.
B. D(28)	II. 0, 5, 10, 15, ...
C. D(36)	III. 1, 2, 4, 7, 14, 28.
D. M(4)	IV. 0, 4, 8, 12, 16, ...

19. Obtenha:

a) Um número múltiplo de 4 que seja divisível por 6.

b) Um número que seja divisor de 45 e múltiplo de 5.

c) Um número que seja divisível por 6 e por 8.

d) Um número que seja divisor de 24 e de 30.

20. Ao final de um dia, Tatiana comprou os últimos ovos disponíveis em uma granja. Ela teve de levá-los para casa em um saco, pois o número de ovos não pôde ser colocado em embalagens para 2, 4, 6 ou 12 ovos: em embalagens para 2 ou 4 ovos, sobraria 1 ovo nos dois casos; e em embalagens para 6 ou 12 ovos, sobrariam 5 ovos nos dois casos. Quantos ovos Tatiana comprou, sabendo que eram menos do que 20 ovos?

21. Calculadora

Na calculadora, registre um número de três algarismos: por exemplo, 375. Em seguida, registre os mesmos algarismos na mesma ordem, formando um número de seis algarismos: no caso, 375 375. Divida esse número por 13. Depois, divida o resultado obtido por 11 e, finalmente, por 7. O que se pode dizer dos números 13, 11 e 7 em relação ao número de seis algarismos que você escreveu inicialmente?

22. Quatro colegas estão sentados em roda jogando. Observe quantos dedos cada um está mostrando.

Agora, um dos jogadores vai contar, a partir de André, no sentido horário (André – 1, Beto – 2, Carlos – 3, Davi – 4, e assim por diante), uma quantidade igual ao total de dedos apresentados na rodada. O jogador em que parar a contagem será eliminado do jogo. Vence o jogo aquele que restar ao final da última rodada.

a) Nessa situação, quem será eliminado?

b) Se, nessa situação, Beto pudesse mudar a quantidade de dedos mostrados, e quisesse eliminar Carlos, quantos dedos ele deveria mostrar?

Jogo dos divisores

Neste jogo, você e os colegas devem registrar nove números de 1 a 50 em um tabuleiro. Em seguida, cada um, na sua vez, deve observar os números sorteados em dois dados e verificar se um desses números, ou a soma deles, é divisor de um dos números registrados no tabuleiro.

Jogadores

- Grupos de 2, 3 ou 4 jogadores.

Material

- caneta ou lápis grafite
- 2 dados comuns
- folha de papel e régua para fazer o tabuleiro (1 tabuleiro para cada jogador)

THINKSTOCK/ GETTY IMAGES

THINKSTOCK/ GETTY IMAGES

THINKSTOCK/ GETTY IMAGES

THINKSTOCK/GETTY IMAGES

Como fazer o tabuleiro

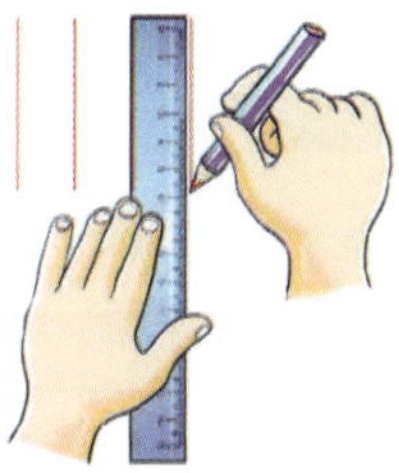

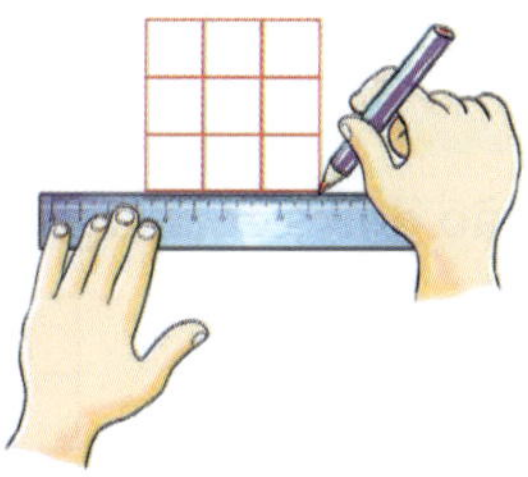

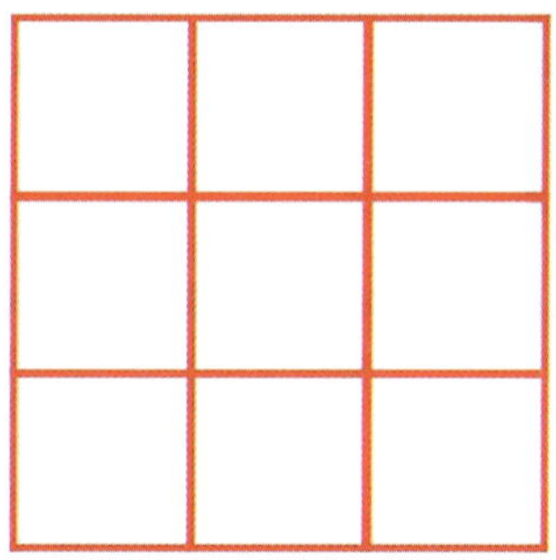

DAWIDSON FRANÇA

Regras

- Antes de começar a partida, cada jogador deve preencher as casas de seu tabuleiro com nove números de 1 a 50 e colocar o tabuleiro à sua frente, para que os outros jogadores possam vê-lo.
- Os jogadores devem decidir quem começa a partida e combinar uma ordem de jogadas, alternando-se em cada rodada.
- Cada jogador, na sua vez, deve lançar os dados e observar os números obtidos. Em seguida, o jogador da vez deve verificar se um dos números de seu tabuleiro é divisível por um dos números obtidos no dado ou pela soma deles. Caso isso aconteça, o número do tabuleiro deve ser riscado.

  Por exemplo: se o jogador da vez tem o número 35 registrado em seu tabuleiro e obteve nos dados os números 5 e 2, ele pode riscar o número 35, pois a divisão de 35 por 5 é exata (35 : 5 = 7). Observe que o número 35 também poderia ser dividido pela soma dos números obtidos no dado, 5 + 2 = 7, pois 35 : 7 = 5.
- Em cada rodada, o jogador da vez deve riscar apenas um número de seu tabuleiro, caso seja possível.
- Se o jogador da vez não conseguir riscar nenhum dos números disponíveis em seu tabuleiro, ele deve passar a vez ao próximo jogador da rodada.
- Vence a partida o jogador que riscar primeiro todos os números de seu tabuleiro.

Critérios de divisibilidade

Ao final de um dia de trabalho, Sueli, gerente de uma loja de sapatos, pediu a Ricardo, um dos funcionários da loja, que "fechasse o caixa", ou seja, apresentasse os valores em dinheiro. Leia a seguir o que ele disse a Sueli e o que ela respondeu.

ESTÚDIO LAB 307

Note que Sueli está correta, pois não é possível obter 481 reais usando apenas cédulas de 2 reais e também não é possível obter 685 reais usando apenas cédulas de 10 reais. As divisões 481 : 2 e 685 : 10 são não exatas e, portanto, 481 não é divisível por 2 e 685 não é divisível por 10.

Porém, em situações como essa, não é necessário fazermos a divisão para saber se um número é divisível, por exemplo, por 2, por 5 ou por 10. Acompanhe, a seguir, os critérios de divisibilidade que nos permitem determinar se um número é divisível por outro sem termos de efetuar a divisão.

Divisibilidade por 2

Observe, a seguir, os números e a representação deles com figuras.

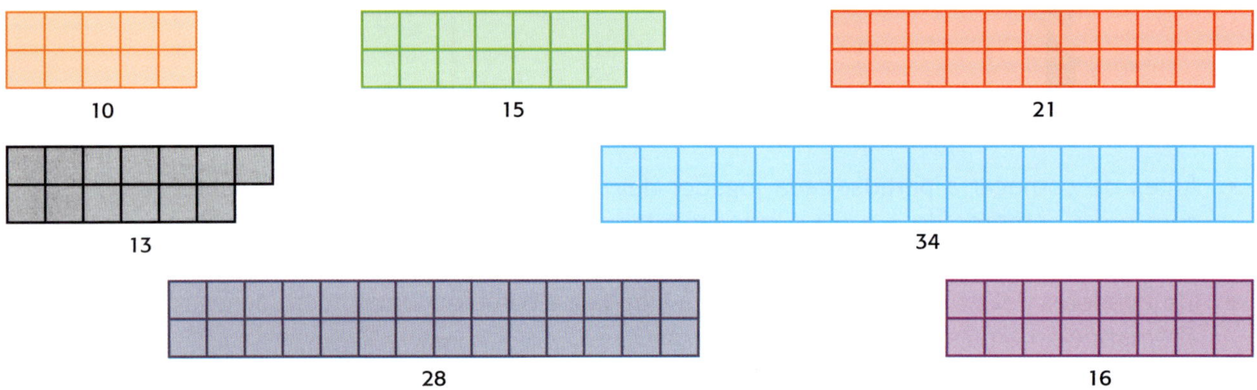

- Quais desses números podemos dividir por 2 e obter resto zero? Responda sem calcular.
- Quais são os algarismos da ordem das unidades dos números que você dividiu por 2 e obteve resto zero? Esses números são pares ou ímpares?
- Se você dividir os outros números por 2, que resto vai obter?

Quando dividimos um número par por 2, obtemos resto 0 (zero). Quando dividimos um número ímpar por 2, obtemos resto 1.

Um número natural é divisível por 2 quando ele é um número par, ou seja, quando o algarismo da ordem das unidades é 0 (zero), 2, 4, 6 ou 8.

Divisibilidade por 3

- Considere o número 241. A soma dos algarismos desse número é divisível por 3?
- O número 241 é divisível por 3?
- Faça o mesmo para o número 75: verifique se a soma de seus algarismos é divisível por 3, e, em seguida, se 75 é divisível por 3.

A soma dos algarismos de 75 é divisível por 3 e 75 também é divisível por 3. Isso é válido para todos os números naturais múltiplos de 3, ou seja, se a soma dos algarismos de um número natural é divisível por 3, esse número também é divisível por 3.

Um número natural é divisível por 3 quando a soma de seus algarismos é divisível por 3.

Veja outros exemplos:

- 69 é divisível por 3, pois $6 + 9 = 15$, que é um número divisível por 3.
- 570 é divisível por 3, pois $5 + 7 + 0 = 12$, que é um número divisível por 3.
- 1 005 é divisível por 3, pois $1 + 0 + 0 + 5 = 6$, que é um número divisível por 3.

Divisibilidade por 4

As centenas exatas (100, 200, 300, ...), as unidades de milhar exatas (1 000, 2 000, 3 000, ...), as dezenas de milhar exatas (10 000, 20 000, 30 000, ...), e assim por diante, são todos números múltiplos de 4. Desse modo, para sabermos se um número natural é divisível por 4, basta verificarmos o número formado pelo algarismo das dezenas e das unidades. Observe o exemplo a seguir.

o número 5 000 e o número 700 são múltiplos de 4

$$5756 = 5000 + 700 + 50 + 6$$

precisamos apenas verificar se 50 + 6 é divisível por 4

- O número 56 é divisível por 4?
- E o número 5 756?

Um número natural de mais de dois algarismos é divisível por 4 quando termina em "00" ou quando o número formado pelos seus dois últimos algarismos à direita é divisível por 4.

Veja outros exemplos:

- 78 324 é divisível por 4, pois 24 é divisível por 4.
- 165 893 728 é divisível por 4, pois 28 é divisível por 4.
- 803 **não** é divisível por 4, pois 3 não é divisível por 4.

Divisibilidade por 5

Sabemos que um número natural é divisível por 5 se esse número é múltiplo de 5.

Observe a sequência indicada dos múltiplos naturais de 5:

0, 5, 10, 15, 20, 25, 30, 35, 40, ...

- Que regularidade você percebe em relação ao algarismo da ordem das unidades dos múltiplos de 5?

Um número natural é divisível por 5 quando o algarismo da ordem das unidades é 0 (zero) ou 5.

Divisibilidade por 10

Sabemos que um número natural é divisível por 10 se ele é múltiplo de 10.

Observe a sequência indicada dos múltiplos naturais de 10:

0, 10, 20, 30, 40, 50, 60, 70, ...

- Que regularidade você percebe em relação ao algarismo da ordem das unidades dos múltiplos de 10?

Um número natural é divisível por 10 quando o algarismo da ordem das unidades é 0 (zero).

ATIVIDADES

23. Copie o quadro a seguir em seu caderno.

	2	3	4	5	10
270					
345					
1 296					
890					
745					
5 880					

Em seu caderno, marque com **X** os quadrinhos para os quais o número da linha é divisível pelo número da coluna correspondente.

24. Complete a escrita dos números com o algarismo que falta em cada caso para que o número formado seja divisível por 2 (se for possível).

a) 1■6

b) 23■

c) 3■8

d) 2■7

25. Forme todos os números de três dígitos com os algarismos 1, 3 e 8, sem repetir algarismo na escrita de um mesmo número. Depois, responda às questões a seguir.

a) Quais desses números são pares? E quais são ímpares?

b) E quais desses números são divisíveis por 3?

26. Adriana queria comprar um sanduíche, mas não tinha dinheiro trocado. Então, ela foi a uma loja que trocou seu dinheiro, de modo que ficou apenas com cédulas de 2 reais em sua carteira. Sabendo que ela tinha mais do que 20 reais e menos do que 30 reais, que quantia Adriana poderia ter?

Resolução

Se Adriana ficou apenas com cédulas de 2 reais em sua carteira, significa que a quantia da carteira é divisível por 2. Portanto, ela poderia ter: 22, 24, 26 ou 28 reais.

- Se Adriana tivesse ficado apenas com cédulas de 5 reais, e com um total de dinheiro entre 20 e 30 reais, quantos reais ela poderia ter?

27. Decida se a afirmação de Marta é verdadeira ou falsa. Se a afirmação for falsa, apresente um exemplo numérico.

28. Leia o que diz Marcel.

a) Qual é o resultado da divisão 2 730 por 30?

b) E o resultado da divisão 273 por 3?

c) Marcel fez uma afirmação correta?

29. Determine o menor número natural, diferente de zero, que é divisível por 2, por 3 e por 5.

30. Responda às questões a seguir.

a) Qual é o menor número natural que deve ser adicionado a 73 para que a soma seja divisível por 5?

b) Qual é o menor número natural que deve ser subtraído de 73 para que a diferença seja divisível por 10?

c) Qual é o maior número natural de três algarismos divisível por 10?

31. Leia o que afirma Renata e, depois, responda à questão.

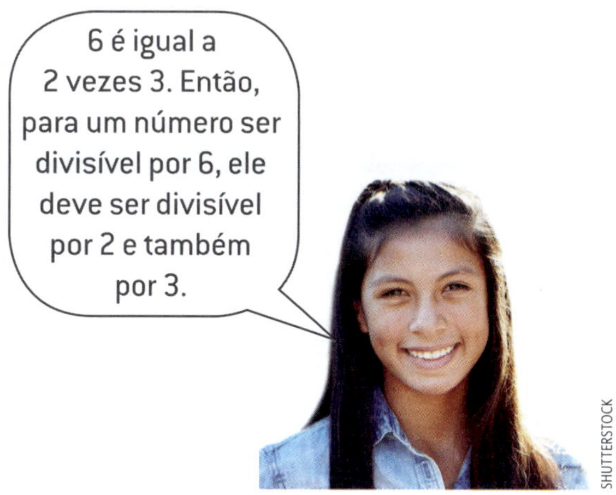

Pense nos critérios de divisibilidade por 2 e por 3 e, com base no que disse Renata, enuncie as condições, em relação aos seus algarismos, para que um número natural seja divisível por 6.

SAIBA MAIS

Anos bissextos

A Terra leva aproximadamente 365 dias, 5 horas e 48 minutos, ou seja, cerca de 365 dias e 6 horas, para dar uma volta completa ao redor do Sol. A esse período denominamos "ano solar".

Para ajustar nosso calendário ao ano solar, foram definidos os **anos bissextos**. Ficou estabelecido que os anos teriam 365 dias, e a cada 4 anos seria acrescentado um dia ao mês de fevereiro (dia 29), formando um ano com 366 dias, o ano bissexto. Porém, adicionar um dia a cada 4 anos não seria suficiente para resolver a defasagem em relação ao ano solar, pois ainda haveria uma diferença de aproximadamente 12 minutos a cada ano. Assim, foram estabelecidos os seguintes critérios para verificar se um ano será bissexto:

- O ano deve ser divisível por 4;
- Se o ano terminar em "00", o ano só será bissexto se for divisível por 400.

JANEIRO 2016

Dom	Seg	Ter	Qua	Qui	Sex	Sáb
					1	2
3	4	5	6	7	8	9
10	11	12	13	14	15	16
17	18	19	20	21	22	23
24/31	25	26	27	28	29	30

FEVEREIRO 2016

Dom	Seg	Ter	Qua	Qui	Sex	Sáb
	1	2	3	4	5	6
7	8	9	10	11	12	13
14	15	16	17	18	19	20
21	22	23	24	25	26	27
28	29					

MARÇO 2016

Dom	Seg	Ter	Qua	Qui	Sex	Sáb
		1	2	3	4	5
6	7	8	9	10	11	12
13	14	15	16	17	18	19
20	21	22	23	24	25	26
27	28	29	30	31		

WYM DESIGN

ABRIL 2016

Dom	Seg	Ter	Qua	Qui	Sex	Sáb
					1	2
3	4	5	6	7	8	9
10	11	12	13	14	15	16
17	18	19	20	21	22	23
24	25	26	27	28	29	30

MAIO 2016

Dom	Seg	Ter	Qua	Qui	Sex	Sáb
1	2	3	4	5	6	7
8	9	10	11	12	13	14
15	16	17	18	19	20	21
22	23	24	25	26	27	28
29	30	31				

JUNHO 2016

Dom	Seg	Ter	Qua	Qui	Sex	Sáb
			1	2	3	4
5	6	7	8	9	10	11
12	13	14	15	16	17	18
19	20	21	22	23	24	25
26	27	28	29	30		

JULHO 2016

Dom	Seg	Ter	Qua	Qui	Sex	Sáb
					1	2
3	4	5	6	7	8	9
10	11	12	13	14	15	16
17	18	19	20	21	22	23
24/31	25	26	27	28	29	30

AGOSTO 2016

Dom	Seg	Ter	Qua	Qui	Sex	Sáb
	1	2	3	4	5	6
7	8	9	10	11	12	13
14	15	16	17	18	19	20
21	22	23	24	25	26	27
28	29	30	31			

SETEMBRO 2016

Dom	Seg	Ter	Qua	Qui	Sex	Sáb
				1	2	3
4	5	6	7	8	9	10
11	12	13	14	15	16	17
18	19	20	21	22	23	24
25	26	27	28	29	30	

OUTUBRO 2016

Dom	Seg	Ter	Qua	Qui	Sex	Sáb
						1
2	3	4	5	6	7	8
9	10	11	12	13	14	15
16	17	18	19	20	21	22
23/30	24/31	25	26	27	28	29

NOVEMBRO 2016

Dom	Seg	Ter	Qua	Qui	Sex	Sáb
		1	2	3	4	5
6	7	8	9	10	11	12
13	14	15	16	17	18	19
20	21	22	23	24	25	26
27	28	29	30			

DEZEMBRO 2016

Dom	Seg	Ter	Qua	Qui	Sex	Sáb
				1	2	3
4	5	6	7	8	9	10
11	12	13	14	15	16	17
18	19	20	21	22	23	24
25	26	27	28	29	30	31

Para explorar

1. O ano de 2016 foi bissexto? Observe o calendário acima e responda.

2. O ano 2000 foi bissexto?

3. Qual será o próximo ano bissexto depois do ano em que estamos atualmente?

4. Quais destes anos serão bissextos: 2096, 2100 ou 2104? Por quê?

1. Quais são os divisores naturais dos números a seguir?

   a) 25 c) 18

   b) 42 d) 60

2. Alice ganhou um jogo de quebra-cabeça que veio com as peças agrupadas de 3 em 3, para serem destacadas antes de usar. Sabendo que há mais do que 70 peças e menos do que 80 peças, quantas peças pode haver nesse quebra-cabeça?

ILUSTRAÇÕES: DAWIDSON FRANÇA

3. Marisa é professora de dança em uma academia. Ela montou um espetáculo em que todos os bailarinos dançam em grupos de 3 ou de 5, sem sobrar bailarino sem grupo. Se nesse espetáculo participam menos de 20 bailarinos, quantos fazem parte dele?

4. **Calculadora**
   Murilo é dono de uma padaria e tem de comprar 9 quilogramas de açúcar para fazer os doces que serão vendidos aos clientes. Ele encontrou as seguintes opções de pacotes de açúcar em um supermercado:

R$ 12,00

R$ 3,50

R$ 5,50

   a) Murilo pode comprar apenas pacotes de 1 quilograma e obter a quantidade de que precisa sem que haja sobras? E pacotes de 2 quilogramas? E de 5 quilogramas?

   b) Qual combinação de pacotes ele deve comprar para gastar o menor valor possível?

5. Um caminhão será usado para transportar mercadorias em caixas com forma de cubo. Há dois modelos diferentes de caixa disponíveis e será escolhido o modelo que ocupar o espaço dentro do baú do caminhão da melhor forma possível. Observe as dimensões do baú do caminhão e de cada modelo de caixa.

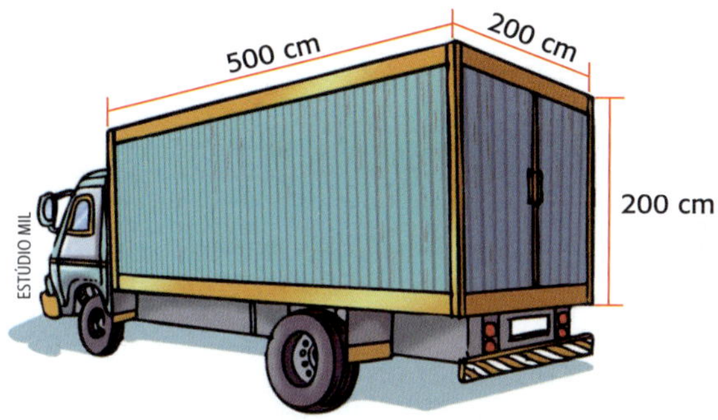

ESTÚDIO MIL

Modelo A

20 cm × 20 cm × 20 cm

Modelo B

30 cm × 30 cm × 30 cm

   a) Qual dos modelos de caixa ocupará completamente o baú do caminhão, sem sobrar espaço?

   b) Quantas caixas desse modelo esse caminhão poderá transportar no baú?

6. Escreva um número de quatro algarismos que seja divisível por 3 e que apresente:

   a) o algarismo da ordem das unidades igual a 7.

   b) um algarismo igual a 0 (zero).

7. Responda e justifique, utilizando um exemplo numérico: se o número 7 é divisor da soma de dois números, podemos concluir que 7 será divisor de cada um desses números?

8. Observe a seguir as quatro primeiras figuras de uma sequência.

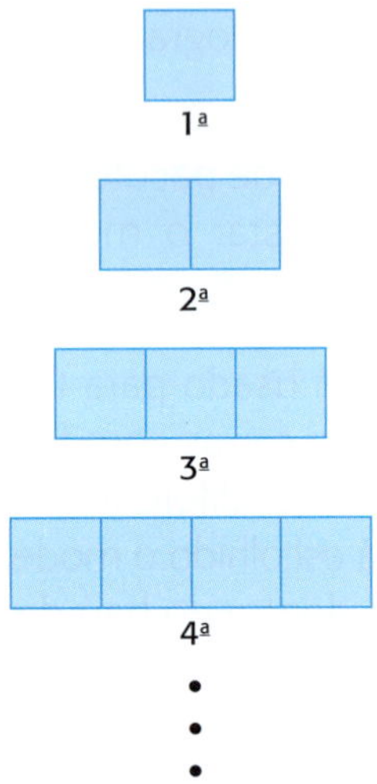

a) Observando essas quatro figuras, que regularidade você percebe?

b) O número de lados de cada figura da sequência é divisível por 2?

c) Qual será o número de lados da 19ª figura da sequência?

9. Marque uma data qualquer em um calendário, a partir do dia 9 do mês escolhido, de modo que seja possível torná-la o número central de um "quadrado" com 9 datas, como mostrado a seguir para o dia 13 de um determinado mês.

WYM DESIGN

Adicione todos os números desse "quadrado" e responda: a soma obtida é divisível por 3?

10. Reproduza o quadro a seguir em seu caderno e complete-o substituindo a letra **n** pelos números naturais 0, 1, 2, 3 e 4, conforme indicado.

n	$2 \times n$	$2 \times n + 1$
0		
1		
2		
3		
4		

a) O que há em comum entre os números da coluna $2 \times n$?

b) E entre os números da coluna $2 \times n + 1$?

11. Em um jogo, há um tabuleiro com três números (0, 1, 2), e o professor deve sortear um número de 10 a 100 para que cada jogador descubra a qual número do tabuleiro corresponde o número sorteado. Para isso, cada jogador pode contar, a partir do 1 (um) e seguindo a sequência 1, 2, 0, 1, ..., até que a contagem chegue ao número sorteado. O jogador que optar pela contagem deve fazê-la sempre nessa sequência. Observe abaixo o tabuleiro.

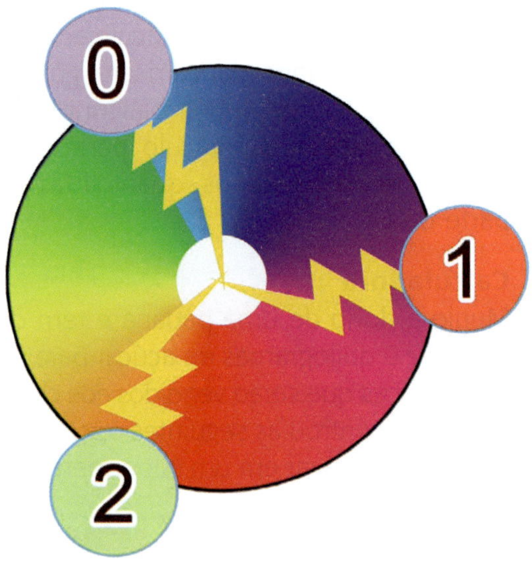

DAWIDSON FRANÇA

Por exemplo, se o número sorteado pelo professor for o 11, os jogadores podem contar da seguinte forma: "um" (1), "dois" (2), "três" (0), "quatro" (1), "cinco" (2), "seis" (0), "sete" (1), "oito" (2), "nove" (0), "dez" (1) e "onze" (2). Nesse caso, o número sorteado corresponde ao número 2 do tabuleiro. Essa deve ser a resposta dada pelos jogadores em um tempo combinado. O jogador que acertar marca 1 ponto e, ao final de um certo número de rodadas, vence o jogo aquele que fizer mais pontos.

a) O número 67 corresponde a qual número do tabuleiro? E o número 143?

b) Se fossem sorteados todos os números de 10 a 30, quais deles corresponderiam ao 0 (zero) do tabuleiro?

c) Junto com um colega, pense em um modo de descobrir o número do tabuleiro sem utilizar a contagem.

12. Leia o texto a seguir e faça o que se pede.

> Há cerca de 2 mil anos, matemáticos gregos que estudavam propriedades dos números chamavam números como o 6 de "número perfeito". Um número é perfeito quando a soma de seus divisores, excluindo o próprio número, é igual a ele. Desse modo, o 6 é um número perfeito, pois os divisores de 6, diferentes dele mesmo, são 1, 2, 3, e a soma desses divisores é igual a 6: 1 + 2 + 3 = 6.

Fonte de pesquisa: Bernard H. Gundlach. *História dos números e numerais*. Tradução de Hygino H. Domingues. Volume 1. São Paulo: Atual Editora, 1992, p. 43-44. (Coleção Tópicos de história da matemática para uso em sala de aula).

Verifique se os números a seguir são números perfeitos.

a) 15 b) 10 c) 30 d) 28

13. Produção textual

Como é possível saber o resto da divisão do número 34 792 por 5 sem realizar o cálculo? Escreva um pequeno texto explicando como fazer isso e compartilhe com um colega. Depois você deve seguir as orientações que ele escreveu e ele segue as suas para responder à questão. Em seguida, façam a divisão 34 792 : 5 para conferir se vocês chegaram ao resto correto.

teia integrada

14. Leia as informações abaixo sobre o transporte rodoviário e faça o que se pede a seguir.

> Transporte rodoviário é o realizado sobre rodas nas vias de rodagem pavimentadas ou não para transporte de mercadorias e pessoas, sendo na maioria das vezes realizados por veículos automotores (ônibus, caminhões, veículos de passeio, etc.). Como possui, na maioria dos casos, preço de frete superior ao hidroviário e ferroviário, é adequado para o transporte de mercadorias de alto valor ou perecíveis, produtos acabados ou semiacabados.
>
> [...]

Disponível em: <http://www2.transportes.gov.br/bit/02-rodo/rodo.html>. Acesso em: 13 fev. 2015.

No *site* de uma empresa de transporte rodoviário, as passagens podem ser compradas selecionando-se as poltronas desejadas em um esquema na tela do dispositivo utilizado. Parte desse esquema é mostrada acima.

a) Uma pessoa que selecionar a poltrona de número 43 se sentará na janela ou no corredor? Ela se sentará na fileira A, B, C ou D?

b) No texto acima, aparecem outros dois meios de transporte além do rodoviário. Quais são eles? Faça uma pesquisa sobre esses meios de transporte. Nessa pesquisa, você pode, por exemplo, tratar do número e tipos de veículos utilizados, número de pessoas ou cargas transportadas, tipos de vias utilizadas e suas extensões. Para isso, é possível consultar, entre outras fontes, o *site* do Ministério dos Transportes do Brasil e das agências nacionais relacionadas aos transportes.

3 Números primos e números compostos

Um grupo de alunos de uma escola, empenhado em reutilizar materiais que seriam jogados no lixo, coletou garrafas plásticas (PET) para servir de vasos para plantas e organizar uma pequena horta comunitária. Eles coletaram 11 garrafas e, depois de plantar as sementes, decidiram colocar os vasos em uma disposição retangular, para melhor efeito estético, com o mesmo número de vasos em cada fileira.

Vamos testar algumas possibilidades para organizar os 11 vasos em uma disposição retangular, verificando o número de vasos em cada fileira.

Se fossem 2 vasos em cada fileira, sobraria 1 vaso.

ILUSTRAÇÕES: MAURO TAKESHI

CRISTINA XAVIER/FINEPHOTO

11 : 2 tem quociente 5 e resto 1.

Se fossem 3 vasos em cada fileira, sobrariam 2 vasos.

11 : 3 tem quociente 3 e resto 2.

Se fossem 4 vasos em cada fileira, sobrariam 3 vasos.

11 : 4 tem quociente 2 e resto 3.

Continue testando possibilidades para arranjos com 5, 6, 7, 8, 9, 10 e 11 vasos em cada fileira. Depois, responda: que tipos de arranjos retangulares podem ser formados com os 11 vasos, de modo que as fileiras fiquem com quantidades iguais de vasos e não sobre vaso?

Prosseguindo as tentativas, verificamos que o número de vasos (11) tem apenas dois divisores: o número 1 e o próprio número (11).

1 fileira com 11 vasos.

11 fileiras com 1 vaso cada uma.

Todo número natural que tem exatamente dois divisores naturais distintos, o 1 e o próprio número, é chamado **número primo**.

Os números naturais maiores do que 1 e que têm mais de dois divisores naturais são chamados **números compostos**.

- Pense e responda: de acordo com o que você leu acima, o número 1 é considerado um número primo? Por quê?

Obtendo números primos: o crivo de Eratóstenes

Nascido na colônia grega de Cirene, por volta de 276 a.C., Eratóstenes destacou-se como matemático, geógrafo, historiador, astrônomo, poeta, filósofo e atleta. Em Matemática, ele estudou diversas questões teóricas e práticas e desenvolveu um método para obter números primos que é conhecido como crivo de Eratóstenes.

Imagem de Eratóstenes (276 a.C.-195 a.C.).

Vamos usar o crivo de Eratóstenes para obter todos os números primos de 2 a 50. Observe.

- Em um quadro, escrevemos a sequência dos números naturais de 2 a 50, como mostrado a seguir.

	2	3	4	5	6	7	8	9	10
11	12	13	14	15	16	17	18	19	20
21	22	23	24	25	26	27	28	29	30
31	32	33	34	35	36	37	38	39	40
41	42	43	44	45	46	47	48	49	50

WYM DESIGN

- Contornamos o número 2 e riscamos os múltiplos de 2 maiores do que ele. O objetivo é eliminar do quadro todos os números pares maiores do que 2.
- Contornamos o número 3 e riscamos os múltiplos de 3 maiores do que ele, eliminando todos os números divisíveis por 3.
- Como o número 4 já foi riscado, pois é divisível por 2, repetimos o processo, contornando o número 5 e riscando os múltiplos de 5 maiores do que ele.
- Continuamos fazendo o mesmo para os números que ainda não foram riscados, até que todos os números do quadro tenham sido contornados ou riscados. Veja como deve ficar o quadro:

	2	3	~~4~~	5	~~6~~	7	~~8~~	~~9~~	~~10~~
11	~~12~~	13	~~14~~	~~15~~	~~16~~	17	~~18~~	19	~~20~~
~~21~~	~~22~~	23	~~24~~	~~25~~	~~26~~	~~27~~	~~28~~	29	~~30~~
31	~~32~~	~~33~~	~~34~~	~~35~~	~~36~~	37	~~38~~	~~39~~	~~40~~
41	~~42~~	43	~~44~~	~~45~~	~~46~~	47	~~48~~	~~49~~	~~50~~

WYM DESIGN

Os números contornados são os números primos da sequência dos números naturais de 2 a 50.

- Faça um quadro para obter todos os números primos de 2 a 100 utilizando o crivo de Eratóstenes.

Reconhecimento de um número primo

Em algumas situações, não dispomos de um quadro de números primos para reconhecer um número primo. Como podemos fazer nesses casos?

Para testar se um número é primo, podemos dividi-lo por todos os números primos menores do que ele, em ordem crescente, até que o quociente seja **igual** ou **menor** do que o divisor. Se não houver divisão exata, o número testado é primo, caso contrário, ele é composto.

THINKSTOCK/GETTY IMAGES

Vamos testar, por exemplo, se o número 71 é um número primo.

Aplicando os critérios de divisibilidade por 2, por 3 e por 5, podemos concluir que 71 não é divisível por nenhum desses números. Vamos, então, realizar a divisão de 71 por 7 e por 11:

$$\begin{array}{r|l} 71 & 7 \\ \cline{2-2} 1 & 10 \end{array} \qquad \begin{array}{r|l} 71 & 11 \\ \cline{2-2} 5 & 6 \end{array}$$

Na divisão 71 : 11, observamos que o quociente é menor do que o divisor, de modo que não é necessário continuar com as tentativas. Como não houve divisão exata, concluímos que o número 71 é primo.

ATIVIDADES

32. Reproduza o quadro a seguir em seu caderno e classifique cada número como primo ou composto marcando **X** no quadrinho correspondente.

	Primo	Composto
93		
127		
201		
177		
185		
209		
161		
289		
179		

33. Se você for a um estacionamento no qual há apenas automóveis com quatro rodas, desconsiderando o estepe, é possível que o total de rodas seja um número primo? Por quê?

34. A soma dos algarismos de um número de dois algarismos é igual a 12. Esse número é primo? Por quê?

35. Responda às questões a seguir.

a) Qual é o menor número primo de dois algarismos?

b) Quais são os números primos entre 40 e 50?

c) É possível que um número cujo algarismo da ordem das unidades é 4 seja primo? Por quê?

d) Um número primo com pelo menos dois algarismos pode ter o algarismo da ordem das unidades igual a 5? Por quê?

36. Mauro multiplicou cada um dos três primeiros números naturais ímpares por 2, adicionou 1 a cada um e verificou que, nos três casos, obteve um número primo. Observe os cálculos que Mauro fez:

$2 \times 1 + 1 = 3$
(3 é primo)

$2 \times 3 + 1 = 7$
(7 é primo)

$2 \times 5 + 1 = 11$
(11 é primo)

Será que o que Mauro observou para esses três números naturais ímpares vale para os outros naturais ímpares? Justifique sua resposta.

Decomposição de um número em fatores primos

Fernando fez 30 doces para vender e os distribuiu, igualmente, em grupos. Primeiro, ele distribuiu esses doces em dois grupos com a mesma quantidade de doces em cada um. Depois, distribuiu igualmente os doces de cada grupo.

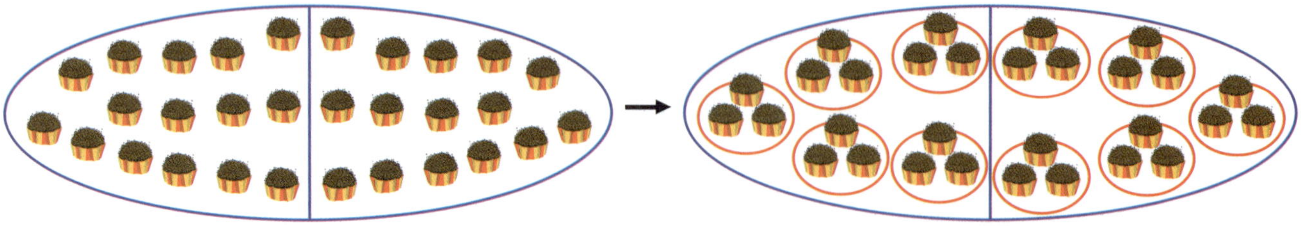

MAURO TAKESHI

2 grupos de 15 doces: 2×15

2 grupos de 5 embalagens com 3 doces cada uma: $2 \times (5 \times 3)$

- Obtenha outro modo de Fernando agrupar os 30 doces, distribuindo-os igualmente. Pense, por exemplo, no caso de ele ter mais bandejas e potes à disposição. Depois, troque sua solução com a de um colega e responda: os agrupamentos que vocês obtiveram são iguais?

Na situação apresentada, o número 30 foi **decomposto** em um produto de números primos: $2 \times (3 \times 5)$. Veja a seguir outras maneiras de decompor o número 30.

- $30 = 5 \times 6 = 5 \times 2 \times 3$
- $30 = 3 \times 10 = 3 \times 2 \times 5$

Note que nas três decomposições o produto de fatores primos é igual, exceto pela ordem dos fatores. Como 2, 3 e 5 são números primos, não é possível escrever nenhum deles como um produto de fatores menores. Dizemos, então, que $2 \times 3 \times 5$ é a **decomposição em fatores primos** do número 30.

Vamos estudar a seguir dois processos para realizar a decomposição em fatores primos de um número natural composto.

Árvore de fatores

Nesse processo, começamos com uma decomposição do número em dois fatores quaisquer; em seguida, se possível, fazemos a decomposição de um (ou mais) desses fatores, e assim sucessivamente, até que todos os fatores sejam números primos. Observe os exemplos abaixo.

$$60$$
$$2 \times 30$$
$$2 \times 2 \times 15$$
$$2 \times 2 \times 3 \times 5$$

$$80$$
$$16 \times 5$$
$$2 \times 8 \times 5$$
$$2 \times 2 \times 4 \times 5$$
$$2 \times 2 \times 2 \times 2 \times 5$$

Usando a potenciação para reescrever essas decomposições, temos:

$60 = 2^2 \times 3 \times 5$

$80 = 2^4 \times 5$

Divisões sucessivas

Nesse processo, inicialmente, fazemos a divisão do número que será decomposto por um número primo menor do que ele. Se a divisão for:

- exata e o quociente diferente de 1, o processo continua. O quociente obtido passa a ser o dividendo de uma nova divisão por outro número primo menor do que ele.
- não exata, fazemos a divisão do quociente obtido por outro número primo menor do que ele, até obter uma divisão exata. O processo termina quando o quociente for igual a 1.

Por exemplo, observe abaixo como escrever os números 152 e 225 como um produto de fatores primos.

152	2	A divisão por 2 é exata, pois 152 é um número par.
76	2	A divisão por 2 é exata, pois 76 é um número par.
38	2	A divisão por 2 é exata, pois 38 é um número par.
19	19	Como 19 é um número primo, 19 só é divisível por si mesmo (também por 1, que não convém).
1		

Portanto: $152 = 2 \times 2 \times 2 \times 19 = 2^3 \times 19$

225	5	A divisão por 5 é exata, pois 225 tem o algarismo das unidades igual a 5.
45	5	A divisão por 5 é exata, pois 45 tem o algarismo das unidades igual a 5.
9	3	9 é divisível por 3.
3	3	Como 3 é um número primo, 3 só é divisível por si mesmo (e também por 1, que não convém).
1		

Portanto: $225 = 3 \times 3 \times 5 \times 5 = 3^2 \times 5^2$

Para facilitar os testes efetuados, sugerimos a você organizar os divisores primos testados em ordem crescente: 2, 3, 5, 7, 11, 13, ..., mas organizá-los em outra ordem não vai alterar o resultado devido à propriedade comutativa da multiplicação.

Pista 2

Observe a ficha de Plínio sobre a mesa da secretária e responda:

- Que dia do mês de agosto Plínio tem certeza de que foi à aula?
- Em quais dias do mês de agosto Plínio foi à aula? Explique a um colega como você fez para descobrir.

ATIVIDADES

37. Decomponha os números a seguir em fatores primos.

a) 124
b) 80
c) 175
d) 64
e) 96
f) 108

38. Qual é o número cuja decomposição é apresentada em cada item?

a) $2^3 \times 3 \times 5$
b) $3^2 \times 7$
c) $2^2 \times 5 \times 11$
d) 7^3
e) $2^2 \times 3 \times 7$
f) $2^3 \times 7 \times 11$
g) 5×11^2
h) $7^2 \times 13$
i) 17×29^2

39. A decomposição de 162 em fatores primos é: $162 = 2 \times 3^4$. Com base nessa informação, sem fazer divisões, verifique se 162 é divisível por:

a) 6

b) 27

c) 18

d) 54

40. Em cada item, um número foi decomposto em fatores primos. Descubra os números que faltam, copie e complete os esquemas em seu caderno.

a)

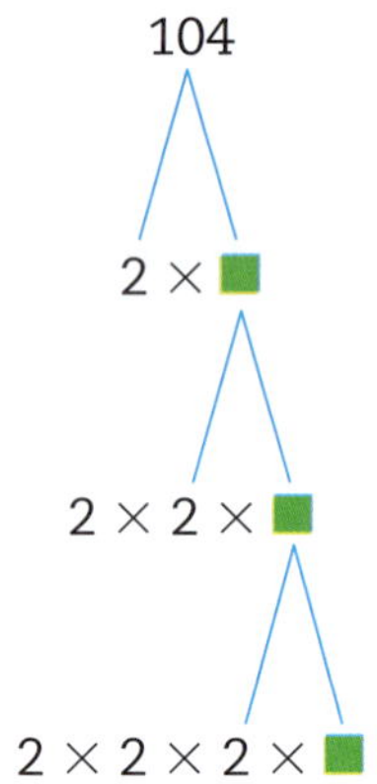

b)

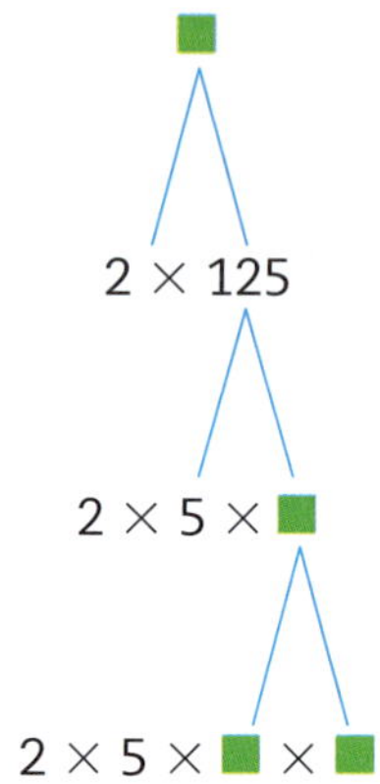

41. Decomponha os números 10, 100 e 1 000 em fatores primos. O que há em comum, em relação aos fatores, entre as decomposições que você fez?

42. Cada esquema a seguir representa o processo de divisão sucessiva de um número para obter sua decomposição em fatores primos. Copie e complete cada esquema em seu caderno.

a)

240	■
120	2
■	2
30	■
15	3
■	■
1	

b)

■	3
49	■
■	■
1	

43. Três números primos consecutivos são multiplicados e o produto é igual a 385. Quais são esses números? Registre em seu caderno.

Mínimo múltiplo comum

O letreiro eletrônico de um hotel tem dois conjuntos de lâmpadas coloridas que piscam: o conjunto de lâmpadas azuis pisca de 8 em 8 segundos, e o conjunto de lâmpadas verdes pisca de 12 em 12 segundos. Quando o letreiro é ligado, os conjuntos de lâmpadas azuis e verdes piscam juntos. Depois de quanto tempo os conjuntos de lâmpadas azuis e verdes voltarão a piscar juntos novamente?

De acordo com o problema, os dois conjuntos de lâmpadas piscam juntos assim que o letreiro é ligado. Vamos indicar esse instante por 0 (zero) segundo.

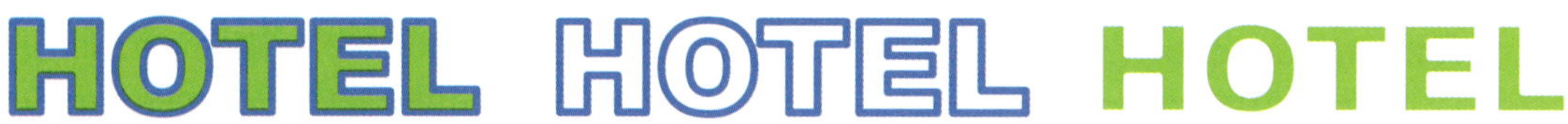

Em 0 (zero) segundo, os conjuntos de lâmpadas azuis e verdes piscam juntos.

Piscam em intervalos de 8 segundos.

Piscam em intervalos de 12 segundos.

A partir desse instante, as lâmpadas de um dos conjuntos piscam em intervalos de 8 segundos, ou seja, os números que indicam esses instantes são múltiplos de 8. Do mesmo modo, os números que indicam os instantes em que o outro conjunto de lâmpadas pisca são múltiplos de 12.

Observe as sequências dos múltiplos de 8 e dos múltiplos de 12 indicadas a seguir.

M(8): 0, 8, 16, 24, 32, 40, 48, 56, 64, 72, 80, ...

M(12): 0, 12, 24, 36, 48, 60, 72, 84, ...

Note que os números **0**, **24**, **48** e **72** são múltiplos de 8 e também de 12. Dizemos que esses números são **múltiplos comuns** de 8 e 12.

Como nosso objetivo é descobrir o primeiro instante em que os conjuntos de lâmpadas azuis e verdes voltarão a piscar juntos, a partir do momento inicial, temos de obter o menor múltiplo comum, diferente de zero, de 8 e 12, ou seja, 24. Portanto, as lâmpadas azuis e verdes voltarão a piscar juntas após 24 segundos.

Dizemos nesse caso que o número 24 é o **mínimo múltiplo comum** (**mmc**) de 8 e de 12:

$$\text{mmc}(8, 12) = 24$$

O **mínimo múltiplo comum** de dois ou mais números naturais é o menor múltiplo natural comum, diferente de zero, desses números.

- Por que o número 0 (zero) não é considerado para o cálculo do mmc de dois ou mais números? Converse com os colegas.

Cálculo do mmc pela decomposição em fatores primos

O mmc de dois (ou mais) números deve ser formado por todos os fatores do primeiro número e também por todos os fatores do outro número que não são comuns a ambos. Acompanhe a seguir dois processos práticos que permitem calcular o mmc de dois (ou mais) números.

Vamos calcular, por exemplo, o mmc(24, 30).

- Fazendo a decomposição simultânea dos números

24, 30	2	← é divisor de **24** e de **30**
12, 15	2	← é divisor apenas de **12**
6, 15	2	← é divisor apenas de **6**
3, 15	3	← é divisor de **3** e de **15**
1, 5	5	← é divisor apenas de **5**
1, 1		

Desse modo, o mmc é o produto dos fatores primos obtidos na decomposição.

$$\text{mmc}(24, 30) = 2 \times 2 \times 2 \times 3 \times 5 = 2^3 \times 3 \times 5 = 120$$

- Fazendo a decomposição de cada número separadamente

24	2		30	2	
12	2		15	3	
6	2	$24 = 2^3 \times 3$	5	5	$30 = 2 \times 3 \times 5$
3	3		1		
1					

Desse modo, o mmc é o produto dos fatores primos de 24 e 30, considerando cada fator elevado ao maior expoente.

$$\text{mmc}(24, 30) = 2^3 \times 3 \times 5 = 120$$

ATIVIDADES

44. Calcule o mmc dos números:

a) 8 e 12.
b) 6 e 15.
c) 7 e 21.
d) 24 e 28.
e) 12,16 e 20.
f) 20, 30 e 40.
g) 18, 36 e 48.
h) 10, 15 e 50.

45. Em uma brincadeira na gincana na escola de Ana, os alunos vão percorrer uma trilha com casas numeradas de 0 a 24 e quem chegar primeiro à última casa dessa trilha ganha um prêmio.
Três alunos participaram da brincadeira, Ana, Beatriz e Caio, e cada um sorteou um número para saber de quantas em quantas casas deveria pular. Todos começaram na casa "início" e foi sorteado que Ana pularia de 2 em 2, Beatriz, de 3 em 3, e Caio, de 4 em 4 casas.

a) De acordo com o número de casas que cada um vai pular, todos os participantes têm chance de ganhar o prêmio?

b) Algum participante pode pisar na 16ª casa? Se sim, quem?

c) Além da casa "início", em quais casas todos os três participantes podem pisar?

46. De um terminal rodoviário partem ônibus para a cidade **A** a cada 4 dias, para a cidade **B** a cada 3 dias, e para a cidade **C** a cada 8 dias. No dia 1º de dezembro partiram ônibus para essas três cidades. Qual será o próximo dia desse mês em que ocorrerá a partida de ônibus para essas três cidades novamente?

47. Dois ciclistas partiram ao mesmo tempo em uma corrida em um velódromo circular.

ILUSTRAÇÕES: ESTÚDIO LAB 307

O primeiro completa cada volta em 60 segundos, enquanto o outro leva 72 segundos para fazer o mesmo. Considerando que eles mantenham o mesmo ritmo, após quantas voltas eles se encontrarão lado a lado na mesma posição de largada?

48. João tem menos do que 30 bolinhas de gude. Se ele guardar as bolinhas em saquinhos com 4 bolinhas cada um, não sobra bolinha. Isso também acontece se ele as colocar em saquinhos com 6 ou com 8 bolinhas. Quantas bolinhas de gude João tem?

THINKSTOCK/GETTY IMAGES

49. Dois números naturais têm o número 36 como seu mmc. Se um desses números é o 12, qual pode ser o outro número, sabendo que ele é maior do que 12?

Pista 3

- Em quais dias do mês de agosto Plínio e Caio tiveram aula juntos? (Consulte as Pistas 1 e 2.)

Desvende o enigma

- Qual foi o primeiro dia em que Plínio e Caio tiveram aula juntos?

Máximo divisor comum

ESTÚDIO LAB 307

A professora da escola de Marcos realizará uma gincana com suas duas turmas de 5º ano: a turma A, que tem 36 alunos; e a turma B, que tem 30 alunos. Para isso, ela quer distribuir os alunos das duas turmas em grupos com um mesmo número de componentes, de modo que cada grupo tenha o maior número de alunos possível e não reste aluno sem grupo. Quantos alunos deve ter cada grupo?

Para começar a resolver o problema, vamos pensar nas possibilidades de formação de grupos em cada turma, de modo que nenhum aluno fique sem grupo. Acompanhe.

- Na turma A, podem ser formados grupos com 1, 2, 3, 4, 6, 9, 18 ou 36 componentes. Note que esses números são os divisores naturais de 36.
- Na turma B, podem ser formados grupos com 1, 2, 3, 5, 6, 10, 15 ou 30 componentes. Note que esses números são os divisores naturais de 30.

Como nosso objetivo é obter grupos com o mesmo número de alunos nas duas turmas, de modo que esse número seja o maior possível, precisamos observar os **divisores comuns** dos números 36 e 30 e obter o maior deles, isto é, o **máximo divisor comum** (**mdc**) de 36 e 30.

D(36): **1**, **2**, **3**, 4, **6**, 9, 18, 36.
D(30): **1**, **2**, **3**, 5, **6**, 10, 15, 30.

Divisores comuns de 36 e 30: 1, 2, 3, 6.
Máximo divisor comum de 36 e 30: 6. Podemos indicar: mdc(36, 30) = 6
Portanto, cada grupo deve ter 6 alunos.

O **máximo divisor comum** de dois ou mais números naturais diferentes de zero é o maior dos divisores comuns desses números.

- Sabendo o mdc de 36 e 30, retome o problema anterior e responda: quantos grupos serão formados em cada turma? E quantos grupos serão formados ao todo?

Cálculo do mdc pela decomposição em fatores primos

Sabemos que o mdc de dois ou mais números é divisor de ambos os números, sendo o maior dentre os divisores comuns. Veja, a seguir, dois modos de obter o mdc de dois ou mais números, por exemplo, 225 e 250.

- Fazendo a decomposição simultânea dos números

225, 250	2	← é divisor apenas de **250**
225, 125	3	← é divisor apenas de **225**
75, 125	3	← é divisor apenas de **75**
25, 125	5	← é divisor de **25** e de **125**
5, 25	5	← é divisor de **5** e de **25**
1, 5	5	← é divisor apenas de **5**
1, 1		

Desse modo, o mdc de 225 e 250 é o produto dos fatores primos que dividem ambos os números.

$$\text{mdc}(225, 250) = 5 \times 5 = 25$$

- Fazendo a decomposição de cada número separadamente

225	5		250	2	
45	5		125	5	
9	3	$225 = 5^2 \times 3^2$	25	5	$250 = 2 \times 5^3$
3	3		5	5	
1			1		

Desse modo, o mdc de 225 e 250 é o produto dos fatores primos comuns, considerando cada fator elevado ao menor expoente.

$$\text{mdc}(225, 250) = 5^2 = 25$$

Quando o mdc de dois ou mais números é igual a 1, dizemos que os números são **primos entre si**.

Exemplo: mdc(12, 25) = 1
Assim, 12 e 25 são números primos entre si.

ATIVIDADES

50. Obtenha o máximo divisor comum de cada par de números a seguir.

a) 42 e 28.
b) 13 e 9.
c) 50 e 15.
d) 70 e 14.

51. Um fabricante de filtros de água recebeu pedidos de três lojas: o primeiro pedido foi de 80 filtros, o segundo pedido, de 64 filtros e o terceiro, de 112 filtros. Para facilitar o transporte nos caminhões, os produtos devem ser embalados em caixas com o mesmo número de filtros, usando o menor número possível de caixas.

SHUTTERSTOCK

a) Quantos filtros devem ser embalados em cada caixa?

b) Quantas caixas serão usadas ao todo?

52. Pense em cada situação a seguir e escreva, para cada uma delas, dois números cujo máximo divisor comum seja:

a) o menor desses números.

b) igual a 1.

c) igual a 7.

53. Atividade em grupo

Reúna-se com um colega e observe como Gustavo fez para calcular o mdc de 24 e 30. Depois, faça o que se pede a seguir.

I. Gustavo escreveu 24 e 30 como um produto de dois números:

$$24 = 2 \times 12$$

$$30 = 2 \times 15$$

ILUSTRAÇÕES: BIS

Como 2 é divisor de 24 e de 30, por enquanto ele é o maior divisor comum.

II. Continuando, Gustavo transformou os fatores diferentes de 2, 12 e 15, novamente, em um produto de dois números. Acompanhe:

$$24 = 2 \times \underbrace{2 \times 6}_{12}$$

$$30 = 2 \times \underbrace{3 \times 5}_{15}$$

Não apareceu fator comum a ambos os números 24 e 30 e os fatores do número 30 são números primos. Contudo, um dos fatores do número 24, o número 6, pode ser transformado em 2 × 3. Temos:

$$24 = 2 \times 2 \times \underbrace{2 \times 3}_{6}$$

$$30 = 2 \times 3 \times 5$$

Os fatores que aparecem em ambos os produtos são 2 e 3. Assim, mdc(24, 30) = 2 × 3 = 6.

Agora, com base na estratégia de cálculo de Gustavo, obtenha:

a) mdc(12, 32).

b) mdc(18, 45).

54. Uma papelaria decidiu fazer uma promoção para vender alguns modelos de canetas. Há 45 canetas do modelo Alfa e 27 canetas do modelo Beta. As canetas de cada modelo devem ser divididas em pacotes menores, de modo que não sobrem canetas. Mas é preciso que os pacotes de ambos os modelos tenham a mesma quantidade de canetas. As canetas não devem ser vendidas individualmente.

a) Quantas canetas podem ser colocadas em cada pacote?

b) A papelaria quer usar o menor número possível de pacotes. Então, quantas canetas devem ser colocadas em cada pacote?

55. Três líquidos diferentes, A, B e C, que não podem ser misturados, devem ser distribuídos em barris de mesma capacidade, de modo que cada barril fique completamente cheio e que não haja sobra de líquido. Há 72 litros do líquido A, 84 litros do B e 60 litros do C. Os barris disponíveis têm capacidade para 6 litros, 12 litros e 16 litros.

a) Para que o número de barris seja o menor possível, qual tipo de barril deve ser escolhido: o de 6 litros, o de 12 litros ou o de 16 litros?

b) Quantos barris serão necessários para armazenar cada um dos líquidos?

56. Um compartimento em forma de paralelepípedo, como mostra a figura a seguir, tem 72 centímetros de comprimento, 48 centímetros de largura e 36 centímetros de altura. Em seu interior serão colocadas caixas idênticas em forma de cubo, de modo que não sobre ou falte espaço.

DAWIDSON FRANÇA

a) Qual é a maior medida possível que as arestas das caixas em forma de cubo podem ter?

b) Quantas caixas caberão no compartimento, nesse caso?

teia do saber

1. Verifique quais números a seguir são números primos.

a) 113

b) 143

c) 203

d) 245

2. Leia o texto abaixo e faça o que se pede.

> Christian Goldbach (1690-1764) apresentou uma famosa conjectura (afirmação com muitos indícios de que seja verdadeira, mas que ainda não foi provada) em que afirma que "todo número par maior do que 2 pode ser obtido com a soma de dois números primos". Por exemplo, 8 = 3 + 5.
>
> Fonte de pesquisa: <http://www.uff.br/sintoniamatematica/grandestemaseproblemas/grandestemaseproblemas-html/audio-goldbach-br.html>. Acesso em: 13 fev. 2015.

Verifique a conjectura de Goldbach para os números pares até 20.

3. Obtenha três múltiplos comuns, diferentes de zero, de cada par de números a seguir.

a) 3 e 7

b) 10 e 12

c) 4 e 16

d) 18 e 24

4. Obtenha o mmc de cada par de números.

a) 25 e 30

b) 4 e 7

c) 12 e 16

d) 10 e 25

5. Joel e Márcia trabalham em uma empresa de acordo com a seguinte escala: Joel trabalha 5 dias e folga nos 2 dias seguintes, enquanto Márcia trabalha 3 dias e folga 1 dia. No dia 3 de janeiro, ambos folgaram. Em que outros dias do mês de janeiro eles terão novamente folga no mesmo dia?

6. Uma máquina de envasar suco tem três torneiras que despejam 4 litros de suco por minuto. Uma das torneiras enche embalagens com capacidade de 16 litros, a outra enche embalagens com capacidade de 28 litros e, a última, embalagens com capacidade de 40 litros. Ao ligar essa máquina, as torneiras começaram a encher suas embalagens simultaneamente. Sabendo que o processo é realizado de forma automática e sem interrupções, calcule após quanto tempo as torneiras vão começar, novamente, a envasar embalagens simultaneamente.

Envasar: colocar em uma embalagem.

DAWIDSON FRANÇA

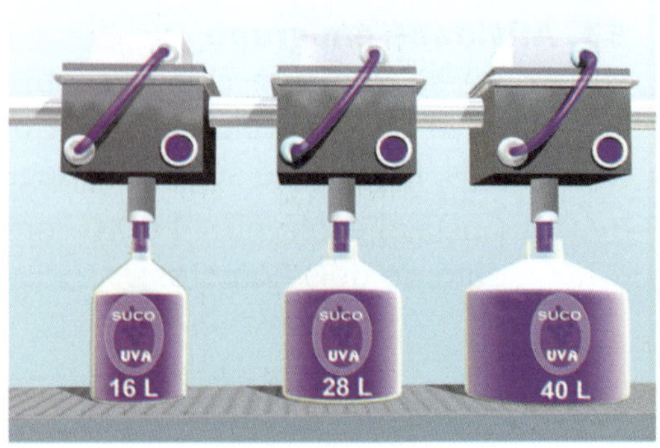

7. Em uma loja há três rolos de tecido que serão colocados à venda em promoção. Para serem vendidos, os tecidos serão cortados em pedaços de mesmo comprimento, sem que haja sobras. Observe quanto mede o comprimento do tecido de cada rolo e responda às questões.

THINKSTOCK/GETTY IMAGES

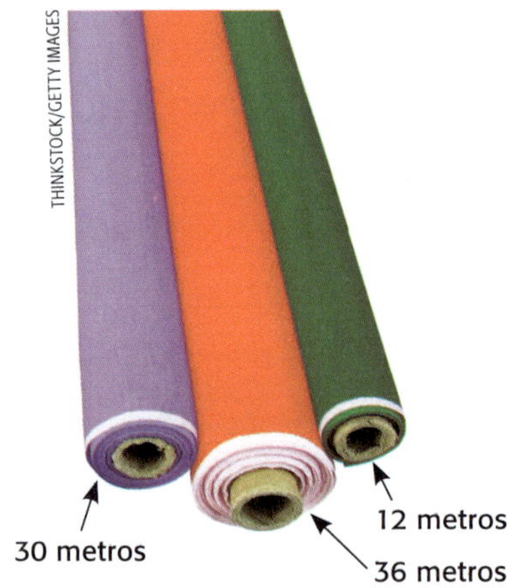

a) Quanto deve medir o comprimento de cada pedaço para que o número de peças de tecido seja o menor possível?

b) Em quantos pedaços o tecido de cada rolo será dividido?

8. Um terreno retangular de 221 metros por 117 metros será cercado. Em toda a volta desse cercado serão plantadas árvores igualmente espaçadas. Qual é o maior espaço possível entre elas? Faça um desenho dessa situação para resolver este problema.

9. Para cada par de números a seguir, determine o mdc, o mmc e o produto dos números.

a) 12 e 8. b) 3 e 10. c) 4 e 16. d) 6 e 18.

Depois, observe os três números obtidos em cada caso e tente estabelecer uma relação entre eles. O que você percebeu?

teia integrada

10. Leia o texto abaixo e faça o que se pede a seguir.

Os antibióticos são medicamentos fundamentais no combate a infecções. Eles têm a função de inibir a multiplicação de bactérias e, assim, eliminá-las. No Brasil, a Agência Nacional de Vigilância Sanitária (Anvisa) estabeleceu, entre outras medidas, que esses medicamentos só podem ser adquiridos com receita médica, que deve ter a data em que foi emitida, a assinatura e o carimbo do médico responsável. Os antibióticos devem ser administrados nas doses corretas e em intervalos regulares em um período determinado. Esquecer-se de tomá-los nos horários previstos ou na dosagem indicada pelo médico diminui sua eficácia no organismo.

Fonte de pesquisa: <http://revistavivasaude.uol.com.br/clinica-geral/como-usar-antibioticos-de-forma-correta/1783/>. Acesso em: 13 fev. 2015.

O médico de Mariana receitou-lhe um antibiótico em comprimidos de 6 em 6 horas e uma colher de xarope de 4 em 4 horas. No primeiro dia de tratamento, ela começou tomando os dois medicamentos em um mesmo horário, como mostra a cena a seguir.

*Não tome remédio sem consentimento de um(a) médico(a).

a) Em quais outros horários Mariana voltará a tomar o comprimido e o xarope juntos nesse primeiro dia e no dia seguinte?

b) Por que é importante administrar antibióticos em intervalos de tempo regulares? Pesquise sobre o assunto e compartilhe com os colegas.

Nesta unidade você estudou múltiplos, mmc, divisores, mdc, números primos e números compostos. Reflita sobre o que você aprendeu e responda às questões a seguir.

a) Quais temas dessa unidade apresentaram maior dificuldade para sua compreensão? Você buscou auxílio dos colegas ou professor em relação a essa dificuldade?

b) Faça um desenho, sem utilizar letras ou números, que expresse a ideia de múltiplos comuns de 2 e 3.

c) Elabore um pequeno texto, com base na multiplicação $4 \times 5 = 20$, sobre a relação entre o conceito de múltiplo e o de divisor de um número natural.

d) Os números que você obteve como resposta para a questão 2 da abertura desta unidade são múltiplos de qual número natural diferente de 1?

e) Pensando no conceito de múltiplo de um número natural, o que significa o número que você obteve como resposta para a pergunta do Enigma?

O ciclo de vida das cigarras

A garantia de existência das espécies em um ecossistema depende de algumas estratégias evolutivas que incluem conseguir alimento e livrar-se de seus parasitas. As cigarras são insetos que têm um ciclo de vida considerado longo, pois podem viver um período que varia de 2 a 17 anos, dependendo da espécie. Alguns estudos sugerem que esse ciclo longo pode ser uma maneira de fugir de seus possíveis parasitas.

Você conhece o ciclo de vida de uma cigarra?

Parasita: organismo que vive de outro organismo, dele obtendo alimento e não raro causando-lhe dano.

ROLF NUSSBAUMER/NATURE PL/DIOMEDIA

Metamorfose da cigarra.

Metamorfose: mudança de forma, natureza e estrutura que alguns animais sofrem durante seu ciclo de vida.

Fonte de pesquisa: <http://www.bbc.co.uk/portuguese/ciencia/story/2004/05/040513_cigarrasrg.shtml> Acesso em: 13 fev. 2015.

As cigarras, mais notadamente a *Magicicada septendecim*, possuem o ciclo de vida mais longo entre os insetos. A vida delas começa embaixo da terra, onde as ninfas sugam pacientemente o suco da raiz das árvores. Então, depois de 17 anos de espera, as cigarras adultas emergem do solo e voam em grande número espalhando-se pelo campo. Depois de algumas semanas elas acasalam, põem seus ovos e morrem.

A pergunta que intrigava os biólogos era: por que o ciclo de vida da cigarra é tão longo? E, será que existe um significado no fato de o ciclo ser um número primo de anos? Outra espécie, a *Magicicada tredecim*, forma seus enxames a cada 13 anos, sugerindo que um ciclo vital que dura um número primo de anos oferece alguma vantagem evolutiva.

Uma teoria sugere que a cigarra tem um parasita com um ciclo igualmente longo, que ela tenta evitar. Se o ciclo de vida do parasita for de, digamos, 2 anos, então a cigarra procura evitar um ciclo vital que seja divisível por 2, de outro modo os ciclos da cigarra e do parasita vão coincidir regularmente. De modo semelhante, se o ciclo de vida do parasita for de 3 anos, então a cigarra procura evitar um ciclo que seja divisível por 3, para que seu aparecimento, e o do parasita, não volte a coincidir. No final, para evitar se encontrar com seu parasita, a melhor estratégia para as cigarras seria ter um ciclo de vida longo, durando um número primo de anos. Como nenhum número vai dividir 17, a *Magicicada septendecim* raramente se encontrará com seu parasita. Se o parasita tiver um ciclo de vida de 2 anos, eles só se encontrarão uma vez a cada 34 anos, e se ele tiver um ciclo mais longo, digamos, de 16 anos, então eles só vão se encontrar a cada 272 [...] anos.

JIM ZIPP/SCIENCE SOURCE/DIOMEDIA

Simon Singh. *O último teorema de Fermat*. Rio de Janeiro: Record, 2002. p. 112-113.

Para explorar

1. Segundo o texto, se o parasita tiver um ciclo de vida de 2 anos, a cigarra só o encontrará uma vez a cada 34 anos. Explique essa afirmação em termos matemáticos.
2. Por que se o parasita da cigarra tiver um ciclo de 16 anos eles se encontrarão a cada 272 anos?
3. Com um colega, pesquise outros estudos que indicam a presença dos números na natureza.

UNIDADE

5 Frações

Podemos utilizar ideias associadas às frações para compreender ou comunicar informações.

EDUARDO ZAPPIA/PULSAR IMAGENS

THINKSTOCK/GETTY IMAGES

Mais de 700 municípios têm mais da **metade** dos alunos em atraso escolar.
Em 738 municípios brasileiros, mais da **metade** dos alunos de escola pública do ensino médio não têm a idade adequada à série em que estuda. [...]

Publicado pela Agência Brasil em 2 jun. 2014. Disponível em: <http://agenciabrasil.ebc.com.br/>. Acesso em: 12 jan. 2015.

Uma a cada 10 compras *on-line* é feita por aparelhos móveis.
[...]
As compras *on-line* feitas por *smartphones* e *tablets* representam **10% das vendas pela internet no país**, de acordo com uma pesquisa divulgada nesta quinta-feira, 11
[...]

Publicado por Info Online em 11 dez. 2014. Disponível em: <http://exame.abril.com.br/>. Acesso em: 12 jan. 2015.

Nesta unidade você vai saber mais sobre...

- Ideias relacionadas a fração
- Frações equivalentes
- Comparação de frações
- Operações com frações e porcentagens

CRÉDITO DA IMAGEM DE FUNDO: THINKSTOCK/GETTY IMAGES

TROCANDO IDEIAS

1. Você já conhecia a expressão "atraso escolar"? Qual é o significado dessa expressão?
2. De acordo com a informação em destaque na notícia sobre as compras *on-line*, se 20 compras fossem feitas pela internet, quantas delas seriam feitas por aparelhos móveis? E se fossem 100 compras feitas pela internet?
3. Leia novamente a notícia sobre as compras *on-line* e responda: o que significa "10% das vendas"?
4. Junto com um colega, pesquise em jornais ou revistas outras manchetes como as que são apresentadas nesta abertura. Depois, mostre-as ao professor e aos demais colegas.

O enigma do campo de futebol

DAWIDSON FRANÇA

O campo de futebol de um clube de lazer ocupa uma área de 5400 metros quadrados, e a máquina utilizada para aparar o gramado desse campo realiza o trabalho em 6 horas. Esse trabalho é feito uma vez por mês, gerando um custo mensal ao clube de R$ 950,00 com o aluguel da máquina.

Para diminuir o tempo de realização desse trabalho, a partir de certo mês, o clube alugou outra máquina, mais moderna, para ser usada em conjunto com a máquina mais antiga. Assim, utilizando as duas máquinas, simultaneamente, para aparar o gramado, o clube passou a economizar R$ 100,00 por mês com o aluguel desses dois equipamentos.

Os membros da diretora do clube ficaram intrigados com o fato de terem alugado uma máquina adicional, cujo valor da hora alugada é maior do que o da anterior, e ainda assim terem obtido um custo mensal menor do que quando apenas uma máquina era utilizada. Logo, decidiram investigar essa questão.

Eles começaram analisando os manuais de instruções dos equipamentos em busca das informações técnicas das duas máquinas cortadoras de grama.

Informações técnicas

Modelo: **M001A**
Ano de fabricação: 2004
Desempenho: 900 metros quadrados por hora

Informações técnicas

Modelo: M001B
Ano de fabricação: 2017
Desempenho: 1 800 metros quadrados por hora

LUIZ FERNANDO RUBIO

Depois, os membros da diretoria conferiram no contrato de locação dos equipamentos como era a forma de pagamento do aluguel das máquinas e os valores pagos por hora.

CONTRATO DE LOCAÇÃO DE EQUIPAMENTOS

PRODUTO	ATÉ 4 HORAS DE USO (PREÇO POR HORA)	ACIMA DE 4 HORAS (PREÇO POR HORA ADICIONAL)
Máquina de cortar grama modelo M001A	R$ 125,00	R$ 225,00
Máquina de cortar grama modelo M001B	R$ 300,00	R$ 400,00

WYM DESIGN

- Ao utilizar as duas máquinas para aparar o gramado do campo de futebol, o clube teve um custo mensal menor do que quando utilizava apenas uma máquina. Por que isso ocorreu?

No decorrer desta unidade você encontrará pistas que podem auxiliá-lo a desvendar este enigma.

1 Estudando frações

Ideias relacionadas a fração

A cena abaixo mostra diferentes situações que podem ocorrer durante a construção ou a reforma de uma residência. Observe-as com atenção, pois vamos utilizá-las adiante.

Fração como parte de um inteiro

Em uma das situações da imagem acima, há uma parede dividida em duas partes iguais: em uma delas a pintura já foi realizada, e na outra não.

Nessa cena, temos a seguinte situação:

- a parede representa a **unidade** (1), que também pode ser chamada de **todo** ou **inteiro**;
- a parede foi dividida em duas partes iguais, das quais apenas uma está pintada.

Representamos a parte pintada da parede pela fração $\frac{1}{2}$.

2 é o **denominador** da fração e, nesse caso, indica o número de partes iguais em que a parede (o todo) foi dividida.

$$\frac{1}{2}$$

1 é o **numerador** da fração e, nesse caso, indica o número de partes pintadas.

O numerador e o denominador são os **termos** de uma fração.

Se as duas metades em que a parede foi dividida estivessem pintadas, a parede inteira (o todo) estaria pintada. Esse todo também pode ser representado pela fração $\frac{2}{2}$.

Leitura de frações

Para ler uma fração, primeiro lemos o seu numerador e, em seguida, o denominador.

Veja no quadro abaixo como é feita a leitura dos denominadores de 2 a 9.

Denominador	2	3	4	5	6	7	8	9
Como se lê	meio	terço	quarto	quinto	sexto	sétimo	oitavo	nono
Exemplo de fração	$\frac{1}{2}$ um meio	$\frac{2}{3}$ dois terços	$\frac{1}{4}$ um quarto	$\frac{3}{5}$ três quintos	$\frac{5}{6}$ cinco sextos	$\frac{4}{7}$ quatro sétimos	$\frac{3}{8}$ três oitavos	$\frac{5}{9}$ cinco nonos

Quando o denominador for uma potência de base 10 (10, 100, 1000, ...), fazemos a leitura do seguinte modo.

Denominador	10	100	1 000	...
Como se lê	décimos	centésimos	milésimos	
Exemplo de fração	$\frac{6}{10}$ seis décimos	$\frac{23}{100}$ vinte e três centésimos	$\frac{1}{1\,000}$ um milésimo	

Para denominadores diferentes de 2, 3, 4, 5, 6, 7, 8, 9, ou de potências de base 10, lemos o numerador da fração e, depois, o denominador seguido da palavra **avos**. Veja alguns exemplos:

$\frac{4}{13}$ quatro treze avos

$\frac{8}{30}$ oito trinta avos

$\frac{26}{85}$ vinte e seis oitenta e cinco avos

Fração como quociente de uma divisão

Em outra situação da imagem da página 165, um dos operários afirma que 2 painéis de madeira devem ser divididos igualmente entre 3 dormitórios.

Que parte de um painel cada dormitório receberá?

ESTÚDIO LAB 307

Uma estratégia para responder a essa questão é fazer um esquema, dividindo cada painel em 3 partes iguais, e distribuir essas partes entre cada um dos dormitórios.

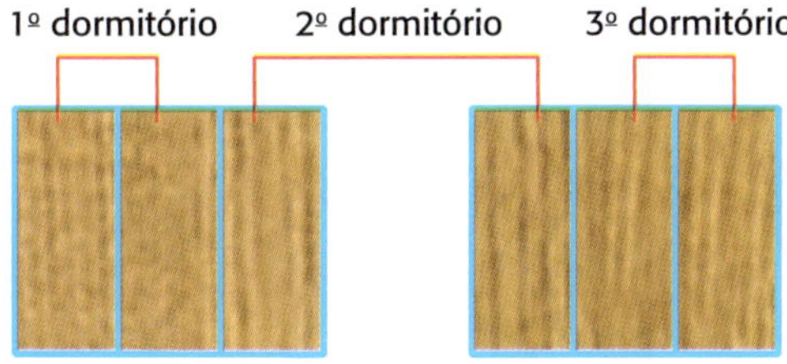

BIS

A fração do painel que cada dormitório receberá corresponde a 2 partes de um painel dividido em 3 partes iguais, ou seja, $\frac{2}{3}$ de um painel.

Portanto, o resultado da divisão de 2 painéis em 3 partes iguais pode ser representado pela fração $\frac{2}{3}$.

Ideia de medida

Na imagem da página 165 há uma situação em que um operário quer encher uma lata com capacidade de 12 litros com o conteúdo das latas de tinta de 5 litros.

ILUSTRAÇÕES: ESTÚDIO LAB 307Z

Quantas latas menores serão necessárias para encher a lata maior?

Para responder a essa questão, podemos começar pensando que 2 latas com 5 litros de tinta cada uma equivalem a 10 litros de tinta. Então, transferindo o conteúdo de 2 latas de tinta para a lata maior, faltarão 2 litros de tinta para completá-la.

Se pegarmos uma lata de 5 litros de tinta e dividirmos esse conteúdo em 5 partes iguais, cada parte corresponderá a 1 litro de tinta.

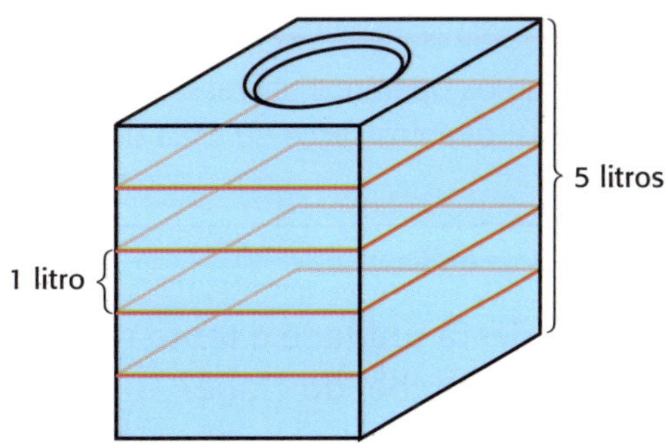

BIS

1 litro corresponde a um quinto $\left(\frac{1}{5}\right)$ da quantidade de tinta de uma lata. Desse modo, para completar a lata maior com mais 2 litros de tinta, o operário deverá utilizar mais $\frac{2}{5}$ da tinta de uma lata.

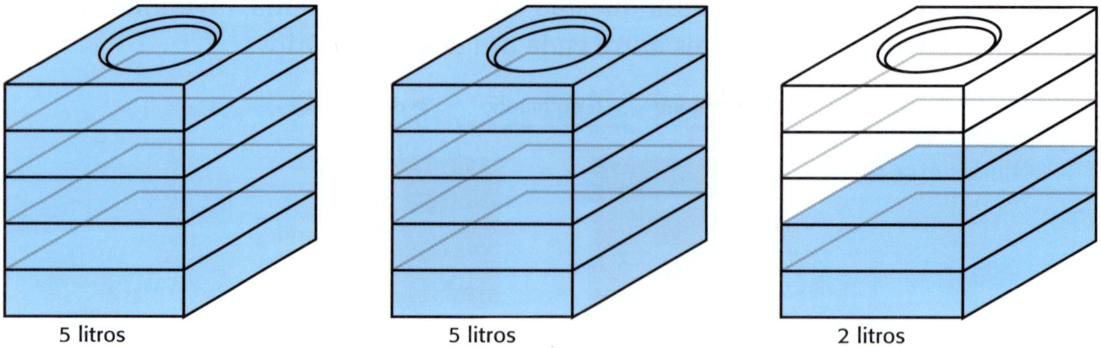

Portanto, 12 litros correspondem a 2 latas inteiras de tinta $\left(\frac{5}{5}+\frac{5}{5}=\frac{10}{5}\right)$ e mais $\frac{2}{5}$ da tinta de uma lata, isto é, a doze quintos $\left(\frac{12}{5}\right)$ de tinta de uma lata de 5 litros.

Ideia de razão

Vamos retomar outra situação da imagem da página 165.

Até aqui vimos que frações podem estar relacionadas às ideias de parte de um todo, de quociente e de medida.

Agora, observe na situação acima que, no preparo da argamassa, para **cada 1 saco de cimento**, os operários devem usar **3 sacos de areia**. Esse tipo de comparação também pode ser representado por uma fração. Nesse caso, podemos dizer que o número de sacos de cimento está para o número de sacos de areia na **razão** de 1 para 3 ou $\frac{1}{3}$.

- Na situação anterior, se os operários utilizassem 2 sacos de cimento para fazer a argamassa, quantos sacos de areia deveriam utilizar?

Pista 1

Leia novamente o enigma desta unidade e tente responder às questões a seguir.

- Qual é a área do campo de futebol do clube?
- Quanto tempo a máquina mais antiga leva para aparar o gramado?
- Quantas vezes por mês esse serviço é realizado?
- Se a máquina mais antiga apara o gramado em 6 horas, que fração do gramado do campo de futebol ela apara em 1 hora?

ATIVIDADES

1. As figuras a seguir estão divididas em partes iguais. Escreva a fração correspondente à parte pintada de cada uma em relação à figura toda.

a) 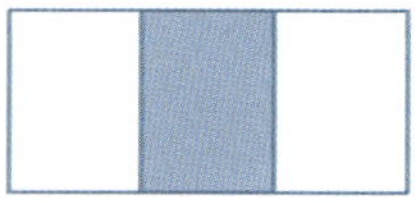

d) 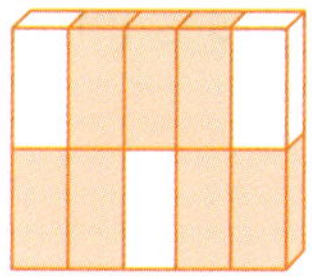

b) 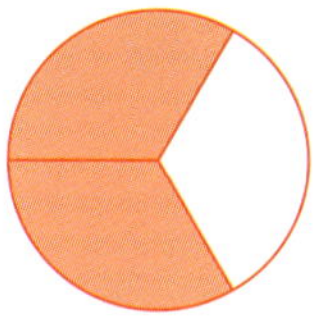

e) 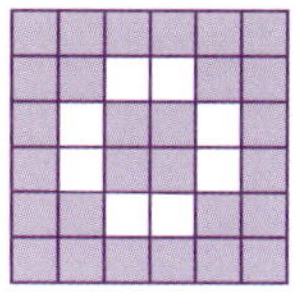

c) 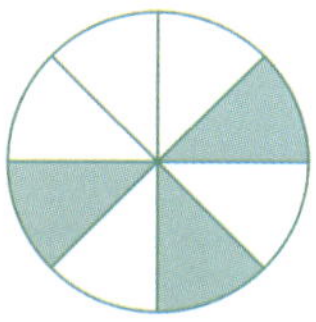

f) 

Escreva como se lê cada fração obtida nos itens anteriores.

2. O *tangram* é um antigo quebra-cabeça chinês formado por sete peças: cinco triângulos, um quadrado e um paralelogramo. Com essas peças é possível montar diversas figuras, por exemplo, o quadrado abaixo, montado com as sete peças juntas e sem sobreposição.

Mateus quis descobrir a que fração do quadrado formado com as sete peças o triângulo roxo corresponde. Veja como ele fez.

DAWIDSON FRANÇA

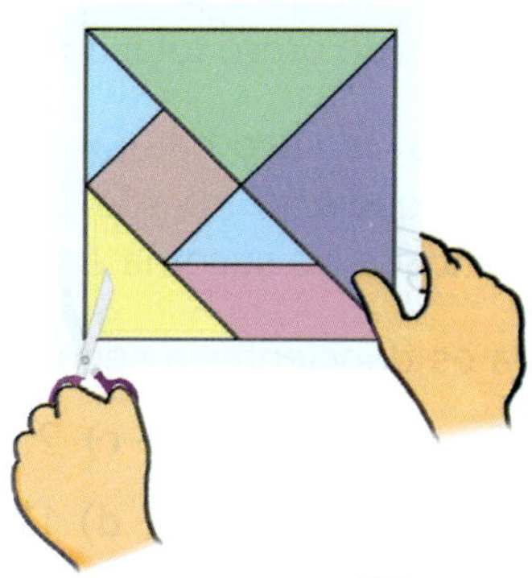

ILUSTRAÇÕES: DAWIDSON FRANÇA

Mateus percebeu que o triângulo roxo "cabe" 4 vezes no quadrado formado pelas sete peças, ou seja, o triângulo roxo corresponde a $\frac{1}{4}$ do quadrado formado pelas sete peças.

Coloque uma folha de papel sobre o quadrado formado pelas sete peças do *tangram* e o copie usando uma régua. Depois, recorte de sua cópia o triângulo que corresponde ao triângulo amarelo da imagem do livro e responda às questões a seguir.

a) O triângulo amarelo corresponde a que fração do triângulo verde?

b) O triângulo amarelo corresponde a que fração do quadrado formado pelas sete peças?

3. A ilustração abaixo mostra um quadrado dividido em 16 quadrados menores e iguais. A figura amarela corresponde a que fração do quadrado maior? Justifique sua resposta.

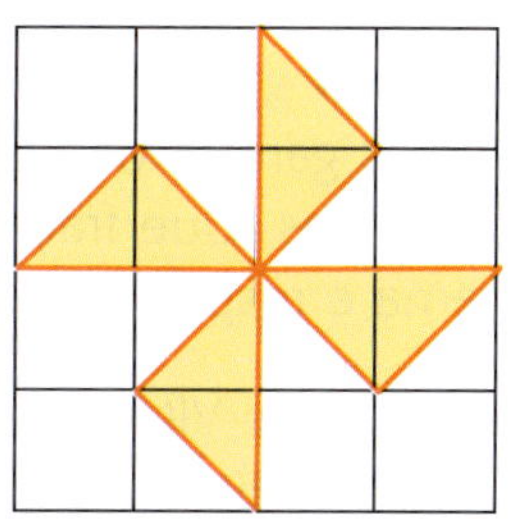

4. Ulisses comprou um automóvel que custava 24 000 reais à vista. Ele conseguiu negociar com o vendedor as condições de pagamento e deu uma entrada de 8 000 reais e o restante em 8 prestações iguais e sem acréscimo.
A que fração do preço total do automóvel corresponde cada prestação?

5. Uma marca de suco natural vende seus produtos em embalagens com 2 250 mL afirmando que 250 mL são "grátis". De acordo com essas informações, que fração da quantidade de suco na embalagem é grátis?

THINKSTOCK/GETTY IMAGES

6. Escreva os quocientes a seguir na forma de fração.

a) 7 : 3
b) 2 : 5
c) 25 : 9
d) 17 : 41
e) 11 : 5

7. Gabriela, Laís e Paula dividiram igualmente entre elas 4 folhas de papel idênticas. Com que fração de folha de papel cada garota ficou?

ESTÚDIO LAB 307

Resolução
Vamos montar um esquema.

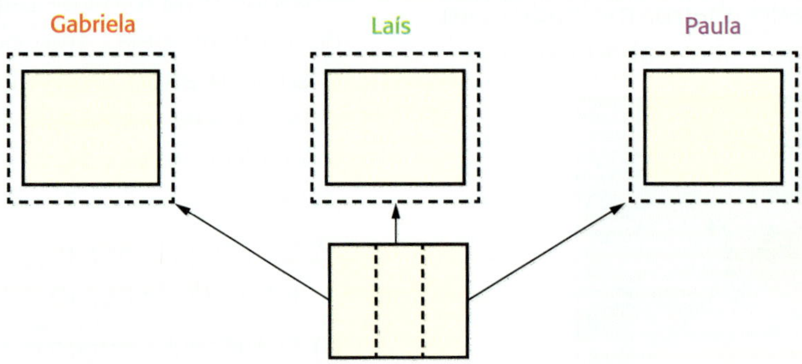

WYM DESIGN

Ao dividirmos as 4 folhas por 3, obtemos 3 folhas inteiras para cada garota e resta 1 folha. Dividimos a folha que resta em 3 partes iguais. Como cada parte corresponde a $\frac{1}{3}$ da folha de papel, temos que cada garota recebeu 1 folha de papel inteira $\left(1 = \frac{3}{3}\right)$ mais $\frac{1}{3}$ de folha de papel, isto é, $\frac{4}{3}$ de folha de papel.

8. Atividade em grupo
Imagine se as garotas da atividade anterior tivessem 7 folhas de papel para serem divididas igualmente entre elas. Que fração de folha de papel cada uma receberia? Junto com um colega, faça um esquema e responda.

9. Na sala de aula de Vítor, 1 em cada 8 alunos usa óculos. Se há 4 alunos com óculos em sua sala, qual é o total de alunos dessa sala?

Fração de um número

Na obra apresentada na situação inicial, um quarto $\left(\frac{1}{4}\right)$ das 12 latas de tinta de 5 litros disponíveis será usado para pintar os dormitórios.

Quantas latas de tinta serão usadas para pintar os dormitórios?

Para responder a essa pergunta, podemos representar as 12 latas de tinta e dividir essa quantidade em 4 partes iguais (pois o denominador da fração é 4).

ESTÚDIO LAB 307

$\frac{1}{4}$ de 12 latas de tinta → 12 : 4 = 3 (3 latas de tinta)

Portanto, serão usadas 3 latas de tinta para pintar os dormitórios.

E quantas latas de tinta vão sobrar?

Como será usado $\frac{1}{4}$ do total de latas de tinta para pintar os dormitórios, sobrarão $\frac{3}{4}$ do total de latas de tinta. Assim, temos que:

$$\frac{3}{4} \text{ de 12 latas de tinta é o mesmo que } 3 \times \underbrace{\left(\frac{1}{4} \text{ de } 12\right)}_{3}$$

Portanto, sobrarão 9 latas de tinta ($3 \times 3 = 9$) de 5 litros.

- Depois que descobrimos a quantidade de latas de tinta que serão usadas para pintar os dormitórios (3 latas), poderíamos ter calculado de outro modo as latas que vão sobrar. Que modo é esse?

ATIVIDADES

10. Determine:

a) $\frac{1}{3}$ de 9 bolinhas.

b) $\frac{3}{5}$ de 25 bolinhas.

c) $\frac{7}{10}$ de 20 bolinhas.

11. Um produto tem custo de fabricação de R$ 10,00 e é vendido por um preço que é $\frac{3}{2}$ desse valor. Por quanto esse produto é vendido?

12. Leia o texto e responda à questão a seguir.

> De acordo com a Lei de Diretrizes e Bases da Educação Nacional (LDB), as escolas brasileiras devem cumprir, no mínimo, 200 dias de aulas, dos quais os alunos devem frequentar, obrigatoriamente, pelo menos $\frac{3}{4}$ desse número de dias para serem aprovados.

Fontes de pesquisas: <http://revistaescola.abril.com.br/politicas-publicas/legislacao/define-dia-letivo-491362.shtml> e <http://portal.mec.gov.br/arquivos/pdf/ldb.pdf>. Acesso em: 16 fev. 2015.

Uma escola de Ensino Fundamental teve 200 dias de aula no ano letivo de 2014 e um aluno do 6º ano faltou 14 dias ao todo nesse ano. Ele ultrapassou o limite de faltas permitido?

Forma mista e tipos de fração

Maria Clara fez uma receita de biscoitos que utilizava os seguintes ingredientes:

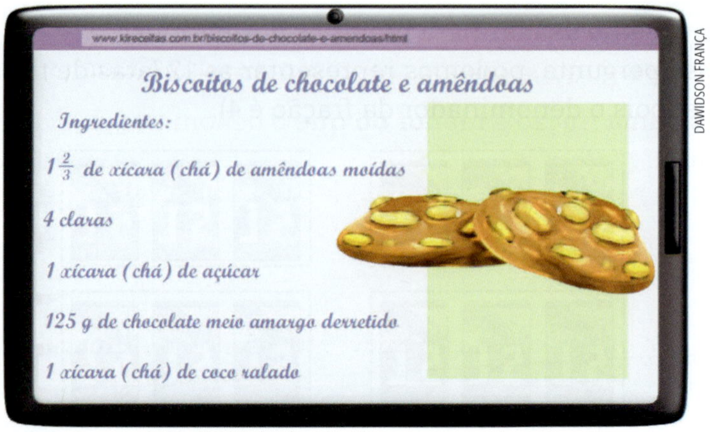

DAWIDSON FRANÇA

Como Maria Clara não entendeu o que era $1\frac{2}{3}$, pediu a sua mãe que lhe explicasse. Leia a seguir o que a mãe de Maria Clara disse e observe o esquema.

SHUTTERSTOCK

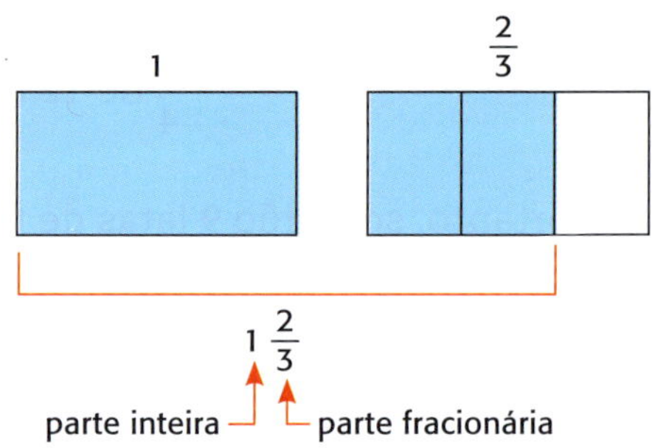

- No caso da receita de biscoitos de chocolate e amêndoas, o que significa "$1\frac{2}{3}$ de xícara"?

Todo número escrito na forma mista pode ser representado na forma de fração. Veja como fazer isso no caso do número $1\frac{2}{3}$.

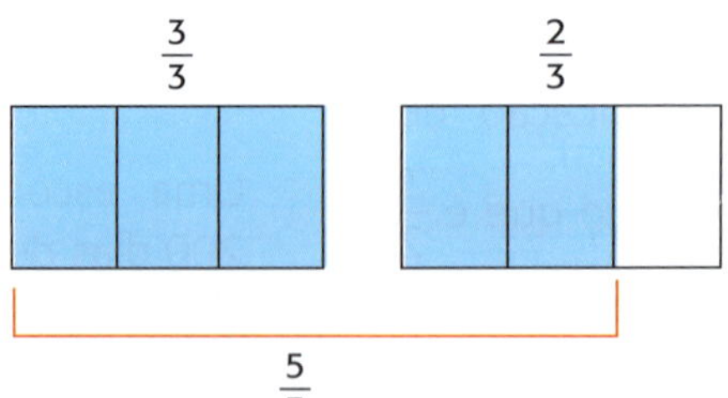

O número na forma mista $1\frac{2}{3}$ pode ser representado, na forma de fração, por $\frac{5}{3}$.

Agora, vamos analisar as frações $\frac{2}{3}$, $\frac{5}{3}$ e $\frac{3}{3}$ que apareceram na situação anterior.

Na fração $\frac{2}{3}$ o numerador (2) é menor do que o denominador (3). Quando o numerador de uma fração é **menor do que** o denominador, ela é chamada **fração própria**.

Quando o numerador de uma fração é **maior do que ou igual** ao denominador, ela é chamada **fração imprópria**. A fração $\frac{5}{3}$ é um exemplo de fração imprópria.

Uma fração imprópria é chamada **fração aparente** quando o **numerador é múltiplo do denominador**. A fração $\frac{3}{3}$ é um exemplo de fração imprópria e aparente. Ela representa uma unidade. Veja outros exemplos de frações impróprias e aparentes: $\frac{4}{2}$ (4 é múltiplo de 2), $\frac{5}{5}$ (5 é múltiplo de 5), $\frac{9}{3}$ (9 é múltiplo de 3).

ATIVIDADES

13. Represente cada fração por meio de figuras.

a) $\frac{3}{4}$ b) $\frac{8}{4}$ c) $\frac{7}{3}$ d) $\frac{16}{5}$

14. Os números a seguir estão escritos na forma mista. Represente cada um por meio de uma fração imprópria.

a) $3\frac{2}{7}$ b) $4\frac{1}{5}$ c) $1\frac{3}{8}$ d) $2\frac{2}{9}$

15. Escreva cada fração a seguir na forma mista.

a) $\frac{8}{5}$ b) $\frac{11}{7}$ c) $\frac{12}{9}$ d) $\frac{23}{11}$

16. Obtenha uma fração:

a) aparente cujo denominador seja 3.

b) própria cujo numerador seja igual à metade do denominador.

Frações equivalentes

A professora de Matemática do 6º ano da escola de Carlos distribuiu três tiras de papel iguais a cada aluno. Em seguida, pediu a eles que dobrassem uma das tiras em 2 partes iguais e pintassem 1 parte. A outra tira, deveriam dobrar em 4 partes iguais e pintar 2 partes. A última tira deveria ser dobrada em 8 partes iguais e 4 partes dela deveriam ser pintadas.

Observe como ficaram as tiras de Carlos ao final desta atividade.

Note que as partes pintadas de cada tira representam a mesma parte do todo (neste caso, a tira de papel). Assim, dizemos que as frações $\frac{1}{2}$, $\frac{2}{4}$ e $\frac{4}{8}$ são **frações equivalentes**, e indicamos deste modo: $\frac{1}{2} = \frac{2}{4} = \frac{4}{8}$.

- Repita e amplie o experimento sugerido pela professora de Carlos: para isso, recorte cinco tiras de papel iguais. Com três dessas tiras, faça as dobras e as pinturas indicadas pela professora. Com as outras duas tiras, faça o seguinte: dobre uma delas em 16 partes iguais e pinte 8 partes; dobre a outra em 32 partes iguais e pinte 16 partes. Essas duas novas frações que você representou são equivalentes às outras três iniciais?

• Obtendo frações equivalentes

Quando multiplicamos ou dividimos o numerador e o denominador de uma fração por um mesmo número diferente de zero, obtemos uma fração equivalente à fração inicial.

Por exemplo, quando multiplicamos por 2 o numerador e o denominador da fração $\frac{1}{2}$, obtemos a fração $\frac{2}{4}$.

$$\frac{1}{2} = \frac{1 \times 2}{2 \times 2} = \frac{2}{4}$$

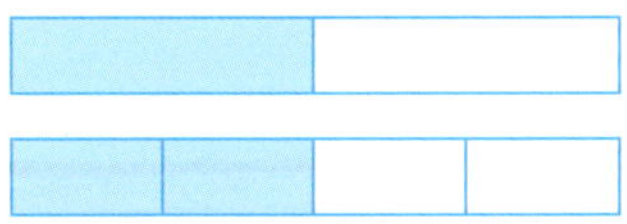

$\frac{1}{2}$

$\frac{2}{4}$

Note que o total de partes iguais em que o todo foi dividido foi multiplicado por 2 (passou de 2 para 4), e o mesmo aconteceu com o total de partes consideradas (passou de 1 para 2).

Observe outro exemplo: dividimos por 4 o numerador e o denominador da fração $\frac{4}{12}$, e, depois, multiplicamos por 2 o numerador e o denominador da fração obtida.

$$\frac{4}{12} = \frac{4 : 4}{12 : 4} = \frac{1}{3} \qquad \frac{1}{3} = \frac{1 \times 2}{3 \times 2} = \frac{2}{6}$$

$\frac{1}{3}$

$\frac{2}{6}$

$\frac{4}{12}$

As frações $\frac{1}{3}$, $\frac{2}{6}$ e $\frac{4}{12}$ são equivalentes: $\frac{1}{3} = \frac{2}{6} = \frac{4}{12}$.

Simplificação de frações

No exemplo anterior, dividimos por 4 o numerador e denominador da fração $\frac{4}{12}$ e obtivemos a fração $\frac{1}{3}$. A fração $\frac{1}{3}$ é equivalente à fração $\frac{4}{12}$.

Quando dividimos o numerador e o denominador de uma fração por um mesmo número natural maior do que 1, dizemos que foi feita a **simplificação dessa fração**.

A fração obtida do processo de simplificação é equivalente à fração inicial, e, além disso, apresenta numerador e denominador menores do que os da fração inicial. Note que nas frações equivalentes $\frac{1}{3}$ e $\frac{4}{12}$ o numerador 1 é menor do que o numerador 4 e o denominador 3 é menor do que o denominador 12.

A seguir mostramos, como exemplo, dois diferentes modos de simplificar a fração $\frac{8}{12}$.

Modo 1:

$$\frac{8}{12} = \frac{8:2}{12:2} = \frac{4:2}{6:2} = \frac{2}{3}$$

Modo 2:

$$\frac{8}{12} = \frac{8:4}{12:4} = \frac{2}{3}$$

ILUSTRAÇÕES: BIS

- O número 2 é divisor comum do numerador e do denominador da fração $\frac{8}{12}$? E do numerador e do denominador da fração $\frac{4}{6}$?
- O número 4 é divisor comum do numerador e do denominador da fração $\frac{8}{12}$?
- O numerador e o denominador da fração $\frac{2}{3}$ têm algum divisor comum diferente de 1?

Note que, em ambos os modos de simplificar, chegamos à fração $\frac{2}{3}$, em que o numerador e o denominador têm apenas o número 1 como divisor comum. Nesse caso, dizemos que $\frac{2}{3}$ é uma **fração irredutível**.

ATIVIDADES

17. Cada uma das figuras a seguir está dividida em partes iguais. Em quais figuras a parte colorida corresponde a um quarto da figura toda? Registre a resposta em seu caderno.

A

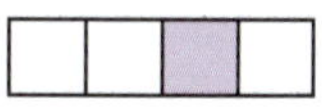

C

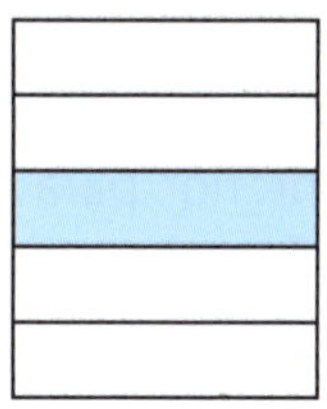

E

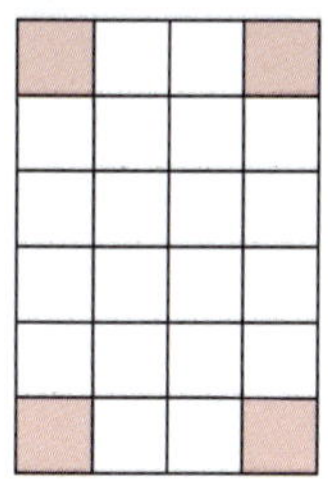

B

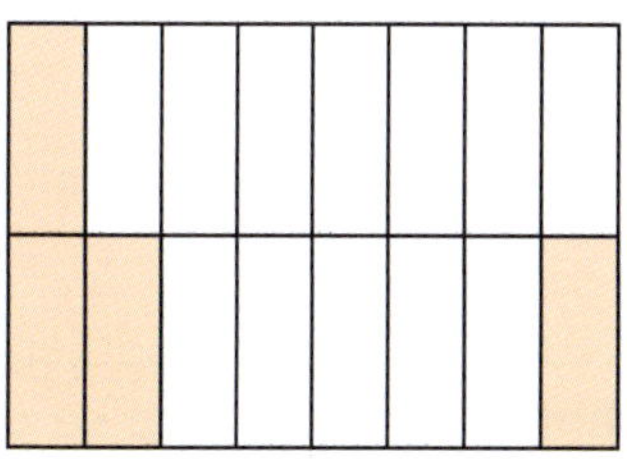

D

F

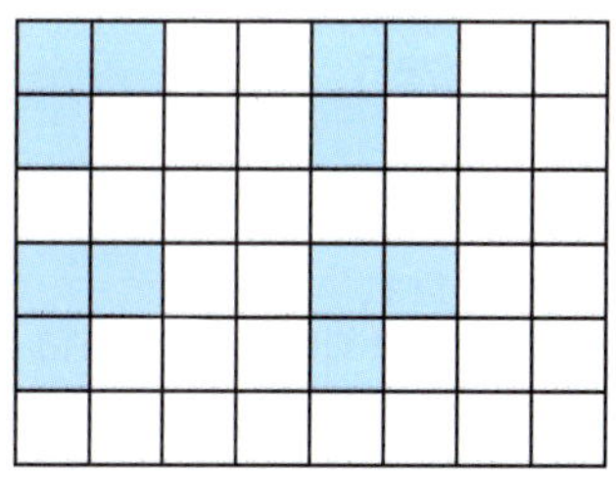

18. Copie as igualdades a seguir em seu caderno e complete-as com os números que faltam, em cada caso, para que as frações sejam equivalentes.

a) $\frac{15}{25} = \frac{3}{■}$

b) $\frac{4}{7} = \frac{■}{■}$

c) $\frac{7}{42} = \frac{■}{■}$

d) $\frac{■}{■} = \frac{48}{36}$

19. Leia a seguir a relação que Raquel observou entre duas frações equivalentes.

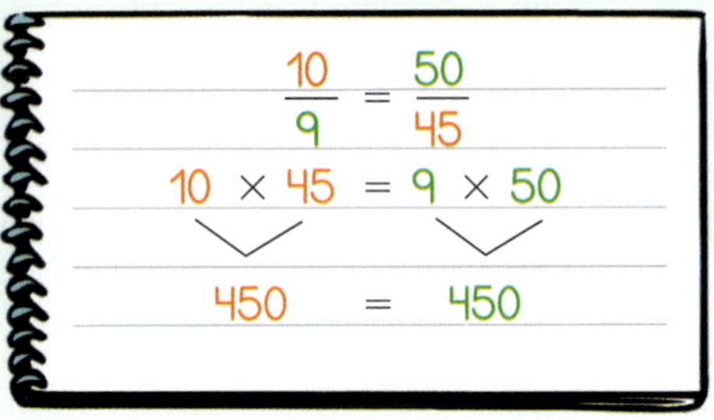

ESTÚDIO MIL

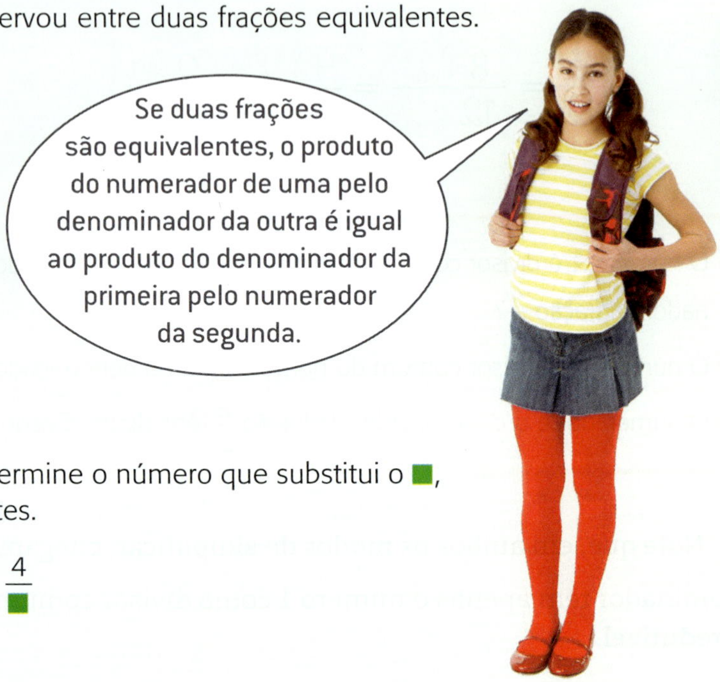

THINKSTOCK/GETTY IMAGES

Com base na afirmação de Raquel, determine o número que substitui o ■, sabendo que as frações são equivalentes.

$$\frac{12}{18} = \frac{4}{■}$$

Resolução

Como sabemos que as frações $\frac{12}{18}$ e $\frac{4}{■}$ são equivalentes, podemos escrever a igualdade a seguir.

$$12 \times ■ = 18 \times 4$$
$$12 \times ■ = 72$$

Agora, pensamos no número que multiplicado por 12 resulta 72:

$$72 : 12 = 6$$

O número que substitui o ■ é o 6.

20. Use a ideia apresentada na atividade anterior para determinar o número que substitui o ■ em cada caso a seguir, sabendo que as frações são equivalentes.

a) $\frac{3}{16} = \frac{■}{80}$ b) $\frac{30}{■} = \frac{60}{120}$ c) $\frac{■}{15} = \frac{51}{45}$ d) $\frac{72}{45} = \frac{■}{15}$

21. Obtenha:

a) a fração equivalente a $\frac{2}{3}$ cujo numerador é igual a 32.

b) a fração equivalente a $\frac{3}{5}$ cuja soma do numerador com o denominador é igual a 24.

22. Estima-se que, em uma represa, há 3 peixes para cada 100 litros de água. Se a quantidade aproximada de água nessa represa é de 10 milhões de litros de água, quantos peixes estima-se que existam nela?

23. Uma editora vende álbuns e figurinhas de jogadores do Campeonato Brasileiro de Futebol da série A, que é disputado anualmente por 20 clubes. Em certo ano, para que houvesse uma distribuição uniforme dos jogadores nos envelopes comprados nas bancas de jornal, de cada 12 figurinhas de jogadores, 4 eram de jogadores de equipes do Nordeste do país. Considerando essa razão, quantas figurinhas havia em um lote de envelopes com 36 figurinhas de jogadores de equipes do Nordeste?

24. Simplifique as frações a seguir, tornando-as irredutíveis.

a) $\frac{35}{28}$ b) $\frac{36}{40}$ c) $\frac{120}{300}$ d) $\frac{150}{180}$

25. Em cada caso, se possível, simplifique a fração para obter uma fração equivalente a ela de numerador 1.

a) $\frac{4}{32}$ c) $\frac{8}{56}$ e) $\frac{21}{42}$

b) $\frac{16}{64}$ d) $\frac{6}{15}$

26. Veja como Mauro e Paola simplificaram corretamente a fração $\frac{36}{60}$.

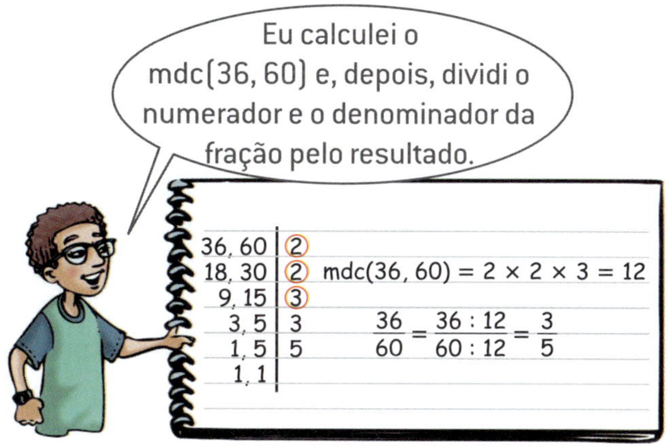

ILUSTRAÇÕES: ESTÚDIO MIL

a) Por que os dois modos de resolução levaram a resultados iguais?

b) Utilize qualquer um dos modos de resolução e simplifique a fração $\frac{40}{140}$, tornando-a irredutível.

Gráfico de setores circulares

Cuidar dos dentes não é apenas uma questão estética, mas de saúde.

THINKSTOCK/GETTY IMAGES

Os cuidados com a saúde bucal envolvem o uso adequado de escova, creme dental, fio dental e bochecho.

Em 2010, no Brasil, aproximadamente $\frac{3}{5}$ dos jovens com 12 anos de idade têm cárie. Observe essa informação representada no **gráfico de setores circulares** ao lado.

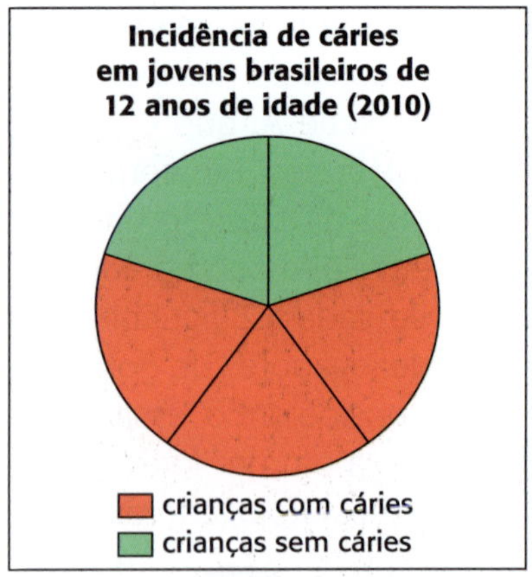

Fonte: <http://www.crogo.org.br/index.php/noticias/255-17-milhoes-de-criancas-nunca-foram-ao-dentista>. Acesso em: 16 maio 2015.

Vamos identificar algumas características dos gráficos de setores circulares:

- Um gráfico de setores circulares é aquele em que o todo é representado por meio de um círculo;
- Para distinguir os diversos dados representados, são utilizadas diferentes cores ou símbolos;
- O "tamanho" de cada setor deve corresponder à fração do todo que ele representa;
- Os diferentes dados devem vir acompanhados de uma legenda, a qual pode ficar do lado de fora dos setores e próxima a ela, no interior de cada setor, ou ainda em um quadro contendo todas as legendas.

Após ler o gráfico mostrado acima, Cristina realizou uma pesquisa com 80 alunos das turmas de 6º ano para saber quantos vão ao dentista e a frequência com que isso ocorre. Observe os dados que ela obteve.

BIS

40 alunos responderam que vão ao dentista ao menos 2 vezes por ano.

20 alunos responderam que vão ao dentista apenas 1 vez por ano.

20 alunos responderam que vão ao dentista 1 vez a cada 2 anos.

Para construir um gráfico de setores circulares com esses dados, Cristina começou calculando a fração do total de alunos participantes da pesquisa correspondente a cada grupo de alunos.

BIS

Alunos que vão ao dentista ao menos 2 vezes por ano:

$$\frac{40}{80} = \frac{40 : 40}{80 : 40} = \frac{1}{2}$$

Alunos que vão ao dentista 1 vez por ano: $\frac{20}{80} = \frac{20 : 20}{80 : 20} = \frac{1}{4}$

Alunos que vão ao dentista 1 vez a cada 2 anos:

$$\frac{20}{80} = \frac{20 : 20}{80 : 20} = \frac{1}{4}$$

Em seguida, Cristina desenhou um círculo dividido em 4 partes iguais, pintando as partes de acordo com as frações obtidas. Veja como ficou o gráfico:

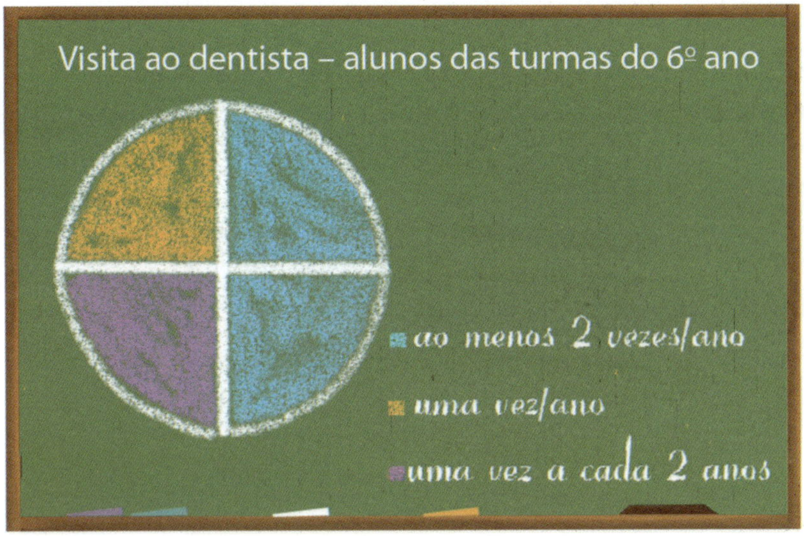

Dados elaborados pelo autor.

- Qual é o título do gráfico feito por Cristina?
- O que a cor azul indica no gráfico?
- No gráfico, a parte pintada de azul corresponde a que fração do total de participantes da pesquisa?

ATIVIDADES

27. Reúna-se com seus colegas e o professor e discutam sobre um tema de interesse da turma para a realização de uma pesquisa cujas respostas possam ser agrupadas em apenas 4 categorias distintas. Em seguida, decidam sobre os seguintes aspectos da pesquisa:

- Como será feita a coleta dos dados?
- De que modo vocês organizarão os dados coletados por todos para a construção de um gráfico de setores circulares?

BIS

Depois de realizarem a pesquisa e construírem o gráfico de setores, façam o que se pede a seguir.

a) Elaborem perguntas que possam ser respondidas com base nas informações desse gráfico.

b) Os resultados obtidos por meio da pesquisa realizada possibilitam a vocês promover alguma ação que possa beneficiar sua família ou sua comunidade? Se não, escolham um tema para fazer uma pesquisa cujo resultado possa contribuir de algum modo com a comunidade onde vocês vivem. Conversem com os colegas e o professor.

c) Compartilhem com os colegas e o professor a pesquisa realizada e as perguntas elaboradas.

Comparação de frações

Comparação de frações de denominadores iguais

Eduardo (Edurox), Luísa (Lulu) e Daniel (Danitrix) brincavam com um mesmo *game* de aventura *on-line* e cada um deles acabou de completar mais uma missão de um total de 8 missões. Veja a seguir o progresso desses jogadores no *game*.

DAWIDSON FRANÇA

Até o momento, qual dos jogadores avançou mais no *game*? E qual avançou menos?

Para responder a essas questões, podemos representar o progresso dos jogadores por frações do total de missões.

- Eduardo completou $\frac{4}{8}$ do total de missões:

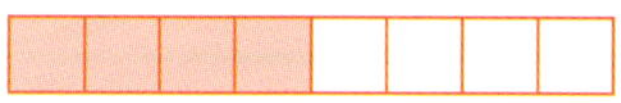

- Luísa completou $\frac{5}{8}$ do total de missões:

- Daniel completou $\frac{2}{8}$ do total de missões:

Note que, como as frações do total de missões têm denominadores iguais, basta comparar os seus numeradores para saber qual delas é a maior e qual delas é a menor. Nesse caso, temos que $\frac{2}{8}$ é menor do que $\frac{4}{8}$, que é menor do que $\frac{5}{8}$, e indicamos, em ordem crescente, assim: $\frac{2}{8} < \frac{4}{8} < \frac{5}{8}$; ou, em ordem decrescente, assim: $\frac{5}{8} > \frac{4}{8} > \frac{2}{8}$.

Portanto, Luísa foi a que mais avançou no *game* e Daniel foi o que menos avançou.

> Quando comparamos duas ou mais frações de denominadores iguais, a maior fração é aquela com numerador maior.

Comparação de frações de denominadores diferentes

Em uma das missões do *game*, Eduardo, Luísa e Daniel tiveram de completar um percurso com suas personagens, Edurox, Lulu e Danitrix, em determinado tempo. Quando o tempo terminou, nenhum deles havia finalizado o percurso. Veja quanto desse percurso cada personagem percorreu.

ILUSTRAÇÕES: DAWIDSON FRANÇA

Qual das personagens percorreu a maior parte do percurso?

Para responder a essa questão, é preciso comparar as frações do percurso que cada personagem percorreu. Para isso, observe o esquema a seguir em que representamos o ponto do percurso onde cada personagem parou quando o tempo de jogo terminou.

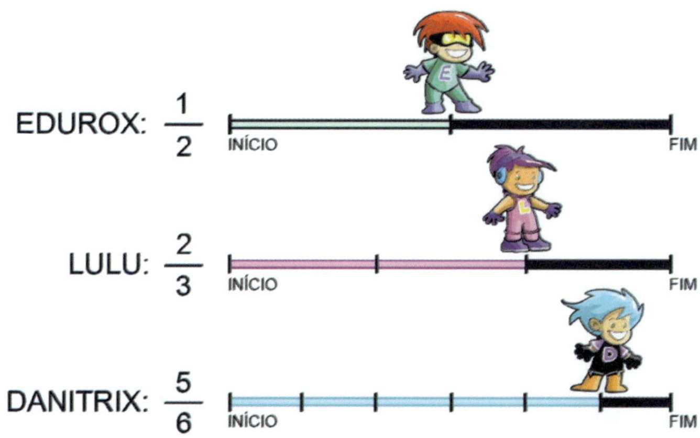

Observando essa representação, podemos notar que $\frac{1}{2} < \frac{2}{3} < \frac{5}{6}$. Portanto, a personagem Danitrix percorreu a maior parte do percurso.

Poderíamos também ter comparado essas frações obtendo frações equivalentes a elas de mesmo denominador: note que o denominador 6 é múltiplo comum dos denominadores 2 e 3, então é possível obter frações equivalentes a $\frac{1}{2}$ e $\frac{2}{3}$ cujo denominador é 6, e compará-las com a fração $\frac{5}{6}$. Acompanhe.

- Edurox: $\frac{1}{2} = \frac{1 \times 3}{2 \times 3} = \frac{3}{6}$
- Lulu: $\frac{2}{3} = \frac{2 \times 2}{3 \times 2} = \frac{4}{6}$

Como, agora, os denominadores das frações são iguais, basta comparar os seus numeradores. Assim, $\frac{3}{6} < \frac{4}{6} < \frac{5}{6}$, ou seja, $\frac{1}{2} < \frac{2}{3} < \frac{5}{6}$, chegando ao mesmo resultado obtido da comparação de figuras.

Se o denominador escolhido para as frações equivalentes **não** fosse o número 6, mas sim outro número, múltiplo comum de 2, 3 e 6, o resultado da comparação seria diferente? Converse com os colegas.

O mmc e a comparação de frações de denominadores diferentes

Para obter frações equivalentes a frações dadas e com denominadores iguais, podemos também utilizar o mínimo múltiplo comum (mmc) dos denominadores dessas frações. Vamos comparar, por exemplo, as frações $\frac{3}{8}$ e $\frac{7}{12}$, utilizando o mmc. Acompanhe.

I. Calculamos o mmc(8, 12).

BIS

8, 12	2
4, 6	2
2, 3	2
1, 3	3
1, 1	

$$\text{mmc}(8, 12) = 2^3 \times 3 = 24$$

II. Depois, obtemos as frações equivalentes a $\frac{3}{8}$ e $\frac{7}{12}$ de denominador 24.

$$\frac{3}{8} = \frac{3 \times 3}{8 \times 3} = \frac{9}{24}$$

$$\frac{7}{12} = \frac{7 \times 2}{12 \times 2} = \frac{14}{24}$$

III. Por último, comparamos as frações obtidas:

$$\frac{9}{24} < \frac{14}{24}, \text{ ou seja, } \frac{3}{8} < \frac{7}{12}$$

ATIVIDADES

28. Em cada item, compare as frações usando os símbolos $<$ ou $>$.

a) $\frac{3}{10}$ e $\frac{3}{7}$

b) $\frac{2}{9}$ e $\frac{5}{9}$

c) $\frac{5}{12}$ e $\frac{8}{18}$

d) $\frac{4}{10}$ e $\frac{3}{11}$

29. Escreva as frações a seguir em ordem crescente. Para isso, utilize o símbolo $<$.

a) $\frac{2}{3}, \frac{5}{6}, \frac{3}{8}, \frac{3}{4}$

b) $\frac{3}{10}, \frac{21}{30}, \frac{1}{5}, \frac{7}{15}$

30. Escreva duas frações:

a) menores do que $\frac{2}{3}$.

b) maiores do que $\frac{3}{5}$.

c) maiores do que $\frac{8}{3}$.

d) maiores do que $\frac{1}{3}$ e menores do que $\frac{1}{2}$.

31. O gráfico a seguir mostra o número de meninos e meninas do 6º, 7º e 8º anos de uma escola no ano de 2016. Em qual das turmas apresentadas neste gráfico há o maior número de meninos em relação ao total de alunos da turma?

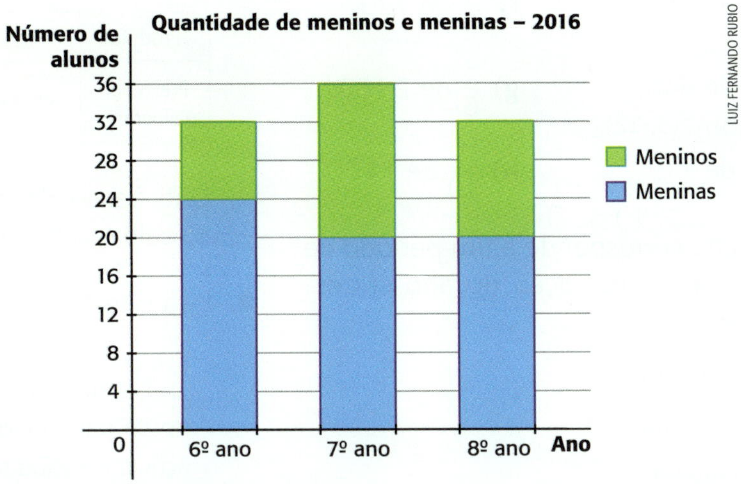

Resolução

Obtemos as frações que representam o número de meninos em relação ao total de alunos em cada turma.

6º ano: $\frac{32 - 24}{32} = \frac{8}{32}$ 7º ano: $\frac{36 - 20}{36} = \frac{16}{36}$ 8º ano: $\frac{32 - 20}{32} = \frac{12}{32}$

As frações $\frac{8}{32}$ e $\frac{12}{32}$ têm denominadores iguais e, comparando-as, temos que $\frac{8}{32} < \frac{12}{32}$ ou, escrevendo de outro modo, $\frac{12}{32} > \frac{8}{32}$.

Para comparar as frações $\frac{12}{32}$ e $\frac{16}{36}$ e determinar qual é a maior, é necessário determinar frações equivalentes a elas e que apresentem o mesmo denominador:

Como mmc(32, 36) = 288, temos as equivalências: $\frac{12}{32} = \frac{108}{288}$ e $\frac{16}{36} = \frac{128}{288}$.

Comparando as frações $\frac{108}{288}$ e $\frac{128}{288}$, temos que $\frac{108}{288} < \frac{128}{288}$ ou, escrevendo de outro modo, $\frac{128}{288} > \frac{108}{288}$.

Assim, $\frac{16}{36} > \frac{12}{32}$.

Portanto, a turma do 7º ano é a que tem o maior número de meninos em relação ao total de alunos da turma.

32. O 9º ano dessa escola tem 30 alunos, dos quais 14 são meninos e 16 são meninas. Com base no resultado anterior e nessa informação, classifique a seguinte afirmação como verdadeira ou falsa:

"Entre as turmas do 6º ao 9º ano dessa escola, a que tem o maior número de meninos em relação ao total de alunos da turma é a do 9º ano.". Justifique sua resposta.

33. Dois colegas, Cláudio e Luciana, realizaram uma disputa de arremessos em uma cesta de basquete. Veja, no quadro ao lado, os resultados da disputa.

Nome	Número de acertos	Número de arremessos
Cláudio	7	12
Luciana	5	9

a) Escreva uma fração para representar o número de acertos em relação ao número de arremessos de cada um dos colegas. Qual dessas frações é a maior?

b) Qual dos colegas teve o melhor aproveitamento nos arremessos, Cláudio ou Luciana?

teia do saber

1. Calcule:

a) $\frac{1}{2}$ de 158.

b) $\frac{1}{5}$ de 95.

c) $\frac{3}{4}$ de 840.

d) $\frac{4}{7}$ de 119.

e) $\frac{1}{8}$ de 304.

f) $\frac{5}{9}$ de 720.

g) $\frac{5}{6}$ de 2 160.

h) $\frac{1}{10}$ de 14 000.

2. Se 1 ano corresponde a um período de 12 meses, que fração do ano corresponde a:

a) 1 bimestre?

b) 1 trimestre?

c) 1 semestre?

3. Um metro equivale a 100 centímetros. A que fração do metro equivalem:

a) 120 centímetros?

b) 150 centímetros?

c) 200 centímetros?

d) 280 centímetros?

- Das frações obtidas nesses itens, quais são frações impróprias?
- Em qual item foi obtida uma fração aparente? Qual é essa fração?

4. Determine uma fração maior do que $\frac{21}{5}$ e menor do que $\frac{27}{6}$.

5. Carlos havia percorrido $\frac{3}{5}$ da distância entre sua casa e o trabalho, quando seu carro quebrou. Se faltavam ainda 6 000 metros para ele chegar ao trabalho, qual distância ele havia percorrido até a quebra do carro?

6. Para a partida final de um torneio de futebol, $\frac{1}{20}$ dos assentos do estádio foram reservados para torcedores da equipe *visitantes*, totalizando 1 500 assentos. Qual era o número total de assentos do estádio?

7. Isabel comprou 3 quilogramas de feijão, 2 quilogramas de arroz e 5 quilogramas de açúcar. O preço de cada um desses itens é mostrado no quadro a seguir.

Produto	Feijão	Arroz	Açúcar
Preço por quilograma	R$ 3,00	R$ 2,00	R$ 2,00

Que fração do gasto total corresponde ao valor gasto com a compra de feijão?

8. Leia o texto a seguir sobre o "quinto".

No final do século XVII, houve em nosso país o declínio da exportação do açúcar e iniciou-se o ciclo do ouro, assim chamado porque a economia do Brasil Colônia passou a depender em grande parte da produção de ouro, especialmente em Minas Gerais.

Portugal cobrava um quinto $\left(\frac{1}{5}\right)$ de todo o ouro extraído em nosso país que era levado às Casas de Fundição que pertenciam à Coroa portuguesa. O nome do imposto ficou conhecido, então, como 'quinto' e, de acordo com alguns historiadores, deu origem à expressão 'quinto dos infernos'.

RUBENS CHAVES/PULSAR IMAGENS

Casa dos Contos, em Ouro Preto (MG).

ALEX SALIM

Lingueta de ouro produzida nas dependências da Casa dos Contos.

Portugal também passou a cobrar a 'derrama', um imposto para compensar as dívidas que os mineradores adquiriam com a Coroa portuguesa. Essa cobrança, considerada injusta e opressora, era feita por meio de soldados enviados pelas autoridades portuguesas que prendiam todos os que se manifestavam contrários a ela. Em meio a essa situação, no ano de 1789, um grupo de poetas, fazendeiros, profissionais liberais (advogados, médicos etc.) começaram a organizar um movimento conhecido como a Inconfidência Mineira, da qual seu mais famoso participante foi Tiradentes.

Fontes de pesquisa: <http://www.culturabrasil.org/mineraçao.htm> e <http://www.portaltributario.com.br/artigos/atualizacaodoquinto.htm>. Acesso em: 11 mar. 2015.

a) Você conhece alguns impostos pagos pelos cidadãos em nosso país atualmente?

b) Obtenha duas outras frações equivalentes a um quinto.

teia integrada

9. Em Língua Espanhola, a leitura das horas é feita, em alguns casos, referindo-se a frações de hora. Observe.

ILUSTRAÇÕES: ESTÚDIO LAB 307

São 6 menos um quarto.

São 7 e um quarto.

a) O que significa "um quarto" nesses casos?

b) Como deve ser a leitura do horário 3 h 45 min em Língua Espanhola? Escreva na forma traduzida para a Língua Portuguesa.

c) Pesquise como se fala, em Língua Inglesa, "Dez e quinze" (10 h 15 min) e "Quinze para as dez" (9 h 45 min) e verifique se há relação com frações de hora como ocorre em alguns casos em Língua Espanhola. Compartilhe com os colegas o que você descobriu.

2 Operações com frações

Adição e subtração de frações

Adição e subtração de frações com denominadores iguais

Bruno fez uma viagem de automóvel na qual percorreu no primeiro dia $\frac{1}{10}$ do percurso total e, no segundo dia, $\frac{3}{10}$ do percurso total. Que fração do percurso total Bruno percorreu nesses dois dias? E que fração do percurso total ele percorreu no segundo dia a mais do que no primeiro dia?

Para responder a essas perguntas, inicialmente, vamos representar essa situação por meio do esquema a seguir. Observe.

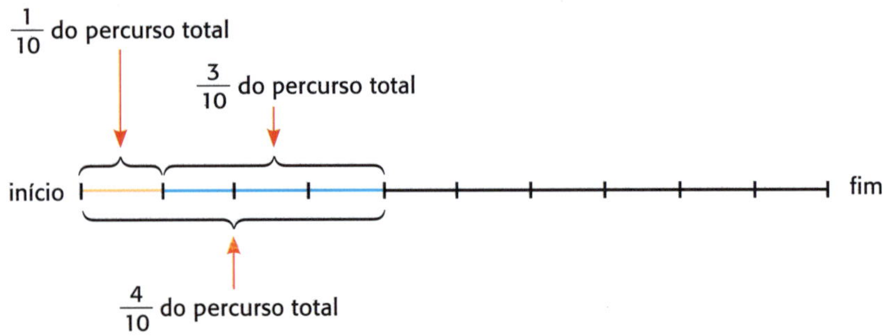

A fração do percurso total percorrido nos dois primeiros dias pode ser obtida por meio da seguinte adição:

$$\frac{1}{10} + \frac{3}{10} = \frac{1+3}{10} = \frac{4}{10}$$

Assim, Bruno percorreu $\frac{4}{10}$ do percurso total nos dois primeiros dias de viagem.

Para saber que fração do percurso total ele percorreu no segundo dia a mais do que no primeiro dia, podemos realizar a seguinte subtração:

$$\frac{3}{10} - \frac{1}{10} = \frac{3-1}{10} = \frac{2}{10}$$

Desse modo, no segundo dia, Bruno percorreu $\frac{2}{10}$ do percurso total a mais do que no primeiro dia.

> Para adicionar (ou subtrair) frações com denominadores iguais, adicionamos (ou subtraímos) os numeradores e mantemos o denominador.

Adição e subtração de frações com denominadores diferentes

Bruno continuou sua viagem e, no terceiro dia, percorreu $\frac{1}{4}$ do percurso. Que fração do percurso total ele percorreu nos 3 dias de viagem? E que fração do percurso ainda falta para ele terminar a viagem?

Para obtermos a fração do percurso total percorrido nos 3 dias, podemos calcular o resultado da adição $\frac{4}{10} + \frac{1}{4}$.

Note, nesse caso, que as partes em que o inteiro foi dividido não são do mesmo tamanho (décimos e quartos). A ideia, então, é obter frações equivalentes às frações $\frac{4}{10}$ e $\frac{1}{4}$ que tenham o mesmo denominador e adicioná-las. Acompanhe.

I. Calculamos o mmc dos denominadores (10 e 4).

$$\begin{array}{r|l} 10,\ 4 & 2 \\ 5,\ 2 & 2 \\ 5,\ 1 & 5 \\ 1,\ 1 & \end{array}$$

$$\text{mmc}(10,\ 4) = 2 \times 2 \times 5 = 20$$

II. Obtemos as frações equivalentes de denominador 20.

$$\frac{4}{10} = \frac{4 \times 2}{10 \times 2} = \frac{8}{20}$$

$$\frac{1}{4} = \frac{1 \times 5}{4 \times 5} = \frac{5}{20}$$

III. Fazemos a adição das frações.

$$\frac{4}{10} + \frac{1}{4} = \frac{8}{20} + \frac{5}{20} = \frac{8 + 5}{20} = \frac{13}{20}$$

Portanto, Bruno percorreu $\frac{13}{20}$ do percurso total nesses 3 dias.

Para saber que fração do percurso total ainda falta para Bruno terminar a viagem, podemos fazer uma subtração entre o percurso total $\left(1 \text{ ou } \frac{1}{1}\right)$ e a fração desse percurso percorrida por Bruno nos 3 três dias de viagem $\left(\frac{13}{20}\right)$.

$\frac{1}{1}$ equivale a $\frac{20}{20}$

$$\frac{1}{1} - \frac{13}{20} = \frac{20}{20} - \frac{13}{20} = \frac{20 - 13}{20} = \frac{7}{20}$$

$\frac{1}{1}$: percurso total

$\frac{13}{20}$: fração do percurso total percorrida por Bruno nos 3 dias de viagem

$\frac{7}{20}$: fração do percurso total que ainda falta ser percorrida

Portanto, faltam $\frac{7}{20}$ do percurso para Bruno terminar sua viagem.

> Para adicionar (ou subtrair) frações de denominadores diferentes, é preciso obter frações equivalentes a elas que tenham denominadores iguais e, depois, adicioná-las (ou subtraí-las) como frações de denominadores iguais.

SAIBA MAIS

Malba Tahan

Malba Tahan é o pseudônimo do professor Júlio César de Mello e Souza (1895-1974), autor de livros sobre matemática recreativa. Em 2004, o Congresso Nacional aprovou uma lei instituindo o dia 6 de maio, data de aniversário de Malba Tahan, como o Dia Nacional da Matemática.

No livro *O homem que calculava*, o autor conta a história de Beremiz Samir, um homem que utilizava a Matemática para solucionar diversos problemas em seu dia a dia de viajante. Essa obra já teve mais de 70 edições e foi traduzida para diversas línguas, como inglês, espanhol, alemão e francês, entre outras. Acompanhe parte de uma das histórias contadas nessa obra:

Poucas horas havia que viajávamos sem interrupção, quando nos ocorreu uma aventura digna de registro, na qual meu companheiro Beremiz, com grande talento, pôs em prática as suas habilidades de exímio algebrista.

Encontramos perto de um antigo caravançará meio abandonado três homens que discutiam acaloradamente ao pé de um lote de camelos.

Por entre pragas e impropérios gritavam possessos, furiosos:

– Não pode ser!

– Isto é um roubo!

– Não aceito!

Caravançará: refúgio construído pelo governo ou por pessoas piedosas à beira do caminho para servir de abrigo aos peregrinos. Espécie de rancho de grandes dimensões em que se acolhiam as caravanas.

ESTÚDIO MIL

O inteligente Beremiz procurou informar-se do que se tratava.

– Somos irmãos – esclareceu o mais velho – e recebemos como herança esses 35 camelos. Segundo a vontade expressa de meu pai, devo receber a metade, o meu irmão Hamed Namir uma terça parte, e, ao Harim, o mais moço, deve tocar apenas a nona parte. Não sabemos, porém, como dividir dessa forma 35 camelos, e, a cada partilha proposta, segue-se a recusa dos outros dois, pois a metade de 35 é 17 e meio. Como fazer a partilha se a terça e a nona parte de 35 também não são exatas?

– É muito simples – atalhou o Homem que Calculava. – Encarrego-me de fazer com justiça essa divisão, se permitirem que eu junte aos 35 camelos da herança este belo animal que em boa hora aqui nos trouxe! [...]

– Sois inteligente, ó Estrangeiro! – exclamou o mais velho dos três irmãos.

– Aceitamos a vossa partilha na certeza de que foi feita com justiça e equidade!

E o astucioso Beremiz – o Homem que Calculava – tomou logo posse de um dos mais belos jamales do grupo e disse-me, entregando-me pela rédea o animal que me pertencia:

– Poderás agora, meu amigo, continuar a viagem no teu camelo manso e seguro! Tenho outro, especialmente para mim!

E continuamos nossa jornada para Bagdá.

Malba Tahan. *O homem que calculava*. 64. ed. São Paulo: Record, 2004. p. 21-23.

Jamal: uma das muitas denominações que os árabes dão ao camelo.

Para explorar

- O mais velho dos irmãos tinha direito a $\frac{1}{2}$ dos camelos, o segundo, a $\frac{1}{3}$ dos camelos, e o mais novo, a $\frac{1}{9}$ dos camelos.

  a) A partilha dos camelos, como havia sido proposta inicialmente, não possibilita divisões exatas. Por quê?

  b) Beremiz juntou 1 camelo aos 35 camelos que os irmãos tinham para que a repartição fosse possível. Com essa nova quantidade de camelos, quantos animais cada irmão recebeu, de acordo com a vontade do pai para que fosse feita a partilha? Sobraram camelos?

  c) Para que não sobrassem camelos ao realizar a partilha, a soma das frações correspondentes ao que cada irmão recebeu deveria totalizar 1. Calcule essa soma e verifique que isso não acontece.

  d) Por que depois de realizada a partilha entre os irmãos sobraram 2 camelos? (Para responder, você pode usar o resultado que obteve no item **c**.)

Pista 2

Leia novamente as informações sobre as máquinas nos manuais de instrução.

- De acordo com os manuais de instrução, o rendimento da máquina M001B é o dobro do rendimento da máquina M001A. Então, em quantas horas a máquina M001B é capaz de aparar o gramado do campo de futebol? Em uma hora, que fração do gramado essa máquina é capaz de aparar?
- Trabalhando simultaneamente, que fração do gramado do campo de futebol as duas máquinas são capazes de aparar em uma hora? De quantas horas essas máquinas precisam para aparar o gramado todo?

ATIVIDADES

34. Copie o quadro ao lado em seu caderno e complete-o, adicionando cada fração da primeira linha à fração correspondente da primeira coluna. Veja o exemplo.

+	$\frac{1}{3}$	$\frac{3}{4}$	$\frac{5}{8}$	$\frac{7}{12}$
$\frac{2}{3}$				
$\frac{5}{6}$		$\frac{5}{6}+\frac{3}{4}=\frac{19}{12}$		
$\frac{7}{18}$				

35. Calcule o resultado em cada caso.

a) $\frac{1}{2}+\frac{1}{4}$

b) $\frac{1}{2}+\frac{1}{4}+\frac{1}{8}$

c) $\frac{1}{2}+\frac{1}{4}+\frac{1}{8}+\frac{1}{16}$

Agora, observando os resultados obtidos, responda: qual é o resultado de $\frac{1}{2}+\frac{1}{4}+$ $+\frac{1}{8}+\frac{1}{16}+\frac{1}{32}$?

36. Adriano tinha uma quantia em dinheiro, da qual gastou a metade na compra de um tênis. Do que restou, ele gastou $\frac{1}{4}$ em um restaurante, guardando o que sobrou.

a) Que fração da quantia inicial sobrou para Adriano após esses gastos?

b) Se sobraram 60 reais para Adriano, quantos reais ele tinha antes de fazer os gastos?

37. Mário é caminhoneiro e fez uma viagem entre duas cidades em 3 dias. No primeiro dia, ele completou $\frac{1}{3}$ do percurso, no segundo dia, mais $\frac{1}{4}$ do percurso, e, no terceiro dia, percorreu 200 quilômetros até chegar ao destino. Que fração do percurso total Mário percorreu nos dois primeiros dias de viagem?

Resolução

$\frac{1}{3}+\frac{1}{4}=?$

$\frac{1}{3}=\frac{4}{12}$ e $\frac{1}{4}=\frac{3}{12}$

$\frac{1}{3}+\frac{1}{4}=\frac{4}{12}+\frac{3}{12}=\frac{7}{12}$

Portanto, Mário percorreu $\frac{7}{12}$ do percurso nos dois primeiros dias.

38. Junto com um colega, retome o problema 37 e responda: qual é a distância entre as duas cidades?

39. (Saresp – Banco de questões) Na casa de Mariana o gasto diário de água com descargas correspondia a $\frac{2}{5}$ da capacidade da caixa-d'água. Com a troca por descargas mais econômicas, esse consumo passou a ser de $\frac{1}{4}$ da capacidade da mesma caixa-d'água. Logo, a fração da caixa-d'água economizada com essa troca foi de:

a) $\frac{1}{20}$ b) $\frac{3}{20}$ c) $\frac{2}{4}$ d) $\frac{1}{5}$

Multiplicação envolvendo frações

Um clube esportivo realizou eleições para a escolha do presidente para os próximos 4 anos. Os candidatos eram Osvaldo, Luiz e Samara. Votaram 300 associados do clube e cada um escolheu apenas um candidato. Veja a seguir o resultado da eleição.

- $\frac{1}{5}$ dos votos foram para Samara;
- Luiz recebeu o dobro dos votos recebidos por Samara;
- Osvaldo ficou com $\frac{1}{3}$ dos votos restantes.

ESTÚDIO MIL

A realização de eleições é parte de um sistema democrático de administração de uma entidade.

Luiz recebeu que fração dos votos?

Para saber a fração dos votos que Luiz recebeu é necessário calcular o dobro de $\frac{1}{5}$. Podemos usar a ideia de adição de parcelas iguais:

$$2 \times \frac{1}{5} = \frac{1}{5} + \frac{1}{5} = \frac{2}{5}$$

Observe outro modo de calcular essa multiplicação:

$$2 \times \frac{1}{5} = \frac{2}{1} \times \frac{1}{5} = \frac{2 \times 1}{1 \times 5} = \frac{2}{5} \quad \left(\text{Observe que 2 é o mesmo que } \frac{2}{1}.\right)$$

Portanto, Luiz recebeu $\frac{2}{5}$ dos votos.

- Quantos votos correspondem a $\frac{2}{5}$ de 300 votos?

Que fração dos votos Osvaldo recebeu?

Para isso, observe que Samara e Luiz receberam, juntos, $\frac{3}{5}$ dos votos $\left(\frac{1}{5} + \frac{2}{5} = \frac{3}{5}\right)$. Portanto, restaram $\frac{2}{5}$ do total de votos $\left(\text{o total de votos corresponde a } \frac{5}{5}\right)$.

Logo, é preciso calcular que fração dos votos corresponde a $\frac{1}{3}$ de $\frac{2}{5}$ dos votos. Acompanhe.

Representamos o total de votos por um retângulo.

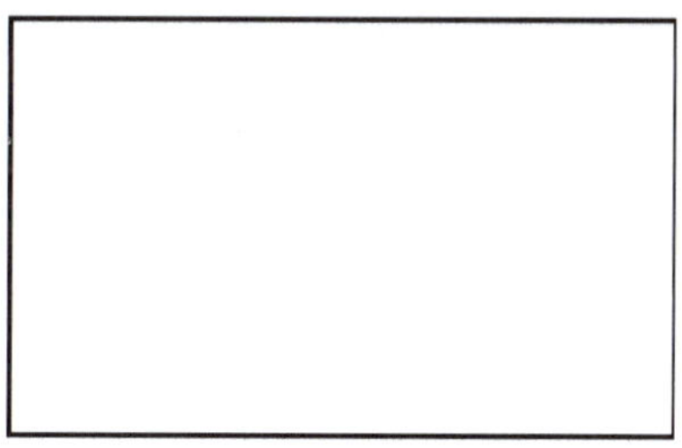

total de votos

Representamos $\frac{2}{5}$ dos votos (em azul).

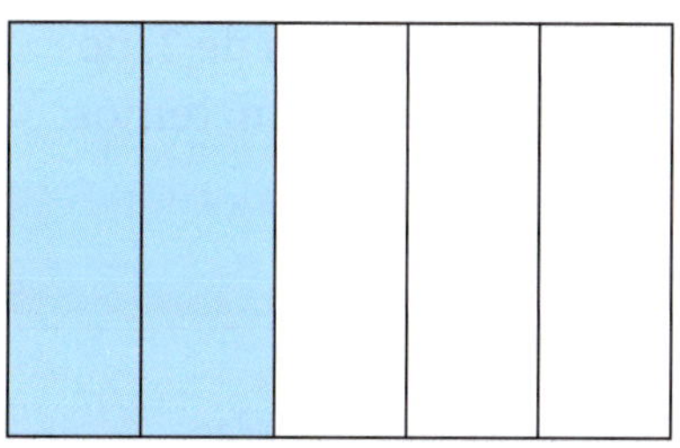

$\frac{2}{5}$ dos votos

Em seguida, dividimos cada quinto em 3 partes.

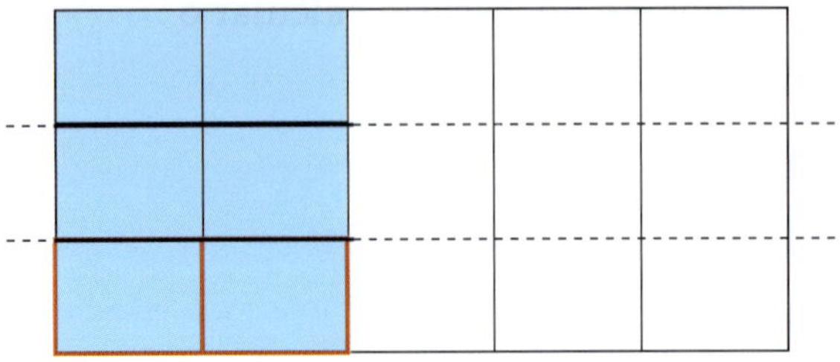

Note que o retângulo maior (o todo) ficou dividido em 15 partes ($3 \times 5 = 15$).

Por último, consideramos 1 terço dos 2 quintos (em vermelho), ou seja, 2 partes ($1 \times 2 = 2$) das 15 partes em que o retângulo maior foi dividido.

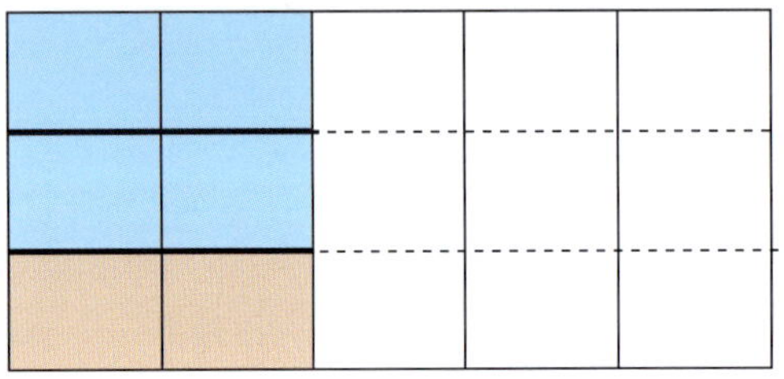

Assim, temos que $\frac{1}{3} \times \frac{2}{5} = \frac{1 \times 2}{3 \times 5} = \frac{2}{15}$

Portanto, dizer que Osvaldo recebeu $\frac{1}{3}$ de $\frac{2}{5}$ dos votos é o mesmo que dizer que ele recebeu $\frac{2}{15}$ dos votos.

- Quantos votos correspondem a $\frac{2}{15}$ de 300 votos?

Para multiplicar duas ou mais frações, basta multiplicarmos os seus numeradores entre si e os seus denominadores entre si.

Em algumas multiplicações de frações, antes de multiplicarmos os numeradores entre si e os denominadores entre si, podemos utilizar a ideia de múltiplo de um número para facilitar os cálculos posteriores. Considere o seguinte exemplo:

$$\frac{16}{27} \times \frac{15}{4}$$

Como o numerador da primeira fração, 16, e o denominador da segunda fração, 4, são múltiplos de 4, podemos dividir 16 e 4 por 4, obtendo 4 e 1, respectivamente. Do mesmo modo, como o numerador da segunda fração, 15, e o denominador da primeira fração, 27, são múltiplos de 3, podemos dividir 15 e 27 por 3, obtendo 5 e 9, respectivamente. Assim, temos:

$$\frac{\overset{4}{\cancel{16}}}{\underset{9}{\cancel{27}}} \times \frac{\overset{5}{\cancel{15}}}{\underset{1}{\cancel{4}}} = \frac{4}{9} \times \frac{5}{1} = \frac{4 \times 5}{9 \times 1} = \frac{20}{9}$$

- Mostre que $\frac{16}{27} \times \frac{15}{4}$ resulta em $\frac{20}{9}$, usando outro modo de calcular.

Divisão envolvendo frações

Divisão de um número natural por uma fração

Geraldo é pedreiro e está finalizando uma obra. Ele quer fazer o rodapé de uma parede de 2 metros de comprimento cobrindo-o com peças de madeira cujo comprimento é de $\frac{1}{5}$ de metro. De quantas peças Geraldo precisará para fazer o rodapé dessa parede?

QUANTA ESTÚDIO

Para resolver esse problema, temos de verificar quantas vezes $\frac{1}{5}$ de metro cabe em 2 metros. Para isso, podemos calcular o resultado de $2 : \frac{1}{5}$. Observe, no esquema a seguir, como ficaria o rodapé da parede se todas as peças necessárias estivessem colocadas.

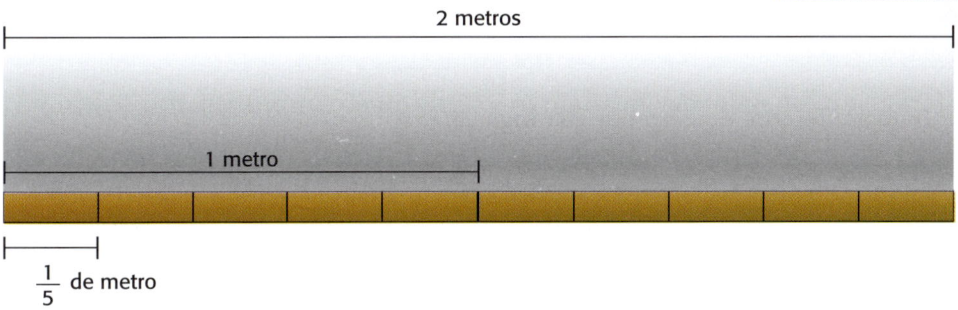

WYM DESIGN

Note que $\frac{1}{5}$ de metro cabe **10 vezes em 2 metros**. Assim, $2 : \frac{1}{5} = 10$.

Portanto, Geraldo precisará de 10 peças de madeira para fazer o rodapé dessa parede.

Divisão de uma fração por outra fração

A ideia de "quanto cabe" também pode ser utilizada para calcular o resultado de uma divisão de uma fração por outra fração. Vamos, por exemplo, calcular o resultado de $\frac{6}{7} : \frac{3}{14}$. Observe o esquema a seguir.

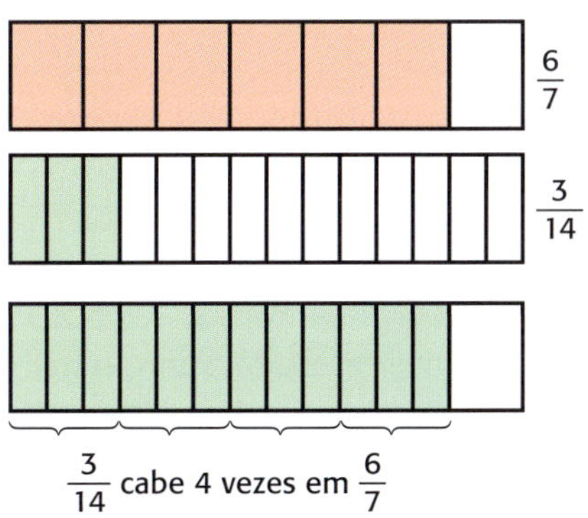

Assim, $\frac{6}{7} : \frac{3}{14} = 4$.

Divisão envolvendo frações: processo prático

Podemos também fazer divisões que envolvem frações sem o uso de esquemas. É possível realizar essas divisões por meio de um processo prático que envolve o uso da **inversa** de uma fração.

Dada uma fração diferente de zero, obtemos sua inversa trocando entre si o numerador e o denominador dessa fração. Por exemplo, a inversa de $\frac{3}{14}$ é $\frac{14}{3}$. Veja a seguir outros exemplos.

- A inversa de $\frac{6}{7}$ é $\frac{7}{6}$;
- A inversa de $\frac{3}{4}$ é $\frac{4}{3}$;
- A inversa de $\frac{1}{5}$ é $\frac{5}{1}$.

- Em cada um desses exemplos, multiplique a fração dada pela sua inversa. Que resultado você obteve?

O produto de uma fração diferente de zero por sua inversa é igual a 1.

Vamos voltar à última divisão envolvendo frações que calculamos:

- Vimos que $\frac{6}{7} : \frac{3}{14} = 4$
- Agora, observe que $\frac{6}{7} \times \frac{14}{3} = \frac{\cancel{6}^{2}}{\cancel{7}_{1}} \times \frac{\cancel{14}^{2}}{\cancel{3}_{1}} = 2 \times 2 = 4$

  (inversa de $\frac{3}{14}$: $\frac{14}{3}$)
- Desse modo, temos que $\frac{6}{7} : \frac{3}{14} = \frac{6}{7} \times \frac{14}{3} = 4$

Note que a divisão de $\frac{6}{7}$ por $\frac{3}{14}$ pode ser reescrita como a multiplicação de $\frac{6}{7}$ pela inversa de $\frac{3}{14}$, ou seja, $\frac{14}{3}$.

Para dividir uma fração por outra diferente de zero, basta multiplicar a primeira fração (dividendo) pela inversa da segunda fração (divisor).

- Verifique que $2 : \frac{1}{5} = 10$ por meio do processo prático.

Pista 3

Leia novamente todo o enigma e, depois, observe com atenção o contrato de locação das máquinas.

- Antes do aluguel da máquina M001B, qual era o custo mensal do aluguel da máquina M001A? Por quê?
- Depois de adquirir a máquina M001B, quanto o clube passou a economizar por mês com o aluguel de equipamentos?
- Por quanto ficou o valor do aluguel de cada máquina quando as duas foram utilizadas simultaneamente para aparar o gramado do campo de futebol?
- Por quanto ficou o custo mensal do aluguel para aparar o gramado utilizando as máquinas M001A e M001B simultaneamente?

Desvende o enigma

- Ao utilizar as duas máquinas para aparar o gramado do campo de futebol, o clube teve um custo mensal menor do que quando utilizava apenas uma máquina. Por que isso ocorreu?

ATIVIDADES

40. A avó de Pedro faz biscoitos para servir a seus netos usando esta receita.

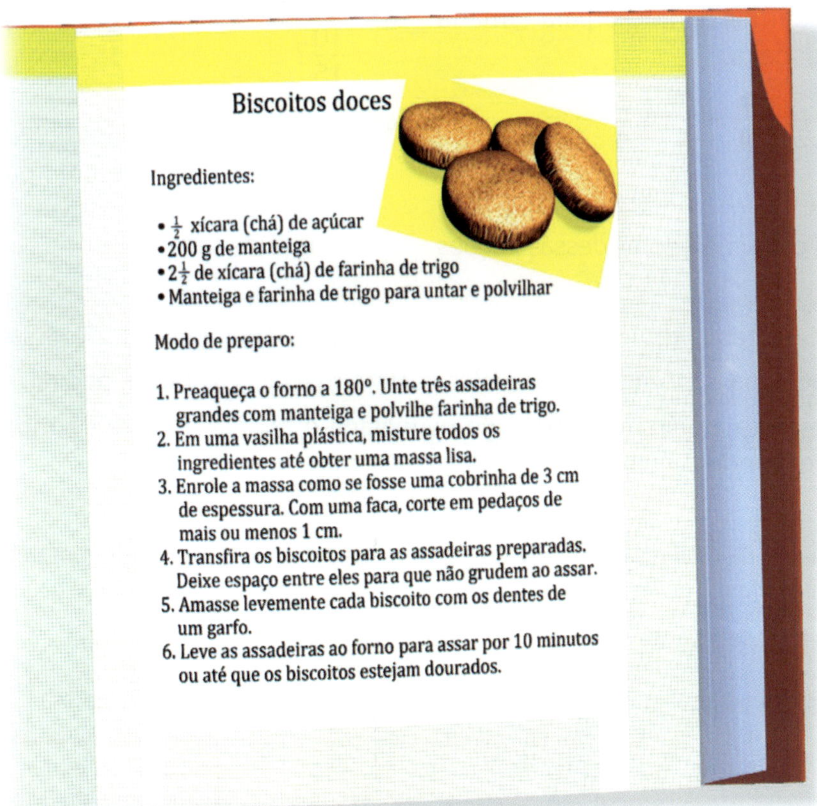
Biscoitos doces

Ingredientes:

- $\frac{1}{2}$ xícara (chá) de açúcar
- 200 g de manteiga
- $2\frac{1}{2}$ de xícara (chá) de farinha de trigo
- Manteiga e farinha de trigo para untar e polvilhar

Modo de preparo:

1. Preaqueça o forno a 180°. Unte três assadeiras grandes com manteiga e polvilhe farinha de trigo.
2. Em uma vasilha plástica, misture todos os ingredientes até obter uma massa lisa.
3. Enrole a massa como se fosse uma cobrinha de 3 cm de espessura. Com uma faca, corte em pedaços de mais ou menos 1 cm.
4. Transfira os biscoitos para as assadeiras preparadas. Deixe espaço entre eles para que não grudem ao assar.
5. Amasse levemente cada biscoito com os dentes de um garfo.
6. Leve as assadeiras ao forno para assar por 10 minutos ou até que os biscoitos estejam dourados.

DAWIDSON FRANÇA

Atenção: se você for fazer esses biscoitos, peça ajuda a adultos e nunca ligue forno e fogo sem o acompanhamento deles.

Certo dia, Pedro levou alguns amigos à casa da avó e ela teve de dobrar essa receita. Reproduza a nova receita com os ingredientes recalculados.

41. Copie o quadro a seguir em seu caderno e complete-o com o produto da fração de cada linha pela fração de cada coluna. Veja o exemplo.

$\times$	$\frac{1}{2}$	$\frac{3}{5}$	$\frac{3}{11}$	$\frac{7}{12}$
$\frac{1}{6}$				
$\frac{4}{6}$		$\frac{4}{6} \times \frac{3}{5} = \frac{12}{30}$		
$\frac{3}{14}$				

42. Uma empresa destina $\frac{1}{100}$ de seus lucros anuais a projetos de apoio à cultura. Desse dinheiro, $\frac{1}{3}$ é investido em grupos de dança popular e o restante, em grupos circenses.

a) Que fração dos lucros da empresa é aplicada em apoio a grupos circenses?

b) Se foram investidos R$ 20 000,00 em grupos circenses, qual foi o lucro anual dessa empresa?

43. Determine os termos da fração para tornar a igualdade verdadeira.

$$\frac{2}{3} \cdot \frac{\bullet}{\blacksquare} + \frac{1}{4} = \frac{3}{4}$$

44. Primeiro Fernando calculou o produto $\frac{2}{3} \times \frac{4}{5}$. Depois, trocou os numeradores dessas frações entre si, como mostrado a seguir, e calculou o produto obtido.

$$\frac{4}{3} \times \frac{2}{5}$$

Quais resultados Fernando obteve em cada caso?

BIS

45. Calcule o resultado de cada divisão a seguir.

a) $\frac{4}{6} : \frac{3}{2}$

b) $\frac{2}{9} : \frac{1}{2}$

c) $\frac{2}{9} : \frac{8}{15}$

d) $\frac{10}{6} : \frac{4}{3}$

e) $\frac{15}{14} : \frac{15}{2}$

f) $\frac{8}{20} : \frac{1}{5}$

g) $\frac{3}{2} : \frac{1}{8}$

h) $\frac{1}{10} : \frac{2}{18}$

46. Quantas vezes a fração $\frac{5}{3}$ "cabe" na fração $\frac{10}{15}$?

47. Um pintor usou $\frac{2}{3}$ da tinta de uma lata para pintar a metade de uma parede. Que fração dessa parede é possível pintar com 1 lata inteira de tinta?

48. Um grupo de amigos comprou uma *pizza* dividida em partes iguais e de 3 sabores diferentes: calabresa, napolitana e mozarela. Como eles gostam mais de calabresa, pediram $\frac{1}{2}$ da *pizza* desse sabor e, do restante, pediram 3 partes de napolitana e apenas 1 parte de mozarela. A parte de calabresa corresponde a quantas vezes a parte de mozarela?

Resolução

A metade que não é de calabresa tem 3 partes de napolitana e apenas 1 parte de mozarela, ou seja, 4 partes. Então, a *pizza* inteira tem 8 pedaços iguais (4 pedaços em cada metade). Assim, a parte de mozarela corresponde a 1 parte de um total de 8 partes, ou seja, $\frac{1}{8}$ da *pizza*.

Fazemos uma divisão para saber quantas vezes essa parte $\left(\frac{1}{8}\right)$ cabe na parte de calabresa $\left(\frac{1}{2}\right)$.

$$\frac{1}{2} : \frac{1}{8} = \frac{1}{2} \times \frac{8}{1} = \frac{8}{2} = 4$$

Portanto, a parte de calabresa corresponde a 4 partes de mozarela.

Faça um esquema para representar esse resultado.

49. Em uma sala de aula, $\frac{2}{3}$ do total de alunos são meninas e, entre os meninos, $\frac{1}{5}$ tem idade acima de 12 anos. Que fração do total de alunos são meninos com até 12 anos de idade?

Porcentagem

Na Antiguidade, para custear gastos militares, o imperador romano Augusto (63 a.C.-14 d.C.) instituiu um tributo sobre todas as vendas em leilão público. Esse tributo era de **1 áureo** (moeda da época) **para cada 100 áureos** negociados.

DEAGOSTINI/GETTY IMAGES

Moeda romana de ouro, cunhada por César Augusto, no século 1 a.C.

A relação 1 para cada 100 pode ser representada por uma fração cujo denominador é igual a 100, ou seja, $\frac{1}{100}$.

A fração $\frac{1}{100}$ também pode ser representada na forma de **porcentagem**, utilizando-se o símbolo **%**. Nesse caso, podemos escrever **1%** (lê-se: um por cento).

As porcentagens podem ser representadas na forma de frações cujo denominador é igual a 100.

Veja a seguir algumas situações em que as porcentagens estão presentes.

WYM DESIGN

Notícias

Anatel: velocidade média de internet deve ser pelo menos 80% do contratado

A partir deste sábado (1º), a velocidade média das conexões de banda larga não pode ser inferior a 80% do que foi contratado pelo usuário.

O valor estabelecido anteriormente pela Anatel (Agência Nacional de Telecomunicações) era de 70%. Na prática, em um plano de 10 Mbps, a média mensal de velocidade deve ser de, no mínimo, 8 Mbps.

É preciso salientar que essa porcentagem não é a velocidade prática de *download* (que determina quanto tempo vai demorar para que algo seja baixado). O índice diz respeito à velocidade estipulada em contrato.

Notícia publicada em 31 de outubro de 2014. Disponível em: <http://tecnologia uol.com.br/noticias/redacao/2014/10/31/anatel-velocidade-media-de-internet-deve-ser-pelo-menos-80-do-contratado.htm>. Acesso em: 13 dez. 2014.

Em notícias de jornais, revistas, *blogs*, entre outros, é comum encontrarmos informações registradas em porcentagens.

DANIEL CYMBALISTA/PULSAR IMAGENS

Porcentagens estão presentes em promoções e propagandas.

Cálculo com porcentagens

Leia a propaganda a seguir.

WYM DESIGN

Qual é o valor em reais do desconto à vista? E qual é o preço da camiseta com desconto?

Para saber o valor do desconto, precisamos calcular 20% de 60. Veja alguns modos de fazer esse cálculo:

I. 60 reais correspondem a 100% do preço; então, 10% do preço é igual a R$ 60,00 : 10 = R$ 6,00. Portanto, 20% de desconto é igual ao dobro de R$ 6,00, ou seja, R$ 12,00.

II. Sabemos que 20% é o mesmo que $\frac{20}{100} = \frac{20 : 20}{100 : 20} = \frac{1}{5}$. Então, calcular 20% de 60 é o mesmo que dividir 60 por 5:

$$60 : 5 = 12$$

III. Sabemos que 20% é o mesmo que $\frac{20}{100}$. Então, calcular 20% de 60 é o mesmo que dividir 60 em 100 partes iguais e tomar 20 partes iguais a esse valor, ou seja, multiplicar por 20. Como a ordem em que é feita a multiplicação ou divisão não altera o resultado do cálculo, podemos primeiro multiplicar por 20, e depois dividir por 100:

$$60 \times 20 = 1\,200 \text{ e } 1\,200 : 100 = 12$$

IV. Em geral, nas calculadoras há a tecla [%], que pode ser usada para auxiliar o cálculo com porcentagens. Nesse caso, as seguintes teclas devem ser apertadas (nesta ordem):

[2] [0] [×] [6] [0] [%] [=]

Portanto, o desconto é de R$ 12,00 e o preço da camiseta à vista é R$ 48,00, pois R$ 60,00 − R$ 12,00 = R$ 48,00.

ATIVIDADES

50. Em cada item, escreva a fração equivalente à fração dada cujo denominador seja 100. Em seguida, escreva na forma de porcentagem a fração obtida.

a) $\frac{1}{2}$

b) $\frac{2}{10}$

c) $\frac{3}{5}$

d) $\frac{7}{20}$

e) $\frac{2}{2}$

f) $\frac{3}{50}$

g) $\frac{5}{25}$

h) $\frac{8}{10}$

i) $\frac{1}{50}$

j) $\frac{20}{25}$

51. Calcule:

a) 10% de 200

b) 50% de 450

c) 25% de 800

d) 20% de 40

e) 30% de 50

f) 70% de 80

g) 40% de 90

h) 5% de 2 400

52. Calculadora

Nivaldo quer calcular 12% de R$ 300,00 em sua calculadora, mas ela não tem a tecla [%]. Registre de que modo ele pode calcular esse valor usando outras teclas dessa calculadora.

53. Uma camiseta custava R$ 20,00 e passou a custar R$ 24,00.

a) De quantos reais foi o aumento?

b) Esse aumento representa que fração em relação ao preço anterior da camiseta?

c) Escreva essa fração na forma de porcentagem. De quanto por cento foi o aumento no preço da camiseta?

54. (Enem) Um professor dividiu a lousa da sala de aula em quatro partes iguais. Em seguida, preencheu 75% dela com conceitos e explicações, conforme a figura a seguir.

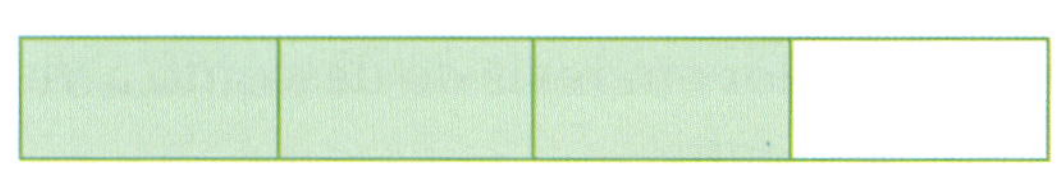

Algum tempo depois, o professor apagou a lousa por completo e, adotando um procedimento semelhante ao anterior, voltou a preenchê-la, mas, dessa vez, utilizando 40% do espaço dela.

Uma representação possível para essa segunda situação é:

a) 

b) 

c) 

d) 

e) 

55. (Etec) Em uma determinada cidade, 80% dos habitantes são eleitores. Dentre eles, 60% são do sexo masculino. Considerando que os 20% de não eleitores correspondem a 20 000 habitantes, calcule o número de eleitores do sexo feminino dessa cidade.

a) 20 000
b) 32 000
c) 40 000
d) 60 000
e) 80 000

56. O desperdício de alimentos no Brasil é um problema cujos fatores são inúmeros. Por exemplo, a perda de frutos e hortaliças ocorre desde a colheita no campo até a mesa do consumidor. Observe no gráfico a seguir a porcentagem de perdas de frutos e hortaliças em cada etapa pós-colheita.

Perdas pós-colheita de frutos e hortaliças

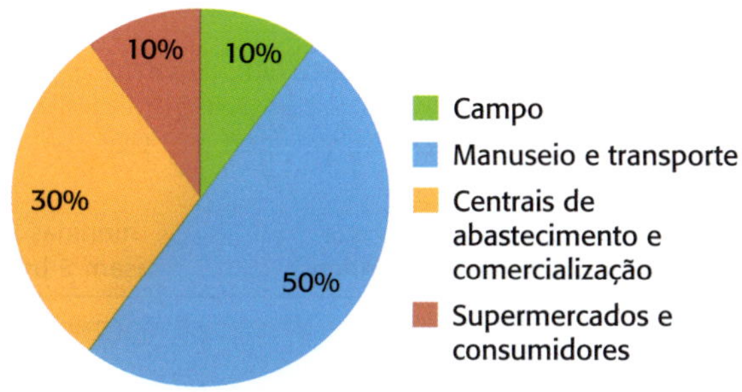

LUIZ FERNANDO RUBIO

Fonte: <http://www.ctaa.embrapa.br/upload/publicacao/art-182.pdf>. Acesso em: 30 jan. 2015.

Em qual etapa encontra-se a maior perda de frutos e hortaliças em relação ao total de perdas?

ATIVANDO HABILIDADES

(Obmep) Em uma escola, $\frac{1}{6}$ das meninas usa um único brinco; das meninas restantes, metade usa dois brincos e a outra metade **não** usa brincos. O número de brincos usados pelas meninas é:

a) igual ao número de meninas.

b) o dobro do número de meninas.

c) a metade do número de meninas.

d) dois terços do número de meninas.

e) um terço do número de meninas.

Entendimento do problema

Quais informações são importantes para a resolução desta atividade?

O objetivo da atividade é determinar o número de brincos usados pelas meninas da escola. Então, é necessário saber que $\frac{1}{6}$ do total de meninas da escola usa um único brinco, e que, das meninas restantes, metade usa dois brincos e a outra metade não usa brincos.

Elaboração de uma estratégia

Representar as frações correspondentes a cada grupo de meninas (as que usam um único brinco, as que usam dois brincos e as que não usam brincos) em relação ao todo.

Completar cada parte com a quantidade de brincos usados e com os valores obtidos; analisar qual alternativa corresponde à resposta certa.

Execução da estratégia

Diretamente do enunciado, sabemos que $\frac{1}{6}$ das meninas da escola usa um único brinco.

Como $\frac{1}{6}$ do total de meninas usa um único brinco, a fração correspondente às meninas restantes pode ser obtida fazendo $1 - \frac{1}{6} = \frac{6}{6} - \frac{1}{6} = \frac{5}{6}$.

Desse modo, para saber que fração corresponde à metade das meninas restantes, devemos calcular a metade de $\frac{5}{6}$, ou seja, $\frac{1}{2} \times \frac{5}{6} = \frac{5}{12}$. Assim, $\frac{5}{12}$ do total de meninas da escola usam 2 brincos e $\frac{5}{12}$ do total de meninas da escola (a outra metade das meninas restantes) não usam brinco.

As frações $\frac{1}{6}$, $\frac{5}{12}$ e $\frac{5}{12}$ são de um mesmo inteiro, o total de meninas da escola, porém têm denominadores diferentes. Mas, como $12 = 6 \times 2$, podemos escrever $\frac{1}{6} = \frac{1 \times 2}{6 \times 2} = \frac{2}{12}$ e, assim, representar as frações $\frac{2}{12}$, $\frac{5}{12}$ e $\frac{5}{12}$ por uma mesma figura dividida em partes iguais:

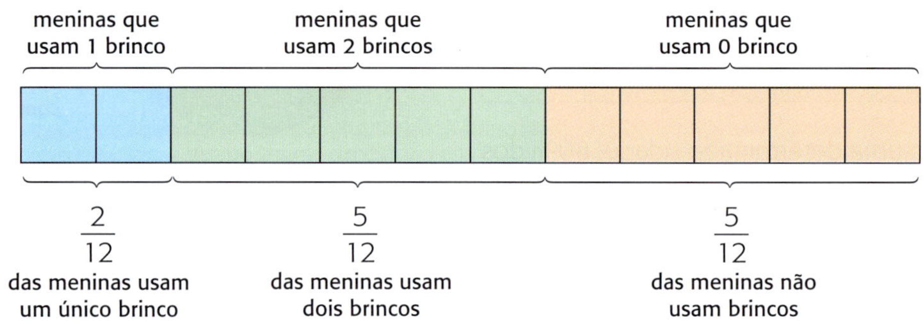

Com base na figura, vemos que há 12 grupos de meninas e 12 brincos $(1 + 1 + 2 + 2 + 2 + + 2 + 2)$.

Análise da solução

Vamos fazer a verificação atribuindo um número qualquer de meninas a cada um dos 12 grupos. Se cada grupo tiver, por exemplo, 3 meninas, haverá:

- 6 meninas $(2 \times 3 = 6)$ usando 1 brinco cada uma, portanto, haverá 6 brincos no total;
- 15 meninas $(5 \times 3 = 15)$ usando 2 brincos cada uma, portanto, 30 brincos no total.
- 15 meninas $(5 \times 3 = 15)$ que não usam brincos.

Portanto, nesse caso, haverá um total de 36 meninas $(6 + 15 + 15 = 36)$ e 36 brincos $(6 + 30 = 36)$. Como haverá o mesmo número de meninas e de brincos, a alternativa **a** se confirma.

Resposta: alternativa **a**.

É a sua vez!

(Obmep) Um ônibus transporta 31 estudantes, baianos e mineiros, para um encontro de participantes da OBMEP. Entre os baianos, $\frac{2}{5}$ são homens e, entre os mineiros, $\frac{3}{7}$ são mulheres. Entre todos os estudantes, quantas são as mulheres?

a) 12 **b)** 14 **c)** 15 **d)** 18 **e)** 21

1. Em uma fração, o denominador é o dobro do numerador, e a soma deles é igual a 15. Qual é essa fração?

2. Em cada caso, determine a fração com base nas informações apresentadas.

a) O numerador é o menor múltiplo de 3 formado por 2 algarismos, e o denominador é o maior número primo menor do que 30.

b) O numerador é o menor número primo, e o denominador é um múltiplo de 7 menor do que 20 formado por 2 algarismos.

3. A que fração do real corresponde o valor de cada moeda a seguir? Lembre-se de que 1 real equivale a 100 centavos.

a) 

c) 

b) 

d) 

MUSEU DE VALORES/BANCO CENTRAL DO BRASIL

4. Uma professora vai dividir 3 folhas de papel entre 8 alunos. Que fração de folha cada um deles receberá?

5. No Brasil, os trabalhadores com carteira assinada têm direito ao chamado 13º salário, que é 1 salário extra, além dos 12 mensais, pago ao final do ano. Se a pessoa trabalhar nos 12 meses do ano, ela terá direito a 1 salário total, mas, se trabalhar em parte do ano, receberá apenas a fração correspondente a essa parte. Por exemplo, se a pessoa trabalhar em 6 meses do ano $\left(\frac{6}{12}\right.$ do ano ou metade do ano$\left.\right)$, receberá a metade de 1 salário; se trabalhar 4 meses, receberá $\frac{4}{12}$ de um salário; e assim por diante. Responda em seu caderno: se um trabalhador ganha R$ 1 200,00 por mês e trabalhou em 8 meses do ano, quanto ele receberá de 13º salário?

6. Em um município, há quatro times de futebol que dividem a torcida dos habitantes: Olímpicos, Ninjas, Colossais e Dínamo. Recentemente, foi feita uma pesquisa para saber qual é o time preferido de alguns habitantes desse município e o resultado foi apresentado no gráfico a seguir. Considere que cada entrevistado escolheu apenas 1 time.

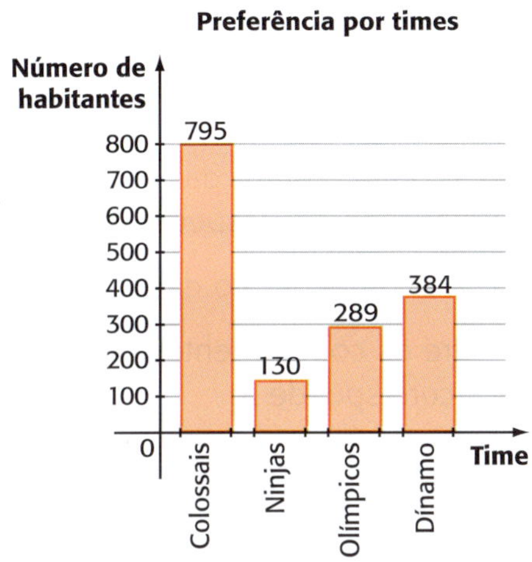

LUIZ FERNANDO RUBIO

a) Qual é o time preferido por aproximadamente metade dos entrevistados?

b) E qual time tem a preferência de aproximadamente $\frac{1}{4}$ dos entrevistados?

7. De acordo com o Instituto Brasileiro de Geografia e Estatística (IBGE), aproximadamente 4 em cada 10 imigrantes que vieram ao Brasil entre os anos de 1870 a 1920 eram italianos.

THINKSTOCK/GETTY IMAGES

Bandeira italiana.

Se nesse período chegaram cerca de 1 400 000 imigrantes italianos ao Brasil, aproximadamente quantos imigrantes chegaram ao todo no Brasil nesse período?

Fonte de pesquisa: <http://brasil500anos.ibge.gov.br/territorio-brasileiro-e-povoamento/italianos>. Acesso em: 9 jan. 2015.

teia do saber

8. Silvana depositou uma fração de seu salário no banco e gastou o dobro dessa quantia com o aluguel de sua casa. Sabendo que restaram $\frac{2}{5}$ de seu salário após o pagamento do aluguel, que fração do salário Silvana depositou no banco?

9. (Saresp – Banco de questões) As barras preta, cinza e branca foram empilhadas como mostra a figura.

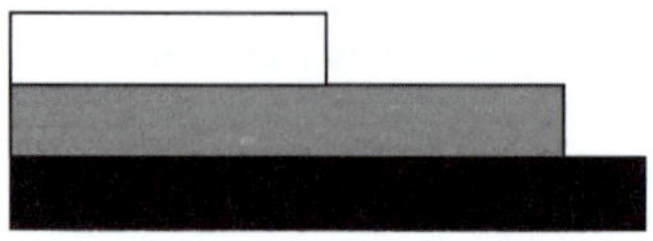

Sabe-se que os comprimentos das barras branca e cinza correspondem, respectivamente, a metade e a $\frac{7}{8}$ do comprimento da barra preta. A diferença entre os comprimentos das barras cinza e branca corresponde a:

a) $\frac{1}{2}$ da barra preta.
b) $\frac{2}{5}$ da barra preta.
c) $\frac{3}{8}$ da barra preta.
d) $\frac{5}{16}$ da barra preta.

10. Os egípcios utilizavam a adição de frações unitárias (frações cujo numerador é igual a 1) para obter as demais frações. Por exemplo, a fração $\frac{7}{10}$ era escrita como $\frac{1}{2} + \frac{1}{5}$.

a) Verifique que $\frac{1}{2} + \frac{1}{5} = \frac{7}{10}$.

b) Determine a fração irredutível correspondente à adição $\frac{1}{3} + \frac{1}{5} + \frac{1}{2}$.

11. Calcule:

a) $\frac{1}{2} + \frac{1}{3} + \frac{1}{4}$
b) $\frac{2}{3} + \frac{1}{2}$
c) $\frac{7}{2} - \frac{5}{4}$
d) $\frac{3}{8} - \frac{1}{4}$

12. Calcule cada produto e simplifique a fração resultante de modo a torná-la irredutível.

a) $\frac{2}{9} \times \frac{18}{3}$
b) $\frac{2}{15} \cdot \frac{3}{4}$
c) $\frac{12}{25} \cdot \frac{15}{8}$
d) $\frac{80}{20} \times \frac{2}{8}$

(Etec) Considere o texto a seguir para responder às questões de números **13** e **14**.

Uma empresa multinacional, para sobreviver à crise financeira atual, propôs o afastamento de parte de seus funcionários, dando-lhes uma ajuda de custo durante o período do afastamento.

13. Se 1 800 funcionários foram afastados, correspondendo a 25% do total de funcionários dessa empresa, conclui-se que o número total de funcionários, antes dos afastamentos, era de

a) 1 800.
b) 5 400.
c) 6 000.
d) 7 200.
e) 9 000.

14. Sabendo-se que a ajuda de custo paga aos funcionários afastados dessa empresa corresponde a 60% do salário pago mensalmente, um funcionário que recebia o salário mensal de R$ 2 400,00 (dois mil e quatrocentos reais) receberá a ajuda de custo de

a) R$ 960,00.
b) R$ 1 200,00.
c) R$ 1 440,00.
d) R$ 1 960,00.
e) R$ 2 340,00.

15. (Obmep) Os alunos do sexto ano da Escola Municipal de Quixajuba fizeram uma prova com 5 questões. O gráfico mostra quantos alunos acertaram o mesmo número de questões; por exemplo, 30 alunos acertaram exatamente 4 questões. Qual das afirmações a seguir é verdadeira?

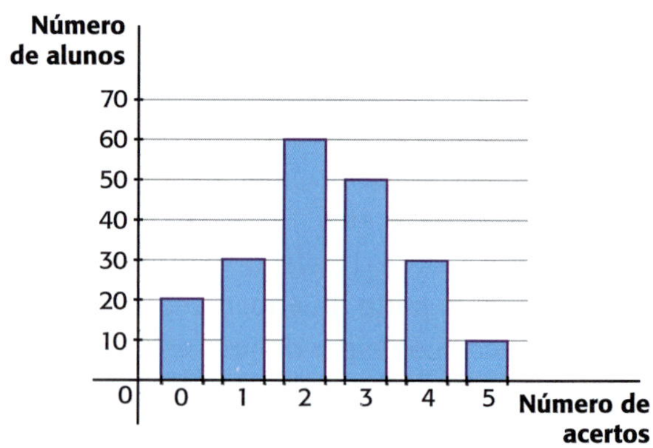

LUIZ FERNANDO RUBIO

a) Apenas 10% do total de alunos acertaram todas as questões.
b) A maioria dos alunos acertou mais de 2 questões.
c) Menos de 200 alunos fizeram a prova.
d) 40 alunos acertaram pelo menos 4 questões.
e) Exatamente 20% do total de alunos não resolveram nenhuma questão.

16. Leia o texto abaixo e o infográfico na sequência, que tratam da produção e do desperdício de alimentos no mundo e no Brasil.

Quanta comida é desperdiçada no mundo?

Cerca de 1,3 bilhão de toneladas ao ano, segundo um relatório de 2013 da FAO (o braço da ONU [Organização das Nações Unidas] dedicado à alimentação e à agricultura). Praticamente 33% de tudo que é produzido no mundo vai para o lixo, causando um prejuízo equivalente a [...] [1 600 bilhão de reais] [...]. De acordo com o mesmo levantamento, se esse desperdício fosse reduzido, seria suficiente para alimentar 2 bilhões de pessoas – mais do que suficiente para acabar com a fome no planeta, que atualmente assola 870 milhões de seres humanos. Os dados mais recentes do Brasil são de 2007: segundo a Embrapa (Empresa Brasileira de Pesquisa Agropecuária), nosso desperdício bate nas 26 milhões de toneladas/ano.

Bruno Machado. Disponível em: <http://planetasustentavel.abril.com.br/pops/quanta-comida-e-desperdicada-no-mundo.shtml>. Acesso em: 14 jan. 2015.

Produção e desperdício de algumas frutas no mundo

Fonte de pesquisa: <http://planetasustentavel.abril.com.br/>. Acesso em: 14 jan. 2015.

a) De acordo com o texto, qual é a porcentagem da quantidade de alimento, produzido no mundo, que vai para o lixo?

b) Segundo as informações do infográfico, é possível afirmar que $\frac{1}{4}$ do total de mangas produzidas no mundo vai para o lixo? Justifique.

c) Você conhece algum modo de evitar o desperdício de alimentos? Se sim, qual? Se não conhece, pesquise e depois compartilhe com os colegas.

Encerrando a unidade

Nesta unidade você teve a oportunidade de retomar e ampliar seus conhecimentos sobre frações e um tipo especial de frações, as porcentagens. Reflita sobre os conteúdos estudados na unidade e faça o que se pede a seguir.

a) Elabore uma lista de palavras-chave relacionadas ao conceito de frações.

b) Avaliando a sua aprendizagem dos conteúdos desta unidade, você considera importante utilizar desenhos, esquemas e outros tipos de representações visuais para resolver cálculos e problemas envolvendo frações?

c) Retome a abertura desta unidade e responda: que relação você percebe entre os trechos em destaque na notícia apresentada sobre as compras *on-line*?

d) Que assuntos estudados nesta unidade você utilizou para resolver o Enigma?

Fator de proteção solar (FPS)

Você costuma usar protetor solar para se proteger dos raios solares? Conhece a importância desse tipo de cuidado com a pele?

Leia o texto a seguir e entenda um pouco mais sobre o significado dos números indicados nos rótulos de protetores solares.

THINKSTOCK/GETTY IMAGES

O fator de proteção solar representa o tempo a mais que a pele fica protegida. Por exemplo, se sua pele leva cinco minutos para sofrer os efeitos do sol, ao passar um protetor com fator de proteção solar 15 [(FPS 15)], a pele fica protegida por 15 vezes mais tempo (no caso, 75 minutos). O mesmo protetor sobre uma pele mais escura, que sofre os efeitos solares após sete minutos, protege por 105 minutos. Mas, cuidado. Isso não quer dizer que o FPS 60 seja quatro vezes mais poderoso que o FPS 15, mas que ele protege por quatro vezes mais tempo.

Mas o que é pele protegida? É aquela que, quando exposta ao Sol, não apresenta danos visíveis, como vermelhidão e queimaduras. Já a numeração dos protetores é uma convenção internacional regulamentada por órgãos reguladores de medicamentos, como a Anvisa [(Agência Nacional de Vigilância Sanitária)]. Os números são definidos em diversos testes. Um deles é o da dose mínima de eritema (DME), que é o tempo mínimo para a pele ficar vermelha após a exposição. Basicamente, o FPS é determinado ao dividir a DME das pessoas que aplicaram protetor no teste pela DME das que não passaram. Assim surgem números como 2, 4, 8, 20, 50 etc. [...].

Nathália Braga. Nov/12. Superinteressante. Disponível em: <http://super.abril.com.br/cotidiano/sao-numeros-fps-protetor-solar-725987.shtml>. Acesso em: 12 jan. 2015.

No quadro a seguir apresentamos, de acordo com o FPS, quanto dos raios solares do tipo UVB, em porcentagem, o protetor solar impede que cause efeitos danosos à pele.

THINKSTOCK/GETTY IMAGES

THINKSTOCK/GETTY IMAGES

FPS	Proteção (%)*
2	50
4	75
8	87
20	94

* Valores aproximados.
Fonte: <http://www.ufrrj.br/institutos/it/de/acidentes/fator.htm>. Acesso em: 12 jan. 2015.

Para determinar o percentual de proteção de um protetor solar de acordo com o seu FPS, podemos utilizar a seguinte **fórmula**:

$$\text{Proteção} = 100 \cdot \left(1 - \frac{1}{\text{FPS}}\right)$$

Nessa fórmula, "FPS" representa o fator de proteção solar e é utilizado para calcular a "Proteção". Por exemplo, para FPS 2:

$\text{Proteção} = 100 \cdot \left(1 - \frac{1}{2}\right) = 100 \cdot \frac{1}{2} = 50$, ou seja, com FPS 2, verificamos que 50% dos raios UVB são impedidos de causar danos à pele.

Além de usar o protetor solar, há outros cuidados que devemos tomar em relação à exposição ao sol. Veja a seguir algumas recomendações.

ESTÚDIO LAB 307

- Não é aconselhável permanecer por longos períodos na mesma posição, como dormir, por exemplo. O ideal é mudar de posição frequentemente;

- Tomar sol moderadamente para que o efeito das radiações solares seja benéfico;

- Áreas sensíveis como rosto, lábios e cabeça, [...] necessitam de um cuidado maior e, portanto, de um protetor solar de FPS mais elevado;

[...]

- Verificar qual é o fator de proteção mais adequado para o seu tipo de pele. Em caso de dúvida ou, se possível, sempre, devem ser utilizados os produtos com FPS mais elevados;

[...]

- A eficiência de um protetor solar está relacionada diretamente a sua utilização correta, ou seja, o usuário deve estar atento às instruções da embalagem quanto ao tempo de reaplicação do produto, levando em consideração fatores como a transpiração e o contato direto da pele com qualquer superfície que propicie a remoção do produto.

Disponível em: <http://www.inmetro.gov.br/consumidor/produtos/protetorSolar.asp#resumo:>. Acesso em: 15 jan. 2015.

Para explorar

1. Você costuma usar ou conhece alguém que use protetor solar? Se sim, qual é o FPS do protetor solar utilizado?
2. Qual é o tempo previsto de proteção de um protetor solar que tem FPS 15?
3. Cite outro exemplo de cuidado que é possível tomar para se proteger adequadamente dos raios solares. Pesquise e converse com os colegas.
4. Utilizando a fórmula para o cálculo da "Proteção", verifique que a proteção para um protetor com FPS 4 é de 75%.
5. De quantos por cento é a "Proteção" para um protetor solar que tem FPS 50?

UNIDADE 6

Números decimais

Encontramos "números com vírgula" em diversas situações do nosso dia a dia.

Nesta unidade você vai saber mais sobre...

- Décimos, centésimos e milésimos
- Comparação de números decimais
- Operações com números decimais

QUANTA ESTÚDIO

TROCANDO IDEIAS

1. Você sabe como se leem e o que significam os "números com vírgula" que aparecem na cena?
2. Em que outras situações você identifica o uso de "números com vírgula"?
3. O senhor que faz compras na quitanda pegou menos do que 1 quilograma ou mais do que 1 quilograma de batatas?
4. Quantos centavos faltam para o preço das camisetas em promoção na loja de roupas completar R$ 60,00?
5. Você costuma ler o rótulo das embalagens quando vai consumir algo? Que tipo de informações você encontra nesses rótulos?

O enigma dos postos de combustíveis

Tadeu é sócio-proprietário de uma rede de postos de combustíveis na cidade em que mora e, todos os meses, confere as vendas e os valores arrecadados comparando os dados fornecidos pelos postos com os dados bancários. Após fazer essa conferência, ele preenche um relatório para disponibilizar aos outros sócios.

No último mês, o sistema de computadores dos postos foi trocado e, quando Tadeu foi fazer a conferência do mês, verificou um erro em uma das telas do novo *software* instalado: o número de litros de gasolina comum vendidos não apareceu!

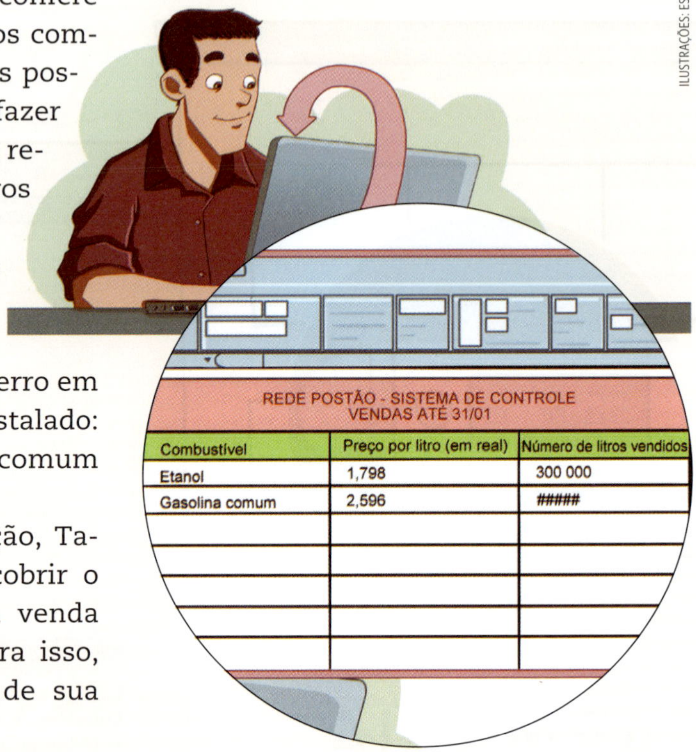

Mesmo sem ter essa informação, Tadeu sabia que era possível descobrir o total arrecadado no mês com a venda de etanol e gasolina comum. Para isso, ele acessou o extrato bancário de sua rede de postos:

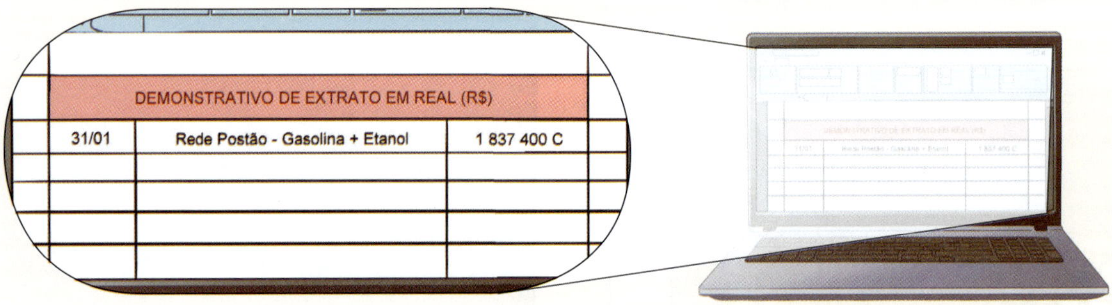

De qualquer modo, ainda era preciso preencher o relatório com todas as informações:

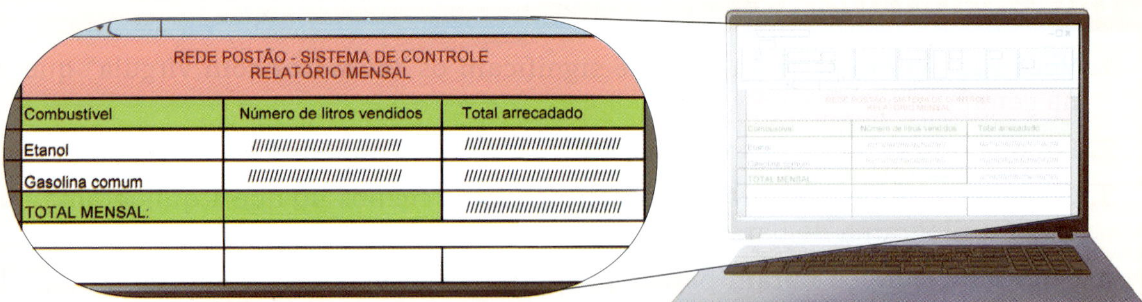

- Quantos litros de gasolina comum foram vendidos nesse mês?

No decorrer desta unidade você encontrará pistas que podem auxiliá-lo a desvendar este enigma.

1 Décimos, centésimos e milésimos

Irene é professora de uma universidade pública. Ela dá aulas nessa universidade e se dedica à pesquisa científica.

ESTÚDIO LAB 307

Em sua função, Irene tem direito a um plano de carreira, em que a universidade atribui uma pontuação ao funcionário de acordo com alguns critérios. Veja a seguir parte desses critérios.

PLANO DE CARREIRA

- 0,001 ponto para cada dia trabalhado.
- 0,01 ponto para cada dia em que participa de cursos ou treinamentos de atualização ou aprimoramento.
- 0,1 ponto para cada artigo científico que publica em revistas científicas.

LUIZ FERNANDO RUBIO

Dizemos que os números que aparecem nos critérios de pontuação do plano de carreira de Irene estão escritos na **forma de número decimal** ou, simplesmente, na **forma decimal**.

Nesta unidade, vamos estudar números decimais em diferentes situações e ver, por exemplo, que as **frações decimais** $\frac{1}{10}$ (um décimo), $\frac{1}{100}$ (um centésimo) e $\frac{1}{1000}$ (um milésimo) podem ser representadas, respectivamente, por 0,1; 0,01 e 0,001.

As frações cujo denominador é uma potência de base 10 são chamadas **frações decimais**. Toda fração decimal pode ser representada na forma de número decimal.

Recorte imagens de jornais ou revistas nas quais apareçam números decimais. Em seguida, junto com mais dois colegas, construa um cartaz com essas imagens e apresente-o para sua classe.

Décimos

Considere uma unidade (1) representada por um cubo como o mostrado a seguir.

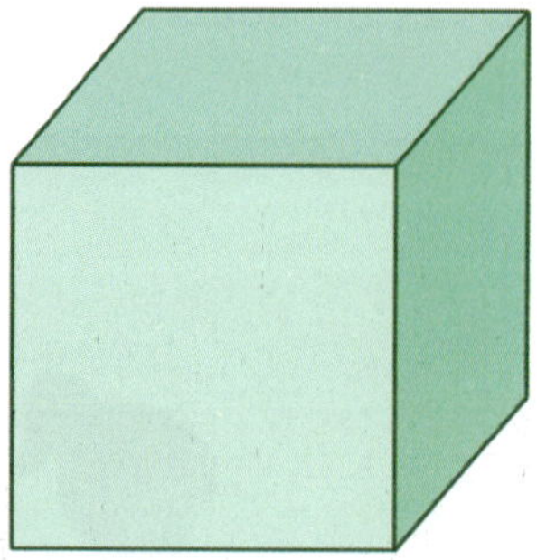

Se dividirmos a unidade em 10 partes iguais, cada uma delas será equivalente a um décimo da unidade: $\frac{1}{10}$ ou 0,1.

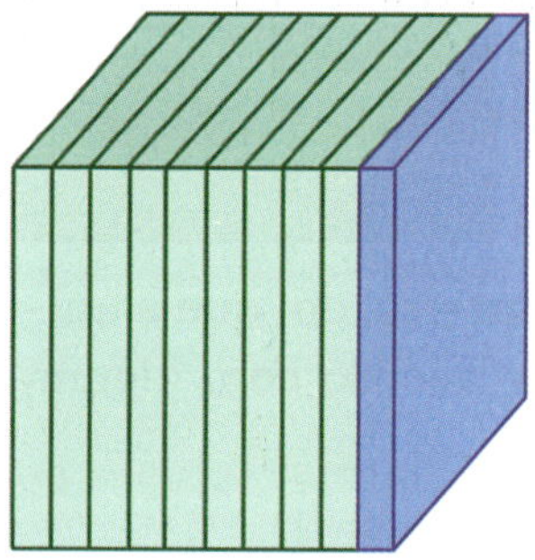

$\frac{1}{10}$ ou 0,1

Por que o número 0,1 representa um décimo da unidade?
Observe os números no quadro de ordens a seguir.

Centena	Dezena	Unidade	
1	0	0	← o algarismo 1 vale **100 unidades**
	1	0	← o algarismo 1 vale **10 unidades**
		1	← o algarismo 1 vale **1 unidade**

: 10
: 10

Note que, à medida que o algarismo é deslocado para a ordem imediatamente à direita da que está, seu valor é dividido por 10. Portanto, mantendo-se essa regularidade, se o algarismo 1 ocupar uma ordem imediatamente à direita da ordem das unidades, seu valor deverá ser dividido por 10, ou seja, seu valor será igual a **um décimo** da unidade (1 : 10).

Para separar a parte inteira da parte menor do que a unidade (parte decimal), utilizamos uma vírgula: 0**,**1.

Observe este exemplo em que a ideia de décimo está associada:

- Que temperatura o termômetro está marcando?

THINKSTOCK/ GETTY IMAGES

Em geral, a temperatura é registrada nos termômetros com precisão de $\frac{1}{10}$ de grau Celsius ou 0,1 °C.

Centésimos

Veja o que acontece quando a unidade, representada pelo cubo, é dividida em 100 partes iguais. Nesse caso, cada uma das 100 partes será equivalente a um centésimo da unidade: $\frac{1}{100}$ ou 0,01.

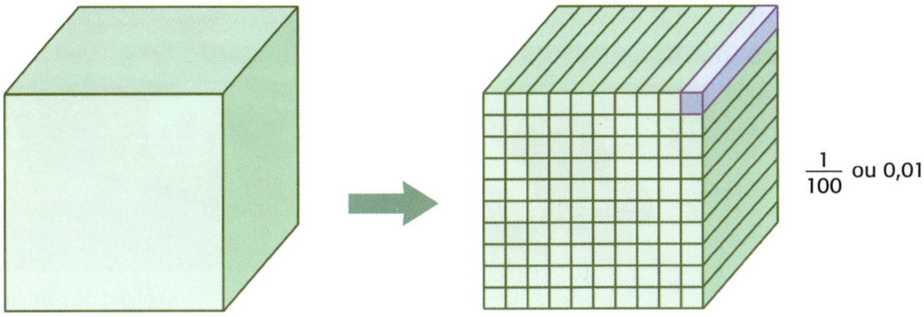

Observe alguns exemplos em que a ideia de centésimo está presente.

- A unidade de medida de comprimento metro pode ser dividida em 100 partes iguais. Cada uma dessas partes é denominada 1 centímetro.

CRISTINA XAVIER/FINEPHOTO

1 cm = $\frac{1}{100}$ m = 0,01 m

- A unidade monetária brasileira, o Real, pode ser dividida em 100 partes iguais. Cada uma dessas partes, 1 centavo, equivale a $\frac{1}{100}$ de real ou 0,01 real.

RONY COSTA/ FINEPHOTO

Milésimos

Quando a unidade é dividida em 1000 partes iguais, cada uma dessas partes equivale a um milésimo da unidade: $\frac{1}{1000}$ ou 0,001.

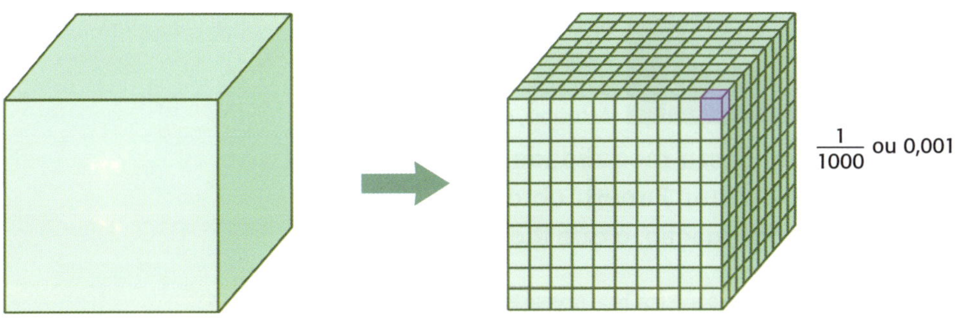

- Monte um quadro de ordens com as seguintes ordens: centena (**C**), dezena (**D**), unidade (**U**), décimo (**d**), centésimo (**c**) e milésimo (**m**). Em seguida, pensando como no caso dos décimos, apresentado no quadro de ordem da página 210, escreva um texto que explique por que **um centésimo** se escreve como **0,01** e por que **um milésimo** se escreve como **0,001**.

Observe alguns exemplos em que a ideia de milésimo está presente:

- Nos campeonatos de Fórmula 1, o registro do tempo que um piloto leva para completar uma volta em uma pista é feito com precisão de milésimos de segundo.

No ano de 2014, o piloto brasileiro Felipe Massa conquistou o 3º lugar no Grande Prêmio do Brasil e sua volta mais rápida nesse GP foi realizada em **1 minuto, 14 segundos** e **101 milésimos.**

Fonte de pesquisa: <http://www.fia.com/>. Acesso em: 17 fev. 2015.

RODOLFO BUHRER/FOTOARENA

O piloto de Fórmula 1, Felipe Massa, correndo no GP do Brasil do ano de 2014.

- A unidade de medida de capacidade litro pode ser dividida em 1 000 partes iguais, cada qual equivalente a 1 mililitro (1 mL).

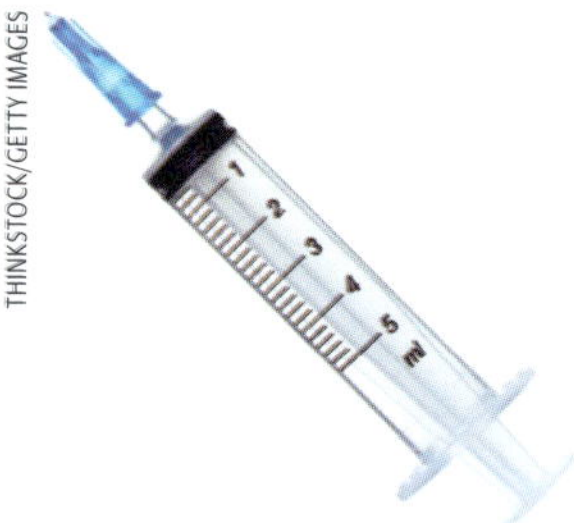

THINKSTOCK/GETTY IMAGES

Medicamentos são, em geral, ministrados em dosagens medidas em mililitros.

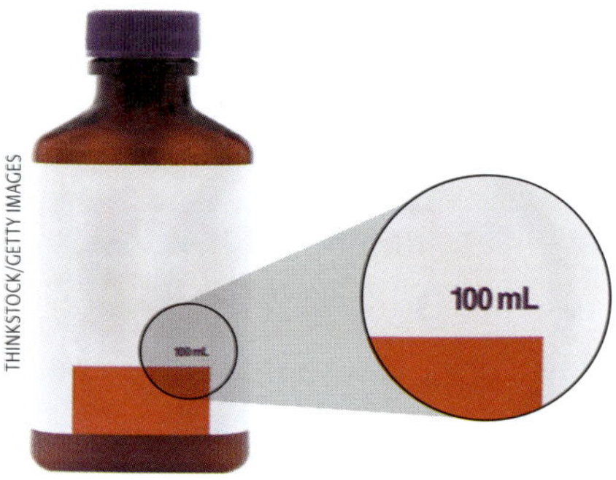

THINKSTOCK/GETTY IMAGES

Números decimais e o sistema de numeração decimal

A ginástica olímpica é uma modalidade esportiva que tem tido grande evolução no Brasil nos últimos anos. Nos campeonatos oficiais dessa modalidade, a pontuação recebida por um atleta em uma prova é indicada por um número decimal.

DEAN MOUHTAROPOULOS/GETTY IMAGES

Arthur Zanetti em prova nas argolas, no Campeonato Mundial de ginástica de 2013, em Antuérpia, na Bélgica.

Em 2013, no campeonato mundial dessa modalidade, em Antuérpia, na Bélgica, o atleta brasileiro Arthur Zanetti obteve, na sua apresentação nas argolas, 15,733 de pontuação, o que lhe assegurou a medalha de prata.

Fonte de pesquisa: <http://esporte.gov.br>. Acesso em: 18 fev. 2015.

Você já estudou como representar números naturais em um quadro de ordens. Agora, vamos estudar como representar números decimais. Veja, a seguir, por exemplo, como representar o número decimal que indica a quantidade de pontos obtida pelo atleta Arthur Zanetti: 15,733.

Parte inteira			,	Décimo		
Centena C	Dezena D	Unidade U		Décimo d	Centésimo c	Milésimo m
	1	5	,	7	3	3

Note que cada algarismo de 15,733 ocupa uma ordem e seu valor muda de acordo com a ordem ocupada:

15,733

- 3 milésimos
- 3 centésimos ou 30 milésimos
- 7 décimos ou 70 centésimos ou 700 milésimos
- 5 unidades
- 1 dezena ou 10 unidades

Em todo número decimal, a vírgula separa a parte inteira da parte decimal.

Lemos esse número como **quinze inteiros e setecentos e trinta e três milésimos**.

- Você conhece outro modo de ler o número 15,733? Converse com os colegas.

ATIVIDADES

1. Escreva como se lê cada um dos números a seguir.

a) 0,67 b) 0,03 c) 0,7 d) 0,294 e) 1,02 f) 2,309 g) 5,28 h) 2,094

2. Que parte da figura está pintada em cada caso? Escreva o número decimal correspondente para representar.

a) 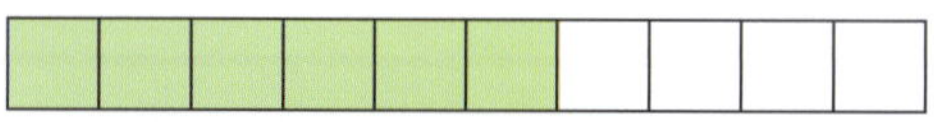

b) 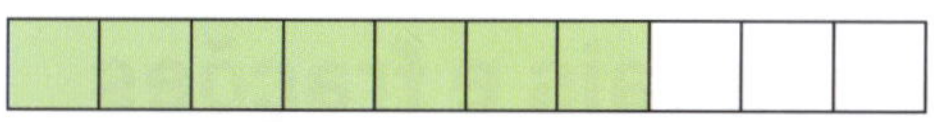

c) 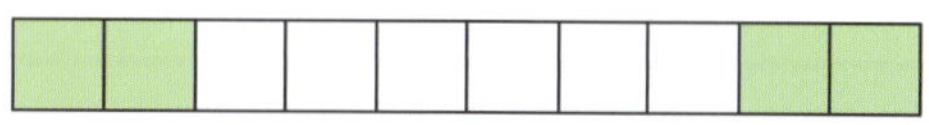

d) 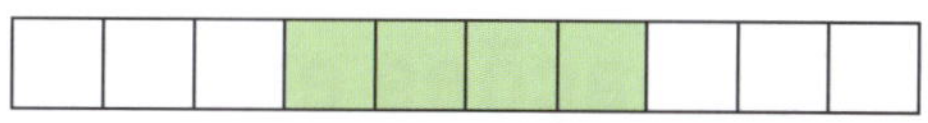

3. Nesta atividade, o cubo grande representa 1 unidade; a placa, a décima parte da unidade; a barra, a centésima parte da unidade; e o cubinho, a milésima parte da unidade. Em cada caso, escreva na forma decimal o número representado pelo conjunto de figuras.

a) 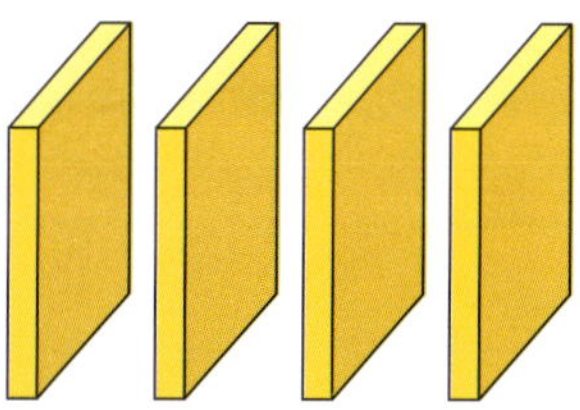

b) 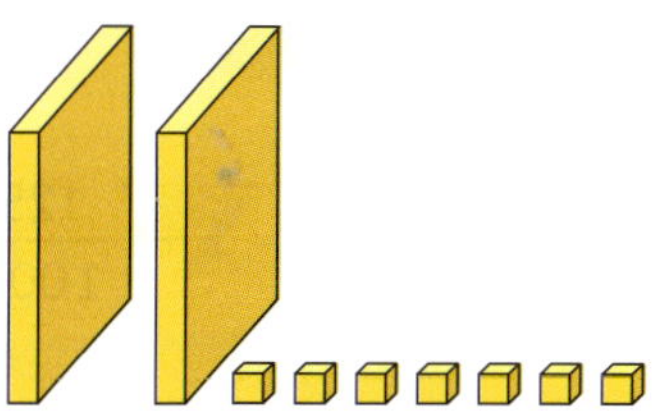

c) 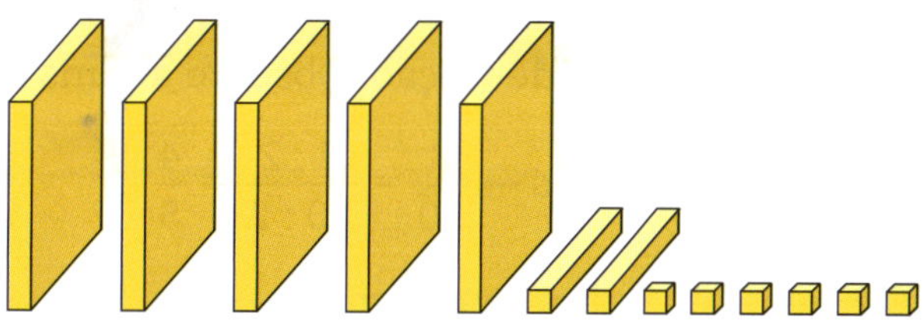

d) 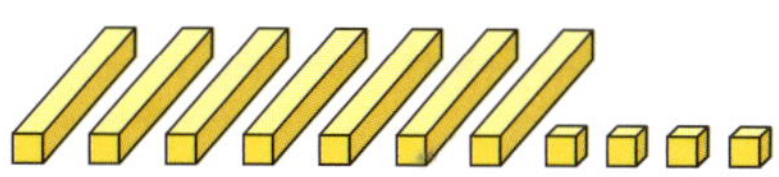

4. Represente os números a seguir na forma decimal.

a) Dois inteiros e quarenta e oito centésimos.

b) Trezentos e vinte e cinco milésimos.

c) Três dezenas e vinte e seis milésimos.

d) Um inteiro e nove centésimos.

5. Responda às questões a seguir.

a) Quatrocentos décimos equivalem a quantas unidades?

b) Setenta e duas unidades equivalem a quantos centésimos?

6. Escreva cada número a seguir como uma adição de parcelas decimais.

a) 0,328 b) 1,24 c) 14,06 d) 56,207

7. Cálculo mental

Quanto falta para formar uma unidade em cada caso? Escreva o número decimal correspondente.

a) 0,1

b) 0,5

c) 0,26

d) 0,107

e) 0,4

f) 0,07

g) 0,69

h) 0,762

8. Dez centavos correspondem a um décimo de real, ou R$ 0,10. Escreva na forma decimal, utilizando o símbolo R$, o valor correspondente a:

MUSEU DE VALORES/ BANCO CENTRAL DO BRASIL

a) 70 centavos.

b) 20 centavos.

c) 50 centavos.

d) 90 centavos.

9. Escreva **2,19 milhões** na forma de um número natural.

Resolução

Usando um quadro de ordens, como mostrado a seguir, escrevemos o algarismo correspondente à parte inteira de 2,19 na ordem das unidades de milhão, e os algarismos 1 e 9 na ordem das centenas de milhar e na das dezenas de milhar, respectivamente, completando as demais ordens com o algarismo zero.

Unidade de milhão	Centena de milhar	Dezena de milhar	Unidade de milhar	Centena	Dezena	Unidade
2	1	9	0	0	0	0

Obtemos, assim, o número 2 190 000.

10. Escreva os números a seguir na forma de número natural.

a) 3,24 milhões. b) 1,87 milhão. c) 1,26 milhão. d) 3,468 bilhões.

Transformações entre números decimais e frações

Transformação de número decimal em fração

É possível escrever os números decimais que estudamos até este momento (que envolvem décimos, centésimos e milésimos) como frações. Para isso, podemos fazer a leitura dos números e expressá-los na forma de fração. Observe alguns exemplos:

- 0,8 → oito décimos → $\frac{8}{10} = \frac{8:2}{10:2} = \frac{4}{5}$
- 0,23 → vinte e três centésimos → $\frac{23}{100}$
- 0,750 → setecentos e cinquenta milésimos → $\frac{750}{1\,000} = \frac{750:250}{1\,000:250} = \frac{3}{4}$
- 1,125 → um inteiro e cento e vinte e cinco milésimos → $1\frac{125}{1\,000} = 1 + \frac{125}{1\,000} = 1 + \left(\frac{125:125}{1\,000:125}\right) =$ $= 1 + \frac{1}{8} = \frac{8}{8} + \frac{1}{8} = \frac{9}{8}$

Transformação de fração em número decimal

Um modo de escrever uma fração na forma decimal é por meio do uso de frações equivalentes. A ideia, nesse caso, é obter uma fração decimal equivalente à fração dada, ou seja, obter uma fração equivalente cujo denominador seja uma potência de base 10. Observe os exemplos:

- $\frac{1}{2} = \frac{1 \times 5}{2 \times 5} = \frac{5}{10} \rightarrow$ 5 décimos $\rightarrow$ 0,5
- $\frac{1}{4} = \frac{1 \times 25}{4 \times 25} = \frac{25}{100} \rightarrow$ 25 centésimos $\rightarrow$ 0,25
- $\frac{7}{8} = \frac{7 \times 125}{8 \times 125} = \frac{875}{1000} \rightarrow$ 875 milésimos $\rightarrow$ 0,875
- $2\frac{3}{4} = 2 + \frac{3 \times 25}{4 \times 25} = 2 + \frac{75}{100} = \frac{200}{100} + \frac{75}{100} = \frac{275}{100} \rightarrow$ 275 centésimos $\rightarrow$ 2,75
- $\frac{35}{25} = \frac{35 \times 4}{25 \times 4} = \frac{140}{100} \rightarrow$ 140 centésimos $\rightarrow$ 1,4

Relação entre décimos, centésimos e milésimos

Márcio foi a uma feira que estava com a seguinte promoção: o quilograma de qualquer fruta ou legume custava R$ 2,00. Ele comprou diversos produtos e, como quis saber quantos quilogramas havia comprado ao todo, pesou cada um deles na balança disponível aos clientes.

Observe os resultados a seguir.

DAWIDSON FRANÇA

Para saber quantos quilogramas comprou ao todo, Márcio pegou sua calculadora para adicionar os valores obtidos na balança. Primeiro, ele digitou a massa das bananas (1,420 quilogramas).

Contudo, ao apertar a tecla [+], veja o que apareceu no visor:

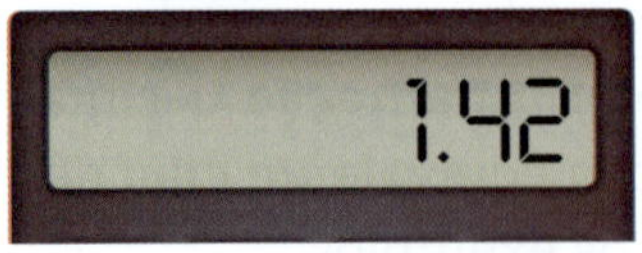

Márcio pensou que sua calculadora estava com defeito e, para certificar-se disso, apagou o registro no visor, digitou a massa das laranjas, [0] [.] [6] [0] [0], e apertou a tecla [+], obtendo o seguinte registro:

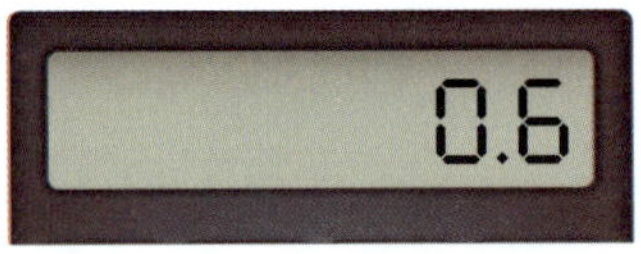

O fato que Márcio observou pode ser explicado por meio da comparação entre os números 0,6; 0,60 e 0,600. Acompanhe.

Os cubos a seguir têm as mesmas dimensões e cada qual está dividido em partes iguais, mas de modos diferentes: o cubo A está dividido em 10 partes iguais, o cubo B, em 100 partes iguais e, o cubo C, em 1 000 partes iguais. Observe a parte colorida de cada um destes cubos.

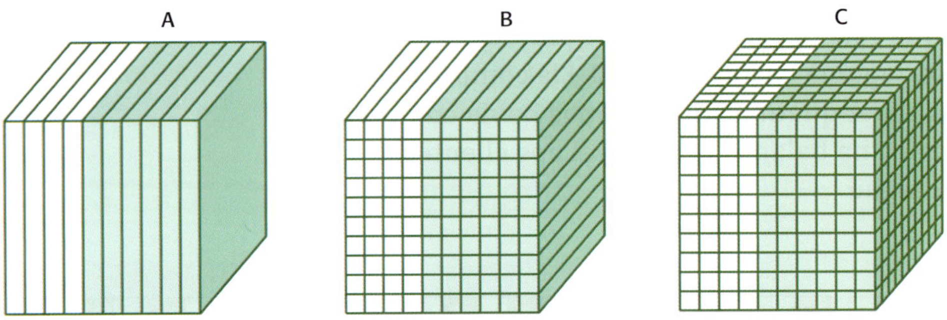

$\frac{6}{10} = 0{,}6$ $\frac{60}{100} = 0{,}60$ $\frac{600}{1000} = 0{,}600$

Visualmente, podemos notar que a parte colorida de cada cubo corresponde à mesma parte da unidade. Agora, vamos verificar isso por meio da ideia de frações equivalente:

$$\underbrace{\mathbf{\frac{6}{10}}}_{0{,}6} = \frac{6 \times 10}{10 \times 10} = \underbrace{\mathbf{\frac{60}{100}}}_{0{,}60} = \frac{60 \times 10}{100 \times 10} = \underbrace{\mathbf{\frac{600}{1\,000}}}_{0{,}600}$$

Note que os zeros colocados à direita de 0,6 não alteraram o número representado. Assim, temos que 0,6; 0,60 e 0,600 são equivalentes ou, ainda, 0,6 = 0,60 = 0,600.

> Um número não se altera quando, representado em sua forma decimal, retiramos ou acrescentamos algarismos zeros no final da parte decimal dessa representação.

ATIVIDADES

11. Copie o quadro a seguir em seu caderno e complete-o conforme o exemplo.

Fração	Fração equivalente de denominador 100	Representação decimal
$\frac{3}{10}$	$\frac{3}{10} \times \frac{10}{10} = \frac{30}{100}$	0,30
$\frac{7}{50}$		
$\frac{2}{5}$		
$\frac{9}{20}$		
$\frac{15}{25}$		

12. Escreva cada fração a seguir na forma decimal.

a) $\frac{46}{100}$

b) $\frac{6}{25}$

c) $\frac{89}{25}$

d) $5\frac{1}{25}$

e) $\frac{2}{5}$

f) $\frac{3}{20}$

g) $\frac{7}{10}$

h) $\frac{28}{25}$

13. Escreva cada número decimal a seguir na forma de uma fração irredutível.

a) 0,6

b) 0,25

c) 1,75

d) 2,4

Comparação de números decimais

O salto em distância é disputado como esporte olímpico desde os Jogos Olímpicos de Verão de 1896, que ocorreram em Atenas, na Grécia.

Em 2014, o atleta brasileiro Mauro Vinícius da Silva foi campeão do campeonato mundial dessa modalidade. Antes de chegar à final realizou três saltos na fase de classificação e obteve as seguintes marcas:

1º salto: 7,64 metros

2º salto: 7,58 metros

3º salto: 8,02 metros

Fonte de pesquisa: <http://www.iaaf.org/results/iaaf-world-indoor-championships/2014/iaaf-world-indoor-championships-2014-4952/men/long-jump/qualification/series>. Acesso em: 18 fev. 2015.

MICHAEL STEELE/GETTY IMAGES

Mauro Vinícius da Silva saltando no Campeonato Mundial de salto em distância de 2014, em Istambul, na Turquia.

Para a classificação, apenas o salto com melhor marca obtida é considerado. Qual foi a marca que garantiu ao atleta a classificação para a final desse mundial?

Em situações como essa, há necessidade de comparar números decimais. Acompanhe a seguir um modo de fazer isso.

Vamos começar comparando as parte inteiras de cada um dos números:

7,64 **7**,58 **8**,02

Como 8 unidades é maior do que 7 unidades, concluímos que o número 8,028 é maior do que os demais números. Portanto, a marca que garantiu ao atleta a classificação para a final do mundial foi 8,02 metros.

E se as partes inteiras dos números fossem iguais? Nesse caso, deveríamos comparar as partes decimais. Por exemplo, veja como comparar os números 5,831 e 5,834:

- Primeiro, comparamos as partes inteiras desses números.

5,831 **5**,834

- Como as partes inteiras são iguais, começamos a comparar suas partes decimais, iniciando pelos décimos.

5,**8**31 5,**8**34

- Como os décimos são iguais, passamos a comparar os centésimos.

5,831 5,834

- Como os centésimos são iguais, passamos a comparar os milésimos.

5,831 5,834

- Como 4 milésimos é maior do que 1 milésimo, concluímos que o número 5,834 é maior do que o número 5,831 ou, ainda, 5,834 > 5,831.

ATIVIDADES

14. Veja como Jéssica comparou os números 6,3 e 6,352.

ESTÚDIO LAB 307

Usando o método de Jéssica, escreva os números a seguir em ordem crescente (do menor para o maior): 2,083; 2,1; 2,019; 2,110; 1,99. Use o símbolo < (menor que).

15. Leia o que Marcos disse a uma amiga.

Na comparação de dois números decimais em que um número tem mais algarismos do que o outro, o número com mais algarismos é sempre maior do que o outro número.

THINKSTOCK/GETTY IMAGES

Marcos está certo em sua conclusão? Por quê?

16. Compare cada par de números. Use os símbolos < (menor que) ou > (maior que).

a) $1\frac{2}{3}$ e 1,23

b) $2\frac{5}{9}$ e 2,59

teia do saber

1. Leia o texto e faça o que se pede a seguir.

> Em março de 2011, um terremoto de grande intensidade seguido de um ***tsunami*** provocou uma das maiores catástrofes naturais na história do Japão. De acordo com o geólogo Roger Musson, chefe do departamento de ameaças sísmicas da Agência Geológica Britânica, um evento como esse ocorre uma vez a cada mil anos no Japão.
>
> Fonte de pesquisa: <http://www.bbc.co.uk/portuguese/noticias/2011/03/110316_tsunami_especialista_rp.shtml>. Acesso em: 17 fev. 2015.

DAMIR SAGOLJ/REUTERS/LATINSTOCK

Navio trazido para a terra, na cidade de Kesennuma (Japão), pelo *tsunami* ocorrido em 27 de março de 2011.

a) Escreva a relação **um a cada mil** na forma de fração.

b) Represente a resposta do item **a** na forma de número decimal.

2. Veja como Heloísa fez para registrar sua estatura usando números decimais.

ESTÚDIO LAB 307

Faça como Heloísa e expresse as medidas a seguir em metro.

a) 38 centímetros

b) 109 centímetros

c) 100 centímetros

d) 235 centímetros

3. É comum os postos apresentarem os preços dos combustíveis da forma vista na fotografia.

a) Observe o número que indica o preço do litro de gasolina (G) comum. Qual é o algarismo da ordem dos décimos de real?

b) Quantos milésimos de real faltam para que o litro de gasolina (G) comum custe R$ 2,60?

c) Na venda de 1 000 litros de gasolina (G) comum, quanto o posto arrecadará a mais do que se não houvesse a ordem dos milésimos de real e o preço fosse R$ 2,59?

FERNANDO FAVORETTO/CRIAR IMAGEM

Não existe moeda correspondente ao milésimo de real, porém, de acordo com os economistas, esse milésimo de real faz diferença no valor final da compra de combustível, já que normalmente são comprados mais do que 10 litros por vez.

4. Que parte da figura está colorida em cada caso? Escreva na forma decimal.

a) 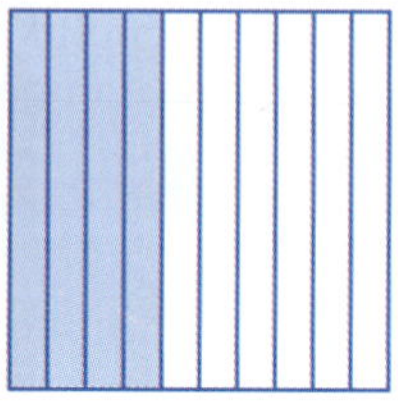

c) 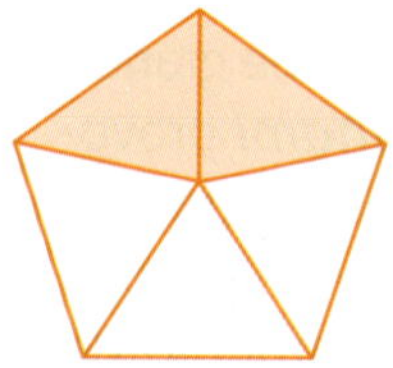

ILUSTRAÇÕES: BIS

b) 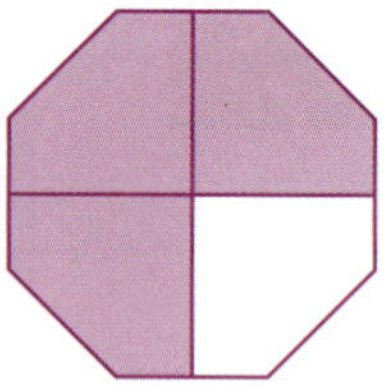

d) 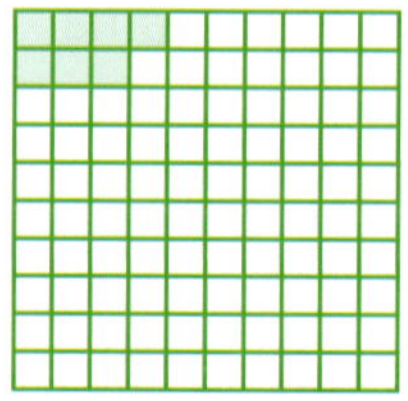

5. Em seu caderno, registre um número decimal que seja maior do que 13,2 e menor do que 13,47.

6. No gráfico a seguir é apresentada a estimativa aproximada da população residente, em milhão de habitantes, de alguns estados brasileiros no ano de 2014.

População residente no Brasil estimada e aproximada de alguns estados brasileiros – 2014

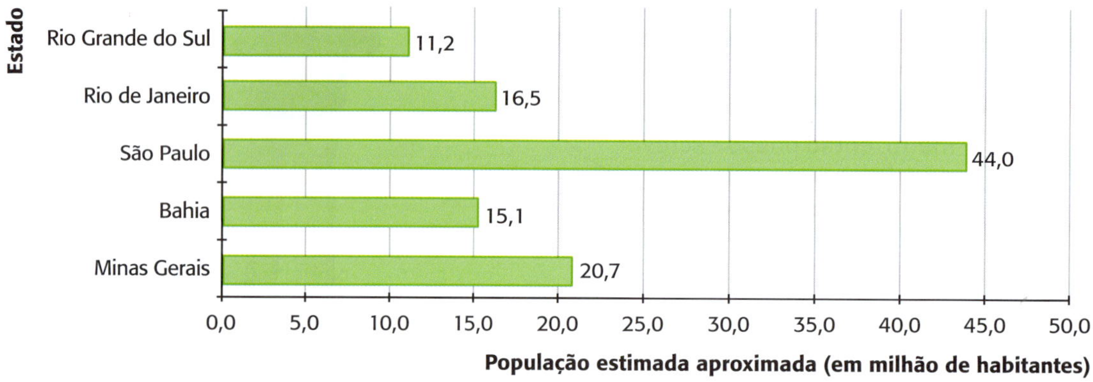

LUIZ FERNANDO RUBIO

Fonte: <http://www.ibge.gov.br/estadosat/>. Acesso em: 17 fev. 2015.

Escreva, em sequência, o nome dos estados brasileiros que aparecem no gráfico de acordo com a ordem crescente do número de habitantes de cada um.

teia integrada

7. Leia o texto e faça o que se pede a seguir.

> A prova de 100 metros rasos é uma modalidade olímpica de atletismo. Essa modalidade está presente nos Jogos Olímpicos de Verão desde 1896, no caso da prova masculina, e desde 1928, no caso da prova feminina.
>
> Na prova de 100 metros rasos, os atletas devem percorrer um percurso de 100 metros e é declarado vencedor da prova o atleta que primeiro cruzar a linha de chegada.

Atualmente, em competições oficiais, essa prova não costuma durar mais do que 11 segundos, considerando os tempos em provas masculinas e femininas.

BILL FRAKES /SPORTS ILLUSTRATED/GETTY IMAGES

O atleta jamaicano Usain Bolt quebrou o recorde mundial dos 100 m rasos, com a marca de 9,58 segundos, em Berlim, no ano de 2009.

Nas tabelas abaixo estão apresentados os cinco maiores recordistas dos 100 metros rasos, não nessa ordem, e suas marcas (melhores tempos obtidos em provas oficiais) nas categorias masculino e feminino.

Cinco maiores recordistas dos 100 metros rasos – masculino

Atleta	Marca	País
Asafa POWELL	9,72 segundos	Jamaica
Usain BOLT	9,58 segundos	Jamaica
Justin GATLIN	9,77 segundos	EUA
Tyson GAY	9,69 segundos	EUA
Yohan BLAKE	9,69 segundos	Jamaica

Cinco maiores recordistas dos 100 metros rasos – feminino

Atleta	Marca	País
Christine ARRON	10,73 segundos	França
Shelly-Ann FRASER-PRYCE	10,70 segundos	Jamaica
Florence GRIFFITH-JOYNER	10,49 segundos	EUA
Marion JONES	10,65 segundos	EUA
Carmelita JETER	10,64 segundos	EUA

THINKSTOCK/GETTY IMAGES

Fonte das tabelas: <http://www.iaaf.org>. Acesso em: 18 fev. 2015.

a) Na tabela dos cinco maiores recordistas dos 100 metros rasos, na categoria masculina, há dois atletas empatados no segundo lugar. Identifique-os.

b) Reproduza a tabela dos cinco maiores recordistas dos 100 metros rasos na categoria feminina, porém escrevendo o nome das atletas de acordo com a ordem crescente dos tempos obtidos.

c) Junto com um colega, pesquise outros esportes em que a classificação dos atletas envolvidos depende da comparação de números decimais.

2 Operações com números decimais

Adição e subtração

Leia os textos a seguir sobre o trigo.

THINKSTOCK/GETTY IMAGES

O trigo é uma gramínea [...] e está entre as plantas mais cultivadas no mundo. Existem cerca de 30 tipos de trigo, geneticamente diferenciados, dos quais metade é cultivada; o restante cresce de forma silvestre.

Gramínea: família de plantas com flor.

Disponível em: <http://www.abitrigo.com.br/index.php?mpg=02.00.00>. Acesso em: 18 fev. 2015.

Carboidratos, proteínas, gordura, fibra, cálcio, ferro, ácido fólico. Todas essas substâncias estão presentes no trigo, uma das principais fontes de calorias para a humanidade. O trigo é o segundo alimento mais consumido no mundo, de acordo com a Organização das Nações Unidas para a Agricultura e Alimentação (FAO).

Disponível em: <http://www.abitrigo.com.br/index.php?mpg=02.02.00>. Acesso em: 18 fev. 2015.

O gráfico abaixo mostra qual era, em 2015, a previsão para a produção de trigo em alguns países para a safra de um período entre os anos de 2014 e 2015.

BIS

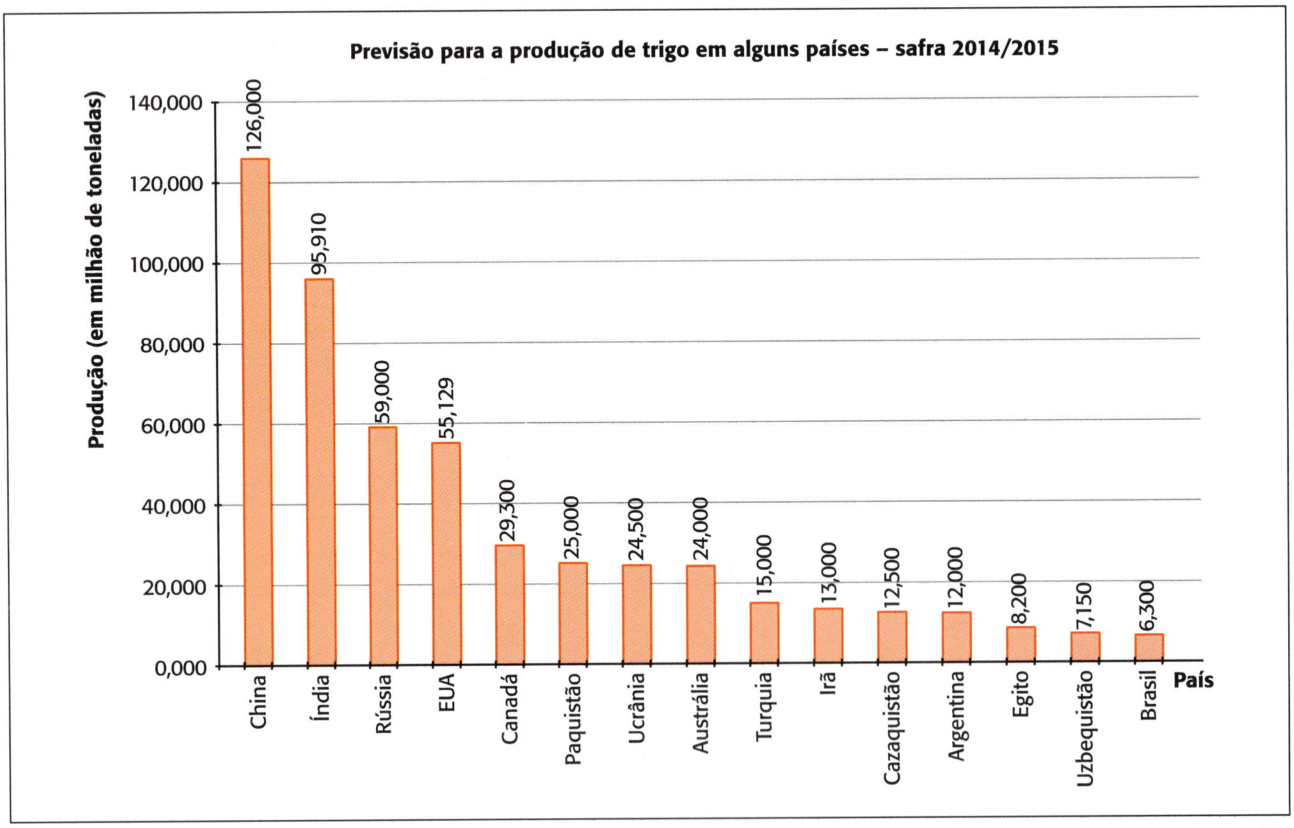

Fonte: <http://www.abitrigo.com.br/pdf/PROD-TRIGO.pdf>. Acesso em: 17 fev. 2015.

Agora, vamos explorar algumas informações apresentadas nesse gráfico nos tópicos a seguir.

Adição de números decimais

SHUTTERSTOCK

Observe os quatro países no gráfico que tinham a maior produção prevista para a safra 2014/2015. É correto afirmar que a produção de trigo prevista para a Índia, a Rússia e os Estados Unidos, juntas, era maior do que a produção de trigo prevista para a China?

Para responder a essa questão, precisamos adicionar os números decimais que indicam a produção prevista para a Índia, a Rússia e os Estados Unidos e comparar o resultado obtido com a produção prevista para a China. Para isso, vamos utilizar o algoritmo usual da adição.

- Escrevemos os números de modo que os algarismos de mesma ordem fiquem um embaixo do outro.
- Realizamos as adições começando pela ordem de menor valor. No caso, começamos adicionando milésimos com milésimos, centésimos com centésimos, décimos com décimos, e assim por diante.
- Quando necessário, realizamos reagrupamentos, lembrando que:
  - Cada 10 milésimos formam 1 centésimo.
  - Cada 10 centésimos formam 1 décimo.
  - Cada 10 décimos formam 1 unidade.

$$\begin{array}{r} {}^{2\,1} \\ 95,910 \\ 59,000 \\ +\ 55,129 \\ \hline 210,039 \end{array}$$

Note que, nesse caso, fizemos a troca de 10 décimos por uma unidade e a troca de 20 unidades por 2 dezenas.

A soma 210,039 é maior do que o número 126,000, portanto, é correto afirmar que a produção de trigo prevista para a Índia, a Rússia e os Estados Unidos, juntas, era maior do que a produção prevista para a China para a safra 2014/2015.

Subtração com números decimais

Qual era a diferença entre a produção de trigo prevista para a Índia, a Rússia e os Estados Unidos, juntos, e para a China?

Para responder a essa questão, podemos fazer a subtração entre o números 210,039 e 126,000. Para isso, vamos utilizar o algoritmo usual da subtração.

- Escrevemos os números de modo que os algarismos de mesma ordem fiquem um embaixo do outro.
- Realizamos as subtrações começando pela ordem de menor valor. No caso, começamos subtraindo milésimos de milésimos, centésimos de centésimos, décimos de décimos, e assim por diante.

$$\begin{array}{r} {}^{1\ \ 10} \\ \not{2}\,\not{1}\,{}^{1}0,039 \\ -\ 126,000 \\ \hline 84,039 \end{array}$$

Note que, nesse caso, trocamos 1 dezena por 10 unidades e 1 centena por 10 dezenas.

Portanto, a diferença entre a produção total prevista para o segundo, terceiro e quarto maiores produtores no gráfico e a produção prevista para a China é de 84,039 milhões de toneladas de trigo.

ATIVIDADES

17. Cálculo mental

Luiz é ágil com os cálculos mentais. Veja como ele calcula 81,7 + 0,9.

ESTÚDIO LAB 307

Faça como Luiz e calcule mentalmente o resultado de cada operação a seguir.

a) 12,3 + 0,9
b) 45,36 + 0,09
c) 108,3 − 2,99
d) 5,8 − 0,09

18. Copie o quadro a seguir em seu caderno e complete-o com a soma de cada número da primeira linha com o número correspondente da primeira coluna. Veja os exemplos.

+	0,8	0,26	0,72	0,216
0,63	1,43			
1,29			2,01	
2,03				

19. A pirâmide numérica a seguir foi formada de acordo com uma regra.

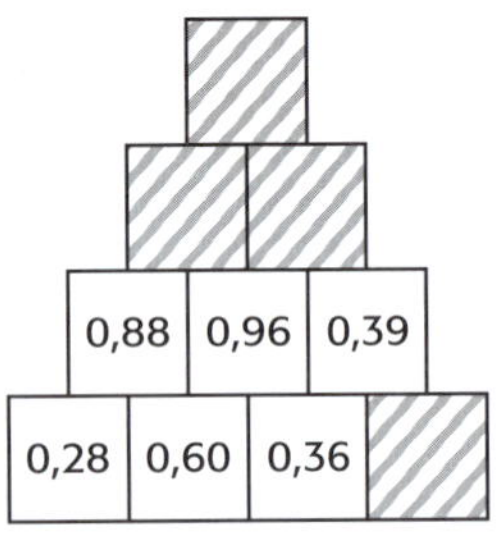

a) Qual é essa regra?

b) Copie essa pirâmide em seu caderno e complete-a com os números que faltam.

20. Determine o algarismo que cada figura representa no cálculo a seguir. Considere que figuras iguais representam algarismos iguais.

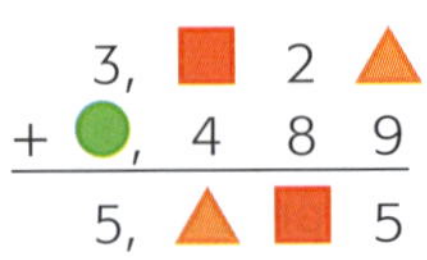

21. Cálculo mental

Mário tem duas cédulas de R$ 20,00 e quer comprar uma camiseta e uma bermuda da oferta mostrada ao lado.

ESTÚDIO MIL

Qual combinação de roupas ele poderá comprar? Não é preciso utilizar os valores exatos para responder à pergunta. Encontre a resposta estimando-os.

22. Copie o quadro a seguir em seu caderno e complete-o com a diferença de cada número da primeira linha pelo número correspondente da primeira coluna. Veja o exemplo.

−	0,7	0,87	0,972	3,805
0,5				
0,66				
0,436				3,369

23. Alexandre cometeu um engano ao calcular o resultado da adição 0,45 + 0,3. Observe.

THINKSTOCK/GETTY IMAGES

a) Qual foi o engano cometido por Alexandre?

b) Calcule o resultado de 0,45 + 0,3.

24. (Obmep) Alice foi à perfumaria e viu a tabela de preços, como na figura a seguir.

PREÇOS (R$)

	Sabonete	Creme dental	Desodorante
Pequeno	1,80	2,40	4,00
Médio	2,80	4,40	5,00
Grande	4,00	6,00	8,50

WYM DESIGN

Com R$ 10,00 ela comprou um sabonete, um creme dental e um desodorante e ainda sobrou dinheiro. Podemos garantir que entre os artigos comprados havia:

a) um sabonete pequeno.
b) um creme dental médio.
c) um desodorante pequeno.
d) um sabonete médio.
e) um creme dental pequeno.

25. Calculadora

Junte-se a um colega e, com uma calculadora, realizem o seguinte jogo:

I. Um jogador escolhe o número-alvo (um número decimal qualquer) e o número-início, que deverá ser digitado na calculadora.

II. O colega deverá, usando apenas as operações de adição e de subtração, e sem apagar o visor em nenhum momento, obter o número-alvo. A quantidade de operações realizadas deve ser registrada em seu caderno.

III. Depois, os jogadores trocam de posição, e o primeiro jogador deve obter o número-alvo proposto por seu oponente, realizando apenas as operações de adição e subtração. A quantidade de operações realizadas por ele também deve ser registrada.

O vencedor será quem obtiver o número-alvo proposto pelo colega com o menor número de operações.

Multiplicação com números decimais

Multiplicação de um número decimal por 10, 100 e 1 000

Fernando usou a calculadora para multiplicar o número 2,386 por 10, 100 e 1000. Observe ao lado.

Ele percebeu uma regularidade nessas multiplicações e decidiu investigar o que acontece. Veja o que ele fez para primeira multiplicação:

ESTÚDIO LAB 307

$$10 \times 2{,}386 \begin{cases} 10 \times 2 \text{ unidades} = 20 \text{ unidades} = 2 \text{ dezenas} \\ 10 \times 3 \text{ décimos} = 30 \text{ décimos} = 3 \text{ unidades} \\ 10 \times 8 \text{ centésimos} = 80 \text{ centésimos} = 8 \text{ décimos} \\ 10 \times 6 \text{ milésimos} = 60 \text{ milésimos} = 6 \text{ centésimos} \end{cases}$$

10 × 2,386 resulta em 2 dezenas, 3 unidades, 8 décimos e 6 centésimos: 23,86.

- Junto com um colega, faça o exercício de investigação de Fernando para as outras multiplicações. Que regularidade você observou nas multiplicações de 2,386 por 10, 100 e 1 000?
- Agora, observe a posição da vírgula no registro dos produtos das multiplicações por 10, por 100 e por 1 000, e invente uma regra prática para calcular o resultado dessas multiplicações.

Multiplicação de um número natural por um número decimal

Suelen quer reformar a cozinha de seu apartamento e, para isso, precisa comprar alguns itens em uma loja de material de construção. Veja a seguir os produtos que ela vai comprar no departamento de materiais hidráulicos dessa loja.

ESTÚDIO LAB 307

Quanto Suelen vai pagar em cada produto que comprar?

Para saber quanto Suelen vai pagar pela torneira, precisamos calcular o resultado de $2 \times 32{,}70$. Observe como podemos fazer esse cálculo utilizando o algoritmo usual da multiplicação.

- 2 vezes zero centésimo é igual a zero centésimo;
- 2 vezes 7 décimos é igual a 14 décimos. Trocamos 10 décimos por 1 unidade e registramos os 4 décimos restantes.
- 2 vezes 2 unidades é igual a 4 unidades, que adicionadas à unidade trocada na etapa anterior totalizam 5 unidades.
- 2 vezes 3 dezenas é igual a 6 dezenas.

$$\begin{array}{r} {}^{1} \\ 3\,2,\,7\,0 \\ \times \quad\quad 2 \\ \hline 6\,5,\,4\,0 \end{array}$$

Desse modo, $2 \times 32{,}70 = 65{,}40$. Portanto, Suelen vai pagar R$ 65,40 pela torneira.

Multiplicação de dois números decimais

Para saber quanto Suelen vai pagar pelos 2,8 metros de cano que quer comprar, precisamos calcular o resultado de $2{,}8 \times 3{,}75$. Para isso, vamos escrever os números decimais envolvidos nessa multiplicação na forma de frações decimais e, assim, transformar a multiplicação original em uma multiplicação de frações.

$$2{,}\underbrace{8}_{\text{1 casa decimal}} \times 3{,}\underbrace{75}_{\text{2 casas decimais}} = \frac{28}{10} \times \frac{375}{100} = \frac{28 \times 375}{1000} = \frac{10500}{1\underbrace{000}_{\text{3 zeros}}} = 10{,}\underbrace{500}_{\text{3 casas decimais}}$$

Quanto Suelen gastou no total com a compra da torneira e dos 2,8 metros de cano?

$2{,}8 \times 3{,}75 = 10{,}500 = 10{,}50$. Portanto, Suelen vai pagar R$ 10,50 pelo cano.

No cálculo anterior com frações decimais, podemos observar o seguinte:

- Quando calculamos o resultado de $2{,}8 \times 3{,}75$ escrevendo esses números na forma de frações decimais, obtivemos uma fração cujo numerador é 28×375 e o denominador é 1 000, ou seja, o produto de dois números naturais dividido por 1 000.
- O número de casas decimais do produto final, 10,500, é igual à soma do número de casas decimais dos fatores originais, 2,8 e 3,75.

Assim, utilizando o algoritmo usual poderíamos ter feito esse cálculo multiplicando 2,8 e 3,75 como se fossem números naturais, desconsiderando a vírgula, e, depois, ter contado o número de casas decimais de cada fator para registrar corretamente a vírgula no produto:

```
   375
×   28
  3000
+ 7500
 10500
   ↓
10,500  ← 3 casas decimais
```

Podemos multiplicar dois números decimais como se fossem números naturais (desconsiderando a vírgula) e posicionar a vírgula no produto obtido contando, a partir do último algarismo à direita nesse produto, um número de casas igual à soma do número de casas decimais dos fatores originais.

Pista 1

Observe a tela do sistema de controle de vendas.

- Quantos reais foram arrecadados com a venda de etanol?
- É possível saber quantos reais foram arrecadados com a venda de gasolina comum apenas com as informações do sistema de controle de vendas? Por quê?

ATIVIDADES

26. Soraia comprou o vestido mostrado ao lado parcelado em 5 prestações.

ESTÚDIO MIL

a) Determine o valor total a ser pago pelo vestido na compra parcelada.

b) Qual é a diferença, em reais, entre o preço à vista e em 5 parcelas iguais.

27. Copie o quadro a seguir em seu caderno e complete-o multiplicando cada número da primeira linha pelo número correspondente da primeira coluna. Veja o exemplo.

×	0,2	0,58	2,85
0,9			
0,82			
0,316		0,18328	

28. Se o litro de gasolina, em determinada cidade, custa R$ 2,390, quanto se gastará para abastecer um veículo com 50 litros de gasolina?

29. Quantos reais obtêm-se juntando 46 moedas no valor de R$ 0,25?

30. Uma passagem de um ônibus interestadual custa R$ 28,50. Se um ônibus que opera nessa linha tem capacidade para 42 passageiros sentados, calcule quantos reais serão arrecadados em uma viagem com lotação completa, sem ninguém de pé, considerando que nenhum passageiro desembarque ou embarque durante a viagem.

31. Fabrício quer fazer um churrasco e precisa comprar 4 quilogramas de carne. Veja os preços praticados pelo açougue em que é cliente.

AÇOUGUE

Tipo de carne	Preço por quilograma
Alcatra	R$ 23,90
Maminha	R$ 25,33
Fraldinha	R$ 21,19
Picanha	R$ 59,99

WYM DESIGN

Fabrício tem uma cédula de R$ 100,00 para pagar a compra e quer levar um único tipo de carne.

a) Qual tipo de carne ele poderá comprar?

b) De quanto será seu troco caso ele escolha a opção mais barata?

Divisão com números decimais

Quociente decimal

Veja a promoção a seguir. Quanto custa cada caixa de leite nessa promoção?

THINKSTOCK/GETTY IMAGES

Para responder a essa questão, temos de calcular o resultado de 21 : 12. Veja a seguir como fazer essa divisão utilizando o algoritmo usual.

2 1	1 2
9 0	1, 7 5
6 0	
0	

- Não é possível dividir 2 dezenas por 12 e obter dezena inteira. Então, trocamos 2 dezenas por 20 unidades e juntamos com 1 unidade, obtendo 21 unidades.
- Dividindo as 21 unidades por 12, obtemos 1 unidade e sobram 9 unidades.
- Trocamos as 9 unidades por 90 décimos. No quociente, escrevemos uma vírgula para separar a parte inteira da parte decimal.
- Dividindo os 90 décimos por 12, obtemos 7 décimos e sobram 6 décimos.
- Trocamos os 6 décimos por 60 centésimos.
- Dividindo os 60 centésimos por 12, obtemos 5 centésimos e sobra 0 (zero) centésimo.

Desse modo, 21 : 12 = 1,75.

Portanto, cada caixa de leite na promoção custa R$ 1,75.

Dízimas periódicas

Como você observou na situação anterior, a divisão 21 : 12 tem quociente decimal, **1,75**, e resto igual a 0 (zero). Dizemos, nesse caso, que o número 1,75 é um **decimal exato**.

Mas há divisões que têm quociente decimal e, mesmo que continuemos a dividir os restos obtidos, sempre vai sobrar resto diferente de 0 (zero).

Por exemplo, tente representar $\frac{1}{3}$ na forma de número decimal fazendo a divisão 1 : 3 com auxílio de uma calculadora. Veja o que aparecerá no visor:

Mas o que isso significa?

Observe a divisão 1 : 3 sendo realizada com o algoritmo usual:

```
1        | 3
1 0       ----------
           0, 3 3 3
  1 0
    1 0
      1
```

- Não é possível dividir 1 unidade por 3 e obter unidade inteira. Então, trocamos 1 unidade por 10 décimos e, no quociente, escrevemos uma vírgula para separar a parte inteira da parte decimal.
- Dividindo 10 décimos por 3, obtemos 3 décimos e sobra 1 décimo. Trocamos 1 décimo por 10 centésimos.
- Dividindo 10 centésimos por 3, obtemos 3 centésimos e sobra 1 centésimo. Trocamos 1 centésimo por 10 milésimos.
- Dividindo 10 milésimos por 3, obtemos 3 milésimos e sobra 1 milésimo.

Vamos fazer uma pausa nessa divisão. Note que o algarismo 3, no quociente, e o algarismo 1, no resto, estão se repetindo.

Se continuarmos essa divisão, nunca obteremos resto igual a 0 (zero) e o algarismo 3 vai sempre se repetir no quociente. Assim, dizemos que **0,333...** é uma **dízima periódica**. As reticências indicam que o algarismo 3 (o **período** dessa dízima periódica) se repete indefinidamente. Essa dízima também pode ser indicada por $\mathbf{0{,}\overline{3}}$.

Divisão de um número decimal por 10, 100 e 1 000

Você já estudou sobre multiplicações de um número decimal por 10, 100 e 1 000. Agora, vamos estudar sobre divisões de um número decimal por 10, 100 e 1000, pensando na divisão como a operação inversa da multiplicação. Veja os exemplos a seguir:

$10 \times 2{,}386 = 23{,}86$ $\quad$ $100 \times 7{,}594 = 759{,}4$ $\quad$ $1\,000 \times 0{,}123 = 123$

Utilizando a operação inversa, temos:

$23{,}86 : 10 = 2{,}386$ $\quad$ $759{,}4 : 100 = 7{,}594$ $\quad$ $123 : 1\,000 = 0{,}123$

- Observe a posição da vírgula no registro dos quocientes das divisões por 10, 100 e 1 000 e pense em uma regra prática para calcular o resultado dessas divisões.

Divisão de um número na forma decimal por um número natural

Wilson optou por pagar uma compra de R$ 214,50 em duas parcelas iguais sem acréscimo. Qual será o valor de cada prestação?

Para responder a essa questão, precisamos calcular o resultado de 214,50 : 2. Acompanhe a seguir um modo de efetuar essa divisão.

- Multiplicando o dividendo, 214,50, e o divisor, 2, por 100, obtemos dois números naturais.

```
   ×100     ×100
214,50 | 2   →   21 450 | 200
```

- Depois, calculamos o resultado de 21 450 : 200 utilizando o algoritmo usual.

```
21450 |200
 1450  107,25
   500
   1000
      0
```

Portanto, cada prestação será de R$ 107,25.

Para realizar o cálculo anterior, utilizamos a seguinte propriedade da divisão:

> Multiplicando-se o dividendo e o divisor de uma divisão por um mesmo número diferente de zero, o quociente da nova divisão permanece igual ao quociente da divisão inicial.

- Utilizando uma calculadora, verifique que 214,50 : 2 = 107,25.

Divisão de dois números na forma decimal

Talita tem R$ 16,50 em moedas de R$ 0,25. Quantas moedas de R$ 0,25 ela tem?

MUSEU DE VALORES/BANCO CENTRAL DO BRASIL

Para responder a essa questão, temos de calcular o resultado de 16,50 : 0,25.

Novamente, a ideia é multiplicar o dividendo e o divisor por uma mesma potência de base 10 (10, 100, 1 000 etc.) e, assim, obter números naturais.

Nesse caso, basta multiplicar ambos os números por 100. Depois, podemos calcular o resultado da nova divisão utilizando o algoritmo usual:

```
  ×100      ×100
16,50 |0,25  →  1650 |25
                 150  66
                   0
```

Portanto, Talita tem 66 moedas de R$ 0,25.

Pista 2

Observe o demonstrativo de extrato bancário da Rede Postão.

- O número 1 837 400 junto da letra C indica o valor arrecadado com a venda de quais combustíveis?
- Calcule a diferença entre o total arrecadado com a venda de etanol e gasolina e o valor obtido apenas na venda de etanol. O que o resultado obtido representa?

Desvende o enigma

Quantos litros de gasolina comum foram vendidos nesse mês?

ATIVIDADES

32. Copie o quadro a seguir em seu caderno e complete-o dividindo cada número da primeira linha por 10, por 100 e por 1000.

÷	23	1,5	0,46	21,57	2,389	0,15
10						
100			0,0046			
1000						

33. Em uma doçaria, Cristina pagou uma compra de R$ 6,75 com duas cédulas de R$ 5,00 e pediu ao vendedor que lhe desse o troco apenas em moedas. Determine quantas moedas Cristina receberá de troco se lhe forem entregues apenas moedas de:

a) 

b) 

MUSEU DE VALORES/BANCO CENTRAL DO BRASIL

34. Uma caixa de bombons custa R$ 8,99 e João quer comprar o maior número possível de caixas com R$ 80,00.

SHUTTERSTOCK

a) Quantas dessas caixas de bombons João poderá comprar?

b) Quantos reais sobrarão após a compra?

35. O topo da escada mostrada na ilustração a seguir, ou seja, o oitavo degrau, está a 1,64 metro de altura do solo. Considerando que todos os degraus estão igualmente espaçados desde o solo até o topo da escada, faça uma estimativa: a altura de cada degrau é menor ou maior do que 20 centímetros?

DAWIDSON FRANÇA

36. Em uma folha de papel retangular modelo ofício, de medidas 21 centímetros por 29,7 centímetros, Francisco desenhará uma malha quadriculada, com quadrados cujos lados medem 0,8 cm. Registre quantos quadrados podem ser desenhados nessa folha.

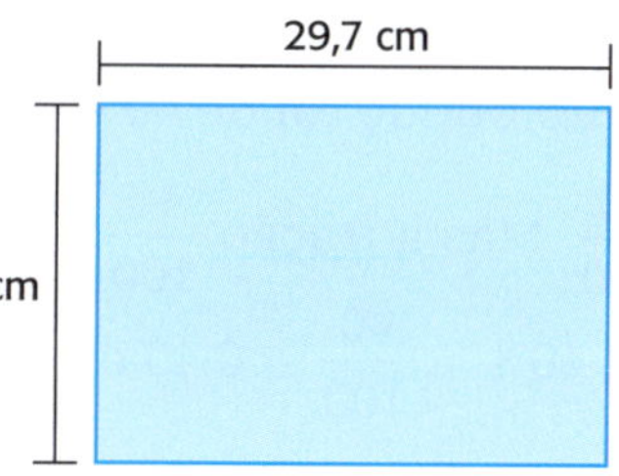

37. Angelina tem R$ 5,60 em moedas de 25 centavos e de 10 centavos. Se ela tem 8 moedas de 25 centavos, quantas moedas de 10 centavos ela tem?

38. Os cabelos humanos crescem, em média, de 1 a 1,3 centímetro por mês. Se o cabelo de uma pessoa cresceu 1,3 centímetro em um mês, quantos centímetros, em média, aproximadamente, o cabelo cresceu por dia? Considere um mês com 30 dias.

39. Adriano calculou o resultado da divisão 73,4 : 0,9 e obteve como resposta 71,555... . Seu amigo Renan imediatamente percebeu, mesmo sem fazer o cálculo exato, que Adriano cometeu um erro. Como ele descobriu isso?

40. Calculadora

Utilizando uma calculadora, registre o resultado da divisão de cada um dos números de 1 a 6 por 7. Observe os resultados obtidos e escreva que regularidade eles apresentam.

Porcentagem e números decimais

ESTÚDIO LAB 307

Marisa mora em um município em que faz muito frio no inverno. Ela queria comprar uma blusa que custava R$ 80,00, mas, como estava na época do verão, ela comprou essa blusa com desconto de 40% sobre R$ 80,00. De quantos reais foi o desconto obtido por Marisa? E quanto ela pagou pela blusa com desconto?

Na unidade 5, vimos que uma porcentagem pode ser representada na forma de fração. Nessa unidade, vimos que é possível escrever frações na forma decimal. Agora, vamos estudar como representar porcentagens na forma decimal e utilizar as operações com esses números para responder às questões anteriores. Acompanhe.

O desconto obtido foi de 40%, que pode ser expresso, na forma de fração, por $\frac{40}{100}$. Mas a fração $\frac{40}{100}$ pode ser expressa, na forma decimal, por 0,40. Então, $40\% = \frac{40}{100} = 0{,}40$ ou 0,4.

Para calcular o valor do desconto, temos de calcular 40% de R$ 80,00:

$$\frac{40}{100} \times \text{R\$ } 80{,}00 = 0{,}4 \times \text{R\$ } 80{,}00 = \text{R\$ } 32{,}00$$

Portanto, o desconto obtido por Marisa foi de R$ 32,00.

Para saber o valor pago pela blusa, basta fazer R$ 80,00 − R$ 32,00 = = R$ 48,00. Marisa pagou R$ 48,00 pela blusa.

Acompanhe mais esta situação:

Carlos acertou 18 questões de uma prova que tinha um total de 25 questões. Qual foi o seu percentual de acerto?

Acertar 18 de um total de 25 questões pode ser expresso pela fração $\frac{18}{25}$. Dividindo 18 por 25, obtém-se:

$$\begin{array}{r|l} 180 & 25 \\ \hline 50 & 0{,}72 \\ 0 & \end{array}$$

ESTÚDIO LAB 307

Portanto, Carlos acertou 72% da prova.

Note que também poderíamos ter chegado a esse resultado calculando do seguinte modo:

$$\frac{18}{25} = \frac{18 \times 4}{25 \times 4} = \frac{72}{100} = 0{,}72 \text{ ou } 72\%$$

ATIVIDADES

41. Calculadora

Usando uma calculadora, calcule 25% de 40 sem apertar a tecla %. Depois, registre em seu caderno as teclas utilizadas nesse cálculo, na ordem em que você as utilizou.

42. Em cada caso, calcule o valor da dívida após o acréscimo.

a) Uma dívida de R$ 40,00 com um acréscimo de 15%.

b) Uma dívida de R$ 50,00 com um acréscimo de 20%.

43. Veja ao lado a liquidação realizada por uma loja de calçados.

QUANTA ESTÚDIO

a) Qual é o valor do desconto, em reais?

b) Qual é o preço desse tênis à vista na liquidação?

44. Para estimar qual é o valor de 75% de R$ 200,00, Giovana calculou 70% de 200 e, depois, 80% de 200.

a) Saber esses valores ajuda Giovana a estimar o resultado de 75% de 200? Por quê?

b) Quais são os valores que Giovana obteve com os cálculos que fez?

c) Qual é o valor de 75% de R$ 200,00?

d) Em sua opinião, 78% de 200 está mais próximo de qual dos valores calculados por ela? Por quê?

45. Produção textual

Invente um problema em que o número 40 corresponda a 20% de um total e registre-o em seu caderno.

46. Marcos comprou uma camiseta em uma loja e no caminho para casa viu a mesma camiseta na vitrine de outra loja. Veja a seguir o que ele descobriu.

ESTÚDIO MIL

Em porcentagem, quanto Marcos pagou a mais pela camiseta que comprou em relação ao preço da segunda loja? Expresse essa porcentagem como um número decimal.

Resolução

Marcos pagou R$ 5,00 a mais pela camiseta que comprou em relação ao preço da segunda loja. Para saber quantos por cento a mais ele pagou, é preciso comparar o valor pago a mais, R$ 5,00, com o preço da camiseta na segunda loja, R$ 25,00, ou seja, determinar que porcentagem corresponde à fração $\frac{5}{25}$:

$$\frac{5 \times 4}{25 \times 4} = \frac{20}{100} = 0{,}20 = 20\%$$

Marcos pagou 20% a mais pela camiseta que comprou em relação ao preço da segunda loja.

47. (Obmep) Em 2009, uma escola tinha 320 alunos esportistas, dos quais 45% jogavam vôlei. Em 2010 essa porcentagem diminuiu para 25%, mas o número de jogadores de vôlei não se alterou. Qual era o número de alunos esportistas em 2010?

a) 480 b) 524 c) 560 d) 576 e) 580

ATIVANDO HABILIDADES

(Obmep) Ana e Beatriz compraram dezoito bombons de mesmo preço. Ana pagou por oito deles, e Beatriz pelos outros dez. Na hora do lanche, dividiram os bombons com Cecília e cada uma delas comeu seis. Para dividir igualmente o custo dos bombons, Cecília deveria pagar R$ 1,80 para Ana e Beatriz. Ela pensou em dar R$ 0,80 para Ana e R$ 1,00 para Beatriz, mas percebeu que essa divisão estava errada. Quanto ela deve pagar para Beatriz?

ESTÚDIO MIL

a) R$ 0,90 **b)** R$ 1,10 **c)** R$ 1,20 **d)** R$ 1,30 **e)** R$ 1,50

Entendimento do problema

- Qual é a pergunta do problema? — "Quantos reais Cecília deve pagar para Beatriz?"
- Quais são as informações importantes para responder à pergunta do problema?
  - — Foram comprados 18 bombons.
  - — Ana pagou por 8 bombons e Beatriz, por 10 bombons.
  - — Ana, Beatriz e Cecília comeram 6 bombons cada uma.
  - — Cecília deve pagar R$ 1,80 as outras duas garotas de modo a tornar justo o acerto de contas.

Elaboração de uma estratégia

É preciso determinar que parte dos 6 bombons comidos por Cecília foi paga por Ana e que parte foi paga por Beatriz. Depois, dividir R$ 1,80 de acordo com a parte pela qual cada garota pagou (Ana e Beatriz).

Execução da estratégia

Vamos determinar a parte com que cada uma das amigas — Ana e Beatriz — contribuiu para o lanche de Cecília:

Ana pagou por 8 bombons, mas comeu 6 deles. Portanto, os 2 bombons restantes correspondem à contribuição dela para o lanche de Cecília.

Beatriz pagou por 10 bombons, mas comeu 6 deles. Portanto, ela contribuiu com 4 bombons que foram comidos por Cecília.

Desse modo, podemos desenhar o esquema ao lado:

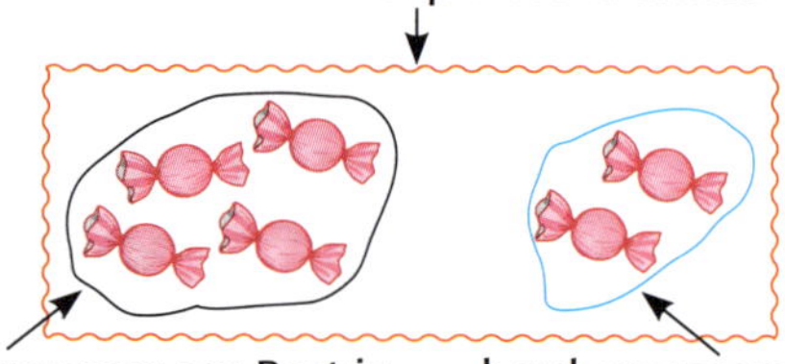

BIS

Dividindo R$ 1,80 por 6, obtém-se R$ 0,30.

Assim, devem ser dados R$ 0,30 para cada bombom do lanche de Cecília.

Como Ana contribuiu com 2 bombons, ela deve receber R$ 0,60 (2 × R$ 0,30). Beatriz contribuiu com 4 bombons, então, deve receber R$ 1,20 (4 × R$ 0,30).

Análise da solução

bombons fornecidos por Beatriz que Cecília comeu

(R$ 1,20 : 4) × 6 = R$ 1,80

resposta — total de bombons que Cecília comeu — dívida de Cecília

Resposta: alternativa **c**.

É a sua vez!

(Obmep) Lucinda manchou com tinta dois algarismos em uma conta que ela tinha feito, como mostra a figura.

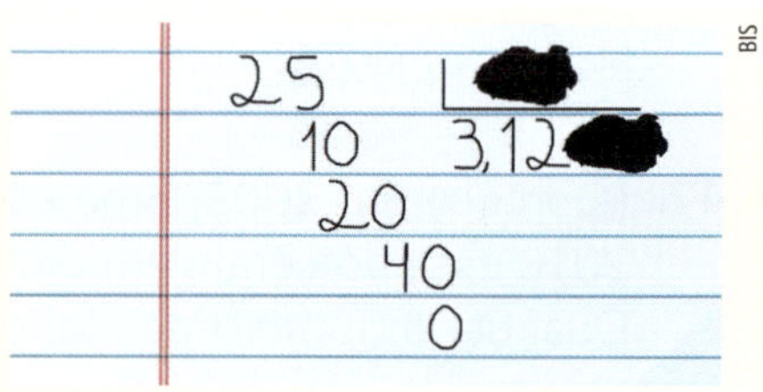

BIS

Qual foi o menor dos algarismos manchados?

a) 4 **c)** 6 **e)** 8
b) 5 **d)** 7

1. **Cálculo mental**

Estime o número natural mais próximo de cada adição a seguir.

a) 5,28 + 65,37

b) 14,06 + 35,678

2. Calcule o resultado em cada caso.

a) 1,2 + 0,36 − 0,148

b) 1,5 + 1,05 − 1,005

3. Escreva a adição de dois números decimais cuja soma seja um número natural.

4. Daniela viajou ao Rio de Janeiro para assistir ao Carnaval de 2014 e acompanhou a apuração das notas do desfile das escolas de samba do grupo especial. Veja abaixo a pontuação obtida pelas seis primeiras escolas mais bem classificadas.

MARCELO CORTES/FOTOARENA

No Carnaval de 2014, a escola de samba Unidos da Tijuca homenageou o piloto tricampeão mundial de Fórmula 1, Ayrton Senna.

Posição	Escola de samba	Pontuação
1	Unidos da Tijuca	299,4
2	Salgueiro	299,3
3	Portela	299
4	União da Ilha	298,4
5	Imperatriz	297,6
6	Grande Rio	297,2

Fonte: <http://g1.globo.com/rio-de-janeiro/carnaval/2014/noticia/2014/03/confira-apuracao-do-desfile-do-grupo-especial-do-rio.html>. Acesso em: 17 fev. 2015.

a) Decomponha, em suas ordens, os números que indicam a pontuação de cada escola e escreva como se leem esses números.

b) Qual foi a diferença entre a pontuação da primeira colocada e a da sexta colocada?

c) Quantos pontos as três primeiras escolas mais bem colocadas fizeram juntas?

5. A tábua de marés a seguir apresenta qual era a previsão da altura das marés para o dia 30 de janeiro de 2015 na cidade de São Luís, no Maranhão.

Tábua de marés: Quadro com a previsão da altura das marés em determinado dia do ano nas localidades litorâneas. A maré é um fenômeno cíclico de elevação e abaixamento das águas do mar.

Horário	Altura da maré (em metro)
4 h 15 min	4,6
10 h 30 min	1,5
16 h 35 min	4,8
23 h 15 min	1,3

Fonte: <http://www.tabuademares.com/br/maranhao/sao-luis>. Acesso em: 26 jan. 2015.

MAURICIO SIMONETTI/PULSAR IMAGENS

A cidade de São Luís (MA) é considerada Patrimônio Cultural da Humanidade pela Unesco.

a) Em que horário havia a previsão de maior altura da maré?

b) Qual é a diferença, em metro, entre o menor e o maior valor dessa tábua?

6. Leia as informações e responda à questão a seguir.

> De acordo com o *site* do "IBGE países", no ano de 2014 a população da Índia era de, aproximadamente, 1,267 bilhão de habitantes.
>
> Fonte de pesquisa: <http://www.ibge.gov.br/paisesat/main_frameset.php>. Acesso em: 17 fev. 2015.

Esse valor supera 1 bilhão de habitantes em quantos milhões?

7. Leia o texto e faça o que se pede a seguir.

O que é taxa de câmbio?

Taxa de câmbio é o preço de uma moeda estrangeira medido em unidades ou frações (centavos) da moeda nacional. No Brasil, a moeda estrangeira mais negociada é o dólar dos Estados Unidos, fazendo com que a cotação comumente utilizada seja a dessa moeda. Assim, quando dizemos, por exemplo, que a taxa de câmbio é 1,80, significa que um dólar dos Estados Unidos custa R$ 1,80. A taxa de câmbio reflete, assim, o custo de uma moeda em relação a outra. [...]

Disponível em: <http://www.bcb.gov.br/?TAXCAMFAQ>. Acesso em: 17 fev. 2015.

Observe a tabela abaixo, que mostra a taxa de venda do dólar comercial (EUA) em alguns horários do dia 30 de janeiro de 2015.

Cotação do dólar comercial (EUA) em alguns horários do dia 30 de janeiro de 2015

Horário	10 h 09 min	10 h 39 min	11 h 40 min	11 h 50 min
Cotação aproximada	R$ 2,64	R$ 2,65	R$ 2,67	R$ 2,68

Fonte: <http://economia.uol.com.br/cotacoes/cambio/>. Acesso em: 30 jan. 2015.

a) Qual era o valor, em real, correspondente a 1 dólar às 10 h 09 min desse dia? E às 11 h 50 min?

b) Qual é a diferença, em real, entre os dois valores obtidos no item **a**?

8. Observe as ilustrações a seguir e determine quantos quilogramas Manoela engordou.

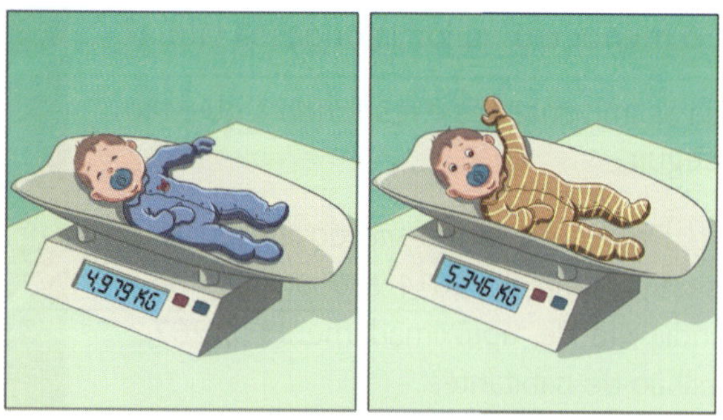

ESTÚDIO LAB 307

9. O quilowatt-hora (kWh) é uma unidade de medida utilizada para medir o consumo de energia elétrica. Carlos mora em uma cidade do Pará, onde foi cobrado R$ 0,47977 por quilowatt-hora consumido na conta de luz entre agosto de 2014 e agosto de 2015. Utilizando essa base de cálculo, aproximadamente quanto Carlos pagou pelo consumo de 140 kWh em janeiro de 2015?

10. Atividade em grupo

Esta malha quadriculada é formada por quadrados cujos lados medem 1,7 centímetro.

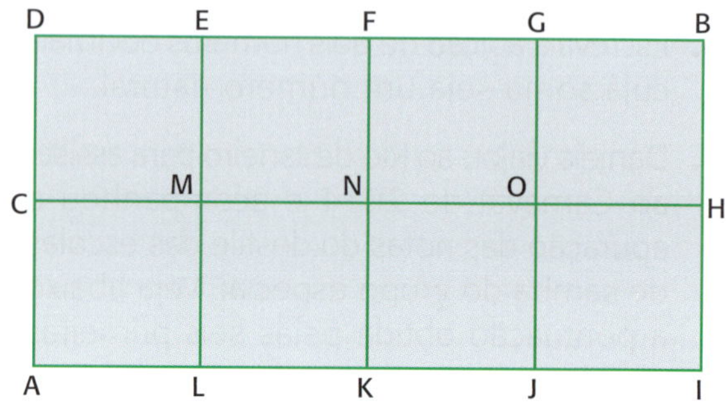

Descreva um caminho para ir de A até B, deslocando-se apenas na vertical, para cima; na horizontal, para a direita; e pelos lados dos quadrados; determine quantos centímetros ele mede ao todo. Depois, compare sua resposta com as de seus colegas. O que é possível observar?

11. Para resolver uma expressão numérica envolvendo números decimais, devemos seguir os mesmos passos utilizados na resolução de expressões numéricas com números naturais.

Resolva as expressões a seguir.

a) $\dfrac{0{,}8 : 0{,}04 - 3 \cdot 0{,}46}{2}$

b) $\dfrac{0{,}18 + 0{,}6 - 5 \cdot 0{,}04}{2{,}9}$

12. Em uma cidade, 70% dos habitantes são eleitores, dos quais 60% são mulheres. Se a cidade tem 6 000 habitantes que não votam, quantos eleitores são homens?

13. (Obmep) Ontem, dona Dulce gastou R$ 12,00 no mercado para comprar 4 caixas de leite e 6 pães. Hoje, aproveitando uma promoção no preço do leite, ela comprou 8 caixas de leite e 12 pães por R$ 20,00 no mesmo mercado. O preço do pão foi o mesmo que o de ontem. Qual foi o desconto que o mercado deu em cada caixa de leite?

a) R$ 0,25

b) R$ 0,50

c) R$ 0,75

d) R$ 1,25

e) R$ 1,00

teia integrada

14. Produção textual

O comércio eletrônico (*e-commerce*) no Brasil tem aumentado nos últimos anos. Atualmente, pela internet é possível comprar alimentos, livros, roupas, eletrônicos, brinquedos, perfumes, entre outros itens; há alguns anos seria impossível pensar em sua comercialização pela rede mundial de computadores. O gráfico a seguir mostra o faturamento anual do *e-commerce* no Brasil de 2001 a 2013.

Faturamento anual do *e-commerce* no Brasil (2001 a 2004)

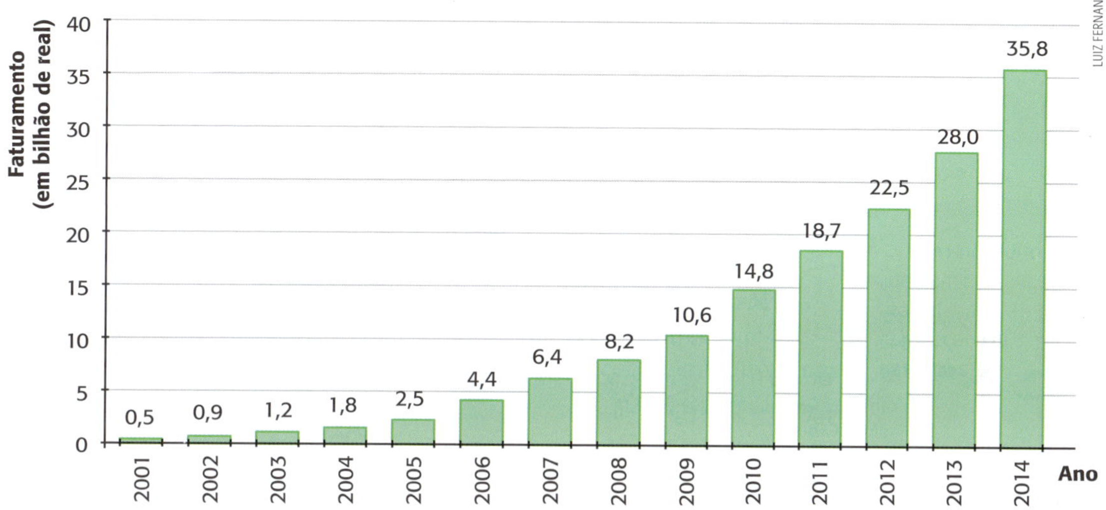

LUIZ FERNANDO RUBIO

Fonte: <http://www.e-commerce.org.br/stats.php>. Acesso em: 17 fev. 2015.

a) De quanto foi o aumento do faturamento, em reais, do ano de 2005 ao ano 2012?

b) Entre quais dois anos consecutivos houve o maior aumento no faturamento?

c) Você sabe quando e como foi a introdução da internet no Brasil? E como ela se desenvolveu até os dias atuais? Pesquise sobre a história do desenvolvimento da internet no Brasil e produza um texto em que apareçam os principais fatos relacionados a esse assunto. Depois, apresente aos colegas e ao professor.

Encerrando a unidade

Nesta unidade você teve a oportunidade de retomar e ampliar seus conhecimentos sobre números decimais e como realizar operações com esses números, além da relação deles com as frações. Reflita sobre os conteúdos estudados na unidade e faça o que se pede a seguir.

a) Reúna-se com mais 3 colegas: cada um escolhe uma das 4 operações (adição, subtração, multiplicação ou divisão) e dois números na forma de fração. Em seguida, realize o cálculo escolhido em cada caso, e, depois, realize o mesmo cálculo com as frações escritas na forma decimal. Ao final, discuta com seus colegas as vantagens e desvantagens em fazer os cálculos com os números representados na forma de fração ou decimal em cada caso.

b) Na situação da quitanda da abertura desta unidade, que assunto estudado nesta unidade você usaria para saber o preço do quilograma do produto que está sendo pesado na balança?

c) Que operações envolvendo números decimais você utilizou na resolução do Enigma desta unidade?

EM AÇÃO

Consumo e desperdício

Em geral, os produtos que consumimos não são totalmente aproveitados, e boa parte deles gera um lixo constituído de materiais que demoram para se degradar.

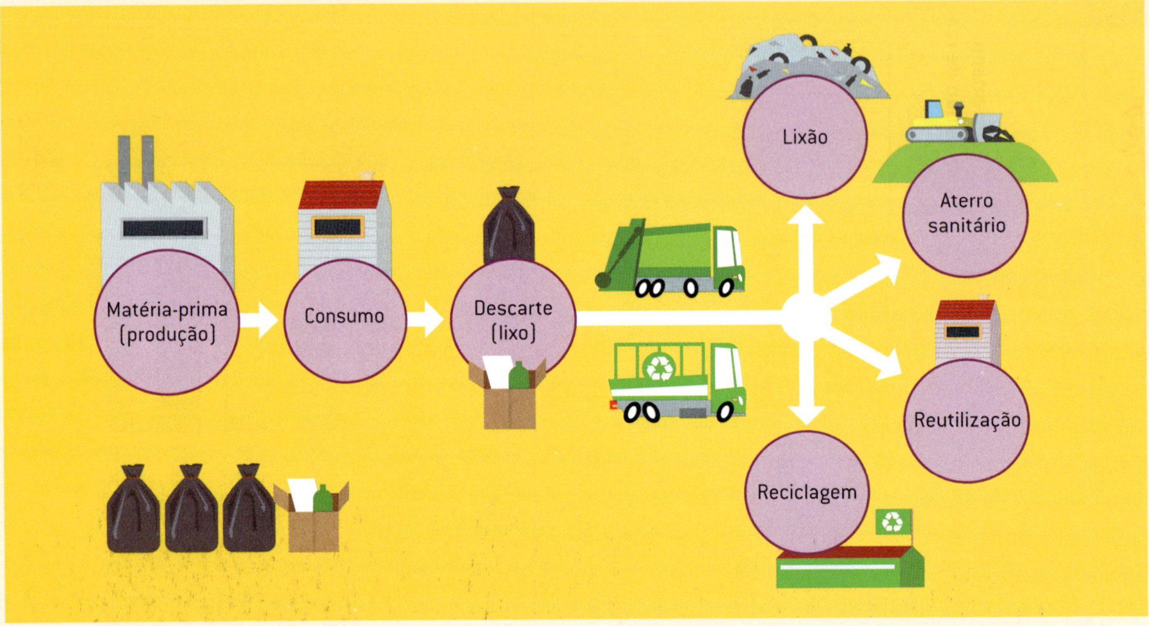

O aumento da renda das famílias nos últimos anos resultou no aumento de consumo, e, consequentemente, na geração de lixo. Um dos maiores desafios da sociedade moderna é conseguir solucionar a questão do lixo urbano, uma vez que o crescimento populacional, aliado à intensa urbanização, concentra grandes quantidades de lixo, ao mesmo tempo em que as áreas disponíveis para a decomposição deles são cada vez menores.

No Brasil, segundo a ABRELPE, a geração de lixo por pessoa aumentou de 1,037 quilograma por dia em 2012, para 1,041 quilograma por dia em 2013. Pode parecer pouco, no entanto, nesse mesmo período a quantidade total de lixo gerada no Brasil aumentou 4,1%, índice maior do que a taxa de crescimento populacional no país, que foi de 3,7% no período.

Resíduos sólidos urbanos gerados no Brasil (2010 – 2013)

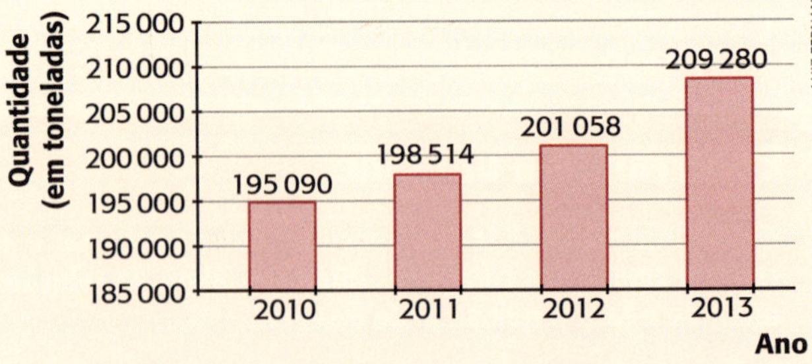

Fonte: < http://www.abrelpe.org.br/panorama_apresentacao.cfm>. ABRELPE, Panorama dos Resíduos Sólidos no Brasil, 2010, 2011, 2012 e 2013. Acesso em: 18 fev. 2015.

Continuando nesse ritmo de consumo, a humanidade terá escassez de recursos naturais e gerará maior degradação do solo, dos rios e dos mares.

É urgente começarmos a reduzir, a reutilizar e a reciclar o excedente de nosso consumo.

Separe o lixo de sua residência para que seja reciclado: a reciclagem permite economia de energia, redução da poluição, geração de empregos, melhoria da limpeza e higiene das cidades, redução da extração de recursos naturais e diminuição do lixo nos aterros sanitários e lixões. Reduza o desperdício e reutilize o que for possível.

Reflita sobre os seus atos antes de jogar algum produto fora. Nosso planeta agradece!

O gráfico abaixo mostra a produção diária de lixo por pessoa e por região do Brasil no ano de 2013. Observe.

Produção diária de lixo por pessoa e por região do Brasil em 2013

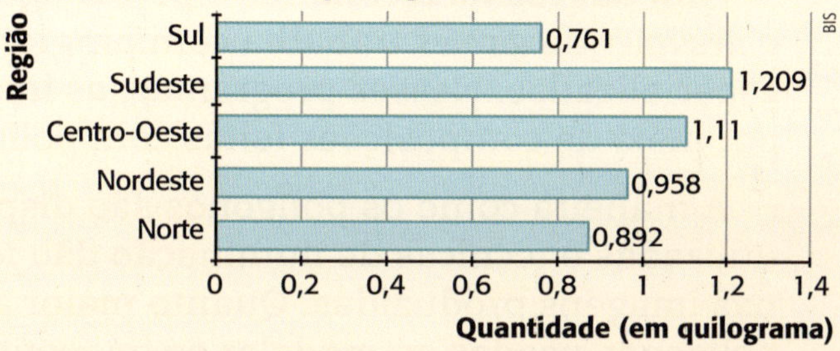

Fonte: ABRELPE, 2010. Disponível em: <http://www.abrelpe.org.br/Panorama/panorama2010.pdf>. Acesso em: 17 fev. 2015.

Ao longo de 2012, cada brasileiro produziu, em média, 379,5 quilogramas de lixo. Se pudéssemos acondicionar esse lixo em sacos de 50 litros*, obteríamos 38 sacos cheios.

*Um saco de lixo de 50 litros, comumente usado nas residências, comporta, aproximadamente, 10 quilogramas de lixo.

Para explorar

1. Quanto aumentou a geração diária de lixo por pessoa de 2012 para 2013?
2. Em qual região brasileira a produção diária de lixo por pessoa, no ano de 2013, foi maior? E em qual região foi menor?
3. Determine quantos sacos de lixo de 50 litros, aproximadamente, são necessários para armazenar o lixo produzido em 2013 por uma pessoa da região em que você vive.
4. Junto com seus colegas, crie um folheto com dicas e sugestões que auxiliem as pessoas a produzir menos lixo diariamente e melhorar seus hábitos.

UNIDADE

7 Ângulos e polígonos

Você já parou para pensar em como é feita a arte gráfica dos jogos em 3D?

Para dar forma a cenários e personagens de jogos em 3D, o *designer* de *games* trabalha com programas computacionais especializados. Nesses programas, as imagens são construídas por meio de composições feitas com polígonos.

A maneira como os polígonos são dispostos, as texturas utilizadas e técnicas de iluminação dão ideia de profundidade nas imagens produzidas. Quanto maior a quantidade de polígonos usados ao modelar as imagens, mais realismo e nitidez são obtidos.

Por outro lado, os jogos não precisam apenas de imagens nítidas e próximas da realidade. É necessário que personagens se movimentem e que o cenário se transforme de acordo com os comandos realizados.

Imagens modeladas com muitos polígonos necessitam de muitos cálculos matemáticos para processar o programa do jogo. Assim, o grande desafio do *designer* de *games* é reduzir ao máximo o número de polígonos usados na modelagem, sem perder a qualidade.

SHUTTERSTOCK

Nesta unidade você vai saber mais sobre...

- Ângulos
- Polígonos

FOTOGRAFIA DE FUNDO: THINKSTOCK/GETTY IMAGES

Observe que o resultado final é parecido, embora a quantidade de polígonos usados na modelagem seja diferente.

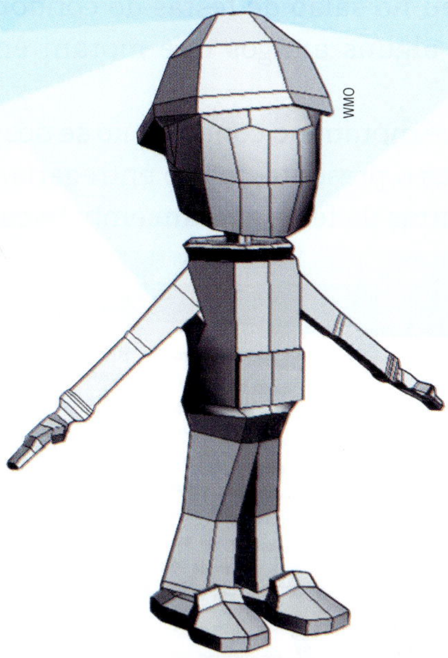
WMO

Nesta modelagem foram usados 544 polígonos.

WMO

Nesta modelagem foram usados 895 polígonos.

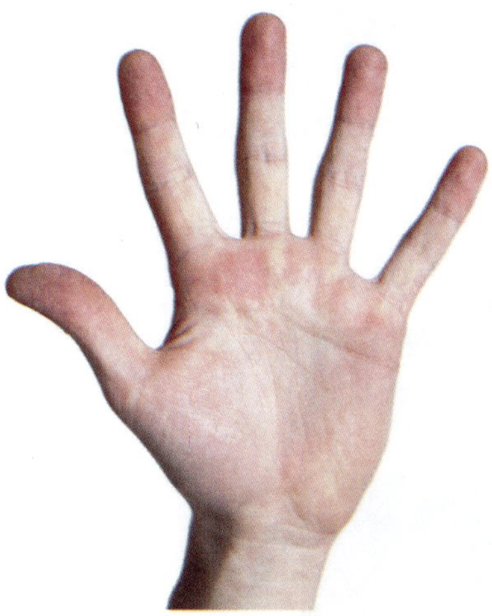
THINKSTOCK/GETTY IMAGES

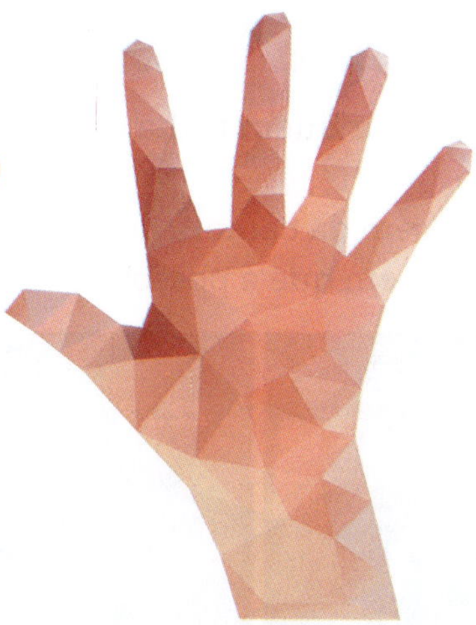
THINKSTOCK/GETTY IMAGES

THINKSTOCK/GETTY IMAGES

Fonte de pesquisa: <http://www2.ic.uff.br/~esteban/files/Desenvolvimento%20de%20jogos%203D.pdf>. Acesso em: 18 fev. 2015.

TROCANDO IDEIAS

1. Com base na leitura do texto, responda: qual é o grande desafio dos *designers* de *games* ao produzir as imagens utilizadas nos jogos em 3D?
2. Qual das imagens apresentadas anteriormente mais chamou a sua atenção? Você reconhece algum polígono nessas imagens? Converse com os colegas e o professor.
3. Use recortes de papel colorido para criar, em uma folha de papel em branco, uma composição feita de polígonos que lembre as construídas pelos *designers* de *games*. Crie sua própria personagem. Utilize diferentes tonalidades de cores para produzir o efeito 3D. Concluída a obra, compare com os colegas e, juntos, organizem um mural para expor os trabalhos.

O enigma do presente misterioso

A festa de aniversário de Gabriel aconteceu no salão de festas do condomínio onde ele mora. Além de familiares, ele convidou alguns amigos que moram em casas do mesmo condomínio.

Quando a festa terminou, quatro amigos que moram no condomínio se despediram de Gabriel e disseram ter esquecido em suas casas o presente, mas o entregariam em outra oportunidade. Essas quatro pessoas saíram juntas da festa e foram embora caminhando.

Enquanto Gabriel organizava a cozinha do salão, uma delas foi até a casa onde mora, pegou o presente e voltou para entregar, mas resolveu fazer uma brincadeira com o aniversariante.

Quando Gabriel voltou ao salão teve uma surpresa.

ESTÚDIO LAB 307

Gabriel ficou curioso para descobrir quem tinha deixado o presente no salão e pediu ajuda ao zelador do condomínio.

Juntos eles observaram a filmagem da câmera de segurança da porta do salão de festas e descobriram apenas o horário em que a pessoa saiu e entrou novamente no salão.

ESTÚDIO LAB 307

Gabriel conseguiu, também com a ajuda do zelador, fazer um esboço do condomínio em papel quadriculado para localizar a casa de Jorge, a de Maria, a de Lara, e a de Gustavo. As linhas e colunas da malha representam as ruas do condomínio.

- Quem voltou ao salão de festas para entregar o presente a Gabriel?

No decorrer desta unidade você encontrará pistas que podem auxiliá-lo a desvendar o enigma.

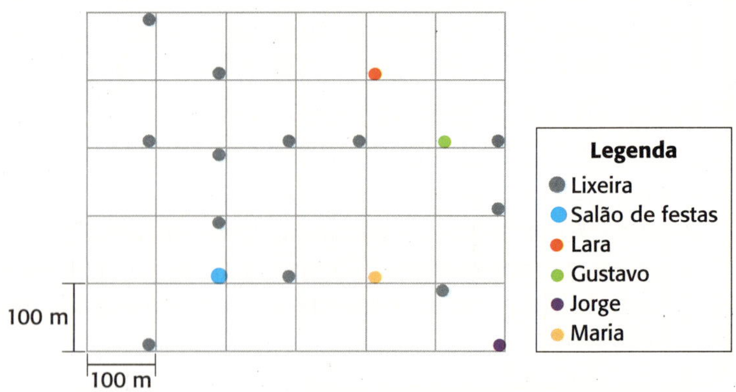

LUIZ FERNANDO RUBIO

1 Ângulos

No dia a dia é possível observar diferentes situações que nos dão a ideia de ângulo. Observe as partes destacadas nas imagens a seguir.

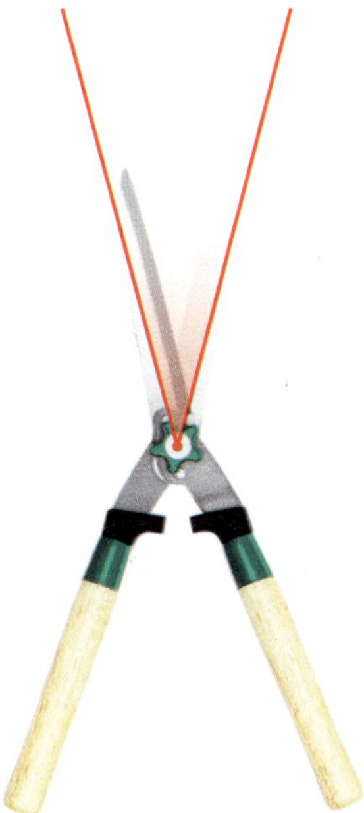

THINKSTOCK/GETTY IMAGES

THINKSTOCK/GETTY IMAGES

THINKSTOCK/GETTY IMAGES

THINKSTOCK/GETTY IMAGES

THINKSTOCK/GETTY IMAGES

A abertura da tesoura, o "canto" da tela, a disposição dos ponteiros do relógio e a inclinação do telhado nos dão ideia de **ângulo**.

- Na sala de aula, você identifica objetos ou partes desses objetos que lembrem ângulos? Conte aos colegas e ao professor.

Considere a reta que passa pelos pontos A e B.

Podemos também considerar apenas uma parte da reta $\overleftrightarrow{AB}$.

Na representação a seguir, a parte da reta destacada em vermelho é uma **semirreta**. Essa semirreta tem origem no ponto A e passa pelo ponto B. Indicamos assim: **semirreta $\overrightarrow{AB}$** ou simplesmente **$\overrightarrow{AB}$**. O ponto A é a **origem** da semirreta $\overrightarrow{AB}$.

Duas semirretas de mesma origem contidas em um plano separam esse plano em duas regiões. Observe na representação a seguir as regiões do plano destacadas em diferentes cores.

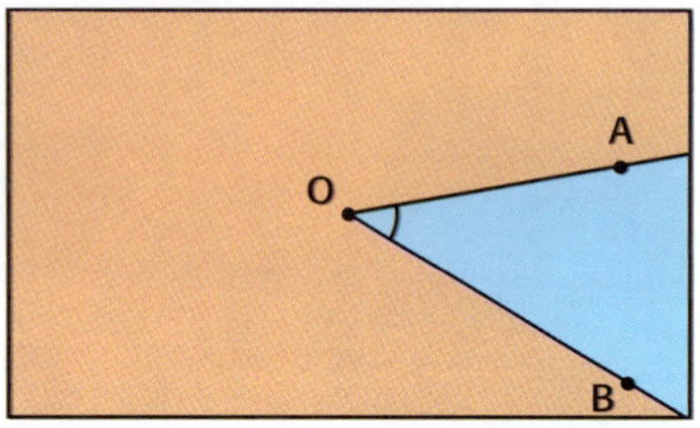

Na figura acima, cada uma dessas regiões reunida com as semirretas $\overrightarrow{OA}$ e $\overrightarrow{OB}$ formam um **ângulo**.

> A figura geométrica plana formada por duas semirretas de mesma origem em um plano reunidas com uma das regiões determinadas por elas é chamada **ângulo**.

Considere o ângulo representado ao lado.

A semirreta $\overrightarrow{BA}$ e a semirreta $\overrightarrow{BC}$ formam um ângulo que indicamos por ângulo $A\hat{B}C$ ou $C\hat{B}A$, ou, apenas, ângulo $\hat{B}$.

Dizemos que o ponto B é o **vértice** do ângulo $A\hat{B}C$ e que $\overrightarrow{BA}$ e $\overrightarrow{BC}$ são os **lados** do ângulo $A\hat{B}C$.

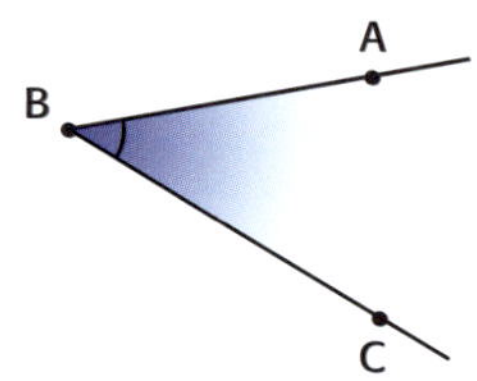

A relação entre giro e ângulo

Observe a relação entre o movimento descrito pelo ponteiro dos minutos do relógio e o ângulo correspondente.

Giro realizado pelo ponteiro em 15 minutos.
Giro de $\frac{1}{4}$ (um quarto) de volta.

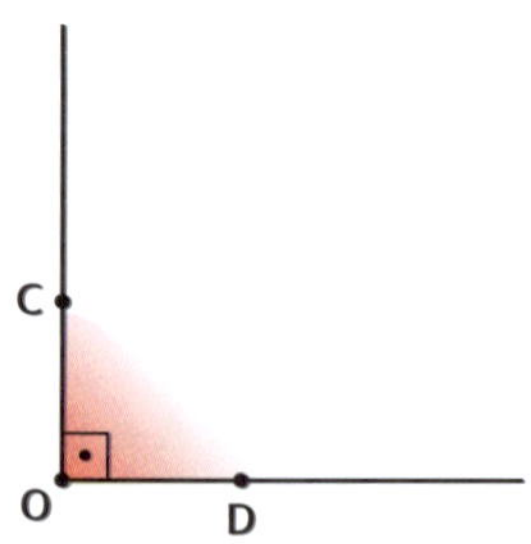

Ângulo correspondente ao giro de um quarto de volta. Esse ângulo é chamado **ângulo reto**. Indicamos o ângulo reto por ⦜.

FOTOS: THINKSTOCK/GETTY IMAGES

Giro realizado pelo ponteiro em 30 minutos ou meia hora. Giro de meia-volta.

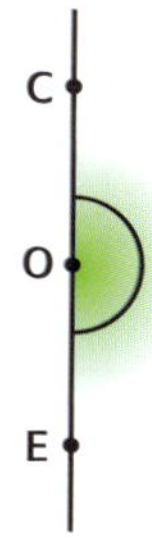

Ângulo correspondente ao giro de meia-volta. Este ângulo é chamado **ângulo raso**.

Giro realizado pelo ponteiro em 45 minutos.
Giro de $\frac{3}{4}$ (três quartos) de volta.

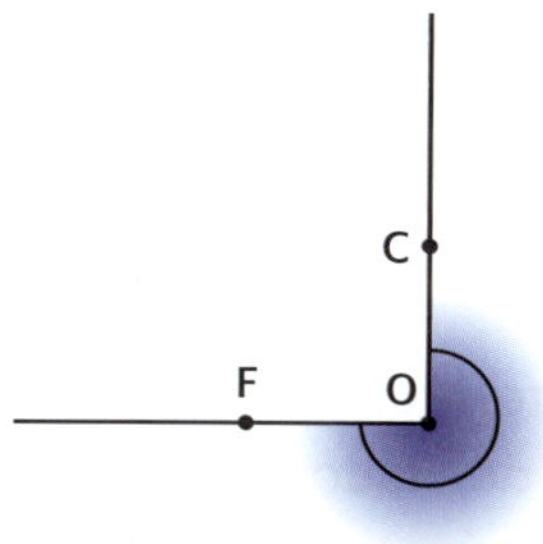

Ângulo correspondente ao giro de três quartos de volta.

Giro realizado pelo ponteiro em 60 minutos ou uma hora. Giro de uma volta completa.

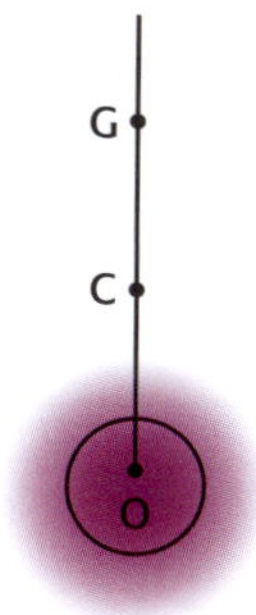

Ângulo correspondente ao giro de uma volta completa.

Medida de ângulos

Em algumas situações precisamos medir ângulos. Uma das unidades de medida usadas para medir ângulos é o **grau**.

O giro de uma volta completa corresponde a um ângulo de **360 graus**. Podemos também escrever **360°** para expressar essa medida.

O **transferidor** é um instrumento usado para medir ângulos. Observe abaixo um modelo desse instrumento.

MSRPHOTO/GETTY IMAGES

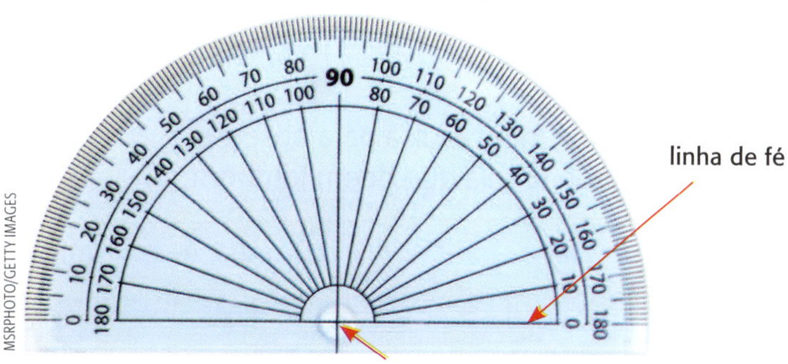

Modelo de transferidor.

Observe a seguir a representação do ângulo de **1° (um grau)**.

ILUSTRAÇÕES: WYM DESIGN

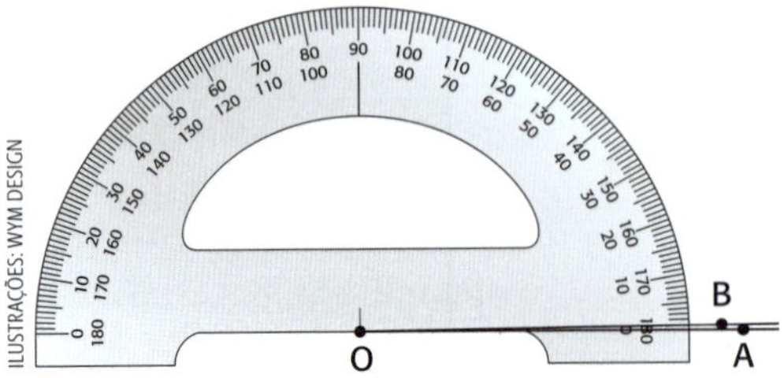

A medida do ângulo AÔB é **1° (um grau)**.

O ângulo **reto**, que corresponde ao giro de $\frac{1}{4}$ (um quarto) de volta, mede **90°** $\left(\frac{1}{4}\text{ de }360°\text{ é igual a }90°\right)$.

Veja como podemos usar o transferidor para verificar a medida do ângulo reto.

I. Posicionamos o centro do transferidor sobre o vértice do ângulo, e a linha de fé do transferidor sobre um dos lados do ângulo;

II. Observamos, no transferidor, o número indicado pelo outro lado do ângulo que estamos medindo.

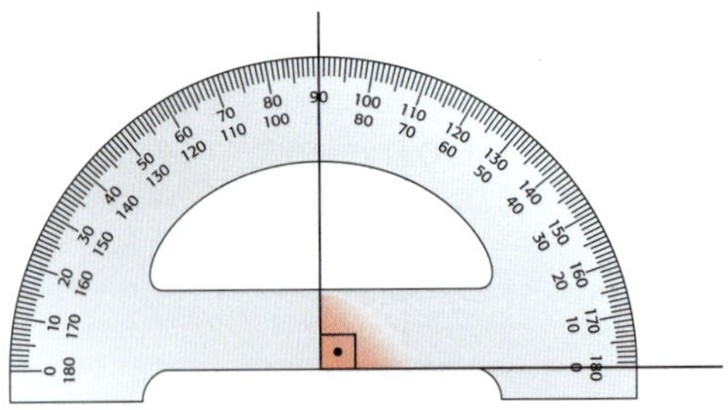

Este ângulo mede 90°.

- Qual é a medida do ângulo correspondente ao giro de $\frac{1}{2}$ (meia) volta? Conte aos colegas e ao professor como você pensou para responder.
- Desenhe um ângulo correspondente ao giro de $\frac{1}{2}$ (meia) volta. Com auxílio do transferidor, verifique se a resposta obtida no item anterior está correta.

ATIVIDADES

1. Os "cantos" de uma folha de papel de formato retangular dão a ideia de ângulo reto.

- Use um dos "cantos" de uma folha avulsa para observar partes de objetos ou da própria sala que deem também a ideia de ângulo reto.

BIS

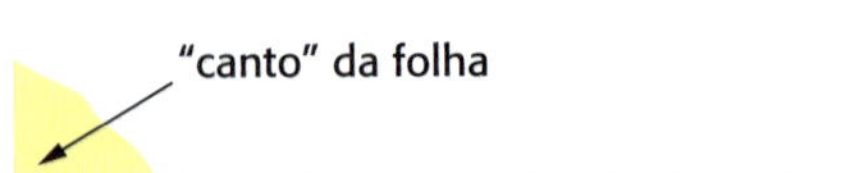

2. Em qual das imagens a seguir a parte destacada lembra um ângulo maior do que o ângulo reto? Registre em seu caderno.

FOTOGRAFIAS: THINKSTOCK/GETTY IMAGES

Ⓐ

Ⓑ

Ⓒ

3. Desenhe em seu caderno um ângulo menor do que o ângulo reto, formado pela semirreta $\overrightarrow{BC}$ e pela semirreta $\overrightarrow{BD}$ contidas no mesmo plano. Indique os pontos na representação e responda à questão a seguir.

Qual é o vértice do ângulo que você desenhou?

4. Em cada caso escreva, em grau, a medida do ângulo indicado pelos ponteiros do relógio.

a)

b)

c)

5. Use o transferidor para obter a medida dos ângulos a seguir.

a)

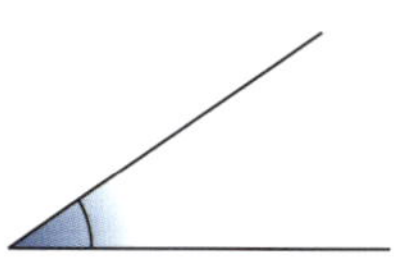

b)

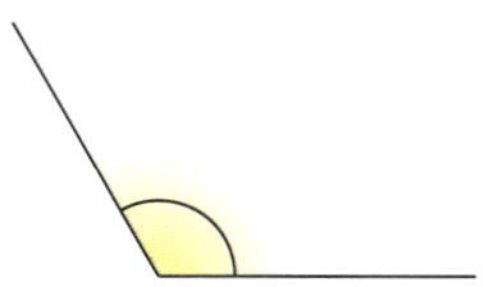

c)

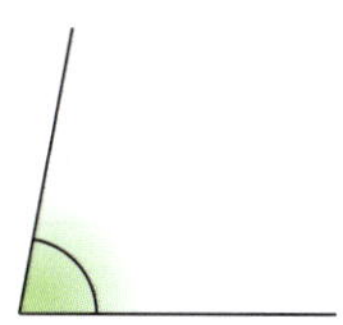

d)

6. Use régua e transferidor para desenhar um ângulo de 70°. Em seguida, identifique o vértice e as semirretas que compõem o ângulo.

Resolução

Inicialmente traçamos, com auxílio da régua, uma semirreta que chamaremos de $\overrightarrow{AB}$.

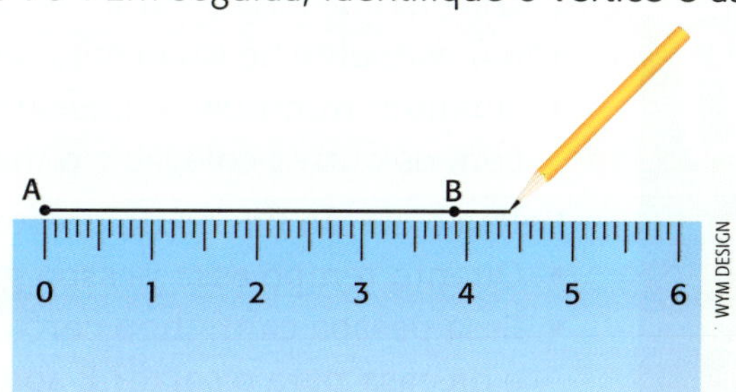

WYM DESIGN

Em seguida, posicionamos o centro do transferidor no ponto A e a linha de fé do transferidor sobre a semirreta $\overrightarrow{AB}$. Representamos o ponto C na marca do transferidor correspondente a 70°.

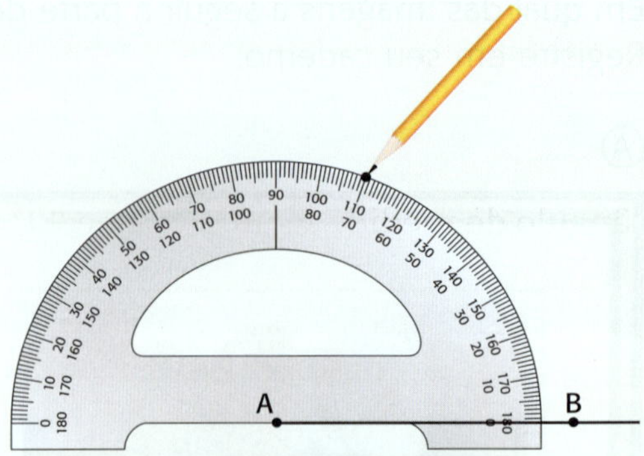

ILUSTRAÇÕES: WYM DESIGN

Para concluir traçamos, com auxílio da régua, a semirreta $\overrightarrow{AC}$.

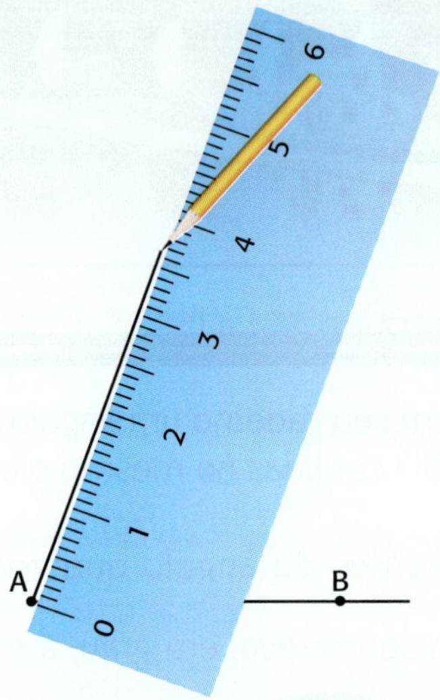

Obtemos o ângulo de 70° que pode ser indicado por BÂC ou CÂB. O vértice desse ângulo é o ponto A e as semirretas que o compõem são $\overrightarrow{AB}$ e $\overrightarrow{AC}$.

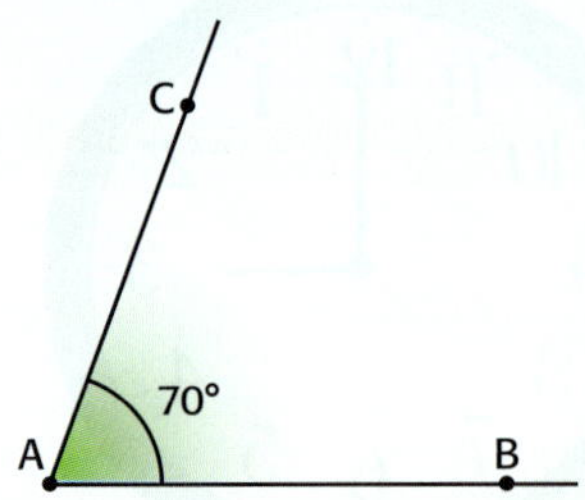

7. Use régua e transferidor para desenhar em seu caderno os ângulos a seguir.

a) EF̂G cuja medida é 55°.

b) PQ̂R cuja medida é 150°.

Pista 1

Observe novamente, no enigma no início da unidade, as imagens registradas pela câmera, o horário em que Jorge, Maria, Gustavo e Lara deixaram o salão e o horário em que um deles entrou novamente no salão para deixar o presente. Depois, responda às questões a seguir.

- Quantos minutos se passaram desde o instante em que a pessoa deixou o salão com os outros colegas e o instante em que ela voltou com o presente?

Releia o cartão fixado no presente.

- Quanto tempo essa pessoa gastou apenas no trajeto salão-casa e casa-salão?
- Essa pessoa caminhou cerca de quantos metros, no total, para ir do salão para casa e da casa para o salão? E somente para ir do salão para a casa?

Ângulo agudo e ângulo obtuso

Podemos classificar um ângulo de medida menor do que 180° comparando a medida correspondente com a medida do ângulo reto.

Um ângulo de medida **menor do que 90°** é chamado **ângulo agudo**. Um ângulo de medida **maior do que 90°** é chamado **ângulo obtuso**.

Observe os exemplos a seguir.

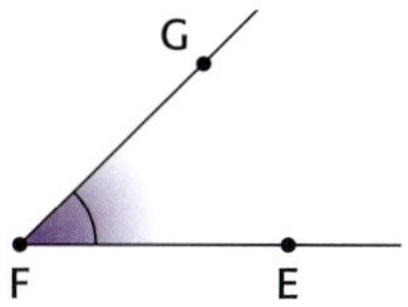

Ângulo agudo, ou seja, de medida **menor** do que 90°.

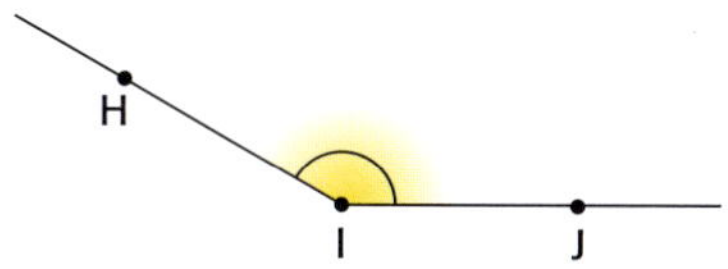

Ângulo obtuso, ou seja, de medida **maior** do que 90°.

- Use um transferidor para medir o ângulo agudo e o ângulo obtuso representados acima. Em seguida, compare os resultados obtidos com a informação apresentada nas legendas das figuras.

Retas paralelas e retas concorrentes

Duas retas contidas em um mesmo plano podem ser classificadas com base na posição de uma em relação à outra.

Observe os exemplos a seguir.

I.

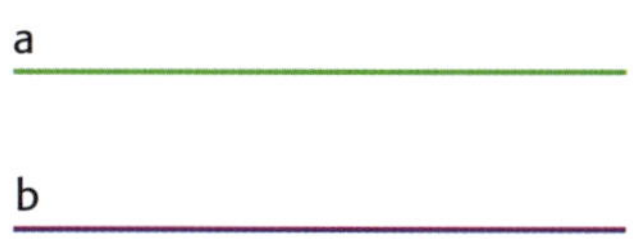

As retas em um mesmo plano, **a** e **b**, não se cruzam, ou seja, não têm ponto comum. Quando isso acontece dizemos que as retas **a** e **b** são **paralelas** e indicamos por: **a // b** ou **b // a**.

Quando duas retas têm todos os pontos em comum, dizemos que elas são **coincidentes**.

As retas **c** e **d** são coincidentes.
Indicamos por: **c** ≡ **d**.

II.

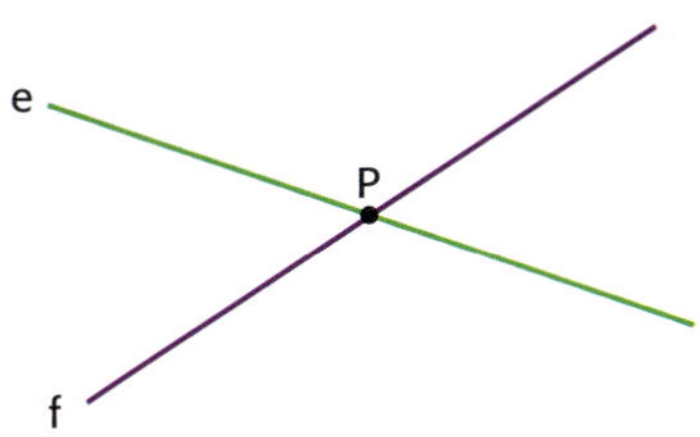

As retas em um mesmo plano, **e** e **f**, se cruzam em um único ponto. Quando isso acontece dizemos que as retas **e** e **f** são **concorrentes** e se intersectam no ponto **P**, ou seja, **P** é ponto comum às retas **e** e **f**.

Quando duas retas se intersectam em um único ponto e formam entre si **quatro ângulos retos**, dizemos que essas retas são **perpendiculares**.

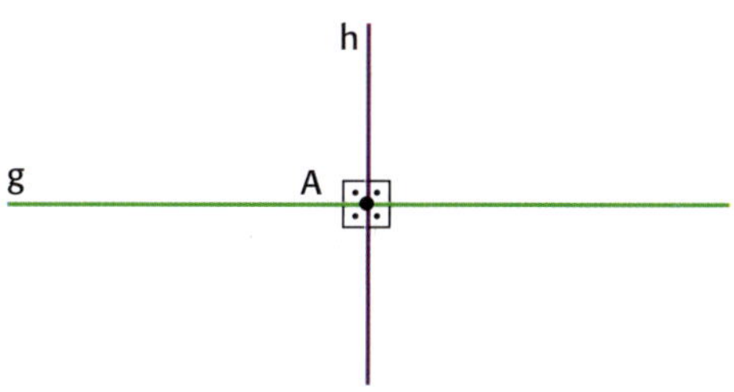

As retas **g** e **h** são perpendiculares.
Indicamos por: **g** ⊥ **h**.

EXPERIMENTE FAZER

Construções geométricas com régua e esquadros

Material

- Régua, esquadros e transferidor

Antes de iniciar a atividade, use o transferidor para verificar a medida dos ângulos correspondentes aos "cantos" dos esquadros.

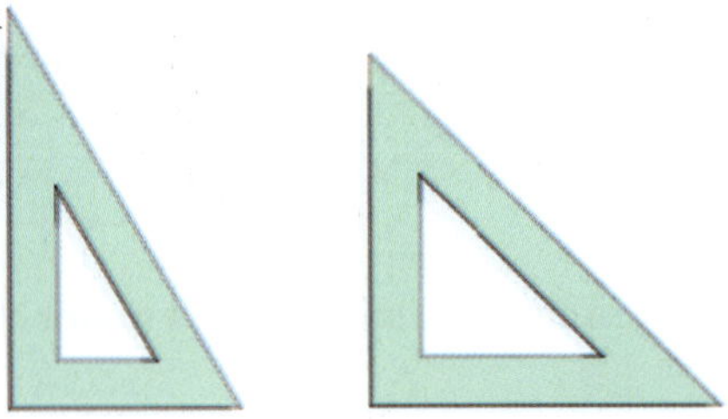

DAWIDSON FRANÇA

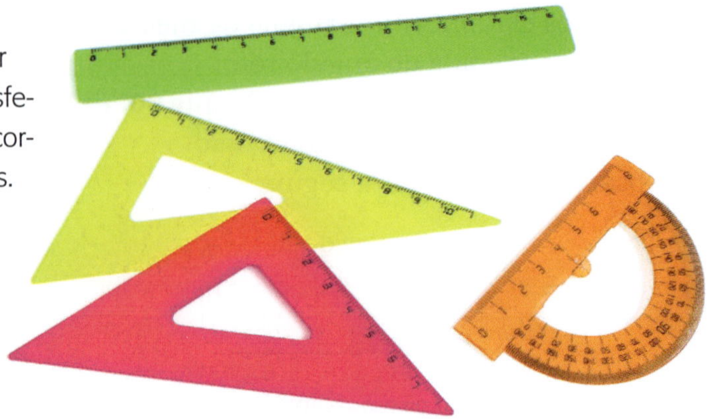

THINKSTOCK/GETTY IMAGES

Construções

Ângulo de 75° (usando apenas régua e esquadros)

I. Posicione os esquadros de modo que fiquem justapostos os "cantos" cujos ângulos correspondentes meçam 30° e 45°, como indicado a seguir.

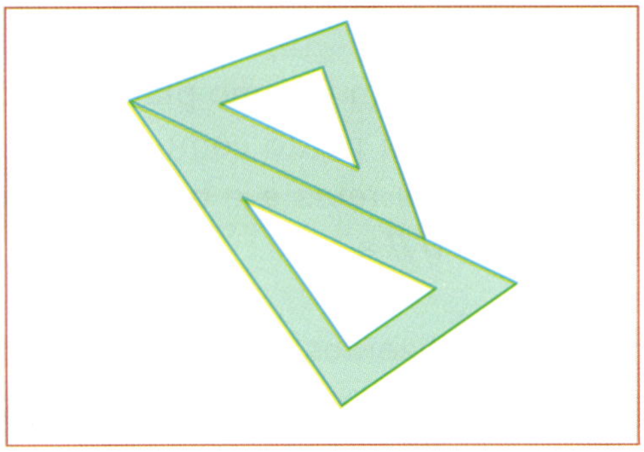

II. Trace o ângulo formado pela justaposição dos "cantos" dos esquadros.

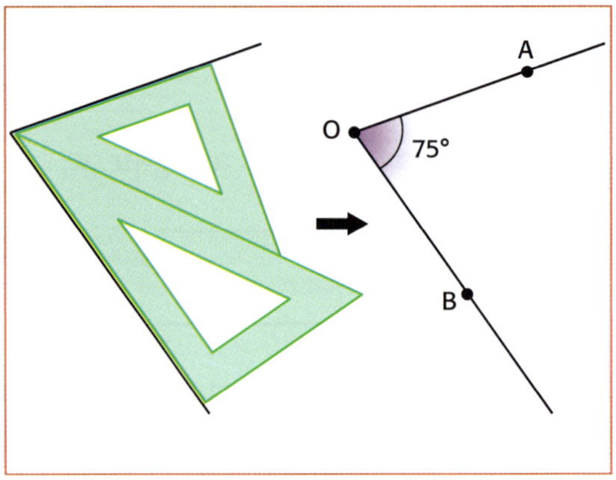

30° + 45° = 75°

ILUSTRAÇÕES: BIS

Retas paralelas (usando apenas régua e esquadro)

I. Trace uma reta e alinhe o esquadro com essa reta.

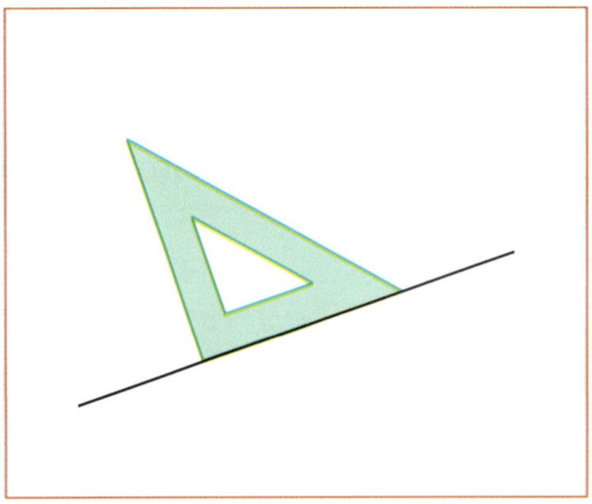

II. Apoie a régua no lado do esquadro que não está alinhado com a reta inicial.

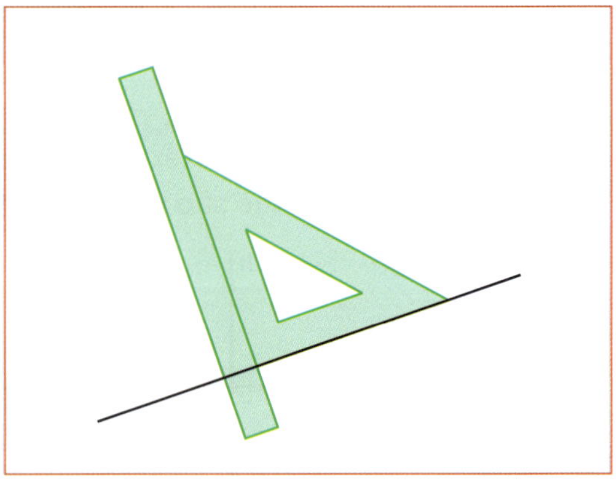

III. Deslize o esquadro sobre a régua e trace um segmento paralelo à reta inicial, utilizando como referência o lado do esquadro que estava alinhado com a primeira reta.

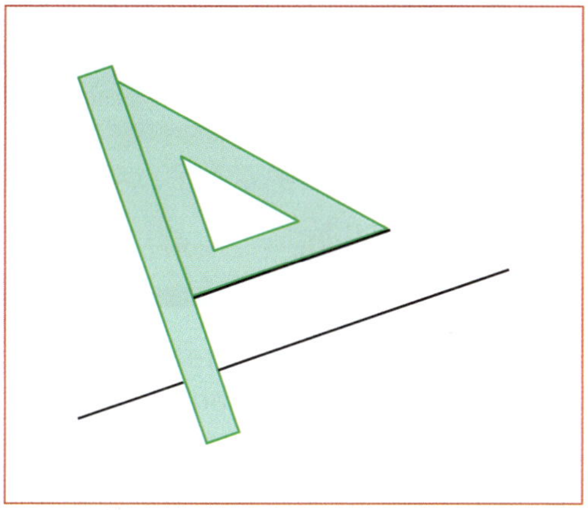

IV. Prolongue o segmento para completar a representação da reta paralela à reta inicial.

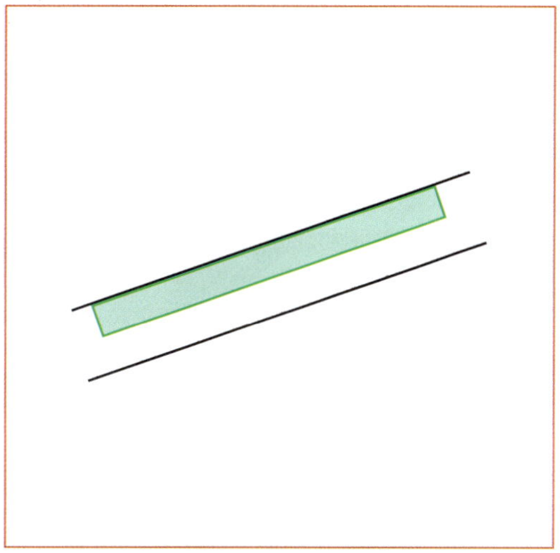

ILUSTRAÇÕES: BIS

Podemos repetir esses passos para desenhar mais retas paralelas à reta inicial.

Retas perpendiculares (usando apenas régua e esquadro)

I. Trace uma reta e alinhe a régua com essa reta.

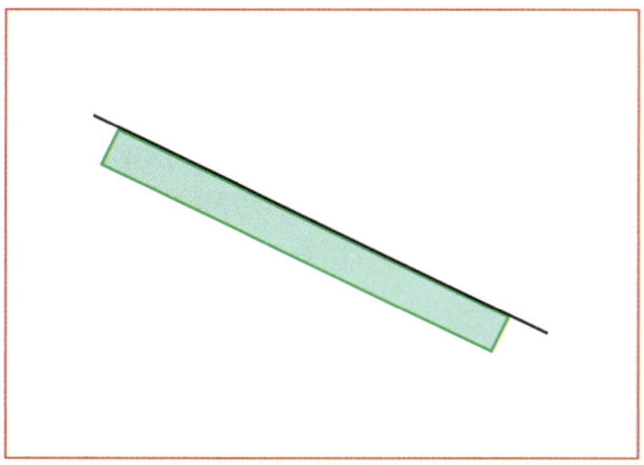

II. Apoie um dos esquadros na régua, de modo que o "canto" com ângulo de 90° fique junto à régua. Utilizando o lado do esquadro, que, junto com o lado apoiado sobre a régua, forma o ângulo de 90°, trace um segmento perpendicular à reta inicial

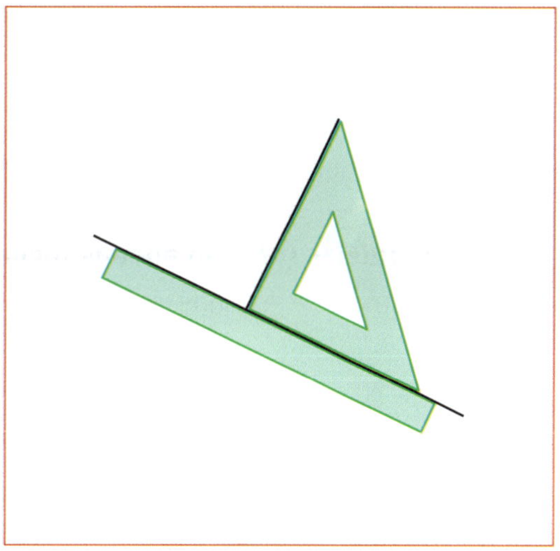

III. Prolongue o segmento para completar a representação da reta perpendicular à reta inicial.

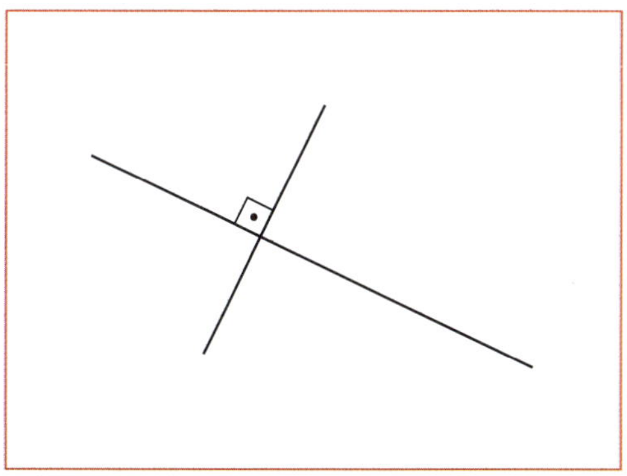

Podemos repetir esses passos para desenhar mais retas perpendiculares à reta inicial.

teia do saber

1. O esquadro é um instrumento de desenho utilizado por projetistas e desenhistas que trabalham com desenho técnico, mecânico e arquitetônico.

SHUTTERSTOCK

Determine, em grau, a medida de cada ângulo desenhado a seguir.

a)

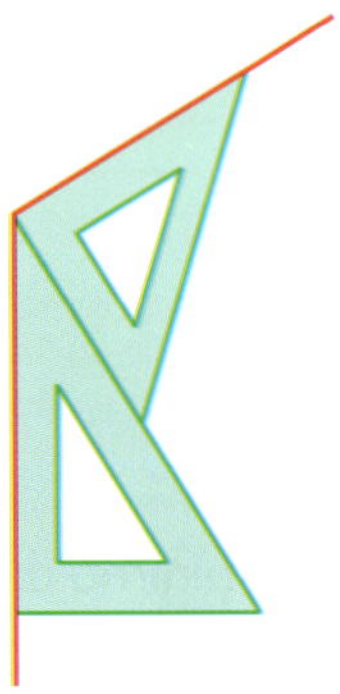

BIS

b)

BIS

2. Um avião voava em trajetória retilínea da cidade de Galena com destino à cidade de Radiópolis. Quando passava pelo ponto A foi orientado a desviar a rota e seguir para a cidade de Cobalto, conforme indica o esquema a seguir.

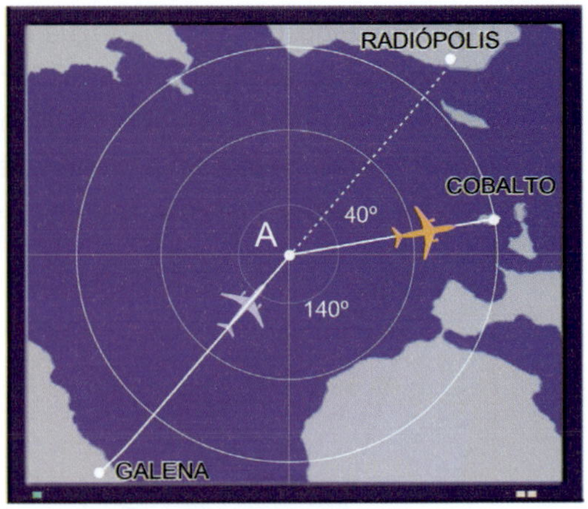

DAWIDSON FRANÇA

O **desvio da rota** realizado pelo avião corresponde a um ângulo de 40° ou de 140°? Justifique sua resposta.

3. A localização no espaço geográfico pode ser feita por meio dos pontos cardeais. Há quatro pontos cardeais: **norte** representado pela letra N, **sul** representado por S, **leste** representado por L ou E, e **oeste** representado por O ou W.
Há também os pontos colaterais, que juntamente com os pontos cardeais compõem a **rosa dos ventos**.
Os pontos colaterais são os seguintes: **nordeste** representado por NE, **noroeste** representado por NO, **sudeste** representado por SE, e **sudoeste** representado por SO.

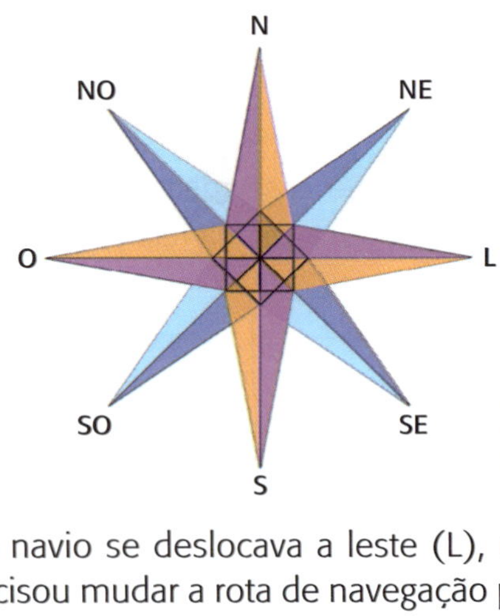

DAWIDSON FRANÇA

Um navio se deslocava a leste (L), mas precisou mudar a rota de navegação para noroeste (NO). Considere a rosa dos ventos como referencial e responda às questões a seguir.

a) O menor giro para obter essa mudança de rota corresponde a um ângulo de quantos graus?

b) Se o navio mudar novamente a rota segundo um ângulo de 90° a oeste, que ponto da rosa dos ventos indicará o novo sentido de navegação desse navio?

4. Na prática de atividade física devemos nos atentar quanto à postura adotada ao realizar os exercícios.
De acordo com cada exercício, é necessário observar o ângulo formado pelos membros do nosso corpo em diferentes situações.
Observe o ângulo destacado em cada caso e classifique-o em reto, agudo ou obtuso.

a)

DAWIDSON FRANÇA

b)

DAWIDSON FRANÇA

c)

DAWIDSON FRANÇA

5. Pedro recebeu um panfleto com orientações quanto à postura adequada no ambiente de trabalho. Leia a seguir uma das orientações desse panfleto.

> Apoie a planta dos pés no chão, permitindo que eles fiquem retos. Se a cadeira for muito alta, coloque livros ou outro tipo de apoio sob os pés. Lembre-se ainda de manter os joelhos flexionados num ângulo de 90 graus.
>
> Disponível em: <http://www.orientacoesmedicas.com.br/coluna-e-postura/postura-no-computador/>. Acesso em: 18 fev. 2015.

Qual das imagens a seguir corresponde à informação do panfleto? Justifique sua resposta.

figura I

figura II

ESTÚDIO LAB 307

figura III

6. Em uma máquina, a localização de um parafuso faz com que o movimento realizado para apertá-lo fique limitado a um giro máximo de 60°, como indicado na imagem ao lado.

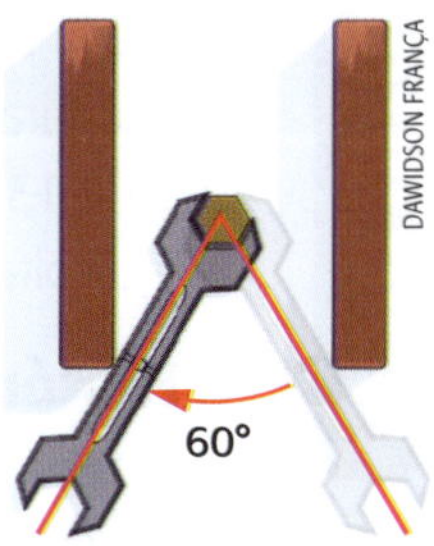

DAWIDSON FRANÇA

Sabe-se que para fixar completamente esse parafuso são necessários 6 giros de uma volta completa.
Qual é o número mínimo de movimentos, como os indicados na imagem, necessários para fixar completamente o parafuso?

7. Na cidade onde você mora há ruas ou avenidas com inclinação muito íngreme?

> A inclinação de ruas e de estradas é bem menor do que aquela imaginada pelas pessoas. Para ter uma ideia, excepcionalmente são encontradas em rodovias inclinações superiores a 5° em relação à horizontal. Além disso, são raras as ruas com inclinações próximas de 15° e quando isso ocorre o tráfego de caminhões é normalmente impedido nessas vias por medidas de segurança.
>
> Fonte de pesquisa: <http://www.if.ufrgs.br/~lang/Textos/Ruas_estradas.pdf>. Acesso em: 18 fev. 2015.

Observe a seguir uma rua da cidade de São Francisco (EUA).

ELLEN ISAACS/ALAMY/LATINSTOCK

Trecho de uma rua em São Francisco (EUA).

Quantos graus tem o ângulo destacado na imagem acima? Use o transferidor para medir.

teia integrada

8. Leia o texto a seguir sobre uma modalidade do atletismo disputada em jogos olímpicos.

Lançamento do martelo

Na prova, o atleta tem de lançar o mais longe possível um conjunto formado por uma bola de metal [...] presa a um cabo de aço com uma empunhadura na outra extremidade. Em uma "gaiola" e em cima de um círculo de 2,13 m de diâmetro, o atleta faz o martelo girar até ganhar velocidade e o solta. O martelo tem de cair dentro de uma área delimitada no campo.

Empunhadura: lugar por onde se segura algo.

História

Do folclore irlandês vêm as façanhas de Cuchulain, que nos Jogos Atléticos do povo celta, por volta de 2 mil a.C., realizava prodígios de força e destreza. Conta a lenda que, em certa ocasião, amarraram uma grande pedra ao eixo de uma carruagem. Cuchulain rodopiou sobre o próprio corpo e lançou o aparato "a uma distância que nenhum homem podia igualar". Nascia o lançamento do martelo.

DOMINIC EBENBICHLER/REUTERS/LATINSTOCK

Competidora no lançamento do martelo no Campeonato Europeu de Atletismo em Helsínquia (Finlândia), 2012.

Disponível em: <http://www.clubedeatletismo.org.br/bmf-bovespa/curiosidades/arremesso-e-lancamentos-193118-1.asp>. Acesso em: 18 fev. 2015.

Faça o que se pede a seguir.

a) O que conta a lenda que deu origem ao "lançamento do martelo"?

b) Uma das técnicas usadas pelos atletas que praticam essa modalidade sugere que o ângulo que o martelo deve fazer com a horizontal, no momento do lançamento, tenha medida entre 43° e 44°. Construa, em seu caderno, com auxílio de régua e transferidor, um ângulo de 44°.

c) Pesquise outras modalidades do atletismo que são disputadas em jogos olímpicos. Você já praticou alguma dessas modalidades? Qual(is)?

2 Polígonos

Caio desenhou algumas figuras geométricas planas em um programa de geometria no computador. Esse programa identifica se a figura desenhada é um polígono ou um não polígono. Observe as figuras que Caio desenhou.

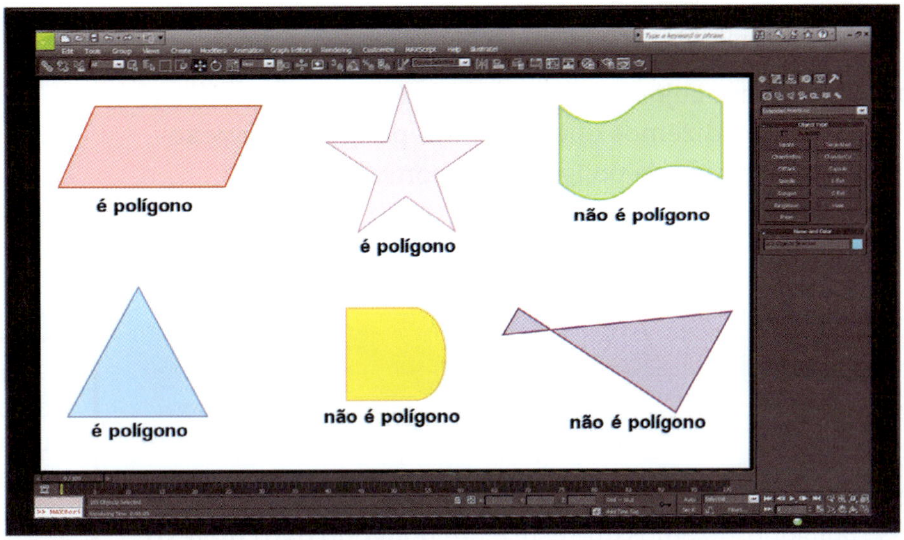

DAWIDSON FRANÇA

- Observe novamente os polígonos desenhados por Caio. O que essas figuras têm de parecido?
- Que características as figuras classificadas como não polígonos apresentam em seus respectivos contornos, que os polígonos não apresentam?

Observe que os polígonos têm o contorno formado apenas por segmentos de reta.

Polígonos são figuras geométricas planas formadas por uma linha fechada reunida com a região interna a ela, tal que essa linha é composta apenas de segmentos de reta que não se cruzam. Essa linha é o contorno do polígono.

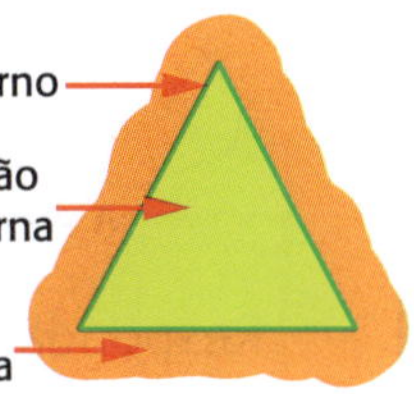

Cada segmento de reta que compõe o contorno do polígono é chamado de **lado do polígono**.

Observe a seguir outros exemplos de polígonos.

BIS

Polígonos convexos e polígonos não convexos

Os polígonos podem ser classificadas em **convexos** ou **não convexos**.
Observe a seguir um exemplo de polígono convexo.

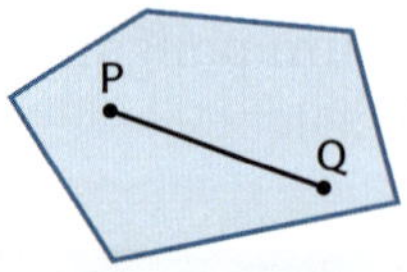

Polígono convexo.

Se todo segmento de reta cujos extremos pertencem a um polígono está contido nesse polígono, dizemos que este é um **polígono convexo**.

Observe a seguir um exemplo de polígono não convexo.

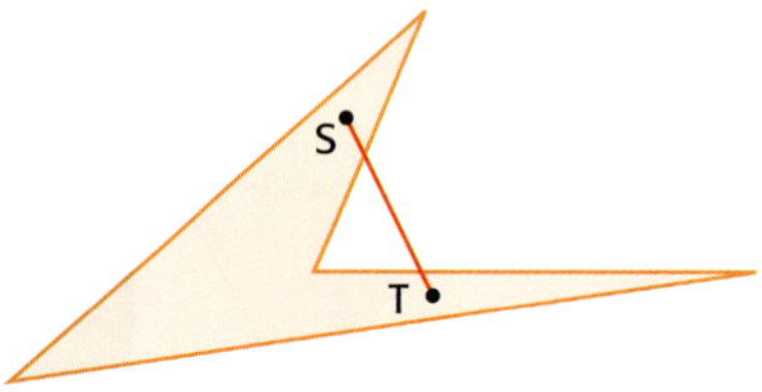

Polígono não convexo.

Se um segmento de reta cujos extremos pertencem a um polígono não está contido nesse polígono, dizemos que este é um **polígono não convexo**.

- O quadrado é um polígono convexo ou um polígono não convexo? Justifique sua resposta.

ATIVIDADES

8. Observe as figuras geométricas planas a seguir.

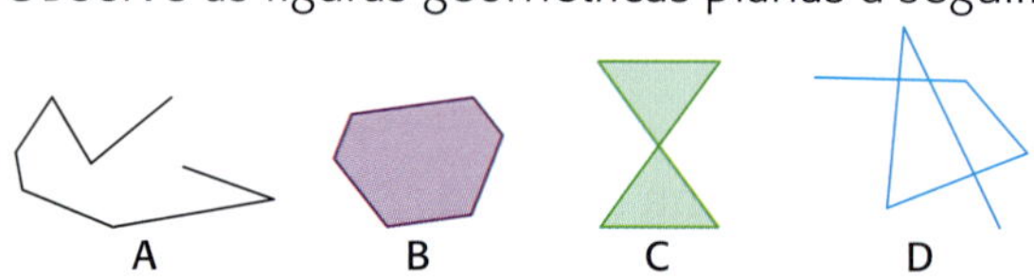

Responda às questões.

a) Qual dessas figuras é um polígono?

b) Por que as demais figuras **não** são consideradas polígonos?

9. Desenhe em seu caderno uma figura plana que **não** seja um polígono. Em seguida, compare as respostas com as de um colega.

10. Desenhe em seu caderno um polígono não convexo.

11. Gustavo começou a desenhar uma figura partindo do ponto A. Inicialmente ele traçou um segmento de 1 cm de comprimento; em seguida traçou um segmento consecutivo de 2 cm formando um ângulo reto com o primeiro. O terceiro segmento da figura tem 3 cm de comprimento e forma também um ângulo reto com o segundo, e assim por diante, como indicado na figura a seguir.

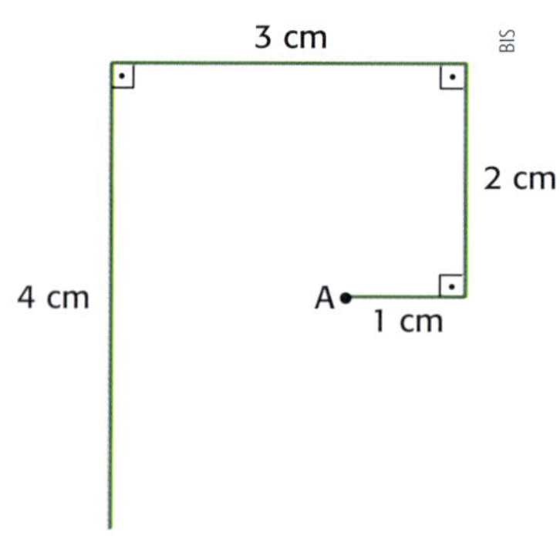

Seguindo essa regra de construção, determine a soma das medidas dos 10 primeiros segmentos desenhados.

Pista 2

Com base no esboço do condomínio feito por Gabriel e com as informações que você descobriu por meio da Pista 1, faça o que se pede a seguir.

- Dentre as pessoas que Gabriel suspeita ter voltado para entregar o presente, quais podem ter caminhado tal distância entre o salão de festas e a casa onde moram?
- Reproduza o esboço do condomínio em um papel quadriculado e desenhe um possível trajeto para cada uma das pessoas que você respondeu no item anterior. Em seguida, compare o desenho com o de outros colegas.

Elementos e nomenclatura dos polígonos

Observe o polígono a seguir.

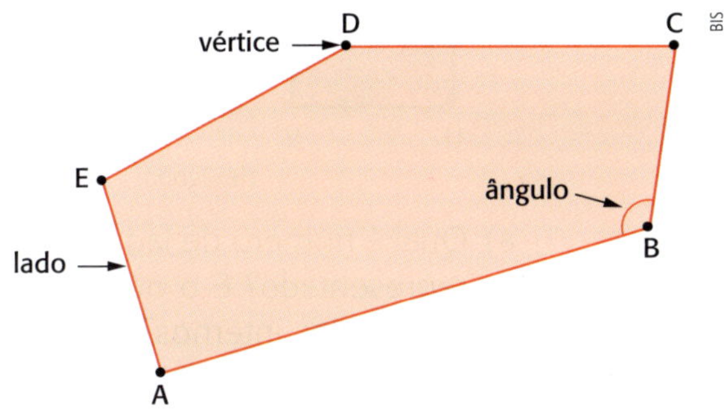

Os pontos A, B, C, D e E são os **vértices** desse polígono.

Os segmentos de reta indicados por $\overline{AB}$, $\overline{BC}$, $\overline{CD}$, $\overline{DE}$ e $\overline{EA}$ são os **lados**.

Os ângulos representados por $A\hat{B}C$, $B\hat{C}D$, $C\hat{D}E$, $D\hat{E}A$ e $E\hat{A}B$ são os **ângulos internos** do polígono.

Esse polígono recebe o nome de **pentágono**, pois tem 5 lados (ou 5 vértices ou, ainda, 5 ângulos internos).

Os polígonos recebem o nome de acordo com o número de lados (ou de vértices, ou de ângulos internos). Veja o nome de alguns polígonos no quadro a seguir.

Nome do polígono	Número de lados (ou de vértices, ou de ângulos internos)
Triângulo	3
Quadrilátero	4
Pentágono	5
Hexágono	6
Heptágono	7
Octógono	8
Eneágono	9
Decágono	10

ATIVIDADES

12. Desenhe em seu caderno um polígono de 7 vértices e, responda às questões a seguir.

a) Qual é o nome do polígono que você desenhou?

b) O polígono que você desenhou é um polígono convexo ou não convexo?

13. Observe os polígonos a seguir e responda às questões.

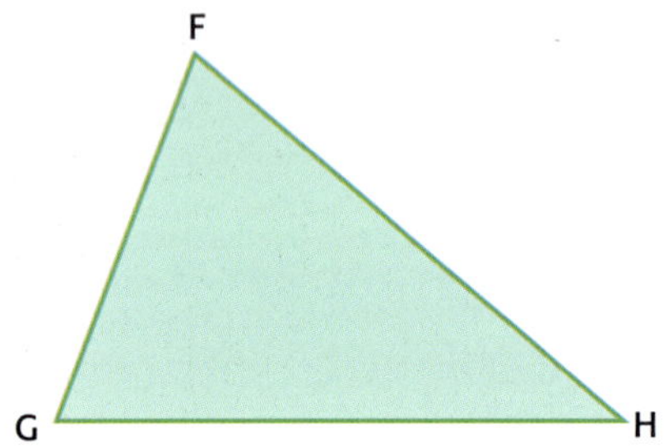

Triângulo.

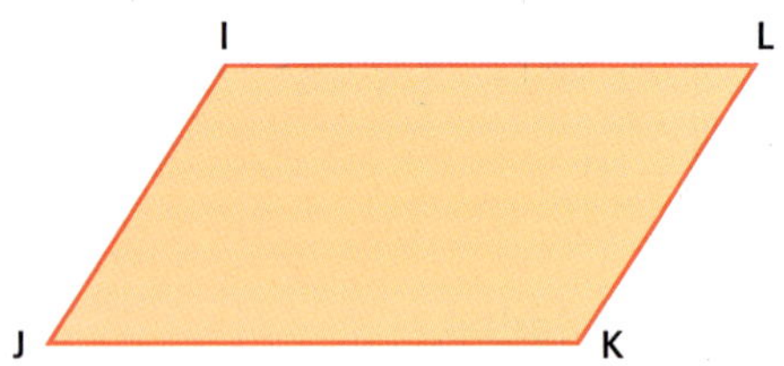

Quadrilátero.

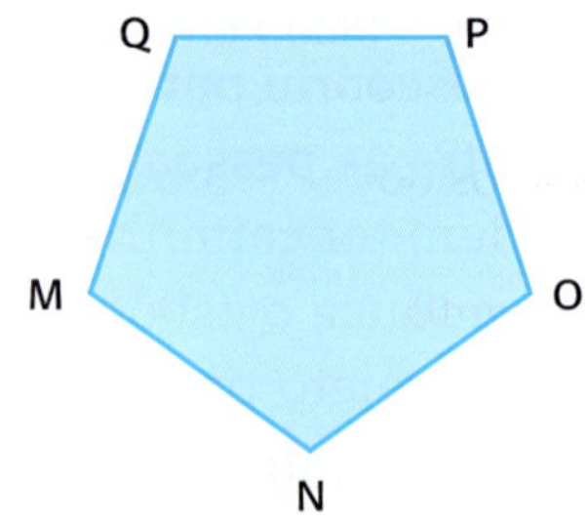

Pentágono.

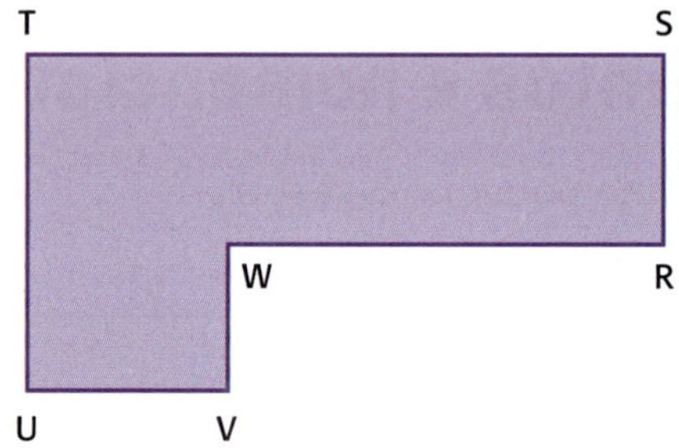

Hexágono.

ILUSTRAÇÕES: BIS

a) Qual é número de lados de cada polígono representado? E o número de vértices? E de ângulos internos?

b) Qual regularidade é possível observar em relação ao número de lados, de vértices e de ângulos internos de um polígono?

c) Alguma dessas figuras geométricas planas é um polígono não convexo? Qual?

Triângulos

Você já viu a placa de trânsito da imagem abaixo?

THINKSTOCK/GETTY IMAGES

Placa de trânsito — Dê a preferência.

Esta é uma das placas de **regulamentação** existentes. A função dessas placas é informar condições, proibições, obrigações ou restrições quanto ao uso das vias de trânsito. O desrespeito à informação inscrita nessas placas é considerado infração de trânsito.

A placa **Dê a preferência** determina que o motorista dê preferência ao veículo que já transita na via em que vai entrar. Para isso ele deve reduzir a velocidade ou parar o veículo quando necessário.

- Em sua opinião, qual é a importância de se respeitar a sinalização de trânsito?
- A forma do símbolo pintado em vermelho na placa **Dê a preferência** lembra qual polígono?
- Que outros objetos do dia a dia têm forma que lembre o polígono da resposta anterior?

Como já vimos, o polígono formado por 3 lados é chamado **triângulo**. Um triângulo tem também 3 vértices e 3 ângulos internos. O triângulo representado ao lado pode ser indicado por **triângulo ABC** ou **△ABC**.

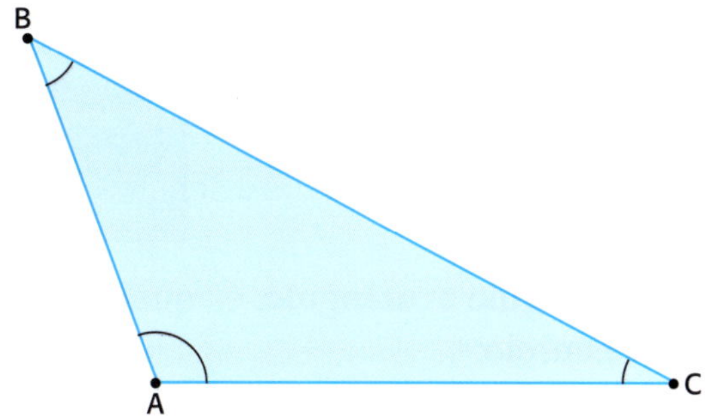

Podemos classificar um triângulo com base nas medidas dos lados ou com base nas medidas dos ângulos internos.

Classificação de triângulos quanto às medidas dos lados

Em relação às medidas dos lados, temos o seguinte:

- **Triangulo equilátero**: é aquele que tem os três lados de mesma medida de comprimento.
  Exemplo:

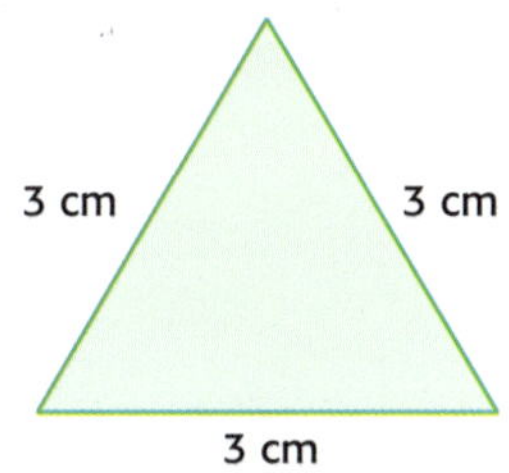

ILUSTRAÇÕES: BIS

- **Triangulo isósceles**: é aquele que tem pelo menos dois lados de mesma medida de comprimento.
  Exemplo:

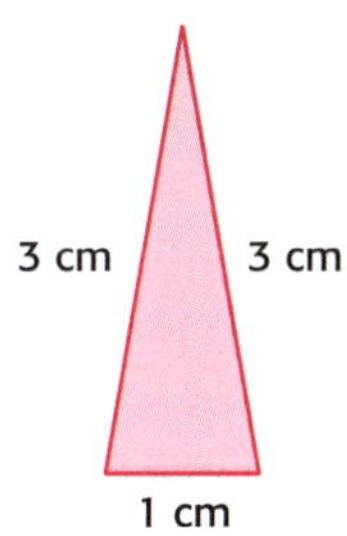

- **Triangulo escaleno**: é aquele que tem três lados de diferentes medidas de comprimento.
  Exemplo:

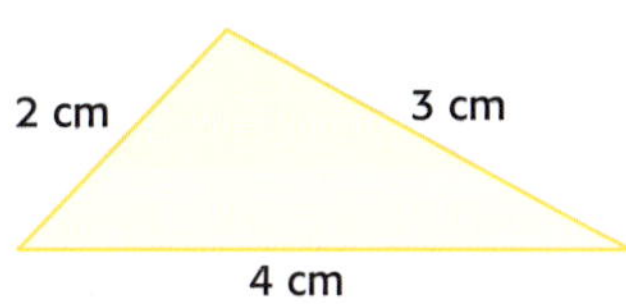

Classificação de triângulos quanto às medidas dos ângulos internos

Em relação às medidas dos ângulos internos, temos o seguinte:

- **Triangulo retângulo**: é aquele que tem um ângulo interno reto.
  Exemplo:

ILUSTRAÇÕES: BIS

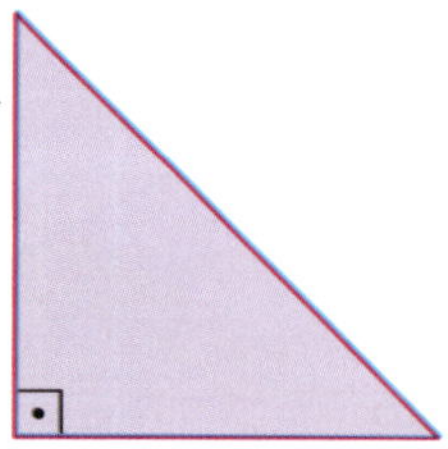

- **Triangulo acutângulo:** é aquele que tem os três ângulos internos agudos.
  Exemplo:

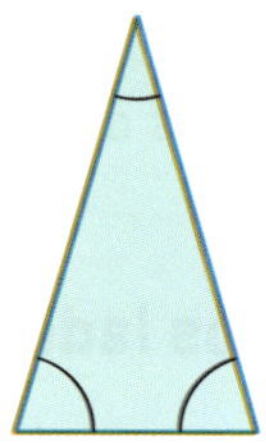

- **Triângulo obtusângulo:** é aquele que tem um ângulo interno obtuso.
  Exemplo:

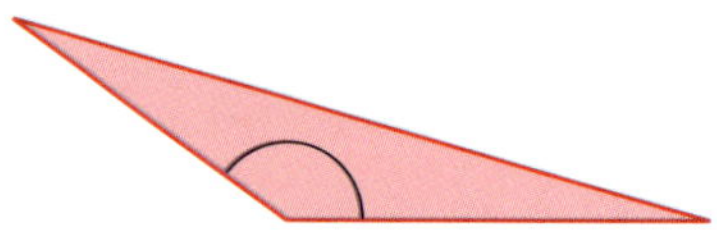

SAIBA MAIS

Estruturas com formas triangulares

Você já percebeu que diversas construções feitas pelo homem apresentam estruturas com forma triangular?

THINKSTOCK/GETTY IMAGES

Ponte Hercílio Luz – Florianópolis (SC). Inaugurada em 1926 e interditada desde 1991, a ponte que liga a ilha catarinense ao continente está em obras para ser reabilitada.

Observe a presença de formas triangulares na estrutura de sustentação da ponte.

Isso acontece porque o triângulo tem a propriedade de ser uma figura rígida, ou seja, uma estrutura de forma triangular não pode ser deformada como acontece com estruturas com a forma de outros polígonos.

A imagem a seguir ilustra essa propriedade.

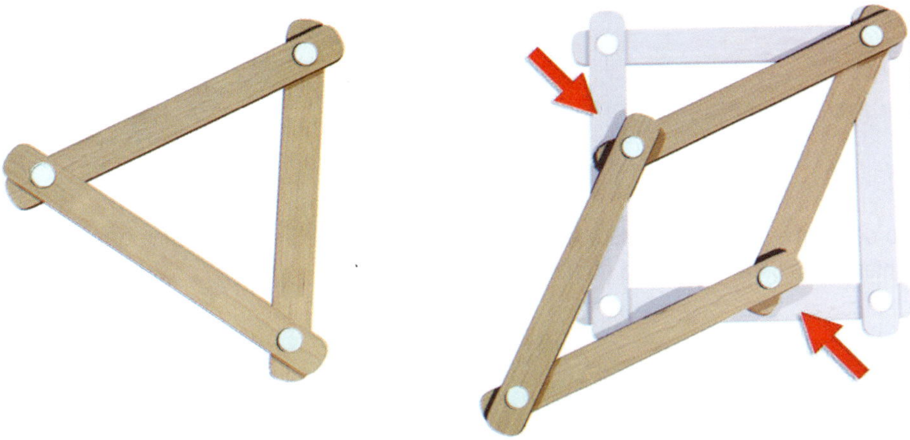

DAWIDSON FRANÇA

Observe como a montagem de forma triangular não sofre deformação, enquanto a estrutura que inicialmente representava um quadrado foi deformada.

Fonte de pesquisa: <http://portal.mec.gov.br/seb/arquivos/pdf/EnsMed/expensmat_iicap3.pdf>. Acesso em: 18 fev. 2015.

Para explorar

- Use palitos de sorvete e percevejos para construir um triângulo e realizar o teste apresentado anteriormente. Construa também outros polígonos e verifique que eles não apresentam rigidez.

ATIVIDADES

14. Use régua e compasso para desenhar um triângulo de lados de medidas iguais a 2 cm, 3 cm e 4 cm de comprimento.

Resolução

Inicialmente traçamos, com auxílio da régua, um dos lados do triângulo. Por exemplo, podemos traçar o lado de 3 cm.

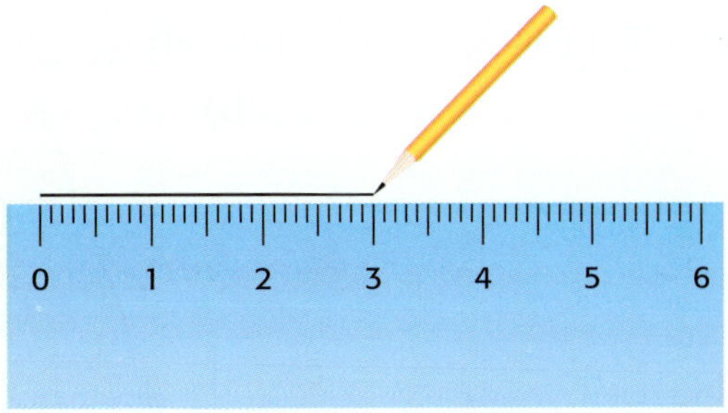

WYM DESIGN

Em seguida, abrimos o compasso com raio de 2 cm e, com a ponta seca em um dos vértices do lado de 3 cm, desenhamos parte da circunferência como indicado a seguir.

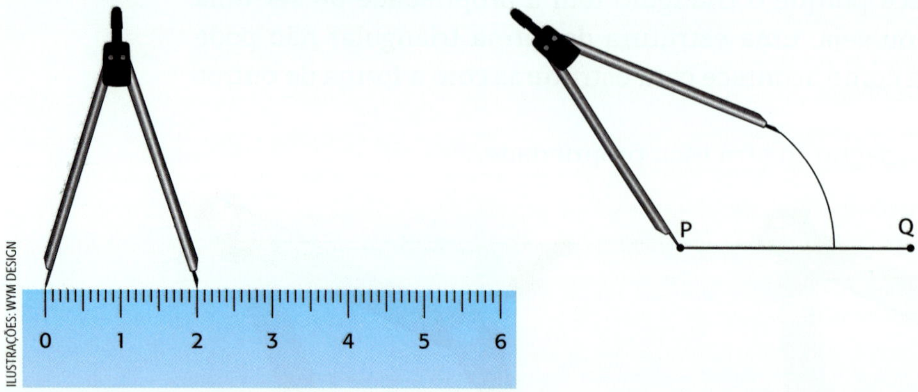

Abrimos o compasso com raio de 4 cm e, com a ponta seca no outro vértice do lado de 3 cm, desenhamos parte da circunferência, de modo que intersecte a parte desenhada no passo anterior.

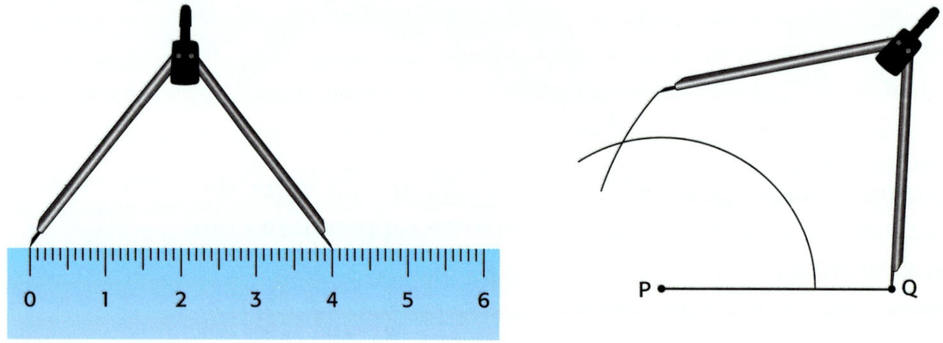

O ponto de intersecção obtido é o terceiro vértice do triângulo. Para finalizar, usamos a régua para traçar os lados $\overline{PR}$ e $\overline{QR}$.

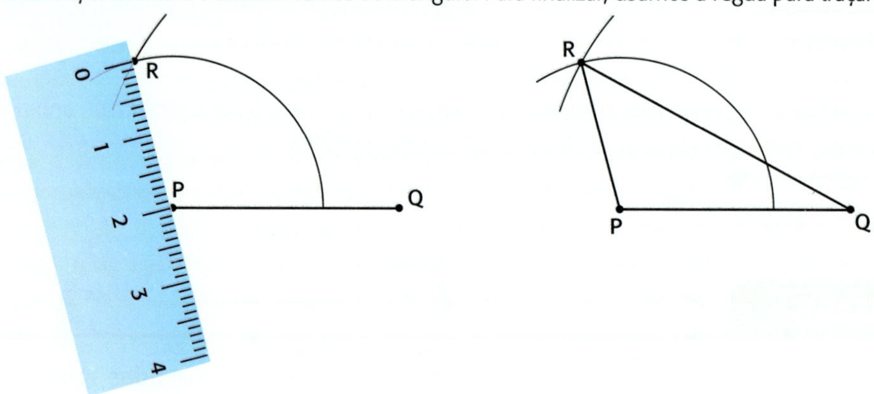

15. Use régua e compasso para desenhar em seu caderno um triângulo cujos lados meçam:

a) 3 cm, 4 cm e 6 cm.

b) 1 cm, 4 cm e 4 cm.

16. Em cada caso, classifique o triângulo quanto às medidas dos lados e dos ângulos internos.

a)

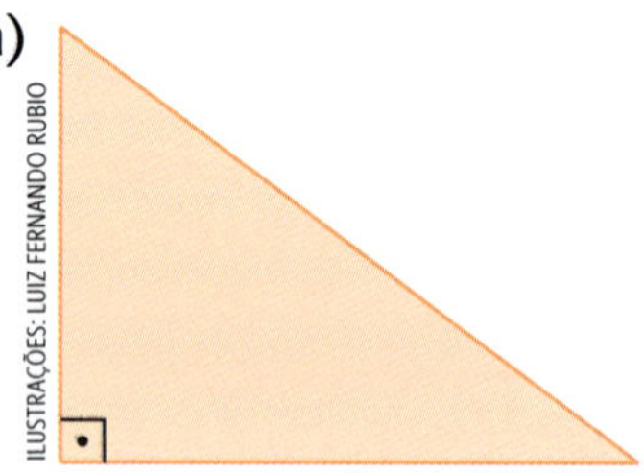

b)

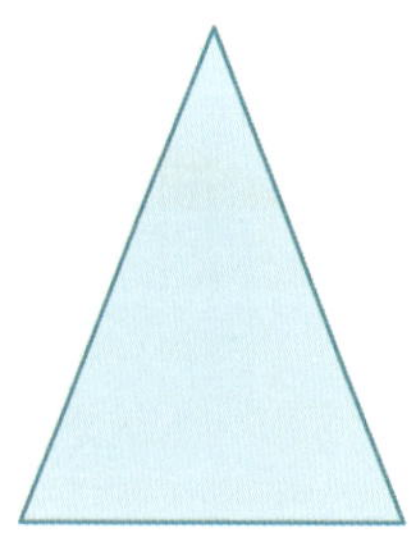

17. Use régua e transferidor para desenhar um triângulo ABC, de modo que um dos lados tenha 7 cm de comprimento e forme com os demais um ângulo de 30°, e um ângulo de 45°.

Resolução

Inicialmente traçamos, com auxílio da régua, um segmento de 7 cm de comprimento. Vamos indicá-lo como lado $\overline{AB}$.

ILUSTRAÇÕES: BIS

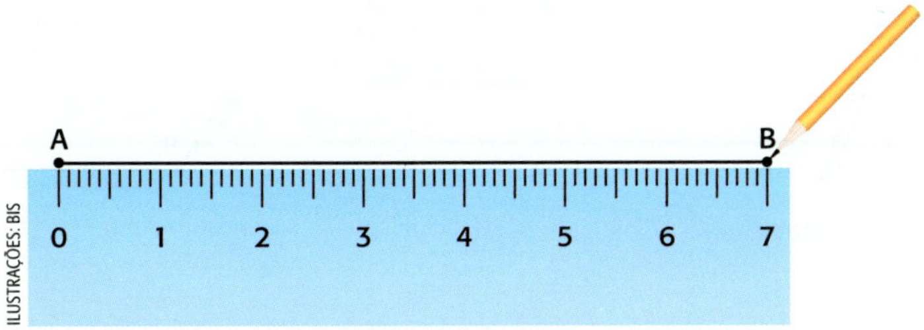

Em seguida, escolhemos uma das extremidades do lado $\overline{AB}$ para ser o vértice do ângulo de 30° e, com auxílio do transferidor e da régua, desenhamos o ângulo de 30°.

Consideramos a outra extremidade do lado $\overline{AB}$ como vértice do ângulo de 45° e, com auxílio do transferidor e da régua, desenhamos o ângulo de 45°.

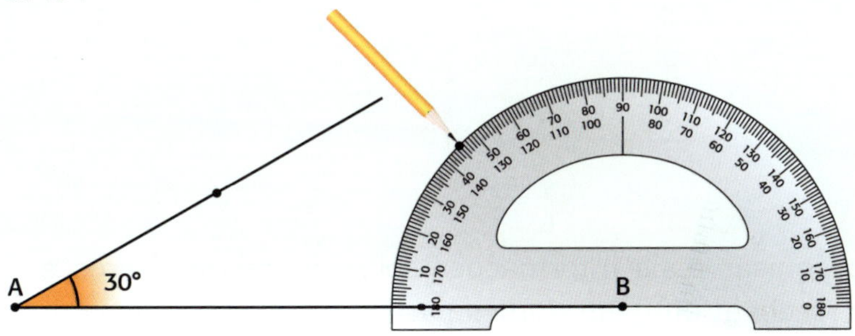

O ponto C é a interseção dos lados dos ângulos traçados anteriormente. Por fim, obtemos o triângulo ABC.

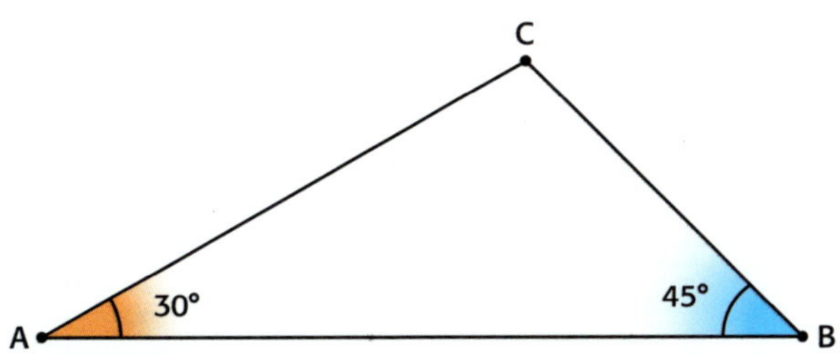

18. Use régua e transferidor para desenhar em seu caderno um triângulo EFG, de modo que um dos lados tenha 4 cm de comprimento e forme com os demais um ângulo de 105°, e um ângulo de 20°.

19. Use uma régua para medir o comprimento dos lados de cada triângulo. Em seguida, classifique-os quanto à medida dos lados.

a) 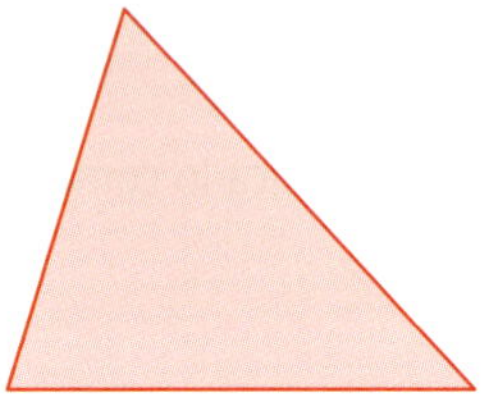

b) 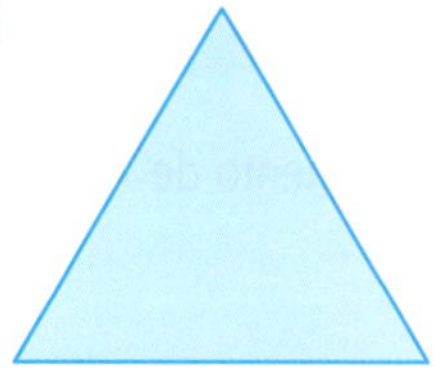

c) 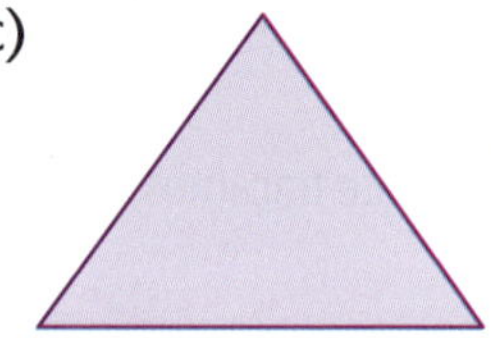

LUIZ FERNANDO RUBIO

Quadriláteros

Observe dois dos polígonos que Caio desenhou no programa de geometria.

DAWIDSON FRANÇA

Vimos que o polígono formado por 4 lados é chamado **quadrilátero**. Um quadrilátero tem também 4 vértices e 4 ângulos internos. O quadrilátero representado abaixo pode ser indicado por **quadrilátero ABCD**.

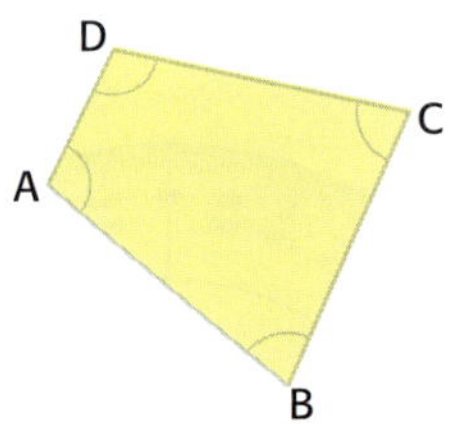

LUIZ FERNANDO RUBIO

Caio resolveu pesquisar mais informações sobre os quadriláteros e descobriu que eles recebem também nomes particulares de acordo com algumas características.

Uma dessas características se refere à quantidade de pares de lados opostos paralelos.

Trapézio

Um quadrilátero que tem apenas um par de lados opostos paralelos é chamado trapézio.

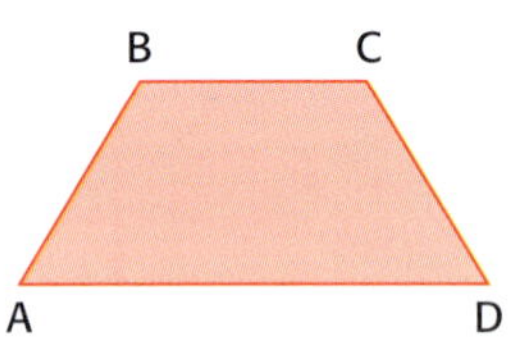

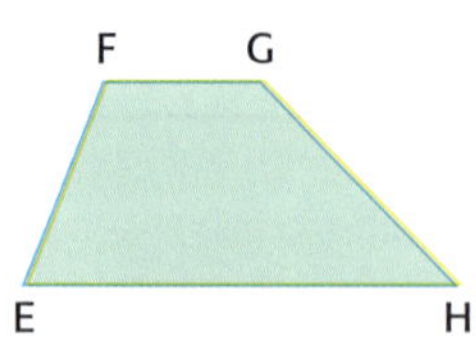

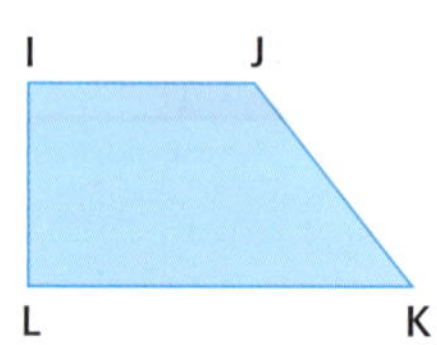

LUIZ FERNANDO RUBIO

Observe que no trapézio representado em verde, $\overline{FG}$ e $\overline{EH}$ são lados paralelos.

Paralelogramo

Um quadrilátero que tem dois pares de lados opostos paralelos é chamado paralelogramo.

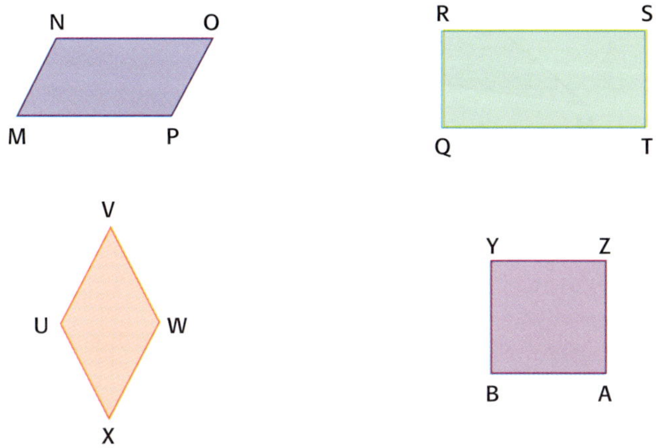

ILUSTRAÇÕES: LUIZ FERNANDO RUBIO

Alguns paralelogramos recebem também nomes especiais.

De acordo com as medidas dos ângulos internos e de acordo com as medidas dos lados, um paralelogramo também pode ser chamado:

- **Retângulo**: paralelogramo que tem todos os ângulos internos retos.

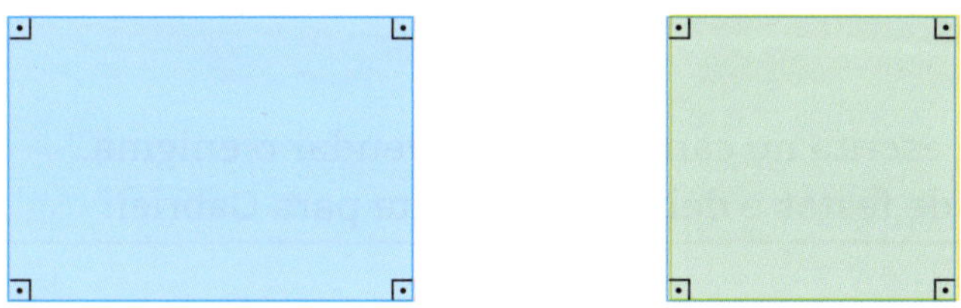

- **Losango**: paralelogramo que tem todos os lados de mesma medida.

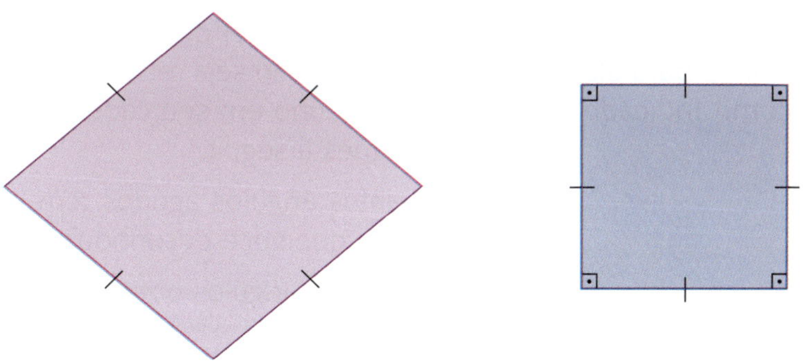

- **Quadrado**: paralelogramo que tem todos os ângulos internos retos e todos os lados de mesma medida.

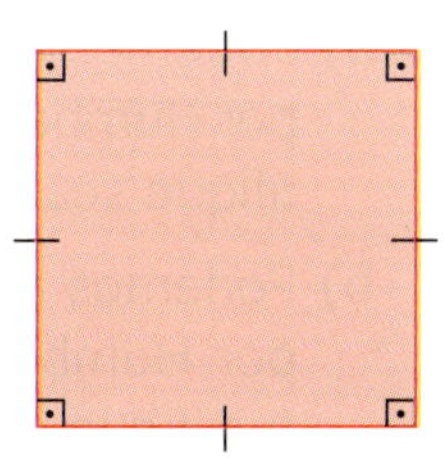

Observação: existem quadriláteros que não têm pares de lados opostos paralelos. Eles não recebem nomes particulares.

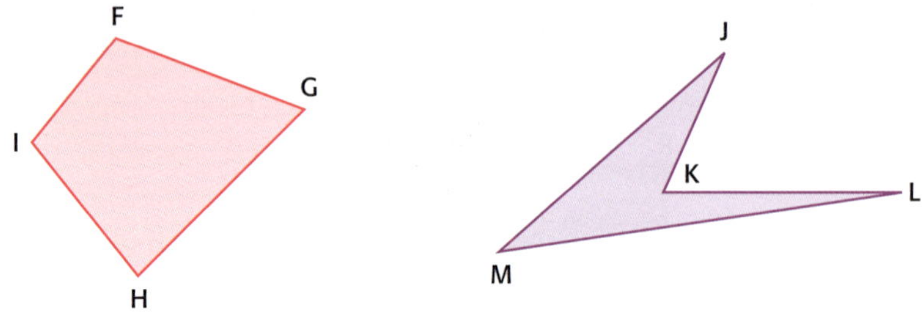

ILUSTRAÇÕES: BIS

- Com base nas informações anteriores, converse com os colegas e um professor para justificar as afirmações a seguir.
  - Todo quadrado é um losango.
  - Todo quadrado é um retângulo.

Pista 3

Observe novamente o texto do cartão deixado no presente de Gabriel.

- Quantas lixeiras há no trajeto realizado pela pessoa que escreveu o cartão?
- Quem pode ter passado por essa quantidade de lixeiras no trajeto descrito no cartão? Reveja os desenhos que você fez ao explorar a Pista 2. Se necessário, refaça os trajetos dessas pessoas.

Desvende o enigma

Considere a última frase escrita no cartão para desvendar o enigma.

- Quem voltou ao salão de festas e deixou o presente para Gabriel?

ATIVIDADES

20. André pretende recortar um cartão de formato triangular segundo uma linha paralela a um dos lados do cartão, como indicado na figura.

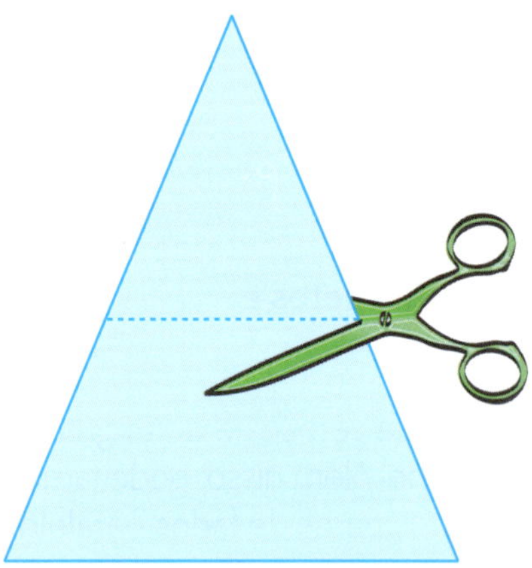

Cada recorte obtido terá a forma de qual polígono?

21. Desenhe em papel quadriculado um paralelogramo que não seja retângulo. Em seguida, cole o desenho em seu caderno e responda às questões a seguir.

a) Quantos ângulos agudos tem o paralelogramo que você desenhou?

b) E quantos ângulos obtusos?

22. Humberto desenhou um paralelogramo com quatro lados de mesma medida de comprimento. Com base apenas nessa informação, responda às questões a seguir.

a) Podemos afirmar que a figura desenhada por Humberto é também um losango? Justifique sua resposta.

b) Podemos afirmar que a figura desenhada por Humberto é também um quadrado? Justifique sua resposta.

23. Classifique cada afirmação a seguir em verdadeira ou falsa. Justifique a resposta.

a) Todo retângulo é um quadrado.

b) Todo losango é um paralelogramo.

c) Existem retângulos que são quadrados.

24. Decalque as figuras a seguir em papel resistente e recorte duas peças com formato de cada figura. Em seguida, faça o que se pede.

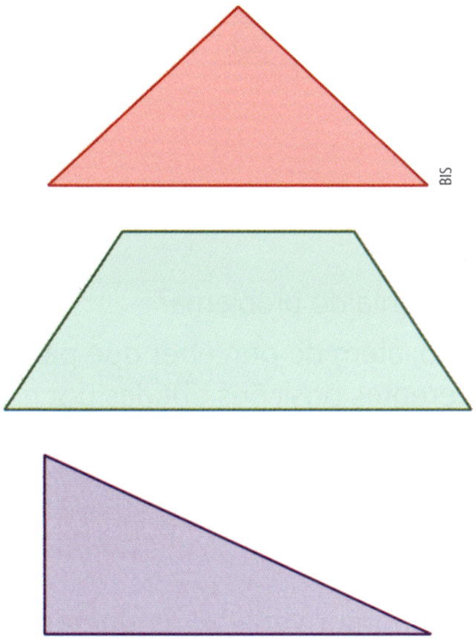

BIS

a) Use dois recortes com forma de trapézio para compor uma construção que lembre um paralelogramo.

b) Use dois recortes com forma de triângulo para compor uma construção que lembre um paralelogramo.

c) Use dois recortes com forma de triângulo para compor uma construção que lembre um retângulo.

25. Use régua e papel quadriculado para fazer o que se pede.

a) Realize o passo a passo descrito na construção geométrica a seguir.

I. Inicialmente marque, no papel quadriculado, um ponto que seja vértice de um dos quadradinhos da malha. Este ponto será também vértice do polígono representado;

II. Escolha uma direção (vertical ou horizontal) e sentido (da esquerda para a direita ou vice-versa, ou de cima para baixo ou vice-versa) e trace um segmento de 2 unidades. Considere o lado do quadradinho da malha como unidade.

III. Gire a régua um quarto de volta para a direita e trace outro segmento de 2 unidades.

IV. Repita o passo anterior mais duas vezes até que o ponto inicial da figura seja encontrado.

b) Qual polígono você desenhou por meio da construção anterior?

c) Escreva em seu caderno o passo a passo de uma construção geométrica a ser realizada no papel quadriculado para obter um retângulo cujos lados tenham 3 e 4 unidades de comprimento.

26. Produção textual

Alguns pisos são feitos com tacos de madeira dispostos de modo a compor desenhos, que podem também ser chamados mosaicos. Em muitos desses desenhos podemos identificar formas que lembram figuras geométricas. Observe um mosaico formado por tacos de madeira. Em seguida, faça o que se pede a seguir.

THINKSTOCK/GETTY IMAGES

a) A forma dos tacos usados nesse mosaico lembra quais quadriláteros?

b) Escolha um dos quadriláteros que você identificou no mosaico e escreva um parágrafo para descrever as características desse polígono. Você pode destacar o número de lados, de vértices e de ângulos internos do polígono. Além disso, pode também ressaltar quantos pares de lados paralelos tem o polígono e outras características que considerar relevantes.

ATIVANDO HABILIDADES

(Obmep) A figura mostra a superfície pintada de um azulejo em forma de losango.

Dos cinco padrões abaixo, apenas um **NÃO** pode ser montado com cópias desse azulejo. Qual é esse padrão?

a) 
b) 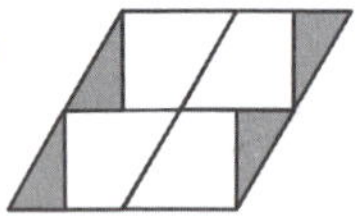
c) 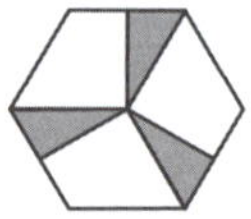
d) 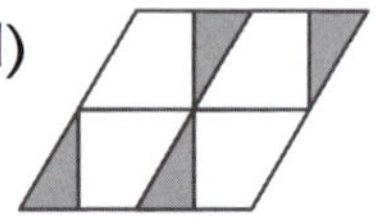
e) 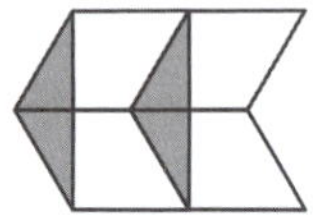

Entendimento do problema

- Quais informações são importantes para responder à pergunta do problema?

É importante observar qual é a parte destacada no azulejo, além de perceber que para compor os padrões apresentados as cópias do azulejo aparecem em diferentes posições obtidas por meio de giro.

Elaboração de uma estratégia

- O que é possível fazer para descobrir qual dos padrões apresentados não pode ser formado com o azulejo?

Uma possibilidade é decalcar o azulejo e girar o desenho para verificar as diferentes posições em que as cópias do azulejo aparecem em cada padrão. Desse modo, conseguimos analisar cada composição e responder à pergunta do problema.

Execução da estratégia

- Verificação do padrão apresentado no item **a**.

É possível formar esse padrão com cópias do azulejo dispostas em seis diferentes posições obtidas por meio de giro. Observe as disposições das peças.

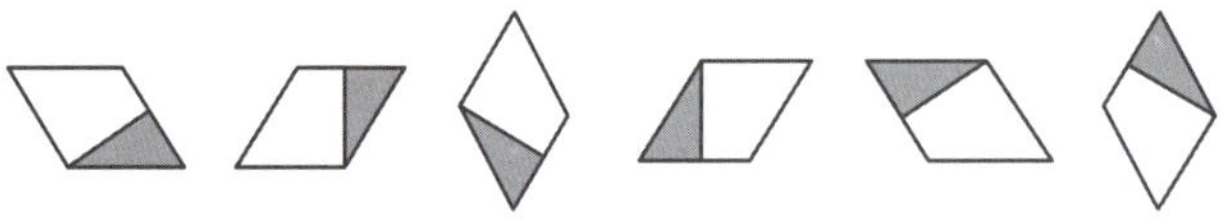

- Verificação do padrão apresentado no item **b**.

É possível formar esse padrão com cópias do azulejo dispostas em duas diferentes posições obtidas por meio de giro. Observe as disposições das peças.

- Verificação do padrão apresentado no item **c**.

É possível formar esse padrão com cópias do azulejo dispostas em três diferentes posições obtidas por meio de giro. Observe as disposições das peças.

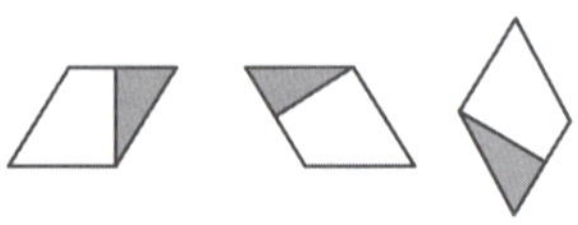

- Verificação do padrão apresentado no item **d**.

É possível formar esse padrão com cópias do azulejo dispostas em duas diferentes posições obtidas por meio de giro. Observe as disposições das peças.

- Verificação do padrão apresentado no item **e**.
- Não é possível formar esse padrão com cópias do azulejo. Observe que as possíveis disposições de uma cópia do azulejo que pudesse ocupar a fileira de baixo da composição do item **e** são as seguintes.

- Portanto, a alternativa **e** apresenta o padrão que não pode ser montado com cópias desse azulejo.

Análise da solução

Uma maneira de analisar a solução é reproduzir cópias do azulejo e montar padrões como os apresentados.

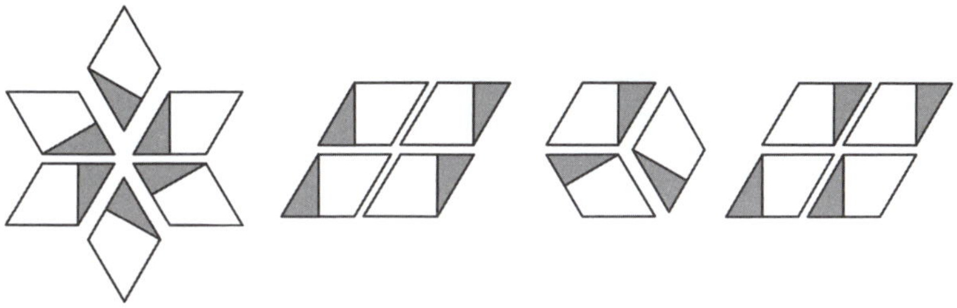

- Observe que é impossível obter um padrão como o do item **e**. É possível observar que a incompatibilidade ocorre nas peças da fileira de baixo. Veja as possíveis composições, alterando a posição das peças dessa fileira.

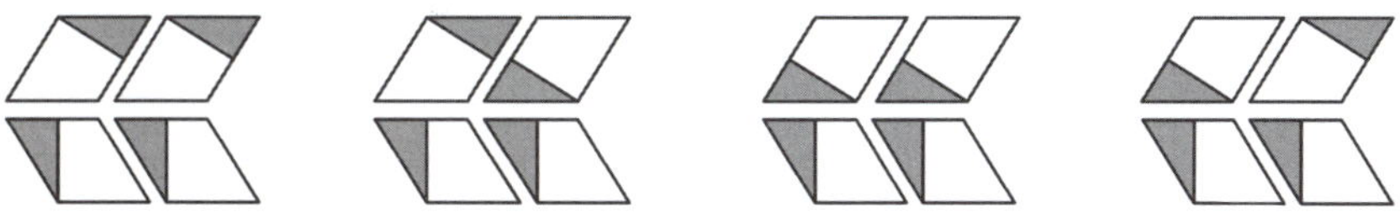

Resposta: alternativa **e**.

É a sua vez!

(Obmep) As duas peças de madeira a seguir são iguais.

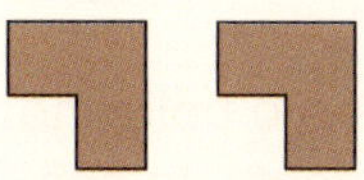

Pode-se juntar essas duas peças para formar uma peça maior, como mostra o seguinte exemplo.

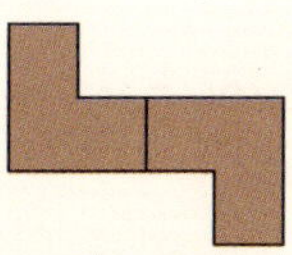

Qual das figuras abaixo representa uma peça que **NÃO** pode ser formada com as duas peças dadas?

a) 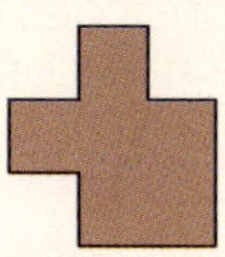 b)  c)  d) 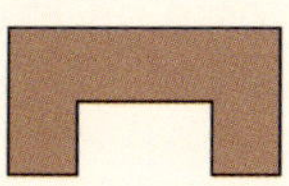 e) 

1. Desenhe, em malha quadriculada, um triângulo **isósceles** que seja também:
   a) triângulo retângulo.
   b) triângulo obtusângulo.
   c) triângulo acutângulo.

2. Observe a seguir a imagem da bandeira do Brasil. Em seguida, responda à questão.

THINKSTOCK/GETTY IMAGES

Bandeira da República Federativa do Brasil.

As formas representadas em verde e amarelo na bandeira lembram quais quadriláteros? Se necessário, use régua e transferidor para responder.

3. Observe o poliedro a seguir.

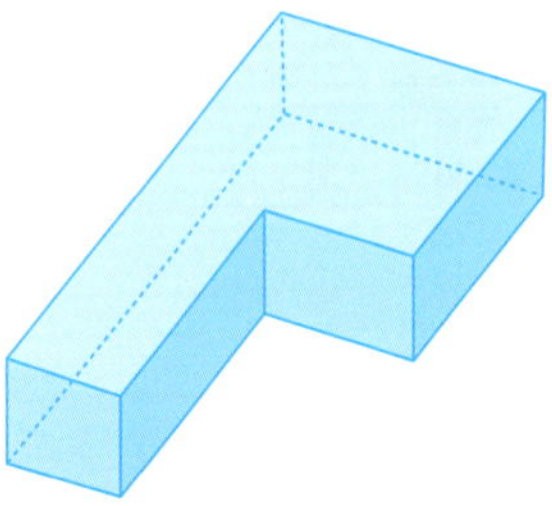

BIS

   a) Responda à questão: quantas faces desse poliedro têm como contorno um polígono convexo?
   b) Desenhe em seu caderno o polígono não convexo correspondente ao contorno de duas das faces desse poliedro.

4. Você já usou palitos de fósforos para representar figuras geométricas?

THINKSTOCK/GETTY IMAGES

Utilize palitos de fósforos já usados para compor uma montagem que represente o triângulo cujas medidas dos lados estão indicadas em cada item a seguir. A unidade de medida de comprimento do lado do triângulo está expressa em palito de fósforo.
   a) 2 palitos, 4 palitos e 5 palitos.
   b) 1 palito, 4 palitos e 5 palitos.
   c) 2 palitos, 2 palitos e 3 palitos.
   d) 3 palitos, 4 palitos e 5 palitos.
   - Foi possível fazer a construção em todos os itens?

5. Observe a sequência de dobraduras e de recortes realizados com uma folha de papel de formato retangular.

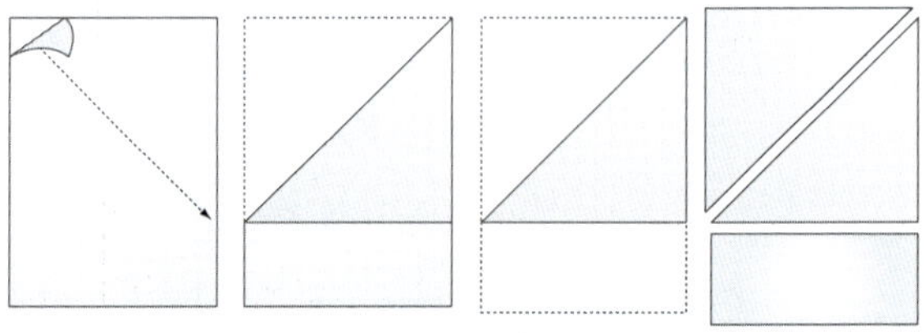

BIS

Considere o recorte de formato triangular para responder às questões a seguir.
   a) Quanto à medida dos lados, qual é a classificação do triângulo correspondente?
   b) Quanto à medida dos ângulos internos, qual é a classificação do triângulo correspondente?
   c) Qual é a medida, em grau, dos ângulos internos do triângulo correspondente?

6. Converse com os colegas e o professor para responder às questões a seguir. Se necessário, faça desenhos em seu caderno para elaborar as respostas. É possível construir um triângulo que tenha dois ângulos internos retos? E um triângulo que tenha dois ângulos internos obtusos?

7. Classifique cada afirmação a seguir como verdadeira ou falsa.
   a) Todo triângulo retângulo é isósceles.
   b) Nenhum triângulo é não convexo.
   c) Existem triângulos isósceles acutângulos.
   d) Não existe triângulo obtusângulo isósceles.

teia integrada

8. No Brasil, as feiras livres existem desde o tempo da colônia e em alguns lugares elas são o principal local de comércio da população. Leia o texto a seguir sobre as feiras livres na cidade de Curitiba (PR) e observe a obra ***Feira livre***, de Lídia Leite.

Feiras Livres de Curitiba

As tradicionais feiras de Curitiba foram iniciadas pelos imigrantes alemães, poloneses e italianos, que em meados do século XIX, com suas carroças, lançaram a concepção desse tipo de comercialização de hortifrutigranjeiros cultivados nas chácaras então distantes do centro da cidade.

Hoje, além desses produtos, também oferecem frios, carnes, pescados, massas e alimentos produzidos artesanalmente, além de acessórios como luvas, meias e confecções.

As Feiras Livres de Curitiba, coordenadas pela Secretaria Municipal do Abastecimento, desenvolvem sua atividade comercial em ruas e praças da cidade em locais e horários determinados [...].

LÍDIA LEITE. FEIRA LIVRE, 2010.

Lídia Leite, *Feira livre*, óleo sobre tela, 60 cm × 50 cm, acervo da artista, 2010.

Hortifrutigranjeiros: produto de hortas, pomares e granjas.

Disponível em: <http://www.curitiba.pr.gov.br/conteudo/feiras-historico-feiras-livres/244>. Acesso em: 18 fev. 2015.

Responda às questões a seguir.

a) Na região onde você mora há essa prática de fazer compras em feira livre? Você já foi ou acompanhou alguém em uma feira?

b) De acordo com o texto, quais produtos são comercializados nas feiras livres de Curitiba?

c) Observe novamente a obra *Feira livre*. Você reconhece algum polígono nas formas usadas pela artista na representação da fachada das casas?

Encerrando a unidade

Nesta unidade você estudou ângulos, polígonos, triângulos e quadriláteros. Reflita sobre o que você aprendeu e responda às questões a seguir.

a) Você teve dificuldade para compreender algum tema trabalhado nesta unidade? Qual? Você buscou auxílio dos colegas ou professor em relação a essa dificuldade? Esse auxílio foi suficiente?

b) Imagine que alguém peça a você uma explicação sobre como classificar um triângulo quanto à medida de comprimento dos lados e quanto à medida dos ângulos internos. Elabore um pequeno texto, de cerca de 10 linhas, com a explicação que você daria a essa pessoa. Se julgar importante, faça desenhos.

c) As imagens apresentadas na abertura desta unidade são modelos construídos em programas computacionais. Essas imagens são modeladas utilizando polígonos em sua composição. Quais polígonos foram mais usados em cada uma dessas modelagens?

d) Que assuntos estudados nesta unidade você utilizou para resolver o Enigma?

Compreendendo sinais de trânsito

Você sabia que no Brasil existe um Sistema Nacional de Trânsito?

Esse sistema é formado por um conjunto de órgãos e entidades que, além de outras atividades, organizam e fiscalizam o trânsito no país.

Na imagem a seguir são destacados alguns dos elementos usados para sinalizar as vias de trânsito. A finalidade desses sinais é permitir aos usuários que se comportem de maneira adequada para aumentar a segurança e a organização do tráfego.

É possível observar nesta imagem elementos de sinalização vertical, de sinalização horizontal e de sinalização semafórica.

A sinalização vertical corresponde ao sistema de sinais inscritos em placas fixadas na direção vertical, ao lado ou suspensas sobre as vias.

A sinalização horizontal compreende marcas, legendas e símbolos inscritos no pavimento das vias.

A sinalização semafórica é composta de indicações luminosas acionadas de maneira alternada ou intermitente por meio de sistema elétrico/eletrônico.

FOTOGRAFIA DE FUNDO: THINKSTOCK/IMAGES

PARADA OBRIGATÓRIA

Indica ao condutor que ele **deve** parar o veículo antes de entrar ou cruzar a via.

ÁREA ESCOLAR

Adverte o condutor da existência de trecho de via com trânsito de escolares.

FOTOGRAFIAS DAS PLACAS: FERNANDO FAVORETTO/ CRIAR IMAGEM

PROIBIDO ESTACIONAR

Indica ao condutor que é **proibido** o estacionamento de veículos.

FAIXA DE TRAVESSIA DE PEDESTRES

Sinalização feita no pavimento das vias para delimitar a área de travessia de pedestres. Essa sinalização é feita na cor branca e juntamente com ela aparece uma faixa branca transversal, que é chamada linha de retenção. Essa linha indica o local limite em que o condutor deve parar o veículo.

Observação: na sinalização horizontal a cor branca é usada para delimitar áreas de circulação, delimitar espaços destinados a estacionamento regulamentado, regulamentar faixas de pedestre, linha de retenção, inscrever setas, símbolos e legendas.

ESTACIONAMENTO REGULAMENTADO

Indica ao condutor que é **permitido** o estacionamento de veículos.

Observação: se a placa apresenta também a inscrição "45°", os veículos devem formar com a guia da calçada um ângulo de 45°.

LINHA DUPLA CONTÍNUA

Sinalização feita no pavimento das vias para dividir fluxos opostos de circulação. Essa marca no pavimento é feita na cor amarela e delimita espaço disponível para cada sentido de circulação. **Observação**: na sinalização horizontal a cor amarela é usada para separar movimentos de veículos de fluxos opostos, delimitar espaços proibidos para estacionamento, demarcar obstáculos transversais à pista (lombada).

VAGA DE DEFICIENTE FÍSICO

Indica local de estacionamento de veículos que transportam ou que sejam conduzidos por pessoas com deficiência física.
Essa sinalização pode ser utilizada no pavimento das vias ou em placas para indicar áreas de estacionamento ou parada para pessoas portadoras de deficiência física.

ILUSTRAÇÕES: LUIZ FERNANDO RUBIO

MARCAÇÃO DE CICLOFAIXA

Sinalização feita no pavimento das vias para delimitar a parte da via destinada à circulação exclusiva de bicicletas (ciclofaixa). Essa marca no pavimento é feita nas cores branca (borda) e vermelha (contraste).
Observação: na sinalização horizontal a cor vermelha é usada para demarcar ciclovias ou ciclofaixas, ou inscrever símbolo (cruz).

SEMÁFORO DE PEDESTRE

Dispositivo de sinalização semafórica que indica aos pedestres se a travessia é permitida ou não. O pedestre só deve iniciar a travessia quando a luz verde estiver acesa. Caso o pedestre já tenha iniciado a travessia e a luz vermelha intermitente começar a piscar, ele deve ficar atento para o fato de que os veículos estão prestes a receber indicação luminosa para entrar em movimento.

THINKSTOCK/GETTY IMAGES

Para explorar

Com base no que você descobriu sobre a sinalização de trânsito e no que já conhecia sobre o assunto, faça o que se pede a seguir.

1. Sabemos que a sinalização de trânsito tem objetivo de organizar o tráfego e possibilitar que os usuários se locomovam com maior segurança nas vias. Em sua opinião, a cidade onde você mora é bem sinalizada, com placas e inscrições no pavimento das vias? Os motoristas e pedestres são respeitosos e atentos à sinalização? Você se sente seguro quando se locomove pelas vias de trânsito? Converse com os colegas e o professor sobre essas questões.

2. Observe novamente a imagem e considere os elementos de sinalização de trânsito apresentados, tanto os de sinalização vertical quanto os de sinalização horizontal. Você identifica algum polígono nas formas desses elementos? Qual?

3. Com um colega, crie *slogans* para fazer uma campanha de conscientização para um trânsito mais seguro. Se necessário, para ampliar sua criatividade pesquise mais sinais usados em placas de trânsito. Compare os *slogans* que você produzir com os dos colegas e, com a ajuda do professor, escolha alguns para montar um folheto que você possa levar pra casa e distribuir para mais usuários de trânsito.

***Slogan*:** expressão fácil de lembrar, geralmente usada em propagandas.

UNIDADE

8 Grandezas e medidas

Natação

Presente na civilização desde a Idade da Pedra, quando homens nadavam por rios e lagos atrás de alimento, a Natação só ganhou força como esporte no início do século XIX, quando aconteceram diversas competições na Inglaterra. [...]

Os primeiros estilos foram o nado livre e o peito. O nado de costas entrou no programa olímpico em 1904, na cidade americana de Saint Louis, e o borboleta apenas em 1956, em Melbourne, na Austrália. Este último, inclusive, surgiu porque alguns desenvolveram uma técnica levantando os braços acima da água para ganhar velocidade nas provas de peito.

As mulheres começaram a disputar as provas de Natação no ano de 1912 [...].

A Natação é uma disciplina de velocidade, resistência e força. Vence quem superar os concorrentes no menor tempo possível. As provas são divididas pela distância (50 m, 100 m, 200 m, 400 m, 800 m e 1 500 m) e estilo (livre, costas, peito e borboleta). Além das disputas individuais, há os revezamentos, com equipes formadas por quatro nadadores cada. [...]

Disponível em: <http://www.rio2016.com/os-jogos/olimpicos/esportes/natacao>. Acesso em: 5 fev. 2015.

Alguns dados sobre a Natação

A piscina usada em competições oficiais tem 50 metros de comprimento, 25 metros de largura e 3 metros de profundidade. Nela cabem 3 750 000 litros de água.

A temperatura da água em uma piscina olímpica para a disputa de competições oficiais deve ser mantida entre 25 °C e 28 °C.

O uso de trajes especiais auxilia o desempenho dos atletas. Alguns trajes pesam apenas 100 gramas.

Em 2009, o brasileiro César Cielo obteve o recorde mundial dos 50 metros livre com o tempo de 20,91 segundos.

Nesta unidade você vai saber mais sobre...

- Grandezas e medidas
- Medidas de comprimento, de massa, de capacidade e de tempo
- Perímetro, área e volume

PCN CHROME/ALAMY/LATINSTOCK

TROCANDO IDEIAS

1. Você pratica algum tipo de esporte aquático? Se sim, qual? Em sua opinião, essa atividade traz benefício a sua saúde?
2. De acordo com o texto, as provas de Natação são definidas com base na distância e no estilo. Quais são as distâncias que definem cada prova? E quais são os estilos?
3. Quando um atleta estabelece um novo recorde mundial em uma prova de natação, ele realiza a prova em menos tempo do que o tempo mínimo anteriormente registrado na conclusão da prova. Qual marca deu o recorde dos 50 metros livre a César Cielo?
4. Qual é a máxima temperatura em que a água de uma piscina olímpica deve ser mantida em uma disputa de competições oficiais?

O enigma do avião

Natália trabalha em uma companhia de táxi aéreo e pilota um monomotor. Ela viaja com frequência para várias cidades do Brasil e, na semana passada, demonstrou muita calma e perícia ao fazer um pouso de emergência em uma pista na zona rural de uma cidade. Apesar do susto, ninguém se feriu e não houve danos ao avião.

Sabe-se que o pouso forçado ocorreu por falta de combustível, de modo que a empresa proprietária do avião está realizando uma investigação para saber se a falha foi mecânica, relacionada a consumo desregulado de combustível, ou se houve problema na hora de abastecer o tanque do monomotor.

ESTÚDIO LAB 307

Como medida de segurança, a equipe que abastece as aeronaves faz esse serviço colocando uma quantidade maior de combustível do que o necessário para realizar o trajeto definido no plano de voo.

Nesse caso, além de combustível a ser gasto na viagem principal, para uma eventual emergência acrescenta-se combustível necessário para chegar à pista de pouso mais próxima do destino; e também uma quantidade de combustível para 45 minutos adicionais de voo.

- O combustível com que esse monomotor foi abastecido não era suficiente para que o voo fosse realizado com segurança, ou ocorreu algum problema de consumo na própria aeronave?

No decorrer desta unidade há pistas que podem auxiliá-lo a desvendar este enigma.

1 Grandezas e medidas

O uso dos números para expressar medidas é bastante comum no dia a dia.

Você se lembra de alguma situação em que tenha realizado medições? Ou ainda, já teve acesso a informações em que há números indicando medidas?

Verificamos a aplicação do estudo de grandezas e medidas em atividades relacionadas ao comércio, indústria, tecnologia, entre outras. Na área dos esportes as medidas também estão presentes.

Leia a seguir algumas informações sobre o basquete.

O basquete foi criado por James Naismith em 1891, a pedido do diretor de um colégio de Massachussets, nos Estados Unidos da América. James precisava pensar em um jogo que não fosse violento, e que pudesse ser praticado em local fechado no inverno e em áreas abertas no verão.

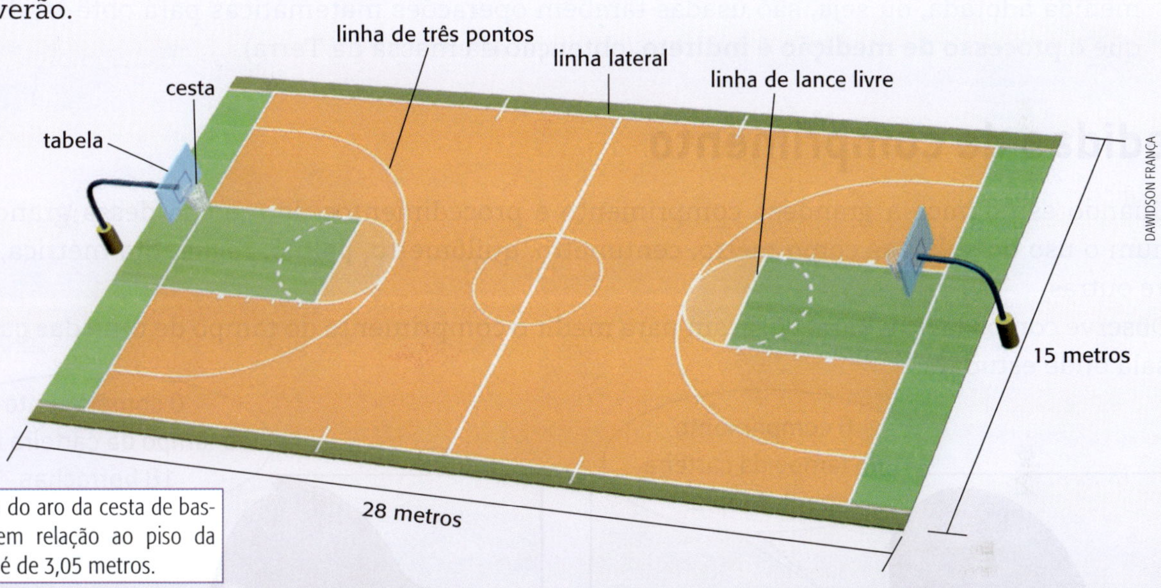

A altura do aro da cesta de basquete em relação ao piso da quadra é de 3,05 metros.

A massa da bola oficial de basquete masculino pode variar de 600 gramas a 650 gramas.

A partida de basquete é disputada em 4 tempos de 10 minutos cada um.

Fonte de pesquisa: <http://www.cbb.com.br/PortalCBB>. Acesso em: 12 dez. 2014.

Na ilustração acima são indicadas algumas **medidas** de uma quadra de basquete.

Por exemplo, a medida de comprimento de um dos lados da quadra é 28 metros.

Nesse caso, o comprimento é a **grandeza** a ser medida e podemos usar uma trena como **instrumento** para medir. A **unidade de medida** usada para expressar o resultado da medição é o metro.

Com base nas informações apresentadas acima e no que você conhece sobre o estudo de grandezas e medidas, converse com os colegas sobre as questões a seguir.

- Quais medidas relacionadas ao basquete aparecem na imagem?
- A medida 3,05 metros corresponde à altura do aro da cesta em relação ao piso da quadra. As demais medidas correspondem a quê?
- Você pratica algum tipo de esporte? Qual?
- Você conhece outras medidas relacionadas a alguma modalidade esportiva? Quais?

No dia a dia costumamos medir com mais frequência grandezas como **comprimento**, **massa**, **capacidade**, **tempo** e **temperatura**.

Dizemos que **medir** uma grandeza é compará-la com outra grandeza de mesma espécie, adotada como unidade de medida, verificando quantas vezes a grandeza que se quer medir contém a unidade de medida adotada.

Por exemplo, se uma estante mede 2 metros de comprimento, significa que ao compararmos o comprimento dessa estante com a unidade de medida adotada (nesse caso, o **metro**) verificamos que o comprimento da estante contém duas vezes a unidade.

Observações

- Toda medida é expressa por meio de um número e uma unidade de medida. Se dissermos, por exemplo, que a medida de comprimento de um tapete é igual a 4, a informação está incompleta, pois não foi especificada a unidade de medida utilizada (metro, palmo, passo etc.).
- Quando comparamos diretamente a grandeza com a unidade de medida, dizemos que o **processo de medição é direto** (medir o comprimento de um livro com uma régua, por exemplo). Por outro lado, se uma medida não é obtida apenas por meio de comparação com a unidade de medida adotada, ou seja, são usadas também operações matemáticas para obtê-la, dizemos que o **processo de medição é indireto** (obtenção da massa da Terra).

Medidas de comprimento

Quando estudamos a grandeza comprimento e procedimentos de medida dessa grandeza, é comum o uso de palavras como metro, centímetro, quilômetro, palmo, régua, fita métrica, trena, entre outras.

Observe como Flávio e Rafael fizeram para medir o comprimento do tampo de uma das carteiras da sala onde estudam.

Rafael verificou que a medida do comprimento do tampo da carteira equivale à de 6 lápis.

Flávio verificou que a medida do comprimento do tampo da carteira equivale à de 18 borrachas.

Rafael e Flávio realizaram corretamente as medições, mas usaram diferentes unidades de medida de comprimento. Nesse caso, o comprimento do lápis "coube" 6 vezes no comprimento do tampo da carteira e o comprimento da borracha "coube" 18 vezes no comprimento da carteira.

As unidades de medida "lápis" e "borracha" usadas são unidades de medida de comprimento **não padronizadas**.

No dia a dia é comum utilizarmos unidades de medida não padronizadas para medir comprimentos. Por exemplo, podemos utilizar o comprimento do nosso palmo, do nosso passo ou do nosso pé.

ESTÚDIO LAB 307

- Use o comprimento do seu palmo como unidade de medida e meça o comprimento do tampo da carteira que você ocupa. Registre a medida e compare-a com os resultados obtidos pelos colegas.

Com a necessidade de uniformização dos sistemas de medidas, foram criadas unidades de medida **padronizadas**. Isso facilitou a comunicação e permitiu avanços no âmbito do comércio e da ciência.

O **metro**, cujo símbolo é a letra **m**, é a unidade **padrão** de medida de comprimento no **Sistema Internacional de Unidades** (SI), e a unidade de **referência** no **Sistema Métrico Decimal** (SMD). Porém em algumas situações é mais adequado usar múltiplos do metro ou submúltiplos do metro para expressar uma medida.

O **quilômetro (km)**, o **hectômetro (hm)** e o **decâmetro (dam)** são alguns dos múltiplos do metro. Eles são mais adequados para expressar medidas relacionadas a grandes comprimentos.

CESAR DINIZ/PULSAR IMAGENS

Usamos o quilômetro (km) para expressar a distância entre cidades. Dos múltiplos do metro, o quilômetro é um dos mais usado no dia a dia.

THINKSTOCK/GETTY IMAGES

Usamos o centímetro (cm) e o milímetro (mm) para expressar medidas de comprimento de alguns insetos.

Já o **decímetro (dm)**, o **centímetro (cm)** e o **milímetro (mm)** são alguns dos submúltiplos do metro. Eles são mais adequados para expressar medidas relacionadas a pequenos comprimentos.

Observe no quadro a seguir as equivalências entre o metro, a unidade de referência, e seus múltiplos e submúltiplos estudados até aqui.

	Múltiplos			Unidade de referência	Submúltiplos		
Unidade	quilômetro	hectômetro	decâmetro	**metro**	decímetro	centímetro	milímetro
Símbolo	km	hm	dam	**m**	dm	cm	mm
Relação com o metro	1 000 m	100 m	10 m	**1 m**	0,1 m	0,01 m	0,001 m

Com base nesse quadro, destacamos as seguintes relações:

- **1 km** equivale a **1000 m**, ou, ainda, **1 m** equivale a **0,001 km**.
- **1 m** equivale a **100 cm**, ou, ainda, **1 cm** equivale a **0,01 m**.
- **1 cm** equivale a **10 mm**, ou, ainda, **1 mm** equivale a **0,1 cm**.

Se uma medida está expressa em uma das unidades apresentadas no quadro e quisermos expressá-la em outra dessas unidades, podemos multiplicar ou dividir essa medida por uma potência de base 10, conforme indicado a seguir.

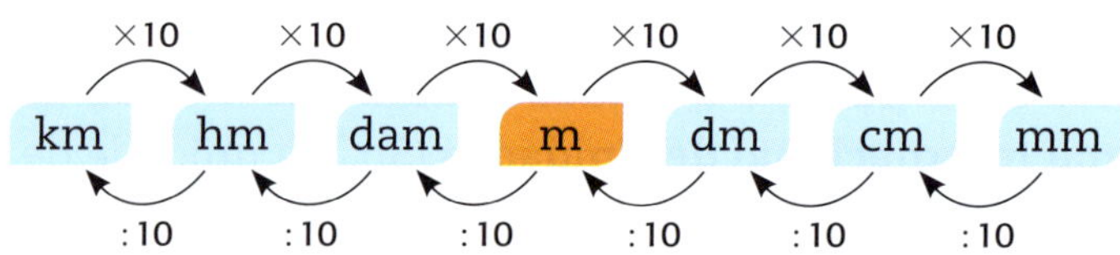

Observe alguns dos instrumentos usados para medir comprimentos.

Régua.

Fita métrica.

Trena.

FOTOGRAFIAS: THINKSTOCK/GETTY IMAGES

Para realizar com maior precisão algumas medições envolvendo comprimentos, podemos utilizar outros instrumentos. Por exemplo:

Paquímetro.

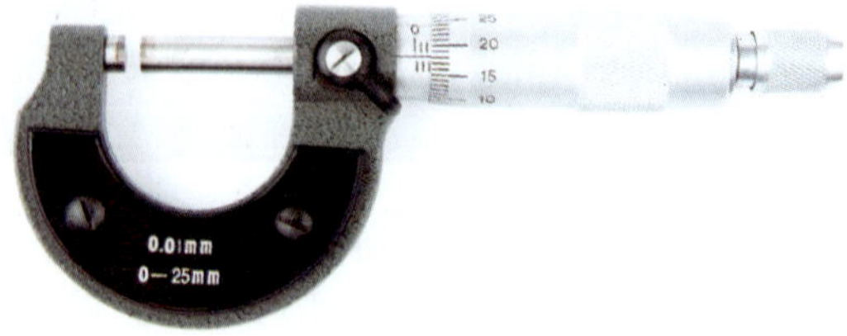

Micrômetro.

Veja uma possível maneira de usar a régua para medir o comprimento de um segmento.

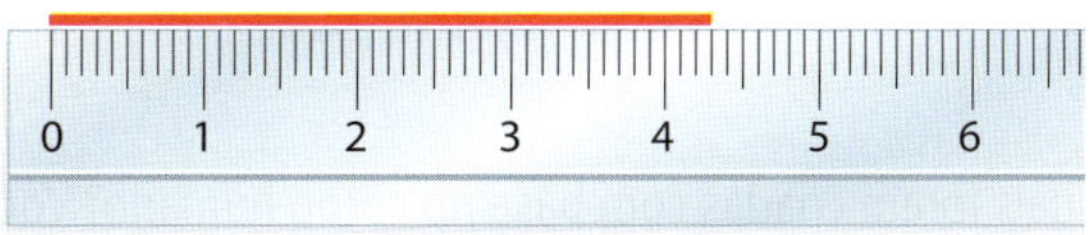

LUIZ FERNANDO RUBIO

Posicionamos a marca com o número zero da régua em uma das extremidades do segmento e verificamos o número correspondente à marca indicada pela outra extremidade.

Veja que esse segmento mede 4,3 centímetros ou 43 milímetros.

- Use a régua para medir o comprimento do tampo da carteira que você ocupa. Expresse a medida em centímetro. Compare com os resultados obtidos pelos colegas.

SAIBA MAIS

O Sistema Internacional de Unidades (SI)

A necessidade de medir é muito antiga e remete à origem das civilizações. Por longo tempo, cada povo teve o seu próprio sistema de medidas, a partir de unidades arbitrárias e imprecisas como, por exemplo, aquelas baseadas no corpo humano: palmo, pé, polegada, braça, côvado.

Isso criava muitos problemas para o comércio, porque as pessoas de uma região não estavam familiarizadas com o sistema de medidas das outras regiões. [...]

A partir de 1790, no agitado período da Revolução Francesa, propostas para uma nova legislação metrológica foram enviadas à Assembleia Nacional. Aprovado no ano seguinte, o novo sistema teria por base de comprimento a décima-milionésima parte do quadrante de meridiano terrestre, baseado nas medições do arco de meridiano compreendido entre Dunquerque e Barcelona. A Academia de Ciências da França conduziu o projeto, apresentando, em 1799, o Sistema Métrico Decimal.

AUTOR DESCONHECIDO. PROTÓTIPO DO METRO, S/D.

Protótipo do metro feito de uma liga de platina e irídio. Atualmente, esse protótipo encontra-se no Escritório Internacional de Pesos e Medidas, em Sèvres, na França.

Posteriormente, muitos outros países adotaram o sistema, inclusive o Brasil, aderindo à Convenção do Metro, de 20 de maio de 1875.

O Sistema Métrico Decimal adotou, inicialmente, três unidades básicas de medida: o metro, o quilograma e o segundo. Entretanto, o desenvolvimento científico e tecnológico passou a exigir medições cada vez mais precisas e diversificadas. Variadas modificações ocorreram até que, em 1960, o Sistema Internacional de Unidades (SI), mais complexo e sofisticado, foi consolidado pela 11ª Conferência Geral de Pesos e Medidas. O SI foi adotado também pelo Brasil em 1962 [...].

Disponível em: <http://www.inmetro.gov.br/consumidor/unidLegaisMed.asp?iacao=imprimir>. Acesso em: 12 jan. 2015.

A partir de 1986 a definição do metro como uma fração do meridiano terrestre foi superada. Ela foi substituída por uma definição mais precisa, com base na velocidade da luz.

Para explorar

1. Das unidades de medida citadas no texto, quais foram criadas com base no corpo humano? Você já conhecia essas unidades de medida?

2. O "nascimento" do metro aconteceu na época da Revolução Francesa. De acordo com os estudos realizados pela comunidade científica da época, aceitos pela Assembleia Nacional, a medida de comprimento de um quarto de meridiano terrestre era igual a 10 milhões de metros.
As medições realizadas pelos estudiosos se referiam ao arco de meridiano compreendido entre quais cidades europeias?

3. Em que ano foi consolidado o Sistema Internacional de Unidades (SI)? Quando esse sistema foi também adotado pelo Brasil?

Pista 1

Observe novamente a cena inicial do enigma.

- Qual é a distância que o monomotor que Natália pilotou deveria percorrer entre as duas cidades?
- A quantos quilômetros da cidade de destino fica a pista de pouso mais próxima?
- Considerando as respostas aos itens anteriores, quantos quilômetros o avião de Natália deveria percorrer se chegasse ao destino e, posteriormente, precisasse se dirigir à pista de pouso mais próxima?

ATIVIDADES

1. Leia as situações a seguir e responda às questões.

a) Airton usou o palmo para medir o comprimento do tampo de uma mesa e obteve 8 palmos. Depois, verificou com uma régua que o palmo dele media aproximadamente 14 centímetros. Quantos centímetros, aproximadamente, tem o tampo dessa mesa?

b) Carolina comparou o comprimento da lousa da sala de aula com o comprimento de uma caneta. Ela percebeu que o comprimento da lousa corresponde ao comprimento de 25 canetas enfileiradas e que a caneta mede aproximadamente 16 centímetros. Qual é, aproximadamente, a medida do comprimento da lousa que Carolina mediu? Dê a resposta em metro.

2. Considere as unidades de medida apresentadas a seguir.

km m cm mm

Pense na situação real e reescreva no caderno as frases a seguir substituindo o ■ pela unidade de medida adequada.

a) A porta da sala de aula tem 2,30 ■ de altura.

b) O celular que Júlia comprou tem 128 ■ de comprimento.

c) A cidade mais próxima da cidade onde André mora fica a 45 ■.

d) Um dos lados da folha de papel cartolina tem 66 ■ de comprimento.

3. Considere as unidades padronizadas de medida de comprimento. Qual delas é mais adequada para medir...

a) a distância entre duas capitais brasileiras?

b) a largura do livro de Matemática.

c) o comprimento de um automóvel?

d) a espessura do vidro de uma janela?

4. Reescreva no caderno as igualdades a seguir substituindo o ■ pelo número correto.

a) 35 mm = ■ m

b) 26 m = ■ cm

c) 189 m = ■ km

d) 2,741 km = ■ m

5. Uma pista de corrida tem 400 metros de comprimento e é usada para a realização de diversas provas de atletismo. Determine quantas voltas completas um atleta precisa dar nessa pista para concluir uma corrida de:

a) 800 m

b) 10 km

6. (Obmep) As ruas de Quixajuba formam uma malha de retângulos iguais. A figura mostra, em parte do mapa de Quixajuba, os caminhos percorridos por Alfredo, Bela e Cecília de suas casas até a praia. Nesses caminhos Alfredo e Bela percorrem, respectivamente, 290 e 230 metros. Qual é a distância, em metros, que Cecília percorre?

QUANTA ESTÚDIO

a) 220 m

b) 230 m

c) 240 m

d) 250 m

e) 260 m

Medidas de massa

Você já comprou ou viu alguém comprar produtos a granel?

Em situações como essa, normalmente, são realizadas medições envolvendo a **massa** dos produtos.

Observe as imagens a seguir.

Granel: produto não embalado; em geral pesado por comerciantes na hora da venda.

JOÃO PRUDENTE/PULSAR IMAGENS

Em locais onde se vende feijão a granel, o vendedor pesa o produto de acordo com o pedido do cliente. Por exemplo, podemos pedir **500 gramas** de feijão.

RITA BARRETO

Nesta embalagem há **um quilograma** de feijão.

Observe que em cada situação anterior foi destacada uma medida de **massa** e que foram usadas diferentes unidades para expressar essas medidas.

A unidade padrão de medida de massa adotada pelo Sistema Internacional de Unidades (SI) é o **quilograma**, que indicamos por **kg**.

Apesar de o quilograma ser a unidade padrão de medida de massa, adotamos o **grama**, indicado por **g**, como unidade de referência para estabelecer a relação entre múltiplos e submúltiplos.

AUTOR DESCONHECIDO. PROTÓTIPO INTERNACIONAL DO QUILOGRAMA, S/D.

Protótipo do quilograma – peça de formato cilíndrico feita de platina e irídio (dois tipos de metal). Fica guardado no Escritório Internacional de Pesos e Medidas, em Sèvres, na França.

O **quilograma (kg)**, o **hectograma (hg)** e o **decagrama (dag)** são alguns dos múltiplos do grama. Em nosso dia a dia é mais comum o uso do quilograma (kg).

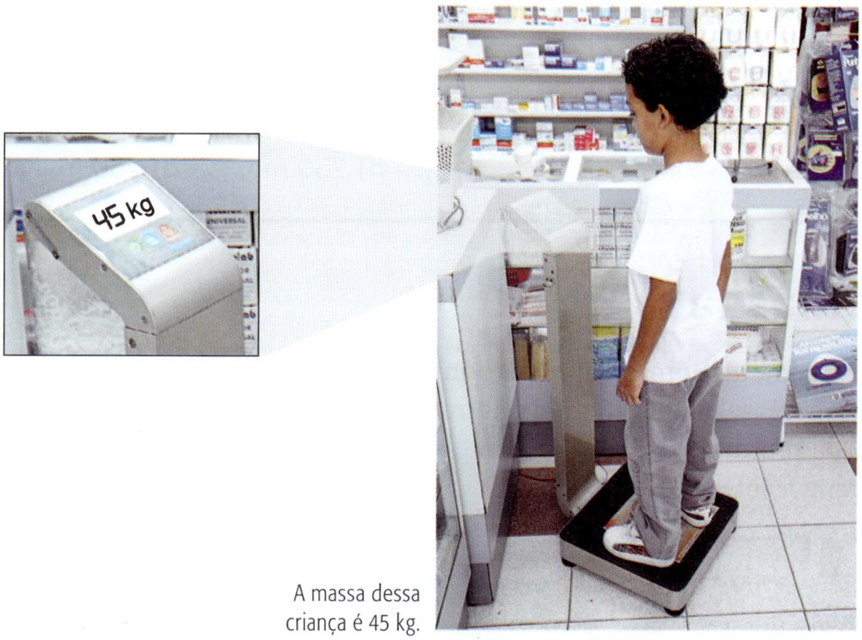

FERNANDO FAVORETTO/CRIAR IMAGEM

A massa dessa criança é 45 kg.

O **decigrama (dg)**, o **centigrama (cg)** e o **miligrama (mg)** são alguns dos submúltiplos do grama. Em nosso dia a dia é mais comum o uso do miligrama (mg).

RONY COSTA/FINEPHOTO

INFORMAÇÃO NUTRICIONAL
PORÇÃO DE 10g (1 COLHER DE SOPA)

Quantidade por porção		%VD (*)
Valor energético	48 kcal = 202 kJ	2
Proteínas	3,4 g	4
Gorduras totais	3,8 g	7
Gorduras saturadas	2,1 g	10
Sódio	144 mg	6
Cálcio	121 mg	12

"Não contém quantidade significativa de Carboidratos, Gorduras *trans* e Fibra Alimentar".

* %Valores Diários de referência com base em uma dieta de 2.000 kcal ou 8.400 kJ. Seus valores diários podem ser maiores ou menores dependendo de suas necessidades energéticas.

Cada porção de 10g de queijo ralado contém 121 mg de cálcio.

Observe no quadro a seguir as equivalências entre o grama, a unidade de referência, e seus múltiplos e submúltiplos estudados até aqui.

	Múltiplos			Unidade de referência	Submúltiplos		
Unidade	quilograma	hectograma	decagrama	**grama**	decigrama	centigrama	miligrama
Símbolo	kg	hg	dag	**g**	dg	cg	mg
Relação com o grama	1 000 g	100 g	10 g	**1 g**	0,1 g	0,01 g	0,001 g

Com base nesse quadro, destacamos as seguintes relações:

- **1 kg** equivale a **1 000 g**, ou, ainda, **1 g** equivale a **0,001 kg**.
- **1 g** equivale a **1 000 mg**, ou, ainda, **1 mg** equivale a **0,001 g**.

Se uma medida está expressa em uma das unidades apresentadas no quadro e quisermos expressá-la em outra dessas unidades, podemos multiplicar ou dividir essa medida por uma potência de base 10, conforme indicado a seguir.

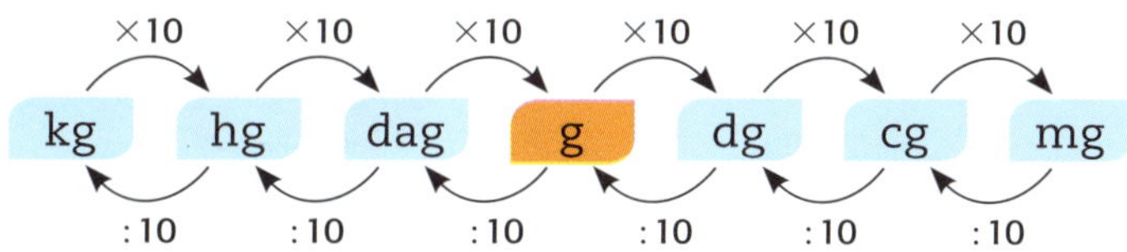

Observação:

Existem outras unidades de medida de massa que também são usadas no dia a dia. Por exemplo:

- a tonelada, indicada por **t**, que equivale a 1 000 quilogramas;
- a **arroba**, indicada por **@**, que equivale a 14,688 quilogramas. Normalmente esse valor é aproximado para 15 quilogramas.

THINKSTOCK/GETTY IMAGES

Podemos expressar a massa de um elefante em tonelada. O elevante africano chega a pesar 7 toneladas, ou seja, 7 000 kg.

JOÃO PRUDENTE/PULSAR IMAGENS

A arroba é uma unidade de medida de massa usada frequentemente em agropecuária. Diz-se, por exemplo, que a massa de um boi é 30 arrobas.

A **balança** é instrumento usado para medir massa. Observe alguns tipos conhecidos de balança.

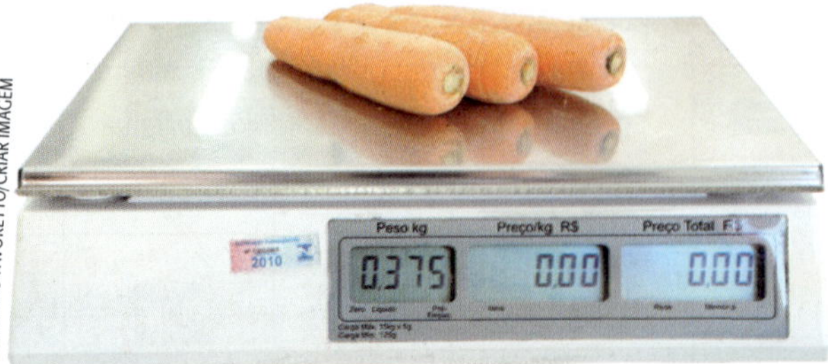

FERNANDO FAVORETTO/CRIAR IMAGEM

Balança digital.

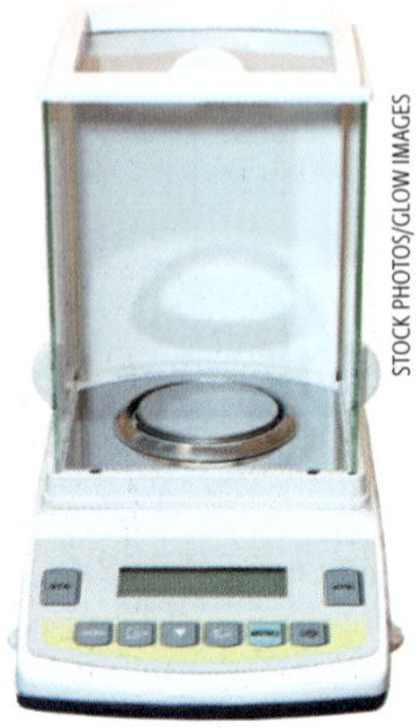
STOCK PHOTOS/GLOW IMAGES

Balança de precisão – usada em laboratório.

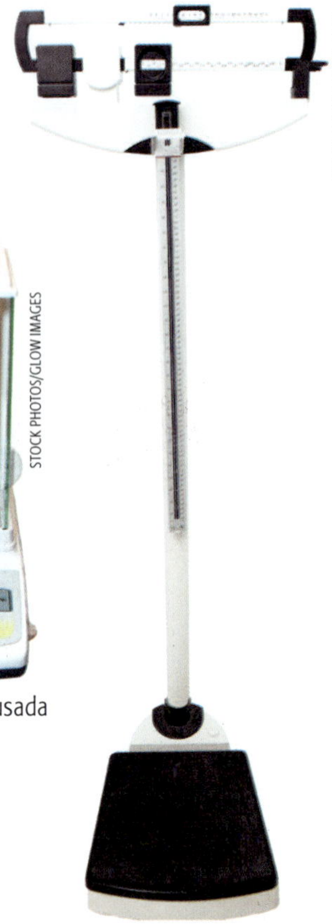
THINKSTOCK/GETTY IMAGES

Balança mecânica.

FERNANDO FAVORETTO/CRIAR IMAGEM

Balança de pratos.

ATIVIDADES

7. Em cada caso a seguir, as balanças estão em equilíbrio (a massa total do que está no prato da esquerda equivale à massa total do que está no prato da direita). Observe cada balança e determine a medida de massa da fruta nesses casos.

a)

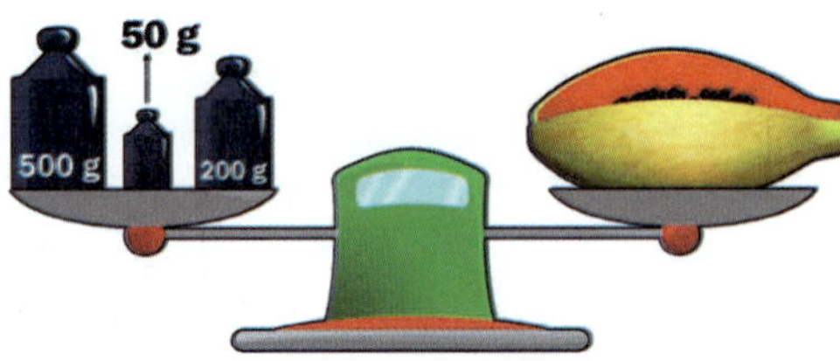

b)

c)

ILUSTRAÇÕES: DAWIDSON FRANÇA

8. Considere as unidades de medida de massa estudadas. Qual delas é mais adequada para medir:
a) a massa de um caminhão carregado?
b) a massa de um grão de arroz?
c) a massa de uma caneta?
d) a massa de uma criança?

9. Uma cooperativa agrícola produziu 18 toneladas de feijão. Toda essa produção será embalada em sacos de 60 kg antes de ser transportada para os distribuidores.
Quantos sacos de feijão serão obtidos depois de embalada toda a produção?

10. Reescreva no caderno as igualdades a seguir substituindo o ■ pelo número correto.

a) 1 200 g = ■ kg

b) 3,5 kg = ■ g

c) 0,189 g = ■ mg

d) 2 740 mg = ■ g

11. Calculadora

Observe a seguir o preço de duas embalagens da mesma marca de café.

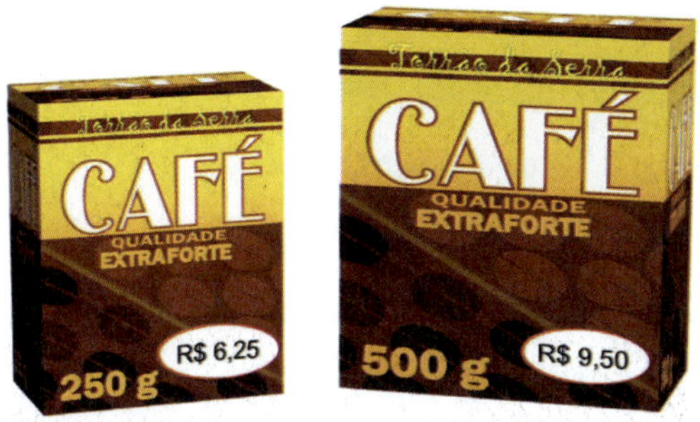

DAWIDSON FRANÇA

Em qual das embalagens o preço do grama de café é menor? Qual é esse valor? Use a calculadora para realizar os cálculos.

12. A balança a seguir está em equilíbrio.

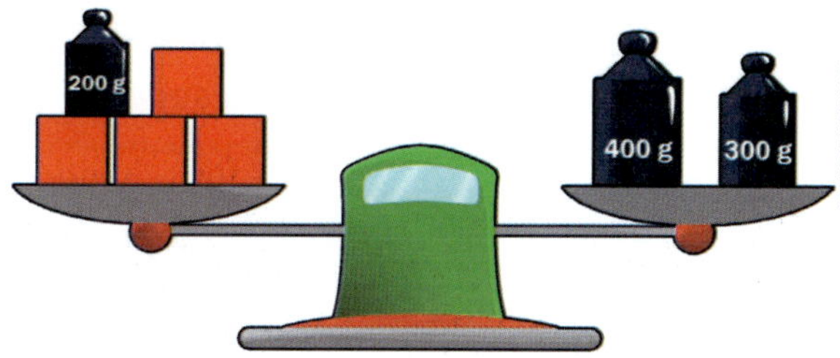

DAWIDSON FRANÇA

Sabendo que os blocos vermelhos têm massa igual, determine a medida de massa de cada bloco.

Medidas de capacidade

Quando preparamos receitas culinárias, geralmente utilizamos utensílios como xícaras, copos e colheres para medir alguns ingredientes. A ideia de quanto cabe nesses recipientes está relacionada à **capacidade** de cada um.

ESTÚDIO LAB 307

Na cena ao lado, note que no copo que a personagem está segurando aparece a marca **100 mL** (100 mililitros). O mililitro é uma unidade de medida de capacidade padronizada.

A unidade **padrão** de medida de capacidade adotada pelo Sistema Internacional de Unidades (SI) é o **litro**, que indicamos por **L**. O **mililitro** (**mL**) é um submúltiplo do litro.

O **quilolitro** (**kL**), o **hectolitro** (**hL**) e o **decalitro** (**daL**) são alguns dos múltiplos do litro, unidades de medida quase não utilizadas em nosso dia a dia.

Já o **decilitro** (**dL**), o **centilitro** (**cL**) e o **mililitro** (**mL**) são alguns dos submúltiplos do litro. Dessas unidades, é comum o uso do mililitro em nosso dia a dia.

Observe no quadro a seguir as equivalências entre o litro, a unidade de referência, e seus múltiplos e submúltiplos estudados até aqui.

	Múltiplos			Unidade de referência	Submúltiplos		
Unidade	quilolitro	hectolitro	decalitro	**litro**	decilitro	centilitro	mililitro
Símbolo	kL	hL	daL	**L**	dL	cL	mL
Relação com o litro	1 000 L	100 L	10 L	**1 L**	0,1 L	0,01 L	0,001 L

Com base no quadro da página 287, destacamos a seguinte relação:

1 L equivale a **1000 mL**, ou, ainda, **1 mL** equivale a **0,001 L**.

Se uma medida está expressa em uma das unidades apresentadas no quadro e quisermos expressá-la em outra dessas unidades, podemos multiplicar ou dividir essa medida por uma potência de base 10, conforme indicado a seguir.

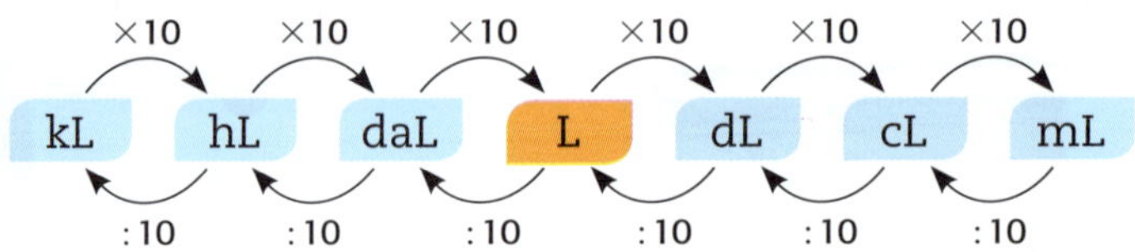

ATIVIDADES

13. Pense na situação real e reescreva no caderno as frases a seguir substituindo o ■ por litro (L) ou mililitro (mL).

a) Ana foi caminhar no parque e levou uma garrafinha de 650 ■ de água.

b) Marcelo comprou uma garrafa térmica com capacidade de 1,5 ■.

c) Hélio construiu um reservatório para armazenar a água da chuva. Esse reservatório tem capacidade para armazenar 5 000 ■ de água.

14. Reescreva no caderno as igualdades a seguir substituindo o ■ pelo número correto.

a) 250 mL = ■ L

b) 1,5 L = ■ mL

c) 0,750 L = ■ mL

d) 45 mL = ■ L

15. Osmar comprou uma garrafa de 1,5 L de suco para um lanche que preparou para os amigos. Sabendo que ao servir o suco ele encheu cinco copos de 250 mL, responda:

a) Sobrou suco na garrafa?

b) Imagine que essas cinco pessoas tenham bebido todo o suco da garrafa e que todos consumiram a mesma quantidade de suco. Quantos mililitros de suco cada um bebeu?

16. Uma fábrica de molho de tomate embala a produção em três tipos de frascos. Observe os frascos a seguir.

DAWIDSON FRANÇA

a) O frasco de 600 mL tem capacidade para armazenar quantos mililitros a menos do que o maior frasco? E quantos mililitros a mais do que o menor frasco?

b) Juntos esses frascos têm capacidade para armazenar quantos litros de molho de tomate?

Medidas de tempo

Medir o **tempo** é de fundamental importância para a organização das atividades cotidianas.

Povos antigos, como os que habitavam a região da Mesopotâmia, já usavam estratégias para medir o tempo milhares de anos atrás. Por meio de observação de fenômenos naturais como o nascer e o pôr do Sol, as fases da Lua, entre outros, era possível organizar atividades agrícolas e religiosas.

Com o desenvolvimento dos métodos de medição foram criadas unidades de medida de tempo padronizadas como o dia, a hora, o minuto, o segundo etc. Foram também criados calendários por diversos povos.

Observe as imagens a seguir.

DANIEL CYMBALISTA/PULSAR IMAGENS

Pessoas aguardando a chegada do ônibus.

THINKSTOCK/GETTY IMAGES
ASPEN PHOTO/SHUTTERSTOCK

Instantes finais de uma partida de basquete.

Com base no que você já conhece sobre o estudo de medida de tempo e em alguma experiência que tenha vivido, converse com os colegas sobre as questões a seguir.

- Em sua opinião, qual é a unidade de medida mais apropriada para expressar o tempo que as pessoas costumam esperar em um ponto de ônibus? Faça uma estimativa.
- Qual é a unidade de medida mais apropriada para expressar o tempo que resta para terminar a partida de basquete?

Hora, minuto e segundo

Observe a cena ao lado.

Quando Camila se levantou, o relógio indicava 7 horas, 25 minutos e 10 segundos.

A **hora**, o **minuto** e o **segundo** são unidades de medida de tempo padronizadas. No Sistema Internacional de Unidades (SI) a unidade **padrão** é o **segundo**, cujo símbolo é **s**.

Conhecemos as seguintes equivalências:

Uma hora equivale a **60 minutos**. 1 h = 60 min
Um minuto equivale a **60 segundos**. 1 min = 60 s

ESTÚDIO LAB 307

O relógio é o instrumento que utilizamos para medir intervalos de tempo. Os dois modelos mais comuns utilizados no dia a dia são o relógio analógico (de ponteiros) e o relógio digital. Nem sempre os segundos são indicados no visor dos relógios.

O relógio ao lado marca 5 horas e 40 minutos, mas não é possível saber se é manhã ou tarde.

Outra maneira de ler as horas é verificar quantos minutos faltam para completar a próxima hora. Nesse caso, dizemos: “Faltam 20 minutos para as 6 horas.”.

THINKSTOCK/GETTY IMAGES

O horário indicado neste relógio é 13 horas e 27 minutos ou, 1 hora e 27 minutos da tarde.

THINKSTOCK/GETTY IMAGES

Em geral, no relógio digital é possível identificar por meio da hora indicada o período do dia (manhã, tarde, noite ou madrugada).

Dependendo da configuração do relógio digital, as horas são indicadas de 1 a 12 (como no relógio de ponteiros) e aparecem as inscrições **AM**, que significa antes do meio-dia, e **PM**, que significa depois do meio-dia.

THINKSTOCK/GETTY IMAGES

Este relógio marca 3 horas e 30 minutos da tarde (identificamos por meio da inscrição PM) ou 15 horas e 30 minutos. Também é comum dizermos 3 horas e meia (30 minutos correspondem a meia hora).

Dia, semana, mês e ano

Sabemos que o período de 24 horas corresponde a um dia e que o período de 7 dias corresponde a uma semana.

Diferentes povos criaram maneiras de organizar os dias do ano, o que resultou na invenção dos calendários, que foram se desenvolvendo com o passar do tempo.

O calendário utilizado no Brasil e na maioria dos países do mundo é o calendário Gregoriano, consolidado em 1582.

Veja a seguir o calendário do ano 2017.

BIS

Janeiro						
Seg	Ter	Qua	Qui	Sex	Sáb	Dom
						1
2	3	4	5	6	7	8
9	10	11	12	13	14	15
10	17	18	19	20	21	22
23	24	25	26	27	28	29
30	31					

Fevereiro						
Seg	Ter	Qua	Qui	Sex	Sáb	Dom
		1	2	3	4	5
6	7	8	9	10	11	12
13	14	15	16	17	18	19
20	21	22	23	24	25	26
27	28					

Março						
Seg	Ter	Qua	Qui	Sex	Sáb	Dom
		1	2	3	4	5
6	7	8	9	10	11	12
13	14	15	16	17	18	19
20	21	22	23	24	25	26
27	28	29	30	31		

Abril						
Seg	Ter	Qua	Qui	Sex	Sáb	Dom
					1	2
3	4	5	6	7	8	9
10	11	12	13	14	15	16
17	18	19	20	21	22	23
24	25	26	27	28	29	30

Maio						
Seg	Ter	Qua	Qui	Sex	Sáb	Dom
1	2	3	4	5	6	7
8	9	10	11	12	13	14
15	16	17	18	19	20	21
22	23	24	25	26	27	28
29	30	31				

Junho						
Seg	Ter	Qua	Qui	Sex	Sáb	Dom
			1	2	3	4
5	6	7	8	9	10	11
12	13	14	15	16	17	18
19	20	21	22	23	24	25
26	27	28	29	30		

Julho						
Seg	Ter	Qua	Qui	Sex	Sáb	Dom
					1	2
3	4	5	6	7	8	9
10	11	12	13	14	15	16
17	18	19	20	21	22	23
24	25	26	27	28	29	30
31						

Agosto						
Seg	Ter	Qua	Qui	Sex	Sáb	Dom
	1	2	3	4	5	6
7	8	9	10	11	12	13
14	15	16	17	18	19	20
21	22	23	24	25	26	27
28	29	30	31			

Setembro						
Seg	Ter	Qua	Qui	Sex	Sáb	Dom
				1	2	3
4	5	6	7	8	9	10
11	12	13	14	15	16	17
18	19	20	21	22	23	24
25	26	27	28	29	30	

Outubro						
Seg	Ter	Qua	Qui	Sex	Sáb	Dom
						1
2	3	4	5	6	7	8
9	10	11	12	13	14	15
16	17	18	19	20	21	22
23	24	25	26	27	28	29
30	31					

Novembro						
Seg	Ter	Qua	Qui	Sex	Sáb	Dom
		1	2	3	4	5
6	7	8	9	10	11	12
13	14	15	16	17	18	19
20	21	22	23	24	25	26
27	28	29	30			

Dezembro						
Seg	Ter	Qua	Qui	Sex	Sáb	Dom
				1	2	3
4	5	6	7	8	9	10
11	12	13	14	15	16	17
18	19	20	21	22	23	24
25	26	27	28	29	30	31

O ano é formado por 12 meses e, quando não é bissexto, há meses de 28 dias, 30 dias e 31 dias. No total, são 365 dias.

Se o ano é bissexto, ele tem 366 dias e, nesse caso, o mês de fevereiro tem 29 dias.

Consulte o calendário acima e responda às questões a seguir.

- Quais meses do ano têm exatamente 30 dias? E 31 dias?
- Qual é o dia e o mês em que você comemora o seu aniversário? Em 2017, essa data está marcada em qual dia da semana?
- Em 2017, qual dia do mês corresponde à primeira segunda-feira de agosto?

Pista 2

Observe novamente o documento com algumas características do monomotor pilotado por Natália.

- Qual era o tempo esperado para o voo que Natália realizaria com o monomotor?
- Se ela precisasse voar da cidade de destino até a pista de pouso mais próxima, quantos minutos seriam necessários?
- Obedecendo às condições de segurança adotadas pela empresa onde Natália trabalha, o combustível com o qual esse monomotor deve ser abastecido para uma viagem como esta deve ser suficiente para quanto tempo de voo?

ATIVIDADES

17. Escreva o horário indicado em cada relógio a seguir.

a) 

c) 

b) 

d) 

THINKSTOCK/GETTY IMAGES

18. Responda às questões a seguir.

a) Meia hora equivale a quantos minutos?

b) Um quarto de hora equivale a quantos minutos?

c) Três quartos de hora equivale a quantos segundos?

19. Qual horário cada relógio a seguir está marcando?

a) 

c) 

b) 

d) 

THINKSTOCK/GETTY IMAGES

20. Giovane é prestador de serviços de informática e oferece aos clientes duas possibilidades de orçamento.

> Opção A: valor fixo de R$ 200,00 mais R$ 15,00 por hora de trabalho.
> Opção B: R$ 25,00 por hora de trabalho.

a) Se o trabalho for realizado em 15 horas, qual dessas opções é mais vantajosa para a empresa que vai contratar os serviços?

b) E se o trabalho for realizado em 30 horas, qual das opções é mais vantajosa?

21. Joana viajou para a praia no último fim de semana. Quando ela iniciou a viagem, o relógio marcava 7 h 35 min. Ela dirigiu 2 horas e 50 minutos até fazer uma parada para tomar café.

a) Que horário o relógio marcava quando Joana parou para tomar café?

b) Joana permaneceu 20 minutos na lanchonete e depois seguiu viagem até chegar ao destino, quando o relógio indicava 12 h 13 min. Quanto tempo Joana levou para percorrer a segunda parte do trajeto?

Resolução

a) Uma maneira de obter o horário em que Joana fez a parada é adicionar 7 h 35 min a 2 h 50 min. Adicionamos minutos com minutos e horas com horas. Depois, verificamos se a soma dos minutos passou de 60 e, se necessário, fazemos os ajustes como indicado a seguir.

$$\begin{array}{r} 7\text{ h }35\text{ mim} \\ +\ 2\text{ h }50\text{ mim} \\ \hline 9\text{ h }85\text{ mim} \end{array} = 9\text{ h} + 1\text{ h }25\text{ min} = 10\text{ h }25\text{ min}$$

$$85\text{ mim} = 60\text{ min} + 25\text{ min}$$

O relógio marcava 10 h 25 min quando Joana parou para tomar café.

b) Veja que, quando Joana retomou a viagem, o relógio marcava 10 h 45 min, pois ela ficou 20 minutos na lanchonete.
Para saber quanto tempo foi gasto na segunda parte do trajeto, podemos subtrair 10 h 45 min de 12 h 13 min. Subtraímos minutos de minutos e horas de horas.
Veja que nesse caso não conseguimos subtrair 45 min de 13 min. Assim, trocamos 1 h por 60 min, rearranjamos o minuendo e efetuamos a subtração. Observe:

$$12\text{ h }13\text{ min} = 11\text{ h} + 60\text{ min} + 13\text{ min}$$

$$\begin{array}{r} 12\text{ h }13\text{ min} \\ -\ 10\text{ h }45\text{ min} \\ \hline \end{array} \qquad \begin{array}{r} 11\text{ h }73\text{ min} \\ -\ 10\text{ h }45\text{ min} \\ \hline 1\text{ h }28\text{ min} \end{array}$$

Joana percorreu a segunda parte do trajeto em 1 h 28 min.

22. Observe o horário em que Vítor começou a fazer a lição de casa e o horário em que ele terminou.

Horário em que Vítor começou a fazer a lição.

Horário em que Vítor terminou a lição.

ESTÚDIO LAB 307

Quanto tempo Vítor levou para fazer a lição de casa?

23. Leia a informação no quadro a seguir.

Períodos de um ano
Bimestre – período de 2 meses
Trimestre – período de 3 meses
Semestre – período de 6 meses

Responda às questões a seguir. Se necessário, consulte um calendário.

a) O primeiro bimestre do ano é formado pelos meses de janeiro e fevereiro. Quais meses formam o último bimestre do ano?

b) O terceiro trimestre do ano começa em julho. Quais são os outros meses que fazem parte do terceiro trimestre do ano?

c) O primeiro semestre do ano começa em janeiro e termina em junho. O período de julho a dezembro corresponde ao segundo semestre. O mês em que você faz aniversário faz parte do primeiro ou do segundo semestre?

1. Escreva duas situações do dia a dia em que você usa medidas ou precisa realizar a medição de uma grandeza.

2. Associe cada instrumento de medida a seguir à grandeza correspondente.

I.

THINKSTOCK/GETTY IMAGES

II.

THINKSTOCK/GETTY IMAGES

III.

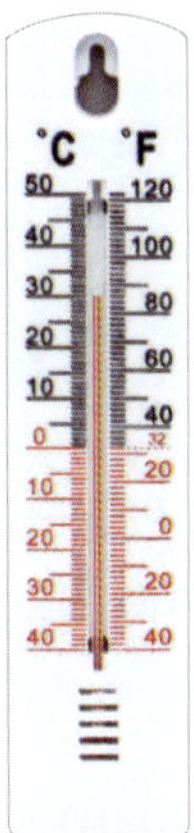

RITA BARRETO

IV.

THINKSTOCK/GETTY IMAGES

V.

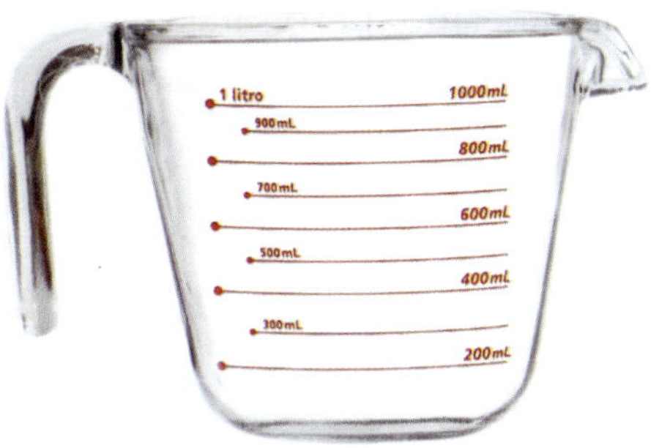

RITA BARRETO

Ⓐ Tempo

Ⓑ Temperatura

Ⓒ Massa

Ⓓ Capacidade

Ⓔ Comprimento

3. Para determinar a medida da espessura de uma folha de papel, Ronaldo formou uma pilha com dez folhas e mediu a espessura da pilha. A medida obtida foi 7 mm. Qual é a medida da espessura de cada folha de papel?

4. Uma bola de borracha foi solta de uma altura de 1 m em direção ao solo e, após bater no solo, voltou a subir e atingiu uma altura de 80 cm. Responda às questões a seguir.

a) A altura que a bola atingiu depois de bater no chão, que foi de 80 cm, corresponde a quantos por cento da altura da qual ela foi solta inicialmente?

b) Imagine que após bater pela segunda vez no solo a bola tenha subido o mesmo percentual obtido no item **a** em relação à altura de 80 cm. Qual é a medida da altura que a bola atingiu após bater pela segunda vez no solo?

5. (OBM) Para fazer 12 bolinhos, preciso exatamente de 100 g de açúcar, 50 g de manteiga, meio litro de leite e 400 g de farinha. A maior quantidade desses bolinhos que serei capaz de fazer com 500 g de açúcar, 300 g de manteiga, 4 litros de leite e 5 quilogramas de farinha é:

a) 48
b) 60
c) 72
d) 54
e) 42

6. Rosana examinou os batimentos cardíacos de Sandro em uma avaliação física e contou 18 batimentos em um intervalo de 15 segundos.
Por outro lado, na ficha de avaliação deve ser registrado o número de batimentos cardíacos em um intervalo de um minuto. Supondo que o ritmo desses batimentos não varie, responda: quantos batimentos Rosana deverá registrar na ficha de Sandro?

7. Pedômetros são aparelhos eletrônicos usados presos à cintura e que servem, entre outras coisas, para contar o número de passos em uma caminhada ou corrida, e estimar a distância percorrida pela pessoa.

Para que ele funcione adequadamente é preciso que seja ajustado com base na medida do passo do usuário.
Observe a seguir o trecho de um manual desse aparelho.

Configurando os dados do usuário

Determinando a medida do passo

Você precisará de uma trena ou fita métrica para medir o comprimento do seu passo.

- Faça uma marca no chão e, a partir dela, dê 10 passos naturalmente (o modelo de passo que desejar medir: corrida, caminhada etc.).
- Faça uma marca no local onde terminou o décimo passo e meça a distância entre as duas marcas realizadas.
- O valor obtido, em metro, deve ser dividido por 10 e o resultado deve ser registrado no aparelho.

Deise realizou o procedimento indicado no manual e ao fazer a medição verificou que a distância entre as duas marcas foi de 6 metros e 20 centímetros.

a) Qual valor Deise deverá registrar no aparelho?

b) Imagine que em uma caminhada o aparelho usado por Deise contou 4 000 passos. Isso corresponde a aproximadamente quantos metros?

8. Renata costuma tomar o ônibus para o trabalho exatamente às 7 h 30 min, mas ontem ela se atrasou e chegou ao ponto de ônibus às 8 h 32 min. Sabendo que o ônibus passa em intervalos regulares de 12 minutos, qual é o horário em que Renata pode tomar o próximo ônibus para o trabalho nesse dia?

9. Uma viagem de ônibus foi realizada em duas etapas separadas por uma parada de 25 minutos em um restaurante da rodovia. Sabendo que a primeira etapa da viagem durou 2 h 44 min e que a segunda foi concluída em 3 h 17 min, responda: quanto tempo durou essa viagem?

10. O **quilate** é uma unidade de medida usada para expressar a massa de pedras preciosas como diamantes, esmeraldas e outras.

Um quilate equivale a 200 miligramas.

WILLIAM WEST/AFP

Argyle Phoenix — diamante vermelho de 1,56 quilate.

Com base nessas informações, responda às questões a seguir.

a) Qual é, em miligrama, a massa do diamante *Argyle Phoenix*?

b) O maior diamante encontrado no Brasil foi garimpado no leito do rio Santo Antônio do Bonito, na região de Coromandel (MG), em 1938. A pedra recebeu o nome de Presidente Vargas e tinha 726,6 quilates. Quantos gramas pesava esse diamante?

11. (Obmep) Milena começou a estudar quando seu relógio digital marcava 20 horas e 14 minutos, e só parou quando o relógio voltou a mostrar os mesmos algarismos pela última vez antes da meia noite. Quanto tempo ela estudou?

a) 27 minutos

b) 50 minutos

c) 1 hora e 26 minutos

d) 3 horas e 47 minutos

e) 3 horas e 56 minutos

12. A **libra** é uma unidade de medida de massa utilizada em alguns países como os Estados Unidos da América.

1 libra equivale a aproximadamente 450 gramas.

Quantos quilogramas aproximadamente tem um pacote cuja massa é 12 libras?

13. (Obmep) Um queijo foi partido em quatro pedaços de mesmo "peso". Três desses pedaços pesam o mesmo que um pedaço mais um peso de 0,8 kg. Qual era o "peso" do queijo inteiro?

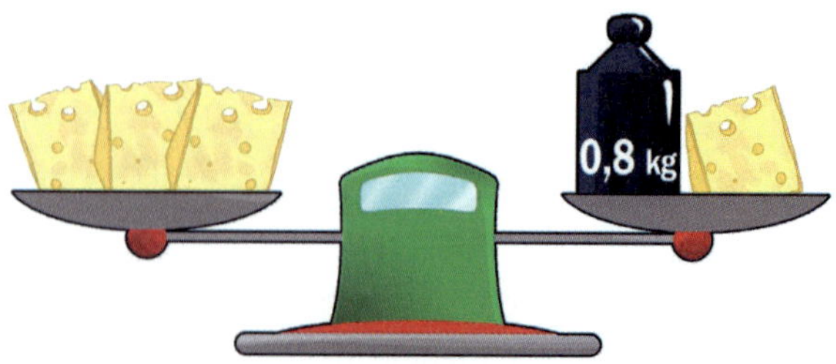

DAWIDSON FRANÇA

a) 1,2 kg

b) 1,5 kg

c) 1,6 kg

d) 1,8 kg

e) 2,4 kg

14. Na maratona dos Jogos Olímpicos de Verão de Los Angeles (EUA), em 1984, vencida pela atleta estadunidense Joan B. Samuelson, com o tempo de 2 h 24 min 52 s, uma imagem tornou-se famosa por representar o espírito olímpico de determinação e superação dos próprios limites: a atleta suíça Gabrielle Andersen cruzou a linha de chegada na trigésima sétima posição com o tempo de 2h 48 min 42 s, cambaleando, amparada por médicos por causa da desidratação provocada pelo forte calor e esforço.

JAY DICKMAN/AP PHOTO/GLOW IMAGES

Chegada da atleta suíça Gabrielle Andersen na maratona dos Jogos Olímpicos de Verão, Los Angeles (EUA), 1984.

a) A atleta suíça completou a prova quanto tempo depois da primeira colocada?

b) O que você pensa sobre a atitude de completar a prova adotada por Gabrielle Andersen nos jogos olímpicos?

15. Leia o texto a seguir.

O pediatra britânico James Mourilyan Tanner ficou conhecido na década de 1960 ao criar um cálculo para estimar a altura que uma criança poderia ter quando adulta.

Esse cálculo é realizado com base na altura dos pais e para realizá-lo deve-se inicialmente adicionar a medida da altura do pai à medida da altura da mãe e dividir o resultado por 2.

Depois de realizar esse cálculo inicial, há duas maneiras de concluir a estimativa:

- se a criança é menino, deve-se adicionar 6,5 cm ao resultado;
- se a criança é menina, deve-se subtrair 6,5 cm do resultado.

Atualmente há maneiras consideradas mais eficazes para acompanhar o crescimento da criança e verificar se ela é baixa ou alta de acordo com a idade. Além disso, pesquisas mostram que não apenas fatores genéticos influenciam o crescimento da criança.

Fonte de pesquisa: <http://revistacrescer.globo.com/Mae-de-meninos/noticia/2014/05/qual-sera-altura-do-seu-filho-quando-ele-crescer.html>. Acesso em: 30 jan. 2015.

O pai de Lucas tem 1,78 m de altura e a mãe dele tem 1,66 m de altura. De acordo com o cálculo criado por Tanner, estime a medida da altura de Lucas quando adulto. Dê a resposta em centímetro.

16. Você conhece a importância da vitamina C para o nosso organismo? Leia o texto a seguir para saber um pouco mais sobre essa vitamina.

O ácido ascórbico (AA), conhecido popularmente como vitamina C, é essencial para o bom funcionamento do nosso organismo. Entre os seus inúmeros benefícios, a vitamina C contribui para a produção de colágeno – proteína que dá resistência aos ossos, dentes, tendões e paredes dos vasos sanguíneos.

[...] O corpo humano não produz vitamina C, o que significa que necessitamos ingerir este nutriente por meio da dieta diária. [...]

Disponível em: <http://www.samaritano.org.br/pt-br/imprensa/noticias/Paginas/Import%C3%A2ncia-da-Vitamina-C.aspx>. Acesso em: 2 fev. 2015.

O caju é uma das fontes de vitamina C. Observe a seguir parte do rótulo de uma embalagem de suco de caju.

INFORMAÇÃO NUTRICIONAL
Porção de 20 mL (2 colheres de sopa)**

Quantidade por porção		%VD*
Valor energético	10 kcal = 42 kJ	1%
Carboidratos	2,0 g	1%
Fibra alimentar	0,6 mg	2%
Vitamina C	20 mg	44%

"Não contém quantidade significativa de proteínas, gorduras totais, gorduras saturadas, gorduras trans e sódio."

Quantos miligramas de vitamina C há em 5 colheres de sopa desse suco?

teia integrada

17. Leia o texto e faça o que se pede a seguir.

Grãos de cevada e a numeração dos sapatos

Os sapateiros ingleses, influenciados por um decreto do rei Eduardo I, padronizaram a medida dos sapatos com base no comprimento de grãos de cevada enfileirados. Isso acontecia do seguinte modo: se o comprimento do pé de um cliente correspondesse ao comprimento de uma fileira formada por 38 grãos de cevada, essa pessoa deveria calçar sapato de número 38.

Antes dessa padronização as pessoas precisavam provar várias vezes um sapato antes que ele ficasse pronto.

Durante a Revolução Industrial os países europeus padronizaram o comprimento do grão de cevada e foi criada uma unidade de medida para normatizar a confecção dos sapatos. Essa unidade é chamada **ponto** e varia de um lugar para outro.

Os Estados Unidos usam o ponto inglês, equivalente a 0,846 cm; no Brasil e em parte da Europa é adotado o ponto francês, que equivale a 0,666 cm. É importante observar que, em geral, a numeração de calçados em parte da Europa são dois pontos acima da numeração no Brasil. Isso ocorre por conta do processo de medição (no Brasil considera-se o comprimento real do pé).

Fonte de pesquisa: <http://super.abril.com.br/cotidiano/como-se-mede-numero-sapato-444633.shtml>. Acesso em: 19 jan. 2015.

LUCAS LACAZ RUIZ/FOTOARENA

a) Calcule a diferença, em centímetro, entre o ponto inglês e o ponto francês.

b) Meça o comprimento do seu pé. Depois, use uma calculadora para dividir essa medida por 0,666 e verifique se o resultado obtido é um valor próximo do número que você calça.

c) Pesquise a maneira de determinar a numeração de calçados em outros lugares do mundo. Compartilhe com os colegas as informações obtidas.

2 Perímetro, área e volume

No dia a dia, além das medidas estudadas anteriormente, usamos também medidas como **perímetro**, **área** e **volume**. A seguir apresentamos algumas situações em que isso acontece.

Perímetro

A preocupação com o melhor aproveitamento de materiais na área industrial levou ao desenvolvimento da tecnologia empregada nesse setor. Um exemplo desse aprimoramento é a utilização de máquinas que realizam, a *laser*, o corte de chapas de metal, vidro, madeira, plásticos e tecidos.

Observe as imagens a seguir.

CHRIS FERTNIG/GETTY IMAGES

Máquina de corte a *laser*.

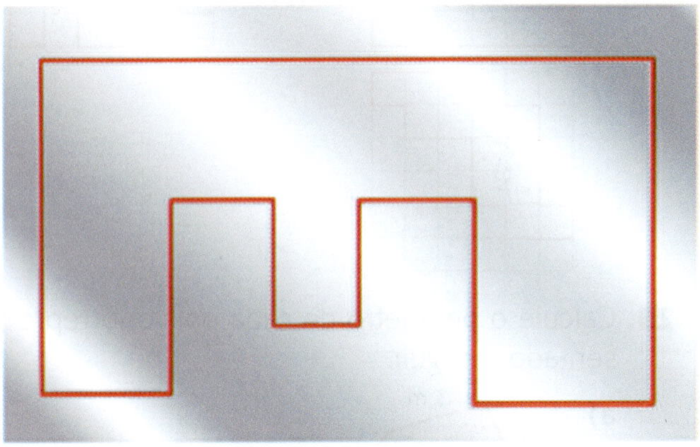

DAWIDSON FRANÇA

Placa de metal com desenho do contorno da peça a ser cortada.

A linha vermelha desenhada na placa de metal indica onde será realizado o corte para moldar a peça, ou seja, ela indica o **contorno** da peça.

A medida de comprimento do contorno de uma figura plana é o **perímetro** da figura.

Vamos calcular o perímetro do trapézio a seguir:

WYM DESIGN

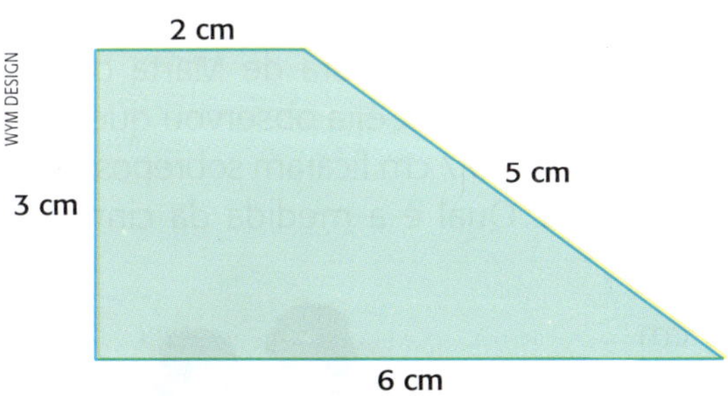

O perímetro do trapézio é a medida de comprimento do contorno correspondente, que pode ser calculada da seguinte maneira:

$$6 \text{ cm} + 5 \text{ cm} + 2 \text{ cm} + 3 \text{ cm} = 16 \text{ cm}$$

O perímetro desse trapézio é 16 cm.

Observações

- Quando a figura geométrica é um polígono, podemos adicionar as medidas de comprimento dos lados para determinar o perímetro correspondente.
- Quando adicionamos medidas de comprimento, devemos cuidar para que elas estejam expressas na mesma unidade de medida.

ATIVIDADES

24. Considere o lado do quadradinho da malha como unidade de medida de comprimento e determine o perímetro de cada figura a seguir.

a) 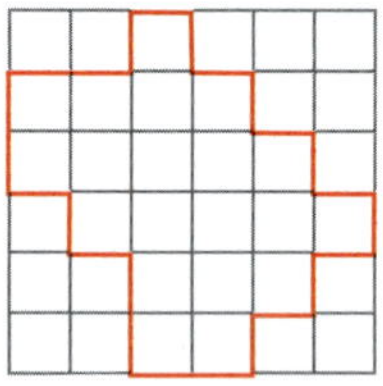

d) 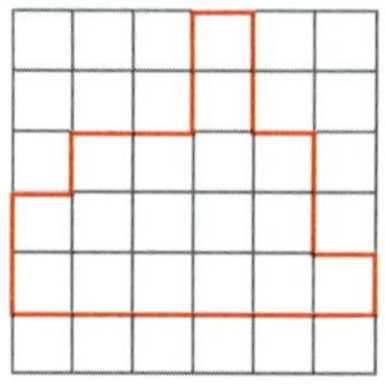

b) 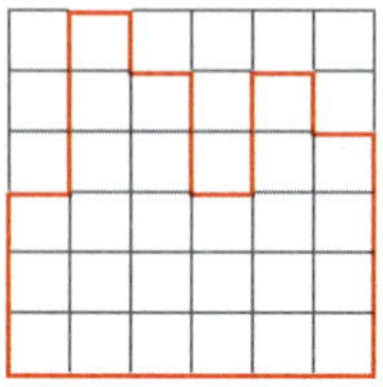

e) 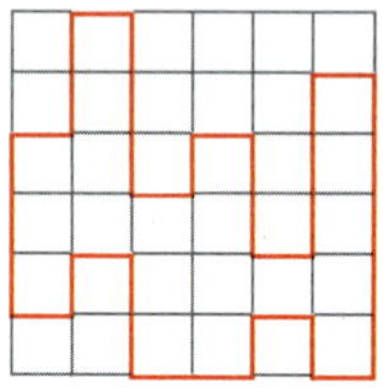

c) 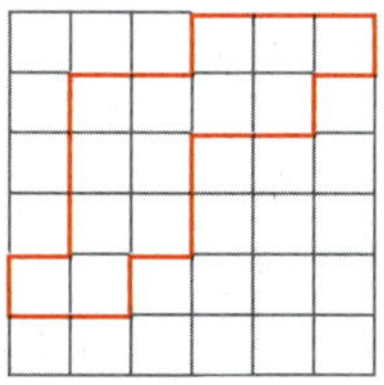

25. Calcule o perímetro de cada polígono representado a seguir.

a) 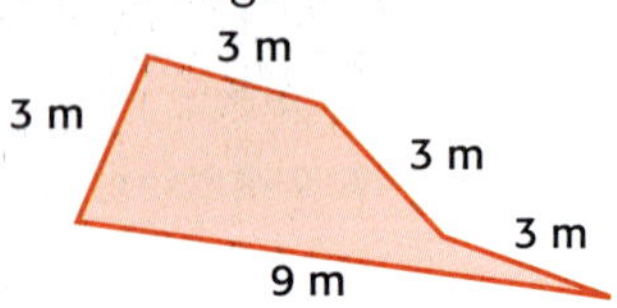

ILUSTRAÇÕES: WYM DESIGN

b) 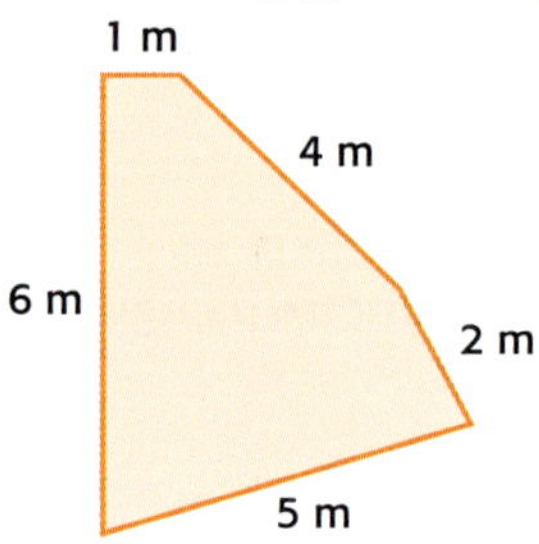

c) 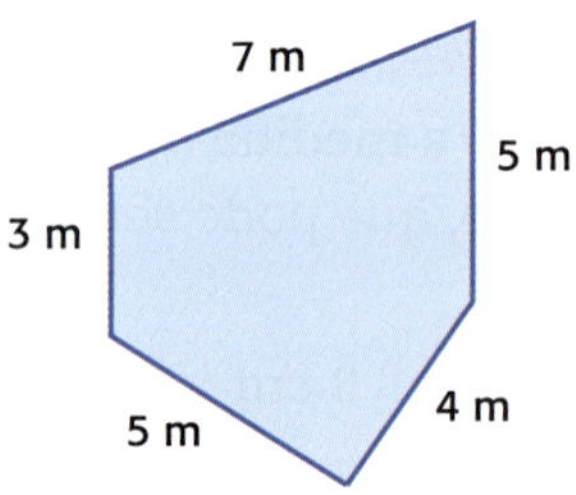

d) 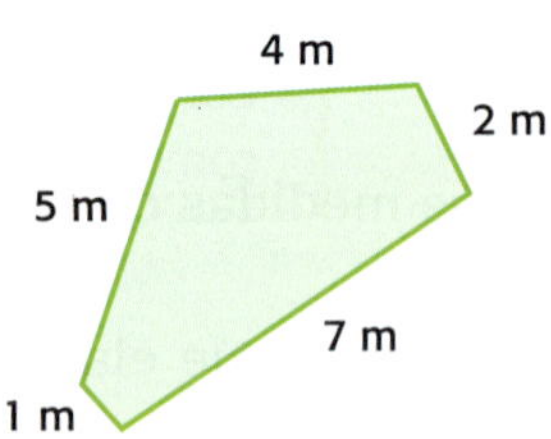

26. Nos polígonos representados a seguir, os lados com vértice comum estão contidos em retas perpendiculares. Determine o perímetro de cada polígono.

a) 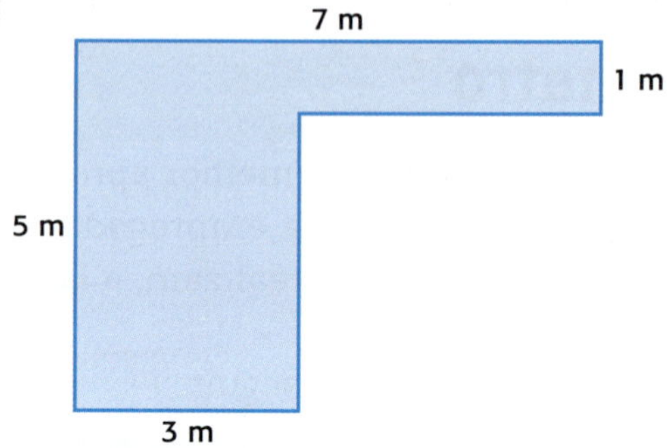

b) 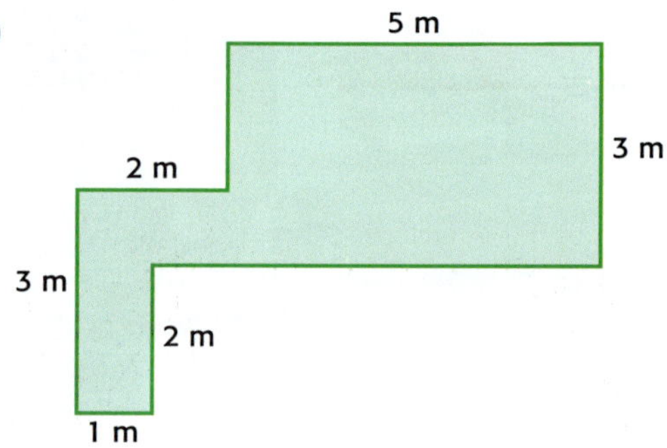

27. Desenhe em uma folha de papel quadriculado as figuras indicadas a seguir. Adote o lado do quadradinho da malha como unidade de medida de comprimento.

a) Um polígono de perímetro igual a 12 unidades.

b) Um quadrado de perímetro igual a 16 unidades.

c) Um retângulo de perímetro igual a 14 unidades.

28. (Obmep) Ao medir a cintura de Marta com uma fita métrica, Dona Célia observou que as marcas de 23 cm e 77 cm ficaram sobrepostas, como na figura. Qual é a medida da cintura de Marta?

a) 23 cm

b) 50 cm

c) 54 cm

d) 77 cm

e) 100 cm

ESTÚDIO LAB 307

Área

Pedro foi contratado para fazer o revestimento do piso de um cômodo. Ele já assentou algumas lajotas nesse piso.

ESTÚDIO LAB 307

Note que foram usadas **x** lajotas para revestir o piso do cômodo. Podemos dizer nesse caso que a **área** desse piso equivale à área de **x** lajotas. Nesse caso, estamos comparando a superfície do piso com a superfície de cada lajota, que foi adotada como unidade de medida de superfície.

Observe que a área do piso do cômodo é igual a 40 lajotas.

> A **área** de uma figura plana é a medida da superfície da figura.

Veja como podemos utilizar a malha quadriculada para determinar a área de uma figura.

WYM DESIGN

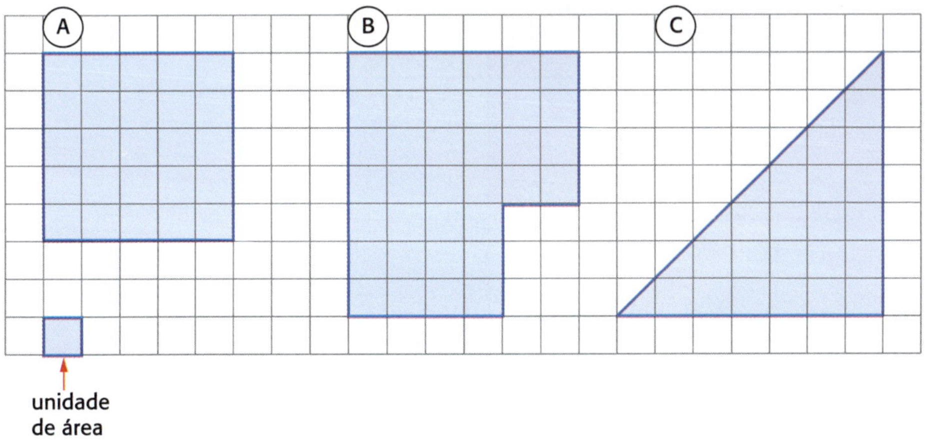

Considerando o  como unidade de área, podemos determinar a área de cada figura anterior.

Exemplo: a área da figura **A** é igual a 25 quadradinhos, ou seja, 25 unidades de área.

- Considere o  como unidade de área e responda: qual é a área da figura **B**? E da figura **C**?
- Considere o 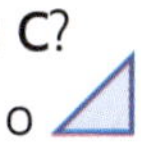 como unidade de área e responda: qual é a área da figura **B**? E da figura **C**?

ATIVIDADES

29. Considere cada  da malha a seguir como unidade de área e determine a área das figuras.

a) 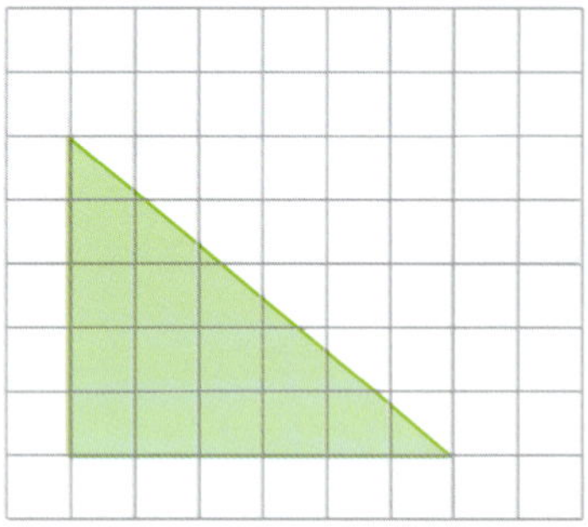

b) 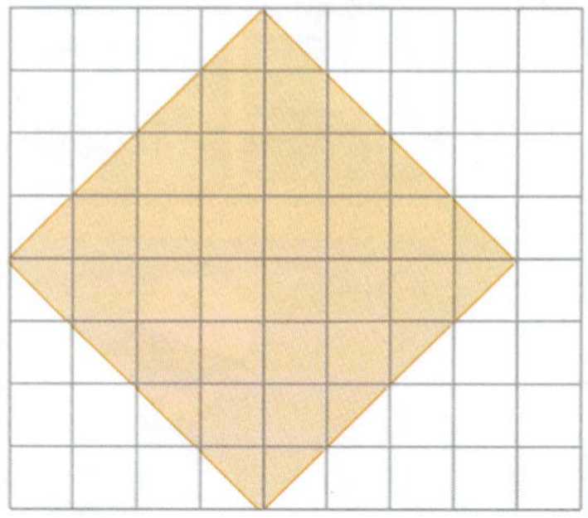

c) 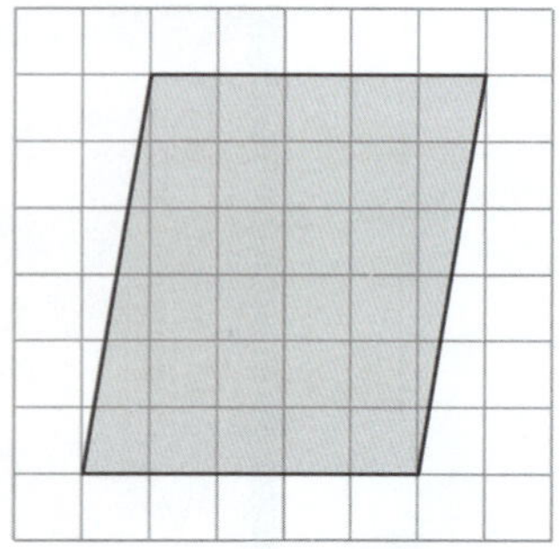

ILUSTRAÇÕES: WYM DESIGN

30. Determine a área de cada figura a seguir. Considere cada 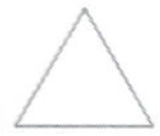 da malha como unidade de área.

a) 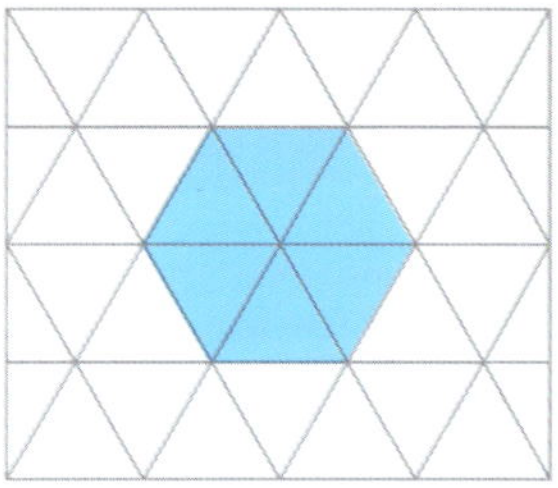

b) 

c) 

31. Otávio usou a malha quadriculada para desenhar um quebra-cabeça conhecido por *tangram*. Observe o desenho antes de as peças com forma de figuras geométricas serem recortadas.

Considere o quadradinho da malha como unidade de área e responda às questões a seguir.

a) Qual é a área do *tangram* (todas as figuras juntas)?

b) Qual é a área do triângulo marrom?

c) Qual é a área do paralelogramo amarelo?

d) Quais figuras têm mesma área?

Unidades de medida de superfície ou unidades de área

Observe as imagens a seguir.

IMAGE 2015 DIGITALGLOBE/GOOGLE EARTH

Lago Municipal de Cascavel (PR), 2015.

RUBENS CHAVES/PULSAR IMAGENS

Gramado do estádio Arena das Dunas, Natal (RN), 2014.

Podemos usar diferentes unidades para expressar a área correspondente à superfície do lago e ao gramado do estádio.

A unidade padrão de área é o **metro quadrado**, que indicamos por **m²**. O metro quadrado corresponde à área de um quadrado cujos lados medem 1 metro de comprimento.

Veja na imagem a seguir um molde feito de jornal, cuja área corresponde a 1 m^2.

FERNANDO FAVORETTO/CRIAR IMAGEM

Observe no quadro a seguir as equivalências entre o metro quadrado, a unidade de referência e alguns de seus múltiplos e submúltiplos.

	Múltiplos			Unidade de referência	Submúltiplos		
Unidade	quilômetro quadrado	hectômetro quadrado	decâmetro quadrado	**metro quadrado**	decímetro quadrado	centímetro quadrado	milímetro quadrado
Símbolo	km^2	hm^2	dam^2	$\mathbf{m^2}$	dm^2	cm^2	mm^2
Relação com o metro	1 000 000 m^2	10 000 m^2	100 m^2	**1 m^2**	0,01 m^2	0,0001 m^2	0,000001 m^2

Com base no quadro da página 301, destacamos as seguintes relações:

- **1 km²** equivale a **1 000 000 m²**, ou, ainda, **1 m²** equivale a **0,000001 km²**.
- **1 hm²** equivale a **10 000 m²**, ou, ainda, **1 m²** equivale a **0,0001 hm²**.
- **1 m²** equivale a **10 000 cm²**, ou, ainda, **1 cm²** equivale a **0,0001 m²**.

Se uma medida está expressa em uma das unidades apresentadas no quadro e quisermos expressá-la em outra dessas unidades, podemos multiplicar ou dividir essa medida por uma potência de base 10, conforme indicado a seguir.

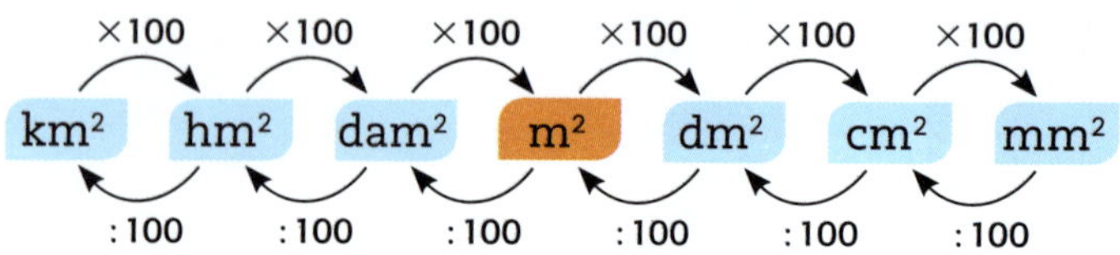

Considerando os múltiplos e os submúltiplos do metro quadrado estudados até aqui, as unidades que costumam ser mais usadas no dia a dia são o quilômetro quadrado (km²), o hectômetro quadrado (hm²) e o centímetro quadrado (cm²).

Observação

O hectômetro quadrado é também conhecido por hectare, cujo símbolo é ha. Essa é uma unidade de medida de superfície mais comum em situações relacionadas à agricultura.

Há também outra unidade de área muito usada em situações agrárias. Trata-se do alqueire, cujo valor em metro quadrado varia de acordo com a região.

O alqueire paulista equivale a 24 200 m², enquanto o alqueire mineiro equivale a 48 400 m².

Veja alguns exemplos de uso das diferentes unidades de área.

I. A área de uma quadra oficial de Futsal é **800 m²**.

II. O Parque Nacional da Tijuca, no Rio de janeiro, tem **3 953 hectares** de área.

III. Segundo o Instituto Brasileiro de Geografia e Estatística (IBGE), em 2010 o estado do Ceará ocupava uma área equivalente a **148 886,308 km²**.

- Qual é a unidade-padrão de área mais apropriada para expressar a área do piso da sala de aula? E a área da superfície de uma fotografia? E a área da Região Norte do Brasil?

Área de um retângulo

Nos últimos anos, diversos produtos que eram vendidos em embalagens de vidro ou metal passaram a ser comercializados em embalagens de papelão impermeável, que podem ser recicladas a um custo mais baixo, beneficiando o meio ambiente e os consumidores.

Uma indústria que embala certa marca de ervilha encomendou o desenho a ser impresso em parte de uma das faces da embalagem. Observe a seguir um esboço, em tamanho real, do desenho.

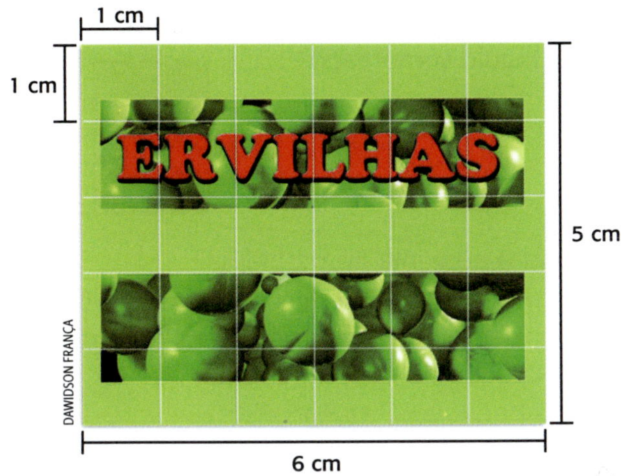

- Quais são as medidas dos lados do retângulo correspondente ao desenho a ser impresso na embalagem de ervilha?
- Qual é, em centímetro quadrado, a área da embalagem que receberá a impressão do desenho encomendado?
- Você identifica alguma relação entre as respostas aos itens anteriores?

Verifique que o desenho tem forma retangular e que cada quadradinho da malha em que ele foi esboçado tem **1 centímetro quadrado** de área.

As dimensões do retângulo são o **comprimento** e a **largura**. Podemos considerar o lado correspondente ao comprimento como a **base** do retângulo, e o lado correspondente à largura como a **altura** do retângulo, conforme indicado a seguir.

A **área de um retângulo** pode ser calculada por meio do produto da medida da base pela medida da altura.

$$\textbf{Área} = \mathbf{b} \times \mathbf{h}$$

(b: medida da base; h: medida da altura)

Como o quadrado é um caso particular de retângulo (base e altura com medidas iguais), podemos usar a mesma ideia para calcular a área do quadrado.

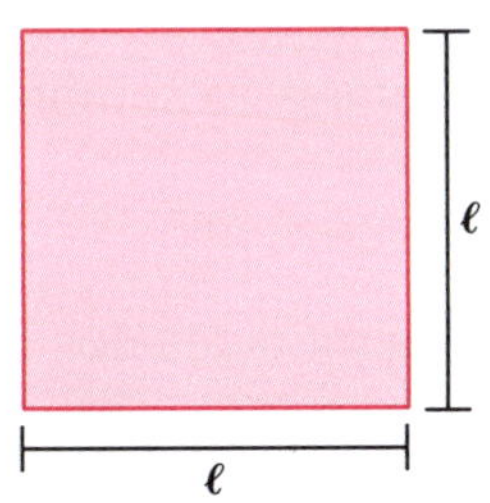

A área de um quadrado de lados de medida ℓ é dada por:

$$\textbf{Área} = \ell \times \ell \text{ ou } \textbf{Área} = \ell^2$$

Observação: ao efetuarmos o cálculo para determinar a área de um retângulo ou de um quadrado, devemos verificar se as medidas correspondentes estão expressas na mesma unidade de medida.

ATIVANDO HABILIDADES

(Obmep) A figura mostra um quadrado de lado 12 cm, dividido em três retângulos de mesma área. Qual é o perímetro do retângulo sombreado?

a) 28 cm
b) 26 cm
c) 24 cm
d) 22 cm
e) 20 cm

Entendimento do problema

Quais informações são importantes para responder à pergunta do problema?

É importante observar que o quadrado cujo lado mede 12 cm foi decomposto em três retângulos de mesma área. Além disso, deve-se também considerar o fato de dois desses retângulos terem base de mesma medida e altura de mesma medida, o que nos permite concluir que um dos lados do retângulo sombreado mede 6 cm.

Elaboração de uma estratégia

Para determinar o perímetro do retângulo sombreado é preciso saber as medidas dos lados desse retângulo. Como já conhecemos a medida de um dos lados (vamos considerá-lo a base do retângulo), basta obter a medida do outro (a altura).

Inicialmente podemos usar a medida do lado do quadrado para obter a área correspondente e, posteriormente, calcular a área de cada retângulo (um terço da área do quadrado).

Sabendo a área de cada retângulo que compõe a figura e a medida da base do retângulo sombreado, é possível determinar a medida da altura desse retângulo.

Para concluir a resolução usamos as medidas dos lados do retângulo sombreado, obtidas anteriormente, para determinar o perímetro correspondente.

Execução da estratégia

- Cálculo da área do quadrado: $A = 12 \times 12 = 144$. A área do quadrado é 144 cm².
- Cálculo da área de cada um dos retângulos em que o quadrado foi decomposto: $A = 144 : 3 = 48$. A área de cada retângulo é 48 cm².
- Cálculo da medida da altura do retângulo sombreado:

Como a área do retângulo sombreado é 48 cm², dividimos esse valor por 6 para obter a medida da altura do retângulo: $h = 48 : 6 = 8$.

A medida da altura do retângulo sombreado é 8 cm.

Portanto, o perímetro do retângulo sombreado é calculado da seguinte maneira: $6 + 6 + 8 + 8 = 28$

O perímetro do retângulo sombreado é 28 cm.

Análise da solução

Podemos fazer a verificação utilizando as medidas dos lados obtidas para observar que os retângulos têm mesma área.

Veja que o retângulo sombreado e o retângulo que fica à direita dele têm base de mesma medida (6 cm) e altura de mesma medida (8 cm). Desse modo, a área de cada um é 48 cm² ($6 \times 8 = 48$).

A base do retângulo que fica acima dos dois primeiros mede 12 cm (medida do lado do quadrado) e a altura desse retângulo mede 4 cm ($12 - 8 = 4$). Desse modo, a área desse retângulo é 48 cm² ($12 \times 4 = 48$).

Verificamos, com base nas medidas dos lados, que os três retângulos têm mesma área.

Resposta: alternativa **a**.

É a sua vez!

(Obmep – Banco de questões) O retângulo da figura está dividido em 8 quadrados. O menor quadrado tem lado 1 cm e o maior, 14 cm.

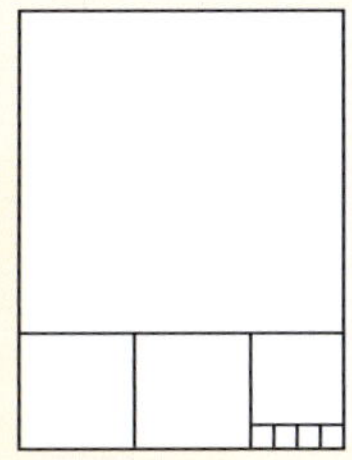

a) Determine o lado dos outros quadrados.

b) Qual é o perímetro do retângulo?

ATIVIDADES

32. (Obmep – Banco de questões) Quantos quadradinhos foram retirados do tabuleiro 10×20? Se o lado de cada quadradinho mede 1 cm, qual é a área e o perímetro do "buraco"?

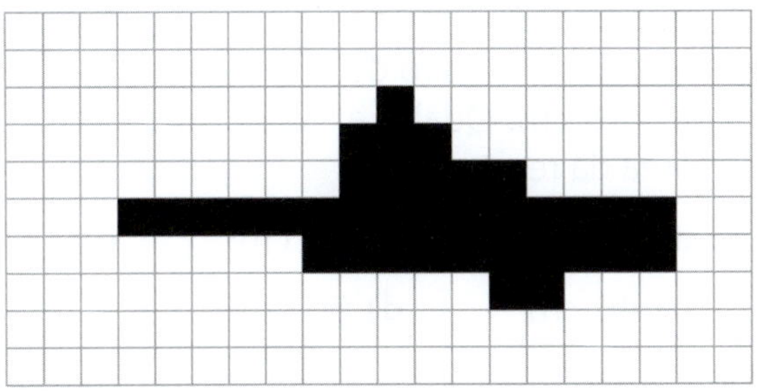

BIS

33. (Obmep) O quadriculado da figura é feito com quadradinhos de 1 cm de lado. Qual é a área da região sombreada?

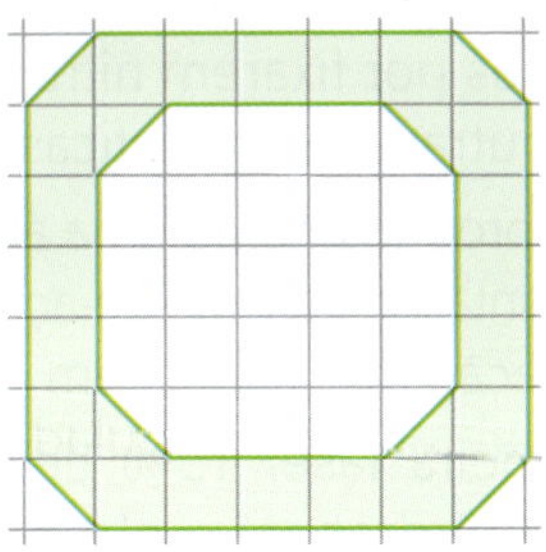

BIS

a) 16 cm^2

b) 18 cm^2

c) 20 cm^2

d) 24 cm^2

e) 30 cm^2

34. Calcule a área de cada polígono representado a seguir. Considere que as medidas estão indicadas em centímetros.

a) 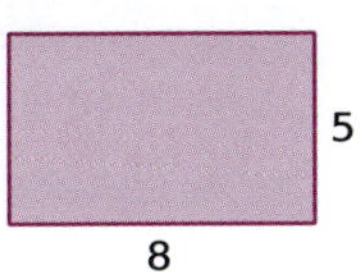

b) 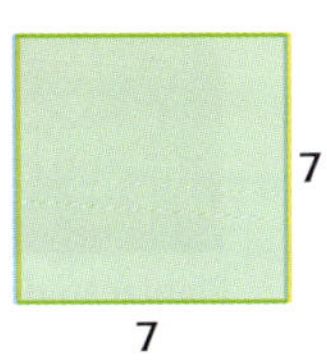

35. Em cada caso a seguir, compare as áreas e reescreva no caderno as sentenças substituindo o ■ por $<$ (menor que), $>$ (maior que) ou $=$ (igual a).

a) 20 m^2 ■ 2 000 dm^2

b) 4 km^2 ■ 400 000 m^2

c) 2 ha ■ 20 000 m^2

d) 1 dm^2 ■ 1 000 cm^2

36. Calcule a área da figura a seguir. Considere que as medidas estão indicadas em centímetros.

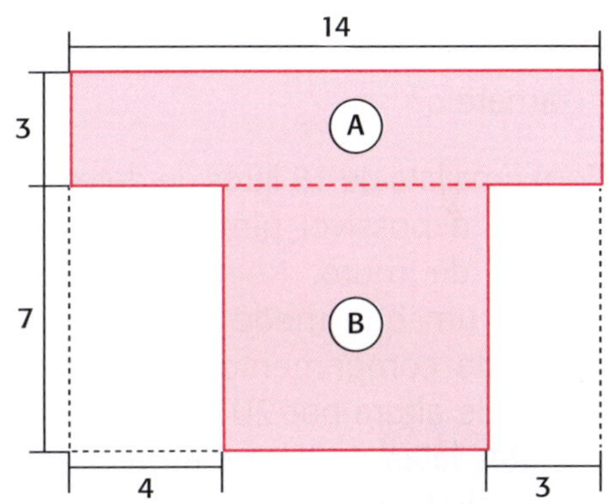

WYM DESIGN

37. Um terreno de 100 hectares será dividido igualmente em 50 lotes. Quantos metros quadrados de área terá cada lote?

38. Na embalagem de um pacote de papel higiênico há a seguinte informação: contém 6 rolos de 30 m por 10 cm.
Quantos metros quadrados de papel higiênico foram embalados nesse pacote?

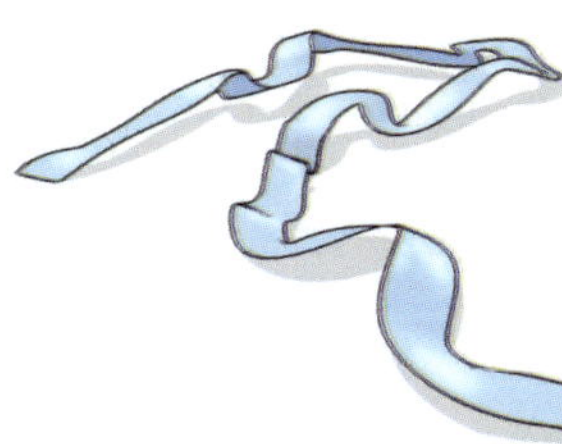

DAWIDSON FRANÇA

39. Natália desenhou um cartão de formato quadrado e desenhou quadrados menores no interior do cartão. Observe a representação a seguir.

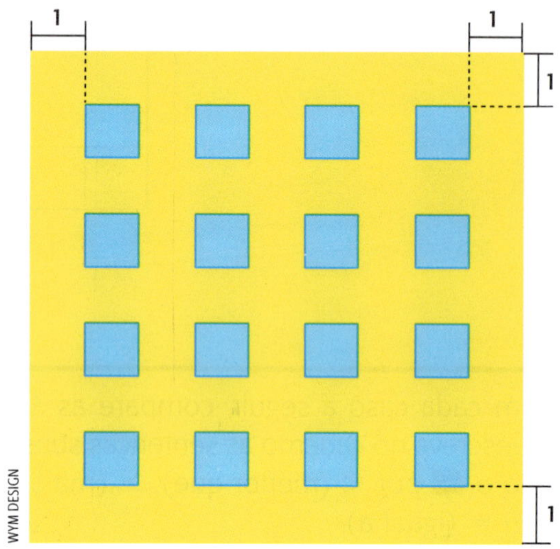

Considere que os lados de cada quadrado azul medem 1 cm e a distância entre eles também mede 1 cm.

Com base nessas informações, responda às questões a seguir.

a) Qual é a área total do cartão?

b) Qual é a área do cartão que Natália coloriu de azul?

c) Qual é a área do cartão colorida de amarelo?

40. Com uma lata de 18 litros de determinada tinta acrílica, é possível pintar aproximadamente 50 m² de muro. Reinaldo vai pintar dois muros: um que mede 2,8 m de altura por 15 m de comprimento, e outro que mede 2,5 m de altura por 20 m de comprimento. Quantas latas de tinta ele precisará comprar para realizar esse trabalho?

41. Observe a planificação de um cubo.

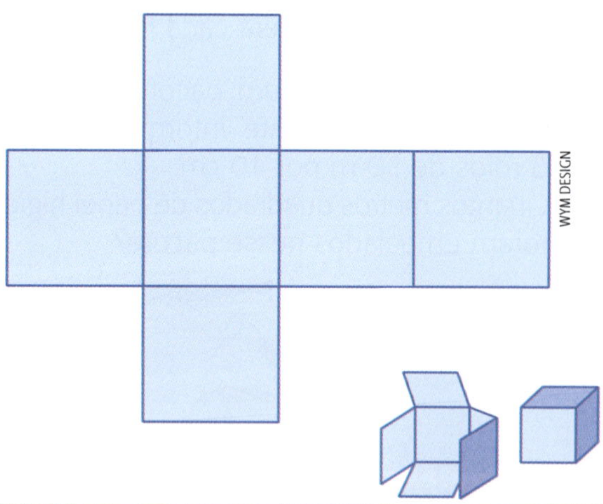

Considere um cubo de arestas medindo 3 cm e responda às questões a seguir.

a) Qual é a área de uma das faces desse cubo?

b) Juntas, as faces desse cubo têm quantos centímetros quadrados de área?

42. Para estimar o público de alguns eventos, costuma-se supor que em 1 m² cabem cerca de cinco pessoas. Com base nessa informação, responda à questão a seguir: quantas pessoas, aproximadamente, cabem no gramado de um campo de futebol de formato retangular, que mede 105 m de comprimento por 65 m de largura?

43. (Obmep) A figura é formada por dois quadrados, um de lado 8 cm e outro de lado 6 cm. Qual é a área da região cinza?

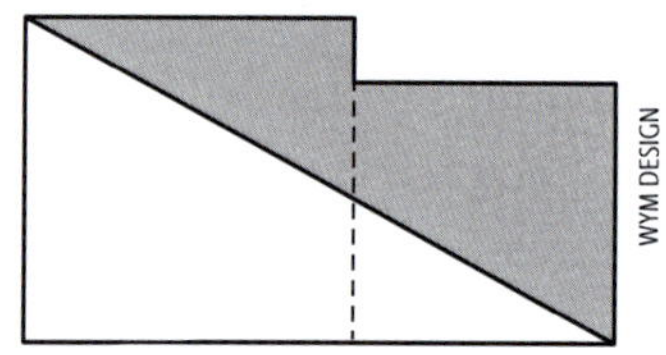

a) 44 cm²
b) 46 cm²
c) 48 cm²
d) 50 cm²
e) 56 cm²

44. Em lavouras de cana-de-açúcar alguns produtores costumam fazer rotação com outras culturas com objetivo de melhorar as propriedades físicas, químicas e biológicas do solo. Em geral, são plantadas espécies leguminosas por fixarem nitrogênio no solo, além de outras características.

Marcelo é proprietário de uma área de 45 hectares de plantação de cana-de-açúcar e planejou fazer a rotação de culturas em duas fases.

a) Na primeira fase, 15% de toda área de plantação receberá o plantio de outra espécie. Quantos metros quadrados receberá esse plantio?

b) Na segunda fase, o processo será realizado com 40% de toda área de plantação. Isso corresponde a quantos metros quadrados?

Plantação de cana-de-açúcar em Rincão (SP), 2013.

Volume

Elisa é artesã e fabrica velas decorativas. Depois de prontas, as velas são embaladas e separadas em pequenos lotes para serem guardadas no estoque.

Observe na cena a seguir como Elisa organiza a produção.

ESTÚDIO LAB 307

Antes de levar as caixas para o estoque, Elisa precisa verificar se o espaço destinado a recebê-las será suficiente.

Observe que o empilhamento de caixas da imagem anterior tem 17 unidades e que Elisa está preparando a última caixa que será acrescentada à composição. O empilhamento deverá ficar com 18 caixas.

Quando comparamos o espaço ocupado por um corpo com o espaço ocupado por algo adotado como unidade de medida, estamos calculando o **volume** correspondente a esse corpo.

Podemos dizer que o **volume** do empilhamento após receber a última caixa será igual a 18 caixas.

O **volume** é a medida do espaço ocupado por um corpo.

Observe outros empilhamentos representados a seguir.

A B C

WYM DESIGN

Se considerarmos o 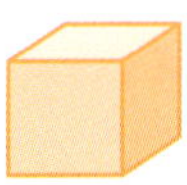 como unidade de volume, veja que o volume do empilhamento **A** é igual a 3 unidades.

Considere o 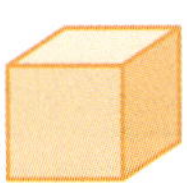 como unidade de volume para responder à questão a seguir.

- Imagine que os blocos dos empilhamentos **B** e **C** sejam reunidos em um único empilhamento. Qual será o volume do novo empilhamento construído?

Observe, na imagem ao lado, a representação de uma caixa que tem volume igual a 1 m^3.

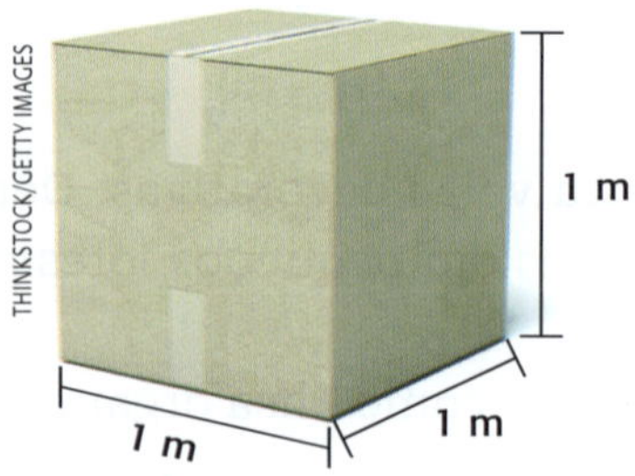

A unidade padrão de volume é o **metro cúbico**, que indicamos por **m^3**. O metro cúbico corresponde ao volume de um cubo cujas arestas medem 1 metro de comprimento.

Observe no quadro a seguir as equivalências entre o metro cúbico, a unidade de referência e alguns de seus múltiplos e submúltiplos.

	Múltiplos			Unidade de referência	Submúltiplos		
Unidade	quilômetro cúbico	hectômetro cúbico	decâmetro cúbico	**metro cúbico**	decímetro cúbico	centímetro cúbico	milímetro cúbico
Símbolo	km^3	hm^3	dam^3	**m^3**	dm^3	cm^3	mm^3
Relação com o metro cúbico	1 000 000 000 m^3	1 000 000 m^3	1 000 m^3	**1 m^3**	0,001 m^3	0,000001 m^3	0,000000001 m^3

Com base nesse quadro, destacamos as seguintes relações:

- **1 m^3** equivale a **1 000 dm^3**, ou, ainda, **1 dm^3** equivale a **0,001 m^3**.
- **1 dm^3** equivale a **1 000 cm^3**, ou, ainda, **1 cm^3** equivale a **0,001 dm^3**.

Se uma medida está expressa em uma das unidades apresentadas no quadro e quisermos expressá-la em outra dessas unidades, podemos multiplicar ou dividir essa medida por uma potência de base 10, conforme indicado a seguir.

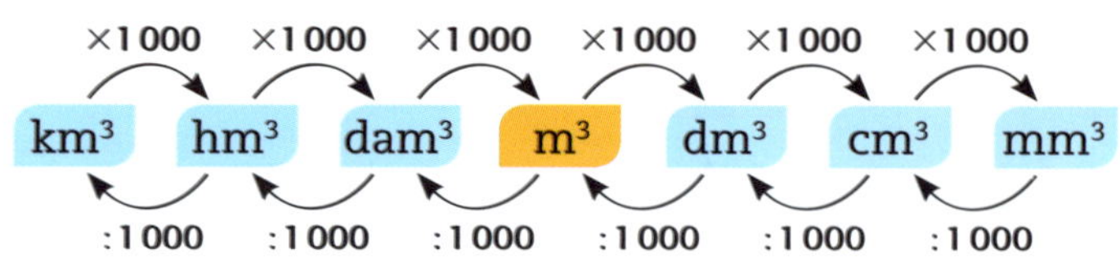

As unidades que costumam ser mais usadas no dia a dia são o metro cúbico (m^3), o decímetro cúbico (dm^3) e o centímetro cúbico (cm^3).

Observação

Um decímetro cúbico é o volume de um cubo de arestas medindo 1 decímetro, ou seja, 10 centímetros.

Um centímetro cúbico é o volume de um cubo de arestas medindo 1 centímetro.

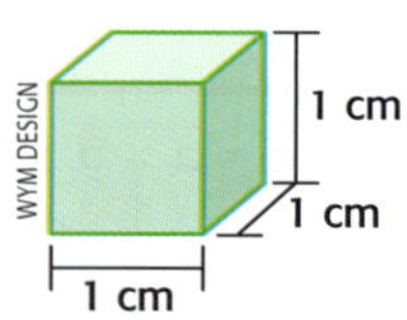

1 centímetro cúbico: 1 cm^3.

Volume de um bloco retangular

Agora, vamos estudar uma maneira de calcular o volume de um bloco retangular.

Considere o bloco retangular ao lado.

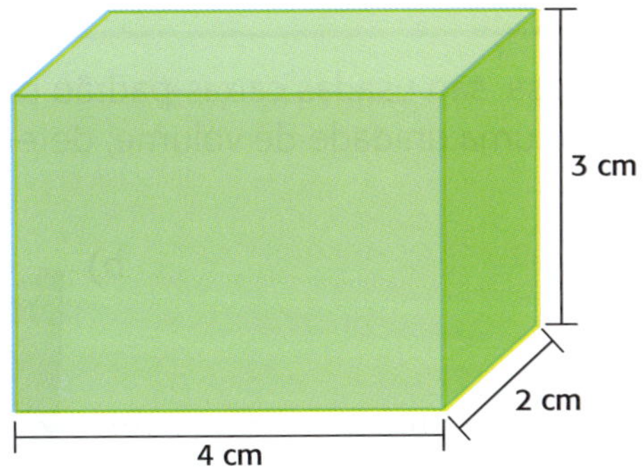

ILUSTRAÇÕES: WYM DESIGN

Vamos comparar o espaço ocupado por esse bloco retangular com o espaço ocupado por um cubo de arestas medindo 1 cm.

Observe que podemos utilizar cubos de 1 cm^3 para compor um bloco retangular de medidas idênticas às da figura anterior.

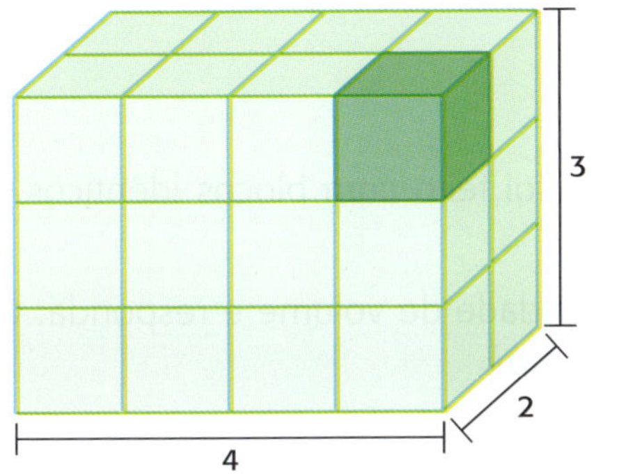

Observe novamente as figuras anteriores e responda às questões a seguir.

- Quais são as medidas das arestas do bloco retangular?
- Quantos cubos de 1 cm^3 foram usados para compor esse bloco retangular? Em centímetro cúbico, qual é o volume desse bloco retangular?
- Você identifica alguma relação entre as respostas aos itens anteriores?

Vimos que as dimensões do bloco retangular são o **comprimento**, a **largura** e a **altura**.

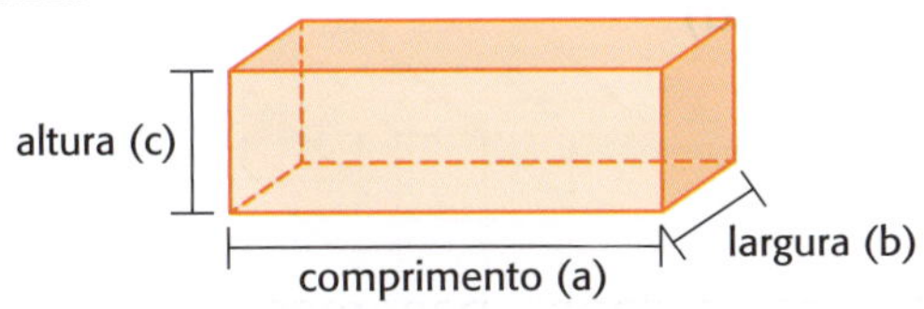

O volume de um bloco retangular de arestas de medidas **a**, **b** e **c** pode ser calculado por meio da seguinte expressão:

Volume = a × b × c

Como o cubo é um caso particular de bloco retangular (todas as arestas com medidas iguais), podemos usar a mesma ideia para calcular o volume do cubo.

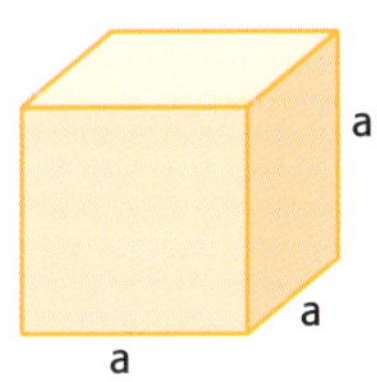

Cubo de aresta **a**.

Considerando **a** como a medida das arestas de um cubo, o volume correspondente pode ser calculado por meio da seguinte expressão:

Volume = a × a × a ou, escrevendo de outro modo, **Volume = a^3**.

Observação: ao efetuarmos o cálculo para determinar o volume de um bloco retangular ou de um cubo, devemos verificar se as medidas correspondentes estão expressas na mesma unidade de medida.

ATIVIDADES

45. No estoque de uma empresa, são usadas caixas-padrão para armazenamento dos produtos. Considerando cada caixa como uma unidade de volume, determine o volume de cada empilhamento a seguir.

a) 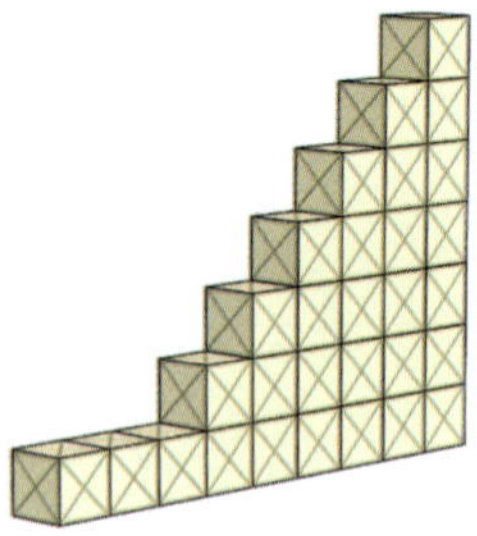

ESTÚDIO MIL

b) 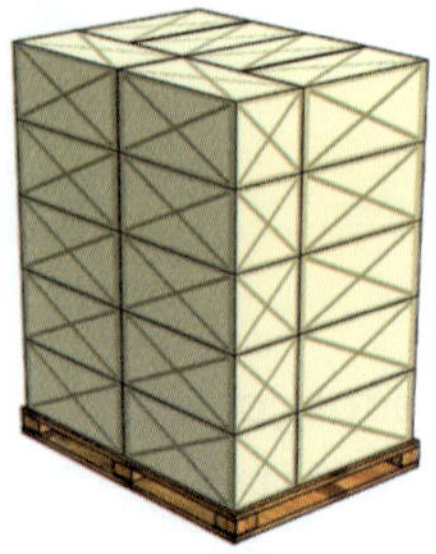

ESTÚDIO MIL

46. O empilhamento a seguir foi feito com blocos idênticos e tem a forma de bloco retangular.

Considere o  como unidade de volume e responda: Qual é o volume desse empilhamento?

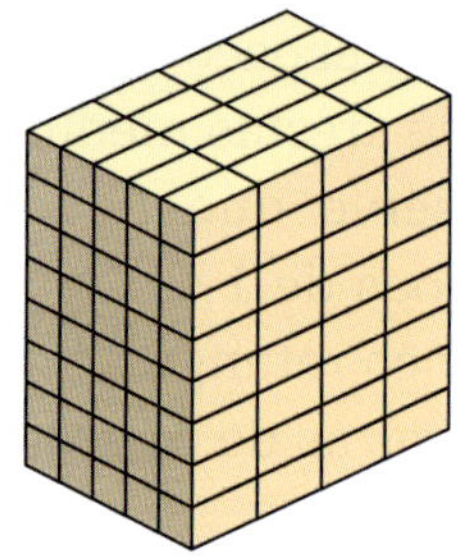

DAWIDSON FRANÇA

47. Determine o volume de cada empilhamento a seguir. Considere o 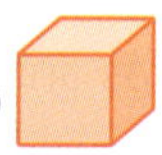 como unidade de volume.

a) 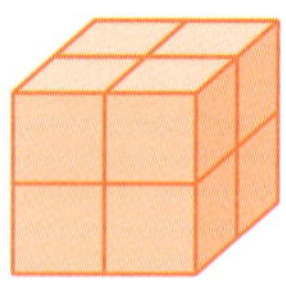

c) 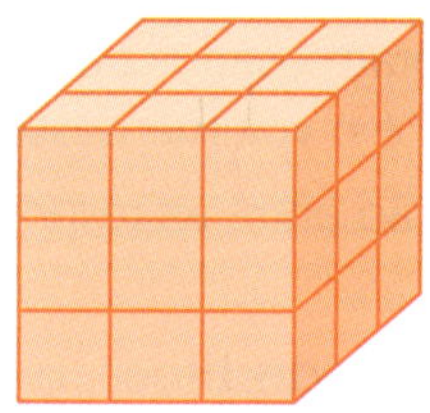

BIS

b) 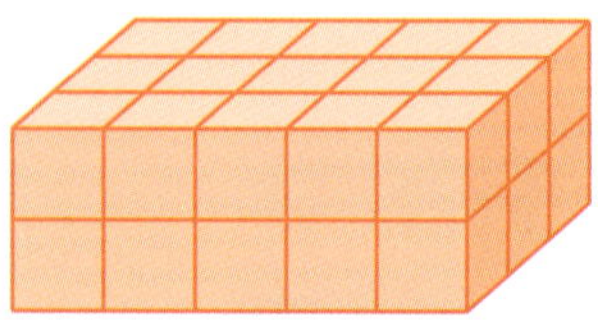

d) 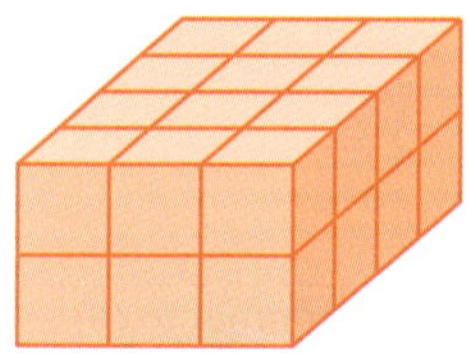

48. Observe a sequência de empilhamentos construída com blocos de formato cúbico e considere esse bloco como unidade de volume.

WYM DESIGN

Sabendo que essa sequência de empilhamentos foi construída segundo uma regra, responda às questões a seguir.

a) Você identifica o padrão determinado pela regra de formação da sequência? Qual é esse padrão?

b) Qual deve ser o volume do sexto empilhamento dessa sequência?

Relação entre volume e capacidade

Sandro está desconfiado de que o hidrômetro instalado na casa dele não esteja funcionando corretamente.

Hidrômetro: aparelho usado para medir o consumo de água.

Você já teve a oportunidade de observar um hidrômetro? A seguir apresentamos um modelo desse instrumento de medida.

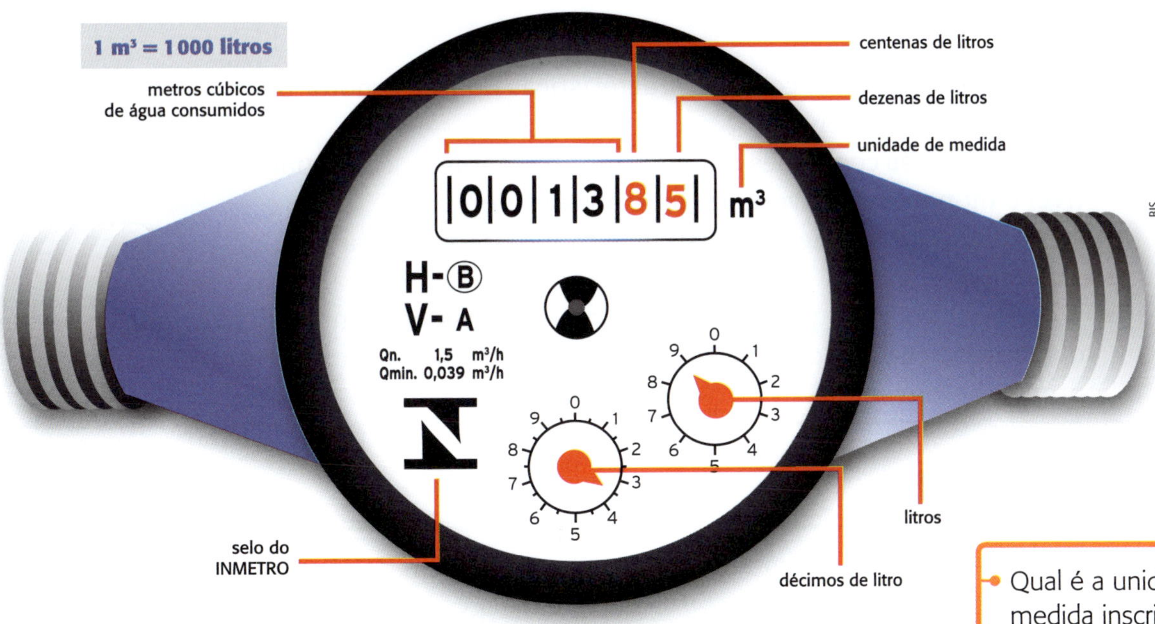

No hidrômetro acima estão registrados 13,859 metros cúbicos.

Veja que a parte inteira desse número é indicada na figura pelos algarismos (1 e 3) em preto. A parte decimal (0,859) é indicada pelos algarismos em vermelho seguidos pelo algarismo que o ponteiro dos litros aponta.

Já vimos que se multiplicarmos 0,859 m³ por 1000 obtemos 859 dm³ que correspondem a **859 litros**.

- Qual é a unidade de medida inscrita no visor do hidrômetro?
- Você já viu um aparelho como esse no imóvel onde você mora? Já teve a curiosidade de observar uma conta de água?

O recipiente de formato cúbico que aparece na imagem ao lado tem **capacidade** de armazenar **1 litro** de água e quando está cheio ocupa um espaço cujo **volume** é **1 decímetro cúbico**.

1 L equivale a **1 dm³**.

Como vimos anteriormente, 1 metro cúbico (1 m³) equivale a 1 000 decímetros cúbicos (1 dm³), ou seja, **1 metro cúbico (1 m³)** equivale a **1 000 litros (1 000 L)**.

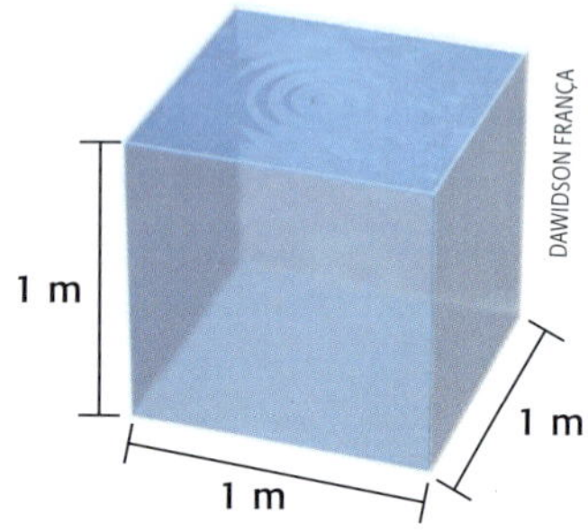

Outra relação que podemos verificar é que 1 centímetro cúbico (cm³) equivale a 0,001 decímetro cúbico (dm³). Ou seja, **1 centímetro cúbico** equivale a **1 mililitro**.

Pista 3

Considere o documento com as características do monomotor pilotado por Natália e o tíquete de abastecimento.

- Para atender às condições de segurança da empresa, com quantos litros de combustível o monomotor deveria ter sido abastecido?
- Com quantos litros de combustível o monomotor foi abastecido?

Desvende o enigma

- O combustível com que esse monomotor foi abastecido não era suficiente para que o voo fosse realizado com segurança, ou ocorreu algum problema de consumo na própria aeronave?

ATIVIDADES

49. Observe as caixas a seguir e descubra quantos cubos de 10 cm de aresta cabem em cada uma.

a)

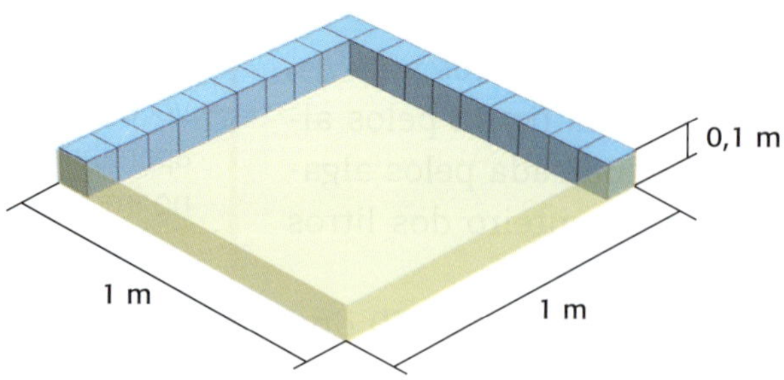

b)

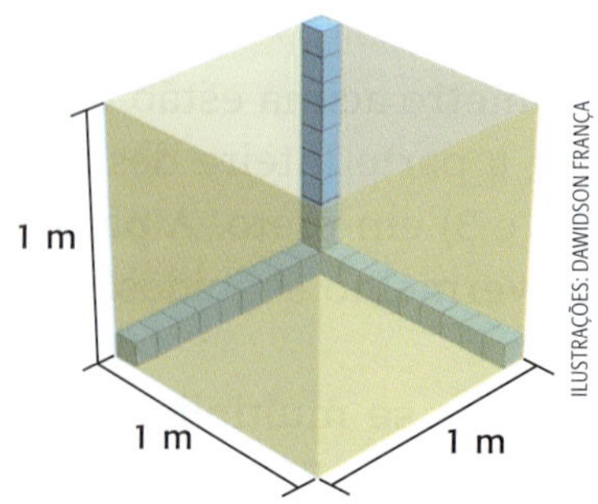

50. Imagine que uma pessoa beba diariamente cerca de 2 litros de água.

Quantos dias são necessários para que o consumo de água, apenas como bebida, dessa pessoa alcance 1 m^3?

51. Uma torneira que despeja 4 litros de água a cada minuto será usada para encher um recipiente de formato cúbico, com arestas medindo 1 dm.

a) Qual é, em litro, a capacidade desse recipiente?

b) Quanto tempo essa torneira leva para encher o recipiente?

52. Considere as unidades de volume indicadas a seguir.

km^3 m^3 dm^3 cm^3

Pense na situação real e determine qual dessas unidades de volume é mais apropriada para expressar:

a) a quantidade de terra retirada do local onde será instalada uma piscina de médio porte.

b) o volume de água contido na Baía de Guanabara, no Rio de Janeiro.

c) o volume de chá contido em uma xícara.

d) a quantidade de água que uma pessoa bebe em uma semana.

53. Marcela usou dois recipientes iguais, com capacidade de 2 litros, para fazer um experimento.

Ela despejou 900 mililitros de água em um dos recipientes e 1,7 litro de água no outro. Para que os recipientes fiquem com a mesma quantidade de água, quantos mililitros devem ser despejados do recipiente que contém mais água no recipiente com menor quantidade de água?

54. Observe na representação a seguir a medida de comprimento e a de largura de uma piscina.

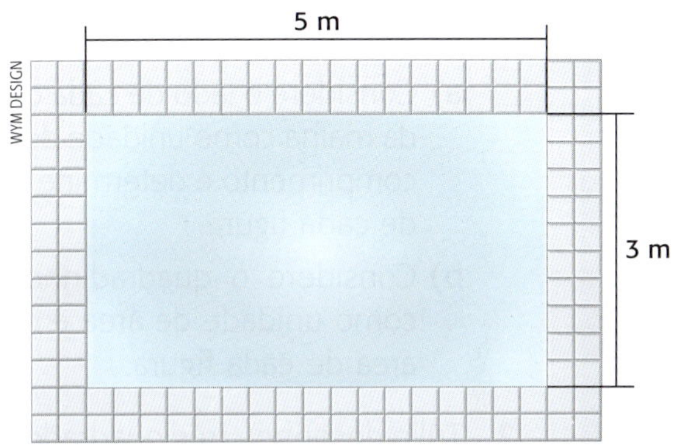

Sabendo que essa piscina tem 1,5 metro de profundidade, responda:

Quantos litros de água são necessários para encher essa piscina?

55. (Obmep – Banco de questões) Três frascos, todos com capacidade igual a um litro, contêm quantidades diferentes de um mesmo líquido, conforme ilustração. Qual das alternativas abaixo melhor expressa, aproximadamente, o volume do líquido contido nos frascos A, B e C, nessa ordem?

a) $\frac{3}{7}; \frac{4}{9}; \frac{2}{5}$

b) $\frac{2}{3}; \frac{1}{2}; \frac{1}{4}$

c) $\frac{2}{3}; \frac{4}{6}; \frac{2}{4}$

d) $\frac{2}{3}; \frac{4}{7}; \frac{3}{4}$

e) $\frac{3}{3}; \frac{4}{5}; \frac{2}{3}$

teia do saber

1. Observe as figuras desenhadas na malha quadriculada a seguir.

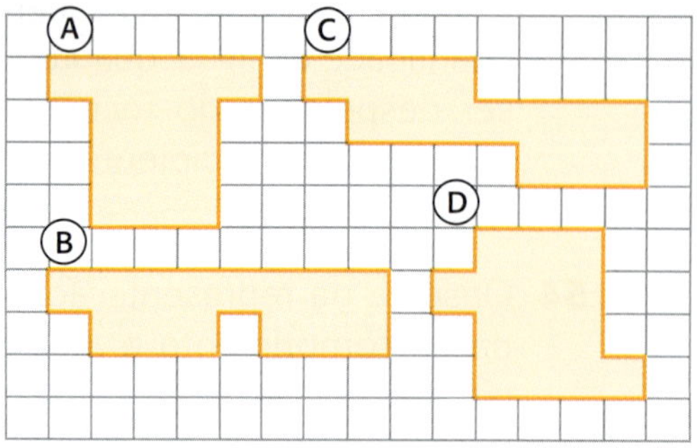

ILUSTRAÇÕES: WYM DESIGN

Faça o que se pede a seguir.

a) Considere o lado de cada quadradinho da malha como unidade de medida de comprimento e determine o perímetro de cada figura.

b) Considere o quadradinho da malha como unidade de área e determine a área de cada figura.

2. Túlio desenhou três quadrados em que a medida do lado de cada um deles era o dobro da medida do lado do quadrado anterior. Observe a representação do desenho de Túlio a seguir.

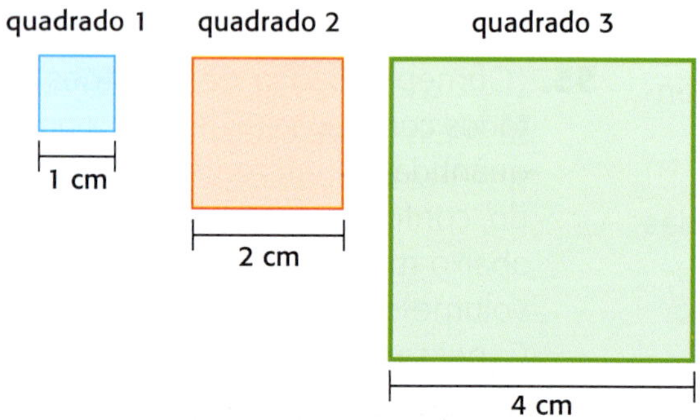

a) Determine o perímetro de cada quadrado que Túlio desenhou.

b) Reescreva em seu caderno a afirmação a seguir substituindo o ■ pela palavra ou expressão que a torne verdadeira: Se a medida do lado de um quadrado é o dobro da medida do lado de um quadrado menor, então o perímetro do quadrado maior será ■ do perímetro do quadrado menor.

3. Observe os retângulos representados a seguir.

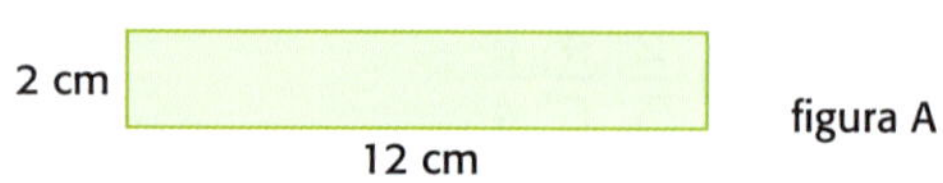

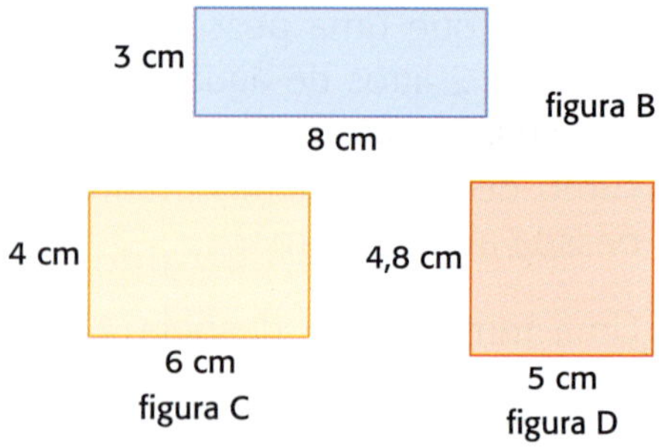

a) Reproduza o quadro a seguir em seu caderno e complete-o com o perímetro e a área de cada figura.

Figura	Perímetro (cm)	Área (cm²)
A	28 cm	
B	22 cm	
C	20 cm	
D	19,6 cm	

b) Com base nos resultados obtidos, indique qual das afirmações é verdadeira.

I. Figuras de mesma área têm necessariamente perímetros iguais.

II. Figuras de perímetros distintos têm sempre áreas distintas.

III. Figuras de perímetros distintos podem ter a mesma área.

4. Converse com os colegas e o professor sobre a questão a seguir.

- Dois objetos que têm mesma massa podem ter volumes diferentes? Em caso afirmativo, exemplifique.

5. Juliana vai fazer a bainha de 30 toalhas de mesa e, para dar o acabamento, vai costurar uma renda no contorno de cada toalha.

Bainha: dobra costurada na extremidade de um tecido para evitar que se desfie.

THINKSTOCK/GETTY IMAGES

Sabendo que essas toalhas têm forma retangular, de lados medindo 1,40 m e 1,20 m, responda às questões a seguir.

a) Quantos metros de renda são necessários para dar acabamento em todas as toalhas encomendadas?

b) Ao comprar a renda, Juliana percebeu que em cada embalagem são vendidos 20 metros. Quantas embalagens de renda ela deve comprar para realizar o trabalho encomendado?

6. (Obmep) Juntando, sem sobreposição, quatro ladrilhos retangulares de 10 cm por 45 cm e um ladrilho quadrado de lado 20 cm, Rodrigo montou a figura abaixo. Com uma caneta vermelha ele traçou o contorno da figura. Qual é o comprimento desse contorno?

a) 180 cm
b) 200 cm
c) 220 cm
d) 280 cm
e) 300 cm

7. Lídia fez o seguinte experimento para descobrir o volume de ar que ela expira.

Inicialmente ela inspirou o ar e depois, ao expirar, armazenou o ar em um balão inflável. Em seguida, ela colocou água em um recipiente graduado até a marca de 1 350 mL e fez com que o balão ficasse totalmente imerso na água do recipiente.

ESTÚDIO MIL

O balão fez com que a água se deslocasse dentro do recipiente e atingisse a marca de 2 240 mL.

Qual foi o volume de ar armazenado nesse balão? Dê a resposta em mililitro.

8. Os tapetes árabes são famosos pela qualidade e alto preço.

Um dos motivos é o fato de serem feitos de forma artesanal e apresentarem um grande número de nós por centímetro quadrado.

PERSIS ALAN KING/ALAMY/ LATINSTOCK

Imagine que um tapete de 1,5 m de comprimento por 80 cm de largura foi tecido com aproximadamente 73 nós por centímetro quadrado. Quantos nós aproximadamente tem esse tapete?

9. Observe a figura ao lado.

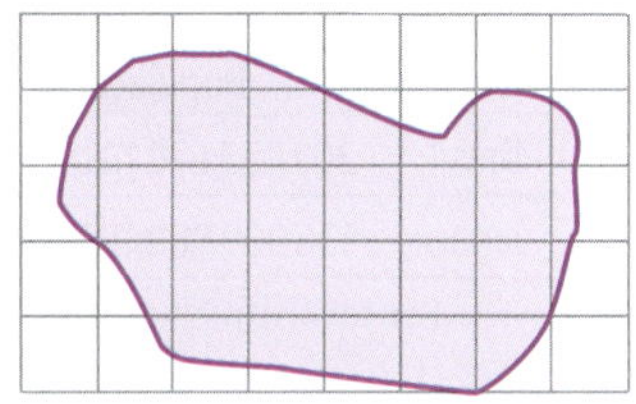

WYM DESIGN

Para estimar a área dessa figura, Cássia contou o número de quadradinhos da malha que estão inteiramente no interior da figura, destacando-os em laranja na figura a seguir.

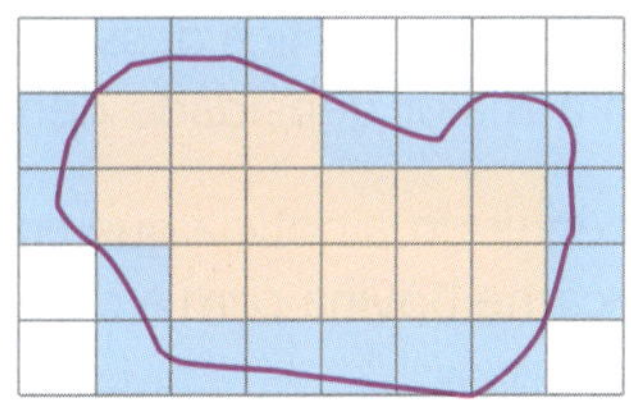

WYM DESIGN

Depois, ela contou o número de quadradinhos da malha que estão no interior da figura juntamente com os quadradinhos da malha (destacados em azul) que contêm parte da figura. Com essa estratégia, Cássia percebeu que a área da figura roxa, em número de quadradinho da malha, é um valor:

a) maior do que 14 e menor do que 20.
b) maior do que 25 e menor do que 29.
c) maior do que 14 e menor do que 32.
d) maior do que 26 e menor do que 20.
e) maior do que 30 e menor do que 32.

10. (OBM) Uma fazenda retangular que possui 10 km de largura por 20 km de comprimento foi desapropriada para reforma agrária. Se a fazenda deve ser dividida para 200 famílias de modo que todas as famílias recebam a mesma área, então cada família deve receber:

a) 1 000 000 m²
b) 100 000 m²
c) 5 000 m²
d) 1 000 m²
e) 10 000 m²

11. Calculadora

Você já ouviu a expressão **densidade demográfica**?

Quando dividimos o total de habitantes de uma região pela área total dessa região obtemos a densidade demográfica correspondente. Desse modo, temos em média a quantidade de pessoas por unidade de área daquela região.

Veja a tabela a seguir.

População e área territorial do Brasil e do Japão – dados de 2014

País	População	Área territorial (em km²)
Brasil	202 033 670 habitantes	8 515 767,049
Japão	126 999 808 habitantes	377 947

Fonte: <http://www.ibge.gov.br/>. Acesso em: 4 fev. 2015.

Observe que em 2014 o Brasil tinha mais habitantes do que o Japão. Por outro lado, a área do território brasileiro é bem maior do que a área do território japonês.

Com auxílio de uma calculadora, determine a densidade demográfica desses países. Qual deles tem a maior densidade demográfica?

12. Leia a seguir uma notícia que compara a produção de carne bovina com a de outros alimentos no Brasil.

WYM DESIGN

No Brasil, segundo o Instituto CEPA, um boi precisa de um a quatro hectares de terra e produz, em média, 210 kg de carne, no período de quatro a cinco anos. No mesmo tempo e na mesma quantidade de terra, produz-se, em média:

8 t de feijão	**19 t de arroz**	**22 t de maça**
23 t de trigo	**32 t de soja**	**34 t de milho**
35 t de cenoura	**445 t de batata**	**56 t de tomate**

Sem falar que é possível obter duas ou até três safras por ano desses vegetais combinados, aumentando bastante essas quantidades.

Fonte: <http://www.svb.org.br/livros/impactos-alimentacao.pdf>. Acesso em: 4 fev. 2015

Com base nessas informações, responda:

a) Segundo o Instituto CEPA um boi precisa de um a quatro hectares de terra e produz, em média, 210 kg de carne no período de quatro a cinco anos. A faixa de área destacada anteriormente corresponde a quantos metros quadrados?

b) Quantos quilogramas de trigo se produz, em média, nessa mesma área de terra e no mesmo período? E de milho?

13. A prefeitura de uma cidade vai realizar uma obra com objetivo de minimizar o efeito das chuvas em relação a alagamento. Estima-se que com as escavações serão removidos nessa obra 6 000 m³ de terra. Sabendo que o transporte dessa terra será feito igualmente por três caminhões idênticos e que cada caminhão carrega 5 m³ de terra em cada viagem, quantas viagens cada caminhão deverá fazer para que toda a terra seja removida?

14. A caçamba de um caminhão tem a forma aproximada de um bloco retangular de 4 m de comprimento, 2,3 m de largura e 2,1 m de altura. Quantos metros cúbicos de areia podem ser transportados nessa caçamba?

THINKSTOCK/GETTY IMAGES

15. Observe a seguir o molde de uma caixa que montada tem a forma de bloco retangular. Considere que as medidas estão indicadas em centímetros.

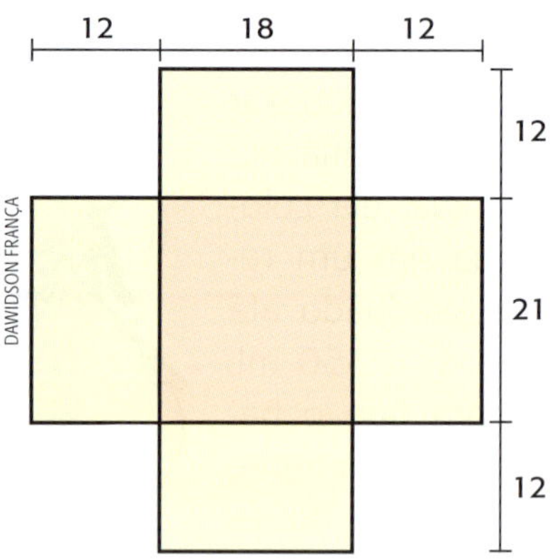

DAWIDSON FRANÇA

Se essa caixa for montada e nela for despejado 1 litro de água, a água transbordará ou não? Justifique sua resposta.

16. Uma distribuidora armazena suco em contêineres refrigerados. Em um desses contêineres há 8 m³ de suco de laranja, que serão distribuídos igualmente em barris com capacidade para armazenar 250 litros de suco cada um.

Qual é o número mínimo de barris necessários para armazenar todo o volume de suco desse contêiner?

teia integrada

17. A água é um dos recursos naturais indispensáveis à vida, e alguns lugares do mundo já sofrem com a escassez desse recurso.

Além de reservas superficiais de água doce, há também reservas subterrâneas estocadas em formações geológicas conhecidas como aquíferos.

Dois dos aquíferos existentes no Brasil contêm grande volume de água doce: o Aquífero Alter do Chão e o Aquífero Guarani.

Observe a seguir onde esses aquíferos estão localizados e conheça um pouco mais sobre eles.

Estudos de pesquisadores da Universidade Federal do Pará apontam o Aquífero Alter do Chão como o de maior volume de água doce do mundo, que pode passar de 86 000 km^3. A extensão superficial desse aquífero é menor do que a do Aquífero Guarani.

O Aquífero Guarani apresenta grande extensão e ultrapassa a fronteira brasileira. Com volume estimado de 45 000 km^3 de água, esse aquífero passa também pela Argentina, Paraguai e Uruguai.

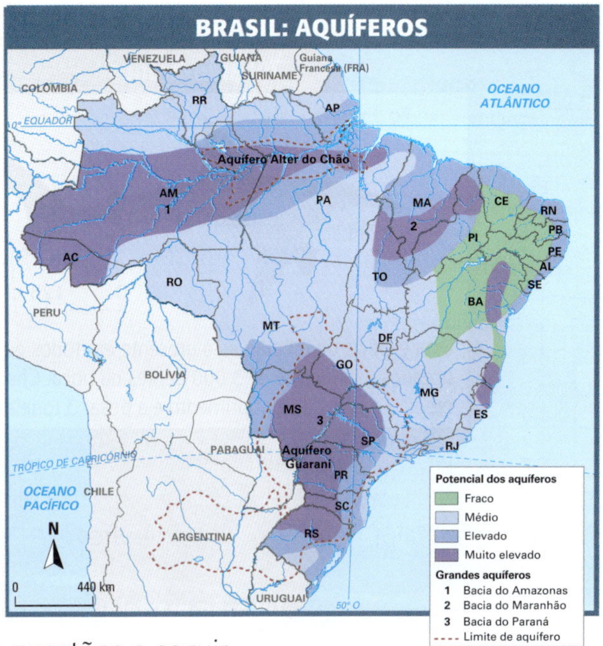

Fonte: CALDINI, Vera; ÍSOLA, Leda. *Atlas geográfico Saraiva*. São Paulo: Saraiva, 2013. p. 37.

Com base nessas informações, responda às questões a seguir.

a) Sob quais estados brasileiros está localizado o Aquífero Alter do Chão? E o Aquífero Guarani?

b) Observe que a extensão do Aquífero Alter do Chão é menor do que a extensão do Aquífero Guarani. Por outro lado, o Aquífero Guarani tem menor volume do que o Aquífero Alter do Chão. Justifique essa afirmação com números apresentados no mapa anterior.

c) Com um colega, pesquise sobre outros aquíferos existentes no Brasil e a região onde são localizados. Compartilhe o resultado da pesquisa com a turma.

Encerrando a unidade

Nesta unidade você estudou conceitos e procedimentos relacionados a grandezas e medidas. Reflita sobre o que você aprendeu e responda às questões a seguir.

a) No texto de abertura desta unidade aparecem algumas medidas. Antes de estudar esta unidade você reconhecia as unidades em que essas medidas foram expressas e a grandeza correspondente a cada uma delas?

b) Que assuntos estudados nesta unidade você utilizou para resolver o Enigma?

c) Você teve dificuldade para compreender algum tema trabalhado nesta unidade? Qual? Buscou auxílio dos colegas ou do professor em relação a essa dificuldade?

d) Reúna-se com um colega e construa em caderno um quadro relacionando cada grandeza às unidades de medida e aos instrumentos de medida relacionados. Veja, como exemplo, uma maneira de preencher as informações sobre a grandeza comprimento.

Grandeza	Unidades de medida	Instrumentos de medida
Comprimento	metro	fita métrica

Família gigante

Entre as cerca de 510 espécies de tubarão existentes está o maior peixe do planeta, mas há também algumas espécies bem pequenas.

Leia a seguir algumas informações sobre oito dessas espécies.

ILUSTRAÇÕES: DAWIDSON FRANÇA

Tubarão-branco

Essa espécie de tubarão está presente em todos os oceanos e tem cerca de 3 000 dentes na boca. Chega a medir 7 metros de comprimento e a pesar 3 toneladas.

Tubarão-tigre

Essa espécie de tubarão está presente em todos os oceanos e é um predador temido. Costuma caçar tartarugas marinhas e peixes em geral, e chega a medir 6,2 metros de comprimento e a pesar 800 quilogramas.

Tubarão-martelo

Esse nome é dado a cerca de dez espécies devido ao formato da cabeça, que lembra um martelo. Vivem em águas tropicais e temperadas e chegam a medir 6,1 metros de comprimento e a pesar 460 quilogramas.

Tubarão-galha-branco-oceânico

Essa espécie de tubarão vive em águas tropicais e subtropicais dos oceanos Atlântico, Índico e Pacífico. É comum no Brasil e é considerado agressivo. Chega a medir 4 metros de comprimento e a pesar 170 quilogramas.

Tubarão-cabeça-chata

Essa espécie de tubarão vive em águas tropicais e subtropicais e é considerada feroz. É encontrado em regiões costeiras, além de poder habitar rios e lagos. Chega a medir 3,5 metros de comprimento e a pesar 230 quilogramas.

Tubarão-baleia

Essa espécie de tubarão é mais comum no Oceano Índico e é inofensiva aos seres humanos. É o maior peixe do mundo, e chega a medir 20 metros de comprimento e a pesar 34 toneladas.

FOTOGRAFIA DE FUNDO: THINKSTOCK/GETTY IMAGES

Essa família tem espécies menores de tubarão. Por exemplo: o comprimento do tubarão-pigmeu é um quinto do comprimento do tubarão cação-anjo.

ILUSTRAÇÕES: DAWIDSON FRANÇA

Tubarão-pigmeu

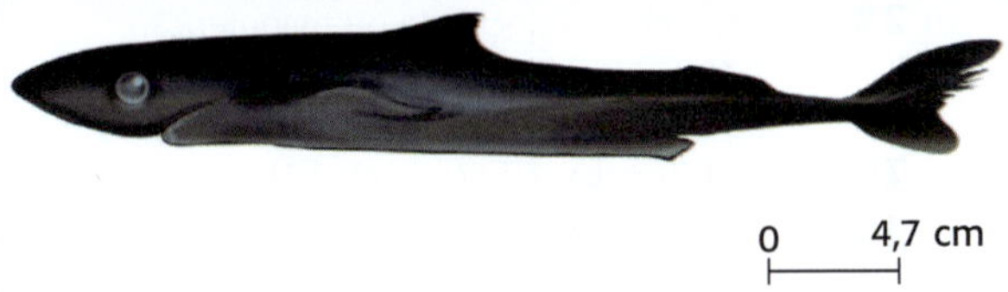

Essa espécie está presente em águas tropicais e é uma das menores espécies de tubarão. Vive em regiões escuras do oceano, em profundidades entre 200 metros e 500 metros. Chega a medir 28 centímetros de comprimento e a pesar 500 gramas.

Cação-anjo

Essa espécie de tubarão está presente no Oceano Pacífico, próximo à costa americana. Apresenta o corpo achatado e nadadeiras que lembram asas; se camufla na areia ou em rochas. Chega a medir 1,5 metro de comprimento e a pesar 27 quilogramas.

Fonte de pesquisa: CRISTIANINI, Maria Carolina. Família Gigante. *Revista Recreio*, n. 768, Ano 14, 27 nov. 2014.

Para explorar

1. Quais das espécies de tubarão apresentadas anteriormente chegam a pesar mais de 1 000 quilogramas?

2. O tubarão-baleia é o maior peixe do mundo. Seu comprimento máximo pode ultrapassar o de uma carreta.

a) Considerando o comprimento máximo do tubarão-galha-branco-oceânico, determine quantos desses tubarões enfileirados equivalem ao comprimento máximo do tubarão-baleia.

b) Considere agora a maior massa que o tubarão-galha-branco-oceânico pode ter e a maior massa do tubarão-baleia. Quantos tubarões-galha-branco-oceânico juntos pesam o mesmo que um tubarão-baleia?

3. Com base nas informações apresentadas no texto, podemos afirmar que, quanto maior o comprimento do tubarão, maior será a sua massa?

Unidade 1 – Números e sistemas de numeração

Atividades (p. 16)

1. a) Medida. b) Ordem. c) Quantidade. d) Código.

2. Resposta pessoal.

3. a) 7 b) 9 c) 11 d) 8

4. 44. Sim, continuaria sendo 30 grãos.

5. Patrícia é a nona pessoa da fila.

6. Sandra (22 bombons).

7. a) 8 números naturais.
b) 9 números naturais.
c) Nenhum número natural.
d) 241 números naturais.

8. a) 30 b) 26 c) 2 099 d) 45 e) 76

9.

Antecessor	Número	Sucessor
–	0	1
24	25	26
98	99	100
999	1 000	1 001

10. a) > b) < c) < d) >

11. 72

12. a) Verde, azul, rosa e laranja.
b) Respectivamente 27 e 29; ímpares.

Teia do saber (p. 19)

1. A: 12; B: 14; C: 10; D: 13.

2. Alternativa **a**.

3. a)

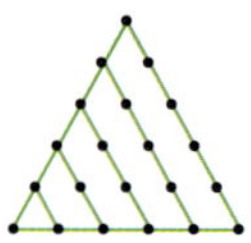

b)

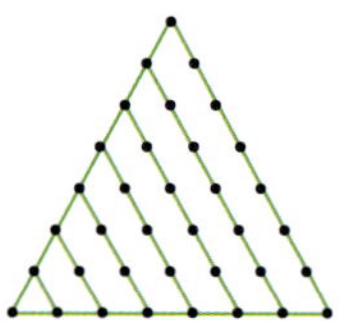

4. 3 meias.

5. Alternativa **d**.

6. a) O grupo 1.
b) Resposta pessoal.

Atividades (p. 22)

13. a) Sessenta e quatro.
b) Sessenta e nove.
c) Cento e trinta e dois.
d) Duzentos e dezessete.
e) Quatrocentos e dois.
f) Quinhentos e quarenta e um.
g) Oitocentos e cinquenta e seis.
h) Mil e um.

14. Respostas de acordo com o ano de nascimento do aluno.

15. Possível resposta: Para a afirmação de Milena – Quinhentos (D) é maior do que cinquenta e quatro (LIV), mas utiliza menos símbolos em sua representação; para a afirmação de Rodrigo – XC (noventa) e CX (cento e dez).

16. 2017: MMXVII; 1985: MCMLXXXV.

18. É preciso retirar o palito à esquerda do X e colocá-lo sobre o sinal de menos (–), transformando a subtração em uma adição. Assim, a igualdade será 6 + 4 = 10.

Atividades (p. 29)

19. a) 40 b) 4 000 c) 4 d) 400

20. a) 4 781 b) 300 256 c) 1 211 209 d) 25 501 019

21. a) Dois mil, quatrocentos e vinte e seis.
b) Cinquenta e um mil, oitocentos e noventa.
c) Cento e trinta e quatro mil, duzentos e quarenta e três.
d) Seis milhões, novecentos e sete.

22. a) 217 b) 153

23. Dois mil, setecentos e quatro reais.

24. a) O hodômetro do carro de Mauro.
b) 42 085: quarenta e dois mil e oitenta e cinco; 137 829: cento e trinta e sete mil, oitocentos e vinte e nove.

25. 9 números; 18 números.

26. a) O algarismo 3. Ao trocar o algarismo 3 pelo 7 obtemos 7 824.
b) O algarismo 8. Ao trocar o algarismo 8 pelo 7 obtemos 3 724.

27. a) 189 peças. b) 20 peças.

28. a) Segurança; velocidade ou manutenção.
b) Não.
c) Resposta pessoal.

29. a) 1 367 b) 7 777 c) 3 167 d) 7 316

30. O maior número natural de três algarismos é 999, entretanto, como se pede que os algarismos sejam diferentes, o maior número é 987. O antecessor de 987 é o número 986.

31. 32 bilhetes.

32. a) 200 b) 70 c) 800

Ativando habilidades (p. 31)

• 3003

Atividades (p. 33)

34. 150 000 000

35. a) Possível resposta: A – centena, B – dezena de milhar, C – centena de milhar e D – unidade de milhar.
b) Possível resposta de acordo com as sugestões do item **a**: A – R$ 800,00, B – R$ 40 000,00, C – R$ 300 000,00 e D – R$ 6 000,00.

36. a) 32 600, 28 300, 30 100, 23 800 e 19 500.
b) 33 000, 28 000, 30 000, 24 000 e 19 000.
c) 30 000, 30 000, 30 000, 20 000 e 20 000.
d) Os arredondamentos são iguais.

Atividades (p. 38)

37. a) 1110
b) 10101
c) 11110
d) 1000010

38. a) 25 b) 33 c) 29 d) 42

Teia do saber (p. 39)

1. a)

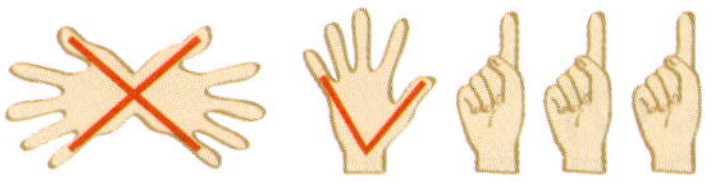

b)

c)

d)

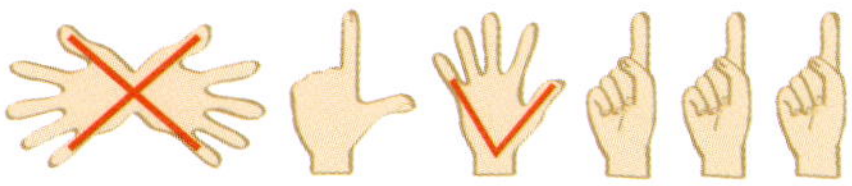

2. LXXXIX, CXLIX, CCXL, DCXVII, MCDLIII

3. a)  b) Resposta pessoal.

4. a) 9876
b) 102

5. 304, 340, 403 e 430.

6. a) 2401
b) Dois mil, quatrocentos e um.

7. a) Leste.
b) Mais baixas.

8. 11 anos.

9. a) 926
b) 173

10. a) 16210
b) 321

11. a) Mais populosa: Sudeste. Menos populosa: Centro-Oeste.
b) 16000000, 53000000, 80000000, 27000000, 14000000.

12. Resposta pessoal.

13. a) $2973 > 2892 > 2798 > 2792 > 2770 > 2739$
b) Resposta pessoal.

Unidade 2 – Operações com números naturais

Atividades (p. 51)

1. a) 4 quadradinhos verdes.
b) 3 quadradinhos azuis.
c) Possível resposta: $1 + 2 + 3 + 4 + 5 + 6 + 7 = 28$.

2. 28 anos.

3.

1	1 + 1 = 2
1 + 1 + 1 = 3	4
4 + 1 = 5	4 + 1 + 1 = 6
4 + 1 + 1 + 1 = 7	4 + 4 = 8
4 + 4 + 1 = 9	4 + 4 + 1 + 1 = 10
4 + 4 + 1 + 1 + 1 = 11	4 + 4 + 4 = 12
4 + 4 + 4 + 1 = 13	4 + 4 + 4 + 1 + 1 = 14
4 + 4 + 4 + 1 + 1 + 1 = 15	4 + 4 + 4 + 4 = 16

5. Possível estratégia: $10 + 100 + 1000 + 10000 = 11110$; e $11110 - 4 = 11106$.

6. Possível resposta:
a) $2258 + 100 + 1264 = 2358 + 1264$
b) $2358 + 1254 + 10 = 2358 + 1264$

7. a) 3 cédulas de R$ 50,00 e 4 cédulas de R$ 2,00.
b) 6 cédulas de R$ 50,00, 4 cédulas de R$ 10,00 e 3 cédulas de R$ 2,00.

8.

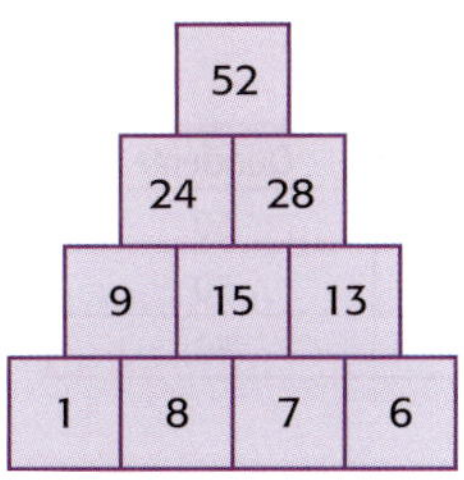

10. 711

11.

+	84	368	892	3476
19	103	387	911	3495
176	260	544	1068	3652
987	1071	1355	1879	4463
1508	1592	1876	2400	4984

12. a) O telefone celular e a máquina fotográfica.
b) R$ 858,00

13. a) Propriedade comutativa da adição; $3 + 7 = 7 + 3$.
b) Propriedade associativa da adição; $(7 + 5) + 6 = 7 + (5 + 6)$.

Atividades (p. 55)

14. Isabel. R$ 83,00 a mais.

15. a) $426 - 138 + 48 = 336$
b) $381 + 297 - 123 = 555$

17. 254

18. 506 quilômetros.

19.

–	2065	3851	1980	3401
29	2036	3822	1951	3372
486	1579	3365	1494	2915
978	1087	2873	1002	2423
1617	448	2234	363	1784

20. a) $134008 - 3000 = 131008$
b) $325951 - 3030 = 322921$

21. Rogério não realizou as trocas necessárias para calcular a subtração. Nos casos em que seria necessário realizar as trocas, ele subtraiu o algarismo do minuendo do algarismo do subtraendo.

22. A camisa e a bermuda: R$ 119,00 + R$ 69,00 = R$ 188,00. O troco será de R$ 2,00.

23. 12 anos. As diferenças são iguais.

24. 34 gramas.

25. Possível resposta: Subtrair 296 de 827 e, depois, adicionar 10 ao resultado obtido.

Teia do saber (p. 59)

1. a) O valor de Rodrigo foi R$ 610,00 e o de Marília foi R$ 600,00. Não.
b) R$ 607,00
c) O arredondamento de Rodrigo está mais próximo.

2. a) 176 978
b) Sim. A diferença é 4 380.

3. a) 28 centímetros. b) 18 centímetros.

4. O elevador vai precisar fazer, no mínimo, 4 viagens.

5. 1 unidade de massa: basta colocar o objeto em um dos pratos e o peso de 1 unidade de massa no outro.
2 unidades de massa: basta colocar o objeto e o peso de 1 unidade de massa em um dos pratos e o peso de 3 unidades de massa no outro prato.
3 unidades de massa: basta colocar o objeto em um dos pratos e o peso de 3 unidades de massa no outro.
4 unidades de massa: basta colocar o objeto em um dos pratos e os pesos de 3 unidades de massa e 1 unidade de massa no outro prato.
5 unidades de massa: basta colocar o objeto e os pesos de 1 unidade de massa e 3 unidades de massa em um dos pratos e o peso de 9 unidades de massa no outro prato.
6 unidades de massa: basta colocar o objeto e o peso de 3 unidades de massa em um dos pratos e o peso de 9 unidades de massa no outro prato.
7 unidades de massa: basta colocar o objeto e o peso de 3 unidades de massa em um dos pratos e os pesos de 9 unidades de massa e 1 unidade de massa no outro prato.
8 unidades de massa: basta colocar o objeto e o peso de 1 unidade de massa em um dos pratos e o peso de 9 unidades de massa no outro prato.
9 unidades de massa: basta colocar o objeto em um dos pratos e o peso de 9 unidades de massa no outro prato.
10 unidades de massa: basta colocar o objeto em um dos pratos e os pesos de 9 unidades de massa e 1 unidade de massa no outro prato.

6.

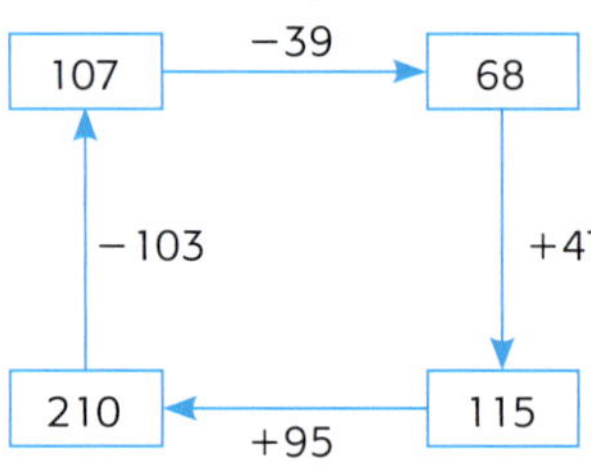

7. a)

$$\begin{array}{r} 4\;5\;8 \\ +\;1\;4\;5 \\ \hline 6\;0\;3 \end{array}$$

b)

$$\begin{array}{r} 1\;{}^{1}2\;6\;3 \\ +\;\;9\;8\;5 \\ \hline 2\;2\;4\;8 \end{array}$$

8. a) 76
b) 229
c) 3 100
d) 6 146

9. a)

17	24	1	8	15
23	5	7	14	16
4	6	13	20	22
10	12	19	21	3
11	18	25	2	9

b) Resposta pessoal.

Ativando habilidades (p. 65)

• Alternativa **e**.

Atividades (p. 67)

26.

×	67	96	375	2 938
8	536	768	3 000	23 504
74	4 958	7 104	27 750	217 412
657	44 019	63 072	246 375	1 930 266

27. 750 gramas.

28. 564 parafusos e 188 placas.

29. a) 71 × 63 = 4 473
b) 16 × 37 = 592

30. a) R$ 500,00
b) R$ 60,00

31. a) 25
b) 100
c) Representando a ordem de uma figura por **n**, temos que o número de pontos dessa figura é n × n.

Atividades (p. 70)

32. 6 × 2 × 4 = 48

34. 270

35. a) R$ 12,00
b) R$ 13,00; A diferença é de R$ 1,00.

36. a)

	Vitórias	Empates	Derrotas	Pontos
Dragões Azuis	16	4	2	52
Tigres do Sul	12	4	6	40
Águia Prateada	9	9	4	36
Leões da Grama	10	5	7	35

b) 17 pontos.

Atividades (p. 74)

37.

Dividendo	Divisor	Quociente	Resto
268	7	38	2
136	12	11	4
1 024	32	32	0
1 285	12	107	1

38. a) 1574 b) 121; 1.

39. Sim. 721 ÷ 7 = 103. Gustavo não considerou que, após dividir 7 centenas por 7, o quociente deveria ter três algarismos e não dois e que deveria colocar o 0 na ordem das dezenas no quociente.

41. a) 8 voltas completas.
b) Sim. Sobrarão 40 metros de arame.

42. A parte menor tem 15 centímetros de comprimento e a parte maior, 45 centímetros.

43. 4 parcelas: R$ 315,00; 6 parcelas: R$ 210,00; 10 parcelas: R$ 126,00.

44. 15 metros.

45. 15 cm

46.

	Dividendo	Divisor	Quociente
I	200	4	50
II	100	2	50
III	400	8	50

a) Resposta pessoal.
b) Resposta pessoal.
c) 50. Resposta pessoal.

Atividades (p. 77)

47.

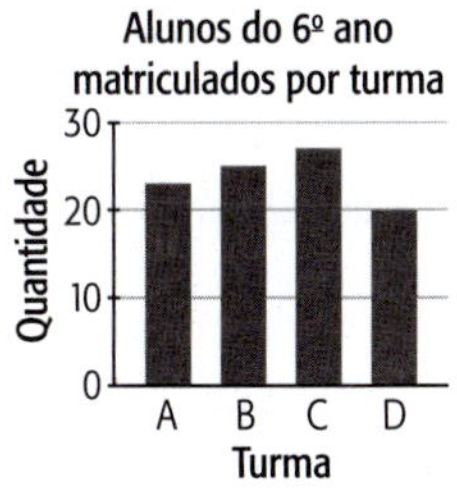

48. Alternativa **d**.

Teia do saber (p. 78)

1. a) Arremesso de dois pontos.
b) 151

2. Alternativa **a**.

3. 600 metros.

4. Resposta pessoal.

5. Alternativa **c**.

6. a) Os dois estão corretos.
b) 833
c) De 840. A estimativa de Maurício está mais próxima do valor exato.

7. a) 80 quilômetros. 240 quilômetros.
b) 80 quilômetros. 240 quilômetros.
c) Resposta pessoal.

8. Porto Grande: 3 gols; Mirante Novo: 3 gols; Jangadeiros: 2 gols.

9. 162 caixas de sabão em pó, 133 tubos de detergente e 145 embalagens de amaciante.

10. Alternativa **a**.

11. a) 3 senadores.
b) 513. Resposta pessoal.

Atividades (p. 85)

49. a) 12^4
b) 13^3
c) 8^6
d) 6^5

50. a) $2^5 = 32$
b) $5^3 = 125$
c) $7^2 = 49$
d) $8^0 = 1$
e) $12^1 = 12$
f) $10^3 = 1\,000$
g) $9^2 = 81$
h) $3^6 = 729$

51. Itens **b** e **c**.

52. $1 = 2^0$, $2 = 2^1$, $3 = 2^1 + 2^0$, $4 = 2^2$, $5 = 2^2 + 2^0$, $6 = 2^2 + 2^1$, $7 = 2^2 + 2^1 + 2^0$, $8 = 2^3$, $9 = 2^3 + 2^0$, $10 = 2^3 + 2^1$.

53.

Adição			Resultado na forma de potência
1	=	1	1^2
1 + 3	=	4	2^2
1 + 3 + 5	=	9	3^2
1 + 3 + 5 + 7	=	16	4^2
1 + 3 + 5 + 7 + 9	=	25	5^2

54. No nono dia.

55.

A			B		
1 × 3	=	3	2^2	=	4
2 × 4	=	8	3^2	=	9
3 × 5	=	15	4^2	=	16
4 × 6	=	24	5^2	=	25
5 × 7	=	35	6^2	=	36

a) Em uma mesma linha, os resultados da coluna A sempre são uma unidade menor do que os resultados da coluna B.
b) 399; $20^2 - 1 = 400 - 1 = 399$

56. a) 100 quadrados.
b) 200 quilogramas.
c) 2 000 cebolas.

Atividades (p. 87)

57. a) 11
b) 14
c) 9
d) 20
e) 12
f) 15

58. $\sqrt{1\,234\,567\,654\,321} = 1\,111\,111$

60. 128

Atividades (p. 89)

61. a) 21
b) 13
c) 32
d) 56
e) 32
f) 128
g) 775
h) 259

62. Alternativa **d**.

63. R$ 9,00

64. $2 + 7 \times (1 + 0) = 9$

Teia do saber (p. 90)

1.

Potência	Resultado	Algarismo da ordem das unidades do resultado
3^0	1	1
3^1	3	3
3^2	9	9
3^3	27	7
3^4	81	1
3^5	243	3
3^6	729	9
3^7	2 187	7

a) Os algarismos se repetem na seguinte ordem: 1, 3, 9, 7, 1, 3, 9, 7, ...
b) 0 (zero)

2. a) Figura 3: 16 segmentos, figura 4: 64 segmentos, figura 5: 256 segmentos.
b) Figura 1: $4^0 = 1$; figura 2: $4^1 = 4$; figura 3: $4^2 = 16$; figura 4: $4^3 = 64$; figura 5: $4^4 = 256$.

3. Os pares dos itens **b**, **c** e **e** são pares perfeitos.

4. a) F b) F c) V d) V

5. a) 8, 2 e 5 ou 8, 5 e 2.
b) 8, 2 e 5.
c) 8, 5 e 2.
d) 8, 5 e 2 ou 5, 8 e 2.

6. Possível resposta: $2 = 4 \div 4 + 4 \div 4$; $3 = (4 + 4 + 4) \div 4$; $4 = (4 - 4) \times 4 + 4$; $5 = (4 \times 4 + 4) \div 4$; $6 = (4 + 4) \div 4 + 4$; $7 = 4 + 4 - 4 \div 4$; $8 = (4 \times 4) \div 4 + 4$; $9 = 4 + 4 + 4 \div 4$; $10 = 4 + 4 + 4 - \sqrt{4}$.

7. O número 31.

8. Possível resposta: Uma escola decidiu fazer uma excursão. Os participantes viajariam em dois ônibus, cada um com 38 pessoas. Para acompanhar a viagem, em cada ônibus iriam 9 professores. Sabendo que, no momento do embarque, do total de pessoas que viajariam 7 alunos desistiram, quantos alunos foram à excursão?

9. a) A unidade astronômica, o ano-luz e o parsec.
b) 1 ano-luz = 10^{13} quilômetros; 1 parsec = 31×10^{12} quilômetros.

Unidade 3 – Figuras geométricas

Atividades (p. 99)

1. a) Bloco retangular.
b) Cilindro.
c) Círculo.
d) Quadrado.
e) Cone.

2. a) I, IV, V e VII.
b) II, III e VI.

3. Possíveis respostas:
a) Uma caixa de sapatos em forma de bloco retangular e um dado em forma de cubo.
b) Uma bola de futebol e um cone de sinalização de trânsito.

Teia do saber (p. 100)

1. A e F.

2. a) Cilindro e bloco retangular.
b) Resposta pessoal.
c) Resposta pessoal.

3. O cilindro.

4. O cilindro e o cone.

5. a) O iglu e a oca apresentam forma arredondada; a palafita e o edifício apresentam apenas estruturas que lembram regiões planas.
b) Resposta pessoal.
c) Resposta pessoal.

Atividades (p. 103)

4.

Poliedro	Número de vértices	Número de arestas	Número de faces
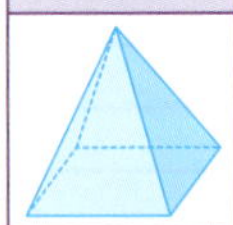	5	8	5
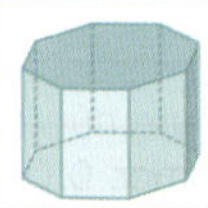	16	24	10
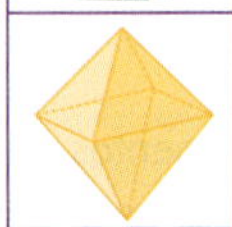	6	12	8
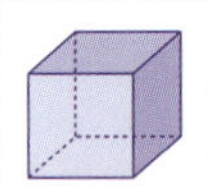	8	12	6
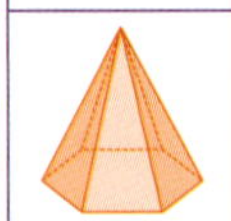	7	12	7
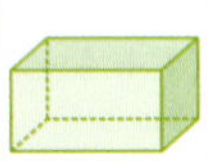	8	12	6

5. a) Verde.
b) Azul.

6. a) A, D, E e H.
b) $\overline{AB}$, $\overline{BC}$ e $\overline{BF}$.

Atividades (p. 106)

7. a) A caixa de presente, o cubo mágico e a caixa de fósforos.
b) O cubo mágico e a caixa de fósforos.

8. 60 cubos

9. Alternativa **b**.

10. Poliedro C.

11. Alternativa **c**.

12. a) Figura D.
b) 16 vértices e 24 arestas.

Atividades (p. 109)

13.

Pirâmide	Número de vértices	Número de faces	Número de arestas
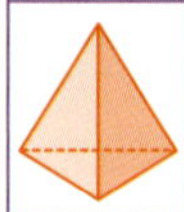	4	4	6
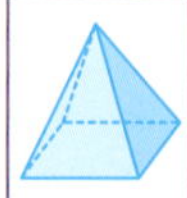	5	5	8
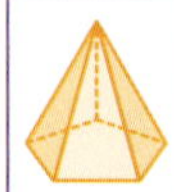	6	6	10
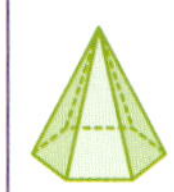	7	7	12
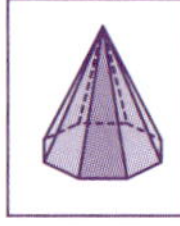	9	9	16

14. 1 – C; 2 – E; 3 – D; 4 – B; 5 – A.

15. a) Figura C.
b) Pirâmide de base pentagonal.

16. Alternativa **b**.

Atividades (p. 112)

17. Possíveis respostas:
a) O cone tem uma parte da superfície plana e a esfera não.
b) Ambas são figuras que apresentam parte plana na superfície.

18. a) O cilindro.
b) Retângulo.

19. Alternativa **b**.

Ativando habilidades (p. 115)

- b) 9 cubinhos.
  c) 24 cubinhos (duas faces opostas); 27 cubinhos.

Teia do saber (p. 116)

1. a) Prisma de base triangular.
b) 6 vértices, 9 arestas e 5 faces.

2. a)

Poliedro	Nome do poliedro	Número de vértices (V)	Número de arestas (A)	Número de faces (F)	V + F
1	Tetraedro	4	6	4	8
2	Cubo	8	12	6	14
3	Prisma hexagonal	12	18	8	20
4	Bloco retangular	8	12	6	14
5	Pirâmide de base pentagonal	6	10	6	12
6	Prisma de base triangular	6	9	5	11

b) Resposta pessoal.

3. a) Esfera.
b) O *mouse* só poderia ser movido em uma direção, considerando que a superfície arredondada ficasse apoiada sobre a mesa.

4. Tetraedro.

5. a) Usar o monumento como tumba, ou seja, túmulo.
b) As pirâmides da América Central eram menores e, às vezes, mais largas do que suas similares egípcias.
c) Resposta pessoal.

Unidade 4 – Múltiplos e divisores

Atividades (p. 125)

1. a) 0, 7, 14, 21, 28, 35, 42, 49, 56, 63, 70
b) 0, 11, 22, 33, 44, 55, 66, 77, 88, 99, 110
c) 0, 21, 42, 63, 84, 105, 126, 147, 168, 189, 210
d) 0, 18, 36, 54, 72, 90, 108, 126, 144, 162, 180

2. Possíveis justificativas:
a) Sim, pois $96 = 3 \times 32$.
b) Sim, pois $96 = 12 \times 8$.
c) Não, pois a divisão de 96 por 15 é não exata.
d) Sim, pois $96 = 16 \times 6$.
e) Não, pois a divisão de 96 por 14 é não exata.

3. A coluna é a do Domingo e todos os números são múltiplos de 7.

4. a) 96 b) 15 e 65.

5. As duas afirmações são verdadeiras, pois $18 = 2 \times 9$.

6. a) Sim. 0, 6, 12, 18, 24.
b) Sim. Não.

7. 169 e 195. Possível resposta: $169 = 182 - 13$ e $195 = 182 + 13$.

9. $12 \times n = 4 \times 3 \times n$, portanto, $12 \times n$ é um múltiplo de 4, para **n** natural.

Atividades (p. 127)

10. a) 10 rampas.
b) 70 rampas.
c) 2014: 2, 5, 10; 2015: 2, 4, 5, 10, 20; 2016: 2, 4, 5, 8, 10, 20, 40.

11. a) Resposta pessoal.
b) Resposta de acordo com a pesquisa realizada.
c) Resposta pessoal.

Ativando habilidades (p. 128)

• Alternativa **e**.

Teia do saber (p. 130)

1. a) Pés de Ouro, pois $18 = 6 \times 3$.
b) 5 vitórias e 1 empate, totalizando 16 pontos.

2. a) R$ 195,00
b) 39 cédulas.

3. Fio G.

4. a) São números pares.
b) O total de vértices do prisma é o dobro do total de vértices da figura que forma suas bases.

5. a) 3
b) Não. Porque os números são 1, 4 e 7.
c) Será um segmento de reta horizontal.
d) /

6. a) São anos pares.
b) Em 2026.
c) Resposta pessoal.
d) Resposta pessoal.

Atividades (p. 135)

12. a) 2, 3, 4, 5 e 6.
b) 2, 3, 4, 6 e 8.
c) 2, 3, 4, 6 e 9.
d) 2, 4, 7 e 8.
e) 3, 7 e 9.

13. O número é 33.

14. Possíveis respostas:
a) 2 é divisor de 10, mas 4 não é divisor de 10.
b) 2 e 3 são divisores de 6, mas 5 não é divisor de 6.

15. a) Verdadeira.
b) Falsa.
c) Verdadeira.
d) Verdadeira.

16. a) Múltiplo.
b) Divisor.
c) Divisível.

17. a) Sim. b) Não. c) 18 palitos.

18. A – II; B – III; C – I; D – IV.

19. Possíveis respostas:
a) 24
b) 45
c) 48
d) 2

20. 17 ovos.

21. Os números 7, 11 e 13 são divisores comuns do número de seis algarismos escrito inicialmente.

22. a) André.
b) Nenhum; 4 dedos ou 8 dedos.

Atividades (p. 140)

23.

	2	3	4	5	10
270	X	X		X	X
345		X		X	
1 296	X	X	X		
890	X			X	X
745				X	
5 880	X	X	X	X	X

24. Nos itens **a** e **c**, qualquer algarismo de 0 (zero) a 9 é válido; no item **d**, não existe algarismo que forme um número divisível por 2; no item **b**, podem ser os algarismos 0 (zero), 2, 4, 6 e 8.

25. 138, 183, 318, 381, 813 e 831.
a) Números pares: 138 e 318; números ímpares: 183, 381, 813 e 831.
b) Todos são números divisíveis por 3.

26. 25 reais.

27. Falsa. Possível resposta: 523.

28. a) 91
b) 91
c) Sim.

29. 30

30. a) 2 b) 3 c) 990

31. Um número natural é divisível por 6 quando for par (terminado em 0, 2, 4, 6 ou 8) e a soma de seus algarismos for divisível por 3.

Teia do saber (p. 143)

1. a) 1, 5 e 25.
b) 1, 2, 3, 6, 7, 14, 21 e 42.
c) 1, 2, 3, 6, 9 e 18.
d) 1, 2, 3, 4, 5, 6, 10, 12, 15, 20, 30 e 60.

2. 72, 75 ou 78 peças.

3. 15 bailarinos.

4. a) Sim. Não. Não.
b) 1 pacote de 5 quilogramas e 2 pacotes de 2 quilogramas, totalizando R$ 23,00.

5. a) Modelo A.
b) 2 500 caixas.

6. Possíveis respostas:
a) 1 137
b) 2 703

7. Não. Por exemplo, considere os números 4 e 10; 7 é divisor de 4 + 10, porém não é divisor de 4 nem de 10.

8. a) Resposta pessoal.
b) Sim.
c) 4 lados.

9. Sim.

10.

n	$2 \times n$	$2 \times n + 1$
0	0	1
1	2	3
2	4	5
3	6	7
4	8	9

a) São todos números pares.
b) São todos números ímpares.

11. a) 1; 2.
b) 12, 15, 18, 21, 24, 27, 30.
c) Resposta pessoal.

12. a) Não, pois $1 + 3 + 5 = 9$.
b) Não, pois $1 + 2 + 5 = 8$.
c) Não, pois $1 + 2 + 3 + 5 + 6 + 10 + 15 = 42$.
d) Sim, pois $1 + 2 + 4 + 7 + 14 = 28$.

13. Resposta pessoal.

14. a) A pessoa se sentará na fileira A, do lado da janela.
b) Resposta pessoal.

Atividades (p. 149)

32.

	Primo	Composto
93		X
127	X	
201		X
177		X
185		X
209		X
161		X
289		X
179	X	

33. Não. Porque o total de rodas será divisível por 4.

34. Não. Porque esse número é divisível por 3.

35. a) 11
b) 41, 43 e 47.
c) Não. Porque o número seria par, portanto divisível por 2.
d) Não. Porque esse número seria divisível por 5.

36. Não. Por exemplo, $2 \times 7 + 1 = 15$ e 15 não é um número primo.

Atvidades (p. 151)

37. a) $124 = 2^2 \times 31$
b) $80 = 2^4 \times 5$
c) $175 = 5^2 \times 7$
d) $64 = 2^6$
e) $96 = 2^5 \times 3$
f) $108 = 2^2 \times 3^3$

38. a) 120
b) 63
c) 220
d) 343
e) 84
f) 616
g) 605
h) 637
i) 14 297

39. a) Sim, pois $6 = 2 \times 3$.
b) Sim, pois $27 = 3^3$.
c) Sim, pois $18 = 2 \times 3^2$.
d) Sim, pois $54 = 2 \times 3^3$.

40. a)
104
2×52
$2 \times 2 \times 26$
$2 \times 2 \times 2 \times 13$

b)
250
2×125
$2 \times 5 \times 25$
$2 \times 5 \times 5 \times 5$

41. $10 = 2 \times 5$; $100 = 2^2 \times 5^2$; $1\,000 = 2^3 \times 5^3$.

42. a)

240	2
120	2
60	2
30	2
15	3
5	5
1	

b)

147	3
49	7
7	7
1	

43. 5, 7, 11, pois $5 \times 7 \times 11 = 385$.

Atividades (p. 154)

44. a) $2^3 \times 3 = 24$
b) $2 \times 3 \times 5 = 30$
c) $3 \times 7 = 21$
d) $2^3 \times 3 \times 7 = 168$
e) $2^4 \times 3 \times 5 = 240$
f) $2^3 \times 3 \times 5 = 120$
g) $2^4 \times 3^2 = 144$
h) $2 \times 3 \times 5^2 = 150$

45. a) Sim.
b) Sim. Ana e Caio.
c) Nas casas 12 e 24.

46. Dia 25 de dezembro.

47. Após 6 voltas.

48. 24 bolinhas de gude.

49. 18 ou 36.

Atividades (p. 156)

50. a) mdc(28, 42) = 14
b) mdc(9, 13) = 1
c) mdc(15, 50) = 5
d) mdc(14, 70) = 14

51. a) 16 filtros.
b) 16 caixas.

52. Possíveis respostas:
a) 3 e 9; mdc(3, 9) = 3
b) 2 e 5; mdc(2, 5) = 1
c) 14 e 21; mdc(14, 21) = 7

53. a) 4
b) 9

54. a) 3 canetas em cada pacote ou 9 canetas em cada pacote.
b) 9 canetas.

55. a) O barril de 12 litros.
b) A: 6 barris; B: 7 barris; C: 5 barris.

56. a) 12 centímetros.
b) 72 caixas.

Teia do saber (p. 158)

1. a) Primo.
b) Composto.
c) Composto.
d) Composto.

2. 4 = 2 + 2; 6 = 3 + 3; 8 = 5 + 3; 10 = 5 + 5; 12 = 7 + 5; 14 = 7 + 7; 16 = 11 + 5; 18 = 13 + 5; 20 = 13 + 7.

3. Possíveis respostas:
a) 21, 42, 63
b) 60, 120, 180
c) 16, 32, 48
d) 72, 144, 216

4. a) mmc(25, 30) = 150
b) mmc(4, 7) = 28
c) mmc(12, 16) = 48
d) mmc(10, 25) = 50

5. Se dia 3 foi o primeiro dia de folga de Joel, os dois vão folgar juntos nos dias 11 e 31 de janeiro. Se dia 3 foi o segundo dia de folga de Joel, os dois vão folgar juntos nos dias 23 e 31 de janeiro.

6. Após 140 minutos.

7. a) 6 metros.
b) Verde: 2 pedaços; vermelho: 6 pedaços; roxo: 5 pedaços.

8. 13 metros.

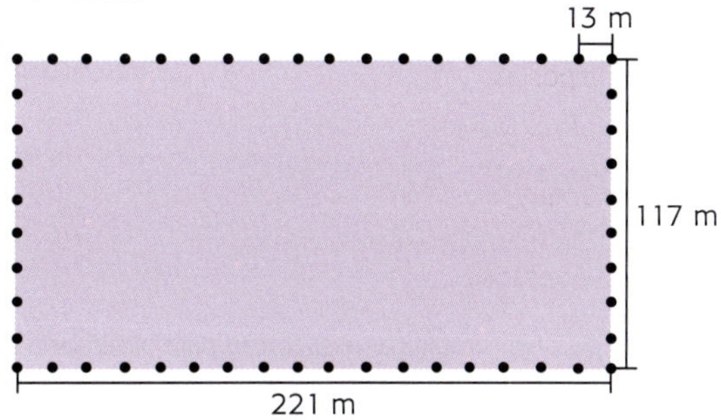

9. Em cada caso, o produto do mmc pelo mdc é igual ao produto dos números de cada par.

		mmc	mdc	produto
a)	12 e 8	24	4	96
b)	3 e 10	30	1	30
c)	4 e 16	16	4	64
d)	6 e 18	18	6	108

10. a) Às 20 horas do primeiro dia e às 8 horas e 20 horas do segundo dia.
b) Resposta pessoal.

Unidade 5 – Frações

Atividades (p. 169)

1. a) $\frac{1}{3}$
b) $\frac{2}{3}$
c) $\frac{3}{8}$
d) $\frac{7}{10}$
e) $\frac{28}{36}$
f) $\frac{36}{64}$

- a) um terço; b) dois terços; c) três oitavos; d) sete décimos; e) vinte e oito trinta e seis avos; f) trinta e seis sessenta e quatro avos.

2. a) $\frac{1}{2}$ do triângulo verde.
b) $\frac{1}{8}$ do quadrado formado pelas sete peças.

3. $\frac{1}{4}$ do quadrado maior. Resposta pessoal.

4. $\frac{2\,000}{24\,000}$

5. Possível resposta: $\frac{250}{2\,250}$

6. a) $\frac{7}{3}$
b) $\frac{2}{5}$
c) $\frac{25}{9}$
d) $\frac{17}{41}$
e) $\frac{11}{5}$

8. 2 folhas de papel inteiras mais $\frac{1}{3}$ de folha de papel, isto é, $\frac{7}{3}$ de folha de papel.

9. 32 alunos.

Atividades (p. 171)

10. a) 3 bolinhas.
b) 15 bolinhas.
c) 14 bolinhas.

11. R$ 15,00.

12. O aluno não ultrapassou o limite de faltas permitido.

Atividades (p. 173)

13. Possíveis respostas:

a) 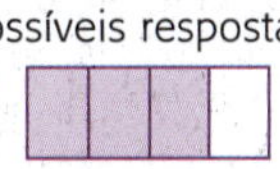

b) 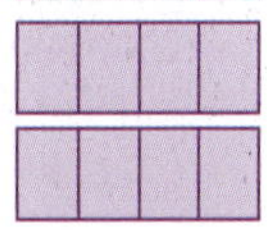

c) 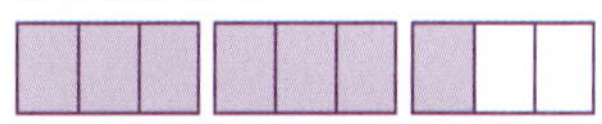

d) 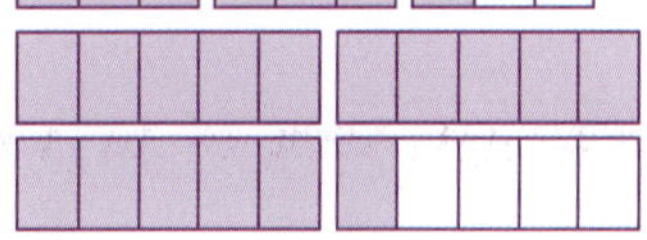

14. a) $\frac{23}{7}$ b) $\frac{21}{5}$ c) $\frac{11}{8}$ d) $\frac{20}{9}$

15. a) $1\frac{3}{5}$ b) $1\frac{4}{7}$ c) $1\frac{3}{9}$ d) $2\frac{1}{11}$

16. Possíveis respostas:
a) $\frac{6}{3}$ b) $\frac{2}{4}$

Atividades (p. 175)

17. A, B e F.

18. a) $\frac{15}{25} = \frac{3}{5}$
b) Possível resposta: $\frac{4}{7} = \frac{8}{14}$
c) Possível resposta: $\frac{7}{42} = \frac{1}{6}$
d) Possível resposta: $\frac{24}{18} = \frac{48}{36}$

20. a) 15 b) 60 c) 17 d) 24

21. a) $\frac{32}{48}$ b) $\frac{9}{15}$

22. 300 000 peixes.

23. O lote devia ter 108 figurinhas.

24. a) $\frac{5}{4}$ b) $\frac{9}{10}$ c) $\frac{2}{5}$ d) $\frac{5}{6}$

25. a) $\frac{1}{8}$

b) $\frac{1}{4}$

c) $\frac{1}{7}$

d) Não é possível simplificar essa fração para obter uma fração de numerador 1 equivalente a ela.

e) $\frac{1}{2}$

26. a) Porque Paola dividiu o numerador e o denominador da fração inicial por 2, dividiu novamente por 2, e depois dividiu os resultados obtidos por 3. Isso equivale a dividir o numerador e o denominador da fração inicial por 12, pois $2 \times 2 \times 3 = 12$.

b) Modo de Mauro: mdc(40,140) = 20, $\frac{40 : 20}{140 : 20} = \frac{2}{7}$

Modo de Paola: $\frac{40 : 2}{140 : 2} = \frac{20 : 2}{70 : 2} = \frac{10 : 5}{35 : 5} = \frac{2}{7}$

Atividades (p. 179)

27. a) Resposta pessoal.

b) Resposta pessoal.

c) Resposta de acordo com a pesquisa realizada.

Atividades (p. 182)

28. a) $\frac{3}{10} < \frac{3}{7}$ c) $\frac{5}{12} < \frac{8}{18}$

b) $\frac{2}{9} < \frac{5}{9}$ d) $\frac{4}{10} > \frac{3}{11}$

29. a) $\frac{3}{8} < \frac{2}{3} < \frac{3}{4} < \frac{5}{6}$

b) $\frac{1}{5} < \frac{3}{10} < \frac{7}{15} < \frac{21}{30}$

30. Possíveis respostas:

a) $\frac{1}{3}, \frac{1}{4}$

b) $\frac{4}{5}, \frac{3}{4}$

c) $\frac{9}{3}, \frac{10}{3}$

d) $\frac{2}{5}, \frac{3}{7}$

32. Verdadeira, pois $\frac{14}{30} > \frac{16}{36}$.

33. a) Cláudio: $\frac{7}{12}$; Luciana: $\frac{5}{9}$; $\frac{7}{12} > \frac{5}{9}$.

b) Cláudio.

Teia do saber (p. 184)

1. a) 79

b) 19

c) 630

d) 68

e) 38

f) 400

g) 1 800

h) 1 400

2. a) $\frac{2}{12}$ b) $\frac{3}{12}$ c) $\frac{6}{12}$

3. a) $\frac{120}{100}$

b) $\frac{150}{100}$

c) $\frac{200}{100}$

d) $\frac{280}{100}$

- Todas as frações obtidas são frações impróprias.
- Item **c**. $\frac{200}{100}$.

4. Possível resposta: $\frac{22}{5}$.

5. 9 000 metros.

6. 30 000 assentos.

7. $\frac{9}{23}$

8. a) Possível resposta: Imposto Predial Territorial Urbano (IPTU), Imposto de Renda de Pessoa Física (IRPF) e Imposto sobre a Propriedade de Veículos Automotores (IPVA).

b) Possível resposta: $\frac{2}{10}$ e $\frac{3}{15}$.

9. a) 15 minutos.

b) "São quatro menos um quarto."

c) Possíveis respostas: 10 h 15 min: "*It is a quarter past ten*"; 9 h 45 min: "*It is a quarter to ten*".

Atividades (p. 189)

34.

+	$\frac{1}{3}$	$\frac{3}{4}$	$\frac{5}{8}$	$\frac{7}{12}$
$\frac{2}{3}$	$\frac{3}{3} = 1$	$\frac{17}{12}$	$\frac{31}{24}$	$\frac{15}{12}$
$\frac{5}{6}$	$\frac{7}{6}$	$\frac{5}{6} + \frac{3}{4} = \frac{19}{12}$	$\frac{35}{24}$	$\frac{17}{12}$
$\frac{7}{18}$	$\frac{13}{18}$	$\frac{41}{36}$	$\frac{73}{72}$	$\frac{105}{108}$

35. a) $\frac{3}{4}$ b) $\frac{7}{8}$ c) $\frac{15}{16}$ • $\frac{31}{32}$

36. a) $\frac{3}{8}$

b) 160 reais.

38. 480 quilômetros.

39. Alternativa **b**.

Atividades (p. 195)

40. 1 xícara de açúcar,
400 g de manteiga,
5 xícaras de farinha de trigo,
Manteiga e farinha de trigo para untar e polvilhar.

41.

×	$\frac{1}{2}$	$\frac{3}{5}$	$\frac{3}{11}$	$\frac{7}{12}$
$\frac{1}{6}$	$\frac{1}{12}$	$\frac{3}{30}$	$\frac{3}{66}$	$\frac{7}{72}$
$\frac{4}{6}$	$\frac{4}{12}$	$\frac{4}{6} \times \frac{3}{5} = \frac{12}{30}$	$\frac{12}{66}$	$\frac{28}{72}$
$\frac{3}{14}$	$\frac{3}{28}$	$\frac{9}{70}$	$\frac{9}{154}$	$\frac{21}{168}$

42. a) $\frac{1}{150}$

b) R$ 3 000 000,00

43. ● : 3 e ■ : 4

44. Nos dois casos o resultado é igual a $\frac{8}{15}$.

45. a) $\frac{8}{18}$ b) $\frac{4}{9}$ c) $\frac{30}{72}$ d) $\frac{30}{24}$ e) $\frac{30}{210}$ f) $\frac{40}{20}$ g) $\frac{24}{2} = 12$ h) $\frac{18}{20}$

46. $\frac{2}{5}$ vez.

47. $\frac{3}{4}$ da parede.

48. Possível resposta:

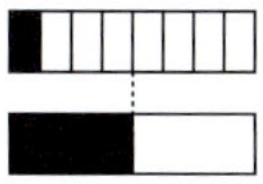

49. $\frac{4}{15}$ do total de alunos.

Atividades (p. 198)

50.
a) $\frac{1}{2} = \frac{50}{100}$; 50%
b) $\frac{2}{10} = \frac{20}{100}$; 20%
c) $\frac{3}{5} = \frac{60}{100}$; 60%
d) $\frac{7}{20} = \frac{35}{100}$; 35%
e) $\frac{2}{2} = \frac{100}{100}$; 100%
f) $\frac{3}{50} = \frac{6}{100}$; 6%
g) $\frac{5}{25} = \frac{20}{100}$; 20%
h) $\frac{8}{10} = \frac{80}{100}$; 80%
i) $\frac{1}{50} = \frac{2}{100}$; 2%
j) $\frac{20}{25} = \frac{80}{100}$; 80%

51. a) 20 b) 225 c) 200 d) 8 e) 15 f) 56 g) 36 h) 120

52. Nivaldo pode fazer:

1 2 × 3 0 0 = ÷ 1 0 0 =

53. a) R$ 4,00 b) $\frac{1}{5}$ c) 20%

54. Alternativa **c**.

55. Alternativa **b**.

56. No manuseio e transporte.

Ativando habilidades (p. 199)

• Allternativa **c**.

Teia do saber (p. 201)

1. $\frac{5}{10}$

2. a) $\frac{12}{29}$ b) $\frac{2}{14}$

3. a) $\frac{1}{20}$ b) $\frac{1}{10}$ c) $\frac{1}{4}$ d) $\frac{1}{2}$

4. $\frac{3}{8}$ de folha.

5. R$ 800,00.

6. a) Colossais.
b) Dínamo.

7. 3 500 000 imigrantes.

8. Silvana depositou $\frac{1}{5}$ de seu salário.

9. Alternativa **c**.

10. a) $\frac{1}{2} + \frac{1}{5} = \frac{5}{10} + \frac{2}{10} = \frac{7}{10}$
b) $\frac{31}{30}$

11. a) $\frac{13}{12}$ b) $\frac{7}{6}$ c) $\frac{9}{4}$ d) $\frac{1}{8}$

12. a) $\frac{4}{3}$ b) $\frac{1}{10}$ c) $\frac{9}{10}$ d) 1

13. Alternativa **d**.

14. Alternativa **c**.

15. Alternativa **d**.

16. a) 33%
b) Sim. $25\% = \frac{25}{100} = \frac{1}{4}$
c) Resposta pessoal.

Unidade 6 – Números decimais

Atividades (p. 213)

1. a) Sessenta e sete centésimos.
b) Três centésimos.
c) Sete décimos.
d) Duzentos e noventa e quatro milésimos.
e) Um inteiro e dois centésimos.
f) Dois inteiros e trezentos e nove milésimos.
g) Cinco inteiros e vinte e oito centésimos.
h) Dois inteiros e noventa e quatro milésimos.

2. a) 0,6
b) 0,7
c) 0,4
d) 0,4

3. a) 0,4
b) 0,207
c) 0,526
d) 0,074

4. a) 2,48
b) 0,325
c) 30,026
d) 1,09

5. a) 40 unidades. b) 7 200 centésimos.

6. Possíveis respostas:
a) 0,300 + 0,020 + 0,008
b) 1,00 + 0,20 + 0,04
c) 10,00 + 4,00 + 0,06
d) 50,000 + 6,000 + 0,200 + 0,007

7. a) 0,9
b) 0,5
c) 0,74
d) 0,893
e) 0,6
f) 0,93
g) 0,31
h) 0,238

8. a) R$ 0,70
b) R$ 0,20
c) R$ 0,50
d) R$ 0,90

10. a) 3 240 000
b) 1 870 000
c) 1 260 000
d) 3 468 000 000

Atividades (p. 217)

11.

Fração	Fração equivalente de denominador 100	Representação decimal
$\frac{3}{10}$	$\frac{3}{10} \times \frac{10}{10} = \frac{30}{100}$	0,30
$\frac{7}{50}$	$\frac{7}{50} \times \frac{2}{2} = \frac{14}{100}$	0,14
$\frac{2}{5}$	$\frac{2}{5} \times \frac{20}{20} = \frac{40}{100}$	0,40
$\frac{9}{20}$	$\frac{9}{20} \times \frac{5}{5} = \frac{45}{100}$	0,45
$\frac{15}{25}$	$\frac{15}{25} \times \frac{4}{4} = \frac{60}{100}$	0,60

12. a) 0,46 b) 0,24 c) 3,56 d) 5,04 e) 0,4 f) 0,15 g) 0,7 h) 0,12

13. a) $\frac{3}{5}$ b) $\frac{1}{4}$ c) $\frac{7}{4}$ d) $\frac{12}{5}$

Atividades (p. 218)

14. $1{,}99 < 2{,}019 < 2{,}083 < 2{,}1 < 2{,}110$

15. Marcos não está certo em sua conclusão. Por exemplo, comparando os números 0,230 e 0,8, temos que:
0,230 = 0,23 e 0,8 = 0,80. Como 80 centésimos é maior do que 23 centésimos, concluímos que 0,8 é maior que 0,230. Desse modo, um número com mais algarismos não é necessariamente maior do que outro com menos algarismos do que ele.

16. a) $1\frac{2}{3} > 1{,}23$ b) $2\frac{5}{9} < 2{,}59$

Teia do saber (p. 219)

1. a) $\frac{1}{1\,000}$ b) 0,001

2. a) 0,38 metro. b) 1,09 metro. c) 1 metro. d) 2,35 metros.

3. a) 5 décimos de real ou 0,5 real.
b) 1 milésimo de real ou 0,001 real.
c) R$ 9,00

4. a) 0,4 b) 0,75 c) 0,4 d) 0,07

5. Possível resposta: 13,3.

6. Rio Grande do Sul (11,2 milhões); Bahia (15,1 milhões); Rio de Janeiro (16,5 milhões); Minas Gerais (20,7 milhões) e São Paulo (44,0 milhões).

7. a) Tyson Gay e Yohan Blake.
b)

Atleta	Marca	País
Florence GRIFFITH-JOYNER	10,49 s	EUA
Carmelita JETER	10,64 s	EUA
Marion JONES	10,65 s	EUA
Shelly-Ann FRASER-PRYCE	10,70 s	Jamaica
Christine ARRON	10,73 s	França

c) Resposta pessoal.

Atividades (p. 224)

17. a) 13,2 b) 45,45 c) 105,31 d) 5,71

18.

+	0,8	0,26	0,72	0,216
0,63	1,43	0,89	1,35	0,846
1,29	2,09	1,55	2,01	1,506
2,03	2,83	2,29	2,75	2,246

19. a) O valor de cada tijolo, começando pelos tijolos da segunda fileira de baixo para cima, é a soma dos valores dos tijolos imediatamente abaixo do tijolo considerado.
b)

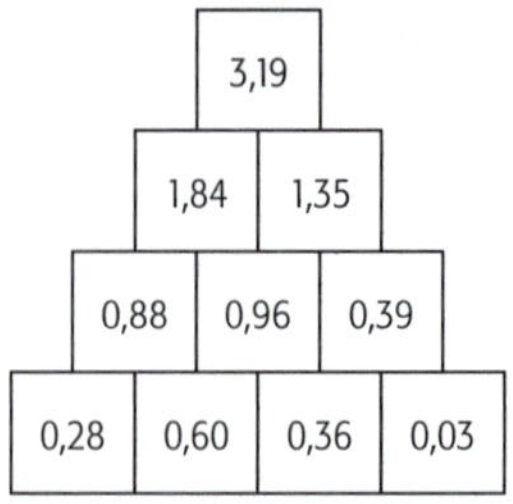

20.  : 6
 : 1
 : 2

21. Respostas possíveis: camiseta listada R$ 18,99 e bermuda vermelha R$ 15,99 ou camiseta azul R$ 23,49 e bermuda vermelha R$ 15,99. Não é possível combinar camiseta e bermuda comprando a bermuda laranja de R$ 32,99.

22.

−	0,7	0,87	0,972	3,805
0,5	0,2	0,37	0,472	3,305
0,66	0,04	0,21	0,312	3,145
0,436	0,264	0,434	0,536	3,369

23. a) Resposta pessoal.
b) $0{,}45 + 0{,}3 = 0{,}75$

24. Alternativa **e**.

25. Resposta pessoal.

Atividades (p. 227)

26. a) R$ 119,95
b) O preço a prazo é R$ 4,95 maior do que o preço à vista.

27.

×	0,2	0,58	2,85
0,9	0,18	0,522	2,565
0,82	0,164	0,4756	2,337
0,316	0,0632	0,18328	0,9006

28. R$ 119,50

29. R$ 11,50

30. R$ 1 197,00

31. a) Ele poderá comprar 4 quilogramas de alcatra ou de fraldinha.
b) R$ 15,24

Atividades (p. 231)

32.

÷	23	1,5	0,46	21,57	2,389	0,15
10	2,3	0,15	0,046	2,157	0,2389	0,015
100	0,23	0,015	0,0046	0,2157	0,02389	0,0015
1 000	0,023	0,0015	0,00046	0,02157	0,002389	0,00015

33. a) 13 moedas. b) 65 moedas.

34. a) 8 caixas.
b) R$ 8,08

35. Maior.

36. 962 quadrados.

37. 36 moedas de 10 centavos.

38. 0,043 centímetro.

39. Como 73,4 está sendo dividido por um número menor do que 1, o resultado deve ser maior do que 73,4.

40. Todos os resultados são escritos apenas com os algarismos 1, 4, 2, 8, 5 e 7.

Atividades (p. 233)

41. Possível resposta:

42. a) R$ 46,00 b) R$ 60,00

43. a) R$ 39,00
b) R$ 91,00

44. a) Sim. Porque o resultado de 75% de 200 está entre os resultados dos cálculos que Giovana efetuou.
b) 70% de 200 : 140; 80% de 200 : 160.
c) R$ 150,00
d) Está mais próximo de 160.

45. Possível resposta: Felipe possui uma coleção de carrinhos. Ele guarda 40 carrinhos em uma caixa pequena e o restante em uma caixa maior. Sabendo que 20% dos carrinhos da coleção de Felipe estão na caixa pequena, determine o total de carrinhos que ele possui.

47. Alternativa **d**.

Ativando habilidades (p. 234)

- Alternativa **b**.

Teia do saber (p. 235)

1. a) 71 b) 50

2. a) 1,412 b) 1,545

3. Possível resposta: 2,3 + 0,7 = 3.

4. a) 299,4 = 200 + 90 + 9 + 0,4: duzentos e noventa e nove e quatro décimos;
299,3 = 200 + 90 + 9 + 0,3: duzentos e noventa e nove e três décimos;
299 = 200 + 90 + 9: duzentos e noventa e nove;
298,4 = 200 + 90 + 8 + 0,4; duzentos e noventa e oito e quatro décimos;
297,6 = 200 + 90 + 7 + 0,6; duzentos e noventa e sete e seis décimos;
297,2 = 200 + 90 + 7 + 0,2; duzentos e noventa e sete e dois décimos.
b) 2,2 pontos.
c) 897,7 pontos.

5. a) Às 16 h 35 min. b) 3,5 metros.

6. Em 267 milhões de habitantes.

7. a) R$ 2,64; R$ 2,68. b) R$ 0,04

8. 0,367 quilogramas.

9. R$ 67,17

10. Há diferentes caminhos possíveis, mas todos medem 10,2 centímetros.

11. a) 9,31 b) 0,2

12. Nessa cidade, 5 600 eleitores são homens.

13. Alternativa **b**.

14. a) O aumento foi de 20,0 bilhões de reais.
b) Entre os anos de 2013 e 2014.
c) Resposta pessoal.

Unidade 7 – Ângulos e polígonos

Atividades (p. 246)

1. Possível resposta: os cantos do livro, da mesa, da lousa, da porta.

2. C

3. Exemplo de resposta:

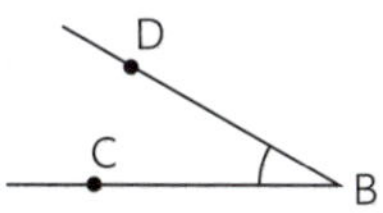

O ponto B.

4. a) 90° b) 120° c) 240°

5. a) 35°
b) 120°
c) 80°
d) 165°

7. a)

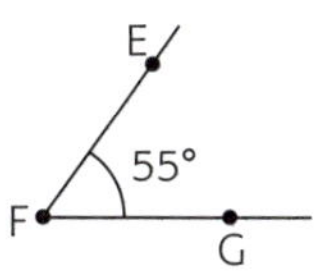

b)

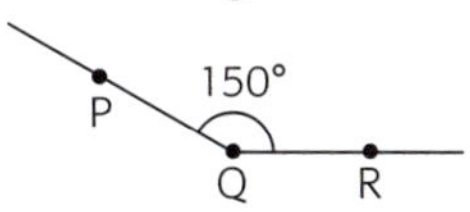

Teia do saber (p. 252)

1. a) 120°
b) 105°

2. Ângulo de 40°. Podemos pensar em um giro descrito por um ponteiro fixado no ponto A, que inicialmente apontava a direção de Radiópolis (tracejado no desenho) e aponta agora a direção de Cobalto.

3. a) 135°
b) Sudoeste.

4. a) Obtuso. b) Agudo. c) Reto.

5. Figura II. A personagem aparece com os pés apoiados sobre o chão e os joelhos estão flexionados formando um ângulo de 90°.

6. 36 movimentos.

7. 10°

8. a) A lenda conta que em certa ocasião amarraram uma grande pedra ao eixo de uma carruagem e a personagem do folclore irlandês Cuchulain rodopiou esse aparato sobre o próprio corpo e o lançou a uma distância que nenhum homem podia igualar.
b)

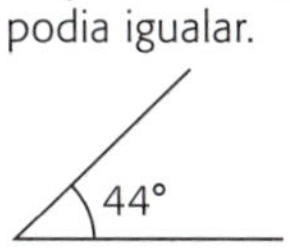

c) Possível resposta: corridas (100 metros rasos, marcha atlética, maratona etc.); saltos (em distância, triplo); lançamentos de disco. Resposta pessoal.

Atividades (p. 256)

8. a) B
b) Figura A: não é polígono, pois é uma figura aberta.
Figura C: não é polígono, pois dois de seus segmentos se cruzam.
Figura D: não é polígono, pois é uma figura aberta e seus segmentos se cruzam.

9. Possível resposta:

10. Possível resposta:

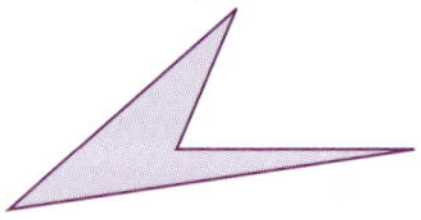

11. 55 cm

Atividades (p. 258)

12. a) Heptágono.
b) Resposta de acordo com o polígono desenhado.

13. a) Triângulo: 3 lados, 3 vértices e 3 ângulos internos; quadrilátero: 4 lados, 4 vértices e 4 ângulos internos; pentágono: 5 lados, 5 vértices e 5 ângulos internos; hexágono: 6 lados, 6 vértices e 6 ângulos internos.
b) Um polígono tem o mesmo número de lados, de vértices e de ângulos internos.
c) Sim. O hexágono.

Atividades (p. 261)

15. a)

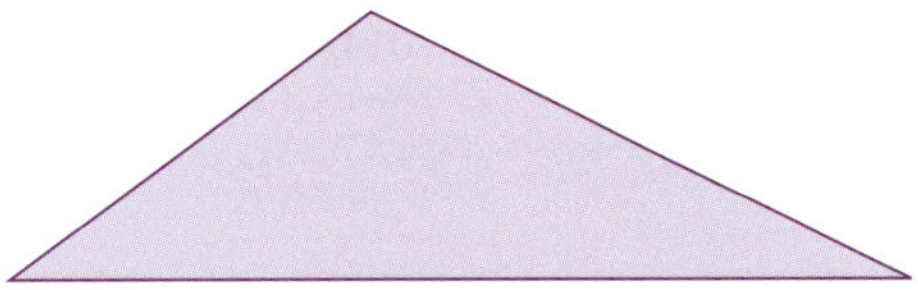

b)

16. a) Triângulo escaleno e retângulo.
b) Triângulo isósceles e acutângulo.

18.

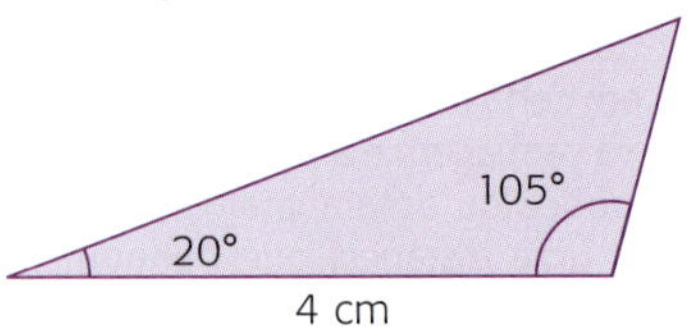

19. a) Triângulo escaleno.
b) Triângulo equilátero.
c) Triângulo isósceles.

Atividades (p. 266)

20. Um recorte terá a forma de triângulo e o outro, de trapézio.

21. a) 2 ângulos agudos.
b) 2 ângulos obtusos.

22. a) Sim, pois um losango é um paralelogramo que tem quatro lados de mesma medida.
b) Não, pois, para ser um quadrado, além de lados de mesma medida de comprimento, deve ter ângulos internos retos.

23. a) Falsa. Existem retângulos que não têm todos os lados de mesma medida. Logo, há retângulos que não são quadrados.
b) Verdadeira. O losango é um caso particular de paralelogramo (é um paralelogramo que tem todos os lados de mesma medida).
c) Verdadeira. Os retângulos que têm os quatro lados de mesma medida são quadrados.

24. a) Resposta pessoal.

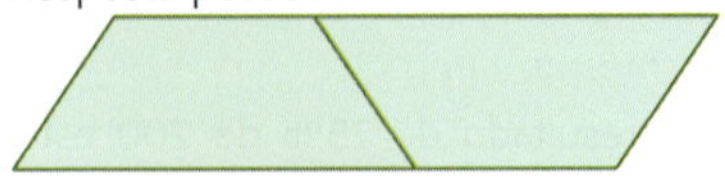

b) Resposta pessoal.

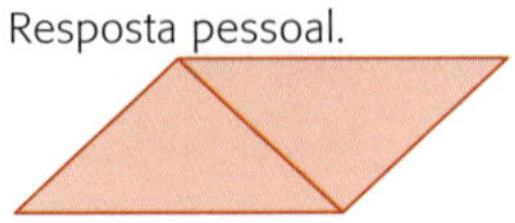

c) Resposta pessoal.

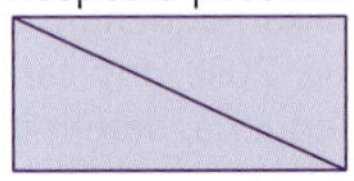

25. a) Resposta pessoal.

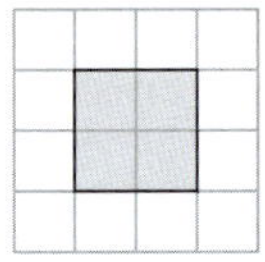

b) Quadrado.
c) Possível resposta: Marque, no papel quadriculado, um ponto que seja vértice de um dos quadradinhos da malha. Escolha uma direção (vertical ou horizontal) e sentido (da esquerda para a direita ou vice-versa, ou de cima para baixo ou vice-versa) e trace um segmento de 3 unidades (ou 4 unidades). Gire a régua um quarto de volta para a direita e trace outro segmento de 3 unidades (ou 4 unidades). Repita o passo anterior mais duas vezes até que o ponto inicial da figura seja encontrado.

26. a) A forma dos tacos lembram: paralelogramo, quadrado e trapézio.
b) Possível resposta: O paralelogramo é um polígono que tem quatro vértices, quatro ângulos internos e quatro lados. É um quadrilátero que tem dois pares de lados paralelos e pode receber nomes especiais de acordo com as medidas dos lados e com as medidas dos ângulos.

Ativando habilidades (p. 268)

- Alternativa **e**.

Teia do saber (p. 270)

1. a) Resposta pessoal.

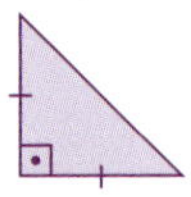

b) Resposta pessoal.

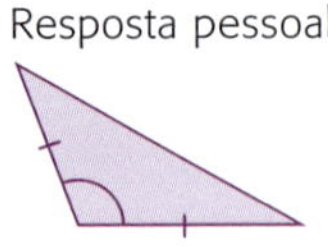

c) Resposta pessoal.

2. A forma representada em verde lembra um retângulo e a representada em amarelo lembra um losango.

3. a) 6 faces.
b) Resposta pessoal.

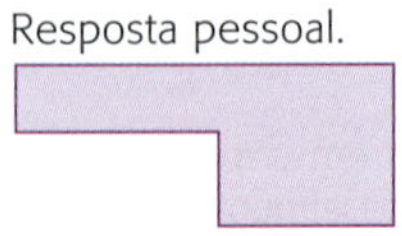

4. Não. Não é possível construir um triângulo cujos lados meçam 1 unidade, 4 unidades e 5 unidades.

5. a) Triângulo isósceles.
b) Triângulo retângulo.
c) 45°; 45° e 90°.

6. Não é possível "fechar" uma figura formada por três segmentos de reta e que ao mesmo tempo tenha dois ângulos internos retos ou, ainda, dois ângulos internos oblíquos.

7. a) Falsa.
b) Verdadeira.
c) Verdadeira.
d) Falsa.

8. a) Resposta pessoal.
b) Hortifrutigranjeiros, frios, carnes, pescados, massas e alimentos produzidos artesanalmente, além de acessórios como luvas, meias e confecções.
c) Há formas que lembram pentágono, trapézio, retângulo (portas e janelas).

Unidade 8 – Grandezas e medidas

Atividades (p. 282)

1. a) Aproximadamente 112 cm.
b) Aproximadamente 4 m.

2. a) m b) mm c) km d) cm

3. a) O quilômetro.
b) O centímetro.
c) O metro.
d) O milímetro.

4. a) 0,035 b) 2 600 c) 0,189 d) 2 741

5. a) 2 voltas.
b) 25 voltas.

6. Alternativa **e**.

Atividades (p. 286)

7. a) 750 g
b) 1 600 g ou 1,6 kg
c) 3 450 g ou 3,45 kg

8. a) A tonelada.
b) O miligrama.
c) O grama.
d) O quilograma.

9. 300 sacos de feijão.

10. a) 1,200 b) 3 500 c) 189 d) 2,740

11. Na embalagem de 500 g; R$ 0,019.

12. 125 g

Atividades (p. 288)

13. a) mL b) L c) L

14. a) 0,25 b) 1 500 c) 750 d) 0,045

15. a) Sim.
b) 300 mL

16. a) 600 mL; 350 mL
b) 2,05 L

Atividades (p. 291)

17. a) 3 h
b) 5 h 10 min
c) 8 h 30 min
d) 10 h 55 min

18. a) 30 min b) 15 min c) 2 700 s

19. a) 15 h 28 min ou 3 h 28 min (da tarde)
b) 9 h 19 min (da manhã)
c) 2 h 44 min (da madrugada)
d) 7 h 36 min (da manhã)

20. a) Opção B. b) Opção A.

22. 1 h 26 min

23. a) Novembro e dezembro.
b) Agosto e setembro.
c) Resposta pessoal.

Teia do saber (p. 293)

1. Possível resposta: Olhar as horas no relógio, verificar a temperatura de um ambiente ou de uma pessoa, conhecer distâncias entre locais, usar a régua para medir o comprimento de algo, etc.

2. I – C; II – E; III – B; IV – A; V – D

3. 0,7 mm

4. a) 80% b) 64 cm

5. Alternativa **b**.

6. 72 batimentos.

7. a) 0,62 b) 2 480 m

8. 8 h 42 min

9. 6 h 26 min

10. a) 312 mg b) 145,32 g

11. Alternativa **c**.

12. 5,400 kg

13. Alternativa **c**.

14. a) 23 min 50 s b) Resposta pessoal.

15. 178,5 cm

16. 50 mg

17. a) 0,18 cm
b) Resposta pessoal.
c) Resposta pessoal.

Atividades (p. 298)

24. a) 24 lados de quadradinho.
b) 28 lados de quadradinho.
c) 22 lados de quadradinho.
d) 22 lados de quadradinho.
e) 36 lados de quadradinho.

25. a) 21 m b) 18 m c) 24 m d) 19 m

26. a) 24 m b) 24 m

27. a) Possível resposta:

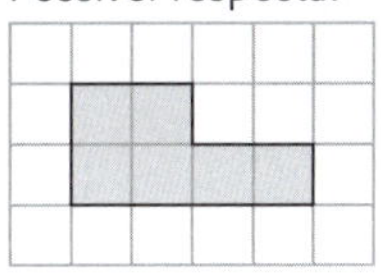

b) Possível resposta:

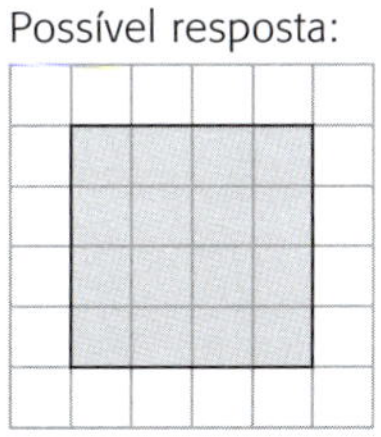

c) Possível resposta:

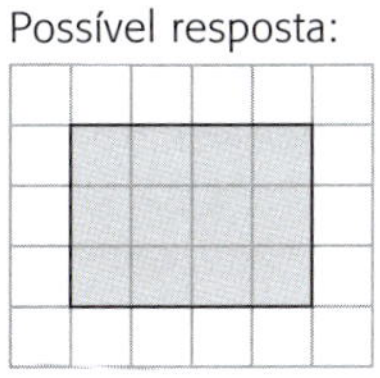

28. Alternativa **c**.

Atividades (p. 300)

29. a) 15 unidades de área.
b) 32 unidades de área.
c) 30 unidades de área.

30. a) 6 unidades de área.
b) 10 unidades de área.
c) 13 unidades de área.

31. a) 16 unidades de área.
b) 4 unidades de área.
c) 2 unidades de área.
d) O triângulo marrom e o triângulo roxo (4 unidades de área); o triângulo rosa e o triângulo verde (1 unidade de área); o quadrado laranja, o paralelogramo amarelo e o triângulo azul (2 unidades de área).

Ativando habilidades (p. 304)

- a) 4 cm, 5 cm
  b) 66 cm

Atividades (p. 305)

32. 36 quadradinhos; 36 cm^2; 42 cm.

33. Alternativa **d**.

34. a) 40 cm^2 b) 49 cm^2

35. a) =
b) >
c) =
d) <

36. 91 cm^2

37. 20 000 m^2

38. 18 m^2

39. a) 81 cm^2 b) 16 cm^2 c) 65 cm^2

40. 2 latas de tinta.

41. a) 9 cm^2 b) 54 cm^2

42. Aproximadamente, 34 125 pessoas.

43. Alternativa **a**.

44. a) 67 500 m^2 b) 180 000 m^2

Atividades (p. 310)

45. a) 30 caixas.
b) 30 caixas.

46. 160 blocos.

47. a) 8 blocos.
b) 30 blocos.
c) 27 blocos.
d) 24 blocos.

48. a) O primeiro empilhamento tem 1 bloco; o segundo tem 8 blocos; o terceiro tem 27; e assim por diante.
b) 216 blocos.

Atividades (p. 312)

49. a) 100 cubos.
b) 1 000 cubos.

50. 500 dias.

51. a) 1 L
b) 15 s

52. a) m^3
b) km^3
c) cm^3
d) dm^3

53. 400 mL

54. 22 500 L

55. Alternativa **b**.

Teia do saber (p. 314)

1. a) A: 18 unidades; B: 22 unidades; C: 22 unidades; D: 18 unidades.
b) A: 14 unidades; B: 14 unidades; C: 14 unidades; D: 14 unidades.

2. a) Q1: 4 cm; Q2: 8 cm; Q3: 16 cm
b) o dobro

3. a)

Figura	Perímetro (cm)	Área (cm^2)
A	28 cm	24 cm^2
B	22 cm	24 cm^2
C	20 cm	24 cm^2
D	19,6 cm	24 cm^2

b) III

4. Sim. Exemplo: 1 kg de sal e 1 kg de algodão; 1 kg de algodão ocupa um espaço maior do que o espaço ocupado por 1 kg de sal.

5. a) 156 metros.
b) 8 embalagens.

6. Alternativa **d**.

7. 890 mL

8. 876 000 nós.

9. Alternativa **c**.

10. Alternativa **a**.

11. Brasil: 23,72 habitantes por quilômetro quadrado (hab/km^2); Japão: 336,03 habitantes por quilômetro quadrado (hab/km^2); o Japão.

12. a) De 10 000 m^2 a 40 000 m^2
b) 23 000 kg; 34 000 kg

13. 400 viagens.

14. 19,32 m^3 de areia.

15. Não. Essa caixa tem capacidade para 4,536 L de água.

16. 32 barris.

17. a) Aquífero Alter do Chão: Acre, Amazonas, Pará e Amapá; Aquífero Guarani: Mato Grosso, Mato Grosso do Sul, Goiás, Minas Gerais, São Paulo, Paraná, Santa Catarina e Rio Grande do Sul.
b) 86 000 km^3 (volume do Aquífero Alter do Chão) é maior do que 45 000 km^3 (volume do Aquífero Guarani).
c) Resposta pessoal.

BOYER, Carl. *História da Matemática*. São Paulo: Blucher, 2010.

CAMPOS, C. R. et al. *Educação estatística* – teoria e prática em ambientes de modelagem matemática. Belo Horizonte: Autêntica, 2011.

CAVALCANTI, A. C. S. *Educação matemática e cidadania*: um olhar através da resolução de problemas. Tese de doutorado, UFPB, 2010. Disponível em: <http://bdtd.biblioteca.ufpb.br/tde_busca/arquivo.php?codArquivo=968>. Acesso em: 2 jun. 2015.

CAZORLA, I.; SANTANA, E. *Do tratamento da informação ao letramento estatístico*. Itabuna: Via Litterarum, 2010.

CHARNAY, R. Aprendendo com a resolução de problemas. In: PARRA, C.; SAIZ, I. *Didática da Matemática*. Porto Alegre: Artmed, 2009.

Coleção "Tópicos de história da Matemática para uso em sala de aula". São Paulo: Atual, 1992.

COXFORD, A. F.; SHULTE, A. P. *As ideias da Álgebra*. São Paulo: Atual, 1994.

CURY, H. N. *Análise de erros* – o que podemos aprender com as respostas dos alunos. Belo Horizonte: Autêntica, 2007.

FAZENDA, I. C. A. *Interpretação e interdisciplinaridade no ensino brasileiro*: efetividade ou ideologia. São Paulo: Loyola, 2011.

IFRAH, Georges. *Os números*. São Paulo: Globo, 1989.

KRULIK, S.; REYS, R. E. *A resolução de problemas na matemática escolar*. São Paulo: Atual, 2010.

LINDQUIST, Mary Montgomery; SHULTE, Albert P. (Orgs.). *Aprendendo e ensinando geometria*. São Paulo: Atual, 1994.

LOPES, C. A. E. *A probabilidade e a estatística no ensino fundamental*: uma análise curricular. Campinas: Editora da Unicamp, 1998.

LORENZATO, S. *Para aprender Matemática*. Campinas: Autores Associados, 2006.

MIGUEL, A.; MIORIN, M. A. *História na educação matemática* – propostas e desafios. Belo Horizonte: Autêntica, 2011.

Ministério da Educação. Secretaria de Educação Básica. Diretoria de Currículos e Educação Integral. Diretrizes Curriculares Nacionais da Educação Básica, Brasília: MEC/SEB/DICEI, 2013.

Ministério da Educação e do Desporto/Secretaria de Educação Fundamental. Parâmetros Curriculares Nacionais (PCN), Brasília, 1997.

ONUCHIC, L. R. Ensino-aprendizagem de Matemática através da resolução de problemas. In: BICUDO, M. A. V. (Org.). *Pesquisa em educação matemática*: concepções e perspectivas. São Paulo: Editora da Unesp, 1999. p. 199-218. (Seminários & Debates).

POLYA, G. *A arte de resolver problemas*. Rio de Janeiro: Interciência, 1995.

PONTE, J. P. et al. *Investigações matemáticas na sala de aula*. Belo Horizonte: Autêntica, 2005.

POZO, J. I. (Org.). *A solução de problemas* – aprender a resolver, resolver para aprender. Porto Alegre: Artmed, 1998.

SKOVSMOSE, O. *Towards a philosophy of critical mathematics education*. Dordrecht: Kluwer Academic Publishes, 1994.

SUGESTÕES DE LEITURA

BELOS, A. *Alex no país dos números*. São Paulo: Companhia das Letras, 2011.

Coleção "A descoberta da Matemática". São Paulo: Ática (14 títulos).

COUTINHO, L. *Matemática e mistério em Baker Street*. Rio de Janeiro: Ciência Moderna, 2003.

ENZENSBERGER, H. M. *O diabo dos números*. São Paulo: Companhia das Letras, 2006.

GUEDJ, D. O. *Teorema do papagaio*. São Paulo: Companhia das Letras, 1999.

IMENES, L. M. et al. Coleção "Pra que serve a Matemática". São Paulo: Atual (9 títulos).

POSKITT, K. *Matemática mortífera*. São Paulo: Melhoramentos, 2009.

SAMPAIO, F. A. *Matemágica* – história, aplicações e jogos matemáticos, v.1 e 2. Campinas: Papirus, 2011.

Série "Vivendo a Matemática", São Paulo: Scipione (13 títulos).

SMOOTHEY, M. *Série Investigação matemática*. São Paulo: Scipione (12 títulos).

SZPIRO, G. G. *A vida secreta dos números*: 50 deliciosas crônicas sobre como trabalham e pensam os matemáticos. Rio de Janeiro: DIFEL, 2011.

TAHAN, M. *Matemática divertida e curiosa*. Rio de Janeiro: Record, 2002.

TAHAN, M. *O homem que calculava*. Rio de Janeiro: Record, 2003.

VERMA, S. *Ideias geniais na Matemática*: maravilhas, curiosidades, enigmas e soluções brilhantes da mais fascinante das ciências. Belo Horizonte: Gutemberg, 2013.

Jornadas.mat

Caderno de Atividades 6

Matemática

Organizadora:
Editora Saraiva
Obra coletiva organizada e produzida pela Editora Saraiva

Editora responsável:
Viviane Carpegiani

Edição: Carlos Eduardo de Oliveira
Julio Cesar Augustus de Paula Santos
Luís Felipe Porto Mendes
Marcela Maris
Rani de Oliveira e Souza

Editora Saraiva

Caro aluno,

Você já experimentou a sensação de encontrar tantas informações sobre um assunto que mal consegue relacioná-las ou selecionar as mais relevantes?

Estamos sempre em contato com as mais diversas informações e pontos de vista, e tudo isso nos chega por diferentes meios – conversas com familiares e amigos, aulas, redes sociais na internet, programas de televisão ou rádio, filmes, jornais, revistas, livros etc.

Já se sabe, entretanto, que a facilidade de acessar as informações que nos interessam não é suficiente para nos tornar sujeitos ativos e autônomos na construção dos saberes que queremos.

Para possibilitar que você construa – individualmente ou em grupo – aprendizagens significativas, elaboramos este *Caderno de Atividades*. Aqui apresentamos um conjunto de atividades relacionadas aos conteúdos estudados nas suas aulas de Matemática. Essas atividades têm como principal objetivo ajudar você a desenvolver suas habilidades e competências para que possa atuar com liberdade e segurança na sociedade do conhecimento em que vivemos.

Seu *Caderno de Atividades* está dividido em unidades, acompanhando a organização do livro ***Jornadas Matemática***. Em cada unidade, você encontra as seções: *Reveja a jornada*, que tem o objetivo de ajudar você a retomar os principais assuntos da unidade; *Para praticar*, com atividades variadas sobre esses assuntos, entre elas questões desafiadoras de olimpíadas de Matemática; e *Leitura do mundo*, que aborda assuntos relacionados ao Tratamento da Informação por meio de temas presentes na sua vida de estudante e cidadão, como convívio social, tecnologia e cultura. Nessas três seções, você encontrará práticas de leitura e de interpretação de textos e imagens, pesquisas, uso do raciocínio lógico e expressão escrita, entre outros desafios. Caso tenha dúvidas, poderá contar com a mediação do professor para solucioná-las e esclarecê-las.

As práticas propostas neste *Caderno de Atividades*, adicionadas às do seu livro ***Jornadas Matemática***, vão ajudar você a construir seu próprio conhecimento sobre Matemática e sobre a utilização desse conhecimento na sociedade em que vive, ampliando sua compreensão sobre fenômenos que envolvem conceitos matemáticos.

Convidamos você a fazer conosco mais esta jornada!

Os editores

SUMÁRIO

UNIDADE 1 Números e sistemas de numeração

Reveja a jornada

Usos dos números

Na imagem a seguir, o número 23 indica ________________.

Conjunto dos números naturais

- O conjunto dos números naturais é representado pelo símbolo ________________.

$$\mathbb{N} = \{0, 1, 2, 3, 4, 5, ...\}$$

- A sequência dos números naturais é 0, 1, 2, 3, 4, 5, 6, 7, 8, 9, 10, 11, 12, 13, ... Podemos representar essa sequência em uma reta numerada:

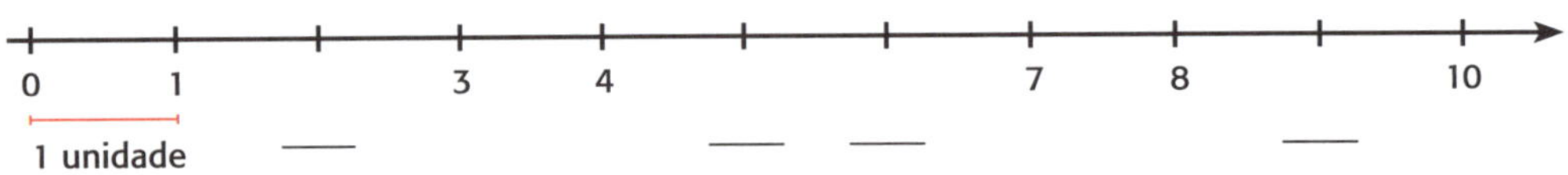

- Podemos destacar outras duas sequências dentro da sequência dos números naturais:

  A sequência dos números ________________: 0, ________, 4, 6, 8, ________, ________, 14, ...

  A sequência dos números ________________: 1, 3, ________, 7, ________, 11, ________, 15, ...

- Dizemos que dois ou mais números naturais são consecutivos quando um vem ________________ após o outro na sequência dos números naturais.

- O ________________ de um número natural pode ser obtido adicionando-se uma unidade ao número considerado, e na reta numerada é o número natural imediatamente à ________________ do número considerado.

- O ______________ de um número natural pode ser obtido subtraindo-se uma unidade do número considerado, e na reta numerada é o número natural imediatamente à ____________ do número considerado.
- Na comparação entre dois números naturais, podemos usar os símbolos > (____________) e < (____________).

Sistema de numeração romano

- Para escrever números no sistema de numeração romano, utilizamos sete símbolos. São estes: ____, ____, ____, ____, ____, ____, ____.
- Apenas os símbolos ____, ____, ____ e ____ podem ser repetidos, seguidamente, até três vezes.
- Quando um símbolo é colocado imediatamente à direita de um símbolo de valor maior ou igual ao dele, os valores desses símbolos são ______________________.
- Quando um símbolo é colocado imediatamente à esquerda de um símbolo de valor maior, o valor menor deve ser subtraído do valor maior, nos seguintes casos: I à esquerda de V ou de X, X à esquerda de L ou de ____ e C à esquerda de ____ ou de M.
- Se entre dois símbolos quaisquer existe outro símbolo de valor menor que ambos, o valor deste deve ser ______________ do símbolo seguinte a ele.
- O valor dos símbolos romanos é multiplicado por ______________ quando colocamos barras horizontais em cima deles.

Sistema de numeração indo-arábico

- Para escrever números no sistema de numeração indo-arábico, utilizamos dez símbolos, chamados algarismos indo-arábicos. São estes:

  ____, ____, ____, ____, ____, ____, ____, ____, ____, ____.
- O sistema indo-arábico é um sistema de numeração ____________.
- Os agrupamentos são feitos de dez em dez.

1 unidade

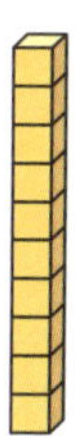

Agrupando 10 unidades, obtemos

1 ____________________.

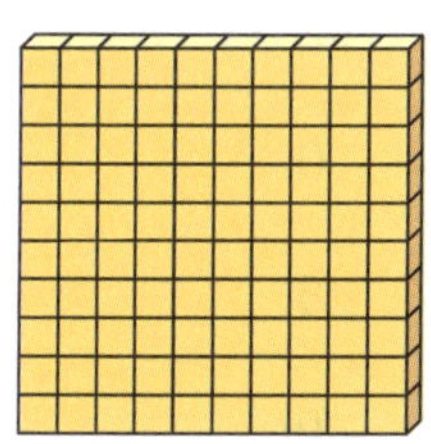

Agrupando 10 dezenas, obtemos 100 unidades ou

1 ____________________.

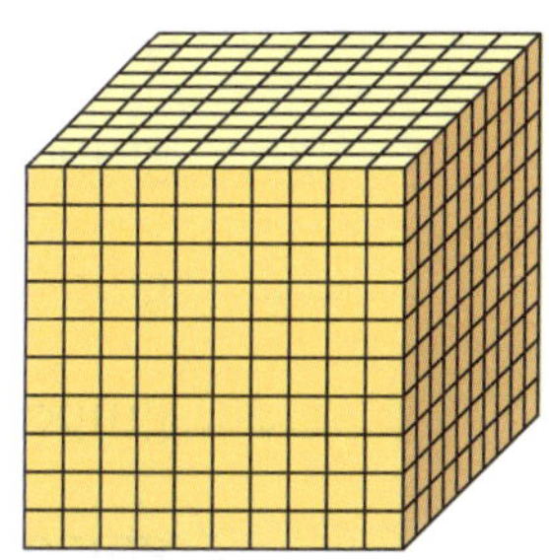

Agrupando 10 centenas, obtemos 1 000 unidades ou

1 ____________________.

E assim por diante.

- É também um sistema ______________________, pois o valor de um algarismo depende da posição que ele ocupa na escrita do número.
- Os algarismos são separados em ______________, que são grupos de três algarismos. E cada

  ______________ é dividida em ordens.

Observe os números 815 143 e 303 529 563 separados em classes e em ordens.

Classe dos milhões			Classe dos milhares			Classe das unidades simples		
Centena de milhão	Dezena de milhão	Unidade de milhão	Centena de milhar	Dezena de milhar	Unidade de milhar	Centena	Dezena	Unidade
			8	1	5	1	4	3
3	0	3	5	2	9	5	6	3

Sistema de numeração binário

- No **sistema de numeração binário**, são utilizados 2 algarismos: ________ ou ________.
- São feitos agrupamentos de dois em dois:

  2 unidades formam 1 grupo de 2;

  2 grupos de 2 formam 1 grupo de ________;

  2 grupos de 4 formam 1 grupo de ________;

  e assim por diante.
- Para escrever um número nesse sistema, começamos com a ordem mais próxima desse número, igual ou inferior a ele, depois completamos as ordens seguintes até obter o total. Por exemplo, a representação do número 424 é 110101000:

________ grupo de 256 ⟶ 256

________ grupo de 128 ⟶ 128

________ grupo de 64 ⟶ 0

________ grupo de 32 ⟶ 32

________ grupo de 16 ⟶ 0

________ grupo de 8 ⟶ 8

________ grupo de 4 ⟶ 0

________ grupo de 2 ⟶ 0

________ grupo de 1 ⟶ 0

424

Para praticar

1. Contagem e números naturais

1. Nas fichas a seguir, as palavras indicam diferentes usos dos números.

A medida **B** ordem **C** código **D** quantidade

Leia cada frase abaixo e indique a letra correspondente à palavra que melhor representa o uso do número destacado em cada uma delas.

( ) Na oficina de Marcos, o pneu **185/60 R15** está em falta.

( ) Manaus foi considerada a **sétima** cidade mais populosa do Brasil em 2014.

( ) O edifício Itália, um dos prédios mais altos de São Paulo, tem **165** metros de altura.

( ) Na partida final de um campeonato de basquete, o time campeão fez **96** pontos.

2. Observe a reta numerada desenhada a seguir e responda à questão.

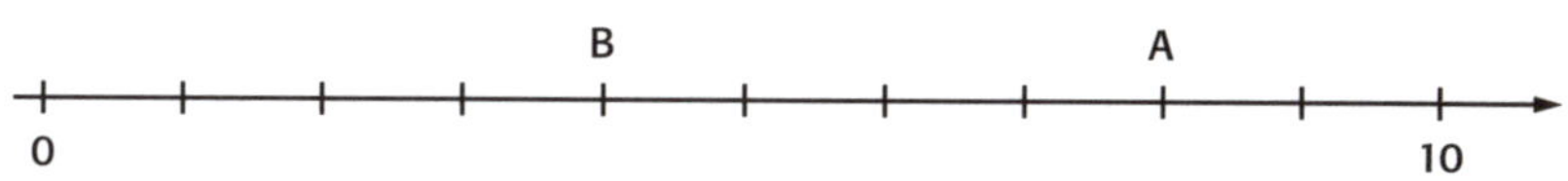

Qual é o número associado ao ponto A? E ao ponto B?

____

3. Localize os números 15, 35 e 45 na reta numerada representada a seguir.

_____ _____ _____

4. O antecessor de um número natural é obtido:

a) adicionando-se 2 unidades ao número considerado.

b) subtraindo-se 1 unidade do número considerado.

c) adicionando-se 1 unidade ao número considerado.

d) subtraindo-se 2 unidades do número considerado.

e) adicionando-se, e depois subtraindo-se, 1 unidade do número considerado.

5. Se os números 1 001, 1 002 e ■ são números consecutivos, então ■ é igual a:

a) 1000

b) 1003

c) 1030

d) 1004

6. Complete o quadro abaixo com o antecessor e o sucessor de cada número.

Antecessor	Número considerado	Sucessor
	425	
	652	
	2 000	
	84	

7. Responda às questões a seguir.

a) Quantos números naturais há entre 12 e 37?

____

b) Quantos números ímpares há entre 0 e 13?

____

c) Quantos números pares há entre 26 e 33?

____

8. Observe a sequência abaixo e responda à questão.

125, 127, 129, 131, ...

Se esse mesmo padrão for mantido, quais serão os três próximos números dessa sequência?

____

9. Use os símbolos > (maior que) ou < (menor que) para comparar os números a seguir.

a) 45 ______ 63 b) 28 ______ 14 c) 56 ______ 18 d) 173 ______ 174

10. Observe a imagem a seguir.

BYKOFOTO/SHUTTERSTOCK.COM

Os números escritos no pódio indicam:

a) medida. b) quantidade. c) código. d) ordem.

11. (Obmep) Em uma brincadeira, João e Maria retiram cartões numerados de 1 a 7 que estão sobre uma mesa, com as faces numeradas viradas para baixo. Em cada rodada, João retira três cartões e Maria retira dois, restando dois cartões na mesa. Depois de cada rodada, todos os cartões são embaralhados e devolvidos à mesa.

a) Na primeira rodada, João retirou um cartão com um número ímpar e dois cartões com números pares. Maria retirou dois cartões com números ímpares. Explique por que a soma dos números dos cartões que sobraram na mesa é ímpar.

____

____

____

____

____

b) Na segunda rodada, João observou que o produto dos números de seus três cartões era ímpar. O produto dos números dos dois cartões de Maria era par ou ímpar? Explique sua resposta.

____

____

____

____

____

c) Na terceira rodada, João olhou seus três cartões e concluiu, acertadamente, que a soma dos números dos dois cartões de Maria era par. Quais foram os cartões que João retirou? Explique sua resposta.

____

____

____

____

____

12. (Obmep) Um hotel tem 15 andares com 25 quartos cada um. As chaves dos quartos são identificadas por um número de três ou quatro algarismos indicando o andar, de 1 a 15, seguido do número do quarto, de 01 a 25. Por exemplo, a chave 106 é a do quarto número 06 do 1º andar e a chave 1 315 é a do quarto número 15 do 13º andar.

a) Quantos são os quartos do 10º andar para cima?

b) Quantas chaves têm número em que aparece o algarismo 1?

c) Dionísio não aceita ficar em um quarto em cuja chave aparece o algarismo 1 seguido de 1 ou de 3. Em quantos quartos do hotel ele pode se hospedar?

13. (OBM) Nove cartões numerados de 1 a 9 em uma de suas faces foram misturados e empilhados. Ana, Beto e Célio pegaram dois cartões cada um, deixando três cartões na pilha.

a) Qual é a maior soma possível dos números dos cartões que sobraram sobre a mesa?

b) Se a soma dos números dos cartões de cada um deles for um número par, qual é a menor soma possível dos números dos cartões deixados sobre a mesa?

c) De quantas maneiras diferentes ocorre a situação em que a soma dos números dos cartões de cada uma das três pessoas é um número par?

14. (Obmep) Começando com qualquer número natural não nulo, é sempre possível formar uma sequência de números que termina em 1, seguindo repetidamente as instruções abaixo:

- se o número for ímpar, soma-se 1;
- se o número for par, divide-se por 2.

Por exemplo, começando com o número 21, forma-se a seguinte sequência:

$$21 \rightarrow 22 \rightarrow 11 \rightarrow 12 \rightarrow 6 \rightarrow 3 \rightarrow 4 \rightarrow 2 \rightarrow 1$$

Nessa sequência, aparecem nove números; por isso, dizemos que ela tem *comprimento 9*. Além disso, como ela começa com um número ímpar, dizemos que ela é uma *sequência ímpar*.

a) Escreva a sequência que começa com 37.

____

b) Existem três sequências de comprimento 5, sendo duas pares e uma ímpar. Escreva essas sequências.

____

c) Quantas são as sequências pares e quantas são as sequências ímpares de comprimento 6? E de comprimento 7?

____

d) Existem ao todo 377 sequências de comprimento 15, sendo 233 pares e 144 ímpares. Quantas são as sequências de comprimento 16? Dessas, quantas são pares? Não se esqueça de justificar sua resposta.

2. Sistemas de numeração

15. Escreva como são lidos os números representados a seguir.

a) XXVII

b) MMXXXIII

c) CDXXVIII

d) $\overline{\text{M}}$II

16. Qual dos números escritos no sistema de numeração romano a seguir indica o resultado de 330 + 12?

a) CCXLII

b) CCCXXXII

c) CCCXLII

d) CCCLII

17. Reescreva os números a seguir usando o sistema de numeração romano.

a) 17

b) 214

c) 792

d) 935

e) 72

f) 1 974

18. Escreva como se lê cada número a seguir.

a) 4 325

____

b) 10 520

____

c) 214 450

____

d) 304 200 216

____

19. Escreva o maior número que se pode formar usando os algarismos 2, 0, 7 e 4 sem repetição.

____

20. Arredonde cada número a seguir para a unidade de milhar exata mais próxima.

a) 2 758

____

b) 12 340

____

c) 123 429

____

d) 61 999

____

21. Indique o valor do algarismo **2** em cada número a seguir.

a) 824 _______________

b) 5 210 _______________

c) 92 _______________

d) 21 987 _______________

e) 432 657 _______________

f) 207 193 _______________

22. Escreva os números a seguir no sistema de numeração binário.

a) 110

____

b) 4

____

c) 18

____

d) 120

____

e) 73

____

f) 45

____

g) 26

____

h) 116

____

23. Qual número no sistema indo-arábico corresponde ao número 110001 no sistema binário?

____

24. (Enem) Os incas desenvolveram uma maneira de registrar quantidades e representar números utilizando um sistema de numeração decimal posicional: um conjunto de cordas com nós denominado *quipus*. O *quipus* era feito de uma corda matriz, ou principal (mais grossa que as demais), na qual eram penduradas outras cordas, mais finas, de diferentes tamanhos e cores (cordas pendentes). De acordo com a sua posição, os nós significavam unidades, dezenas, centenas e milhares. Na figura 1, o *quipus* representa o número decimal 2453. Para representar o "zero" em qualquer posição, não se coloca nenhum nó.

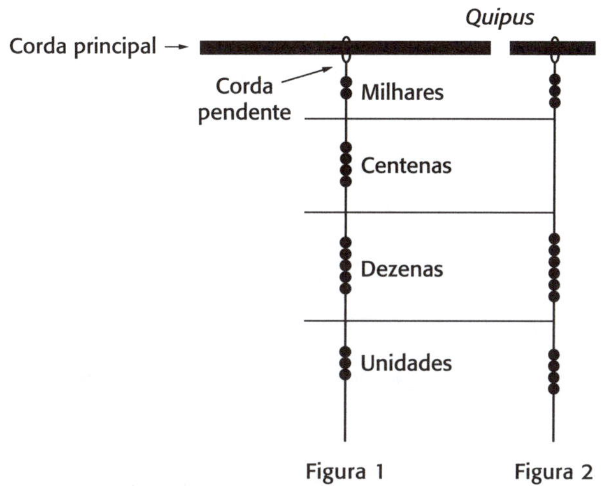

Disponível em: www.culturaperuana.com.br
Acesso em: 13 dez. 2012.

O número da representação do *quipus* da figura 2, em base decimal, é:

a) 364

b) 463

c) 3064

d) 3640

e) 4603

25. (Obmep) Cláudia inverteu as posições de dois algarismos vizinhos no número 682479 e obteve um número menor. Quais foram esses algarismos?

a) 6 e 8

b) 8 e 2

c) 2 e 4

d) 4 e 7

e) 7 e 9

26. (Enem) João decidiu contratar os serviços de uma empresa por telefone através do SAC (Serviço de Atendimento ao Consumidor). O atendente ditou para João o número de protocolo de atendimento da ligação e pediu que ele anotasse. Entretanto, João não entendeu um dos algarismos ditados pelo atendente e anotou o número $\underline{1}\ \underline{3}\ \_\ \underline{9}\ \underline{8}\ \underline{2}\ \underline{0}\ \underline{7}$, sendo que o espaço vazio é o do algarismo que João não entendeu. De acordo com essas informações, a posição ocupada pelo algarismo que falta no número de protocolo é a de:

a) centena

b) dezena de milhar

c) centena de milhar

d) milhão

e) centena de milhão

27. (Enem) O medidor de energia elétrica de uma residência, conhecido por "relógio de luz", é constituído de quatro pequenos relógios, cujos sentidos de rotação estão indicados conforme a figura:

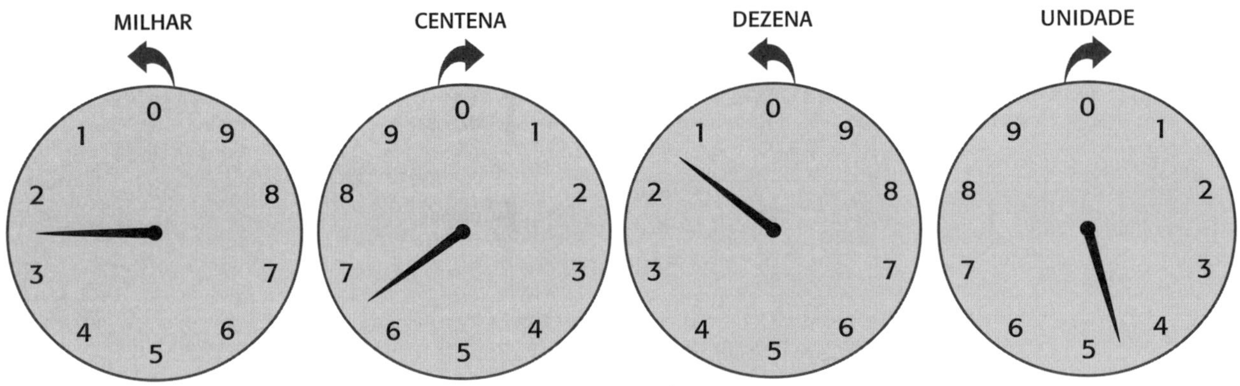

A medida é expressa em kWh. O número obtido na leitura é composto por 4 algarismos. Cada posição dos números é formada pelo último algarismo ultrapassado pelo ponteiro.

O número obtido pela leitura em kWh, na imagem, é:

a) 2 614

b) 3 624

c) 2 715

d) 3 725

e) 4 162

Leitura do mundo

Tabela simples

Apresentando a situação

Beatriz mora em Piracicaba, um município do estado de São Paulo. Para planejar as viagens que ela iria realizar ao longo do ano de 2016, Beatriz verificou no *site* da prefeitura as datas dos feriados e dos pontos facultativos de Piracicaba.

Feriados: datas comemorativas determinadas por grupos específicos, como, por exemplo, religiosos, históricos e festivos, em que as instituições dispensam os estudantes e funcionários de suas atividades. Eles podem ser de nível nacional, estadual ou municipal. Além dos feriados, há os pontos facultativos, dias em que as instituições decidem se dispensam ou não os estudantes e funcionários.

CHRISTIANO DIEHL NETO/IZUZU IMAGENS

Vista aérea da cidade de Piracicaba (SP), 19/7/2014.

Veja abaixo as datas que Beatriz obteve no *site* da prefeitura.

- 1º de janeiro (sexta-feira): Confraternização Universal (feriado federal)
- 8 de fevereiro (segunda-feira): Carnaval (ponto facultativo municipal)
- 9 de fevereiro (terça-feira): Carnaval (ponto facultativo municipal)
- 10 de fevereiro (quarta-feira): (Quarta-Feira de Cinzas (ponto facultativo municipal até às 12 horas)
- 25 de março (sexta-feira): Paixão de Cristo (feriado municipal)
- 21 de abril (quinta-feira): Tiradentes (feriado federal)
- 1º de maio (domingo): Dia do Trabalho (feriado federal)
- 26 de maio (quinta-feira): Corpus Christi (feriado municipal)
- 13 de junho (segunda-feira): Santo Antônio (feriado municipal)
- 9 de julho (sábado): Revolução Constitucionalista de 1932 (feriado estadual)
- 7 de setembro (quarta-feira): Independência do Brasil (feriado federal)
- 12 de outubro (quarta-feira): Nossa Senhora Aparecida (feriado federal)
- 2 de novembro (quarta-feira): Finados (feriado federal)
- 15 de novembro (terça-feira): Proclamação da República (feriado federal)
- 20 de novembro (domingo): Zumbi dos Palmares (feriado municipal)
- 8 de dezembro (quinta-feira): Imaculada Conceição (feriado municipal)
- 25 de dezembro (domingo): Natal (feriado federal)

Fonte de pesquisa: <www.piracicaba.sp.gov.br/calendario+de+feriados+2016.aspx>. Acesso: em 15 abr. 2016.

Organizando os dados

Para melhor visualização de como os feriados e pontos facultativos estavam distribuídos, ao longo do ano de 2016, Beatriz decidiu organizar as informações obtidas em duas tabelas. A primeira relacionando os meses do ano com a quantidade de feriados e pontos facultativos, e a segunda, os dias da semana com a quantidade de feriados e pontos facultativos.

1. Ajude Beatriz a organizar os dados: preencha cada tabela a seguir com os dados que estão faltando.

Tabela 1: Feriados e pontos facultativos de 2016 por mês em Piracicaba

Mês	Quantidade de feriados e pontos facultativos
Janeiro	
Fevereiro	
Março	
Abril	
Maio	
Junho	
Julho	
Agosto	
Setembro	
Outubro	
Novembro	
Dezembro	

Fonte: <www.piracicaba.sp.gov.br/calendario+de+feriados+2016.aspx>. Acesso em: 15 abr. 2016.

Tabela 2: Feriados e pontos facultativos de 2016 por dia da semana em Piracicaba

Dia da semana	Quantidade de feriados e pontos facultativos
Segunda-feira	
Terça-feira	
Quarta-feira	
Quinta-feira	
Sexta-feira	
Sábado	
Domingo	

Fonte: <www.piracicaba.sp.gov.br/calendario+de+feriados+2016.aspx>. Acesso em: 15 abr. 2016.

Analisando os dados

2. Com base nos dados apresentados nas tabelas 1 e 2, responda às questões.

a) Sabendo que Beatriz viajou somente nos dias em que os feriados ou pontos facultativos caíram na segunda-feira ou na sexta-feira, quantas vezes ela viajou em 2016? Onde você encontrou essa informação?

____

b) No total, quantos feriados ou pontos facultativos caíram em final de semana?

____

c) Qual dia da semana concentrou o maior número de feriados ou de pontos facultativos?

____

d) Em qual mês de 2016 Beatriz certamente **não** viajou? Por quê?

____

Pratique mais

3. Beatriz se mudou para a cidade em que você mora. Ajude-a, então, a planejar as viagens deste ano pesquisando na internet as datas dos feriados e pontos facultativos da sua cidade. Depois, preencha a tabela abaixo com os dados obtidos. Se necessário, peça auxílio ao professor.

Feriados e pontos facultativos de 20______ por dia da semana em ______________

Dia da semana	Quantidade de feriados e pontos facultativos
Segunda-feira	
Terça-feira	
Quarta-feira	
Quinta-feira	
Sexta-feira	
Sábado	
Domingo	

Com base nesses dados, responda:

- Se Beatriz decidir viajar apenas nos dias em que os feriados ou pontos facultativos caírem na segunda-feira ou na sexta-feira, quantas vezes ela viajará este ano?

____

____

____

UNIDADE 2 Operações com números naturais

Reveja a jornada

Adição

- Termos de uma adição:

$$38 + 26 = 64$$

__________ (38 e 26)   __________ ou total (64)

- Algoritmos da adição:

538 + 126

538 ▶	500 + 30 + 8	+
126 ▶	100 + 20 + 6	
	600 + 50 + 14 = 664	

algoritmo por ____________________

	C	D	U
		1	
	5	3	8
+	1	2	6
	6	6	4

algoritmo usual da adição

- Propriedades da adição:

Comutativa: em uma adição de dois números naturais, a ordem das ________________ não altera a ________________.

Elemento neutro: a soma de um número natural com o zero é igual ao próprio número. O número ________________ é o elemento neutro da adição.

Associativa: em uma soma de três ou mais números naturais, a forma de associar as parcelas não altera a ________________.

Subtração

- Termos de uma subtração:

$$538 - 26 = 512$$

________________ (538)   ________________ (26)   ________________ ou resto (512)

- A adição e a subtração são operações ________________ entre si.

Multiplicação

- Termos de uma multiplicação:

25 × 18 = 450

__________ produto

- Algoritmos da multiplicação:

63 × 12

	60	+	3				
×	10	+	2				
			6	→	2	×	3
1	2		0	→	2	×	60
	3		0	→	10	×	3
+ 6	0		0	→	10	×	60
7	5		6				

algoritmo por ________________

	C	D	U
		6	3
×		1	2
	1	2	6
+	6	3	0
	7	5	6

algoritmo usual da multiplicação

- Propriedades da multiplicação:

Comutativa: em uma multiplicação de dois números naturais, a ordem dos ________________ não altera o ________________.

Elemento neutro: o produto de um número natural qualquer por 1 é igual ao próprio número.

O número __________ é o elemento neutro da multiplicação.

Associativa: em uma multiplicação de três ou mais números naturais, a forma de associar os fatores não altera o ________________.

Distributiva em relação à adição: ao multiplicar um número natural por uma soma de duas ou mais parcelas, obtemos o mesmo resultado que ao ________________ os produtos de cada parcela dessa soma por esse número.

Divisão

- Termos de uma divisão:

________________ divisor

76 | 12

4   6

________________ ________________

- Divisão **exata**: divisão entre dois números naturais em que o resto é igual a ______.
- Divisão não **exata**: divisão entre dois números naturais em que o resto é diferente de ______.
- A multiplicação e a divisão são operações ______ entre si.

Potenciação

- Termos de uma potenciação:

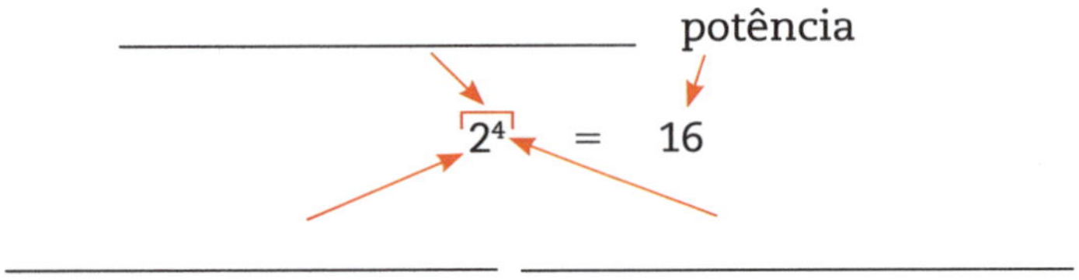

- Quando o expoente de uma potência é igual a ______, a potência é igual à base.
- Quando o expoente de uma potência é igual a ______ e a base é diferente de ______, a potência é igual a 1.

Raiz quadrada

A **raiz quadrada** de um número natural é um número que, quando multiplicado por si próprio, resulta no primeiro número.

Exemplos:

- $\sqrt{0} = 0$, pois $0 \times 0 = 0^2 = 0$
- $\sqrt{1} = 1$, pois $1 \times 1 = 1^2 = 1$
- $\sqrt{4} = 2$, pois $2 \times 2 = 2^2 = 4$
- $\sqrt{9} = 3$, pois $3 \times 3 = 3^2 = 9$
- $\sqrt{16} = 4$, pois $4 \times 4 = 4^2 = 16$
- $\sqrt{25} = 5$, pois $5 \times 5 = 5^2 = 25$

Os números 1, 4, 9, 16 e 25 são chamados números naturais quadrados perfeitos. Há infinitos números naturais quadrados perfeitos: 1, 4, 9, 16, 25, 36, 49, ...

Expressões numéricas

- Ordem de resolução de uma expressão numérica, se ela apresenta multiplicação, divisão, adição, subtração, potência e raiz quadrada:

  1º) ______ e raiz quadrada;

  2º) multiplicação e ______;

  3º) ______ e subtração.

- Ordem de resolução de uma expressão numérica, se ela apresenta colchetes, parênteses e chaves:

  1º) ______;

  2º) ______;

  3º) ______.

Para praticar

1. Adição e subtração com números naturais

1. Um parque de diversões, durante a primeira semana de inauguração, recebeu no primeiro dia 1 960 visitantes; no segundo dia, 2 580; e no terceiro, 3 422 visitantes. No total, quantos visitantes o parque de diversões recebeu durante esses três dias?

2. Roberta foi ao banco pagar três contas. Veja:

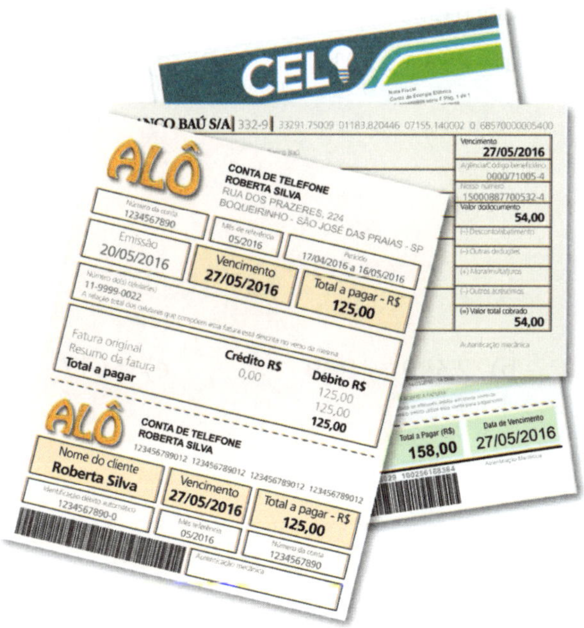

Porém, ao chegar a sua casa, percebeu que tinha pagado apenas duas contas. Sabendo que Roberta pagou R$ 179,00 nas duas contas, quais contas ela pagou?

3. Mariana paga, aproximadamente, R$ 74,00 na conta de água por mês. Durante uma crise hídrica, a companhia de abastecimento de água ofereceu desconto às residências que reduzissem o consumo de água. Sabendo que, após diminuir o consumo, Mariana passou a pagar, em média, R$ 34,00 por mês, quantos reais ela obteve de desconto por mês?

4. Calcule:

a) 562 + 320

b) 137 + 48

c) 895 + 33

d) 1 724 + 792

e) 471 + (729 + 100)

f) (964 + 423) + 66

5. Marta recebeu R$ 498,00 de vale-refeição em um mês. Se, ao final do mês, ela ainda tinha R$ 46,00 no vale-refeição, quantos reais ao todo Marta gastou nesse mês do vale-refeição?

6. João demorou 2 dias para construir um muro. No primeiro dia, ele usou 1456 tijolos. No segundo, usou 211 tijolos a mais. Quantos tijolos João usou para construir esse muro?

7. Escreva todos os números distintos de dois algarismos que é possível formar com os algarismos 2, 4 e 7, sem repetição de algarismo. Depois, calcule a soma dos três maiores números.

____

____

____

8. Observe no quadro a seguir o número de crianças que foram vacinadas, em um posto de saúde, durante uma campanha de vacinação.

Semana	Número de crianças
1	3256
2	4861

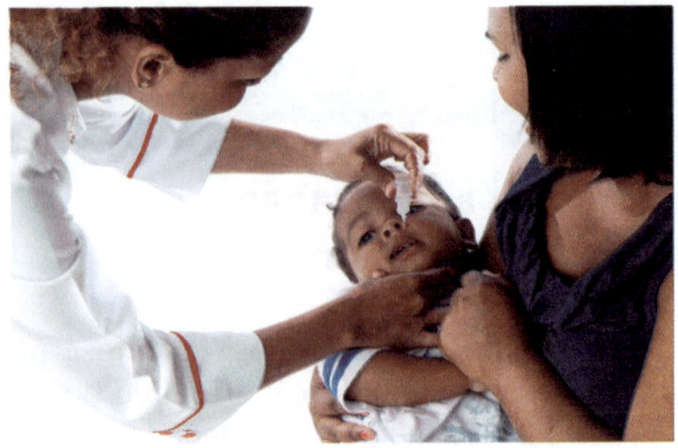

ROSÂNGELA AGUIAR/AGB PHOTO

No total, quantas crianças foram vacinadas nesse posto de saúde durante a campanha de vacinação?

9. Calcule:

a) 783 − 301

d) 8300 − 6027

b) 2349 − 999

e) 5617 − 845

c) 1856 − 214

f) 12981 − 4340

10. Lucas comprou dois dos produtos expostos na vitrine da loja ilustrada a seguir e recebeu R$ 32,00 de troco.

Sabendo que Lucas tinha R$ 1 500,00, quais produtos ele comprou?

11. (OBM) Joana fez uma compra e, na hora de pagar, deu uma nota de 50 reais. O caixa reclamou, dizendo que o dinheiro não dava. Ela deu mais uma nota de 50 e o caixa deu um troco de 27 reais. Então Joana reclamou, corretamente, que ainda faltavam 9 reais de troco. Qual era o valor da compra?

a) 52

b) 53

c) 57

d) 63

e) 64

12. (Obmep) Na figura, o número 7 ocupa a casa central. É possível colocar os números 1, 2, 3, 4, 5, 6, 8 e 9, um em cada uma das casas restantes, de modo que a soma dos números na horizontal seja igual à soma dos números na vertical. Qual é essa soma?

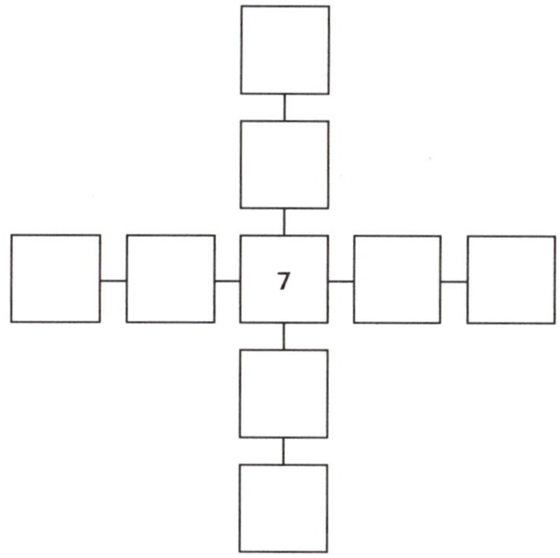

a) 22

b) 23

c) 24

d) 25

e) 26

2. Multiplicação e divisão com números naturais

13. Veja abaixo o cardápio da sorveteria da Sereia.

Se um grupo de amigos consumiu nessa sorveteria 1 cascão com 2 sabores, 2 açaís na tigela pequenos, 1 açaí na tigela grande e 3 casquinhas, quantos reais gastou ao todo?

14. Um álbum de figurinhas possui 32 páginas. Se, em cada página, podem ser coladas 11 figurinhas, quantas figurinhas são necessárias para completar esse álbum?

15. Classifique cada divisão indicada a seguir em **exata** e **não exata**.

a) 34 ÷ 12

____

c) 1 267 ÷ 7

____

b) 180 ÷ 36

____

d) 3 215 ÷ 6

____

16. Joana comprou a motocicleta do cartaz abaixo e parcelou o valor em 60 prestações iguais. Qual é o valor de cada prestação?

17. Felipe comprou um imóvel e parcelou o valor total em 300 prestações iguais mensais. Se ele efetuar o pagamento de cada prestação mensalmente como previsto, após quantos anos terminará de pagar o imóvel?

JOÃO PRUDENTE/PULSAR IMAGENS

18. Durante o horário de almoço, das 12h às 15h, um restaurante atende 75 pessoas a cada 30 minutos. Quantas pessoas são atendidas em 3 horas?

19. Um mercado vende garrafas de água mineral em embalagens iguais à mostrada abaixo.

SHOWCAKE/SHUTTERSTOCK.COM

Em determinada semana, foram vendidas 17 embalagens de água como a mostrada acima. No total, quantas garrafas de água foram vendidas?

20. Calcule:

a) $12 \times (24 + 6)$

c) $(7 + 9) \times 20$

b) $2 \times 37 \times 3$

d) $4 \times 3 \times 17$

21. Gustavo comprou um *notebook* de R$ 3 349,00. Ele pagou R$ 1 456,00 à vista e parcelou o restante do valor em 3 prestações iguais. Qual é o valor de cada prestação?

IFONG/SHUTTERSTOCK.COM

22. (OBM) Carlos e seus dois amigos, Danilo e Edson, foram ao cinema. Carlos pagou a entrada de todos, Danilo pagou a pipoca e o suco para todos e Edson pagou o estacionamento do carro. Para acertar as contas, Danilo e Edson pagaram R$ 8,00 e R$ 14,00, respectivamente, para Carlos, pois a despesa total de cada um foi de R$ 32,00. Qual era o preço da entrada do cinema?

a) R$ 10,00

b) R$ 12,00

c) R$ 15,00

d) R$ 18,00

e) R$ 20,00

23. (Obmep) Stephani multiplicou 111 por 111 e somou os algarismos do resultado. Qual é o valor dessa soma?

a) 5

b) 6

c) 9

d) 11

e) 12

24. (Obmep) O produto de um número de dois algarismos pelo número formado pelos mesmos dois algarismos, escritos em ordem inversa, é 2 944. Qual é a soma dos dois números multiplicados?

a) 99

b) 110

c) 121

d) 143

e) 154

25. (Obmep) As contas AB $\times$ C = 195 e CDE $\div$ F = = 88 estão corretas, sendo A, B, C, D, E e F algarismos diferentes. O número AB é formado pelos algarismos A e B, e o número CDE é formado pelos algarismos C, D e E. Qual é o algarismo representado pela letra F?

a) 1

b) 2

c) 4

d) 6

e) 8

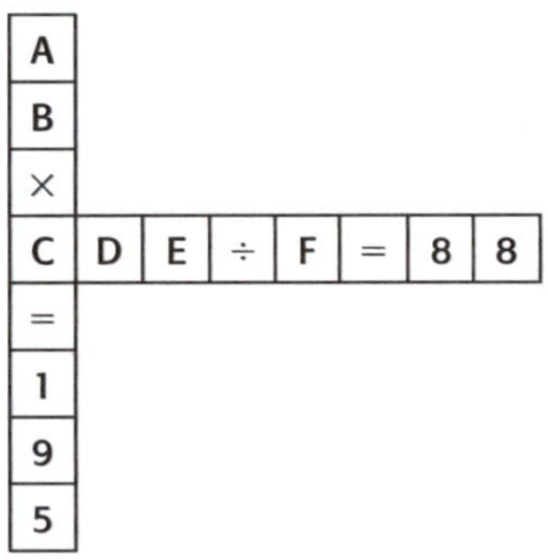

3. Potenciação, raiz quadrada e expressões numéricas envolvendo números naturais

26. O produto 9 $\times$ 9 $\times$ 9 $\times$ 9 pode ser escrito como:

a) 9 + 9 + 9 + 9

b) 9 $\times$ 4

c) 9^4

d) 4^9

27. Escreva a potência correspondente em cada caso.

a) 7 $\times$ 7 $\times$ 7 $\times$ 7 $\times$ 7

____

b) 3 $\times$ 3 $\times$ 3 $\times$ 3 $\times$ 3 $\times$ 3 $\times$ 3 $\times$ 3

____

c) 12 $\times$ 12 $\times$ 12

____

d) 1 $\times$ 1 $\times$ 1 $\times$ 1 $\times$ 1 $\times$ 1 $\times$ 1 $\times$ 1 $\times$ 1 $\times$ 1

____

28. Escreva como se lê a potência 5^6.

____

29. A potência 10^9 é igual a:

a) 100

b) 1 000

c) 1 000 000

d) 1 000 000 000

30. Marcelo trabalha como professor de pilates em 3 academias e em cada uma delas ele tem 3 alunos. Se cada aluno indicar mais 3 amigos para Marcelo dar aula, quantos alunos ele terá ao todo?

31. A área de um quadrado é igual a 225 cm². Qual é a medida do lado desse quadrado?

32. Escreva 3 números naturais quadrados perfeitos maiores do que 100 e menores do que 200.

____

33. Calcule:

a) $\sqrt{49}$

____

b) $\sqrt{441}$

____

c) $\sqrt{256}$

____

d) $\sqrt{900}$

____

34. (OBM) Qual é o valor da expressão $2015^2 - 2015 \times 2014 - 2014^2 + 2014 \times 2015$?

a) 0

b) 1

c) 2 015

d) 2 029

e) 4 029

35. (Obmep) Qual é o algarismo das unidades do número $1 \times 3 \times 5 \times 7 \times 9 \times 11 \times 13 \times 15 \times 17 \times$ $\times\ 19 - 2015$?

a) 0

b) 1

c) 5

d) 6

e) 8

36. Determine o valor numérico de cada expressão a seguir.

a) $12 + 3^2 + 4 \times \left(15 + \sqrt{25}\right)$

b) $7 + [12 \div 4 + (2 \times 4 + 5)]$

c) $\sqrt{81} + (2 \times 11) + [(23 + 5) \div 4]$

d) $35 \div 7 + \left[\sqrt{9} \times (6 + 8)\right]$

Leitura do mundo

Gráfico de barras

Apresentando a situação

A dengue é uma doença transmitida pela picada da fêmea do mosquito *Aedes aegypti* ou do *Aedes albopictus* infectada com o vírus da doença. As epidemias ocorrem geralmente durante o verão e em períodos chuvosos, em decorrência da água parada. Isso porque locais com água limpa e parada são propícios para a reprodução do mosquito transmissor. Por isso, é importante identificar em nossa residência lugares que podem servir de criadouro para o mosquito.

Veja abaixo algumas medidas simples que podemos tomar para evitar a proliferação do mosquito transmissor da dengue.

CHONNANIT/SHUTTERSTOCK.COM

Henrique ficou preocupado com a quantidade de notícias sobre a dengue e resolveu pesquisar os casos registrados no Brasil. Observe abaixo os dados que ele obteve.

Número de casos de dengue no Brasil, por região, de 2009 a 2014

Região \ Ano	2010	2011	2012	2013	2014
Norte	98 632	119 398	42 158	49 547	48 376
Nordeste	176 854	195 365	222 913	152 357	89 935
Sudeste	478 003	361 350	251 738	918 226	311 639
Sul	42 008	35 978	4 772	66 903	22 988
Centro-Oeste	216 051	51 941	68 010	265 456	116 169

Fonte: <http://portalsaude.saude.gov.br/images/pdf/2015/julho/29/Dengue-at---2014.pdf> Acesso em: 18 abr. 2016.

Organizando os dados

Os dados apresentados na tabela da página anterior podem ser representados também em um gráfico de barras. Observe a seguir o gráfico de barras verticais que Henrique construiu para representar a quantidade de casos de dengue na região em que ele mora.

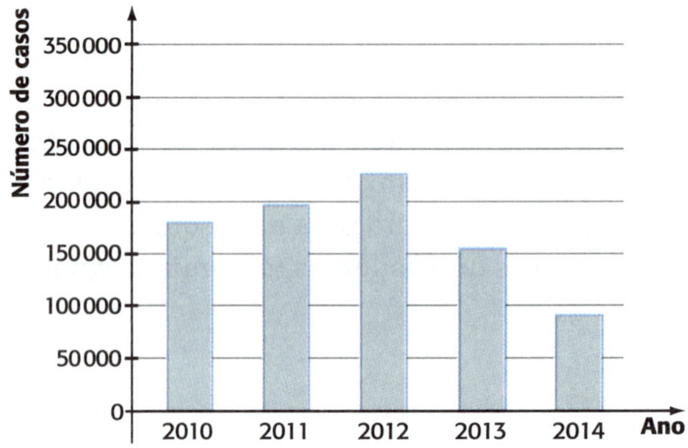

Fonte: <http://portalsaude.saude.gov.br/images/pdf/2015/julho/29/Dengue-at---2014.pdf>
Acesso em: 18 abr. 2016.

Veja que o gráfico é formado por barras retangulares de mesma largura. Ao longo do eixo horizontal, estão indicados e igualmente espaçados os anos, de 2010 a 2014. Já no eixo vertical está indicado o número de casos de dengue correspondente a cada ano.

Analisando os dados

1. De acordo com os dados apresentados no gráfico, responda às questões a seguir.

a) Henrique se esqueceu de escrever o título do gráfico. No entanto, com base nos dados apresentados, podemos afirmar que ele mora em qual região? Que título você colocaria nesse gráfico?

____

____

b) O que podemos afirmar em relação ao número de casos de dengue nessa região nos anos apresentados?

____

____

____

____

c) Em que ano foi registrado o maior número de casos de dengue nessa região? __________

d) O número de casos de dengue ocorrido em 2013 foi maior ou menor do que o número de casos ocorrido em 2010 e 2014 juntos? Como você fez para descobrir? Conte aos colegas.

____

____

Pratique mais

2. Faça um gráfico de barras verticais utilizando os dados da tabela da página 31 e considere os dados da região Centro-Oeste. Antes disso, arredonde os números 216 051, 265 456 e 116 169 para a centena de milhar exata mais próxima e os números 51 941 e 68 010 para a dezena de milhar exata mais próxima. Dê um título para esse gráfico.

____

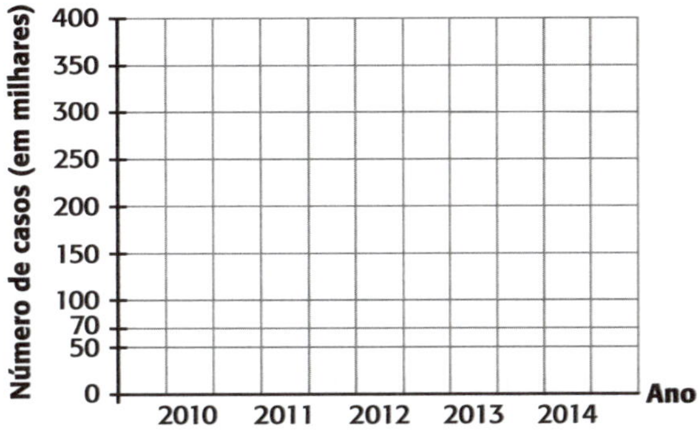

3. Observe o gráfico abaixo, que mostra o número de casos de dengue ocorridos no Brasil de 2010 a 2015.

Casos de dengue ocorridos no Brasil de 2010 a 2015

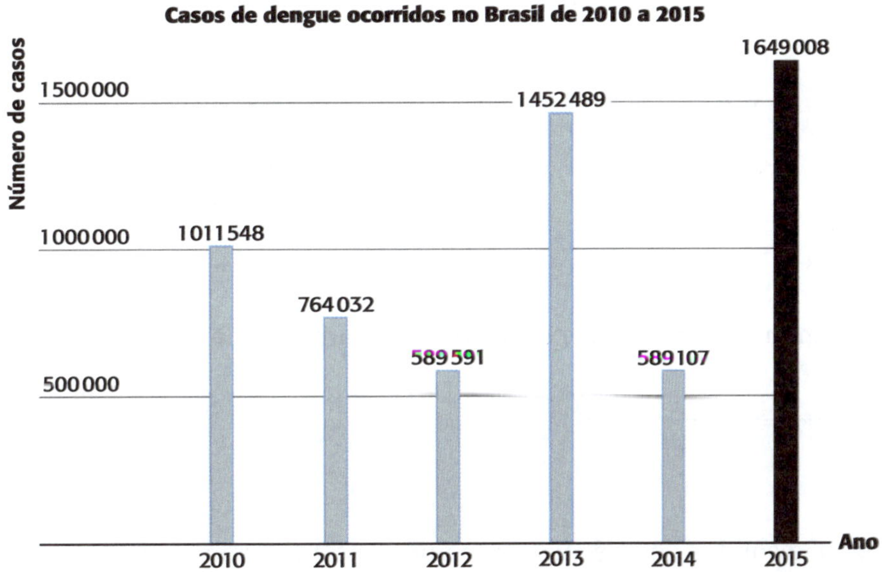

Fonte: <http://www1.folha.uol.com.br/cotidiano/2016/01/1729976-com-16-milhao-de-casos-em-um-ano-brasil-registra-recorde-de-dengue-em-2015.shtml>. Acesso em: 18 abr. 2016.

Responda:

a) Em relação ao número de casos de dengue, o que há de parecido entre esse gráfico e o da região em que Henrique mora?

____

____

b) Em sua opinião, que atitudes podem ser tomadas pela população para diminuir a proliferação do mosquito transmissor da dengue?

____

____

UNIDADE 3

Figuras geométricas

Reveja a jornada

Figuras geométricas

- As figuras geométricas podem ser divididas em dois grupos: figuras geométricas ____________________ e figuras geométricas ____________________.

Figuras geométricas ________________

Figuras geométricas ________________

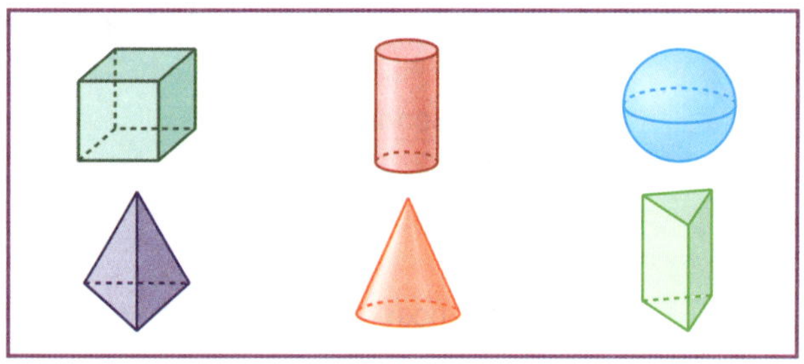

- As figuras geométricas não planas também são chamadas de ____________________________ ____________________________.

Poliedros

- Os **poliedros** são sólidos geométricos que apresentam apenas partes __________________ em sua superfície.
- Elementos de um poliedro:

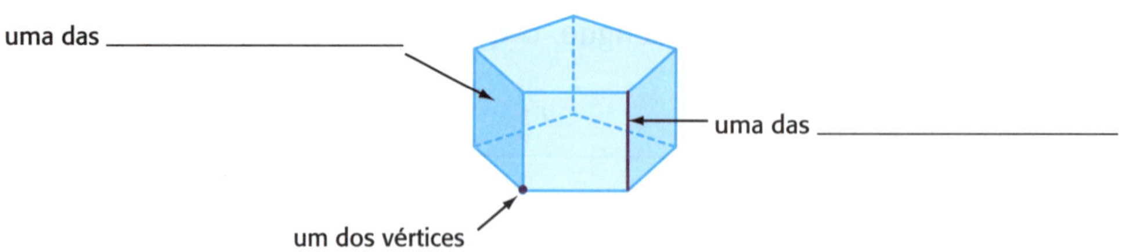

- Os poliedros podem ser classificados em prismas e __________________.

- **Prisma**: poliedro que tem duas ________________ que são faces paralelas idênticas.

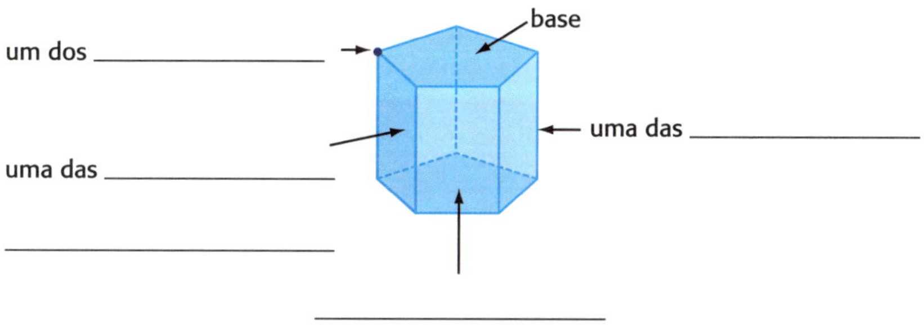

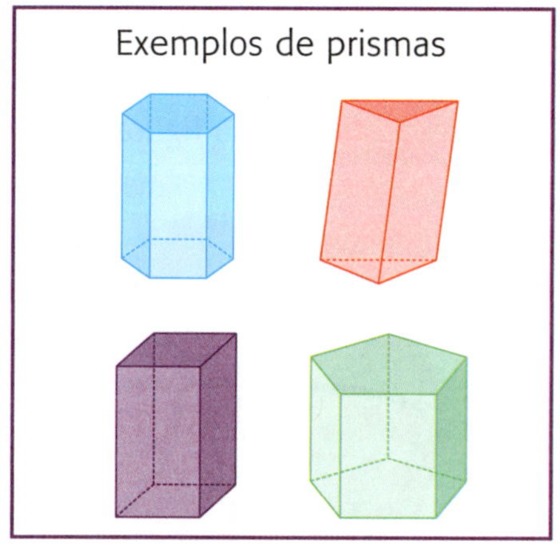

- **Pirâmide**

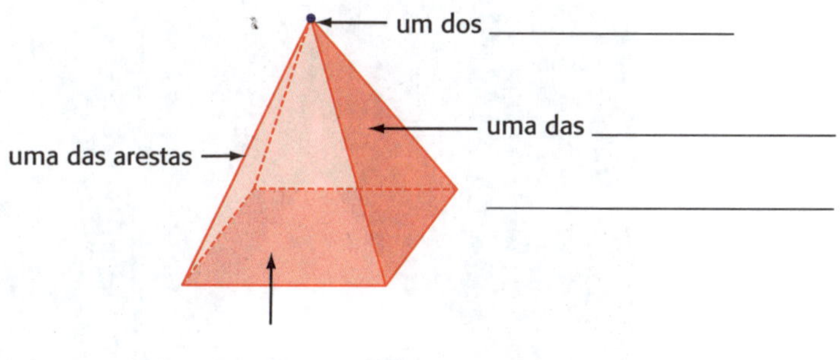

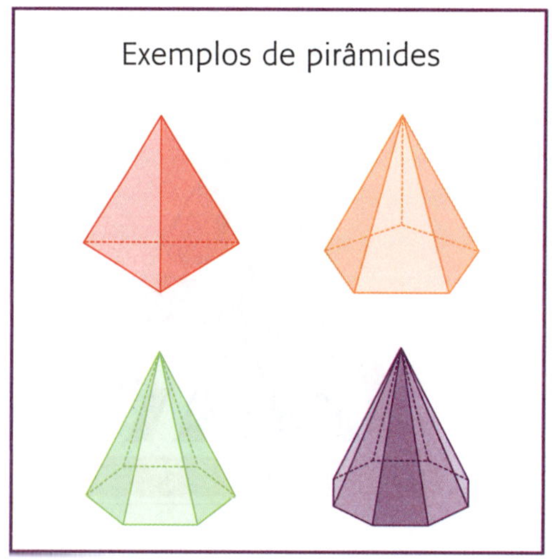

Corpos redondos

Os sólidos geométricos que apresentam pelo menos uma parte não plana são chamados não ________________. Alguns desses não poliedros são chamados **corpos redondos**, como estes:

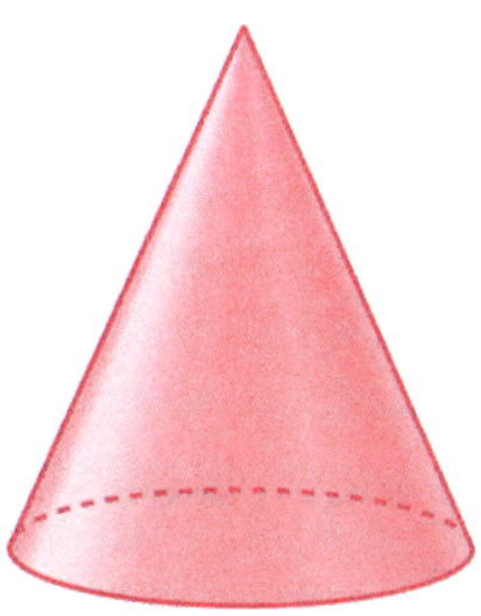

____

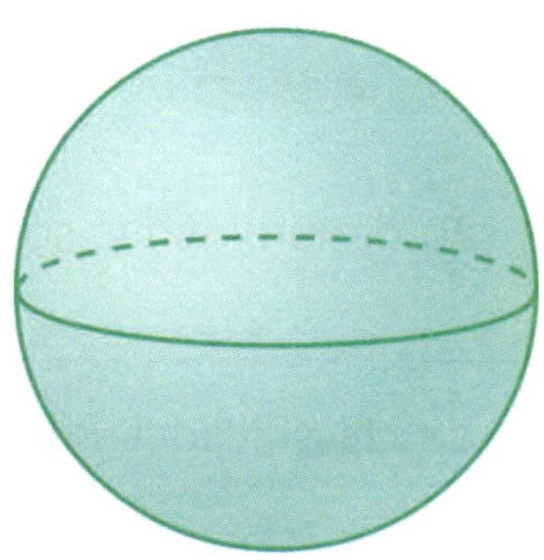

esfera

____

Para praticar

1. Figuras geométricas

1. Escreva o nome da figura geométrica que a forma de cada objeto a seguir lembra.

a)

S-TS/SHUTTERSTOCK.COM

____

b)

JOJOO64/SHUTTERSTOCK.COM

____

c)

THINKSTOCK/GETTY IMAGES

____

d)

IGNASOF/SHUTTERSTOCK.COM

____

2. Observe as figuras geométricas representadas a seguir e responda às questões.

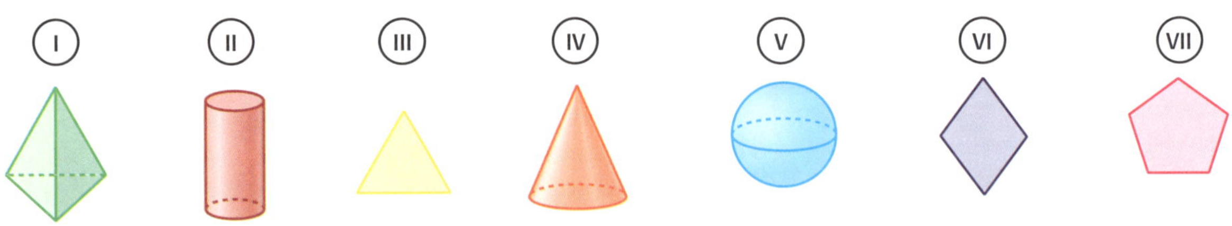

a) Quais dessas figuras geométricas são denominadas sólidos geométricos?

____

b) Quais dessas figuras geométricas são classificadas como figuras geométricas planas? Escreva o nome de cada uma delas.

____

____

3. No Vietnã, assim como em outros países asiáticos, é possível encontrar chapéus como o mostrado abaixo, usado geralmente para se proteger do sol.

KLUBLU/SHUTTERSTOCK.COM

Chapéu de palha conhecido como *nón lá*.

Esse chapéu lembra qual sólido geométrico?

____

4. A máquina mostrada abaixo é utilizada para compactar o solo. Observe que o rolo acoplado na frente dessa máquina lembra a forma de um sólido geométrico.

THINKSTOCK/GETTY IMAGES

Qual sólido geométrico lembra a forma desse rolo?

____

5. (Obmep) A peça da Figura 1 foi montada juntando-se duas peças, sem sobreposição. Uma das peças utilizadas foi a da Figura 2.

Figura 1

Figura 2

Qual foi a outra peça utilizada?

a) 

b) 

c) 

d) 

e) 

6. (Fatec) Um quebra-cabeça é composto por apenas três peças que, quando encaixadas corretamente, formam o retângulo da figura.

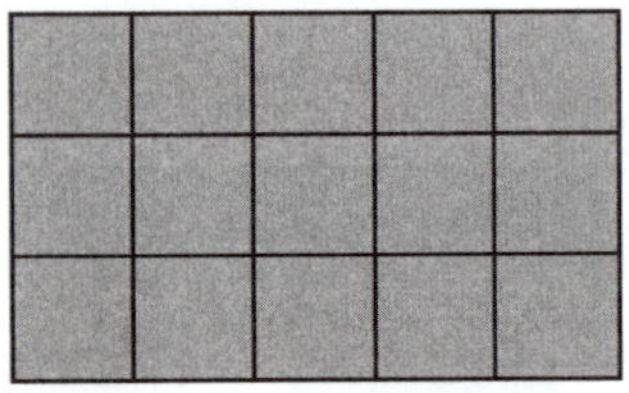

Assinale a alternativa que representa as três peças que permitem montar esse quebra-cabeça.

a)

b)

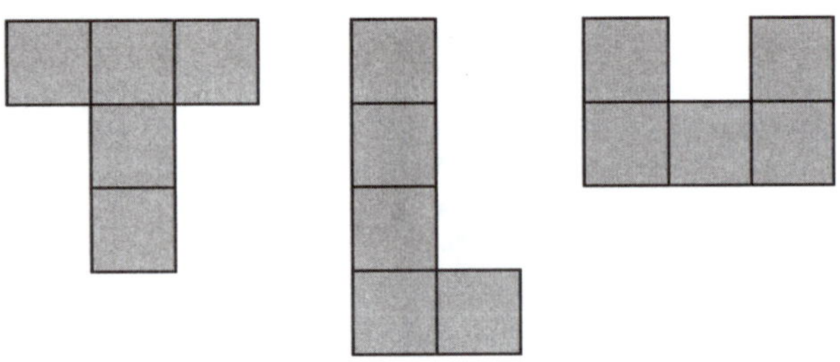

c)

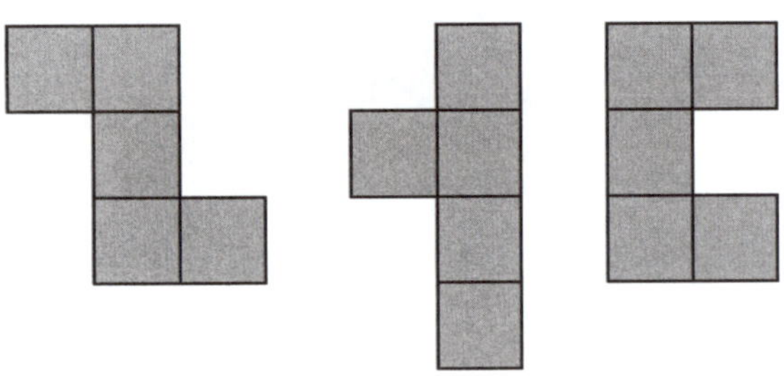

d)

e)

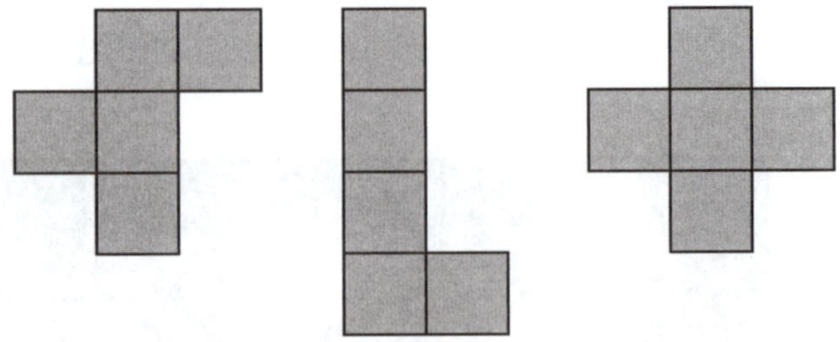

2. Poliedros e corpos redondos

7. Observe os sólidos geométricos representados a seguir.

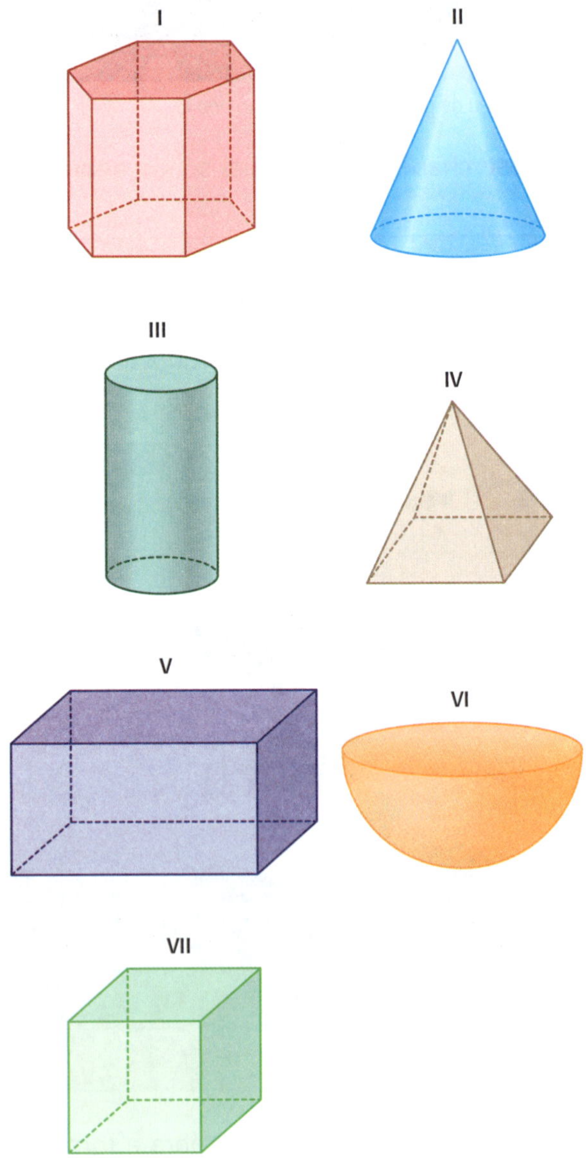

De que forma poderíamos separar esses sólidos geométricos em 2 grupos com as mesmas características? Justifique.

____

____

____

____

____

____

____

____

____

____

8. Determine o número de faces, arestas e vértices do sólido geométrico representado abaixo.

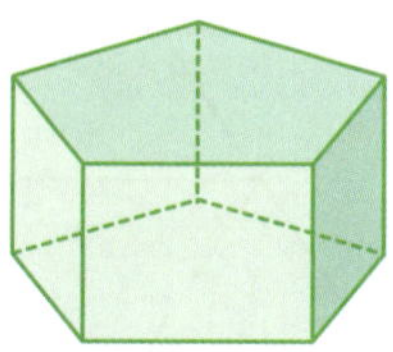

____

____

9. Observe a figura abaixo e responda à questão.

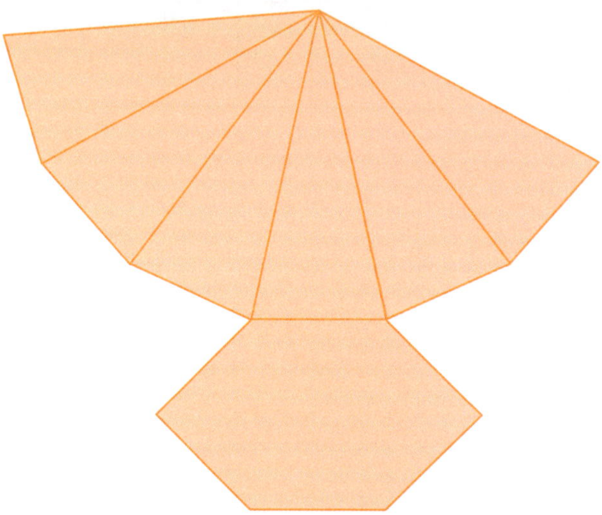

Essa figura corresponde à planificação de qual dos sólidos geométricos representados a seguir?

a)

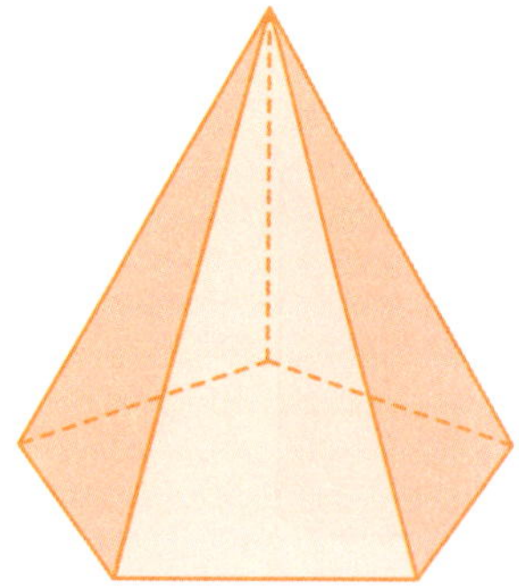

b)

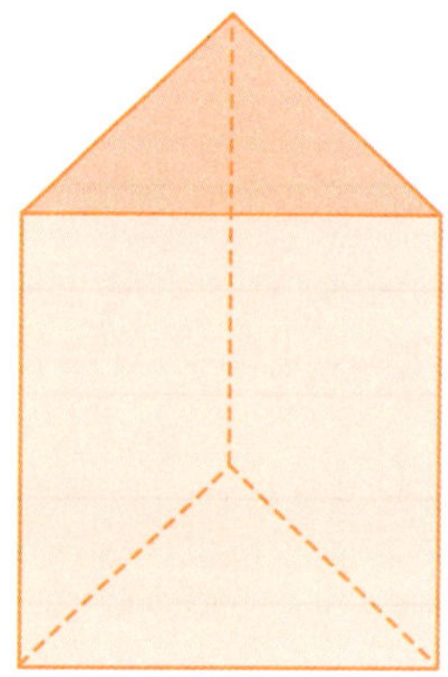

c)

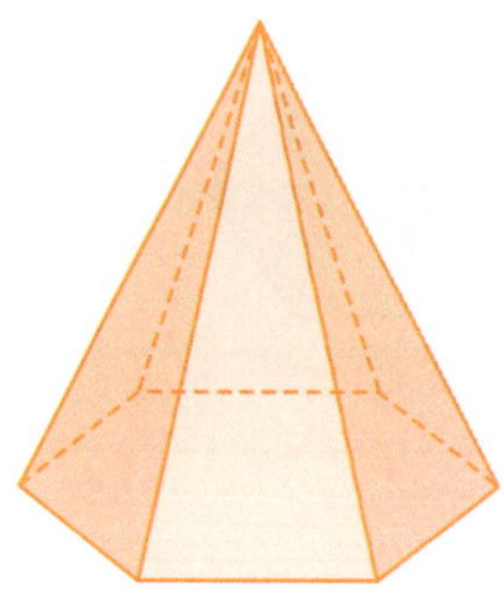

d)

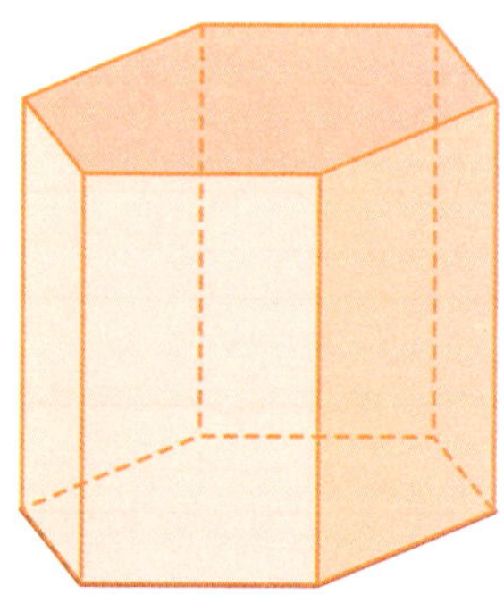

10. Cite uma semelhança e uma diferença entre os sólidos geométricos representados em cada caso.

a) Ⓘ  Ⓘⅰ 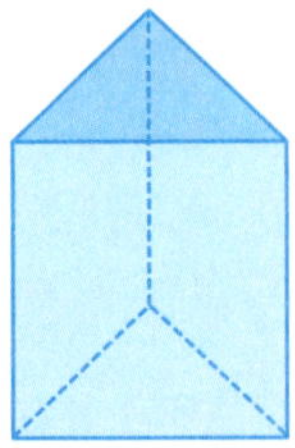

____

____

____

____

____

____

____

____

____

b) Ⓘ 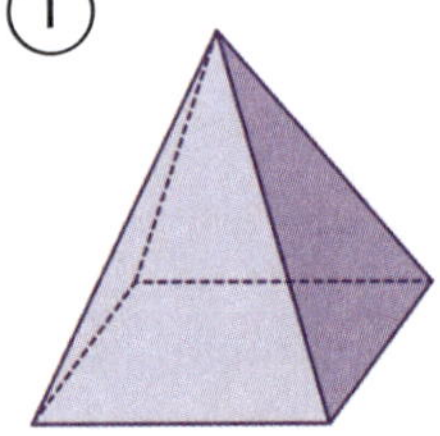 Ⓘⅰ

____

____

____

____

____

____

____

____

____

11. Observe o sólido geométrico representado abaixo.

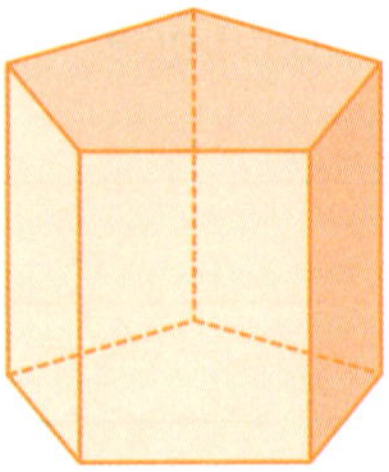

Qual das figuras a seguir corresponde à planificação desse sólido?

a)

b)

c)

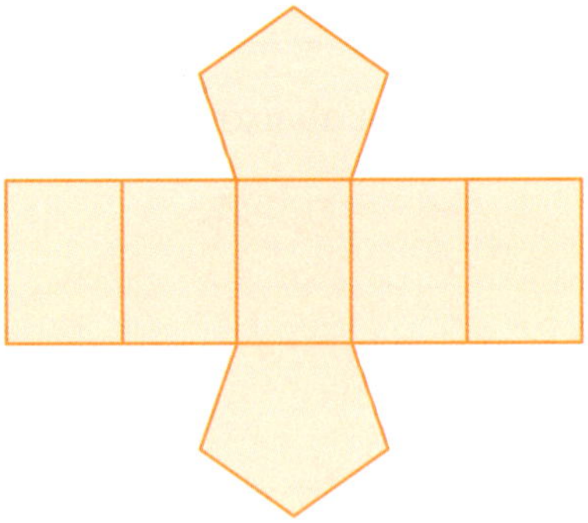

d)

12. Observe o sólido geométrico representado abaixo. Em seguida, desenhe a planificação desse sólido.

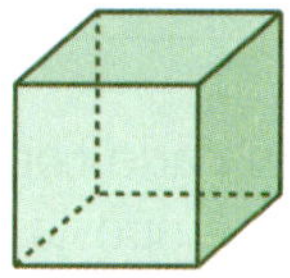

13. Classifique cada afirmação a seguir em verdadeira (**V**) ou falsa (**F**).

a) ( ) O cubo e o paralelepípedo retângulo são exemplos de pirâmides.

b) ( ) Os prismas e as pirâmides são exemplos de poliedros.

c) ( ) As pirâmides possuem 2 bases e são denominadas sólidos geométricos.

d) ( ) O cilindro e o bloco retangular são classificados como poliedros.

e) ( ) A esfera, o cone e o cilindro são chamados corpos redondos.

14. A figura abaixo corresponde à planificação de um sólido geométrico.

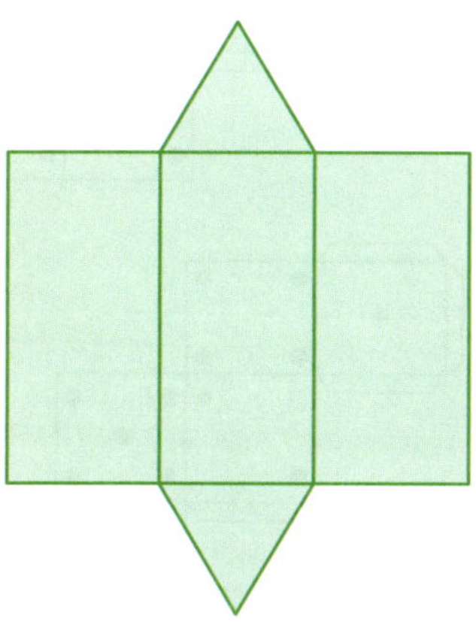

a) Qual é o nome desse sólido geométrico?

____

b) Determine a quantidade de faces, de arestas e de vértices desse sólido.

____

____

15. Assinale a(s) alternativa(s) verdadeira(s) sobre o cone.

a) É um sólido geométrico conhecido como poliedro.

b) Tem um vértice e uma base.

c) Não apresenta partes planas na superfície.

d) Tem duas bases e nenhum vértice.

e) Apresenta parte plana na superfície.

16. (Obmep) As figuras mostram planificações de sólidos com faces numeradas. Após montados esses sólidos, dizemos que o *valor de um vértice* é a soma dos números escritos nas faces que contêm esse vértice. Por exemplo, a figura abaixo mostra a planificação de uma pirâmide; quando essa pirâmide é montada, o valor do vértice correspondente ao ponto indicado na figura é $1 + 3 + 4 = 8$.

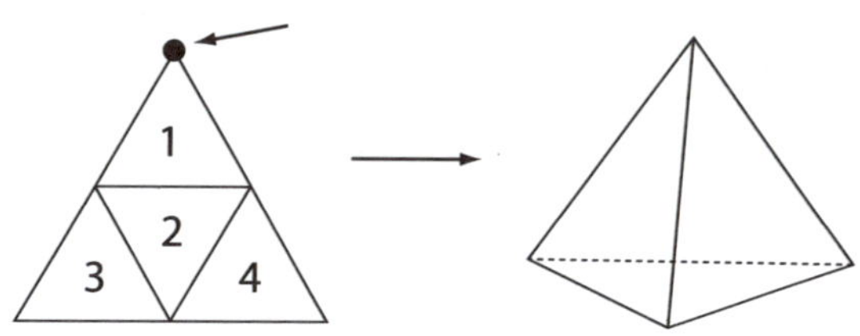

a) Qual é o maior valor de um vértice da pirâmide acima?

____

____

____

____

____

____

____

b) A figura mostra a planificação de um cubo. Qual é o valor do vértice correspondente ao ponto indicado?

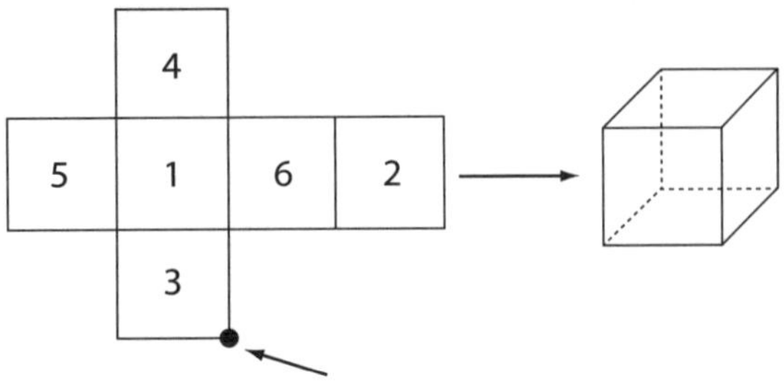

c) A figura mostra a planificação de um sólido chamado octaedro. Qual é o valor do vértice correspondente ao ponto A?

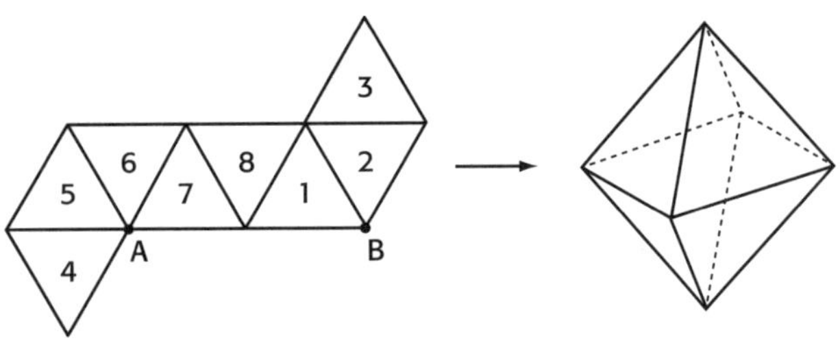

d) Qual é o valor do vértice correspondente ao ponto B na planificação do item anterior?

17. (Obmep) Num dado comum, a soma dos pontos de duas faces opostas é sempre 7. É possível construir um dado comum dobrando e colando uma das peças de papelão a seguir. Que peça é essa?

a) 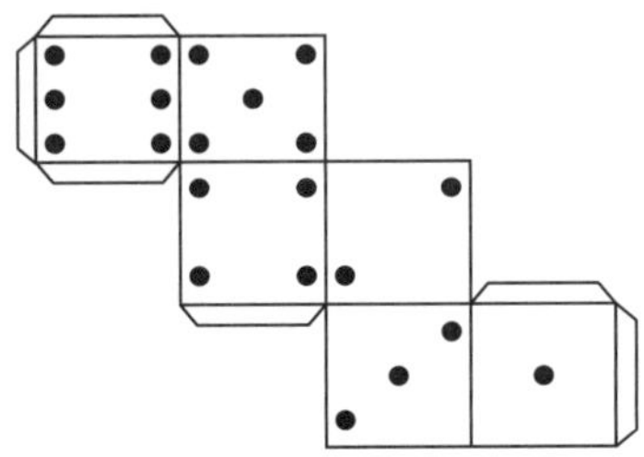

b) 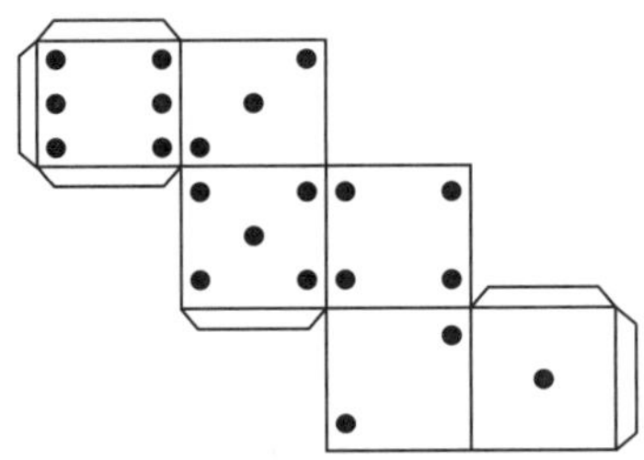

c) 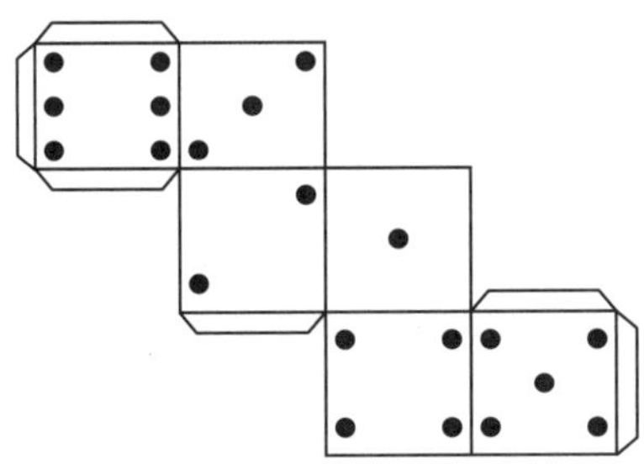

d) 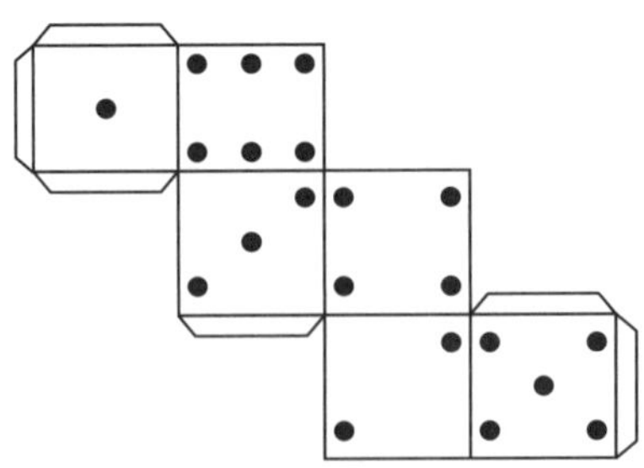

e) 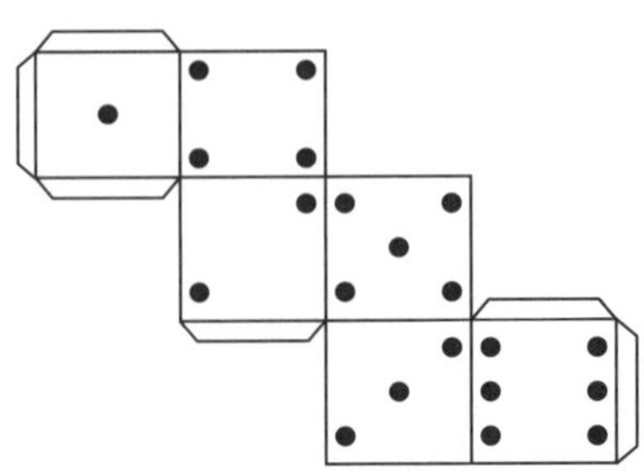

18. (Obmep) Talia tem um cubo mágico; toda vez que ela toca um vértice desse cubo, as três faces que se encontram nesse vértice mudam de branco para cinza ou de cinza para branco. Começando com o cubo totalmente branco, ela tocou o vértice A e as três faces ABCD, ABFE e ADHE mudaram de branco para cinza, como na figura. Ela continuou tocando todos os outros vértices uma única vez. Quantas faces do cubo terminaram brancas?

a) 0

b) 1

c) 3

d) 4

e) 6

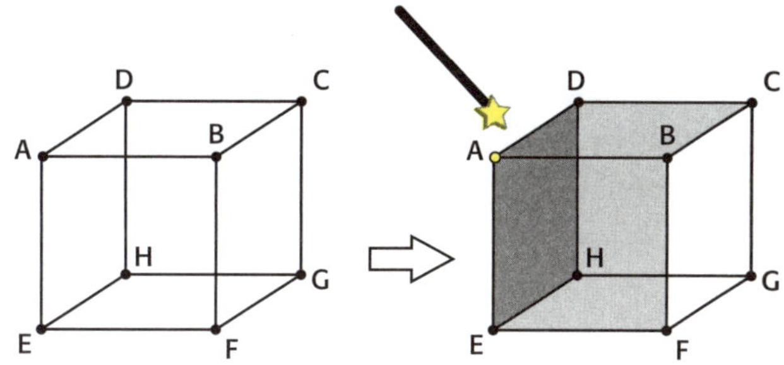

19. (Fatec) O sólido representado na figura é um tetraedro regular.

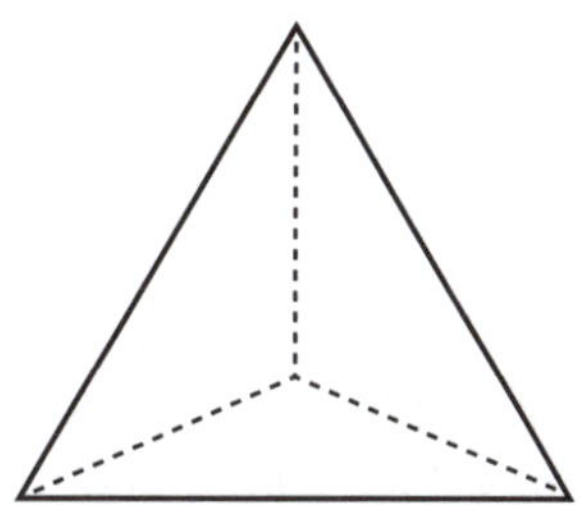

Assinale a alternativa que apresenta uma planificação de um tetraedro regular, em que cada lado comum a dois triângulos representa uma aresta do tetraedro.

a)
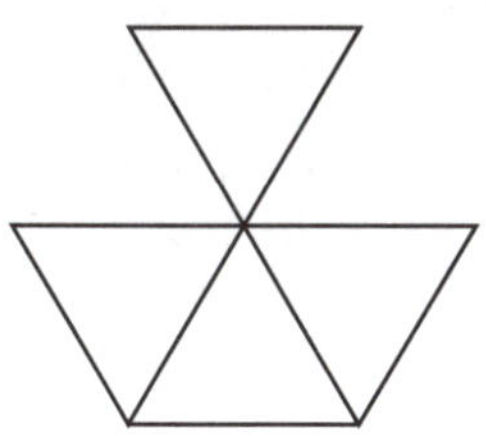

b)
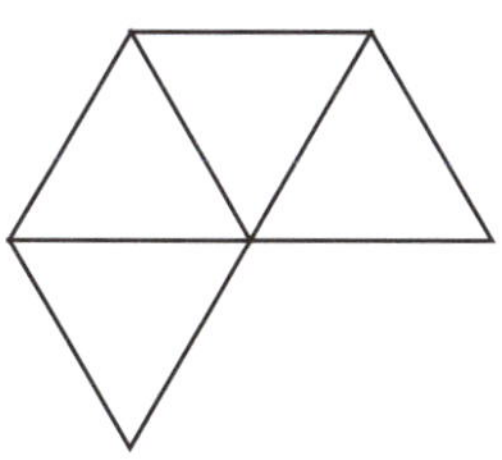

c)
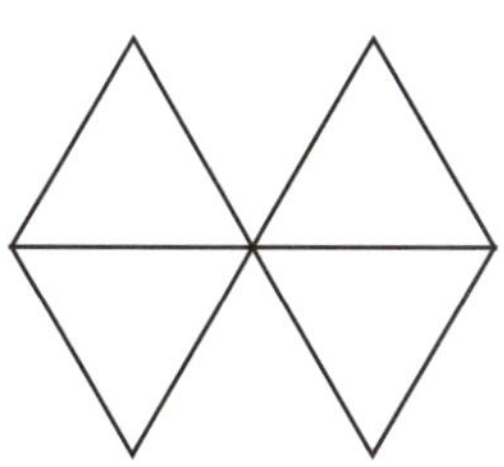

d)
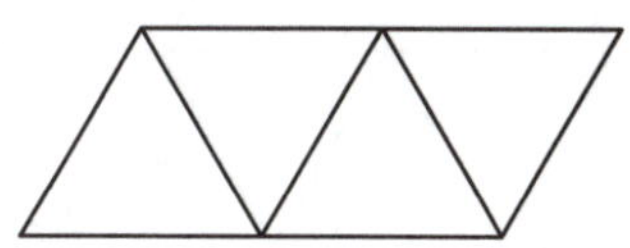

e)
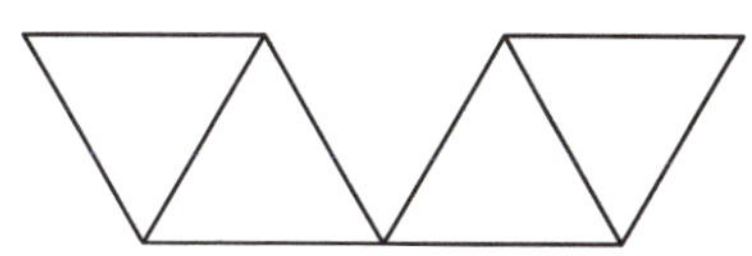

20. (Enem) Maria quer inovar em sua loja de embalagens e decidiu vender caixas com diferentes formatos. Nas imagens apresentadas estão as planificações dessas caixas.

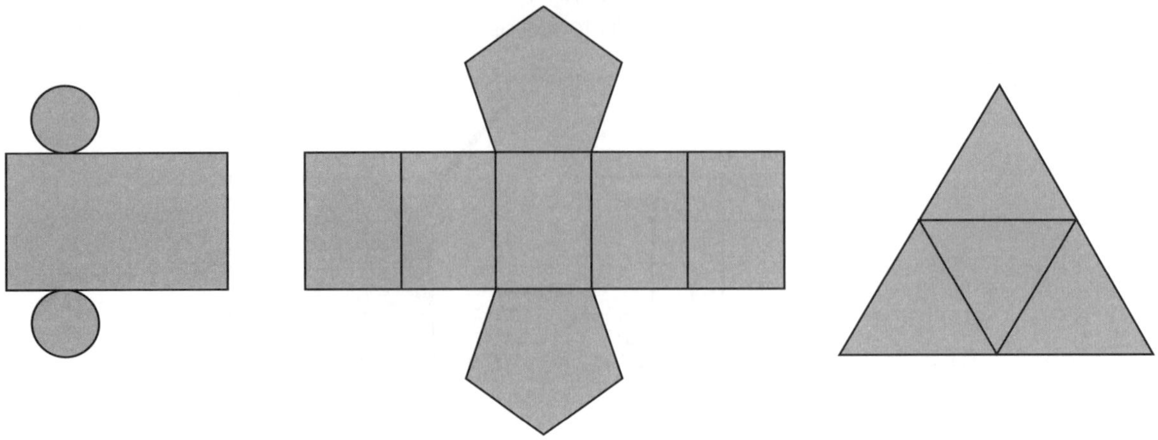

Quais serão os sólidos geométricos que Maria obterá a partir dessas planificações?

a) Cilindro, prisma de base pentagonal e pirâmide.

b) Cone, prisma de base pentagonal e pirâmide.

c) Cone, tronco de pirâmide e pirâmide.

d) Cilindro, tronco de pirâmide e prisma.

e) Cilindro, prisma e tronco de cone.

21. (OBM) A figura a seguir foi recortada em cartolina e depois dobrada para formar um icosaedro. As faces em branco foram numeradas de modo que ao redor de cada vértice (pontas do sólido) apareçam os números de 1 a 5. Qual número está na face com a interrogação?

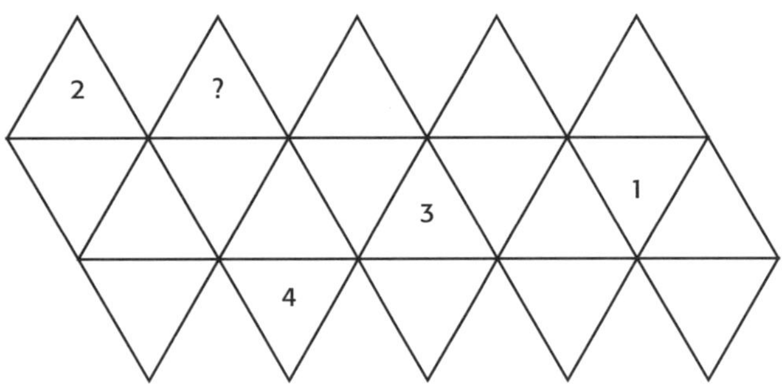

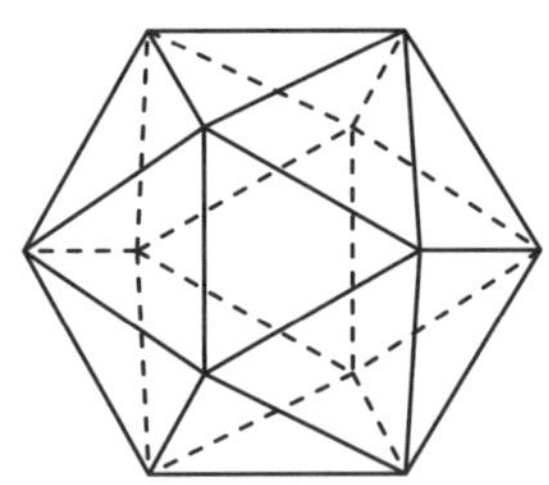

Icosaedro

a) 1

b) 2

c) 3

d) 4

e) 5

Leitura do mundo

Gráfico de barras

Apresentando a situação

O lançamento de dardo é uma modalidade olímpica de atletismo que consiste em o atleta lançar uma vara, que tem formato de uma lança, o mais distante possível. Essa prática de esporte, com variações diferentes, já ocorria até mesmo nos tempos antes de Cristo.

KLAUS VEDFELT/GETTY IMAGES

O lançamento do dardo é realizado após uma corrida curta, para criar impulso, dentro do espaço delimitado pela competição, e o atleta que obtiver a maior distância em um de seus lançamentos vence a competição.

Patrícia está treinando para participar de uma competição de lançamento de dardo. Ao pesquisar na internet sobre essa modalidade de atletismo, encontrou algumas marcas alcançadas por atletas femininas. Veja no quadro a seguir as informações que ela obteve.

Atleta	País	Marca (em metros)
Barbora Spotakova	República Tcheca	72,28
Christina Obergfoll	Alemanha	65,16
Jucilene Sales Lima	Brasil	62,89
Lilian Seibert	Brasil	55,45
Osleidys Menendez	Cuba	71,70
Sabina Moya	Colômbia	62,62

Fontes de pesquisa: <http://globoesporte.globo.com/atletismo/noticia/2014/10/jucilene-quebra-recorde-sul-americano-no-dardo-e-aumenta-dominio-brasileiro.html > e <http://globoesporte.globo.com/olimpiadas/noticia/2012/08/tcheca-vence-lancamento-de-dardo-e-se-torna-bicampea-olimpica.html>. Acesso em: 19 abr. 2016.

Organizando os dados

Para comparar as marcas que cada atleta obteve, Patrícia decidiu construir um gráfico de barras. Porém, antes de construí-lo, ela arredondou cada número para o número com ordem decimal exata mais próximo, obtendo os dados a seguir.

Atleta	Barbora Spotakova	Christina Obergfoll	Jucilene Sales Lima	Lilian Seibert	Osleidys Menendez	Sabina Moya
Marca (em metros)	72,3	65,2	62,9	55,5	71,7	62,6

1. Ajude Patrícia a terminar de construir o gráfico: complete-o com as informações que estão faltando e dê um título a ele.

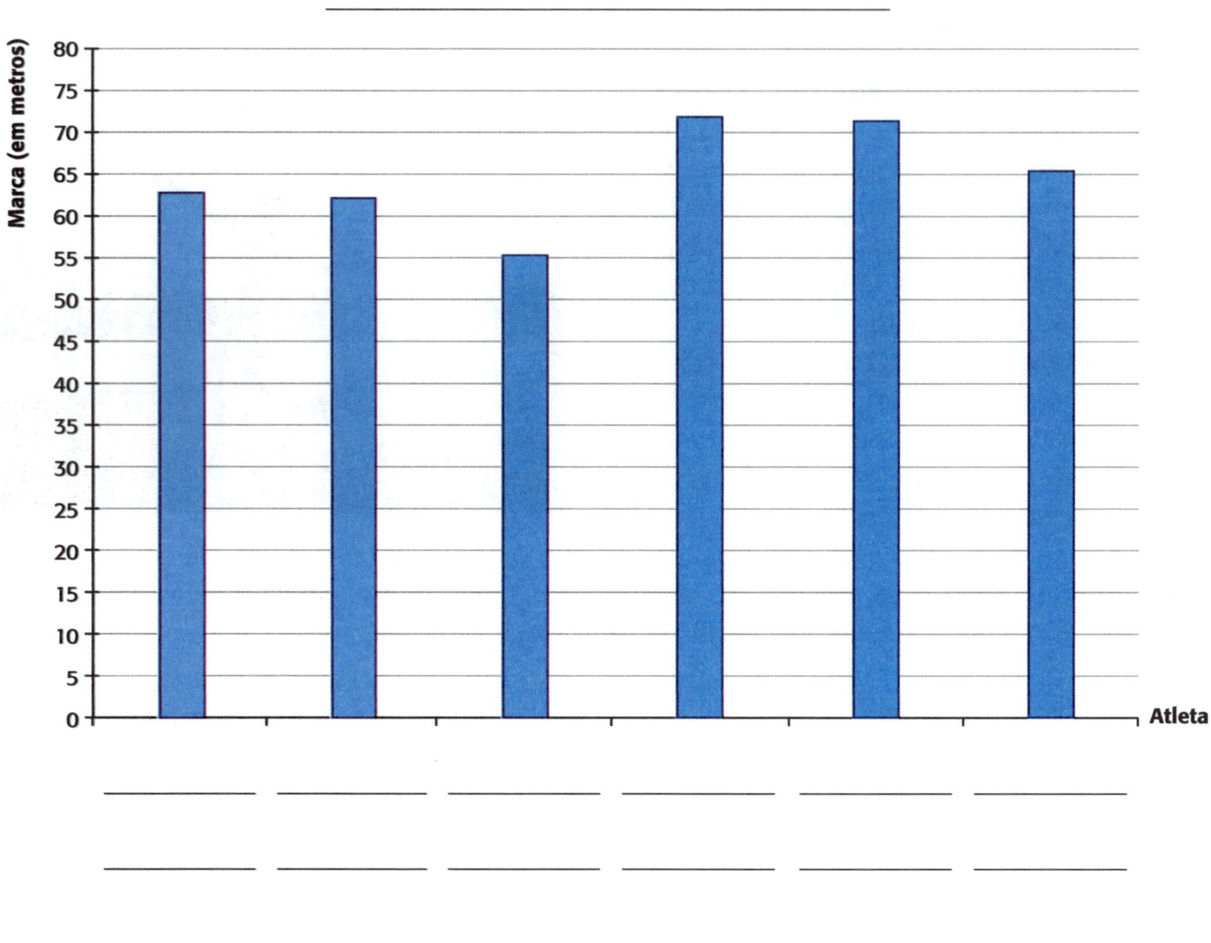

Analisando os dados

2. Com base nos dados apresentados no gráfico, responda às questões a seguir.

a) Escreva, em sequência, o nome das atletas que aparecem no gráfico de acordo com a ordem crescente da marca que cada uma obteve.

b) Das atletas indicadas no gráfico, qual obteve a marca que difere apenas três décimos da marca obtida por Sabina?

c) Caso, em uma competição realizada apenas com essas atletas, elas obtivessem exatamente as marcas indicadas no gráfico, qual seria a primeira colocada? E a segunda colocada?

d) Em 2016, a atleta Laila Ferrer Domingos obteve a marca de aproximadamente 56,4 metros em uma competição. Das atletas indicadas no gráfico, qual obteve uma marca inferior à de Laila?

Pratique mais

3. Patrícia tem treinado uma vez por semana para conseguir participar da competição. Observe abaixo algumas das marcas obtidas por ela durante alguns dias de treino. Em seguida, construa um gráfico de barras verticais para representar esses dados.

Data	16/4	23/4	30/4	7/5
Marca (em metro)	32,6	38,4	36,2	34,8

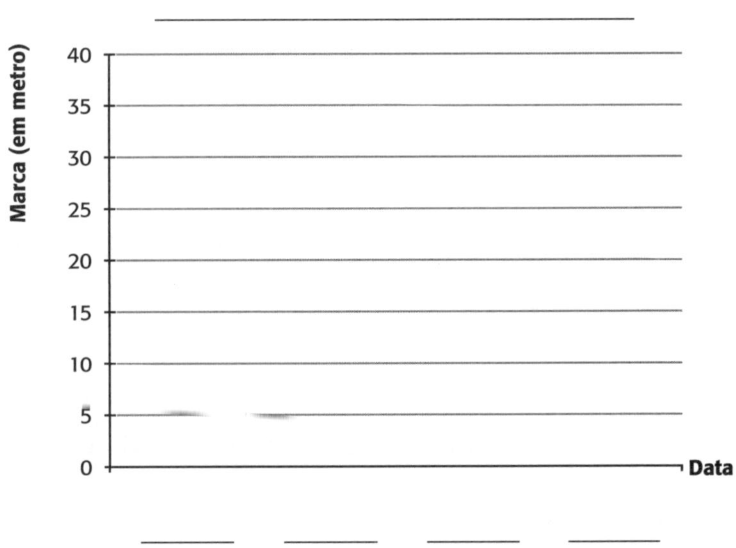

- Responda:

De acordo com o gráfico, em qual dia Patrícia obteve a maior marca? Qual é a diferença, em metros, entre essa marca e a menor marca obtida por Patrícia?

UNIDADE 4

Múltiplos e divisores

Reveja a jornada

Múltiplos

- Um número natural é **múltiplo** de um número natural diferente de zero quando o primeiro é divisível pelo segundo, ou seja, quando a divisão do primeiro pelo segundo é ______________.
- Todo número natural é múltiplo dele ______________.
- O número ______________ é múltiplo de qualquer número natural.

Divisores

- Todo número natural diferente de ______________ tem como divisor ele próprio.
- O número ______________ é divisor de qualquer número natural.
- O número ______________ **não** é divisor de nenhum número natural.
- Se um número natural é divisor de outros dois números naturais, então o primeiro é divisor da ______________ dos outros dois números.

Critérios de divisibilidade

- **Divisibilidade por 2**: um número natural é divisível por 2 quando ele é um número ______________.
- **Divisibilidade por 3**: um número natural é divisível por 3 quando a soma de seus algarismos é divisível por ______________.
- **Divisibilidade por 4**: um número natural com mais de dois algarismos é divisível por 4 quando o número formado pelos seus últimos dois algarismos à direita é divisível por ______________ ou quando seus últimos dois algarismos à direita são ______________.
- **Divisibilidade por 5**: um número natural é divisível por 5 quando o algarismo da ordem das unidades é ______________ ou ______________.

- **Divisibilidade por 10**: um número natural é divisível por 10 quando o algarismo da ordem das unidades é ______________.

Números primos

Chamamos de **número primo** todo número natural que tem exatamente dois divisores naturais: o ______________ e o próprio número.

Números compostos

Chamamos de **número composto** todo número natural maior do que 1 e que tem mais de ______________ divisores naturais.

Decomposição de um número em fatores primos

- Um número natural ____________________ pode ser decomposto em fatores primos.
- Podemos decompor um número natural ____________________ em fatores primos usando o processo de divisões ____________________ ou árvore de fatores.

Exemplos:

divisões sucessivas

162	2
81	3
27	3
9	3
3	3
1	

árvore de fatores

162

81×2

$27 \times 3 \times 2$

$9 \times 3 \times 3 \times 2$

$3 \times 3 \times 3 \times 3 \times 2 = 3^4 \times 2$

Mínimo múltiplo comum

O **mínimo múltiplo comum** (mmc) de dois ou mais números naturais é o ____________________ múltiplo natural comum, diferente de zero, desses números.

Máximo divisor comum

- O **máximo divisor comum** (mdc) de dois ou mais números naturais diferentes de zero é o ____________________ dos divisores comuns desses números.
- Se o maior divisor comum de dois ou mais números naturais é igual a 1, então esses números são ____________________ entre si.

Para praticar

1. Múltiplos de um número natural

1. Quais são os múltiplos de 12 maiores que 30 e menores que 100?

2. Observe a sequência representada a seguir e responda às questões.

1 278, 1 281, 1 284, ■, 1 290

a) Qual é o número que está representado pelo ■ nessa sequência?

b) Os números que formam essa sequência são múltiplos de qual número natural?

3. Um número natural é múltiplo de um número diferente de zero quando:

a) o resto da divisão do primeiro número pelo segundo é igual a 1.

b) o primeiro número não é divisível pelo segundo.

c) o resto da divisão do primeiro número pelo segundo é igual a zero.

d) o resto da divisão do primeiro número pelo segundo é diferente de zero.

4. Em uma escola, será realizado um campeonato de vôlei. Sabendo que, ao todo, 52 alunos se inscreveram, quantos times de vôlei compostos exatamente por 6 alunos será possível formar?

5. Uma fábrica de quadriciclos usa 4 pneus para montar um veículo.

THINKSTOCK/GETTY IMAGES

Quantos veículos ela poderia montar usando 65 pneus? Explique.

6. Uma empresa produz caixas de lápis de cor iguais à mostrada ao lado, e decidiu doar algumas dessas caixas a uma escola. É possível que a empresa doe 6 244 lápis à escola? Se não, explique o porquê.

SERGIO STAKHNYK/SHUTTERSTOCK.COM

7. Os funcionários de determinada empresa utilizam táxi quando precisam realizar serviços externos. Observe o pictograma a seguir, que mostra a quantidade de solicitações de serviço de táxi feitas pelos funcionários dessa empresa durante quatro meses de 2016.

Solicitações de serviço de táxi durante quatro meses de 2016

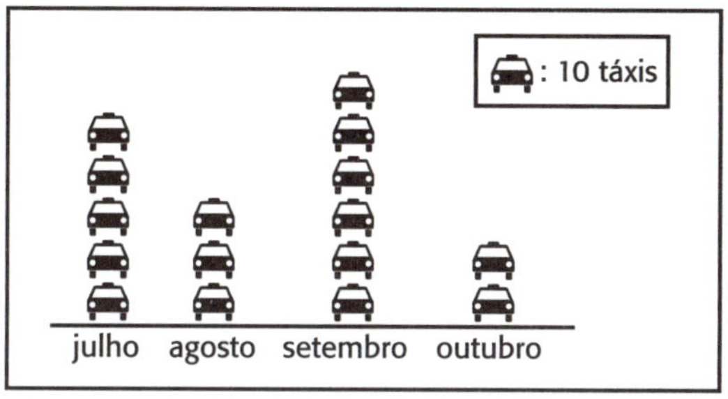

Com base nessas informações, responda às questões.

a) Em qual mês foi realizado o maior número de solicitações de serviço de táxi? Quantas?

b) Quantas solicitações de serviço de táxi foram realizadas em cada mês?

c) Quais desses números são múltiplos de 5?

8. Leonardo tinha algumas bolinhas de gude, comprou alguns saquinhos com 3 unidades cada um e ficou com 48 bolinhas de gude. No mínimo, quantas bolinhas de gude Leonardo tinha inicialmente?

9. Para facilitar o transporte de seus produtos, uma fábrica embala-os em caixas de papelão e organiza as caixas sobre paletes de madeira, como mostra a imagem abaixo.

THINKSTOCK/GETTY IMAGES

Se em determinado dia havia 980 caixas no estoque dessa fábrica, qual é o maior número de caixas que podem ter sido organizadas sobre paletes de madeira exatamente como é mostrado na imagem acima?

10. O pictograma abaixo mostra a quantidade de pessoas que assistiram ao *show* de uma banda durante três dias de apresentação.

Público total

Com base nesses dados, responda:

a) No total, quantas pessoas assistiram ao *show* dessa banda?

____

____

b) Em qual dia da semana foi registrado o maior número de pessoas?

____

c) Considerando o número total de pessoas que assistiram a esse *show*, seria possível haver o mesmo número de pessoas em cada uma das três apresentações? Explique.

____

11. (Obmep) O número 4 580 254 é múltiplo de 7. Qual dos números abaixo também é múltiplo de 7?

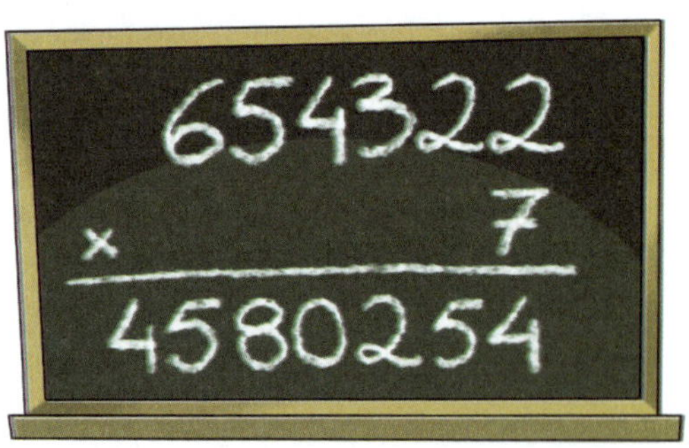

a) 4 580 249
b) 4 580 248
c) 4 580 247
d) 4 580 246
e) 4 580 245

12. (Obmep) Quantos são os números ímpares, de cinco algarismos, nos quais a soma dos algarismos das unidades e das dezenas é 16 e a soma de todos os algarismos é um múltiplo de 5?

a) 90
b) 180
c) 216
d) 360
e) 532

2. Divisores naturais

13. Indique qual dos números a seguir não é divisível por 6.

a) 318
b) 522
c) 806
d) 702

14. Escreva todos os números naturais entre 130 e 140 que são divisíveis por 3.

____

15. Observe abaixo as três primeiras figuras de uma sequência. Depois, responda às questões a seguir.

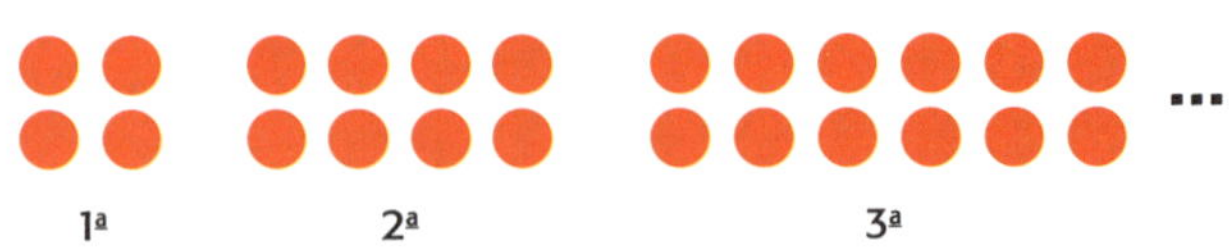

a) O número de bolinhas que formam cada figura dessa sequência é divisível por 4?

____

b) Quantas bolinhas terá a 5ª figura dessa sequência?

____

16. Indique os divisores naturais de cada número a seguir.

a) 72

____

b) 16

____

c) 63

____

d) 100

____

e) 56

____

f) 30

____

g) 27

____

h) 64

____

17. Indique qual das afirmações a seguir é falsa.

a) 148 é divisível por 2.

b) 2 099 é divisível por 9.

c) 285 é divisível por 3.

d) 468 é divisível por 6.

e) 1 030 é divisível por 5.

18. (Obmep) Juca listou todos os números que podem ser escritos, da esquerda para a direita, obedecendo às seguintes regras:

- não começar com zero;
- não repetir algarismos;
- acrescentar um novo algarismo somente se for múltiplo ou divisor do último algarismo escrito;
- continuar a escrita do número enquanto for possível acrescentar um novo algarismo.

Por exemplo, o número 2 015 está na lista de Juca, pois ele é escrito começando com 2, que é diferente de 0, depois com 0, que é múltiplo de 2, depois com 1, que é divisor de 0, e seguido de 5, que é múltiplo de 1. A escrita termina com 5, pois este algarismo não é múltiplo nem divisor dos algarismos que ainda não foram escritos (3, 4, 6, 7, 8 e 9).

a) O número 1 063 não está na lista de Juca, pois é possível acrescentar um último algarismo à direita do 3. Qual é esse algarismo?

____

____

____

____

____

____

____

b) Juca escreveu os números de sua lista em ordem crescente. Qual é o primeiro número que ele escreveu depois do 2 015?

____

____

____

____

____

____

____

____

c) Qual é o menor número da lista de Juca?

____

____

____

____

____

____

____

____

____

d) Qual é o maior número da lista de Juca?

____

____

____

____

____

____

____

____

19. (OBM) Entre os números naturais de 1 até **n**, pelo menos 11 são divisíveis por 5 e no máximo 9 são divisíveis por 6. No máximo, quantos desses números são divisíveis por 7?

a) 4

b) 5

c) 6

d) 7

e) 8

3. Números primos e números compostos

20. Qual(ais) dos números representados a seguir é (são) primo(s)?

145	97
163	123

____

21. Calcule.

a) mdc(30, 100)

b) mdc(15, 35)

c) mdc(18, 24)

d) mdc(54, 72)

e) mdc(81, 135)

f) mdc(64, 120)

22. Calcule o mmc(a, b), em que **a** e **b** são números naturais e **b** é diferente de zero e múltiplo de **a**.

____

23. Obtenha o mínimo múltiplo comum de cada par de números a seguir.

a) 16 e 32

b) 63 e 81

c) 5 e 40

d) 24 e 126

24. O médico de Rafaela receitou-lhe duas vitaminas em comprimidos, uma para tomar de 6 h em 6 h e a outra, de 8 h em 8 h. Se ela tomou os dois comprimidos ao meio-dia do dia 15 de janeiro, quando Rafaela irá tomar os dois comprimidos no mesmo horário novamente?

____

____

____

____

____

____

____

____

25. Qual é o resultado do mdc entre dois números primos?

____

____

26. A árvore de Natal de um *shopping* foi decorada com luzes que piscam. Supondo que as lâmpadas vermelhas piscam a cada 4 segundos e as verdes a cada 5 segundos, de quanto em quanto tempo elas irão piscar juntas?

THINKSTOCK/GETTY IMAGES

27. Um grupo de amigos foi almoçar em um restaurante e gastou R$ 639,00. Sabendo que esse valor foi dividido igualmente entre eles, resultando em um valor inteiro, quantas pessoas participaram desse almoço?

a) 2

b) 4

c) 5

d) 6

e) 9

28. A mãe de Roberta fez 378 brigadeiros para sua festa de aniversário. Se Roberta e seus amigos comeram a mesma quantidade de brigadeiros e não sobrou nenhum, quantos amigos Roberta convidou para sua festa de aniversário?

a) 8

b) 13

c) 21

d) 26

e) 30

BRUNO ISMAEL SILVA ALVES/SHUTTERSTOCK.COM

29. Marina deseja distribuir 18 bombons e 24 balas entre alguns amigos na escola. Se cada amigo de Marina irá receber a mesma quantidade de bombom e de bala, quantos amigos, no máximo, ela poderá escolher para distribuir os doces?

____

____

____

____

30. Téo preparou 12 cocadas e 16 brigadeiros para presentear uma amiga. Ele vai embalá-los em caixinhas com a mesma quantidade de doces, de modo que cada caixa tenha a maior quantidade de doces possível. Quantos doces Téo conseguirá acomodar em cada caixa?

____

____

____

____

____

31. A professora de Carla levou para a sala de aula 24 m de fita azul, 30 m de fita verde e 54 m de fita vermelha para realizar um trabalho. E pediu aos alunos que cortassem as fitas em pedaços iguais, com o maior comprimento possível, de modo que não sobrasse fita. Qual deve ser o comprimento de cada pedaço de fita?

____

____

____

____

____

____

32. (Enem) Um arquiteto está reformando uma casa. De modo a contribuir com o meio ambiente, decide reaproveitar tábuas de madeira retiradas da casa. Ele dispõe de 40 tábuas de 540 cm, 30 de 810 cm e 10 de 1 080 cm, todas de mesma largura e espessura. Ele pediu a um carpinteiro que cortasse as tábuas em pedaços de mesmo comprimento, sem deixar sobras, e de modo que as novas peças ficassem com o maior tamanho possível, mas de comprimento menor que 2 m.

Atendendo o pedido do arquiteto, o carpinteiro deverá produzir:

a) 105 peças.
b) 120 peças.
c) 210 peças.
d) 243 peças.
e) 420 peças.

____

____

____

____

____

____

____

____

____

____

____

____

33. (Enem) O gerente de um cinema fornece anualmente ingressos para escolas. Este ano serão distribuídos 400 ingressos para uma sessão vespertina e 320 ingressos para uma sessão noturna de um mesmo filme. Várias escolas podem ser escolhidas para receberem ingressos. Há alguns critérios para a distribuição dos ingressos:

1) cada escola deverá receber ingressos para uma única sessão;

2) todas as escolas contempladas deverão receber o mesmo número de ingressos;

3) não haverá sobra de ingressos (ou seja, todos os ingressos serão distribuídos).

O número mínimo de escolas que podem ser escolhidas para obter ingressos, segundo os critérios estabelecidos, é:

a) 2
b) 4
c) 9
d) 40
e) 80

34. (OBM) Todo número primo é um número inteiro que tem exatamente dois divisores positivos: o número 1 e o próprio número. Por exemplo, 2 e 5 são primos, mas 1 (tem somente o 1 como divisor positivo) e 4 (veja que 1, 2 e 4 são os seus divisores positivos) não são primos. Qual das afirmações a seguir é verdadeira?

a) A soma de quaisquer dois primos é um primo.
b) A soma dos quadrados de quaisquer dois números primos é um número primo.
c) O produto de dois números naturais consecutivos pode ser um número primo.
d) A soma de três primos quaisquer nunca é um número primo.
e) O produto de dois primos quaisquer pode ser um número primo.

35. (OBM) O número 2014 é par, não possui algarismos repetidos em sua representação e a soma deles é um número primo.

a) Qual é o menor inteiro positivo que tem essas três características?

b) Qual é o maior número inteiro com essas três características?

Leitura do mundo

Pictograma

Apresentando a situação

A Organização Mundial da Saúde (OMS) recomenda que adultos entre 18 e 64 anos de idade realizem no mínimo 150 minutos de atividade física de intensidade moderada por semana, a fim de melhorar as funções cardiorrespiratórias. Pensando nisso, Cláudio, que tem 36 anos, resolveu anotar quantos minutos de atividade física ele realizou diariamente, durante um mês.

NADYA LUKIC/SHUTTERSTOCK.COM

Observe a seguir as anotações feitas por Cláudio.

1ª semana:

Data	1º/5	2/5	3/5	4/5	5/5	6/05	7/5
Tempo (em minutos)	20	40	25	20	20	25	25

2ª semana:

Data	8/5	9/5	10/5	11/5	12/5	13/5	14/5
Tempo (em minutos)	15	40	10	15	15	20	10

3ª semana:

Data	15/5	16/5	17/5	18/5	19/5	20/5	21/5
Tempo (em minutos)	40	45	30	60	40	40	45

4ª semana:

Data	22/5	23/5	24/5	25/5	26/5	27/5	28/5
Tempo (em minutos)	20	45	35	20	30	30	20

Organizando os dados

Para melhor visualização da quantidade total de minutos de atividade física realizada por semana, Cláudio resolveu representar os dados obtidos por meio de um pictograma. Observe o gráfico pictórico abaixo.

Quantidade total de minutos de atividade física realizada por semana

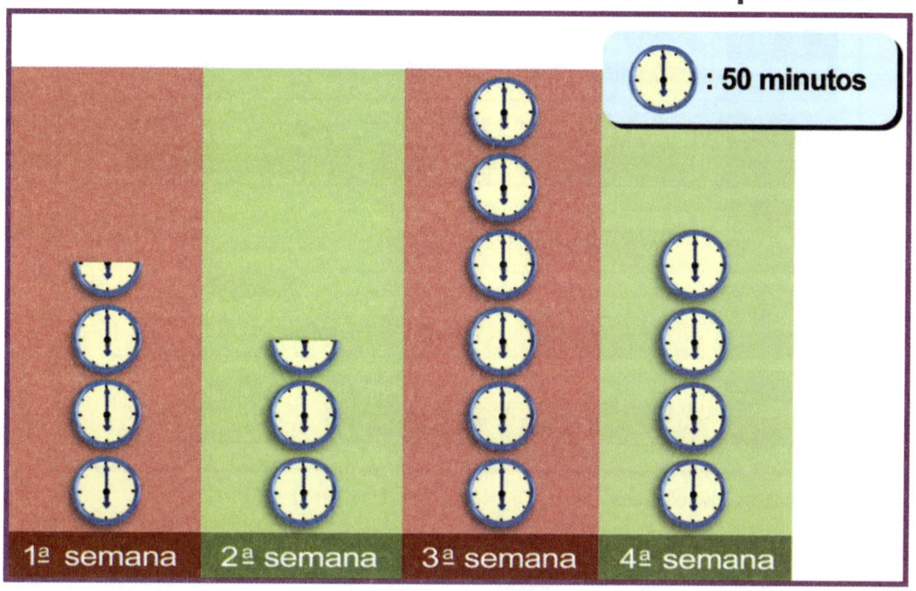

Dados elaborados pelo autor.

Analisando os dados

1. Com base nos dados apresentados no pictograma, responda às questões a seguir.

a) O ícone  representa quantos minutos?

____

b) Cláudio conseguiu realizar em todas as semanas a quantidade de atividade física recomendada por semana pela OMS? Por quê?

____

____

c) Quantos minutos a mais de atividade física Cláudio teria de realizar na 4ª semana para atingir a quantidade de minutos da 3ª semana?

____

____

d) Qual é a diferença entre a quantidade total de minutos de atividade física realizada na 1ª semana e a quantidade realizada na 2ª semana?

____

e) No total, quantas horas de atividade física Cláudio realizou nas duas primeiras semanas?

____

____

Pratique mais

2. Observe o pictograma abaixo, que mostra a quantidade de minutos que Cláudio gastou para ir de casa ao trabalho em determinada semana. Em seguida, responda à questão.

Tempo gasto para ir de casa ao trabalho

Dados elaborados pelo autor.

- Sabendo que nessa semana Cláudio gastou 68 minutos ao todo para ir de casa ao trabalho, quantos minutos representa cada ícone  do gráfico? Complete o pictograma com esse dado.

UNIDADE 5

Frações

Reveja a jornada

Fração, forma mista e tipos de fração

- Termos de uma fração:

numerador → $\frac{2}{3}$ ← ______________________

- **Forma mista**: todo número na forma mista pode ser representado na forma de ______________________. Por exemplo: $2\frac{3}{5} = \frac{13}{5}$.

- **Fração própria**: o numerador é ______________________ do que o denominador. Por exemplo: $\frac{3}{6}$.

- **Fração imprópria**: o numerador é ______________________ do que o numerador ou igual a ele. Por exemplo: $\frac{7}{3}$.

- **Fração aparente**: o numerador é ______________________ do denominador. Por exemplo: $\frac{6}{6}$.

Frações equivalentes

- Frações equivalentes são frações que representam a mesma parte do todo.
- Quando multiplicamos ou dividimos o numerador e o denominador de uma fração por um mesmo número diferente de zero, obtemos uma fração ______________________ à fração inicial.

Simplificação de frações

- Para simplificarmos uma fração, basta dividirmos o numerador e o denominador dela por um mesmo número natural maior do que __________.

- A fração obtida por meio do processo de simplificação é ______________________ à fração inicial.

Comparação de frações

- Quando comparamos frações de denominadores **iguais**, a maior fração é aquela com o numerador ____________________.
- Para comparar frações de denominadores **diferentes**, podemos obter frações equivalentes a elas e com denominadores ____________________. Para obtermos frações equivalentes com denominadores iguais, podemos calcular o ____________________ dos denominadores dessas frações.

Adição e subtração

- Para **adicionar** (ou **subtrair**) frações com denominadores iguais, adicionamos (ou subtraímos) os numeradores e mantemos o ____________________.
- Para **adicionar** (ou **subtrair**) frações com denominadores diferentes, obtemos frações equivalentes a elas que tenham denominadores ____________________ e, depois, adicionamos (ou subtraímos) os numeradores e mantemos o ____________________.

Multiplicação e divisão

- Para **multiplicar** duas ou mais frações, devemos multiplicar os seus ____________________ entre si e seus denominadores entre si.
- Dada uma fração diferente de zero, obtemos sua fração ____________________ trocando entre si o numerador e o denominador.
- O produto de uma fração diferente de zero por sua inversa é igual a __________.
- Para **dividir** uma fração (ou um número natural) por outra diferente de zero, basta multiplicar a primeira pela fração ____________________ da segunda.

Porcentagem

As frações cujo denominador é igual a ____________________ podem ser representadas na forma de porcentagem, por exemplo, $\frac{2}{100} = 2\%$.

Para praticar

1. Estudando frações

1. Cada figura a seguir está dividida em partes iguais. Escreva, em cada caso, a fração correspondente à parte pintada em relação à figura toda. Depois, escreva como se lê cada fração obtida.

a)

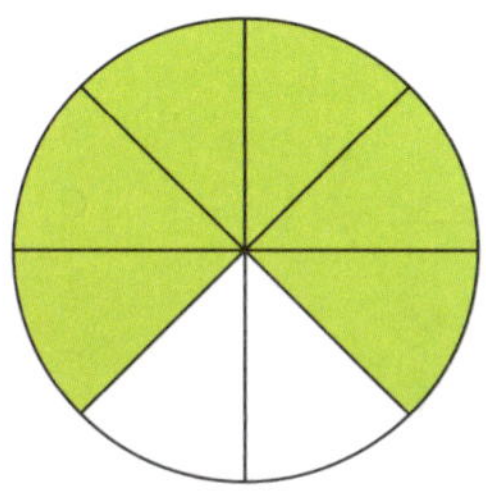

____

b)

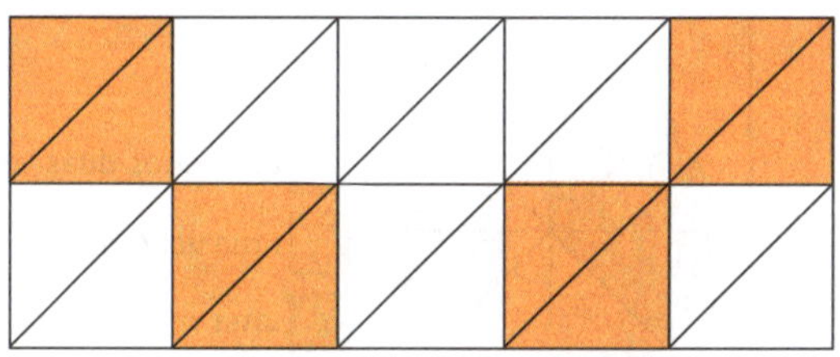

____

c)

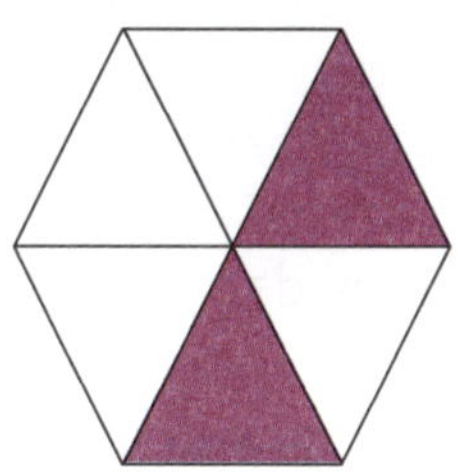

____

d)

____

2. Que fração do dia corresponde a 6 horas?

____

3. Que fração do ano corresponde a 9 meses?

____

4. A fração $\frac{4}{5}$ pode ser classificada como:

a) fração própria.
b) fração imprópria.
c) fração aparente.
d) fração decimal.

5. A fração $\frac{15}{12}$ pode ser classificada como:

a) fração própria.
b) fração imprópria.
c) fração aparente.
d) fração decimal.

6. André tinha 126 reais e emprestou 32 reais ao irmão dele. Que fração da quantia inicial corresponde à quantia que sobrou para André após o empréstimo? Simplifique a fração obtida.

____

7. O número $3\frac{3}{4}$ pode ser representado na forma de fração por:

a) $\frac{3}{4}$
b) $\frac{9}{4}$
c) $\frac{12}{4}$
d) $\frac{15}{4}$
e) $\frac{19}{4}$

8. Leia a receita abaixo.

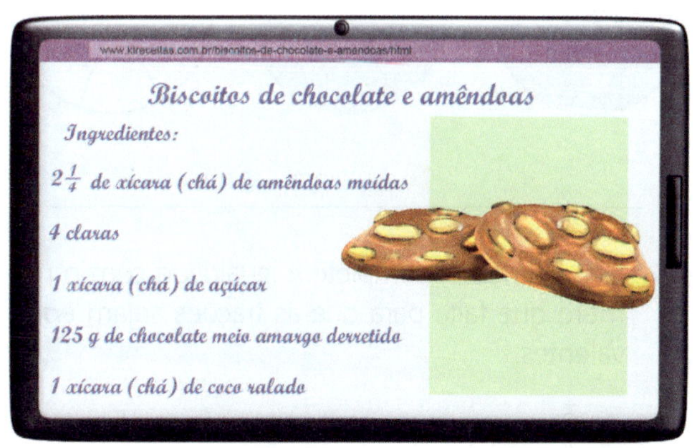

Qual das figuras a seguir representa a quantidade de amêndoas moídas que serão utilizadas nessa receita?

a) 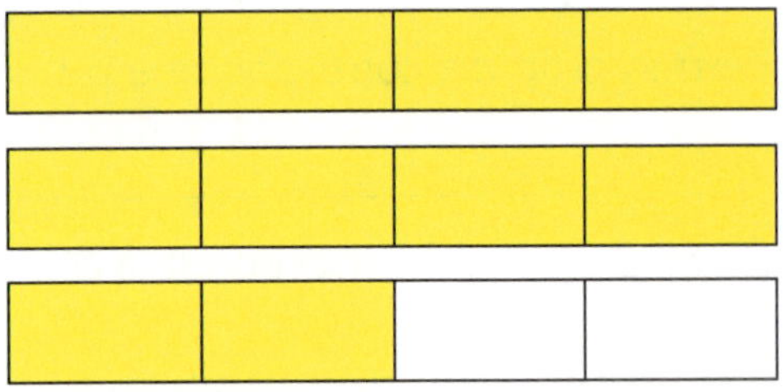

b) 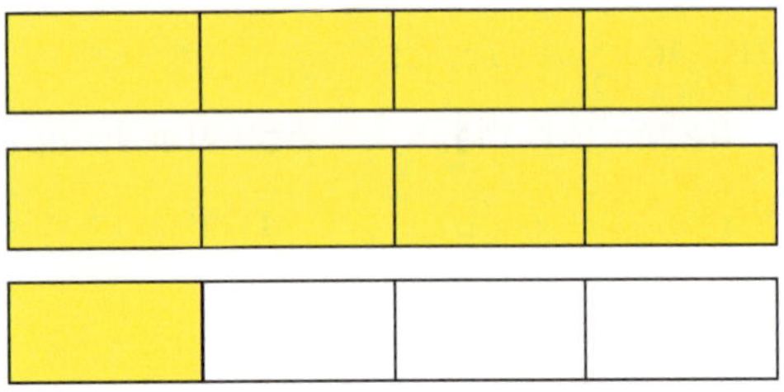

c) 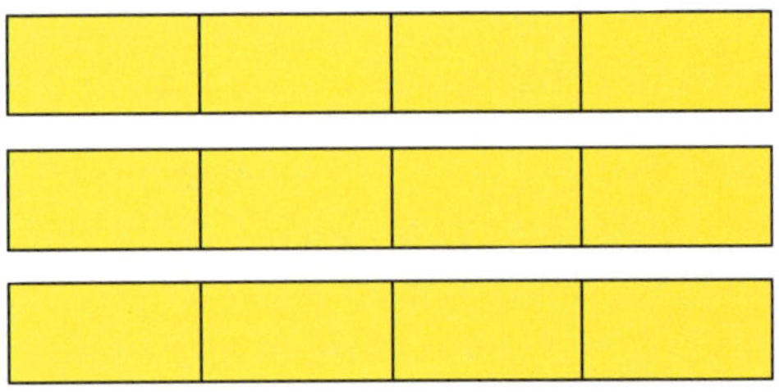

d) 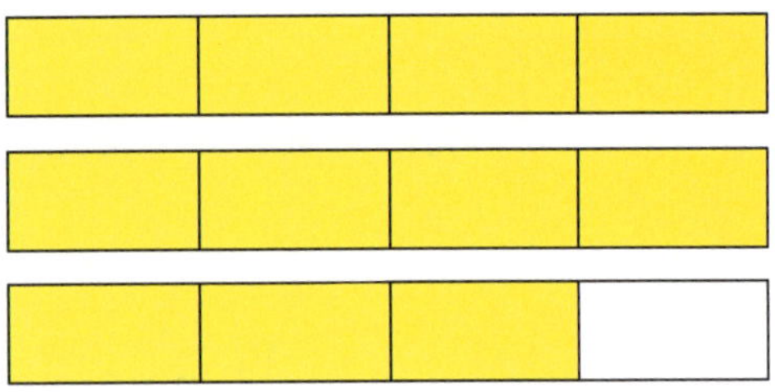

9. Cada uma das figuras do esquema a seguir foi dividida em partes iguais. Esse esquema representa qual número na forma mista?

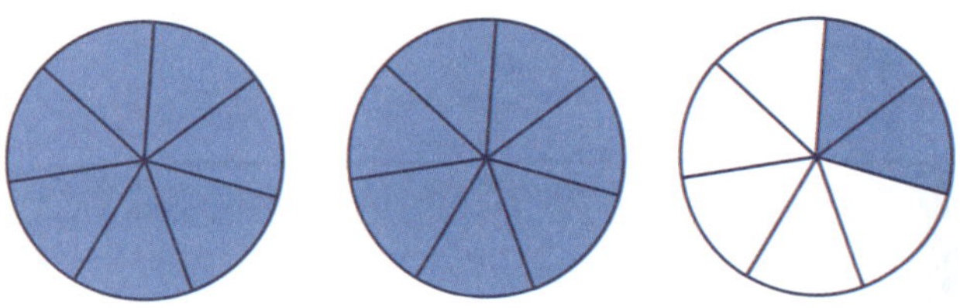

____

10. Em cada caso, complete a igualdade com o número que falta para que as frações sejam equivalentes.

a) $\frac{3}{4} = \frac{}{12}$

b) $\frac{12}{} = \frac{3}{5}$

c) $\frac{1}{2} = \frac{5}{}$

d) $\frac{21}{24} = \frac{}{8}$

11. Use os símbolos de > (maior que) e < (menor que) para comparar as frações a seguir.

a) $\frac{7}{8}$ ______ $\frac{3}{5}$

b) $\frac{2}{14}$ ______ $\frac{4}{7}$

c) $\frac{3}{24}$ ______ $\frac{9}{24}$

d) $\frac{8}{9}$ ______ $\frac{5}{21}$

12. Observe abaixo o gráfico obtido a partir de uma pesquisa realizada com 32 alunos do 6º ano.

Consulta com o pediatra
Alunos do 6º ano

Com base nesses dados, responda:

a) No gráfico, a parte pintada de verde corresponde a que fração do total de alunos participantes da pesquisa?

____

____

b) Quantos alunos responderam que vão ao menos duas vezes por ano ao pediatra?

____

c) O número de alunos que responderam que vão ao pediatra uma vez a cada 2 anos é maior do que o número de alunos que vão uma vez por ano?

____

____

13. (OBM) Numa classe do sexto ano, a professora sabe que todo grupo que montar com 13 alunos terá pelo menos uma menina e todo grupo que formar com 21 alunos terá pelo menos um menino. Sendo o número de alunos desta classe o maior possível, qual é a razão entre o número de meninos e o número de meninas desta classe?

a) 13 : 21

b) 13 : 34

c) 3 : 5

d) 3 : 8

e) 1 : 2

14. (Enem) Em um certo teatro, as poltronas são divididas em setores. A figura apresenta a vista do setor 3 desse teatro, no qual as cadeiras escuras estão reservadas e as claras não foram vendidas.

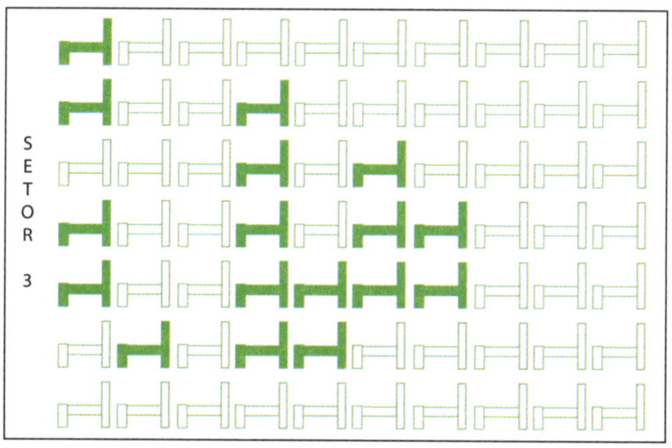

A razão que representa a quantidade de cadeiras reservadas do setor 3 em relação ao total de cadeiras desse mesmo setor é:

a) $\frac{17}{70}$

b) $\frac{17}{53}$

c) $\frac{53}{70}$

d) $\frac{53}{17}$

e) $\frac{70}{17}$

2. Operações com frações

15. Calcule as operações a seguir.

a) $\frac{2}{5} + \frac{1}{4}$

b) $\frac{7}{9} + \frac{6}{15}$

c) $\frac{1}{4} + \frac{2}{6}$

d) $\frac{7}{12} - \frac{3}{12}$

e) $\frac{4}{6} - \frac{6}{13}$

f) $\frac{3}{5} - \frac{1}{2}$

16. Na festa de aniversário de Renata, havia 400 balões enfeitando o salão. No entanto, durante a festa, $\frac{3}{4}$ dos balões estouraram. Quantos balões sobraram no salão?

17. Camila comprou um pacote de balas de diversos sabores. Sabendo que $\frac{1}{3}$ do total de balas é de limão e $\frac{1}{5}$, de laranja, escreva a fração correspondente às balas que não são de nenhum desses dois sabores.

18. Felipe tinha uma quantia em dinheiro, da qual gastou $\frac{2}{5}$ para comprar um lanche e $\frac{1}{5}$ para comprar um suco. Que fração da quantia inicial sobrou para Felipe após ele comprar o lanche e o suco?

____

____

____

____

____

19. Calcule as operações a seguir.

a) $\frac{3}{5} \div \frac{7}{15}$

b) $\frac{1}{2} \div \frac{11}{3}$

c) $\frac{3}{8} \div \frac{6}{20}$

d) $\frac{4}{5} \times \frac{6}{20}$

e) $\frac{1}{3} \times \frac{10}{9}$

f) $\frac{24}{25} \times \frac{2}{3}$

20. Danilo comprou algumas balas e deu metade dessas balas ao irmão dele. Do que restou, ele deu $\frac{1}{5}$ a um amigo. Que fração da quantidade inicial de balas sobrou para Danilo?

21. Em uma fábrica, $\frac{3}{5}$ dos funcionários trabalham no primeiro turno, $\frac{1}{5}$ no segundo turno e $\frac{1}{5}$ no terceiro turno. Se no terceiro turno há 10 funcionários, quantos funcionários trabalham nessa fábrica?

22. Marcelo comprou $\frac{50}{3}$ m de corda e deseja dividi-la em 5 pedaços de mesmo comprimento. Quantos metros terá cada pedaço dessa corda?

23. Em um auditório, há 200 estudantes. Se 60% desses estudantes são meninas, quantos meninos há nesse auditório?

24. Leia a propaganda a seguir e responda à pergunta.

Qual é o valor, em reais, da televisão se for paga à vista?

25. Se a fatura de determinado cartão de crédito for paga com atraso, há uma multa de 10% do valor. Sabendo-se que o valor da fatura é de R$ 2 500,00, qual será o valor, em reais, da fatura com a multa caso ela seja paga com atraso?

26. Carlos recebia um salário mensal de R$ 3 500,00 por mês e passou a receber R$ 4 025,00. De acordo com essa informação, responda:

a) De quantos reais foi o aumento salarial?

b) Esse aumento representa que fração do valor anterior do salário de Carlos?

c) Escreva essa fração na forma de porcentagem. De quantos por cento foi esse aumento?

27. (OBM) Os gatos Mate e Tica estão dormindo no sofá. Mate chegou antes e quando Tica chegou, ela ocupou um quarto da superfície que havia sobrado do sofá. Os dois juntos ocupam exatamente a metade da superfície do sofá. Qual parte da superfície do sofá está ocupada por Tica?

a) $\frac{1}{12}$

b) $\frac{1}{8}$

c) $\frac{1}{6}$

d) $\frac{1}{5}$

e) $\frac{1}{2}$

28. (Obmep) Ângela tem uma caneca com capacidade para $\frac{2}{3}$ L de água. Que fração dessa caneca ela encherá com $\frac{1}{2}$ L de água?

a) $\frac{7}{12}$

b) $\frac{2}{3}$

c) $\frac{3}{4}$

d) $\frac{5}{6}$

e) $\frac{4}{3}$

29. (Obmep) Alberto, Beatriz, Carlos, Dulce e Eduardo ainda dormiam quando sua mãe saiu e deixou uma vasilha com jabuticabas e a instrução para que fossem divididas igualmente entre eles. Alberto acordou primeiro, pegou $\frac{1}{5}$ das jabuticabas e saiu. Beatriz acordou depois, mas pensou que era a primeira a acordar e, por este motivo, pegou $\frac{1}{5}$ das jabuticabas restantes e também saiu. Os outros três irmãos acordaram juntos, perceberam que Alberto e Beatriz já haviam saído e dividiram as jabuticabas restantes igualmente entre eles.

a) Que fração do total de jabuticabas coube a Beatriz?

b) Quem ficou com a menor quantidade de jabuticabas? Quem ficou com a maior quantidade de jabuticabas?

c) Ao final da divisão, nenhum dos irmãos ficou com mais do que 20 jabuticabas. Quantas jabuticabas havia na vasilha?

30. (Obmep) Pedrinho colocou 1 copo de suco em uma jarra e, em seguida, acrescentou 4 copos de água. Depois decidiu acrescentar mais água até dobrar o volume que havia na jarra. Ao final, qual é o percentual de suco na jarra?

a) 5%

b) 10%

c) 15%

d) 20%

e) 25%

31. (OBM) Se Joana comprar hoje um computador de 2 000 reais, ela conseguirá um desconto de 5%. Se ela deixar para amanhã, irá conseguir o mesmo desconto de 5%, mas o computador irá aumentar 5%. Se ela esperar, o que acontecerá?

a) Nada, pois pagará a mesma quantia.

b) Ela perderá 100 reais.

c) Ela ganhará 105 reais.

d) Ela perderá 95 reais.

e) Ela perderá 105 reais.

32. (OBM) Usuários da internet com 18 anos de idade ou mais foram entrevistados sobre a utilização de 4 redes sociais. Eles foram divididos em grupos de faixa etária e a porcentagem de utilização de cada rede social dentro de cada grupo pode ser vista na tabela a seguir:

Serviço / Faixa etária	Facebook	Twitter	Linkedin	Google+	Não usam essas redes
55 anos ou mais	20%	12%	32%	16%	20%
45 a 54 anos	19%	17%	25%	17%	22%
35 a 44 anos	21%	19%	17%	20%	23%
25 a 34 anos	23%	22%	13%	19%	23%
18 a 24 anos	17%	30%	13%	28%	12%

Sabe-se ainda que as porcentagens de usuários da internet com 18 anos de idade ou mais estão divididas conforme o gráfico a seguir.

Usuários da internet com 18 ou mais anos de idade

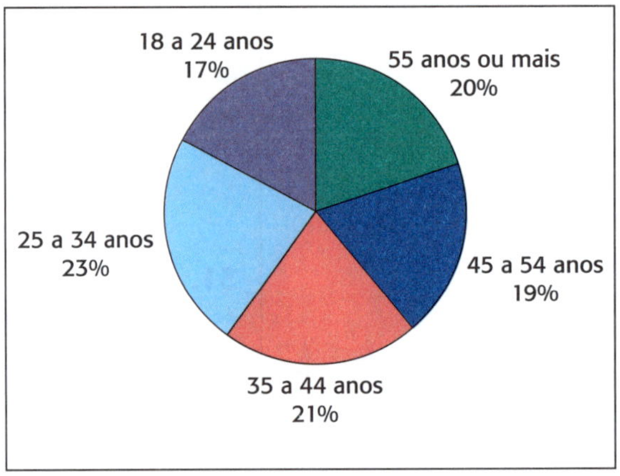

Entre os usuários da internet com 18 anos de idade ou mais, qual é a porcentagem daqueles que têm 55 anos ou mais e que usam o Linkedin?

a) 32% + 20%

b) 32% − 20%

c) 32% × 20%

d) 32% ÷ 20%

e) $\frac{32\% + 20\%}{2}$

Leitura do mundo

Gráfico de setores circulares

Apresentando a situação

Leia o texto a seguir a respeito do tipo de mídia utilizado pelo brasileiro para buscar informações.

[...]

O ministro-chefe da Secretaria de Comunicação Social da Presidência da República (SECOM), Thomas Traumann, apresentou [...] a Pesquisa Brasileira de Mídia, que tem como objetivo mostrar como e onde o brasileiro busca a informação atualmente. O levantamento feito entre 12/10 e 6/11, que entrevistou cerca de 18 mil pessoas em todos os estados do Brasil, mostrou que 47% da população tem o hábito de se informar pela internet, o que mostra a importância desta plataforma, segundo o ministro.

WAVEBREAKMEDIA/SHUTTERSTOCK.COM

[...]

A Pesquisa Brasileira de Mídia ainda aponta que o meio de comunicação mais utilizado para busca de informações no país é a televisão, pois 97% dos entrevistados afirmaram assistir TV. 61% das pessoas afirmaram ter o costume diário de ouvir rádio, que ficou em segundo lugar, seguido pela internet, com 47%.

Disponível em: <http://www.brasil.gov.br/governo/2014/03/quase-metade-dos-brasileiros-se-informa-pela-internet-diz-ministro-da-comunicacao-social>. Acesso em: 26 abr. 2016.

A respeito desse assunto, Felipe realizou uma pesquisa com 200 moradores do seu bairro – o Jardim Rouxinol – para saber qual tipo de mídia eles costumam utilizar no dia a dia para se informar. Veja a seguir os dados que ele obteve.

14 moradores responderam que leem revista para se informar.
72 moradores responderam que utilizam a internet para se informar.
26 moradores responderam que ouvem rádio para se informar.
40 moradores responderam que leem jornal para se informar.
48 moradores responderam que assistem a TV para se informar.

Organizando os dados

Felipe decidiu construir um gráfico de setores circulares para representar os dados obtidos na pesquisa.

Primeiro, ele calculou as porcentagens:

Internet	$\frac{72}{200} = \frac{36}{100} = 36\%$
Jornal	$\frac{40}{200} = \frac{20}{100} = 20\%$
Rádio	$\frac{26}{200} = \frac{13}{100} = 13\%$
Revista	$\frac{14}{200} = \frac{7}{100} = 7\%$
TV	$\frac{48}{200} = \frac{24}{100} = 24\%$

Veja abaixo como ficou o gráfico:

Tipo de mídia utilizado pelos moradores do Jardim Rouxinol

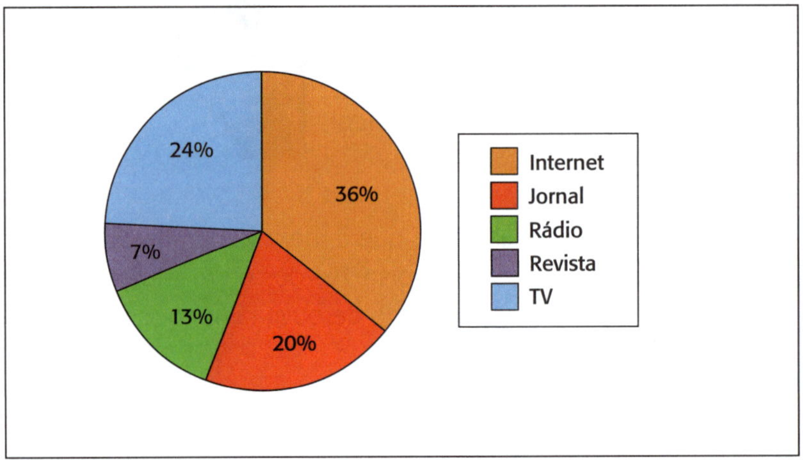

Dados elaborados pelo autor.

Analisando os dados

1. De acordo com os dados apresentados no gráfico, responda:

a) Qual é o nome do bairro em que Felipe realizou a pesquisa?

____

____

b) O que a cor vermelha indica no gráfico?

____

____

____

____

c) A parte pintada de azul corresponde a que fração do total de participantes da pesquisa? Escreva a fração irredutível.

d) Qual é o tipo de mídia mais utilizado pelos moradores do bairro de Felipe?

e) Qual é a porcentagem dos moradores entrevistados que leem revista para se informar?

Pratique mais

2. Felipe observou que a maioria dos moradores do seu bairro utiliza a internet para se informar e decidiu realizar uma nova pesquisa, porém apenas com os moradores do seu prédio, para saber as razões pelas quais eles usam a internet. Veja abaixo o resultado dessa pesquisa.

Razões pelas quais usa a internet

Entretenimento	Estudar	Ler notícias	Assistir a filmes ou seriados	Outros
38% – 57	10% – 15	30% – 45	18% – 27	4% – 6

Razões pelas quais usa a internet

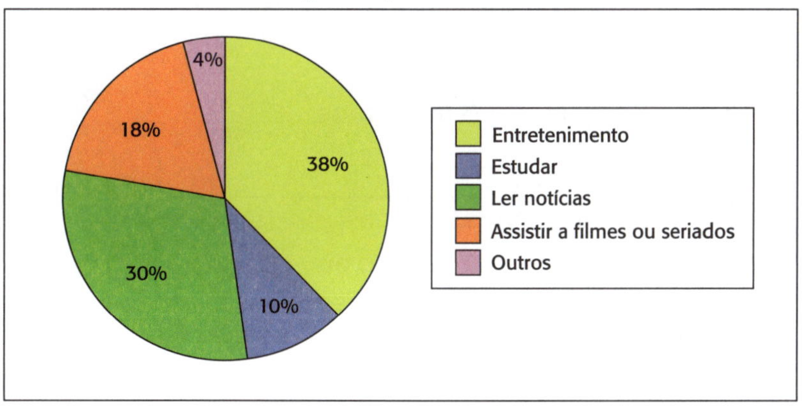

Dados elaborados pelo autor.

• Sabendo que 150 moradores participaram dessa pesquisa, responda:

Entre as razões indicadas no gráfico, qual foi a escolhida pelo maior percentual de moradores? Quantos moradores responderam que usam a internet por essa razão?

UNIDADE 6

Números decimais

Reveja a jornada

Frações decimais

- Frações decimais são frações cujo denominador é uma potência de base __________.
- Toda fração decimal pode ser representada na forma de um número ____________________.

Quadro de ordens

Parte inteira			,	Parte decimal		
Centena C	**Dezena D**	**Unidade U**		**Décimo d**	**Centésimo c**	**Milésimo m**
	2	7	,	1	5	3

parte ____________________ parte ____________________

27,153

3 milésimos

____________________ ou 50 milésimos

1 décimo ou ____________________ ou 100 milésimos

7 unidades

2 dezenas ou ____________________

Transformação de um número decimal em fração

Para transformar um número decimal em fração, podemos fazer a leitura desse número e, então, representá-lo na forma de uma fração. Por exemplo:

0,6 → seis ____________________ → $\frac{6}{10}$

1,67 → um inteiro e sessenta e sete ____________________ → $1\frac{67}{100}$

Transformação de uma fração em número decimal

- Para transformar uma fração em um número decimal, podemos obter uma fração equivalente

  à fração dada cujo denominador é uma potência de base __________. Por exemplo:

  $\frac{1}{5} = \frac{1 \times 2}{5 \times 2} = \frac{2}{10} = 0{,}2$

- Um número decimal não se altera quando são acrescentados ou retirados zeros à sua

  ____________________.

Comparação de números decimais

1º) Comparamos as partes inteiras de cada um dos números. Se elas forem diferentes, o número

que possuir a ____________________ parte inteira será o maior número decimal.

2º) Se as partes inteiras forem iguais, comparamos as partes decimais começando pelos décimos.

E, se necessário, igualamos as casas decimais acrescentando zeros à ____________________.

O número que possuir a ____________________ parte decimal será o maior número decimal.

Adição

- Na **adição** de dois números decimais, utilizando o algoritmo usual, os números são escritos de modo que os algarismos de mesma ordem fiquem um embaixo do outro. A adição se inicia pela ordem de menor valor. Se necessário, são realizados reagrupamentos, por exemplo: 10 milésimos formam 1 centésimo; 10 centésimos formam 1 décimo; 10 décimos formam 1 unidade.

$$\begin{array}{r@{\ }c@{\ }c@{\ }c@{\ }c@{\ }c} & {}^{1}2 & 7, & {}^{1}1 & {}^{1}5 & 8 \\ + & 1 & 5, & 0 & 7 & 2 \\ \hline & 4 & 2, & 2 & 3 & 0 \end{array}$$

Subtração

- Na **subtração** de dois números decimais, utilizando o algoritmo usual, os números são escritos de modo que os algarismos de mesma ordem fiquem um embaixo do outro. A subtração se inicia pela ordem de menor valor.

  Exemplo:

$$\begin{array}{r@{\ }c@{\ }c@{\ }c@{\ }c@{\ }c} & {}^{4}\not{5} & {}^{1}4, & {}^{0}2 & \not{1} & {}^{1}3 \\ - & 2 & 8, & 1 & 0 & 4 \\ \hline & 2 & 6, & 1 & 0 & 9 \end{array}$$

Multiplicação

- Na **multiplicação** de dois números decimais, o número de casas decimais do produto final é ____________________ à soma do número de casas decimais dos fatores originais.

- Multiplicação de dois números decimais utilizando o algoritmo usual (exemplo):

			^{6} ^{2}2,	^{4} ^{1}7	5	← 2 casas decimais
×			1,	8	3	← 2 casas decimais
			8	2	5	
	^{1}2	^{1}2	0	0	0	
+	2	7	5	0	0	
		5,	0	3	2	5 ← 4 casas decimais

- Outro modo de calcular o resultado de uma multiplicação de dois números decimais:

  1º) Multiplicamos os dois números decimais como se fossem números naturais, ou seja, sem considerar a vírgula.

  2º) Posicionamos a vírgula no produto obtido, contando, a partir do último algarismo à direita, o número de casas igual à soma do número de casas decimais dos fatores originais.

a vírgula deve ser posicionada à esquerda do zero.

$$275 \times 183 = 50325$$

4 3 2 1

$$2{,}75 \times 1{,}83 = 5{,}0325$$

Divisão

- Propriedade da divisão: Ao multiplicar o dividendo e o divisor de uma divisão por um mesmo número diferente de zero, o quociente da nova divisão permanece igual ao da inicial. Utilizando essa propriedade e o algoritmo usual da divisão, podemos calcular 260,50 ÷ 0,25 do seguinte modo:

× 100 × 100

260,50 | 0,25 → 26 050 | 25

1 042

26 050 | 25
105   1 042
50
0

- Há divisões em que o quociente decimal obtido **não** é um decimal exato e, mesmo que continuemos a dividir os restos obtidos, sempre vai sobrar resto diferente de zero; por exemplo, 1 ÷ 3 = 0,333.... O número 0,333... é chamado dízima ____________________ e pode ser indicado por $0,\overline{3}$.

- As **porcentagens** podem ser representadas em forma de fração cujo denominador é igual a ____________. E a fração pode ser expressa na forma decimal, por exemplo, $50\% = \frac{50}{100} = 0{,}5$.

Para praticar

1. Décimos, centésimos e milésimos

1. Em cada caso, escreva na forma decimal o número que representa a parte pintada da figura em relação ao todo.

a) 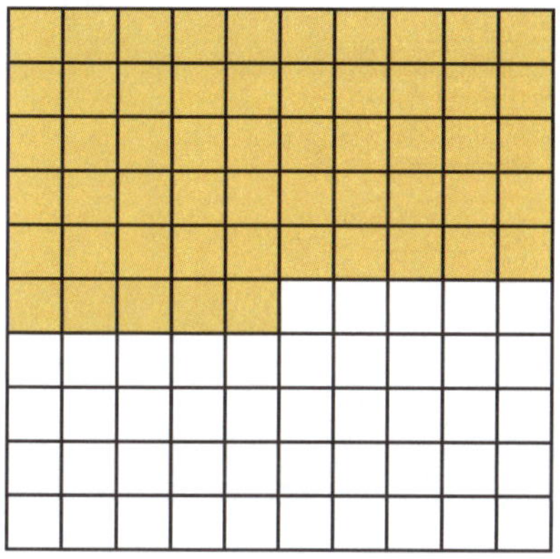

____

b) 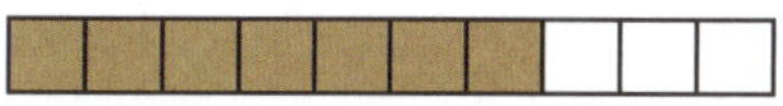

____

2. Escreva como se lê cada uma das frações abaixo.

a) $\frac{9}{10}$

____

b) $\frac{25}{100}$

____

c) $\frac{36}{100}$

____

____

d) $\frac{51}{1\,000}$

____

____

e) $\frac{15}{1\,000}$

____

____

f) $\frac{9}{10}$

____

____

3. A professora de Roberto pediu aos alunos que realizassem a seguinte operação: $\frac{2}{10} + \frac{7}{10}$.
Veja a resposta de um dos alunos:

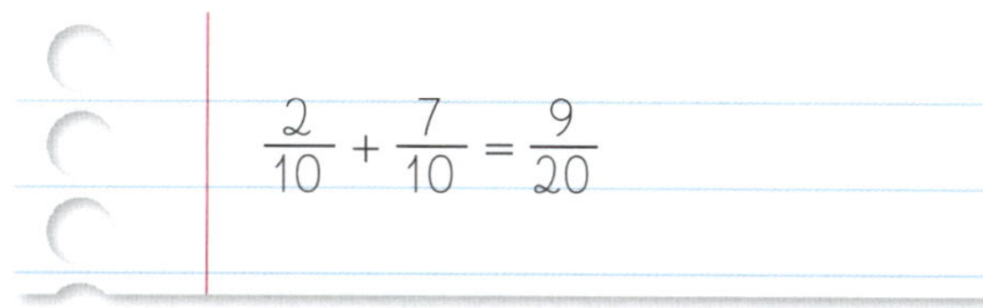

Você concorda com essa resposta? Explique.

4. Qual é o valor do algarismo 2 no número 756,421?

____

5. Escreva como se lê cada um dos números a seguir.

a) 152,36

____

____

b) 1,78

____

____

c) 23,507

____

____

d) 4,03

____

____

6. Represente na forma decimal cada um dos números a seguir.

a) Cinco inteiros e quatrocentos e setenta e quatro milésimos.

____

b) Sete centésimos.

____

c) Um inteiro e vinte e seis centésimos.

____

d) Cento e dois inteiros e trinta e quatro centésimos.

____

e) Setenta e oito inteiros e um décimo.

____

f) Nove dezenas e quatrocentos e onze milésimos.

____

7. Escreva cada fração a seguir na forma decimal.

a) $\frac{1}{4}$ __________

d) $\frac{47}{50}$ __________

b) $\frac{18}{10}$ __________

e) $\frac{8}{16}$ __________

c) $\frac{6}{20}$ __________

f) $\frac{23}{50}$ __________

8. Escreva cada número decimal a seguir na forma de fração irredutível.

a) 3,6 __________

d) 0,12 __________

b) 0,26 __________

e) 0,6 __________

c) 0,07 __________

f) 0,20 __________

9. O número 3,8 está localizado na reta numerada entre os números:

a) 3,0 e 3,1.

b) 3,2 e 3,4.

c) 3,3 e 3,5.

d) 3,3 e 3,6.

e) 3,7 e 3,9.

10. Use os símbolos $>$ (maior que) ou $<$ (menor que) para comparar os números a seguir.

a) 7,56 _____ 7,65

b) 12,41 _____ 13,41

c) 0,0889 _____ 0,0875

d) 49,02 _____ 49,2

e) 8,349 _____ 8,217

f) 1,123 _____ 1,124

11. (Enem) O dono de uma oficina mecânica precisa de um pistão das partes de um motor, de 68 mm de diâmetro, para o conserto de um carro. Para conseguir um, esse dono vai até um ferro-velho e lá encontra pistões com diâmetros iguais a 68,21 mm; 68,102 mm; 68,001 mm; 68,02 mm; e 68,012 mm.
Para colocar o pistão no motor que está sendo consertado, o dono da oficina terá de adquirir aquele que tenha o diâmetro mais próximo do que precisa.
Nessa condição, o dono da oficina deverá comprar o pistão de diâmetro:

a) 68,21 mm

b) 68,102 mm

c) 68,02 mm

d) 68,012 mm

e) 68,001 mm

12. (Enem) No contexto da matemática recreativa, utilizando diversos materiais didáticos para motivar seus alunos, uma professora organizou um jogo com um tipo de baralho modificado. No início do jogo, vira-se uma carta do baralho na mesa e cada jogador recebe em mãos nove cartas. Deseja-se formar pares de cartas, sendo a primeira carta a da mesa e a segunda, uma carta na mão do jogador que tenha um valor equivalente àquele descrito na carta da mesa. O objetivo do jogo é verificar qual jogador consegue o maior número de pares. Iniciado o jogo, a carta virada na mesa e as cartas da mão de um jogador são como no esquema:

Segundo as regras do jogo, quantas cartas da mão desse jogador podem formar um par com a carta da mesa?

a) 9
b) 7
c) 5
d) 4
e) 3

13. (Obmep) A professora Luísa observou que o número de meninas de sua turma dividido pelo número de meninos dessa mesma turma é 0,48. Qual é o menor número possível de alunos dessa turma?

a) 24
b) 37
c) 40
d) 45
e) 48

14. (Enem) Deseja-se comprar lentes para óculos. As lentes devem ter espessuras mais próximas possíveis da medida 3 mm. No estoque de uma loja, há lentes de espessuras: 3,10 mm; 3,021 mm; 2,96 mm; 2,099 mm; e 3,07 mm. Se as lentes forem adquiridas nessa loja, a espessura escolhida será, em milímetros, de:

a) 2,099
b) 2,96
c) 3,021
d) 3,07
e) 3,10

15. (Enem) Num projeto da parte elétrica de um edifício residencial a ser construído, consta que as tomadas deverão ser colocadas a 0,20 m acima do piso, enquanto os interruptores de luz deverão ser colocados a 1,47 m acima do piso. Um cadeirante, potencial comprador de um apartamento desse edifício, ao ver tais medidas, alerta para o fato de que elas não contemplarão suas necessidades. Os referenciais de alturas (em metros) para atividades que não exigem o uso de força são mostrados na figura seguinte.

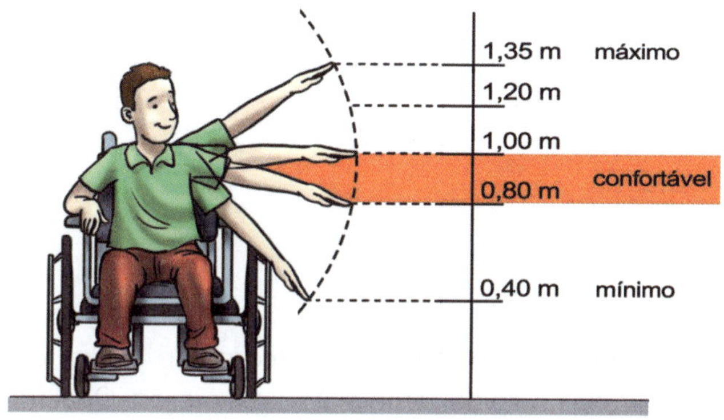

Uma proposta substitutiva, relativa às alturas de tomadas e interruptores, respectivamente, que atenderá àquele potencial comprador é:

a) 0,20 m e 1,45 m
b) 0,20 m e 1,40 m
c) 0,25 m e 1,35 m
d) 0,25 m e 1,30 m
e) 0,45 m e 1,20 m

2. Operações com números decimais

16. Obtenha o número desconhecido em cada cálculo.

a) 23,75 + ☐ = 38,35

b) ☐ + 8,43 = 87,53

c) 134,017 + 69,125 = ☐

d) ☐ − 16,040 = 31,266

e) 352,16 − ☐ = 333,93

17. Joana foi ao mercado e comprou 5 kg de arroz, 1,5 kg de carne e 2,5 kg de feijão. Qual foi a quantidade de comida, em quilogramas, que Joana comprou ao todo?

18. Em uma farmácia, João subiu em uma balança eletrônica que marcou 32,25 kg. Logo em seguida, sua irmã Maria fez o mesmo, e a balança marcou 28,75 kg. Qual é a diferença entre os valores registrados para os dois irmãos?

19. Eduardo tem uma cédula de R$ 100,00 e quer comprar as duas bermudas da oferta ao lado. Quantos reais ele receberá de troco?

20. Observe a placa a seguir. Se Priscila comprou um sanduíche natural e um suco de laranja nessa lanchonete e pagou com uma cédula de R$ 20,00, quantos reais ela recebeu de troco?

21. Calcule.

a) 11,95 × 1,72

b) 25,60 × 32,10

c) 100 × 1,378

d) 200,50 ÷ 0,25

e) 807,25 ÷ 10

f) 62,02 ÷ 0,2

22. Leia a promoção a seguir.

Se um cliente comprar 3 caixas de sabão em pó nesse supermercado, quantos reais ele pagará por caixa?

23. Amanda deseja trocar R$ 20,50 por moedas de R$ 0,25. Quantas moedas de R$ 0,25 ela deve receber?

24. Em um depósito, há uma pilha com 24 caixas. Cada caixa tem 0,25 m de altura. Qual é a altura da pilha de caixas?

25. Murilo tem uma cédula de R$ 20,00 e deseja comprar os sabonetes da oferta abaixo.
Quantos sabonetes ele poderá comprar com essa quantia?

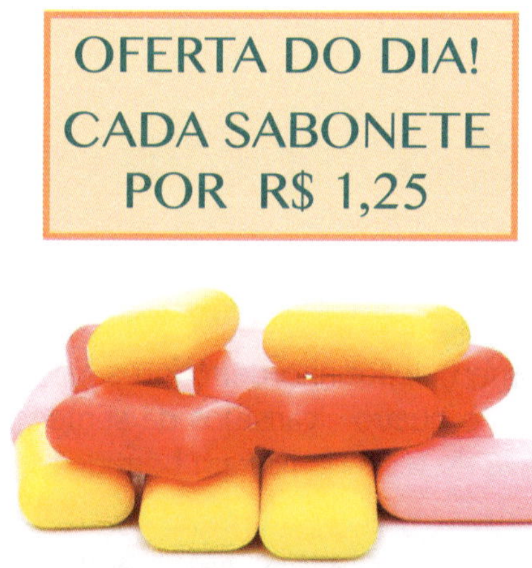

THINKSTOCK/GETTY IMAGES

26. (Obmep) Artur deu duas notas de cem reais para pagar uma conta de R$ 126,80. Qual é o valor do troco que ele deve receber?

a) R$ 71,20

b) R$ 71,80

c) R$ 72,20

d) R$ 72,80

e) R$ 73,20

27. (Obmep) Joãozinho derrubou suco em seu caderno e quatro algarismos da sentença que ele estava escrevendo ficaram borrados.

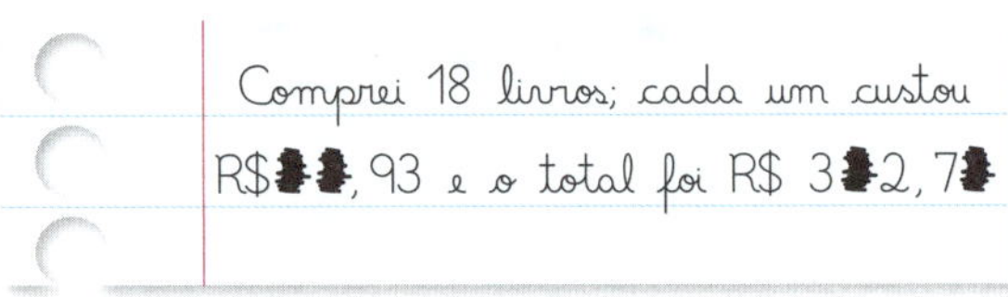

Qual é a soma dos algarismos borrados?

a) 10

b) 11

c) 12

d) 13

e) 14

28. Em um mercado, o quilo do feijão custa R$ 9,50 e o quilo do açúcar, R$ 4,35. Se um cliente comprar 3 quilos de açúcar e 2 quilos de feijão nesse supermercado, quantos reais ele gastará?

29. (OBM) Os preços para a entrada num estádio de futebol são de R$ 7,50 para os adultos e R$ 2,50 para as crianças. No último jogo de domingo, o estádio arrecadou R$ 3 000,00 para um público de menos de 600 pagantes. Pelo menos quantos adultos pagantes havia no estádio?

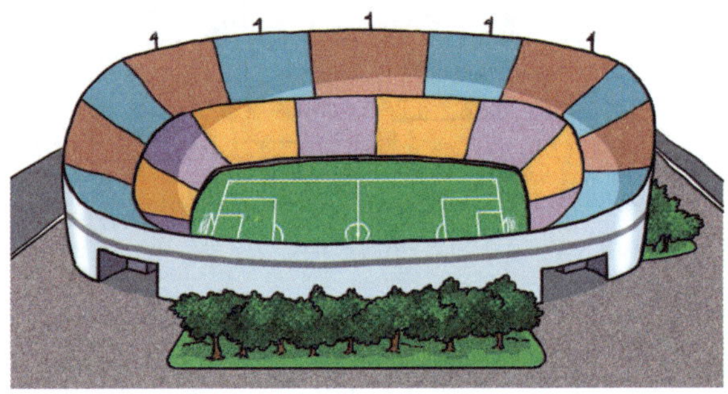

a) 299

b) 301

c) 310

d) 361

e) 450

Leitura do mundo

Tabela de dupla entrada

Apresentando a situação

O Instituto Nacional de Estudos e Pesquisas Educacionais Anísio Teixeira (Inep) realiza anualmente uma pesquisa chamada Censo Escolar da Educação Básica, na qual são obtidos dados a respeito da Educação Básica no país. Esses dados são utilizados por órgãos como o Ministério da Educação (MEC) para desenvolver políticas e programas de melhoria do ensino no país.

Veja a seguir alguns dos dados obtidos no Censo Escolar da Educação Básica de 2013.

Número de matrículas do Ensino Fundamental (anos iniciais) no Brasil – 2007 a 2013

Ano	Número de matrículas
2007	17 782 368
2008	17 620 439
2009	17 295 618
2010	16 755 708
2011	16 360 770
2012	16 016 030
2013	15 764 926

Fonte: <http://download.inep.gov.br/educacao_basica/censo_escolar/resumos_tecnicos/resumo_tecnico_censo_educacao_basica_2013.pdf>. Acesso em: 14 abr. 2016.

Número de matrículas do Ensino Fundamental (anos finais) no Brasil – 2007 a 2013

Ano	Número de matrículas
2007	14 339 905
2008	14 466 261
2009	14 409 910
2010	14 249 633
2011	13 997 870
2012	13 686 468
2013	13 304 355

Fonte: <http://download.inep.gov.br/educacao_basica/censo_escolar/resumos_tecnicos/resumo_tecnico_censo_educacao_basica_2013.pdf>. Acesso em: 14 abr. 2016.

Organizando os dados

Para melhor visualização dos dados apresentados anteriormente, podemos organizá-los em uma tabela de dupla entrada, conforme o exemplo a seguir. Veja que, na primeira coluna da tabela, registramos o ano; na segunda, o número de matrículas nos anos iniciais do Ensino Fundamental, e, na terceira, o número de matrículas nos anos finais.

Número de matrículas no Ensino Fundamental no Brasil – 2007 a 2013

Ano	Anos iniciais	Anos finais
2007	17 782 368	14 339 905
2008	17 620 439	14 466 261
2009	17 295 618	14 409 910
2010	16 755 708	14 249 633
2011	16 360 770	13 997 870
2012	16 016 030	13 686 468
2013	15 764 926	13 304 355

Fonte: <http://download.inep.gov.br/educacao_basica/censo_escolar/resumos_tecnicos/resumo_tecnico_censo_educacao_basica_2013.pdf>. Acesso em: 14 abr. 2016.

As tabelas de dupla entrada, assim como as tabelas simples, são organizadas em linhas e colunas. Nesse tipo de tabela, a leitura é feita simultaneamente na direção horizontal e na vertical, relacionando os dados dispostos em linhas e colunas.

Analisando os dados

1. Com base nos dados apresentados na tabela acima, responda às questões a seguir.

a) Em qual ano o número de matriculados nos anos iniciais do Ensino Fundamental é inferior a 16 milhões?

____

b) Em qual(is) ano(s) o número total de matrículas no Ensino Fundamental superou 32 milhões de alunos? Use a calculadora para realizar os cálculos.

____

c) O número total de matrículas nos anos iniciais do Ensino Fundamental aumentou ou diminuiu de 2011 para 2012? De quanto foi essa diferença?

____

d) Em qual ano o número total de matrículas do Ensino Fundamental foi maior? E em qual ano foi menor? Use a calculadora para realizar os cálculos.

____

e) Em qual ano foi registrado o maior número de matrículas nos anos finais do Ensino Fundamental?

____

f) Comparando as colunas "Anos iniciais" e "Anos finais" ano a ano, o que podemos afirmar em relação ao número de matrículas?

____

____

Pratique mais

2. Observe a tabela representada abaixo que mostra a população residente no Brasil nos censos demográficos de 1991, 2000 e 2010. Depois, responda às questões.

População residente no Brasil por regiões – 1991, 2000 e 2010

Região	Rural			Urbana		
	1991	2000	2010	1991	2000	2010
Norte	4 325 699	3 890 599	4 199 945	5 931 567	9 002 962	11 664 509
Nordeste	16 716 870	14 763 935	14 260 704	25 753 355	32 929 318	38 821 246
Sul	5 724 316	4 783 241	4 125 995	16 392 710	20 306 542	23 260 896
Sudeste	7 511 263	6 855 835	5 668 232	55 149 437	65 441 516	74 696 178
Centro-Oeste	1 763 485	1 541 533	1 575 131	7 648 757	10 075 212	12 482 963

Fonte: <http://www.censo2010.ibge.gov.br>. Acesso em: 14 abr. 2016.

a) A população rural da região Sul aumentou ou diminuiu de 2000 para 2010? De quanto foi essa diferença?

___

___

___

b) Em qual região a população urbana de 2000 foi inferior a 10 milhões de habitantes?

___

c) Em qual(is) ano(s) e região(ões) a população rural superou 7 000 000 de habitantes?

___

___

___

d) Considerando os três anos apresentados na tabela, em qual região o número total de habitantes residentes em área rural foi maior? E em qual região foi menor? Use a calculadora para realizar os cálculos.

___

___

___

UNIDADE 7

Ângulos e polígonos

Reveja a jornada

Ângulos

- O ângulo é uma figura geométrica plana formada por duas ____________________ de mesma origem em um plano reunidas com uma das regiões determinada por elas.
- Elementos de um ângulo:

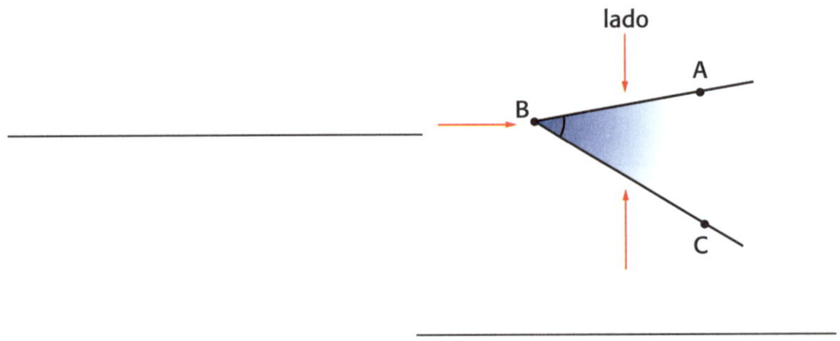

- Ângulo **reto**: ângulo correspondente ao giro de um ____________________ de volta.
- Ângulo **raso**: ângulo correspondente ao giro de ____________________.
- Ângulo **agudo**: ângulo de medida ____________________ do que 90°.
- Ângulo **obtuso**: ângulo de medida ____________________ do que 90°.

Retas

- Retas **paralelas**: são retas contidas em um mesmo plano e que ____________ têm ponto em comum.

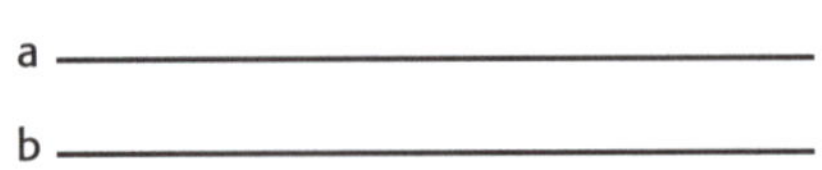

a // b

- Retas **coincidentes**: são retas contidas em um mesmo plano e que têm ____________ os pontos em comum.

$c \equiv d$

- Retas **concorrentes**: são retas contidas em um mesmo plano que se intersectam em um ____________ ponto.

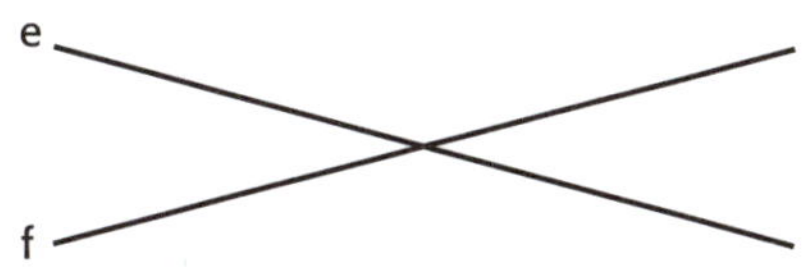

- Retas **perpendiculares**: são retas contidas em um mesmo plano que se intersectam em um ____________ ponto, formando entre si quatro ângulos ____________.

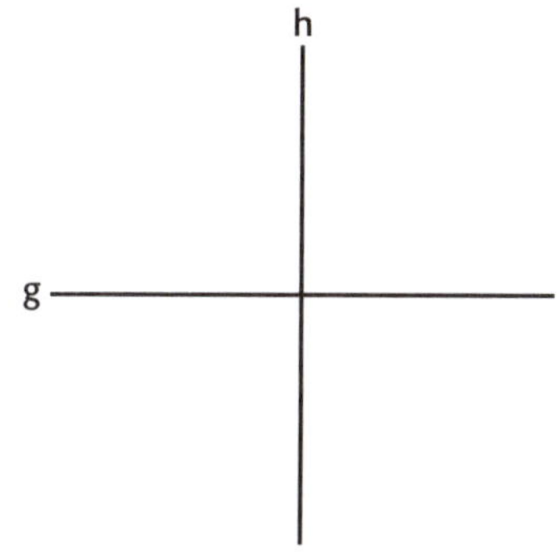

g ⊥ h

Polígonos

- **Polígonos** são figuras geométricas planas formadas por uma linha ____________ reunida com a região interna a ela, sendo essa linha composta apenas de ____________ de retas que não se cruzam.

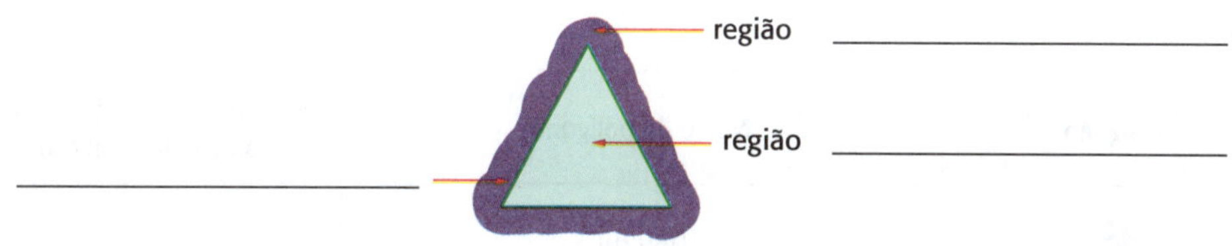

é polígono

é polígono

não é polígono

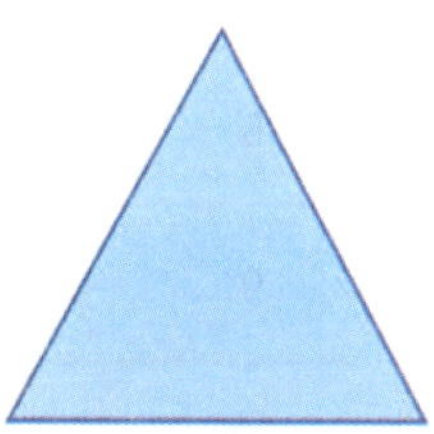

é polígono

não é polígono

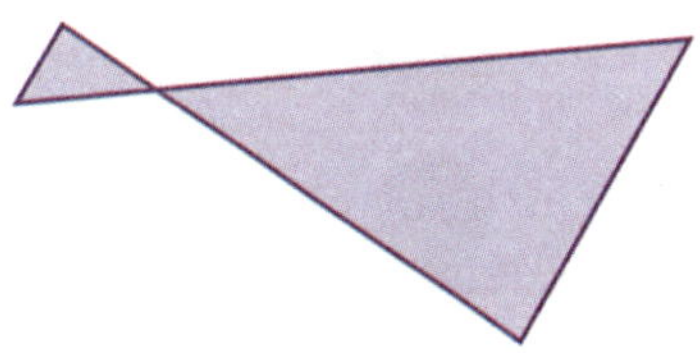

não é polígono

- Se todo segmento de reta cujos extremos pertencem a um polígono está contido nesse polígono, então ele é um polígono ______________________.

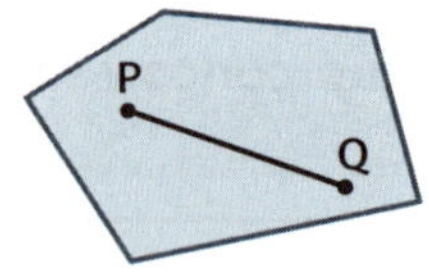

O segmento $\overline{PQ}$ está contido no polígono.

- Se todo segmento de reta cujos extremos pertencem a um polígono não está contido nesse polígono, então ele é um polígono ______________________.

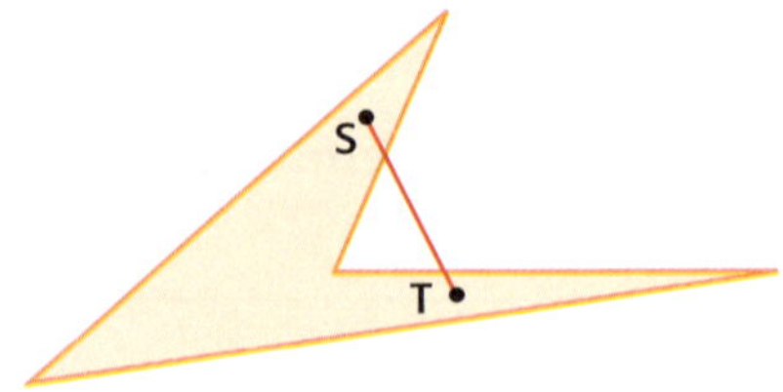

O segmento $\overline{ST}$ não está contido no polígono.

- Elementos dos polígonos:

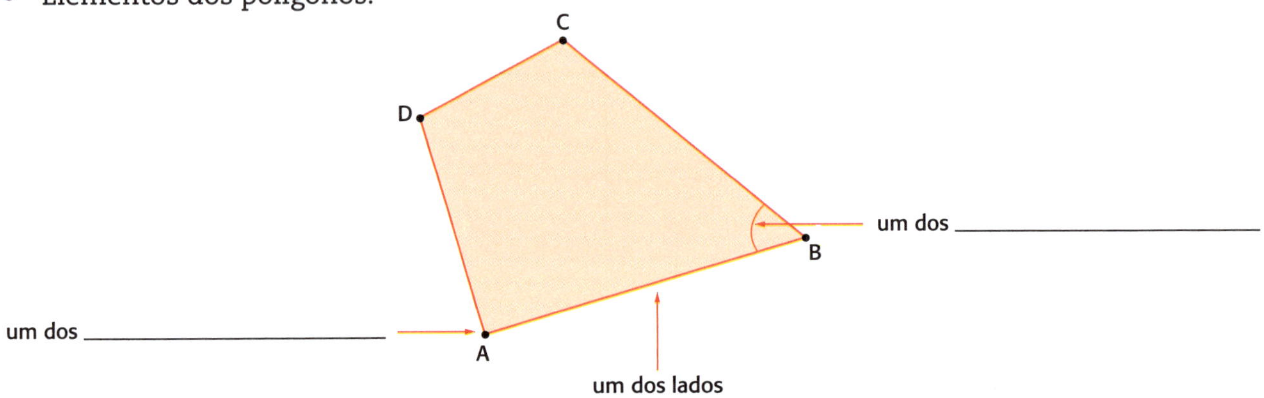

- Nomenclatura dos polígonos:

  Os polígonos são nomeados de acordo com o número de lados ou ângulos ______________________, ou vértices.

Polígono	Nome do polígono	Número de lados (ou vértices, ou ângulos internos)
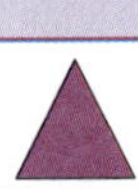	Triângulo	3
	______________________	4
	Pentágono	5
	Hexágono	6
	______________________	7
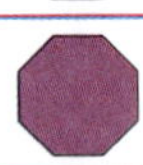	Octógono	8
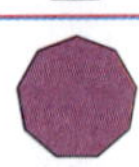	______________________	9
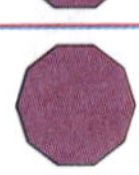	Decágono	10

- Classificação dos triângulos quanto às **medidas dos lados**:

O triângulo que tem os três lados de mesma medida de comprimento é chamado triângulo

________________________.

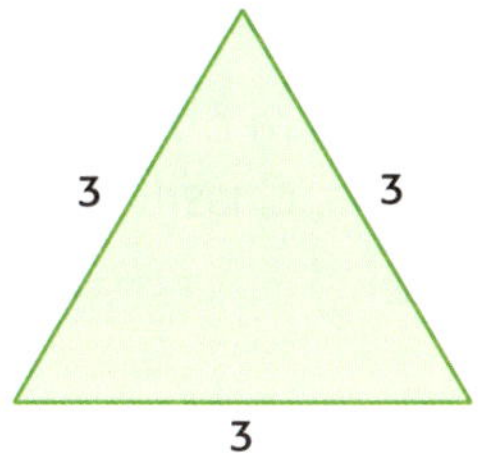

O triângulo que tem ao menos dois lados de mesma medida de comprimento é chamado triângulo

________________________.

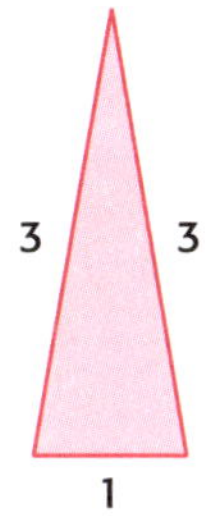

O triângulo que tem os três lados de diferentes medidas de comprimento é chamado triângulo

________________________.

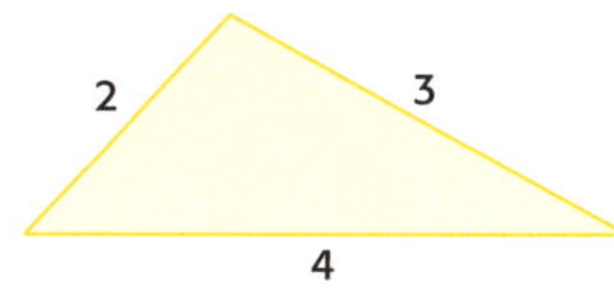

- Classificação dos triângulos quanto às **medidas dos ângulos internos**:

O triângulo que tem um ângulo interno reto é chamado triângulo

________________________.

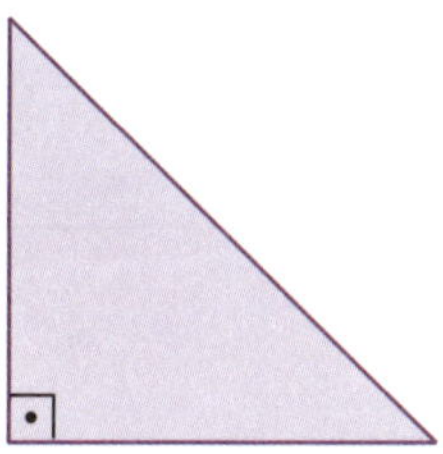

O triângulo que tem todos os três ângulos internos agudos é chamado triângulo

________________________.

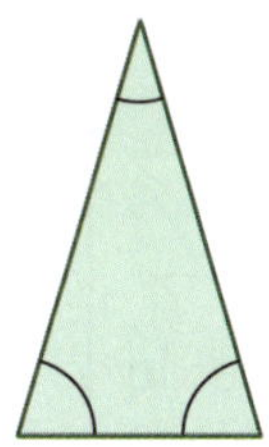

O triângulo que tem um ângulo interno obtuso é chamado triângulo

________________________.

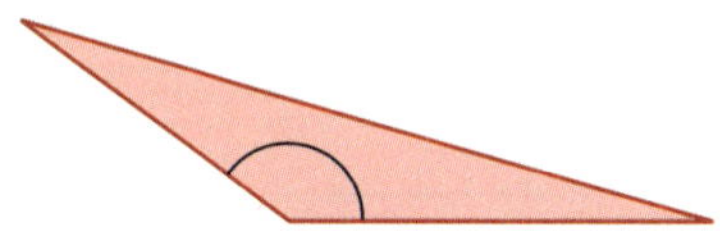

- Classificação dos quadriláteros:

Quadriláteros

Trapézio
Tem apenas um par de lados opostos paralelos.

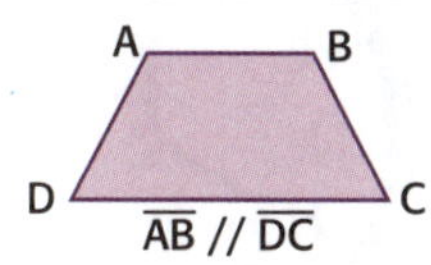

Paralelogramo
Tem dois pares de lados opostos paralelos.

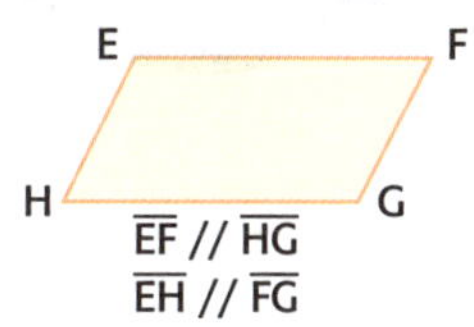

____

Paralelogramo que tem todos os ângulos internos retos.

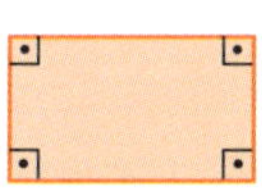

____

Paralelogramo que tem todos os lados de mesma medida de comprimento.

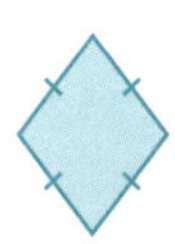

____

Paralelogramo que tem todos os ângulos internos retos e todos os lados de mesma medida de comprimento.

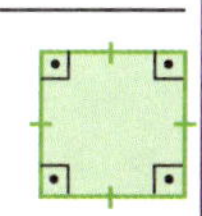

Os quadriláteros que não têm pares de lados opostos paralelos não recebem nome particular.

Para praticar

1. Ângulos

1. Determine, em graus, a medida do ângulo indicado em cada uma das figuras abaixo.

a)

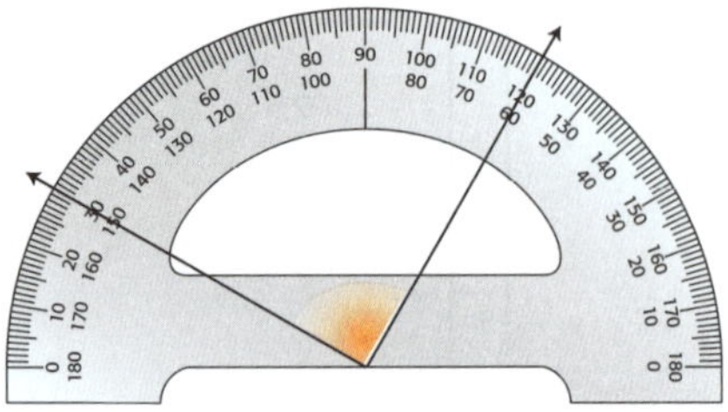

b)

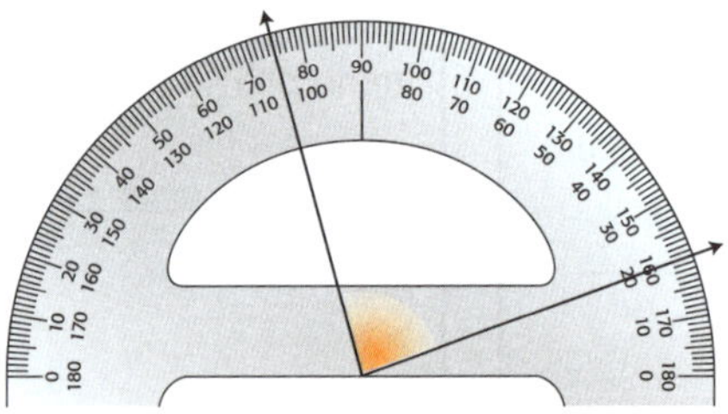

2. Em cada caso, escreva, em grau, a medida do ângulo indicado pelos ponteiros dos relógios.

a)

THINKSTOCK/GETTY IMAGES

b)

THINKSTOCK/GETTY IMAGES

- Qual é a diferença entre os ângulos indicados em cada figura?

3. Utilize um transferidor para obter a medida dos ângulos a seguir. Depois, classifique-os em agudo, obtuso ou reto.

a)

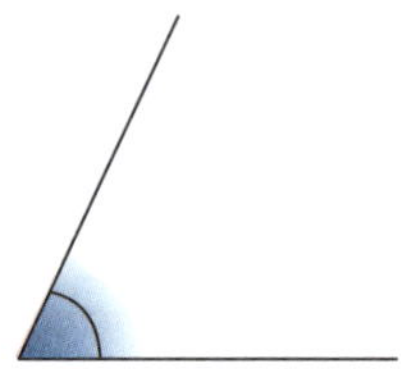

b)

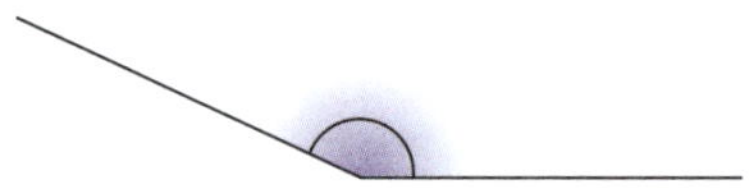

c)

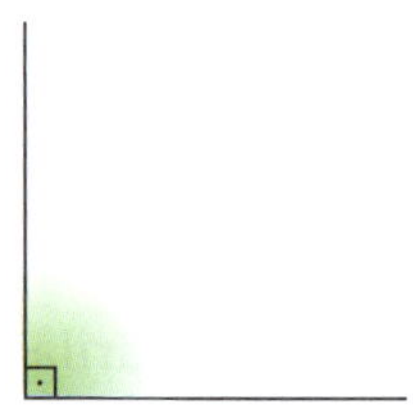

d)

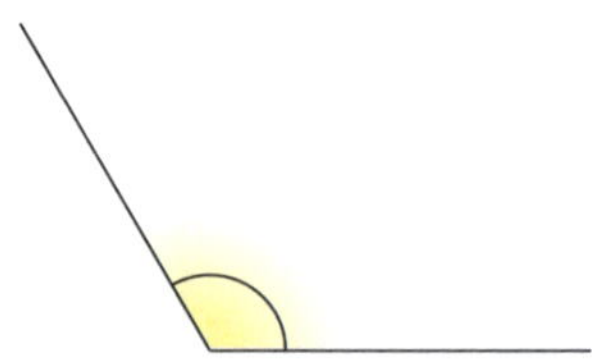

e)

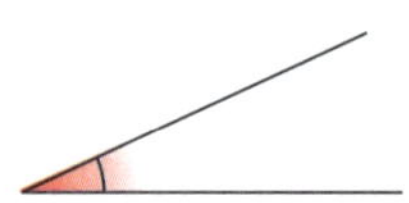

f)

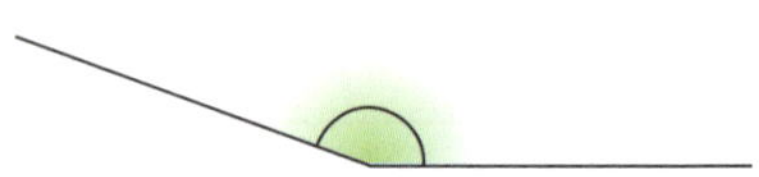

4. Use régua e transferidor para desenhar o ângulo $A\hat{B}C$ cuja medida é 145°.

5. Observe as retas representadas a seguir.

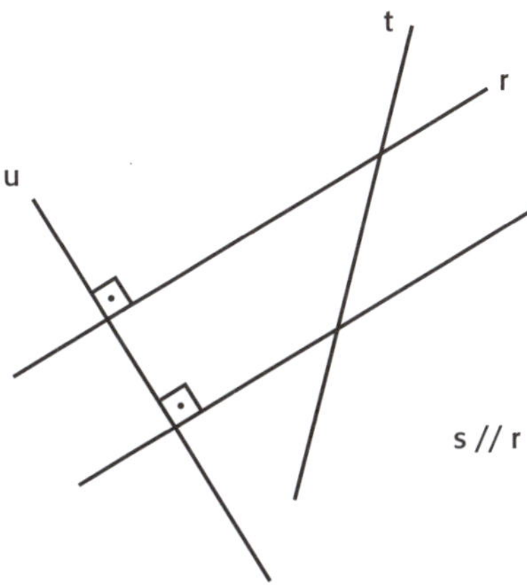

Complete as lacunas, considerando a posição das retas.

a) A reta **r** é ____________________ à reta **u**.

b) A reta **t** é ____________________ à reta **r**.

c) As retas **r** e **s** são ____________________.

6. Use régua e esquadro para desenhar a reta:

a) **r** paralela à reta **s**.

b) **t** perpendicular à **v**.

2. Polígonos

7. A imagem abaixo mostra o prédio do Departamento de Defesa dos Estados Unidos.

THINKSTOCK/GETTY IMAGES

Na fotografia, o destaque em vermelho é o contorno de qual polígono?

____

8. Observe o prisma representado a seguir e responda à pergunta.

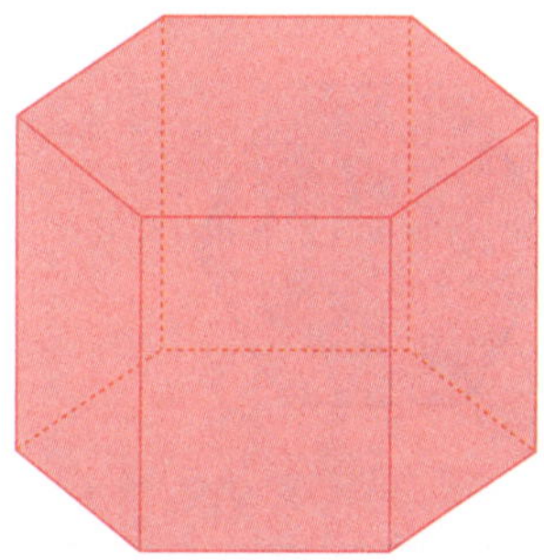

Que polígonos podem ser identificados nas faces desse prisma?

____

9. Indique qual das figuras representadas a seguir é um polígono convexo.

a)

c)

b)

d)

e) 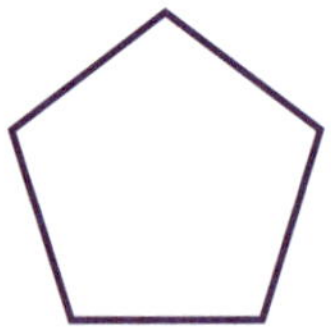

f) 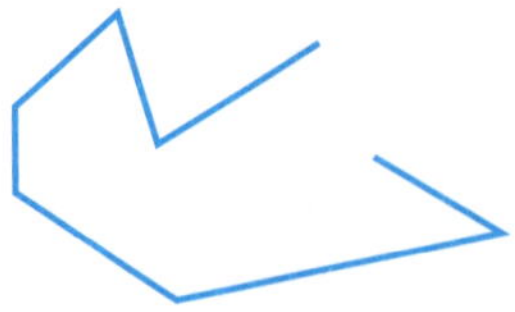

10. Observe os polígonos representados abaixo.

A respeito dessas figuras, indique qual das afirmações a seguir é verdadeira.

a) Os dois polígonos são pentágonos.

b) O polígono B é classificado como convexo.

c) O polígono A é classificado como não convexo.

d) O polígono B é um hexágono.

11. Escreva o nome de cada um dos polígonos a seguir.

a) 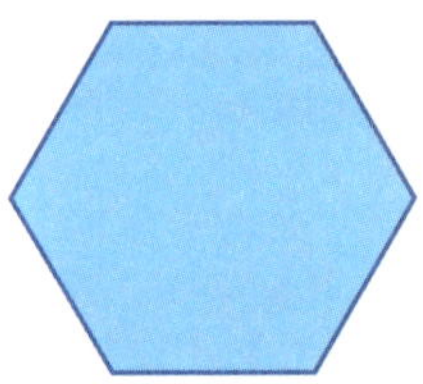

____

b) 

____

c) 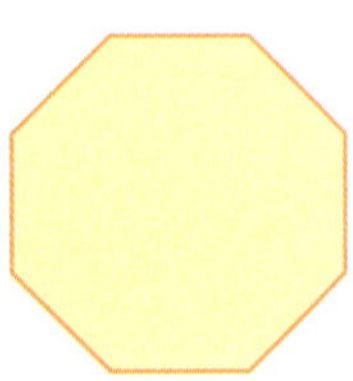

____

d) 

____

12. Observe os triângulos representados a seguir e responda às questões.

I. 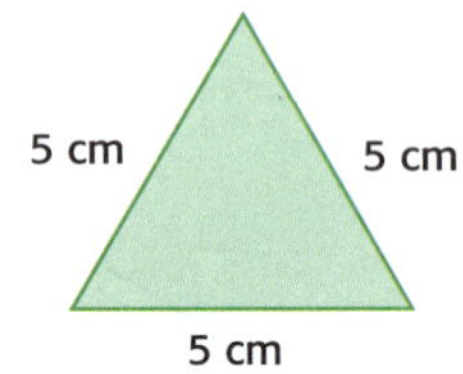

II. 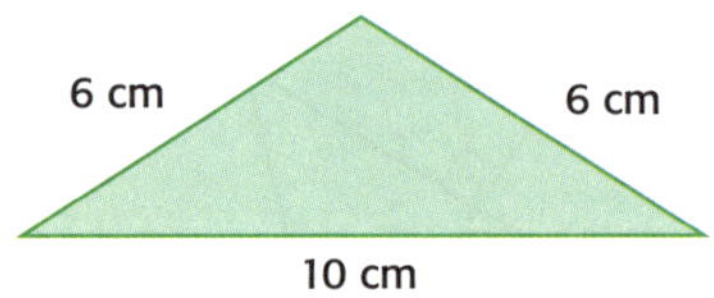

III. 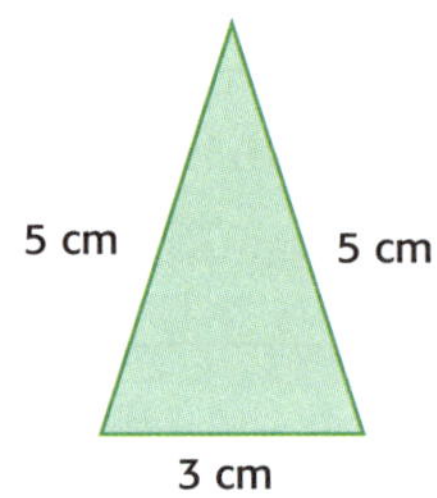

IV. 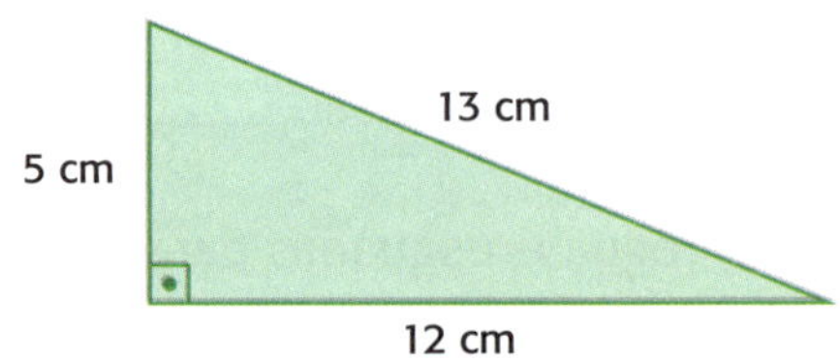

V. 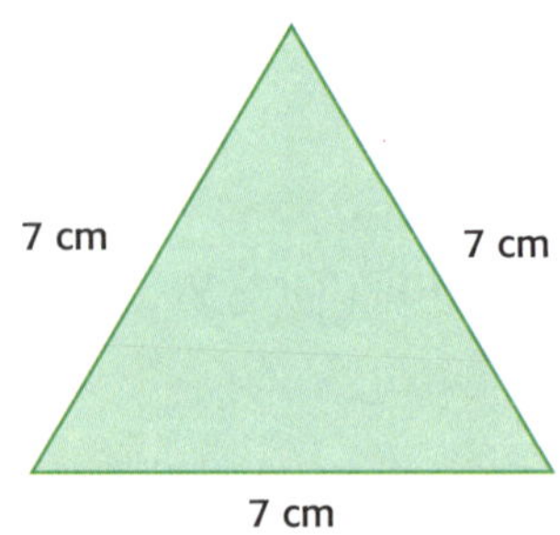

- Quais desses triângulos são classificados como isósceles? E quais são classificados como equiláteros?

____

13. Qual é o número de lados do pentadecágono? E o número de vértices? E o número de ângulos internos?

____

____

____

14. Carlos utilizou palitos de fósforo de mesmo comprimento para construir um triângulo. Veja o triângulo obtido a seguir.

Como esse triângulo pode ser classificado quanto às medidas de seus lados?

____

15. Complete as lacunas, de modo que torne verdadeira cada afirmação a seguir.

I. O retângulo é um paralelogramo que tem todos os ângulos internos ____________.

II. O ____________________ é um paralelogramo com todos os ângulos internos retos e lados de mesma medida de comprimento.

III. O losango é um paralelogramo que tem lados de mesma ____________________.

16. Use régua e compasso para desenhar um triângulo cujos lados meçam 3 cm.

17. Classifique cada triângulo a seguir quanto às medidas dos lados e dos ângulos internos.

a)

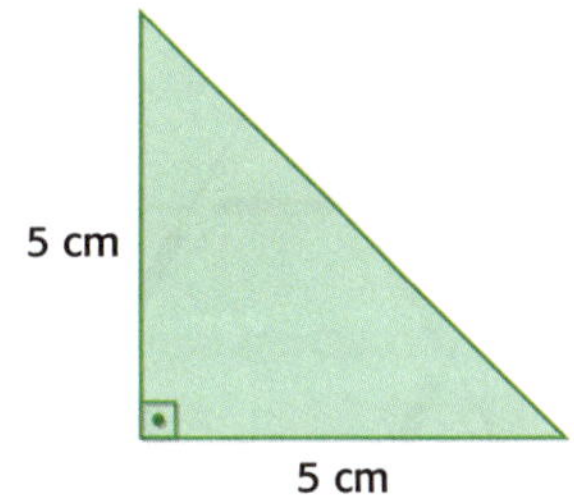

____

b)

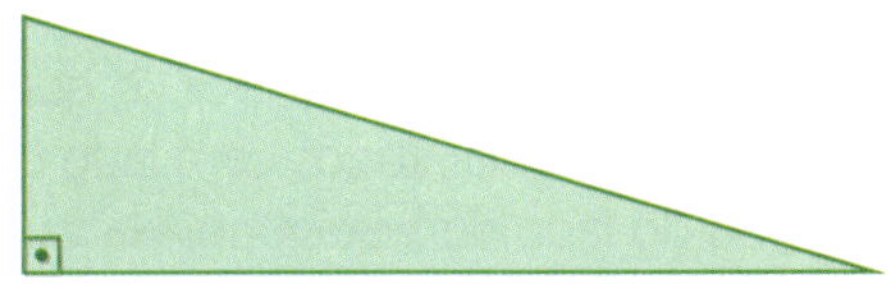

____

c)

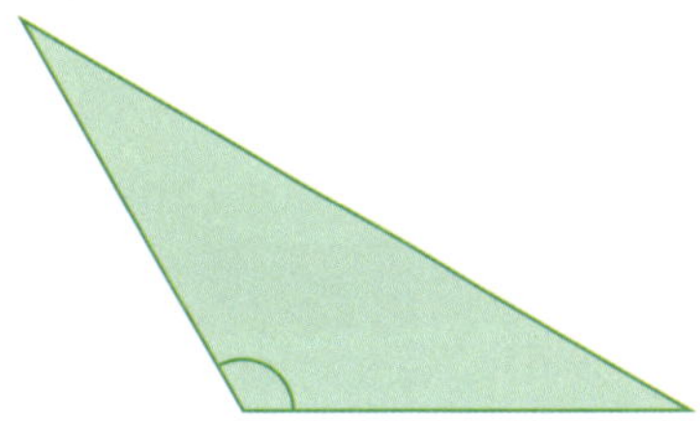

____

d)

____

18. (OBM) Quantos triângulos há na figura a seguir?

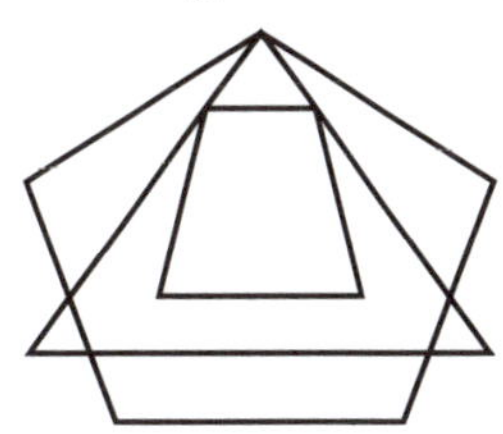

a) 3

b) 4

c) 5

d) 6

e) 7

19. (OBM) Luana colou com fita adesiva 6 triângulos equiláteros nos lados de um hexágono, conforme a figura, obtendo um polígono de 12 lados.

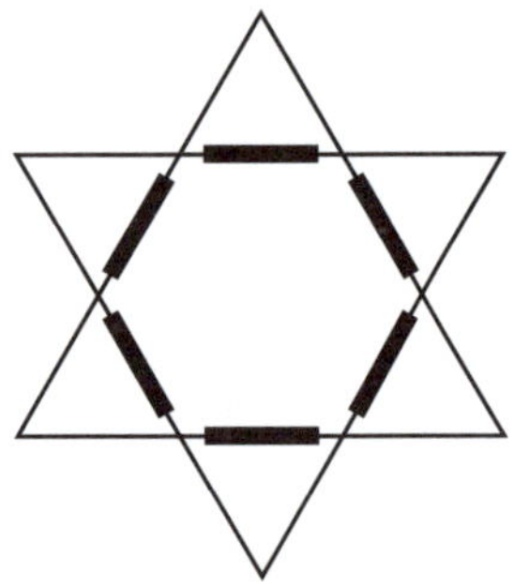

Se ela trocar 3 triângulos por 2 quadrados e 1 pentágono regular, todos com lado de mesmo tamanho do lado do hexágono, ela vai obter um polígono com quantos lados?

a) 14

b) 16

c) 17

d) 18

e) 25

20. (Colégio Pedro II) Observe as duas figuras abaixo:

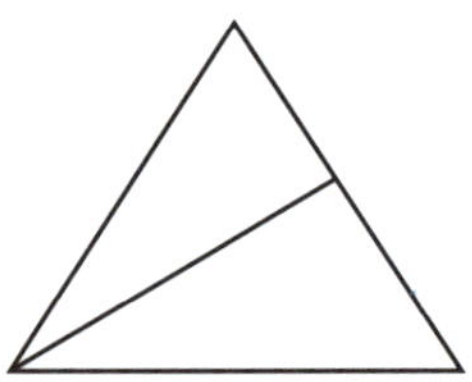

Figura 1

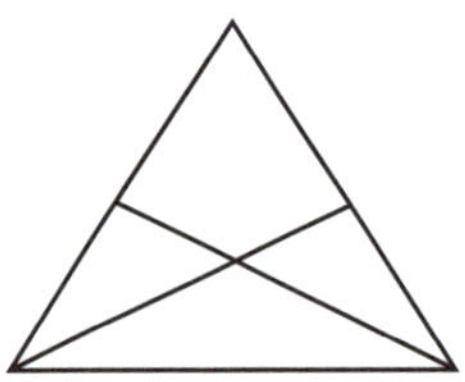

Figura 2

Dado que a figura 1 possui 3 triângulos, quantos triângulos possui a figura 2?

a) 6

b) 7

c) 8

d) 10

e) 12

21. (Cefet-RJ) Manuela desenha os seis vértices de um hexágono regular (figura abaixo) e une alguns dos seis pontos com segmentos de reta para obter uma figura geométrica.

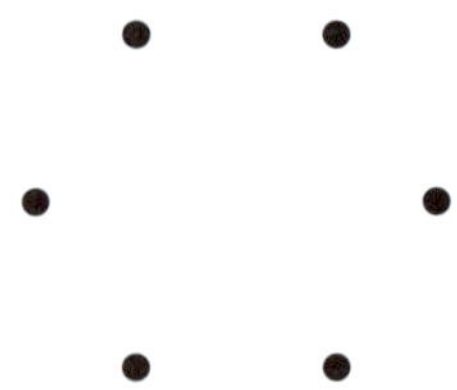

Essa figura não é seguramente um:

a) retângulo

b) trapézio

c) quadrado

d) triângulo equilátero

22. (Enem) Uma criança deseja criar triângulos utilizando palitos de fósforo de mesmo comprimento. Cada triângulo será construído com exatamente 17 palitos e pelo menos um dos lados do triângulo deve ter o comprimento de exatamente 6 palitos. A figura ilustra um triângulo construído com essas características.

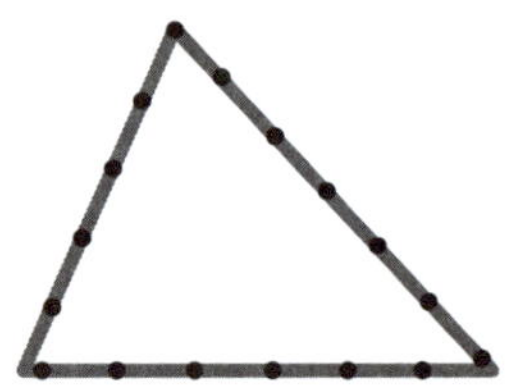

A quantidade máxima de triângulos não congruentes dois a dois que podem ser construídos é:

a) 3

b) 5

c) 6

d) 8

e) 10

Leitura do mundo

Gráfico de setores circulares

Apresentando a situação

Na escola em que Fabrício estuda anualmente, cada turma escolhe um aluno por meio de votação para representá-la nas reuniões da escola. Este ano, três alunos da turma de Fabrício se candidataram: Amanda, Cristina e Rafael.

> O representante de sala tem diversas funções, como transmitir à turma recados e informações relacionadas ao ambiente escolar, ouvir os colegas e expressar suas opiniões em reuniões escolares e participar de reuniões solicitadas pela direção ou professores.

Veja a seguir o resultado da votação da turma de Fabrício:

Resultado da eleição para representante de sala – Colégio Pedro Arantes

Turma: 6º ano C

Aluno	Número de votos
Amanda	9
Cristina	18
Rafael	3
Total	30

Fonte: Turma do 6º ano C do Colégio Pedro Arantes.

Organizando os dados

1. Represente o resultado das eleições para representante de classe por meio de um gráfico de setores circulares. Complete o gráfico a seguir com as informações que estão faltando, pinte cada parte do círculo de acordo com a legenda e indique o percentual de votos de cada candidato.

____

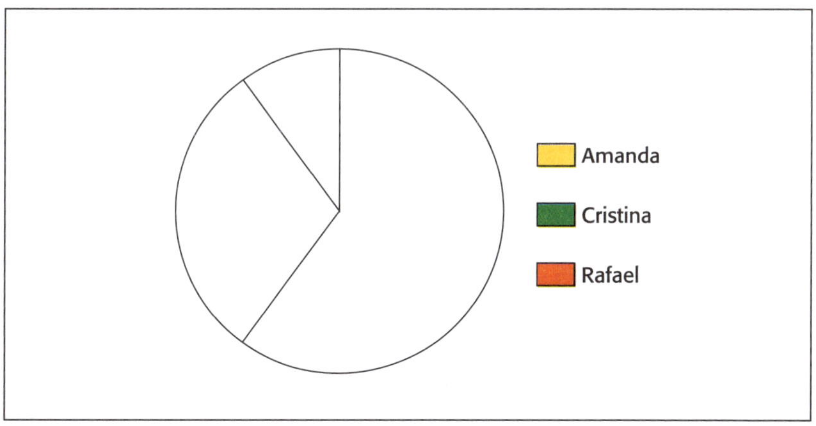

Fonte: ______________________________

Analisando os dados

2. Responda às questões a seguir de acordo com o gráfico anterior.

a) Qual é o percentual de votos do candidato que ganhou as eleições para representante de sala do 6º ano C?

____

b) Que candidato ficou em segundo lugar na eleição de representante de sala? No gráfico, qual cor é utilizada para representar esse candidato?

____

c) Qual dos candidatos obteve 10% dos votos?

____

Pratique mais

3. Observe abaixo o resultado das eleições para prefeito da cidade de Porto Novo. Complete o gráfico de acordo com os dados apresentados na tabela. Depois, responda às questões a seguir.

Resultado das eleições para prefeito – 2016

Candidato	Número de votos
Paulo	825
Sérgio	2 475
Márcia	550
Janaína	1 375
Brancos e nulos	275

Fonte: Tribunal Regional Eleitoral de Porto Novo.

____

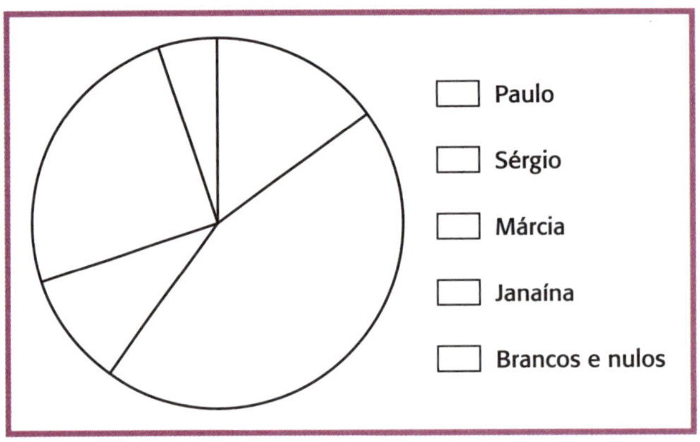

Fonte: ______________________________

Dados elaborados pelo autor.

a) No total, quantas pessoas votaram nessa eleição para prefeito?

____

b) Qual é o percentual de votos do candidato que ficou em terceiro lugar? ______________

UNIDADE 8

Grandezas e medidas

Reveja a jornada

Medidas de comprimento

- O metro, cujo símbolo é ______________, é a unidade padrão de medida de comprimento no Sistema Internacional de Unidades (SI).
- O ______________________ (hm), o ______________________ (dam) e o quilômetro (km) são alguns dos múltiplos do metro.
- O ______________________ (mm), o ______________________ (dm) e o centímetro (cm) são alguns dos submúltiplos do metro.
- Transformações entre unidades de medida de comprimento:

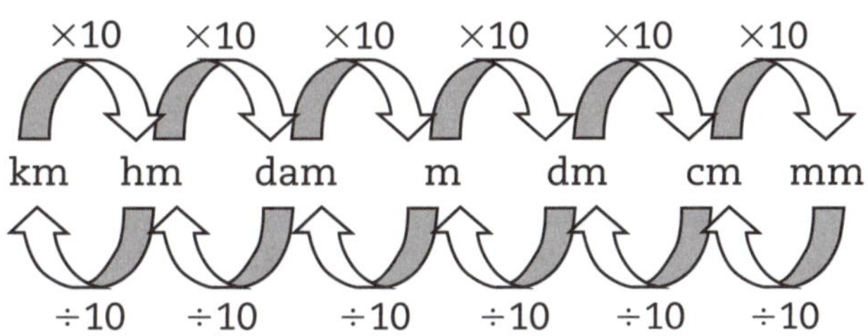

Medidas de massa

- O quilograma, cujo símbolo é ______________, é a unidade padrão de medida de massa adotada pelo Sistema Internacional de Unidades (SI).
- O ______________________ (dag), o quilograma (kg) e o ______________________ (hg) são alguns dos múltiplos do grama.
- O miligrama (mg), o ______________________ (dg) e o ______________________ (cg) são alguns dos submúltiplos do grama.
- Transformações entre unidades de medida de massa:

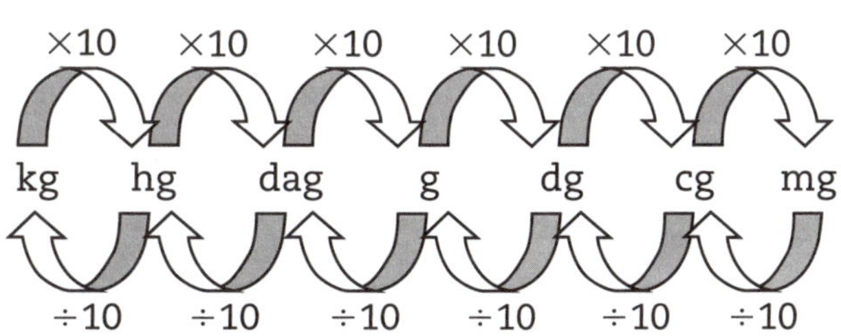

Medidas de capacidade

- O litro, cujo símbolo é ____________, é a unidade padrão de medida de capacidade adotada pelo Sistema Internacional de Unidades (SI).

- O ____________________ (daL), o quilolitro (kL) e o ____________________ (hL) são alguns dos múltiplos do litro.

- O ____________________ (cL), o mililitro (mL) e o ____________________ (dL) são alguns dos submúltiplos do litro.
- Transformações entre unidades de medida de capacidade:

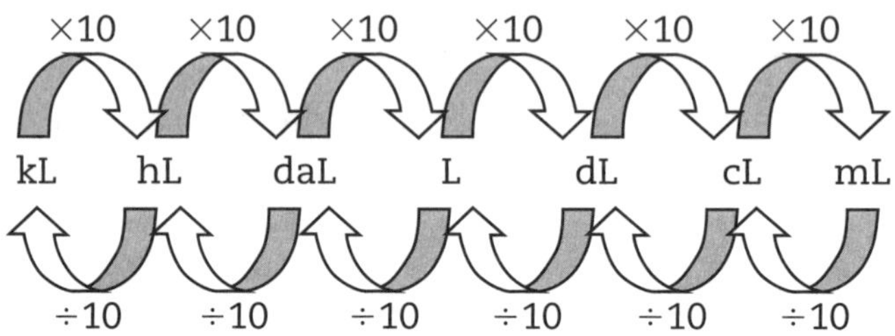

Medidas de tempo

- O segundo, cujo símbolo é ____________, é a unidade padrão de medida de tempo adotada pelo Sistema Internacional de Unidades (SI).

- A ________________ (h) e o ____________________ (min) também são unidades de medida de tempo aceitas pelo SI. Temos que:

  1 hora equivale a 60 ____________________.

  1 minuto equivale a 60 ____________________.

- Relações entre dia, semana, mês e ano:

  – O período de ____________ horas corresponde a 1 dia.

  – O período de ____________ dias corresponde a 1 semana.

  – O período de ____________ meses corresponde a 1 ano.

Perímetro

O **perímetro** de uma figura plana é a medida de comprimento do contorno dessa figura.

Área

- A **área** de uma figura plana é a medida da superfície dessa figura.

- O ________________________, cujo símbolo é ____________, é a unidade padrão de área.

- O ________________________ (km^2), o ________________________ (hm^2) e o decâmetro quadrado (dam^2) são alguns dos múltiplos do metro quadrado.

- O centímetro quadrado (cm²), o ______________________ (mm²), o ______________ (dm²) são alguns dos submúltiplos do metro quadrado.

- Área de um retângulo:

  A área de um retângulo é igual ao produto da medida da base (**b**) pela ______________ (**h**).
  Área = b × h

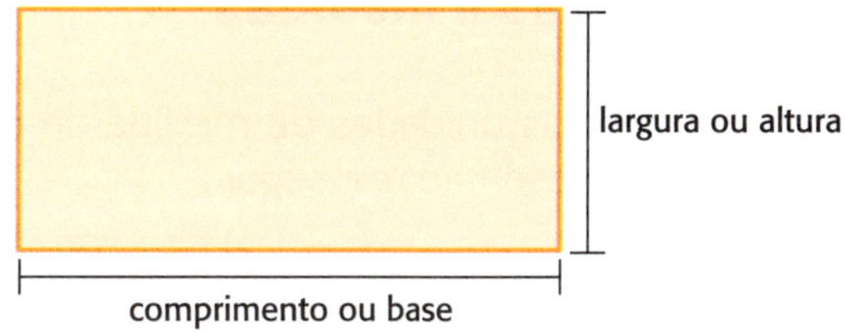

- Área de um quadrado:

  A área de um quadrado é igual à medida do lado (ℓ) ao ______________.
  Área = $\ell \times \ell$

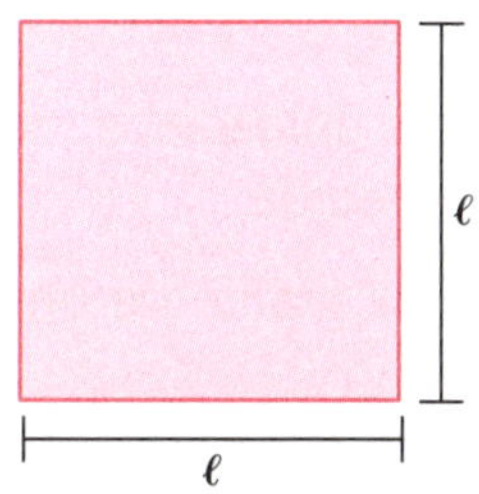

Volume

- O **volume** é a medida do espaço ocupado por um corpo.

- O ______________, cujo símbolo é ________, é a unidade padrão de volume.

- O quilômetro cúbico (km³), o ______________ (hm³) e o ______________ (dam³) são alguns dos múltiplos do metro cúbico.

- O ______________ (cm³), o milímetro cúbico (mm³), o ______________ (dm³) são alguns dos submúltiplos do metro cúbico.

- Volume de um bloco retangular:

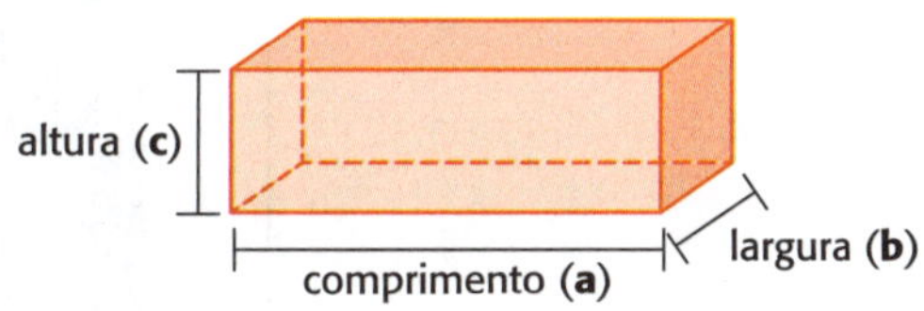

  O volume de um bloco retangular pode ser calculado através da seguinte expressão:
  Área = a × b × c

- Volume de um cubo:

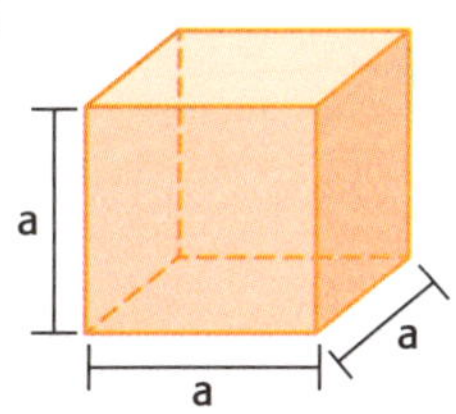

  O volume de um cubo pode ser calculado através da seguinte expressão:
  Área = a^3

- Relação entre volume e capacidade:

1 m³ equivale a ______ L.	1 L equivale a ______ dm³.	1 cm³ equivale a ______ mL.

Para praticar

1. Grandezas e medidas

1. Considere as unidades de medida de comprimento apresentadas a seguir.

Quilômetro	Metro
Milímetro	Centímetro

Escreva qual dessas unidades é mais adequada para expressar a medida:

a) da espessura da grafite de uma lapiseira.

____

b) da altura de uma pessoa.

____

c) do comprimento de um estojo.

____

d) da distância entre o Sol e a Terra.

____

2. Sabendo que metade de uma jarra foi preenchida com 1 250 mL de suco, qual é a capacidade, em litros, dessa jarra?

3. Daniel gasta, por dia, 24 L de água para tomar banho, 18 L para lavar louça e 2,4 L para escovar os dentes. Calcule o total semanal de água, em decilitro, consumida por Daniel.

4. Para se exercitar, Sérgio caminha aproximadamente 4,5 km por dia. No entanto, hoje ele caminhou 750 metros a mais. Qual foi a distância, em metros, percorrida por Sérgio?

ANDRESR/SHUTTERSTOCK.COM

5. Um dos participantes de uma maratona de 42,1 km desistiu da prova, após ter percorrido $\frac{3}{5}$ do percurso total, devido a fortes cãibras na perna. Quantos metros faltavam para esse participante completar a prova?

RONALDO MILAGRES/MBRAGA COMUNICAÇÃO

Maratona de São Paulo, em 2015.

6. Gustavo tem uma piscina de plástico com capacidade para 1 200 litros. Sabendo que, nesse momento, ela se encontra com $\frac{2}{3}$ de sua capacidade total com água, quantos litros de água faltam para encher totalmente a piscina?

7. Durante a semana, Rodrigo sai de sua casa e retorna todos os dias no mesmo horário, para ir à escola. Os horários de saída e retorno estão representados a seguir.

saída retorno

Quantos minutos por dia Rodrigo costuma permanecer fora de casa?

8. Felipe gastou 2,5 minutos para responder cada pergunta de um prova com 96 questões. Em quantas horas ele terminou a prova?

THINKSTOCK/GETTY IMAGES

9. Determinada linha de ônibus opera com intervalos de 45 minutos. Sabendo que um ônibus dessa linha partiu de seu ponto inicial às 13h50min, que horas partirá o próximo ônibus?

10. Camila irá realizar uma viagem de avião e, para não pagar a taxa por excesso de bagagem, decidiu pesar sua mala antes de ir para o aeroporto.

Sabendo que a companhia aérea permite, no máximo, 23 kg de bagagem por passageiro, responda: Camila poderá acrescentar um produto de 750 g a essa mala sem que precise pagar pela taxa de excesso de bagagem?

12. (Obmep) Um garrafão cheio de água pesa 10,8 kg. Se retirarmos metade da água nele contida, pesará 5,7 kg. Quanto pesa, em gramas, esse garrafão vazio?

a) 400
b) 500
c) 600
d) 700
e) 800

11. Observe as ofertas a seguir e responda às perguntas.

a) Qual é o valor cobrado por grama de sabão em cada uma das ofertas? Use a calculadora para realizar os cálculos.

b) Qual das ofertas é mais vantajosa?

13. (Enem) Alguns exames médicos requerem uma ingestão de água maior do que a habitual. Por recomendação médica, antes do horário do exame, uma paciente deveria ingerir 1 copo de água de 150 mililitros a cada meia hora, durante as 10 horas que antecederiam um exame. A paciente foi a um supermercado comprar água e verificou que havia garrafas dos seguintes tipos:

- Garrafa I: 0,15 litro
- Garrafa II: 0,30 litro
- Garrafa III: 0,75 litro
- Garrafa IV: 1,50 litro
- Garrafa V: 3,00 litros

A paciente decidiu comprar duas garrafas do mesmo tipo, procurando atender à recomendação médica e, ainda, de modo a consumir todo o líquido das duas garrafas antes do exame.
Qual o tipo de garrafa escolhida pela paciente?

a) I
b) II
c) III
d) IV
e) V

14. (OBM) Para cortar um tronco reto de eucalipto em 6 partes, o madeireiro Josué faz 5 cortes. Ele leva meia hora para fazer os cortes, que são feitos sempre da mesma maneira. Quanto tempo Josué levará para cortar outro tronco igual em 9 pedaços?

a) 40 min
b) 44 min
c) 45 min
d) 48 min
e) 54 min

2. Perímetro, área e volume

15. Calcule o perímetro de cada polígono representado a seguir.

a)

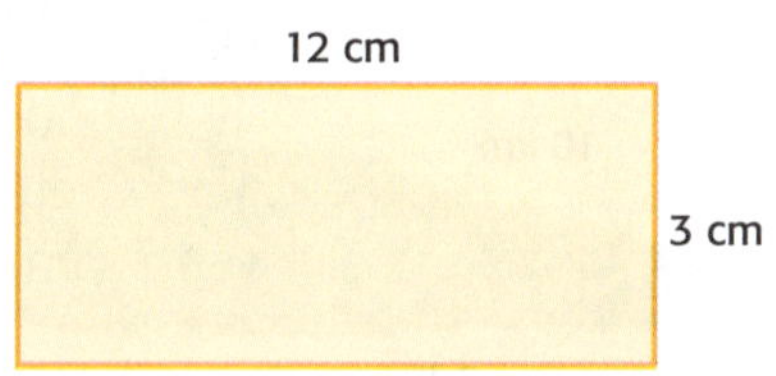

b)

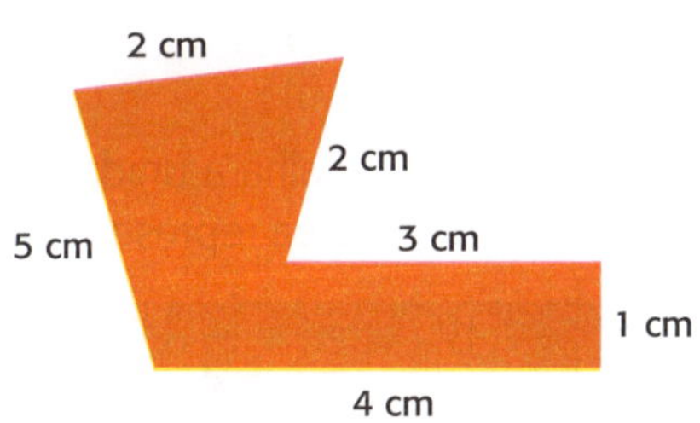

c)

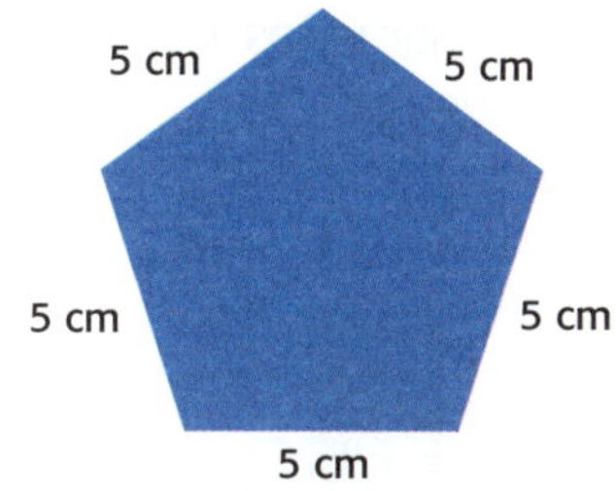

d)

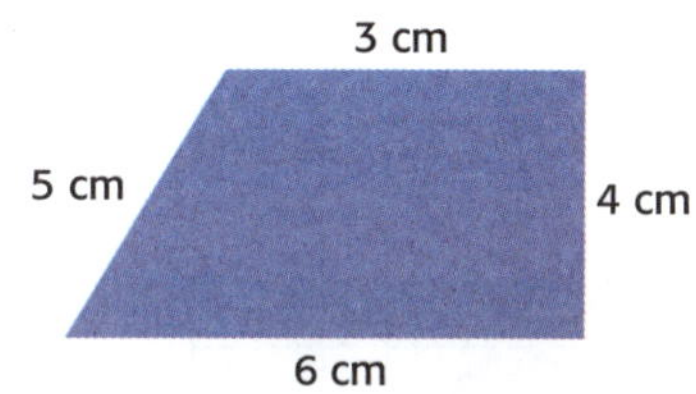

16. O perímetro de um quadrado é igual a 20 m. Qual é a medida de comprimento do lado desse quadrado?

17. Carlos deseja construir um muro ao redor de seu terreno. Sabendo que o terreno tem formato retangular com 10 m de largura e 30 m de comprimento, responda:

a) Qual é o perímetro desse terreno?

b) Quantos tijolos serão necessários para construir esse muro, se a cada metro de muro forem utilizados 43 tijolos?

18. Determine, em centímetros quadrados, a área de cada figura a seguir.

a)

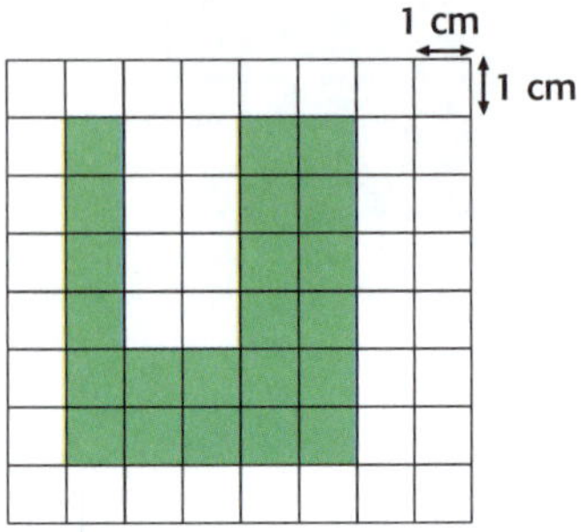

b)

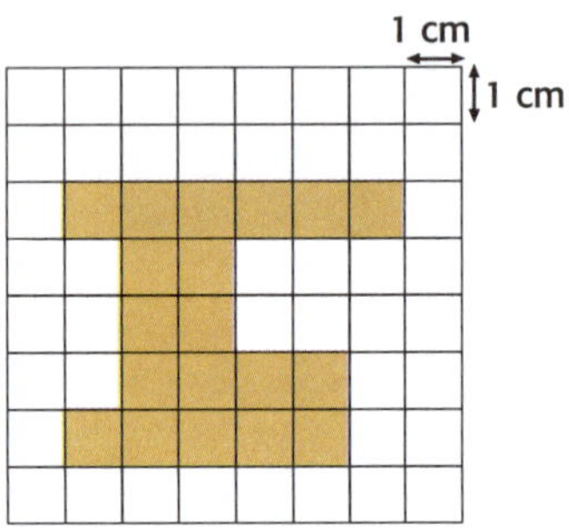

19. Calcule a área de cada figura representada a seguir.

a)

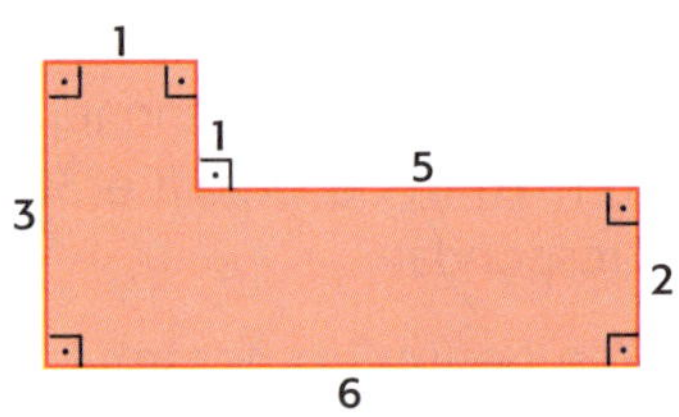

b)

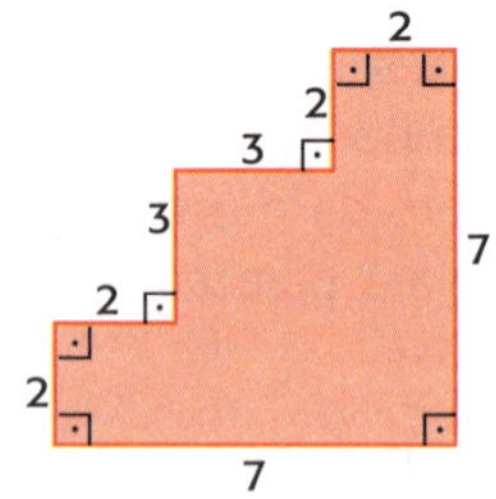

20. Diana e seus dois irmãos receberam de herança o terreno representado a seguir e desejam dividi-lo entre eles, de modo que cada um receba um lote de mesma área.

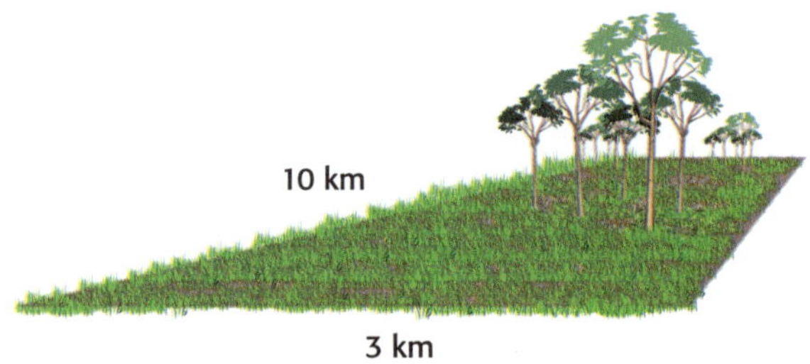

Quantos metros quadrados terá cada lote?

21. Considere 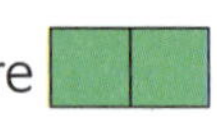 da malha a unidade de área e determine a área da figura representada a seguir.

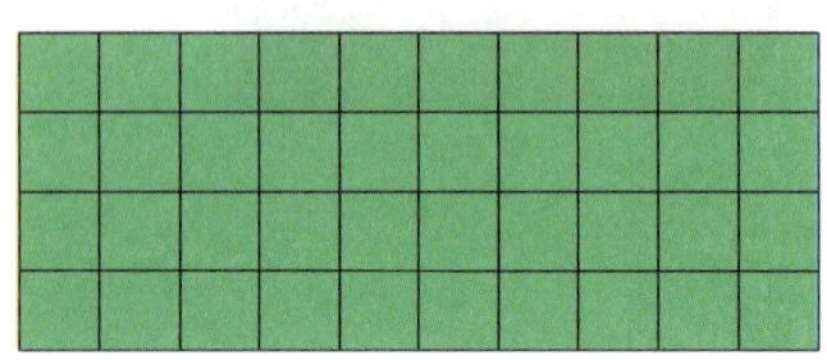

22. O proprietário de uma fazenda de 210 hectares decidiu destinar 25% da área dessa propriedade ao plantio de laranjas. Quantos metros quadrados receberá esse plantio?

23. Considere 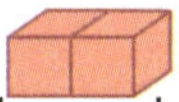 a unidade de volume e determine o volume do empilhamento representado abaixo.

24. Calcule o volume de cada bloco retangular representado a seguir.

a)

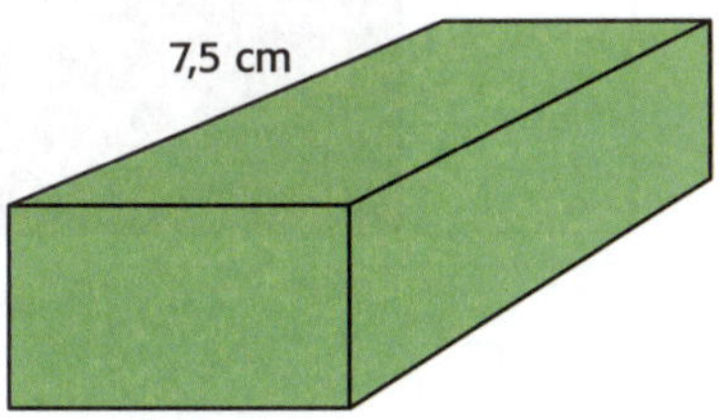

b)

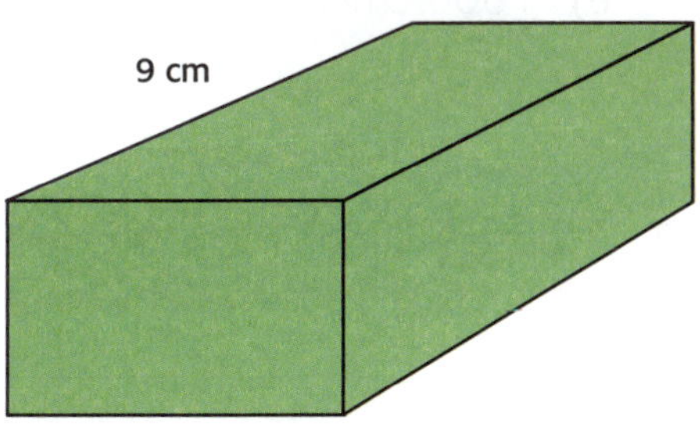

25. Lívia deseja armazenar 6 m^3 de água em garrafas de 500 mL. Quantas garrafas ela utilizará ao todo?

26. Observe o resevatório de água representado a seguir e responda às questões.

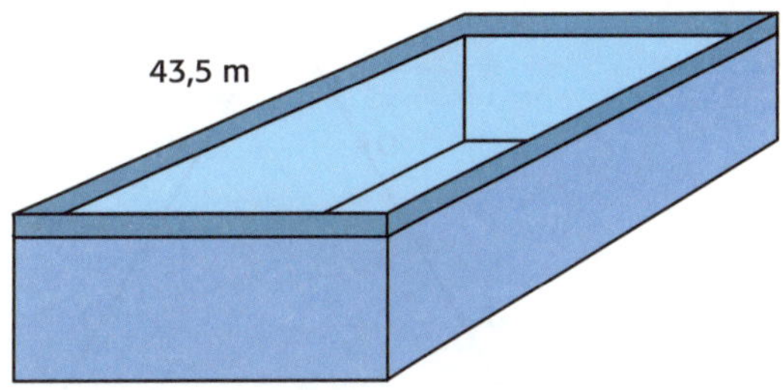

a) Qual é, em decímetro cúbico, a capacidade desse reservatório?

b) Quantos litros de água são necessários para encher esse reservatório?

c) Se em determinado dia ele estava com $\frac{4}{6}$ de sua capacidade total, quantos litros de água havia nesse reservatório?

27. (Colégio Pedro II) Na figura, está representado um triângulo equilátero ABC, de perímetro 27 cm. Nesse triângulo, destacam-se os pontos **D** e **E** sobre o lado AB; **F** e **G** sobre o lado BC; e **H** e **I** sobre o lado AC, de modo que cada lado fique dividido em três partes de mesmo comprimento.

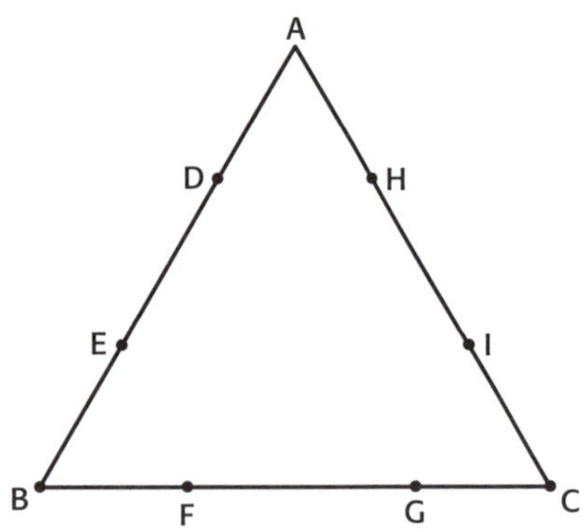

Considere agora o polígono obtido por meio da seguinte construção:

- retiram-se os segmentos DE, FG e HI; e,
- constroem-se sobre os lados do triângulo ABC triângulos equiláteros com lado de comprimento igual ao de cada segmento retirado, como mostra a figura a seguir.

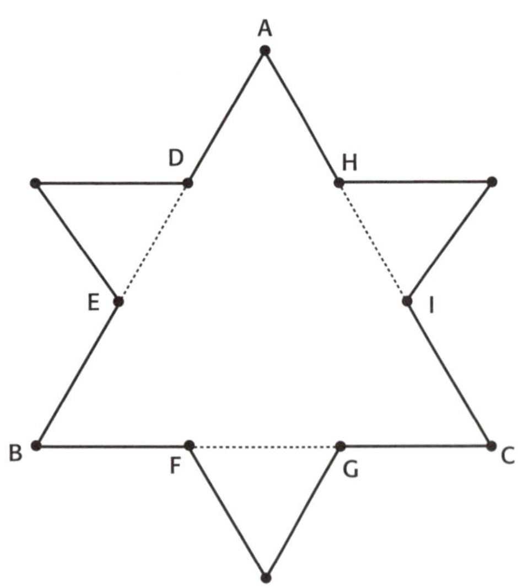

O perímetro do polígono obtido, em centímetros, será de:

a) 27

b) 36

c) 45

d) 54

28. (OBM) Com dois cortes perpendiculares, Pablo dividiu uma folha de madeira quadrada em dois quadrados, um de área 400 cm² e outro de área de 900 cm², e mais dois retângulos iguais, conforme desenho. Qual é a área da folha de madeira?

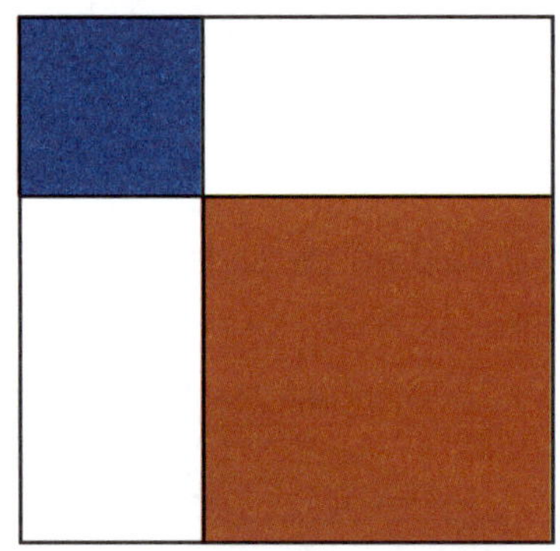

a) 2 500 cm²

b) 2 400 cm²

c) 2 100 cm²

d) 1 800 cm²

e) 1 600 cm²

29. (Obmep) Lucinha tem três folhas retangulares iguais, cujos lados medem 20 cm e 30 cm.

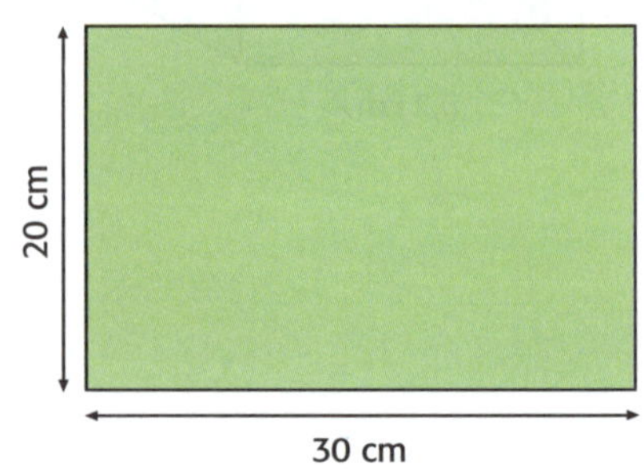

a) Lucinha fez dois traços retos na primeira folha, um a 4 cm da margem esquerda e outro a 7 cm da margem superior, dividindo-a em quatro retângulos. Um desses retângulos tem a maior área. Qual é o valor dessa área?

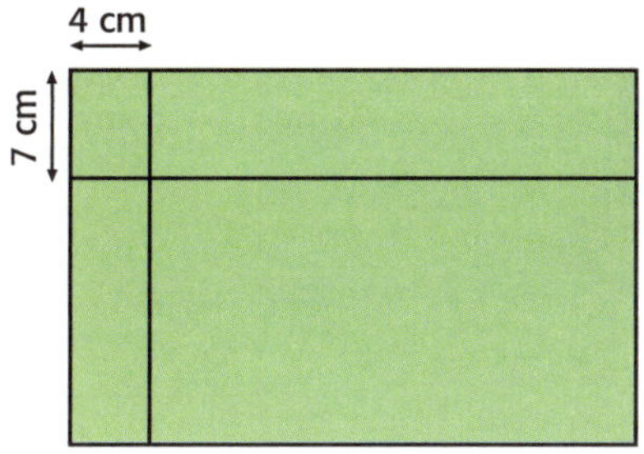

b) Ajude Lucinha a dividir a segunda folha em quadrados iguais, desenhando traços paralelos às margens, de modo que esses quadrados tenham a maior área possível.

c) Lucinha pegou a terceira folha, amarela na frente e verde no verso, e fez duas dobras: a primeira a 8 cm da margem esquerda e a segunda a uma certa distância da margem inferior, de forma que o perímetro da região não coberta da folha (contorno da região amarela da última figura) fosse de 54 cm. Qual é a distância da segunda dobra à margem inferior?

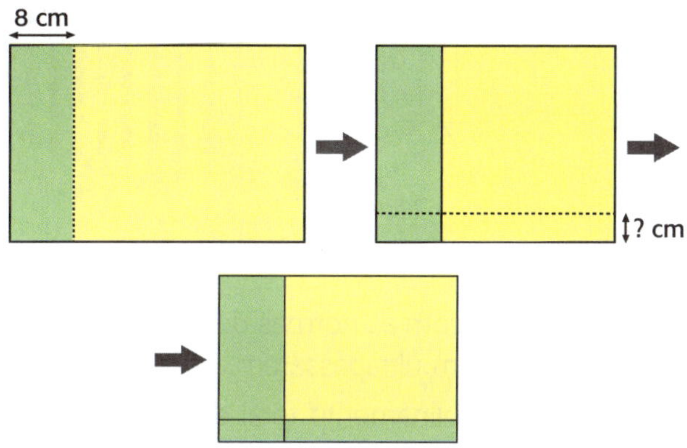

30. (OBM) Juliana fez a planificação de uma caixa de papelão com duas faces brancas, duas pretas e duas cinzentas. As faces brancas têm área de 35 cm^2 cada uma, as faces pretas têm área de 21 cm^2 cada uma e as cinzentas, 15 cm^2. Qual é o volume da caixa?

a) 25 cm^3

b) 60 cm^3

c) 71 cm^3

d) 105 cm^3

e) 220 cm^3

31. (Enem) Uma carga de 100 contêineres, idênticos ao modelo apresentado na Figura 1, deverá ser descarregada no porto de uma cidade. Para isso, uma área retangular de 10 m por 32 m foi cedida para o empilhamento desses contêineres (Figura 2).

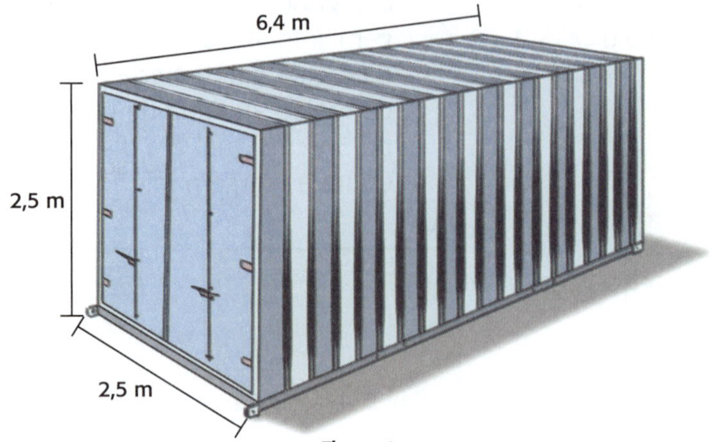

Figura 1

Figura 2

De acordo com as normas desse porto, os contêineres deverão ser empilhados de forma a não sobrarem espaços nem ultrapassarem a área delimitada.

Após o empilhamento total da carga e atendendo à norma do porto, a altura mínima a ser atingida por essa pilha de contêineres é:

a) 12,5 m

b) 17,5 m

c) 25,0 m

d) 22,5 m

e) 32,5 m

Leitura do mundo

Contagem de possibilidades

Apresentando a situação

Existem estabelecimentos que vendem comidas típicas do Norte e Nordeste brasileiro, como tapioca, cuscuz, baião de dois, bolo de fubá, rapadura, mandioca, feijão-de-corda e diversos tipos de farinha.

Rute trabalha em um desses estabelecimentos, que, no próximo fim de semana, fará uma promoção em que o cliente poderá levar um tipo de bolo e uma geleia de qualquer sabor pagando o mesmo preço, independente das combinações. Veja a seguir os produtos dessa promoção.

Bolos

MARCOS ANDRÉ/OPÇÃO BRASIL IMAGENS

fubá

RITA BARRETO

tapioca

FILIPE REDONDO/FOLHAPRESS

milho

Geleias

FLORIAN KOPP/GLOW IMAGES

umbu

P-FOTOGRAPHY/SHUTTERSTOCK.COM

manga

LUISRFTC/DREAMSTIME.COM/ISUZU IMAGENS

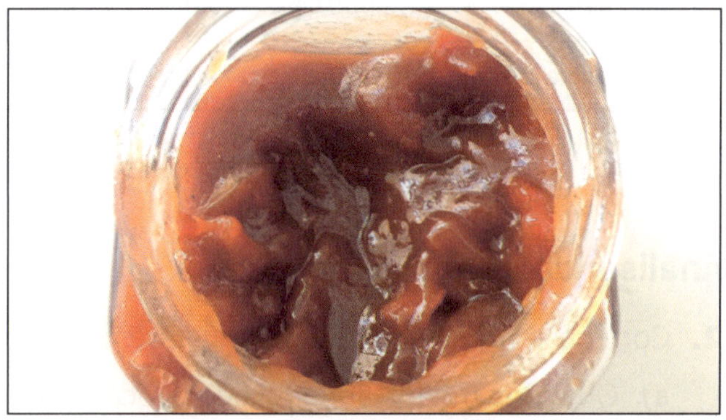

goiaba

VANESSA VOLK/FOTOARENA

jabuticaba

Umbu: fruto do umbuzeiro, árvore típica do sertão nordestino.

Organizando os dados

Para saber qual é o número de combinações diferentes que o cliente pode fazer e quais são elas, Rute montou um esquema conhecido como **árvore de possibilidades**. Observe.

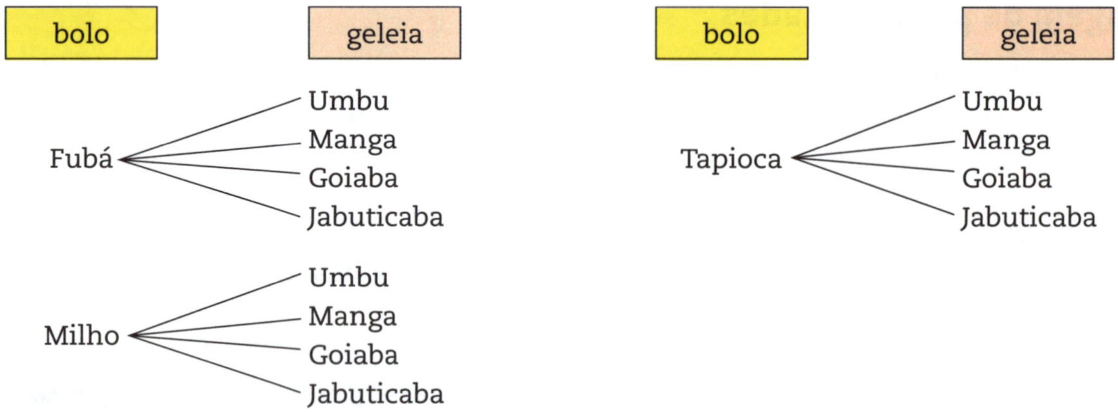

Note que há 3 possibilidades de bolos e para cada uma há 4 possibilidades de geleia, totalizando 12 possibilidades de escolhas diferentes.

Outro modo de organizar as informações da sua promoção é usando uma **tabela de dupla entrada**.

1. Preencha a tabela a seguir com os dados que faltam.

Bolo/Geleia	Umbu	Manga	Goiaba	Jabuticaba
Fubá	Umbu/Fubá	Manga/Fubá		
Milho	Umbu/Milho			
Tapioca				

Desse modo, o cliente poderia escolher qualquer uma das 12 combinações e pagaria o mesmo valor.

Analisando os dados

2. Com base no que você estudou até este momento, responda às questões a seguir.

a) Qual dos modos apresentados você prefere? Por quê?

___

___

b) Se Rute acrescentar mais um tipo de bolo e diminuir um tipo de geleia, quantas seriam as possibilidades de escolha diferentes?

___

___

c) Um cliente que **não** gosta do sabor de goiaba e do sabor de milho tem quantas possibilidades de escolha?

___

___

d) Rute resolveu acrescentar à promoção um tipo de salgado, ou seja, além de levar um bolo e uma geleia, o cliente poderá levar um salgado. Sabendo que ela acrescentou dois tipos de salgados à promoção (acarajé e abará), quantas são as possibilidades de combinação? Faça uma árvore de possibilidades e justifique sua resposta.

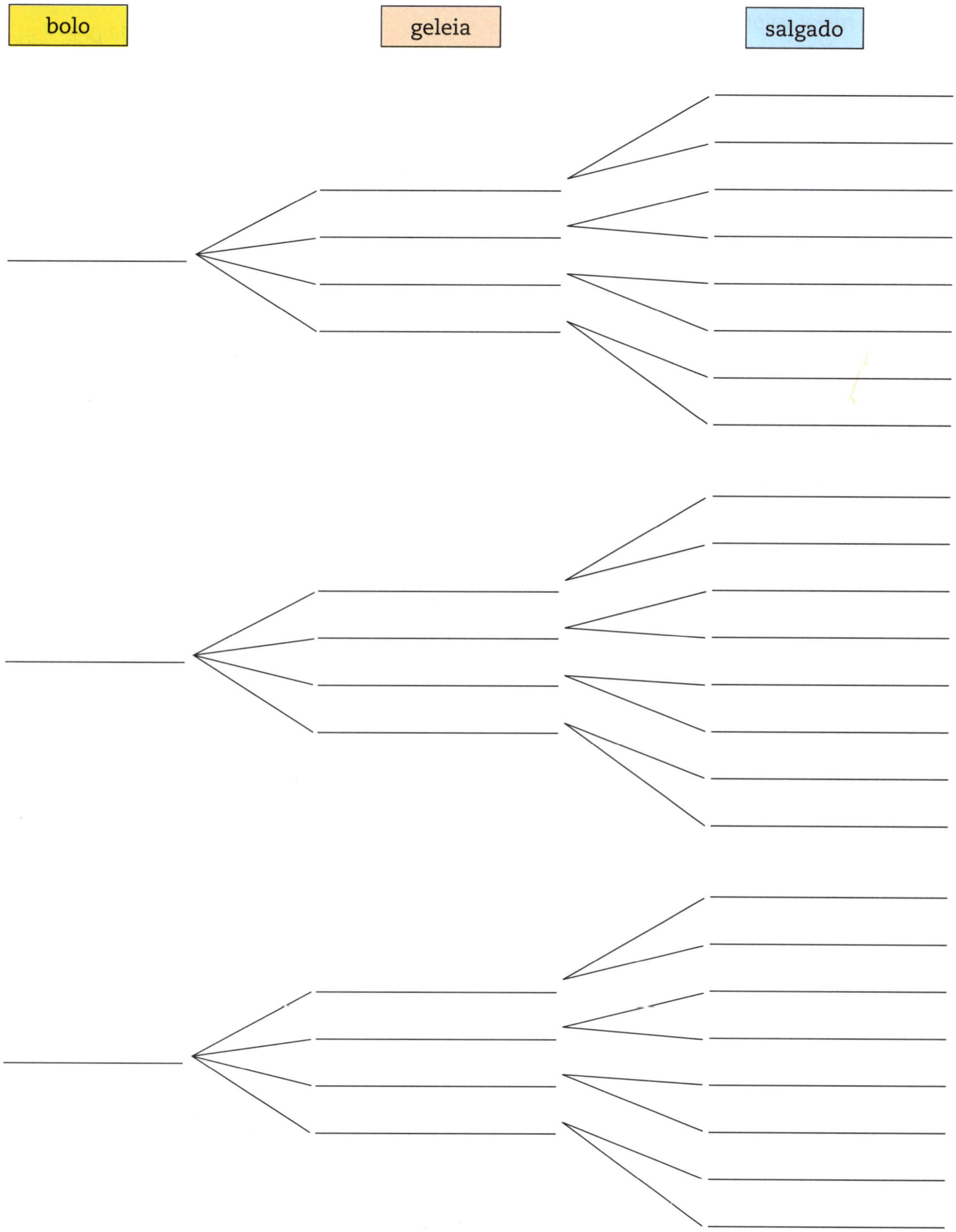

Pratique mais

3. Na padaria de Marivaldo, o cliente pode escolher a cobertura e o recheio de cones feitos de uma mesma massa. O valor a ser cobrado pelo cone será o maior valor entre o valor do recheio e o da cobertura escolhida. Observe o anúncio.

Faça o que se pede a seguir.

a) Preencha a tabela abaixo com as possibilidades de escolha do recheio e da cobertura dos cones.

Recheio/Cobertura				

b) Qual é o cone mais barato?

____

____

c) Quais são os cones de maior valor?

____

____

d) Quanto pagará alguém que comprar dois cones: um com recheio de brigadeiro e cobertura de caramelo e outro com cobertura de brigadeiro e recheio de caramelo?

____

____

Pough, F. H.; Janis, C. M.; Heiser, J. B. *A vida dos vertebrados*. 4. ed. São Paulo: Atheneu, 2008.

A obra aborda diferentes aspectos da biologia, morfologia e fisiologia dos cordados, com ênfase nos vertebrados, tanto na perspectiva filogenética como na perspectiva da conservação das espécies.

Purcell, E. M. *Curso de Física de Berkeley*, v. 2: eletricidade e magnetismo. São Paulo: Edgar Blücher, 1973.

A obra aborda os conceitos de eletricidade e eletromagnetismo e traz um rico conteúdo de cálculo, física, estatística e geometria analítica.

Reece, J. B. *et al*. *Biologia de Campbell*. 10. ed. Porto Alegre: Artmed, 2015.

A obra reúne extensa gama de conhecimentos das diversas áreas que compõem as Ciências Biológicas.

Ronan, C. A. *História ilustrada da ciência*. 2. ed. Rio de Janeiro: Zahar, 2001. 4 v.

Obra em quatro volumes que apresenta um panorama geral do desenvolvimento da ciência e do pensamento científico em todo o mundo, desde os tempos antigos até os dias atuais, passando por todas as ciências puras e as principais civilizações científicas.

Sagan, C. *Cosmos*. Rio de Janeiro: Gradiva, 2009.

O livro reúne alguns dos conhecimentos mais avançados sobre a natureza, a vida e o Universo.

Schmidt-Nielsen, K. *Fisiologia animal*: adaptação e meio ambiente. 5. ed. São Paulo: Santos, 2002.

O livro reúne conceitos e informações importantes sobre os sistemas fisiológicos nos animais.

Sobotta, J. *Atlas de anatomia humana*. 24. ed. Rio de Janeiro: Guanabara Koogan, 2018.

Nessa obra sobre a anatomia humana, destacam-se as imagens e as informações que enriquecem o estudo.

Sociedade Brasileira de Anatomia. *Terminologia anatômica*. Barueri: Manole, 2001.

A obra traz a terminologia internacionalmente aceita para a anatomia humana macroscópica e topográfica.

Tortora, G. J.; Derrickson, B. *Corpo humano*: fundamentos de anatomia e fisiologia. 10. ed. Porto Alegre: Artmed, 2016.

A obra reúne uma gama de conhecimentos das áreas de anatomia e de fisiologia, com ênfase na homeostasia.

Fontes da internet

Agência Nacional de Energia Elétrica (Aneel). Disponível em: https://www.gov.br/aneel/pt-br. Acesso em: 3 abr. 2023.

O portal disponibiliza informações e serviços sobre o mercado de energia elétrica voltados para as empresas de geração, transmissão, distribuição e comercialização de energia e também para os consumidores finais.

Agência Nacional do Petróleo, Gás Natural e Biocombustíveis (ANP). Disponível em: http://www.anp.gov.br. Acesso em: 3 abr. 2023.

O portal reúne dados e informações sobre a indústria de petróleo e gás natural, incluindo pesquisas sobre a qualidade dos combustíveis e lubrificantes e sobre o comportamento dos preços desses produtos.

Animal Diversity Web. Disponível em: http://animaldiversity.org/. Acesso em: 3 abr. 2023.

O banco de dados *on-line* (em inglês), organizado pelo Museu de Zoologia da Universidade de Michigan (EUA), traz informações sobre a história natural, a distribuição e classificação e a biologia da conservação de milhares de espécies de animais. Inclui fotografias, clipes de áudio e um museu virtual.

Centro de Previsão de Tempo e Estudos Climáticos (CPTEC). Instituto Nacional de Pesquisas Espaciais (Inpe). Disponível em: http://satelite.cptec.inpe.br. Acesso em: 3 abr. 2023.

O portal apresenta informações e boletins do tempo, do clima, da qualidade do ar, da precipitação e da intensidade da radiação ultravioleta incidente sobre a superfície da Terra, entre outros conteúdos.

Departamento de Astronomia. Instituto de Física da Universidade Federal do Rio Grande do Sul (UFRGS). Disponível em: http://astro.if.ufrgs.br. Acesso em: 3 abr. 2023.

Nesse *site*, é possível acessar conteúdos diversos sobre astronomia, como a história dessa ciência, os planetas extrassolares, a escala do Universo, entre outros.

Instituto Brasileiro de Geografia e Estatística (IBGE). Disponível em: https://www.ibge.gov.br. Acesso em: 3 abr. 2023.

No portal do IBGE, é possível consultar resultados de pesquisas sobre diversos temas e áreas, como meio ambiente, saúde, educação, mercado de trabalho, atividades agropecuárias, entre outros.

Instituto Brasileiro do Meio Ambiente e dos Recursos Naturais Renováveis (Ibama). Disponível em: https://www.ibama.gov.br. Acesso em: 3 abr. 2023.

O *site* reúne notícias, informações e publicações relativas à atuação do órgão responsável por implementar e fiscalizar políticas públicas de proteção ambiental.

Instituto de Astronomia, Geofísica e Ciências Atmosféricas da Universidade de São Paulo. Disponível em: http://www.iag.usp.br/astronomia. Acesso em: 3 abr. 2023.

O *site* disponibiliza informações sobre graduação, pós-graduação, pesquisa, cultura e extensão do Instituto de Astronomia da USP.

Instituto de Biociências da Universidade de São Paulo. Disponível em: http://www.ib.usp.br. Acesso em: 3 abr. 2023.

O *site* apresenta informações sobre graduação, pós-graduação, pesquisa, cultura e extensão do Instituto de Biociências da USP.

Instituto Nacional de Pesquisas Espaciais (Inpe). Disponível em: https://www.gov.br/inpe/pt-br. Acesso em: 3 abr. 2023.

O *site* do instituto, que é vinculado ao Ministério da Ciência, Tecnologia e Inovação, apresenta dados sobre clima, previsões do tempo, informações sobre queimadas, entre outros conteúdos.

Ministério do Meio Ambiente e Mudança do Clima (MMA). Disponível em: https://www.gov.br/mma/pt-br. Acesso em: 3 abr. 2023.

O *site* traz diversas informações, publicações, vídeos e notícias referentes ao ministério.

Nações Unidas Brasil (ONUBR). Disponível em: http://www.onu.org.br. Acesso em: 3 abr. 2023.

O *site* apresenta as agências especializadas das Nações Unidas e os fundos e programas que elas desenvolvem no Brasil.

Nações Unidas Brasil (ONUBR). Objetivos de Desenvolvimento Sustentável. Disponível em: https://brasil.un.org/pt-br/sdgs. Acesso em: 3 abr. 2023.

A página da ONU apresenta os 17 Objetivos de Desenvolvimento Sustentável (ODS) e suas metas.

Saúde Brasil. Ministério da Saúde. Disponível em: https://www.gov.br/saude/pt-br/assuntos/saude-brasil. Acesso em: 3 abr. 2023.

O portal traz informações e conteúdos sobre assuntos diversos na área da saúde, como vídeos e publicações com dicas para ter uma vida saudável.

BIBLIOGRAFIA COMENTADA

AMARAL, S. E.; LEINZ, V. *Geologia geral*. 14. ed. São Paulo: Companhia Editora Nacional, 2003.

A obra trata das subdivisões da Geologia – geologia geral ou dinâmica, geologia histórica e geologia ambiental –, bem como dos fenômenos físicos, químicos e biológicos que fazem parte da história geral da Terra, desde a sua formação até os dias atuais.

BRASIL. Ministério da Educação. Secretaria de Educação Básica. *Base nacional comum curricular*: educação é a base. Brasília: MEC/SEB, 2018. Disponível em: http://basenacionalcomum.mec.gov.br/. Acesso em: 3 abr. 2023.

A BNCC é um documento de caráter normativo que define o conjunto progressivo de aprendizagens essenciais a serem desenvolvidas pelos estudantes ao longo da Educação Básica.

BRASIL. Ministério da Educação. Secretaria de Educação Básica. Secretaria de Educação Continuada, Alfabetização, Diversidade e Inclusão. Conselho Nacional de Educação. *Diretrizes curriculares nacionais da Educação Básica*. Brasília: MEC/SEB/Secadi/Dicei, 2013. Disponível em: http://portal.mec.gov.br/index.php?option=com_docman&view=download&alias=13448-diretrizes-curiculares-nacionais-2013-pdf&Itemid=30192. Acesso em: 3 abr. 2023.

As DCN são normas obrigatórias para a Educação Básica que orientam o planejamento curricular.

BRUSCA, R. C.; MOORE, W.; SHUSTER, S. M. *Invertebrados*. 3. ed. Rio de Janeiro: Guanabara Koogan, 2018.

Considerado um dos mais completos tratados sobre organismos invertebrados, o livro contempla, nessa edição, os mais recentes avanços em biologia molecular.

CARVALHO, A. M. P. de (org.). *Ensino de Ciências*: unindo a pesquisa e a prática. São Paulo: Cengage Learning, 2004.

O livro traz pesquisas do Laboratório de Pesquisa e Ensino de Física (LaPEF), da Faculdade de Educação da Universidade de São Paulo, que foram testadas em escolas dos ensinos Fundamental e Médio.

CASTRO, A. *Dicionário de Ciências*: biologia e geologia. Porto: Porto Editora, 2001 (Coleção Dicionários Temáticos).

Essa obra de referência apresenta os conceitos fundamentais da Biologia e da Geologia, além de fotografias e esquemas explicativos.

CHALLONER, J. *Física*. São Paulo: Ática, 1999 (Coleção Atlas Visuais).

A obra apresenta as bases da Física de maneira clara e por meio de ilustrações.

DELERUE, A. *Rumo às estrelas*: guia prático para observação do céu. 9. ed. Rio de Janeiro: Zahar, 2004.

O guia ajuda o leitor a localizar e a identificar as principais estrelas e constelações do hemisfério Sul, além de apresentar algumas lendas associadas às estrelas.

DIAS, G. F. *Educação ambiental*: princípios e práticas. 9. ed. São Paulo: Gaia, 2010.

O livro traz informações básicas sobre educação ambiental e um histórico das atividades dessa área no mundo e ainda sugere atividades para sua prática.

GASPAR, A. *Experiências de Ciências para o Ensino Fundamental*. 2. ed. São Paulo: Ática, 2015.

Nesse livro, o autor apresenta diversas atividades práticas para o ensino de Ciências.

GROTZINGER, J.; JORDAN, T. *Para entender a Terra*. 6. ed. Porto Alegre: Bookman, 2013.

O livro é uma introdução às ciências da Terra, com desenhos e esquemas inovadores.

HALL, J. E. *Tratado de fisiologia médica*. 13. ed. Rio de Janeiro: Elsevier, 2017.

O livro-texto traz conteúdo atual e relevante e ilustrações didáticas que resumem conceitos-chave de fisiologia e fisiopatologia.

INSTITUTO BRASILEIRO DE GEOGRAFIA E ESTATÍSTICA (IBGE). *Atlas geográfico escolar*. 8. ed. Rio de Janeiro: IBGE, 2018.

A obra traz dezenas de mapas sobre temas variados, como biomas brasileiros, disponibilidade de água, diversidade ambiental, desigualdades socioeconômicas, entre outros.

KRASILCHIK, M.; MARANDINO, M. *Ensino de Ciências e cidadania*. São Paulo: Moderna, 2004.

A obra enfatiza a necessidade de se obter um conhecimento básico de Ciências e traz sugestões de atividades que visam dar ao leitor condições de usar tais conhecimentos para compreender problemas complexos de diferentes áreas do saber.

LIDE, D. R. *CRC Handbook of Chemistry and Physics*. 77. ed. Boca Raton: CRC Press, 1997.

Essa obra de referência para o ensino de Química apresenta tabelas de dados e recomendações internacionais atuais sobre nomenclaturas, símbolos e unidades.

LUCCI, E. A.; BRANCO, A. L. *O Universo, o Sistema Solar e a Terra*. São Paulo: Atual, 2019.

O livro trata das descobertas do ser humano a respeito dos astros, do Universo e do Sistema Solar e comenta aspectos ligados a nosso planeta.

MACEDO, J. A. B. de. *Águas & águas*. 3. ed. São Paulo: Varela, 2007.

O livro aborda assuntos variados sobre esse recurso natural, como o aproveitamento de água da chuva, o tratamento de água potável, a água para caldeiras e resfriamento, entre outros.

MARGULIS, L.; SAGAN, D. *O que é vida?* Rio de Janeiro: Zahar, 2002.

Os autores sugerem respostas à pergunta "O que é vida?", abordando os níveis de organização e as propriedades emergentes dos sistemas biológicos.

MARGULIS, L.; SCHWARTZ, K. V. *Cinco reinos*: um guia ilustrado dos filos da vida na Terra. Rio de Janeiro: Guanabara Koogan, 2001.

Esse guia sobre a diversidade da vida na Terra trata de um sistema de classificação que divide os seres vivos em cinco grandes reinos, com base em registros fósseis e dados moleculares.

MENDONÇA, F.; DANNI-OLIVEIRA, I. M. D. *Climatologia*: noções básicas e climas do Brasil. São Paulo: Oficina de Textos, 2007.

A obra reúne conceitos básicos de climatologia e meteorologia, com destaque para os domínios climáticos e sistemas atmosféricos da América do Sul e do Brasil.

MOURÃO, R. R. de F. *A astronomia na época dos descobrimentos*. São Paulo: Lacerda, 2000.

O livro fala sobre o papel da astronomia nas viagens dos navegadores portugueses e espanhóis e a importância das culturas árabe e judaica no desenvolvimento da ciência náutica na época das Grandes Navegações.

PIAGET, J. *Epistemologia genética*. 3. ed. São Paulo: WMF Martins Fontes, 2007.

Esse livro procura mostrar não só como os seres humanos, sozinhos ou em conjunto, constroem conhecimentos, mas também os processos e as etapas que nos permitem fazer isso.